中国上市公司健康指数报告

（2023）

中国上市公司协会学术顾问委员会
中关村国睿金融与产业发展研究会 编 著

中国财经出版传媒集团
中国财政经济出版社

图书在版编目（CIP）数据

中国上市公司健康指数报告.2023/中国上市公司协会学术顾问委员会，中关村国睿金融与产业发展研究会编著.--北京：中国财政经济出版社，2023.9
ISBN 978-7-5223-2054-0

Ⅰ.①中⋯ Ⅱ.①中⋯ ②中⋯ Ⅲ.①上市公司—经济评价—研究报告—中国—2023 Ⅳ.①F279.246

中国国家版本馆CIP数据核字（2023）第165813号

责任编辑：张　军　　　　　　责任校对：张　凡
责任印制：张　健　　　　　　封面设计：陈宇琰

《中国上市公司健康指数报告（2023）》是在中国上市公司协会学术顾问委员会的支持下，中关村国睿金融与产业发展研究会以党的二十大报告中提出的高质量发展理念为指引，充分贯彻党中央、国务院关于进一步提高上市公司质量的要求，通过运用人工智能技术，汇集专家的智慧，依据生命系统理论和仿生管理学的视角，对企业的关键维度，包括组织构成、组织行为和组织有效性等方面进行了评价，从而构建了上市公司健康质量评价体系。

这一评价体系以生命学中的9大系统为模板，将上市公司这个"法人"实体划分为9个关键维度，涵盖了公司治理、外部监督、创利能力、竞争态势、产品销售、价值再造、资产资本结构、内部控制和企业文化。通过抓取超过400余个定性和定量指标，综合分析上市公司的健康状况。此外，还从年度、行业、省际等多个维度，全面呈现了我国上市公司发展的不同特点和面貌。

目的在于帮助上市公司和广大市场参与者，及早发现、预防、干预和治疗在上市公司发展过程中存在的问题、不确定性和风险。通过这一评价体系，我们期望能够为我国资本市场和上市公司的高质量发展提供支持和引导，从而实现更加稳定和可持续的经济增长。

中国上市公司健康指数报告（2023）
ZHONGGUO SHANGSHI GONGSI JIANKANG ZHISHU BAOGAO（2023）

中国财政经济出版社 出版

URL：http://www.cfeph.cn
E-mail：cfeph@cfemg.cn

（版权所有　翻印必究）

社址：北京市海淀区阜成路甲28号　邮政编码：100142
营销中心电话：010-88191522
天猫网店：中国财政经济出版社旗舰店
网址：https://zgczjjcbs.tmall.com
北京密兴印刷有限公司印刷　各地新华书店经销
成品尺寸：210mm×285mm　16开　32.75印张　789 000字
2023年9月第1版　2023年9月北京第1次印刷
定价：518.00元
ISBN 978-7-5223-2054-0
（图书出现印装问题，本社负责调换，电话：010-88190548）
本社质量投诉电话：010-88190744
打击盗版举报热线：010-88191661　QQ：2242791300

中国上市公司协会学术顾问委员会

中国上市公司协会学术顾问委员会为中国上市公司协会所属专业委员会之一，2022年2月25日在京成立。

为切实履行协会"服务、自律、规范、提高"的基本职责，深化资本市场改革创新，促进提高上市公司质量，广集各方智慧，整合上市公司研究资源，经中国证监会批准，中国上市公司协会组建学术顾问委员会（以下简称"委员会"）。委员会围绕协会基本职责，承担咨询、顾问与建议主要职能，发挥智库作用。

宋志平会长在成立大会上表示，委员会是协会促进提高上市公司质量的重要举措。各位委员的工作，有助于提升资本市场的研究能力，借助委员发挥各自的专业优势，为提高上市公司质量建言献策，同时担任协会师资库成员，提升协会高端培训力量，积极开展重大问题、重要课题的调查研究，将委员会打造成为向决策部门高质量建议的重要平台。

学术顾问委员会现有委员34人，将持续吸纳各方专家学者加入，共同服务上市公司高质量发展。

中关村国睿金融与产业发展研究会

中关村国睿金融与产业发展研究会（以下简称"研究会"）成立于2016年5月，是经民政部门批准登记的全国性非营利性社会团体法人。秉承助力实体经济高质量发展的服务宗旨，研究会为广大市场参与者提供专业、精准、系列金融咨询服务，主要包括但不限于以下方面：

- **上市公司健康诊断**：基于同花顺大数据、人工智能等科技手段，汇聚专家团队，创建上市公司健康诊断体系，定期对上市公司进行健康评估，以期为上市公司早期发现并处理问题、风险和不确定性。
- **策略参考**：每个季度优选出50或100家健康的上市公司，为公募基金或私募证券基金投资组合提供策略参考。
- **健康指数报告**：每年发布《中国上市公司健康指数报告》，为银行、证券、基金和广大投资者的投资、信贷和风险防范提供支持。
- **专题培训和专项服务**：面向资本市场热点、重点、难点问题，研究会开展专题培训和专项服务，内容涵盖上市前辅导、并购重组、公司治理、股权激励、新法规解读等方面。
- **高端论坛**：定期举办会员单位董事、监事和高级管理人员的高端论坛。论坛聚焦有效治理和管理，邀请董事长、总经理分享做法、经验和体会。
- **纾困解难**：对会员单位发展中遇到的重大问题，研究会协调各方资源，提供纾困解难的支持。

研究会的服务目标是为中国上市公司及广大市场参与者提供有价值的支持与服务，促进市场的稳定和健康发展。

现任会长程凤朝先生系管理学博士，研究员，中国注册会计师，注册资产评估师，中国上市公司协会第一届学术顾问委员会委员、第三届并购融资委员会委员，湖南大学博士生导师，清华五道口金融学院和中国社会科学院特聘教授，兼任上市公司独立董事和外部监事。曾供职于中国投资有限责任公司（中央汇金公司），任中国工商银行股权董事、中国农业银行股权董事、中国光大集团监事。程凤朝先生凭借广泛的学术研究、实践经验和专业背景，为研究会的发展提供了坚实的支持。

研究会副会长单位是（按拼音排序）：传化智联、东方盛虹、东方雨虹、高能环境、顾家家居、国网信通、哈尔斯、京运通、菁英资本汇、井松智能、九州通、隆基绿能、罗博特科、罗牛山、盘龙药业、昇兴股份、同花顺、万事利、维远股份、燕之屋、宇信科技、中材国际、中联资产评估集团。

理事单位是（按拼音排序）：安恒信息、保税科技、诚美资本、川环科技、盾安环境、迈为股份、南兴股份、三友化工、万泰生物、新凤鸣、煜邦电力、养元饮品、银雁科技、浙数文化、正丹股份、中电电机、中光学、中航光电。

会员单位是（按拼音排序）： 创远科技、冀衡集团、建霖家居、金瑞基业生物、竞业达、老白干酒、宁波优尊、安跃迈科、拓斯达、王子新材、英伟医疗、征和工业、中伦律所、中兴财光华会计师事务所。

上述单位在研究会发展、建设、课题研究过程中给予了支持和鼎力帮助，健康指数的成果是研究会全体单位共同智慧的结晶，在此谨致谢忱！

编撰委员会名单

组　　　长　程凤朝

副　组　长　纵　波　张秋生　王竞达

编 写 人 员（按姓氏拼音排序）

白子文雄　蔡莹莹　陈虹霖　陈亚明　段建军　杜国强
范绅伟　姜宗霖　金　浩　金　铄　李少红　李文涵
梁　相　刘曦中　刘增伟　柳冠霖　马　鑫　孟惠元
普梓宸　苏　震　田全文　汪　健　吴方方　武文杰
辛　乐　徐　瑞　徐晋延　杨　杰　杨　明　姚依霖
张振远　朱往立

中关村国睿金融与产业发展研究会　专家（按姓氏拼音排序）

蔡曼莉　陈玉红　崔　宏　段亚林　冯增炜　蒋　敏
雷骞国　李惠琦　李晓慧　李晓英　李哲平　梁跃军
刘　和　刘　维　刘登清　刘利剑　刘晓东　刘兆年
罗会远　罗占恩　齐正华　邱靖之　全　铭　沈　琦
孙议政　孙友文　唐章奇　田　轩　汪子文　王诚军
王传军　王立华　王珠林　王子林　温　烨　吴晓光
徐　萍　徐建军　徐经长　杨　利　杨淑娟　杨志国
杨志明　姚庚春　俞明轩　翟新利　张　炯　张京京
张永良　张子学　赵　强　郑建彪　朱　军　朱玉栓

PREFACE 前言

2022年，是一个值得载入史册的特殊年份，有许多深刻影响中国现代化进程的重要历史事件。党的二十大胜利召开，开启中国式现代化高质量发展的新征程。面对世纪疫情，党中央带领全国人民进行了历时三年波澜壮阔的抗疫实践，取得了伟大的成就。资本市场也经受住了内外部因素的冲击，保持了世界第二大资本市场的韧性和活力。

从上市公司业绩来看，整体呈现向好趋势，充分体现了我国经济韧性强、潜力大、活力足的特点。各项政策效果持续显现，出现了诸多亮点。最突出的为：第一，以企业为主体的科技创新持续发力；第二，国有企业在现代化建设中发挥了重要作用；第三，民营企业同样得到了快速发展；第四，金融服务实体经济的力度不断加大。

一、充分发挥企业科技创新的主体地位

中关村国睿金融与产业发展研究会在2022年和2023年第一季度走访了近百家上市科技企业，这些企业普遍认识到我国经济社会发展必须强化企业科技创新的主体地位。企业作为主体创新者，能够推动经济发展、提升国家竞争力、促进产业升级、增强自主创新能力，以及促进科技与经济的深度融合。因此，科技创新不仅是高质量发展的强大驱动力，也成为国际战略博弈的主要战场。实现高水平科技自立自强需要企业作为科技创新的主力军，因为企业离市场最近，对市场需求反应灵敏。作为企业中的"优等生"，上市公司集中了全社会的资金，成为科技创新的主要推动者。

2022年年报数据显示，全市场上市公司的研发投入合计达到1.66万亿元，比上一年增加0.27万亿元，平均研发强度达到2.32%，同比提高0.25个百分点。不同行业的研发强度也有所差异，其中医药生物、计算机、国防军工、通信、电子、机械设备等行业的研发强度较高。在地区上，北京、上海、天津、四川等地的上市公司研发强度也相对较高。研发人员数量、素质和组成结构对企业科技创新能力具有重要影响。2022年底，累计披露的专利数量超过140万个，同比增长超过17%，披露的研发人员数量达到257万人。尽管一些公司的研发强度较大，如同花顺［300033.SZ］的研发投入达到10.67亿元，研发强度为29.98%，从而影响当期利润。但是二级市场投资者对此作出了积极的反应，体现出投资者更加关注企业未来的增长潜力。

二、持续发挥国有企业在国民经济发展中的支柱作用

调研发现，国有企业在中国式现代化建设中发挥着至关重要的作用。第一，在重要领域和关键产业中，国有企业能够发挥主导作用，推动经济结构调整和产业升级，实现经济的可持续发展。第二，国有企业能够为其他企业提供支持和引领作用，促进整个产业链的协调发展。第三，国有企业在经济发展中的支柱作用可以加强政府的宏观调控能力。第四，国有企业在经济发展中的支柱作用有助于提高国际竞争力和维护国家利益。第五，国有企业还可以在国际合作和对外投资中发挥重要角色，推动中国企业走向国际，为国家利益服务。

2022年年报数据显示，国有企业的总资产规模达到了298.03万亿元，占国内生产总值（GDP）的246.29%， 对国民经济产生了显著影响。特别是中央管理企业在关系国家安全和国民经济命脉的重要行业和领域中占据主导地位，成为国民经济的重要支柱。**中央国有控股上市公司共实现了24.69万亿元的营收和1.30万亿元的净利润，** 贡献了全市场营业收入和净利润的较大比例。这些国有企业涵盖了中国石化、中国石油、中国建筑、中国中铁、中国铁建、中国移动、工商银行、建发股份、中国人寿、建设银行等领军企业，为整体经济稳定和高质量发展发挥了重要作用。此外，这些国有企业还在党建入章、ESG报告发布等方面履行了社会责任，为中国经济的发展和构建美好中国作出了积极贡献。

三、民营企业影响力持续增强

通过对隆基绿能、宁德时代等民营企业的调研，我们可以看到，民营企业对于国民经济的发展以及居民就业等方面发挥着重要作用。民营企业不仅在就业领域表现突出，还在税收贡献、创新能力等方面发挥了积极作用，为社会稳定、国家实力提升以及竞争力的增强作出了积极贡献。

以自然人控股上市公司为例，2022年年报数据显示，**这些企业的总资产规模达到了26.50万亿元，占GDP的21.90%。营业收入总额高达15.74万亿元，** 其中，比亚迪、美的集团、宁德时代等自然人控股上市公司在营业收入方面表现突出，净利润总额为0.82万亿元，宁德时代、通威股份、天齐锂业等公司凭借其创新能力和经营实力成为头部公司。此外，研发投入总额为5819.79亿元，比亚迪、宁德时代、长城汽车等企业在研发方面作出了重要贡献。自然人控股上市公司员工总量达到1049.99万人。总体来看，这些民营企业在公司数量、收入、利润、研发投入、员工数量等不同领域的占比分别为55.35%、22.00%、14.56%、34.94%、35.57%，在我国经济社会高质量发展中具有不可替代的重要作用。

四、金融服务实体经济的力度进一步加大

习近平总书记强调金融要服务实体经济，更好地支持中小微企业和农村经济发展，提供更多的融资和金融服务，促进经济结构的优化和升级。2022年，金融服务实体经济的力度进一步加大。虽然**金融业上市公司家数仅占总量的2.51%，但其贡献了2.45万亿元的利润，同比增加了0.02万亿元。** 相较于2021年，金融业的总体占比下降了2.19个百分点，显示出金融服务实体经济的努力。从银行业盈利指标来看，银行的净利差和净息差都有所收窄，这体现了商业银行积极响应党中央和国务院

的要求，主动为实体经济降低融资成本。在信贷方面，工商银行、建设银行、农业银行、中国银行、交通银行、邮储银行等六大银行新增的信贷规模超过了10万亿，约占全年新增信贷规模的46.93%。这些信贷资金主要投向了先进制造业、绿色金融、乡村振兴、基础设施等关键领域。同时，在金融市场改革中，注册制的推动使得直接融资取得了新的进展。**2022年，A股上市公司再融资总额超过了1万亿元，其中，中央国有控股的上市公司募集金额达到了7037.99亿元，民营控股的上市公司募集金额为5277.99亿元。**另外，在可转债市场方面，2022年度新增了145家上市公司的可转债，总共募集了2666.84亿元的资金，其中有117家制造业上市公司参与。这些数据表明，金融领域通过多种手段和政策来支持实体经济，推动着实体经济的稳健、快速、高质量发展。

在看到成绩的同时，我们也意识到当前我国上市公司面临着诸多挑战。航空运输、影视院线、酒店餐饮、旅游等行业迫切需要恢复，国际贸易的不确定性日益增加，发达经济体采取技术封锁，导致一些制造业中断或者原材料价格上涨，如化工、采掘、造纸等领域。与此同时，技术创新和转型需要时间来完善。随着全球科技进步的加速，上市公司需要积极应对技术变革和行业转型带来的挑战，否则可能面临被竞争对手超越的风险，如半导体相关产业。此外，经济增长放缓需要时间来恢复，特别是房地产和基础设施领域，这些领域仍在进行结构性调整。2022年，房地产行业的收入和利润均下降，营业收入同比下降了8.07%，净利润同比下降了148.60%，这对上下游产业都产生了较大的影响。

展望未来，预计2023年A股市场将全面呈现复苏趋势。航空运输、影视院线、酒店餐饮、旅游等行业有望迎来估值的修复。同时，半导体、高端装备等领域将在政策和国产替代等多重因素的推动下迎来新的发展机遇。科技行业将继续保持增长，人工智能、大数据、云计算、物联网等新兴领域有望成为上市公司的增长引擎。创新和研发投入的增加将推动金融科技领域的创新，同时国内市场的潜力也将进一步释放。在注册制改革全面推进的大环境下，高质量发展理念将持续贯彻实施，资本市场将迎来良好的发展机遇。

总的来看，2022年是中国经济发展的重要一年，各方面取得了显著的成就。党的二十大胜利召开，国家开启了高质量发展的新征程。抗疫实践取得了巨大的成就，资本市场展现出强大的韧性和活力。上市公司中的国有企业发挥支柱作用、民营企业持续增强影响力、金融类上市公司服务实体经济持续发力，与此同时，上市公司在科技创新方面也发挥着积极作用。然而，也需要认识到在复杂多变的国际环境下，上市公司面临一些挑战，需要持续创新和调整以适应新的形势。未来，随着政策预期、经济基本面的逐步稳固，A股市场将有望进一步复苏，各个领域都将迎来新的机遇和挑战，高质量发展的理念将继续引领中国资本市场的可持续发展。

《中国上市公司健康指数报告（2023）》编写组
2023年5月

特别说明

《中国上市公司健康指数报告（2023）》是在中国上市公司协会学术顾问委员会的支持下，中关村国睿金融与产业发展研究会（以下简称"研究会"）研发创设的"上市公司健康诊断方法体系"，该体系已经获得国家版权局的认证登记，是研究会的核心研究成果之一。此指数仅在诊断结果的基础上反映上市公司的整体健康状况。同时，诊断体系中的每一个底层三级指标都能够呈现公司在一级行业中的相对排名，可用于上市公司自我健康状况的自查，以及相关排名的查询，同时也适用于研究会的其他服务领域。2023年，该诊断体系再次得到了优化和升级，纳入了与房地产、银行、证券、保险等行业相关的指标，以确保诊断范围覆盖全市场的上市公司。

本报告中的财务数据来自同花顺，上市公司健康指数则基于上市公司自身披露的信息、公告、年报等进行抓取和量化分析。这一指数仅代表研究会自身的研究成果，不代表任何官方的立场。鉴于我们的专业水平和抓取标签的设定以及指标体系所带来的限制，报告中可能会存在一些不足和遗漏，敬请读者理解。对于一些已经披露但未被抓取的上市公司数据，可能会影响指数排名，您可以与研究会联系，我们将不断优化和完善指标抓取的过程。

本报告对全市场5031家上市公司的2022年报健康质量状况进行了分析。在分析过程中，排除了以下情况的公司：（1）于2023年上市的公司；（2）于2023年已退市的公司；（3）其他因数据异常而需排除的公司。更详细的排名和健康指数情况，请查看报告末尾的排名部分，也可通过联系研究会或使用同花顺App中的"健康指数"功能进行查询。

如果您对本研究报告和我们的服务有任何需求或建议，请随时与我们联系。我们将竭诚提供服务并不断改进。

地　　址：北京市西城区西直门外大街18号金贸大厦B座2楼
联系人：朱往立 wlzhu001@163.com；梁相 liangxiang666@sina.com

上市公司健康指数查询方式

"上市公司健康指数"作为一个全面、客观、公正的评价工具，在各方面都具有辅助作用。它可以为投资者、监管机构、上市公司、投资机构等提供多元化的辅助信息，有助于引导资本市场向高质量发展方向转型，推动市场参与者做出理性决策，促进市场的健康运行。

通过这一全新的评价工具，我们希望能够为市场参与者提供更加准确和全面的信息，以支持他们在资本市场中作出更明智的决策，从而促进市场的健康发展。如果您对指数或相关服务有任何疑问或建议，随时欢迎您与我们联系，我们将竭诚为您提供帮助。

为了方便查询和使用，该指数已在同花顺App上线，同时支持电脑网页版查询。您只需输入股票的名称或代码，即可查询到相应上市公司全市场的健康诊断结果。

同花顺App扫描

电子版查询方式：

1. 同花顺手机App查询。登陆同花顺手机App，查询栏搜索"健康指数"，即可查询全市场上市公司健康诊断情况，诊断结果按季更新。

2. 电脑网页版查询。访问网址：https://itp.51ifind.com/listed-company-bmi-web/，查询全市场上市公司健康诊断情况，诊断结果按季更新。

CONTENTS 目录

第一篇 综述篇

第1章 中国上市公司健康诊断背景和理论基础 ················· 2
1.1 上市公司健康诊断研究背景 ································· 2
1.2 上市公司健康诊断的理论基础 ······························· 2
1.3 上市公司健康诊断指数构建 ································· 4

第2章 中国上市公司健康指数评价总体框架、方法和实证检验 ··· 12
2.1 中国上市公司健康指数评价总体框架 ······················· 12
2.2 中国上市公司健康指数评价方法 ··························· 13
2.3 中国上市公司健康指数实证检验 ··························· 17

第3章 2022年中国上市公司发展状况和健康诊断综述 ··········· 24
3.1 2022年中国上市公司发展状况分析 ························· 24
3.2 2022年中国上市公司健康指数分析 ························· 30

第二篇 行业篇

第4章 传媒行业 ··· 40
4.1 行业核心财务指标分析 ····································· 40
4.2 健康指数分析 ··· 41
4.3 行业机遇、挑战和发展对策 ································· 45

第5章 电力设备行业 ··· 47
5.1 行业核心财务指标分析 ·· 47
5.2 健康指数分析 ·· 48
5.3 行业机遇、挑战和发展对策 ·· 53

第6章 电子行业 ··· 56
6.1 行业核心财务指标分析 ·· 56
6.2 健康指数分析 ·· 57
6.3 行业机遇、挑战和发展对策 ·· 62

第7章 纺织服装行业 ··· 67
7.1 行业核心财务指标分析 ·· 67
7.2 健康指数分析 ·· 68
7.3 行业机遇、挑战和发展对策 ·· 72

第8章 公用事业行业 ··· 75
8.1 行业核心财务指标分析 ·· 75
8.2 健康指数分析 ·· 76
8.3 行业机遇、挑战和发展对策 ·· 80

第9章 国防军工行业 ··· 83
9.1 行业核心财务指标分析 ·· 83
9.2 健康指数分析 ·· 84
9.3 行业机遇、挑战和发展对策 ·· 88

第10章 黑色金属行业 ··· 91
10.1 行业核心财务指标分析 ·· 91
10.2 健康指数分析 ·· 92
10.3 行业机遇、挑战和发展对策 ··· 95

第11章 环保行业 ·· 98
11.1 行业核心财务指标分析 ·· 98
11.2 健康指数分析 ·· 99
11.3 行业机遇、挑战和发展对策 ··· 103

第12章 机械设备行业 ··· 106
12.1 行业核心财务指标分析 ·· 106

12.2 健康指数分析 ·· 107
12.3 行业机遇、挑战和发展对策 ·· 112

第13章 基础化工行业 ·· 116
13.1 行业核心财务指标分析 ··· 116
13.2 健康指数分析 ·· 117
13.3 行业机遇、挑战和发展对策 ·· 122

第14章 计算机行业 ·· 125
14.1 行业核心财务指标分析 ··· 125
14.2 健康指数分析 ·· 126
14.3 行业机遇、挑战和发展对策 ·· 130

第15章 家用电器行业 ·· 134
15.1 行业核心财务指标分析 ··· 134
15.2 健康指数分析 ·· 135
15.3 行业机遇、挑战和发展对策 ·· 139

第16章 建筑材料行业 ·· 142
16.1 行业核心财务指标分析 ··· 142
16.2 健康指数分析 ·· 143
16.3 行业机遇、挑战和发展对策 ·· 147

第17章 建筑装饰行业 ·· 149
17.1 行业核心财务指标分析 ··· 149
17.2 健康指数分析 ·· 150
17.3 行业机遇、挑战和发展对策 ·· 154

第18章 交通运输行业 ·· 157
18.1 行业核心财务指标分析 ··· 157
18.2 健康指数分析 ·· 158
18.3 行业机遇、挑战和发展对策 ·· 162

第19章 交运设备行业 ·· 165
19.1 行业核心财务指标分析 ··· 165
19.2 健康指数分析 ·· 166
19.3 行业机遇、挑战和发展对策 ·· 170

第20章 煤炭行业 ... 174
20.1 行业核心财务指标分析 ... 174
20.2 健康指数分析 ... 175
20.3 行业机遇、挑战和发展对策 ... 178

第21章 美容护理行业 ... 181
21.1 行业核心财务指标分析 ... 181
21.2 健康指数分析 ... 182
21.3 行业机遇、挑战和发展对策 ... 185

第22章 农林牧渔行业 ... 188
22.1 行业核心财务指标分析 ... 188
22.2 健康指数分析 ... 189
22.3 行业机遇、挑战和发展对策 ... 193

第23章 轻工制造行业 ... 196
23.1 行业核心财务指标分析 ... 196
23.2 健康指数分析 ... 197
23.3 行业机遇、挑战和发展对策 ... 201

第24章 商贸零售行业 ... 204
24.1 行业核心财务指标分析 ... 204
24.2 健康指数分析 ... 205
24.3 行业机遇、挑战和发展对策 ... 209

第25章 社会服务行业 ... 211
25.1 行业核心财务指标分析 ... 211
25.2 健康指数分析 ... 212
25.3 行业机遇、挑战和发展对策 ... 216

第26章 石油石化行业 ... 218
26.1 行业核心财务指标分析 ... 218
26.2 健康指数分析 ... 219
26.3 行业机遇、挑战和发展对策 ... 222

第27章 食品饮料行业 ... 225
27.1 行业核心财务指标分析 ... 225

27.2 健康指数分析 ·· 226
27.3 行业机遇、挑战和发展对策 ··· 230

第28章 通信行业 ·· 232
28.1 行业核心财务指标分析 ·· 232
28.2 健康指数分析 ·· 233
28.3 行业机遇、挑战和发展对策 ··· 237

第29章 医药生物行业 ··· 240
29.1 行业核心财务指标分析 ·· 240
29.2 健康指数分析 ·· 241
29.3 行业机遇、挑战和发展对策 ··· 246

第30章 有色金属行业 ··· 250
30.1 行业核心财务指标分析 ·· 250
30.2 健康指数分析 ·· 251
30.3 行业机遇、挑战和发展对策 ··· 255

第31章 综合行业 ·· 258
31.1 行业核心财务指标分析 ·· 258
31.2 健康指数分析 ·· 259
31.3 行业机遇、挑战和发展对策 ··· 262

第32章 银行业 ··· 264
32.1 行业核心财务指标分析 ·· 264
32.2 健康指数分析 ·· 265
32.3 行业机遇、挑战和发展对策 ··· 269

第33章 非银金融行业 ··· 272
33.1 行业核心财务指标分析 ·· 272
33.2 健康指数分析 ·· 273
33.3 行业机遇、挑战和发展对策 ··· 277

第34章 房地产行业 ··· 280
34.1 行业核心财务指标分析 ·· 280
34.2 健康指数分析 ·· 281
34.3 行业机遇、挑战和发展对策 ··· 284

第三篇 地区篇

第35章 北京市 ··· 288
- 35.1 综合健康指数 ··· 288
- 35.2 九大系统健康指数 ··· 291

第36章 天津市 ··· 294
- 36.1 综合健康指数 ··· 294
- 36.2 九大系统健康指数 ··· 296

第37章 河北省 ··· 299
- 37.1 综合健康指数 ··· 299
- 37.2 九大系统健康指数 ··· 301

第38章 山西省 ··· 304
- 38.1 综合健康指数 ··· 304
- 38.2 九大系统健康指数 ··· 306

第39章 内蒙古自治区 ··· 309
- 39.1 综合健康指数 ··· 309
- 39.2 九大系统健康指数 ··· 311

第40章 辽宁省 ··· 314
- 40.1 综合健康指数 ··· 314
- 40.2 九大系统健康指数 ··· 316

第41章 吉林省 ··· 319
- 41.1 综合健康指数 ··· 319
- 41.2 九大系统健康指数 ··· 321

第42章 黑龙江省 ··· 324
- 42.1 综合健康指数 ··· 324
- 42.2 九大系统健康指数 ··· 326

第43章 上海市 ··· 329
- 43.1 综合健康指数 ··· 329
- 43.2 九大系统健康指数 ··· 332

第44章　江苏省 ... 335
44.1　综合健康指数 ... 335
44.2　九大系统健康指数 ... 339

第45章　浙江省 ... 342
45.1　综合健康指数 ... 342
45.2　九大系统健康指数 ... 346

第46章　安徽省 ... 349
46.1　综合健康指数 ... 349
46.2　九大系统健康指数 ... 351

第47章　福建省 ... 354
47.1　综合健康指数 ... 354
47.2　九大系统健康指数 ... 356

第48章　江西省 ... 359
48.1　综合健康指数 ... 359
48.2　九大系统健康指数 ... 361

第49章　山东省 ... 364
49.1　综合健康指数 ... 364
49.2　九大系统健康指数 ... 367

第50章　河南省 ... 370
50.1　综合健康指数 ... 370
50.2　九大系统健康指数 ... 372

第51章　湖北省 ... 375
51.1　综合健康指数 ... 375
51.2　九大系统健康指数 ... 377

第52章　湖南省 ... 380
52.1　综合健康指数 ... 380
52.2　九大系统健康指数 ... 382

第53章　广东省 ... 385
53.1　综合健康指数 ... 385

53.2　九大系统健康指数 ··· 389

第54章　广西壮族自治区 ··· 392
54.1　综合健康指数 ··· 392
54.2　九大系统健康指数 ··· 394

第55章　海南省 ··· 397
55.1　综合健康指数 ··· 397
55.2　九大系统健康指数 ··· 399

第56章　重庆市 ··· 401
56.1　综合健康指数 ··· 401
56.2　九大系统健康指数 ··· 403

第57章　四川省 ··· 406
57.1　综合健康指数 ··· 406
57.2　九大系统健康指数 ··· 408

第58章　贵州省 ··· 411
58.1　综合健康指数 ··· 411
58.2　九大系统健康指数 ··· 413

第59章　云南省 ··· 416
59.1　综合健康指数 ··· 416
59.2　九大系统健康指数 ··· 418

第60章　西藏自治区 ··· 421
60.1　综合健康指数 ··· 421
60.2　九大系统健康指数 ··· 423

第61章　陕西省 ··· 426
61.1　综合健康指数 ··· 426
61.2　九大系统健康指数 ··· 428

第62章　甘肃省 ··· 431
62.1　综合健康指数 ··· 431
62.2　九大系统健康指数 ··· 433

第63章 青海省 ··· 436
　　63.1　综合健康指数 ··· 436
　　63.2　九大系统健康指数 ·· 438

第64章 宁夏回族自治区 ·· 440
　　64.1　综合健康指数 ··· 440
　　64.2　九大系统健康指数 ·· 442

第65章 新疆维吾尔自治区 ·· 444
　　65.1　综合健康指数 ··· 444
　　65.2　九大系统健康指数 ·· 446

第四篇　高质量发展对话篇

第66章 走在高质量发展之路上的五粮液：一场关于创新与成功的对话 ························· 450

附录　A股各行业上市公司综合健康指数排名 ·· 459

第一篇
综述篇

第1章
中国上市公司健康诊断背景和理论基础

1.1 上市公司健康诊断研究背景

在中国，上市公司的质量和健康状况对于资本市场的稳定运行和经济发展具有重要意义。2020年10月9日，国务院发布了《关于进一步提高上市公司质量的意见》，强调提高上市公司质量是推动资本市场健康发展的内在要求，也是完善中国特色社会主义市场经济体制建设的重要内容。随后，2021年的"十四五规划和2035远景纲要"以及中央经济工作会议都强调了健康和高质量发展的重要性，特别是要提高上市公司质量。这一系列的政策文件明确了提高上市公司质量在国家层面的重要性。

随着中国资本市场的发展，上市公司数量不断增加，但上市公司质量分化明显。在这种背景下，需要建立一种全面、科学的方法来评价和诊断上市公司的健康状况，以便更好地指导投资者、监管机构、上市公司和其他市场参与者做出决策。目前，现有的企业评价体系主要集中在特定的角度，如公司治理、内部控制和财务状况等，而缺乏一个系统性、全面性的评价体系。

1.2 上市公司健康诊断的理论基础

本报告采用了仿生管理学的视角，结合生命系统理论，构建了上市公司健康指数和评价指标体系。仿生管理学是一种从生物学中借鉴启发来解决管理问题的方法，它强调通过模仿、借鉴和创新等方式来提升组织的管理效率和有效性。生命系统理论则是研究组织行为、构成和管理的重要理论基础[1]。

生命系统理论将组织视为有机生命体，通过对组织的结构、相互作用、行为和发展机理的研究，揭示了组织系统的运作机制。根据生命系统理论，一个组织可以被分解为20个不同的子系统，涵盖了细胞、器官、有机体、群体、组织、社区、社会、国家等不同层级。每个子系统都具有不同的功

---

[1] 程凤朝，梁相，朱往立. 上市公司健康指数构建研究——基于生命系统理论视角[J]. 证券市场导报，2023（2）：3-13.

能，如处理信息流、处理物质和能量等，如表1-1所示（Merker，1985；Suan，1994）。

表1-1　　　　　　　　　　　　生命系统的20个子系统及其内涵

子系统	内涵	企业组织具体示例
处理信息流和物质/能量模块（Process both matter-energy and information）		
再造系统（reproducer）	再造系统能够复制和再造类似的生命系统	如子公司、分公司、分支机构等
屏障系统（boundary）	能够保护生命系统稳定运作、免受外部环境侵害	如风险管理单元/部门、公共关系管理单元/部门等
处理物质/能量（Process matter-energy）		
摄入系统（ingestor）	能够从外部环境中摄取物质/能量	如原材料采购单元/部门
分配系统（distributor）	能够在生命系统中传输各种投入和产出	如企业内部供应与物流单元/部门
转换系统（converter）	能够转换输入物质/能量的形式，使其对生命系统更有用	如原材料加工单元/部门
生产系统（producer）	能够形成物质和能量稳定的联系	如企业生产单元/部门
存储系统（matter-energy storage）	能够留存生命系统中的物质和能量	如企业仓库、仓库管理单元/部门
产出系统（extruder）	能够将物质和能量排出到生命系统外部	如企业运输单元/部门
驱动系统（motor）	能够使系统相对于环境或者各子系统之间发生相对运动	如企业独特或领先的资源
支持系统（supporter）	维持生命系统各部分之间的空间联系，保持一定的形态	如企业办公大楼、维修单元/部门
处理信息流（Process information）		
输入传感系统（input transducer）	能够接收和输入来自外部环境的信息	如市场调研单元/部门
内部传感系统（internal transducer）	能够接收来自生命系统内部的信息	如会计与财务单元/部门、信息科技单元/部门、部门主管等
通道与网络（channel and net）	能够传输信息	如企业会议、企业邮箱、企业网络等
时间系统（timer）	能够进行计时和控制节奏	如项目经理、里程表等
解码系统（decoder）	能够将接收的信息编译为系统内部可使用的私有形式	如翻译人员、法律顾问等
关联系统（associator）	能够在信息项之间形成持久的关联	如企业绩效考评制度
记忆系统（memory）	能够记录和留存系统中的各种信息	如企业文件、数据库、价值观念等
决策系统（decider）	能够协调、控制和指引整个生命系统的运作	如董事会及董事长、经理层、部门主管等
编码系统（encoder）	能够将各类内部信息编译和转换为外部环境可使用的公共形式	如企业财报、对外公告、财报编制单元/部门等
输出传感系统（output transducer）	能够将生命系统内部的信息输出到外部环境	如公共关系管理单元/部门

在仿生管理学和生命系统理论的基础上，本报告建立了综合评价体系，涵盖了公司治理、外部监督、创利能力、竞争态势、产品销售、价值再造、资产资本结构、内部控制、企业文化9个评价系统，共计400余个底层指标。通过这样的评价体系，可以对上市公司的健康状况进行全面、科学地评估，并构建上市公司健康指数。企业健康诊断体系与生命系统理论的映射关系，如图1-1所示。

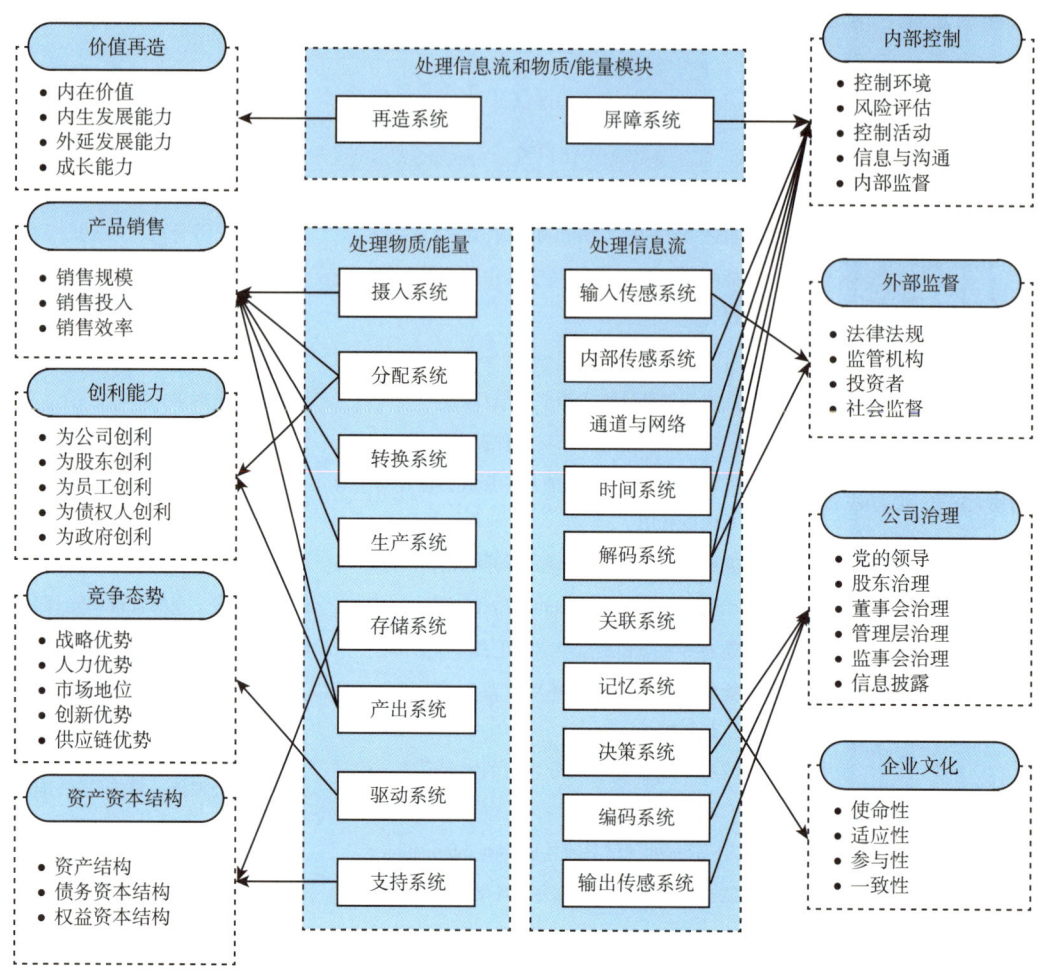

图1-1 健康诊断指标体系与生命系统理论各子系统的映射关系

健康指数不仅有助于投资者做出理性的投资决策，也可以帮助公司改善治理和管理，提升资本市场的透明度和规范程度，同时也为监管部门提供分类监管的依据。此外，健康指数的发布还有助于推动高质量发展理论的研究，为科研机构和高等院校提供新的研究视角。

通过以上的背景和理论基础，本报告旨在为中国上市公司的健康诊断提供一个科学、全面、系统的评价工具，以促进资本市场的健康发展和经济高质量发展。

1.3 上市公司健康诊断指数构建

上市公司健康指数包括9个一级指标、39个二级指标、400余个三级指标，一级指标与二级指标的构成具体如前述图1-1所示。

1.3.1 公司治理系统

公司治理系统是指通过协调股东、董事会、监事会、管理层等利益相关方的关系，以确保科学合理的决策和资源优化配置的一整套制度安排。它是现代企业制度的核心。类似人的神经系统，公司治理系统反映了上市公司组织机构的运行效率以及公司治理机制的规范性和有效性。

公司治理系统的评价包括党的领导、股东治理、董事会治理、监事会治理、管理层治理、信息披露六个维度。

1. 党的领导维度

党的领导体现了中国特色公司治理机制的本质特征和最大优势。指标选取主要考虑党组织建设方面，如党政一把手是否合一、党建是否写入公司章程等。

2. 股东治理维度

股东治理问题反映了产权安排背后的股东利益冲突。一方面包括控股股东的行为，另一方面是外部股东参与治理的作用。指标选取主要考虑控股股东利益攫取风险以及外部股东、机构投资者发挥监督制衡作用，如是否存在大股东欠款、位列前十大股东的机构持股比例等。

3. 董事会治理维度

董事会能否发挥科学决策、有效监督以及与管理层协同创造价值对提升公司绩效具有重要作用（程凤朝，2015）。指标选取主要考虑董事会结构的科学性和董事会运作的有效性，如董事会专业、经验、年龄、性别、地域等结构是否合理、董事会是否制定了清晰明确的发展战略等。

4. 监事会治理维度

监事会是中国特色公司治理机制的组成部分。指标选取主要考虑监事会结构和监事会履职两个方面，如是否有外部监事，监事会是否对董事、高管开展履职评价等。

5. 管理层治理维度

高管作为公司决策执行层，是衔接董事会与日常经营活动的桥梁，是落实企业发展战略的操盘手。指标选取主要考虑岗位设置、高管来源、知识与能力、创新与管控等方面，如总经理是否长期缺位、是否有裙带关系，高管学历评分，高管持股比例等。

6. 信息披露维度

信息披露是企业内部治理对接外部市场的重要环节。指标选取主要考虑真实性、及时性、完整性、准确性四个方面，如财报是否延迟披露、业绩预告可靠性等。

1.3.2 外部监督系统

外部监督系统是指由政府部门、相关权力机构、中介机构和利益相关方等根据一系列的法律、法规、政策方针和规章条例，对上市公司的经营行为进行监督和约束，以保护投资者和其他相关方的利益。类似人的呼吸系统，外部监督系统反映了上市公司在政府监管环境和法律环境中的行为规范程度、监管关注程度，以及公司与社会的互动情况。这些因素能够影响投资者的信心和决策，从而间接影响公司的市值。

外部监督系统的评价包括法律法规、监管机构、投资者、社会监督四个维度。

1. 法律法规维度

该维度主要观测上市公司及其实控人、董监高在合法合规方面的表现。这是企业可持续发展的保障，也是资本市场法治化改革的基石。指标选取主要考虑了公司、实控人、董监高等不同主体的行政处罚或刑事处罚情形，如实控人当年是否受到刑事处罚、公司当年是否受到行政处罚等指标。

2. 监管机构维度

监管机构是外部监督的重要主体，对上市公司的经营行为实施监督和约束。指标选取主要考虑了证监会、交易所等监管主体对上市公司采取的监管措施，如当年是否收到交易所监管函、是否被暂停上市（ST）或即将被暂停上市（*ST）等。

3. 投资者维度

该维度主要观测上市公司与资本市场投资者的互动表现。这是上市公司作为公众公司需考量的重点。指标选取主要考虑了投资者关注度、机构评级、股价表现等方面，如机构持股比例、评级机构家数、一致预期盈利偏差等指标。

4. 社会监督维度

该维度主要观测上市公司面对中介机构、媒体等社会监督的表现以及履行社会责任情况。中介机构与媒体能够发挥重要的外部治理效应，上市公司履行社会责任则是考量企业回馈社会与责任担当的重要标准。指标选取主要考虑了中介机构独立性及意见、媒体负面新闻、是否受到环保处罚等。

1.3.3 创利能力系统

企业创利能力系统是指上市公司通过合法合规的经营活动和资本运作，为公司及利益相关方创造利益的能力。它也可以被称为公司利用资本和资产资源实现增值的能力。类似人的循环系统，企业创利能力系统反映了公司在创造利益、产生现金流以及提升内在价值方面的能力。该系统评价涵盖三个方面：创利能力、创现能力和创价能力。通过评估创利能力系统的健康指数，可以全面了解公司在利益创造和资产增值、回报股东及纳税、偿债方面的能力和表现，并为投资者提供决策依据。

企业创利能力系统的评价包括为公司创利、为股东创利、为债权人创利、为员工创利、为政府创利五个维度。

1. 为公司创利

这一维度主要关注企业的盈利与现金流的创造能力。企业盈利能力是支持内源融资、保持持续稳定经营的重要基础。通过投资与经营创造利润并保持良好的盈余持续性，进而将利润用于资本开支实现再投资和企业的扩大与壮大。现金流则被视为企业的血液，不仅是高质量收入和利润的保障，还决定着企业回报股东与现金分红能力的关键因素。公司创利维度下的评价指标主要从盈利水平、盈利波动、盈利质量、现金流水平、现金流波动等方面进行选取，如资本回报率、盈余持续性等。

2. 为股东、债权人、员工、政府等利益相关方创利

不同利益相关方主体的创利能力评价指标各不相同。例如，针对股东，可以关注上市以来分红总额与募资总额的差异；对于员工，可以考虑员工薪酬与高管薪酬差距；至于债权人，可以关注是否存在债务纠纷等情况。这些指标将有助于评估企业对不同利益相关方而言的创利能力。

这些维度和指标的评估有助于深入了解企业在不同层面的利益创造能力，为投资者提供决策所需的全面信息。

1.3.4 竞争态势系统

企业竞争态势系统是指在整体战略的指导和行动下，上市公司在行业内与其他企业之间形成的竞争关系和状态。类似人体的消化系统，企业竞争态势系统反映了上市公司在行业内的整体竞争状态和竞争力。该系统评价涵盖三个方面：行业竞争力、公司战略和行业影响力。通过评估公司竞争态势系统的健康指数，可以全面了解公司在行业内的竞争状态和影响力，为制定战略和决策提供参考依据。

企业竞争态势系统的评价包括战略优势、人力优势、市场地位、创新优势、供应链优势五个维度。

1. 战略优势维度

战略优势反映了企业决策层洞察市场趋势、捕捉市场机遇、引导企业发展方向的能力。科学的战略决策能够引领企业的发展和组织变革，以适应快速变化的外部环境。评价指标主要考虑了企业的战略规划与执行能力，如战略规划的分解和实施情况。

2. 人力优势维度

人力资本作为企业重要的资源，是生产经营和价值创造的源泉。评价指标主要考虑了员工结构、员工学历等，如学历构成、技术人员比例等。

3. 市场地位维度

企业的市场地位反映了其在行业格局中的市场份额和影响力，是竞争力的体现。评价指标主要考虑了市场占有率、规模效应等，如营业收入在行业内的占比、人均创收等。

4. 创新优势维度

企业的创新优势反映了通过技术创新和产品迭代驱动可持续发展的能力。评价指标主要关注研发人员储备和研发投入情况，如研发人员占比、研发支出与营业收入比例等。

5. 供应链优势维度

企业的供应链优势反映了整体供应链的运营效率以及企业与上游供应商、下游客户之间的关系。评价指标考虑了供应链运营稳定性和过度依赖风险，如重要供应商占比、重要客户占比等。

通过对这些维度和指标的综合评估，可以更好地了解公司在行业内的竞争态势和影响力，为制定有效战略和做出明智决策提供有力支持。

1.3.5 产品销售系统

企业产品销售系统是指上市公司通过采用各种策略向市场销售产品和服务，以实现营收增长和创造利润的能力。这包括市场定位、营销策略、渠道管理、客户关系管理和销售团队等方面的综合能力。类似于人体的泌尿系统，企业产品销售系统反映了上市公司的销售效能，直接影响着公司的投入产出和价值实现。该系统评价涵盖三个方面：销售策略、销售执行和市场份额。通过评估公司产品销售系统的健康指数，可以全面了解公司在销售效能方面的能力，有助于公司制定和调整销售策略，提升销售执行效率，增强市场竞争力，实现可持续增长和价值实现。

企业产品销售系统的评价包括销售规模、销售投入、销售效率三个维度。

1. 销售规模维度

销售规模反映了企业产品与服务的销售量，是企业销售实力的重要体现。评价指标主要考虑了销售团队规模、销售市场规模，如销售人员数量、销售收入规模等。

2. 销售投入维度

企业合理的销售支出是实现可持续发展的动力。评价指标主要考虑了销售费用支出的合理性，如人均销售费用、销售费用占营业收入的比例等。

3. 销售效率维度

企业销售效率反映了整体的生产经营效率和产品销售效能，可观察企业是否存在产能闲置、库存积压、销售不畅等问题。评价指标主要考虑了各类资产周转效率和商业信用管理能力，如存货周转率、销售回款率等。

通过对这些维度和指标的综合评估，可以更好地了解公司在销售效能方面的能力，从而制定更具针对性的销售策略，提高市场占有率，实现持续的增长和价值变现。

1.3.6 价值再造系统

企业价值再造系统是指上市公司通过组织和运用各类资源，贯穿整个产业链，重新组织和优化价值链，实现可持续增长和企业的发展壮大的能力体系。类似于人体的生殖系统，企业价值再造系统反映了上市公司创造价值增长和推动成长的能力。该系统评价涵盖三个方面：价值创造、价值驱动和价值链优化。通过评估公司价值再造系统的健康指数，可以全面了解公司在创造价值增长和推动成长方面的能力。这有助于公司制定战略、优化运营，并为投资者提供参考依据。

企业价值再造系统的评价包括内在价值、内生发展能力、外延发展能力和成长能力四个维度。

1. 内在价值维度

内在价值通常被定义为企业在其剩余寿命内所产生的现金流量的贴现值，反映了企业当前的估值水平和未来的增值潜力。评价指标主要考虑企业估值以及估值的合理性，如内在价值估值、市盈率偏离度等指标。

2. 内生发展能力维度与外延发展能力维度

企业应保持清晰的战略定位与突出主业，合理选择技术创新驱动的内生发展与收购兼并驱动的外延发展路径。内生发展能力维度的指标主要考虑创新投入和创新绩效，如拥有专利总数、当季专利数量等。外延发展能力维度的指标选取则主要考虑并购能力和并购绩效，如并购金额是否超过近3年利润之和、并购后3年ROE是否增长等。

3. 成长能力维度

企业的成长最终仍需表现为绩效的增长，成长能力反映企业财务绩效的增长态势。指标选取主要考虑企业资产与收入规模成长性、盈利成长性、现金流成长性，如营业收入增长率、净利润增长率等。

通过对这些维度和指标的综合评估，可以更好地了解公司在创造价值增长和推动成长方面的能力，从而指导战略决策，实现可持续发展和价值变现。

1.3.7 资产资本结构系统

企业资产资本结构系统是指企业各种资产和资本的构成和分布方式，涵盖总资产结构、固定资产与流动资产的内部结构，以及权益资本和债务资本的比例和分布结构，同时还考虑融资成本等因素。类似于人体的运动系统，资产资本结构系统反映了上市公司整体资产结构和资本结构的健康情况。资产结构主要关注企业资产的种类和比例，包括固定资产（如土地、厂房、设备等）和流动资产（如现金、应收账款、存货等）的内部分配比例。良好的资产结构能够提高企业的生产效率和资金利用效率，降低风险和成本。通过评估和优化资产资本结构，企业可以提高财务稳定性，降低风险，优化资金利用效率，增强企业的盈利能力和抗风险能力。

企业资产资本结构系统的评价包括资产结构、债务资本结构和权益资本结构三个维度。

1. 资产结构维度

资产结构评价包括总资产结构、流动资产结构、非流动资产结构等方面。合理的资产结构是企业保持日常生产经营稳定并创造良好绩效的基础。评价指标主要考虑了整体资产配比、流动资产内部配比、非流动资产内部配比的合理性，观测是否存在资产流动性匮乏、现金资产错配、低效资产超配等问题。具体评价指标包括是否存在存贷双高、现金分布与业务分布背离程度等。

2. 债务资本和权益资本结构维度

资本结构评价包括债务资本结构和权益资本结构两个维度。企业在经营发展过程中通过对资本结构的动态调整，保持财务状况稳定和可持续发展（Chung et al.，2013；王欣和王磊，2012）。过度负债企业通过去杠杆能够有效降低财务风险，进而提升企业绩效（綦好东等，2018）。评价指标主要从风险防范的角度考虑了债务资本安排和权益资本安排的合理性，如流动比率、有息负债与净资产比等。

通过对这些维度和指标的综合评估，可以更好地了解公司在资产结构和资本结构方面的健康情况，为企业的财务稳定性、风险管理和盈利能力提供依据。

1.3.8 内部控制系统

企业内部控制系统是由董事会、监事会、经理层和全体员工共同实施的，旨在实现控制目标并通过五要素相互作用的全过程，进一步说，旨在确保公司的运营和管理能够遵守法律法规、规章制度和内部规定，减少潜在风险和错误，并保护公司的财产和利益。它涵盖了一系列的控制活动，包括内部审计、风险管理、合规性检查、财务报告审查等。通过建立和维护有效的内部控制系统，公司能够提高经营效率、提高财务可靠性、预防欺诈行为，并为投资者和利益相关方提供信心和透明度。类似人体的免疫系统，企业内部控制系统反映了上市公司内部运行的规范程度和健康状况。这包括了公司内部控制政策、程序和实践的有效性，以及对风险管理、财务报告准确性和合规性的有效监控。

企业内部控制系统的评价主要借鉴了《企业内部控制基本规范》所总结的五要素，包括控制环境、风险评估、控制活动、信息与沟通、内部监督五个维度。

1. 控制环境维度

控制环境是企业实施内部控制的组织基础和制度条件。评价指标主要考虑了内部控制制度的完备性和组织安排的合理性，如关联交易制度是否健全、不相容岗位是否分离等。

2. 风险评估维度

风险评估是企业识别与判断各项业务流程风险的发生频率与影响程度。评价指标主要考虑了风险评估工作开展和风险暴露情况，如资产减值准备与净资产比、年报中是否披露风险评估等。

3. 控制活动维度

控制活动是指企业根据风险评估结果，采取相应的内部控制措施。评价指标主要考虑了内部控制措施的开展和成效，如固定资产抵押比例、上市公司是否为子公司提供大额担保等。

4. 信息与沟通维度

信息与沟通是指企业内部能够及时、准确地收集和传递相关信息，保障内部沟通的效率。评价指标主要考虑了内部信息沟通的及时性和准确性，如当季是否召开董事会、当年是否因信息披露受处罚等。

5. 内部监督维度

内部监督是企业对内控建设与实施情况进行自我监督检查，评价内部控制的有效性，及时发现并改进内部控制缺陷。评价指标主要考虑了内部控制评价的开展情况和评价结果，如是否披露内部控制报告、是否存在财报内控重大缺陷等。

通过对这些维度和指标的综合评估，可以更好地了解公司在内部控制方面的规范程度和健康状况，为企业的财务稳定性、风险管理和透明度提供有效支持。

1.3.9　企业文化系统

公司文化系统是指在企业内部形成的一种价值观、行为准则和共同信念，影响和引导组织成员的思想、态度和行为方式。它涵盖了企业的核心价值观、工作氛围、沟通方式、领导风格以及组织的历史和传统等方面。企业文化是一种重要的组织特征，对于塑造员工行为、激发创造力、增强凝聚力和推动企业发展具有重要作用，类似人体的分泌系统，企业文化系统反映了上市公司的精神风貌和核心价值观的健康程度。公司文化系统的评价包括使命性、适应性、参与性、一致性四个维度。

1. 使命性维度

使命性是指企业能够树立具有可实现性和员工认同度的远景蓝图和近景目标。评价指标主要考虑了企业是否明确使命与愿景，如是否制定并披露发展战略等。

2. 适应性维度

适应性是指企业应对外部环境不确定性、适应外部环境变化的能力。评价指标主要考虑了企业应对外部环境变化所采取的措施和成效，如是否组织员工培训、重要客户销售增长率等。

3. 参与性维度

参与性是指员工能够积极投身企业发展并和企业共同成长，享受企业成长红利。评价指标主要考虑了员工激励与企业成长的匹配性，如是否实施过股权激励、是否存在净利润增长而员工薪酬下降等。

4. 一致性维度

一致性是指企业组织在发展过程中能够在员工中形成高度的认同感以及一致的价值观念。评价指标主要考虑了企业对员工安全与健康的保障情况以及关键人员离职情况，如是否有核心技术人员离职等。

通过综合评估这些维度和指标，可以更全面地了解公司的文化特点、价值观传递情况以及文化对员工行为和企业发展的影响。这有助于企业构建积极的工作环境，增强员工凝聚力，推动公司朝着可持续发展的目标前进。

总结来说，上市公司健康诊断体系基于仿生学视角下生命系统理论，从企业组织构成、组织行为、组织有效性等关键维度出发，对企业运行的健康状况进行评价。**通过评估这些关键维度，体系能够判断是否存在可能危及公司成长与发展的不利因素，从而帮助企业及早发现、预防、干预和治疗潜在问题、不确定性和风险。**这一综合诊断系统的目标是促进公司的可持续发展和高质量增长，以便公司在不断变化的商业环境中保持健康和竞争力。

第2章
中国上市公司健康指数评价总体框架、方法和实证检验

2.1 中国上市公司健康指数评价总体框架

基于第1章的理论分析，本章旨在构建上市公司健康质量评价体系，遵循"逻辑严谨、层次分明、数据充分、把脉精准"的原则。为此，我们设计了以"上市公司健康指数"为核心的评价框架，该框架如下所述，详见表2-1。该指标体系包含9个一级指标、39个二级指标以及超过400个三级指标，最终将整合为综合健康指数。在这一指标体系中：

1. 公司治理系统根据《中华人民共和国公司法》《中华人民共和国证券法》《上市公司章程指引》以及《上市公司独立董事管理办法》等法律法规进行评价，包括党的领导、股东治理、董事会治理、监事会治理、管理层治理、信息披露6个二级指标，涵盖80余个底层三级指标。

2. 外部监督系统评价内容包括法律法规、监管机构、投资者、社会监督4个二级指标，涵盖40余个底层三级指标。

3. 创利能力系统评价内容包括为公司创利、为股东创利、为员工创利、为债权人创利、为政府创利5个二级指标，涵盖80余个底层三级指标。

4. 竞争态势系统评价内容包括战略优势、人力优势、市场地位、创新优势、供应链优势5个二级指标，涵盖40余个底层三级指标。

5. 产品销售系统评价内容部分包括销售规模、销售投入、销售效率3个二级指标，涵盖30余个底层三级指标。

6. 价值再造系统评价内容包括内在价值、内生发展能力、外延发展能力、成长能力4个二级指标，涵盖40余个底层三级指标。

7. 资产资本结构系统评价内容包括资产结构、债务资本结构、权益资本结构3个二级指标，涵盖40余个底层三级指标。

8. 内部控制系统评价内容包括控制环境、风险评估、控制活动、信息与沟通、内部监督5个二级指标，涵盖70余个底层三级指标。

9. 企业文化系统评价内容包括使命性、适应性、参与性、一致性4个二级指标，涵盖30余个底层三级指标。

表2-1　　　　　　　　　　　　　　　上市公司健康诊断指标体系

一级指标	二级指标	一级指标	二级指标
公司治理	党的领导	产品销售	销售规模
	股东治理		销售投入
	董事会治理		销售效率
	管理层治理	价值再造	内在价值
	监事会治理		内生发展能力
	信息披露		外延发展能力
外部监督	法律法规		成长能力
	监管机构	资产资本结构	资产结构
	投资者		债务资本结构
	社会监督		权益资本结构
创利能力	为公司创利	内部控制	控制环境
	为股东创利		风险评估
	为员工创利		控制活动
	为债权人创利		信息与沟通
	为政府创利		内部监督
竞争态势	战略优势	企业文化	使命性
	人力优势		适应性
	市场地位		参与性
	创新优势		一致性
	供应链优势		

资料来源：中关村国睿金融与产业发展研究会。

这一健康指数评价体系在具体操作中，将通过专家论证结合大数据抓取的情况，将大数据难以精确捕捉的部分指标调整为一对一的定制服务指标。最终的健康指数将由实际抓取并纳入模型的指标进行计算和输出。

2.2　中国上市公司健康指数评价方法

在确立了上市公司健康诊断指标体系的基础上，进而明确诊断评价方法。

2.2.1　基于大数据资源和人工智能技术获取数据

健康指数评价指标体系中的三级指标原始数据主要基于同花顺的海量大数据资源和人工智能技术进行获取。

1. 结构化数据智能提取

同花顺是国内领先的数据供应商，拥有上市公司结构化和非结构化的各类数据，包括但不限于国内外宏观经济数据、行业数据以及非上市公司特色数据，如年报、半年报、季报、公司公告（包括定期公告与临时公告）、分析师预期、新闻舆情、产业链等。这类数据可以通过智能化技术直接提取采用。

2. 非结构化指标文本抽取解析

健康诊断体系中部分指标源自非结构化数据，需通过自然语言（NLP）技术进行文本抽取和解析。基于数据源披露形式的不同，主要分为表格抽取和纯文本抽取两类，实施路径如图2-1所示。

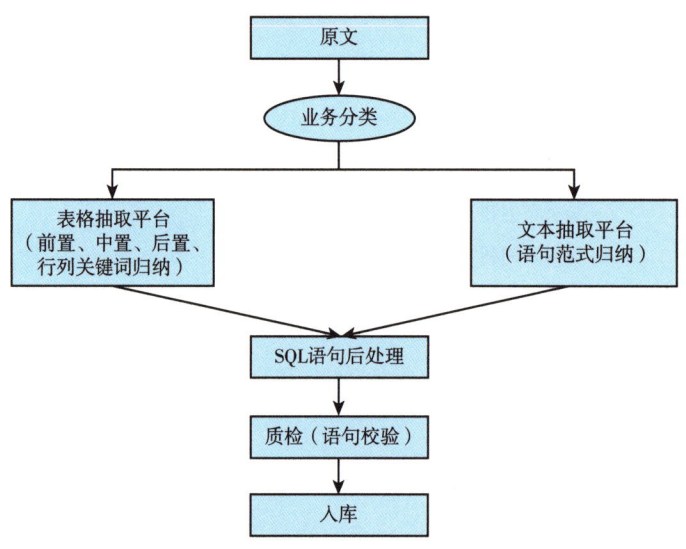

图2-1 非结构化指标文本抽取实施路径

（1）表格抽取举例。以公司治理系统股东治理维度下的指标"主要股东履行承诺评估"为例，表格抽取与解析如表2-2所示。

表2-2 "主要股东履行承诺评估"表格抽取和解析

顶层指标名称与编码	一级指标名称与编码	二级指标名称与编码	三级指标名称与编码	指标原始值	原始值赋值规则	部分关键词
综合健康指数（HI）	公司治理（HI01）	股东治理（HI01002）	主要股东履行承诺评估（HI01002004）	0	如果当年年报有承诺事项履行情况，但其中至少有1项事项没有履行	未履行、不履行、违反承诺、无法履行、未能履行、未**履行（如未及时履行）
				1	如果当年年报没有公布承诺事项履行情况	\
				2	如果当年年报有公布承诺事项履行情况，并且所有承诺事项均履行	\

A．指标原始值赋值规则。指标原始值是特定指标的初始记录数值，而指标健康指数是通过按照特定规则计算指标原始值得出的。以主要股东履行承诺评估为例，该指标原始值的赋值规则如下：首先，若当年年报中公布了承诺事项的履行情况，并且所有承诺事项均已履行，原始值设为2；其次，若当年年报中有承诺事项的履行情况，但其中至少有一项未履行，原始值设为0；最后，若当年年报未公布承诺事项的履行情况，原始值设为1。

B．抽取内容与关键词识别。指标所需数据主要位于年报中的"承诺事项履行情况"表格内，具体抽取信息位于表格中的"履行情况"一列。因此，需从该表格的"履行情况"列中提取文本内容，并利用关键词识别技术对文本进行解析、分类和指标赋值。

（2）纯文本抽取举例。以内部控制系统内部监督维度下的指标"是否存在财报内控重大缺陷"为例，纯文本抽取与解析如表2–3所示。

表2–3　　　　　　　　　　"是否存在财报内控重大缺陷"纯文本抽取与解析

顶层指标名称与编码	一级指标名称与编码	二级指标名称与编码	三级指标名称与编码	指标原始值	原始值赋值规则	部分关键词
综合健康指数（HI）	内部控制（HI08）	内部监督（HI08005）	是否存在财报内控重大缺陷（HI08005008）	0	如果公司不存在财报内控重大缺陷	\
				1	如果公司存在财报内控重大缺陷	财务报告内部控制缺陷+存在重大缺陷

A．指标原始值赋值规则

如果公司存在财报内控重大缺陷，则指标赋值为1，否则赋值为0。

B．抽取内容与关键词识别

指标所需数据主要源于公司内部控制自我评价报告，需通过关键词识别对文本进行解析归类与指标赋值。

2.2.2　汇集专家智慧为指标赋权重

对上市公司健康指数评价指标体系进行赋权是一个涵盖一级指标、二级指标和三级指标的过程。针对一级指标和二级指标，由于不同系统对上市公司健康状况和高质量发展的影响程度不同，我们采用德尔菲法（Delphi Method）进行赋权。考虑到三级指标数量较多，专家团队经过商讨决定在每个独立的二级指标维度下，采用算术平均值（等权法）确定标准权重，即对于每个二级指标下的三级指标选择等同权重。

专家打分赋权的基本思路是，组织多名相关行业专家针对每个层级的各项指标进行评分，通过德尔菲法对重要性进行判定并赋予权重，具体步骤如下：

1. 介绍体系和规则：设计者向所有专家介绍上市公司健康诊断指标体系和赋权规则。
2. 第一轮专家打分：专家根据指标体系为每个层级的指标进行打分，得到初始赋权结果。专家的打分是匿名的，互相之间不交流。工作人员汇总专家打分并计算标准差，若标准差小于2则结果可接受；若大于2，则进入下一轮打分。
3. 第二轮专家打分：由于第一轮标准差大于2，进行第二轮打分。将第一轮的打分结果反馈给专家，他们可以重新打分、修改或保持不变。得到第二轮结果，如果标准差接近或小于2，则结果可接受；若大于2，则进入下一轮打分。

4. 第三轮专家打分：将第二轮结果反馈给专家，再次根据其他专家意见进行打分、修改或保持不变。如此继续，直到最终汇总结果的标准差小于2，此结果则被接受。

5. 根据最终结果汇总权重：通过整合所有专家意见，得到指标赋权的最终权重。

在选取专家团队时，我们充分考虑了专业性、多元性、独立性和实践性。参与赋权工作的专家来自高校相关领域的知名教授、上市公司高管、原证监会发审委员会委员、原并购重组委员会委员、中介机构资深合伙人等，他们均拥有丰富的理论知识和实践经验。通过利用专家经验，我们能够将多个指标按照其重要性程度进行赋权，有效地减少主观偏见，确保赋权结果更加实用、科学和专业。

2.2.3 采用层次分析法和标准化法计算健康指数

上市公司健康诊断评价指标体系自下而上包括三级指标健康指数、二级指标健康指数、一级指标健康指数和综合健康指数四个层级。在计算这些指标健康指数时，我们采用了不同的方法：三级指标健康指数计算采用同行业标准化法，其他层级的健康指数计算则采用层次分析法。

1. 基于同行业标准化法和赋值法的三级指标健康指数计算

在计算三级指标的健康指数时，我们分为两个步骤：计算初始健康指数和处理反向指标。

首先，计算初始健康指数。对于不同类型的指标，我们采用不同的计算方法。对于"是/否"类型的二值指标，我们直接将健康指数赋值为1或0，取决于指标原始值是否满足条件。对于连续数值类型的指标，我们采用同行业标准化方法。具体计算公式如下：Health_Index =（Rank / Rank_max）× 100，其中，Rank表示公司在同行业中某个三级指标原始值的排名分值，数值越靠前，排名分值越高，范围为0至Rank_max。Rank_max是同行业中该指标Rank值的最大值，Rank_max = N-1，N为行业中公司数量。例如，某公司在国防军工行业中的净利率为2.00%，排名第92位，行业共有118家公司，则该公司净利率的健康指数计算为：（26/117）× 100=22.22。这个健康指数反映了公司净利率在同行业中的排名情况。

然后，处理反向指标。对于反向指标，我们需要将计算的健康指数进行反向处理，即反向指标健康指数 =1- 初始健康指数。

2. 基于层次分析法和加权法的其他层级健康指数计算

其他层级的指标健康指数计算使用层次分析法和加权法。父级指标健康指数等于该维度下子级指标健康指数的加权总和，计算公式如下：

$$Health\_index_k = \sum_{1}^{n} a_i x_i$$

其中，$Health\_index_k$ 表示某个层级（综合、一级或者二级）指标k的健康指数；

n为该指标下设的子级指标数量；

a_i 是指某个子级指标i的赋权系数；

x_i 是指某个子级指标i的健康指数。

以某公司2022年数据为例，假设一级指标创利能力下有5个二级指标，其中包括为公司创利、为股东创利、为员工创利、为债权人创利和为政府创利。为政府创利又下设了3个三级指标，分别是同行业缴税占比、税收比资产、当年是否公告欠税。如果公司2022年数据在同行业中的健康指数分别为92.31、32.48和100，那么二级指标"为政府创利"的健康指数计算为：（92.31 × 1/3）+ （32.48 × 1/3）+（100 × 1/3）=74.93。同样的方法可应用于一级指标和综合健康指数的计算。这样的方法能够在综合考虑不同层级指标的权重和影响的情况下，得出相对客观的健康指数结果。

2.2.4 制定综合健康指数评分规则和结果展示

综合健康指数是对上市公司整体健康状况的综合评价，它是通过汇总各级别的健康指数计算得出的。为了确保评分结果的合理性和可操作性，我们制定了一套综合健康指数评分规则，并以可视化的方式展示评分结果。

综合健康指数的评分规则是根据各级别指标的权重和计算方法制定的。根据权重的分配，我们按照如下步骤计算综合健康指数：

第一步，将各级别的健康指数乘以相应的权重，得到加权指数。

第二步，对各系统指数进行加权求和，得到综合健康指数。

通过这个评分规则，我们能够将不同层级的指标综合起来，形成一个综合的健康指数，更准确地反映公司的整体健康状况。

最后，我们将评分结果以可视化的方式展示，通常采用0—100的方式来表示综合健康指数。根据分数范围，我们可以将公司的健康状况进行分类。这种分类能够让人直观地了解公司的整体状况，并在决策时提供有用的参考。指数较高的公司处于百尺竿头的位置，展现了其卓越的业绩。对于目前得分略低或靠后的公司，应以先进公司为标杆，鼓励其迎头赶上。这一评价并非监督检查，而更像是一种研究咨询，类似于健康体检，目的在于及早发现问题、风险和不确定性，以实现早期预防、干预和治疗。**通过此评价体系，我们希望帮助公司在竞争激烈的市场环境中保持健康成长，迈向更好的未来。**

2.3 中国上市公司健康指数实证检验

为检验上市公司健康指数的有效性和实用性，报告进行标准规范的实证检验。

2.3.1 实证模型与变量定义

1. 健康指数对公司未来股票回报影响回测

报告以健康指数优选股票池作为资产组合，通过对资产组合的收益曲线进行历史回测来分析健康指数对公司未来股票收益的影响。回测以沪深300指数为基准，调仓周期为每个季度财报披露截止日后的首个交易日，选取健康指数得分排名前50的股票形成资产组合进行历史回测。

2. 健康指数对公司未来经营业绩影响的检验模型

借鉴现有文献（王福胜等，2014）在研究公司经营业绩时的模型与变量设计，报告构建如下模型：

$$ROE_t(ROA_t)=b_0+b_1 \times health\_index_{t-1}+b_2 \times ROE_{t-1}(ROA_{t-1})+b_3 \times Lnsize_{t-1}+b_4 \times NOCF_{t-1}$$
$$+b_5 \times Income\_growth_{t-1}+Year+Ind$$

3. 健康指数对公司未来业绩下滑影响的检验模型

$$Netprofit\_drop_t(Income\_drop_t)=b_0+b_1 \times health\_index_{t-1}+b_2 \times ROE_{t-1}(ROA_{t-1})+b_3 \times Lnsize_{t-1}$$
$$+b_4 \times NOCF_{t-1}+b_5 \times Income\_growth_{t-1}+Year+Ind$$

实证模型中的主要变量如表2-4所示。

表2-4　　主要变量定义

变量类型	变量名	变量含义与计算方法
被解释变量	ROE_t	公司下一年度净资产收益率
	ROA_t	公司下一年度总资产收益率
	$Netprofit\_drop_t$	哑变量，公司下一年净利润下滑取值为1，否则取值为0
	$Income\_drop_t$	哑变量，公司下一年收入下滑取值为1，否则取值为0
解释变量	$health\_index_{t-1}$	健康诊断体系得出的健康指数
控制变量	ROA_{t-1}	公司当年总资产收益率
	ROE_{t-1}	公司当年净资产收益率
	$LnSize_{t-1}$	公司当年总资产的自然对数
	$NOCF_{t-1}$	公司当年经营现金净流量
	$Income\_growth_{t-1}$	公司当年营业收入增长率
	Year	控制年份效应
	Ind	控制行业效应，基于证监会行业分类标准下的一级行业分类

2.3.2　描述性统计分析

主要变量的描述性统计结果如表2-5所示，样本公司中健康指数最高为0.7945，最低为0.3298，Netprofit_drop均值为0.3891，表明有38.91%的公司出现净利润下滑。其他变量与已有文献描述性统计基本一致，在合理范围内。

表2-5　　主要变量的描述性统计结果

主要变量	样本数	最小值	最大值	均值	中位数	标准差
ROE	25290	−1.4238	0.3405	0.0384	0.0694	0.2110
Netprofit_drop	25290	0	1	0.3891	0	0.4876
Health_index	25290	0.3298	0.7945	0.6309	0.6360	0.0574
Lnsize	25290	19.7706	27.2931	22.3209	22.0885	1.4385
NOCF	25290	−1.2887	0.9823	0.0912	0.0893	0.2578
Lev	25290	0.0084	0.9999	0.4255	0.4115	0.2136
Income_growth	25290	−0.6268	3.2311	0.1884	0.1099	0.4813

2.3.3 实证结果

1. 健康指数对公司下个季度股票超额回报的影响分析

报告以沪深300指数为基准，选取健康指数得分排名前50的股票形成资产组合进行历史回测。健康指数优选50回测结果如表2-6和图2-2所示。回测结果显示，年化绝对收益为23.35%，相比沪深300指数的超额收益为15.03%，具有非常显著的超额收益。

表2-6　　　　　　　　　　健康指数优选50进行回测的基本信息

回测区间	2019-05-06至2022-07-05	回测基准	沪深300指数
年化绝对收益	19.59%	年化超额收益	15.03%
Sharpe	0.86	Information Ratio	1.72
最大回撤	23.35%		

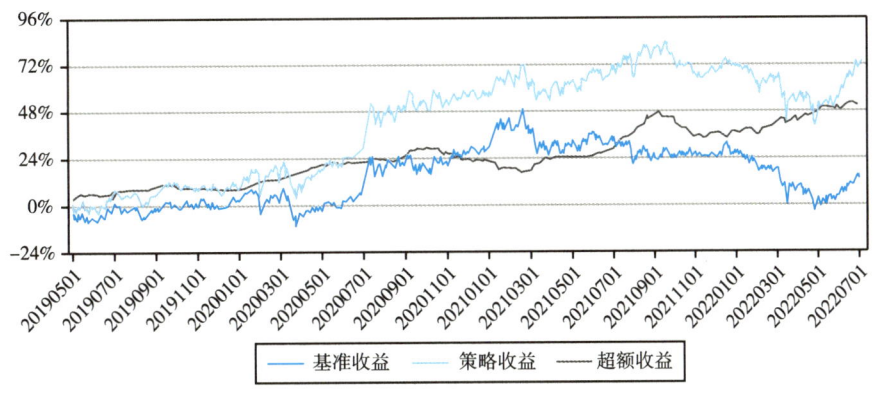

图2-2　健康指数优选50进行回测的收益曲线

2. 健康指数对公司下一期经营业绩的影响检验

健康指数对公司下一期经营业绩影响的实证结果如表2-7所示。$Health\_Index_{t-1}$对下一年ROE和Netprofit_drop的回归系数分别为0.948和−0.989，均在1%水平上显著，表明了健康指数较高的公司在下一年的经营业绩更好，而健康指数较低的公司在下一年经营业绩下滑的可能性更大，即实证结果支持了研究假说2和研究假说3。

表2-7　　　　　　　　　　健康指数对公司下一期经营业绩影响的实证结果

	（1）	（2）
	ROE_t	$netprofit\_drop_t$
$Health\_index_{t-1}$	0.948***	−0.989***
	（18.85）	（−12.69）
ROE_{t-1}	0.119***	0.675***
	（4.96）	（36.87）
$lnsize_t$	0.0176***	−0.0355***
	（8.83）	（−10.79）

续表

	（1）	（2）
	ROE_t	$netprofit\_drop_t$
$NOCF_t$	0.0737***	−0.191***
	（9.26）	（−15.59）
Lev_t	−0.297***	0.227***
	（−18.88）	（11.39）
$income\_growth_t$	0.0937***	−0.287***
	（22.44）	（−36.23）
Ind	控制	控制
Year	控制	控制
Constant	−0.989***	1.584***
	（−6.57）	（8.69）
N	20551	20551
Adj R-squared	0.2650	0.1466

注：10%水平显著标记*，5%水平显著标记**，1%水平显著标记***。

3. 稳健性检验

（1）健康指数优选100回测。在稳健性检验中报告选取健康指数得分排名前100名公司形成资产组合进行历史回测，回测结果如表2-8和图2-3所示，相比于沪深300指数依然具有显著的超额收益。

表 2-8   健康指数优选100进行回测的基本信息

回测区间	2019-05-06至2022-07-05	回测基准	沪深300指数
年化绝对收益	20.33%	年化超额收益	15.77%
Sharpe	0.91	Information Ratio	1.78
最大回撤	22.13%		

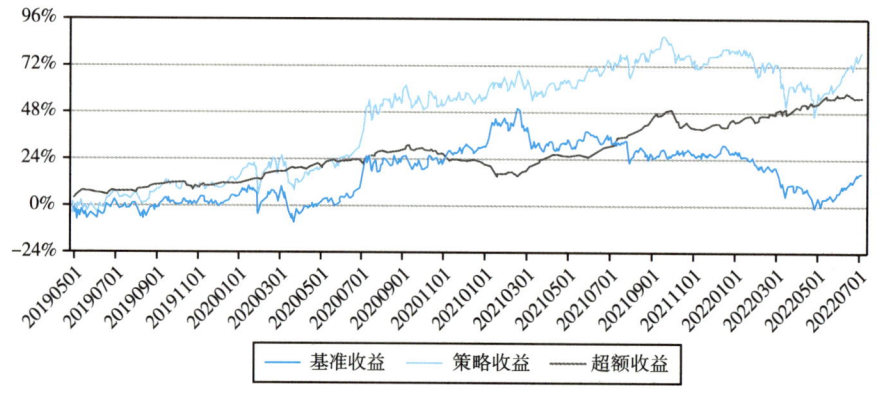

图2-3 健康指数优选100进行回测的收益曲线

（2）上市公司健康指数对下一期是否ST或*ST影响检验中内生性问题的解决。在上市公司健康指数对下一期是否ST或*ST影响的检验中可能存在内生性问题。具体而言，当期ST或者*ST的上市公司其健康指数相对更低，同时当时ST或者*ST的公司在下一期未能摘帽，依然被实施特殊处理警示。为了解决该内生性问题，报告检验当期健康指数对下一期上市公司被实施特殊处理（即从正常状态变成ST或*ST）的影响。在实证分析中，被解释变量为Special_Treatment$_t$，哑变量，如果公司t年度被实施了特殊处理则取值为1，否则取值为0。解释变量为Health_index t-1，表示t-1年度健康诊断体系得出的健康指数。

上市公司健康指数对下一期公司被实施特殊处理的影响检验如表2-9所示。Health_index t-1的影响系数为-0.579，且在1%水平上显著，表明上市公司健康指数越低，下一期被实施特殊处理的概率越大。

表2-9　　　　　　　　　　健康指数对公司下一期被实施特殊处理影响的检验

	(1)
	Special_Treatment$_t$
Health_index$_{t-1}$	-0.579***
	(-14.50)
ROA$_t$	-0.0278
	(-1.04)
lnsize$_t$	0.00456***
	(4.52)
NOCF$_t$	-0.00279
	(-0.51)
Lev$_t$	0.000438
	(0.41)
income_growth$_t$	0.00147
	(0.38)
Ind	控制
Year	控制
Constant	0.234***
	(8.84)
N	20717
R-squared	0.0599

注：10%水平显著标记*，5%水平显著标记**，1%水平显著标记***。

（3）公司是否ST或*ST对健康指数评价结果的影响。在稳健性检验中，报告考察了上市公司是否ST或*ST对健康指数评价结果的影响。表2-10显示了稳健性检验结果。ST_*ST对公司Health_index的回归系数为-0.0277，在1%水平上显著，表明了ST或者*ST公司的健康指数较低。

表 2-10　　公司是否 ST 或 *ST 对健康指数评价结果影响的检验

	(1)
	Health_index
ST_*ST	−0.0277***
	(−16.67)
ROA	0.398***
	(72.52)
lnsize	0.0161***
	(78.51)
NOCF	0.0158***
	(12.76)
Lev	−0.000530
	(−0.63)
income_growth	0.0144***
	(20.70)
Ind	控制
Year	控制
Constant	0.260***
	(27.19)
N	25456
R-squared	0.5686

注：10% 水平显著标记 *，5% 水平显著标记 **，1% 水平显著标记 ***。

（4）健康指数对未来公司发生银行贷款逾期概率的影响检验。在稳健性检验中，报告以公司发生银行贷款逾期作为发生经营危机的代理变量，检验健康指数对公司未来发生银行贷款逾期概率的影响检验。在实证模型中，被解释变量为 loan_overdue，是哑变量，如果 t 年上市公司合并集团有发生银行贷款逾期取值为1，否则取值为0。解释变量分别是 health_score_lag1 和 health_score_lag2，分别表示滞后一期（t−1年）和滞后二期（t−2年）的健康指数，其余为控制变量。

回归结果如表2-11所示，滞后一期和滞后二期健康指数的影响系数均为负，并且在1%水平显著。由此可以得到实证分析结论，t期健康指数得分更低的公司在t+1期或者t+2期发生银行贷款逾期的可能性更大。

表 2-11　　健康指数对未来公司发生银行贷款逾期概率的影响检验

	(1)	(2)
	loan_overdue	loan_overdue
health_score_lag1	−0.0696***	
	(−4.70)	
health_score_lag2		−0.0441***
		(−2.79)

续表

	(1)	(2)
	loan_overdue	loan_overdue
ROE	−0.000632	−0.000648
	(−0.95)	(−0.97)
Lnsize	−0.000366	−0.00128**
	(−0.74)	(−2.05)
NOCF	−0.00000257**	−0.00000202*
	(−2.04)	(−1.65)
Lev	0.0162***	0.0209***
	(4.39)	(4.55)
income_growth	−0.0000446	−0.000160*
	(−1.38)	(−1.78)
Year	Control	Control
Ind	Control	Control
cons	0.0392***	0.0442***
	(4.48)	(4.62)
N	20551	16340
R-squared	0.0142	0.0124

第3章
2022年中国上市公司发展状况和健康诊断综述

3.1 2022年中国上市公司发展状况分析

根据中国上市公司协会业绩快报披露，2022年，境内首发上市公司共有424家，总数增至5079家。注册制改革释放活力，上市公司群体持续壮大，引领高质量发展态势明显。截至2023年4月29日，除已公告拟延迟披露和退市、重整公司外，沪、深、北三家证券交易所共披露了2022年年度报告的5067家公司。数据显示，剔除金融地产公司外，4800余家公司总市值675464.09亿，平均市值140.99亿/家；营业收入总量587202.44亿元，平均收入122.61亿/家；净利润总量32276.34亿元，平均净利润6.74亿/家；经营活动净现金流总量55995.14亿，平均经营活动净现金流11.69亿/家。银行业42家公司，营业收入总量58529.45亿元，平均营业收入1393.56亿/家；净利润总量20831.72亿元，平均净利润495.99亿/家；市值总量87784.86亿元，平均市值2090.12亿元；经营活动净现金流量总额65949.08亿元，平均为1570.22亿元/家。

截至2022年底，市值最大的10家公司分别是贵州茅台（21694.54亿元）、工商银行（14817.90亿元）、建设银行（11041.77亿元）、农业银行（10025.88亿元）、宁德时代（9609.34亿）、招商银行（9476.39亿元）、中国银行（8781.59亿元）、中国石油（8720.37亿元）、中国人寿（8620.39亿元）、五粮液（7013.68亿元）；营业收入最高的10家公司分别是中国石化（33181.68亿元）、中国石油（32391.67亿元）、中国建筑（20550.52亿元）、中国中铁（11515.01亿元）、中国平安（11105.68亿元）、中国铁建（10963.13亿元）、中国移动（9372.59亿元）、工商银行（9179.89亿元）、建发股份（8328.12亿元）、中国人寿（8260.55亿元）；净利润最高的10家公司分别是工商银行（3610.38亿元）、建设银行（3231.66亿元）、农业银行（2586.88亿元）、中国银行（2375.04亿元）、中国石油（1639.77亿元）、中国海油（1416.77亿元）、招商银行（1392.94亿元）、中远海控（1313.38亿元）、中国移动（1255.94亿元）、中国平安（1074.32亿元）。

总体看，上市公司作为国民经济的基础，努力克服了新冠疫情反复波动、持续的"三重压力"等困难，整体业绩保持了韧性增长，坚持创新引领，深度融入现代化产业体系，持续推进数字化、高端化和绿色化发展，银行持续发挥稳定市场和经济的重要作用，业绩亮眼。资本市场推动产业、资本和科技的正向循环作用进一步凸显，上市公司的整体质量、结构和生态进一步得到了改善。同时，也要看到，2022年，内外环境依然复杂，国际方面，全球疫情仍在持续，地缘政治局势紧张，供应链和国际贸易受阻，粮食、能源等大宗商品价格大幅波动；国内方面，我国经济发展面临需求收缩、供给冲击、预期转弱三重压力，复苏动能较弱，商贸零售、房地产、交通运输、社会服务等行业受冲击较大，全市场中小市值上市公司业绩承压，市场信心亟待重塑。

3.1.1 上市公司是国民经济的"基本盘"，高质量发展进入新阶段

1. 整体保持平稳增长，公司业绩分化明显

在2022年全年，境内上市公司共实现了营业收入71.53万亿元，同比增长了7.2%；实现净利润5.63万亿元，同比增长了0.8%，整体业绩保持了平稳增长的态势。从不同板块来看，科创板全年营收增速领先，达到了29.3%；创业板净利润增速也领先，达到了11.3%。

从竞争力和盈利质量的角度来看，2022年非金融行业上市公司平均销售净利率为5.16%，平均净资产收益率为8.27%，分别比去年同期下降了0.41个百分点和0.77个百分点；整体现金流状况有所改善，经营性现金流净额为5.85万亿元，同比增长了5.2%，高于净利润增速，平均营业现金比率为9.48%[①]，五成公司的营业现金比率同比增加。

剔除金融行业和"三桶油"（指中国石油、中国石化和中国海洋石油），近六成（2884家）实体上市公司实现了营业收入同比增长，近五成（2337家）公司实现了净利润同比增长，近四成公司保持了营收和净利润双增长。**有1035家实体上市公司亏损，占比达到21.0%，亏损面较去年同期扩大了4.6个百分点，其中超过三成的亏损公司来自计算机、医药生物、电子和机械设备行业。小规模上市公司的营收和净利润分别下降了9.7%和55.6%。**

从控股类型的角度来看，央企改革的质效提升，民营经济继续保持了韧性，地方国有上市公司的增速相对放缓。共有379家中央国有控股上市公司实现了营收24.69万亿元，净利润1.30万亿元，同比增速分别达到了10.4%和4.8%，营收和净利润分别占全部上市公司的34.5%和23.0%。此外，3197家自然人控股上市公司共实现了营收16.50万亿元，净利润0.88万亿元，同比增速分别达到了13.2%和1.9%。

2. 产业格局加速演化，"双循环"相互促进

在分行业方面，上市公司所属的18个国民经济门类行业中，有11个门类行业的营收实现了正增长，8个门类行业的净利润也实现了正增长。然而，房地产业、住宿和餐饮业、教育、居民服务、修理和其他服务业等行业亏损。制造业整体的净利润略有下滑，29个制造业大类行业中，电气机械和器材制造业、农副食品加工业等12个大类实现了营收和净利双增长。

在细分行业方面，受益于大宗商品价格上涨，上游资源品相关行业（如煤炭、石油、有色金属等）实现了高增长，这些行业的整体净利润增速都高于20%，许多公司的营收和利润都翻番增长。**能源结构转型推动了新能源领域的多个行业迅猛发展，光伏、风电等领域的装机规模大幅增加，新**

---

① 营业现金比率=经营性现金流净额/营业总收入。

能源汽车产销双旺，动力电池行业规模快速扩大。光伏、新能源汽车板块公司整体营收增速分别达到了57.7%和27.4%。由于产业链安全和自主可控因素的影响，半导体设备公司实现了高增速。高技术制造业上市公司的营收增长为14.6%，科技型企业的增长动力持续迸发。

受到疫情持续散发的影响，2022年航空运输、影视院线、酒店餐饮、旅游等与接触性消费服务相关的行业仍处于亏损状态，纺织服饰、传媒等行业的整体净利润下滑。**房地产公司持续低迷，风险清理和资产负债表修复仍需要时间，钢铁、建筑材料、建筑装饰、家居家电等地产产业链相关行业的业绩仍受到限制。**

在2022年，出口形成了巨大的推动力，海外业务占比超过30%的上市公司平均净利润增速超过了10.3%，远超过了上市公司的平均水平，外贸表现出了较强的韧性。许多优势公司也在加速国际化布局。

在多重超出预期的冲击下，国家及时出台了一系列助企纾困政策，其效应也开始显现。在2022年，上市公司共收到了0.85万亿元的税费返还，同比增长了120%，税费返还总额占公司经营性现金流量净额的6.0%。

3. 资本市场功能显著提升，金融服务实体经济持续深化

在2022年全年，境内股票市场的首发募资金额达到5900亿元，再融资（包括可转债）金额达到了9400余亿元，各主体通过交易所发债筹资达到了6.45万亿元。在2022年新上市的公司中，创业板、科创板和北交所共有354家，占比达到了83%。全市场中的战略性新兴产业上市公司数量已超过2500家，市场结构持续优化。在全面推行注册制的背景下，优质科技创新公司的融资渠道得到了进一步畅通，资本市场为实体经济注入了强大动力。**在整个2022年中，共有51家公司退市，其中强制退市42家，这一数字超过了退市改革前10年的总和，常态化的退市格局基本形成。**

在全市场的金融类上市公司中，2022年实现了9.85万亿元的营收，同比下降了1.9%，净利润则增长了0.9%。有42家上市银行的资产规模保持着高速增长（平均增速为11.4%），信贷结构得到了优化，科技贷款、制造业贷款、绿色信贷余额都保持了高速增长，以支持实体经济发展，专注于重点领域，服务国家的重大战略。然而，**上市银行整体的净息差受到了压力，营收和净利润的增速相较去年有所放缓，与此同时，同期计提的资产拨备率有所下降。**受到境内外资本市场波动以及居民消费意愿减弱等影响，证券业和保险业上市公司的净利润同比分别下滑了34.5%和15.1%。

4. 创新发展动能增强，立体化推进高质量发展

上市公司进一步深化了统筹质量的有效提升和量的合理增长。它们在加快科技自立自强的步伐中积极发挥了作用，不断增强了内生增长动力，持续地投入研发方面，保持了高水平的研发投入。在2022年，全市场上市公司的研发投入总额达到了1.66万亿元，相比上一年增加了0.27万亿元，平均研发强度为2.32%，同比提高了0.25个百分点。在三个创新板块中，科创板的平均研发强度最高，达到了10.53%，全市场的高技术制造业公司研发强度达到了6.71%。上市公司充分发挥了需求牵引的主要作用，推动科技成果的转化和产业化水平的不断提升，到2022年底，累计披露的专利数量超过了140万个，较上年增长了17%以上。它们还积极地凝聚了科技研发人才，在2022年，上市公司披露的研发人员总数达到了257万人，全力推动各产业的补链、强链、升链和延链。

在2022年，上市公司的投资展现出了韧性，资本开支达到了4.83万亿元，同比增长了0.36万亿元（8.1%），有五成公司的资本开支实现了增长。数字化转型协助了成本降低和效率提高，为高质量发展带来了新的引擎。数字产业化上市公司全年的营收增长了8.9%，显示出了产业数字化转型的强劲需求。

根据年报数据的统计，2022年全市场上市公司的增加值达到了18.23万亿元[①]，同比增长了4.9%，占GDP总额的15.1%，占比进一步提升。其中，有889家高技术产业上市公司的增加值比上年增长了9.4%，增速比全国规模以上高技术制造业平均增速高出了2.0个百分点。

2022年，上市公司的全员生产率达到了62.10万元/人[②]，超过了国家统计局公布的全社会数据的四倍以上。

5. 重视ESG核心价值，持续分红增强股东回报

上市公司对ESG（环境、社会和治理）核心价值的重视进一步提升。超过1700家公司单独编制并发布了2022年的ESG相关报告[③]，占比达到了34%，家数较去年大幅增加，A+H股、央企控股、主板上市公司的发布率领先，银行、非银金融等行业的ESG相关报告发布率超过80%。

在社会责任方面，上市公司在保税收、促进就业、改善民生等方面发挥了重要作用。在2022年全年，上市公司共计贡献了4.79万亿元的税收，占全国税收总额的28.7%；新增员工人数达到了68.88万人，占全年城镇新增就业人口的5.7%，其中汽车行业新增员工超过30万人，电力设备新增员工超过20万人，医药生物、机械设备、基础化工、建筑装饰等行业也新增了超过5万名员工。全年支付的职工薪酬总额为6.24万亿元。上市公司积极承担社会责任，在抗疫一线提供援助，保障物资供应，展现了企业的担当精神；也积极服务国家战略，不断增加资金投入，优化扶贫模式，成为乡村振兴的重要力量。

在现金分红方面，年报显示现金分红金额创下历史年度新高，积极回报投资者已成为全市场的新潮流。**3413家上市公司实施或公布了年度现金分红方案，占比达到67%，合计现金分红达到了1.89万亿元，平均股利支付率为30.3%。** 27家公司的分红金额超过了百亿，其中工商银行的分红金额超过了千亿。以上交所公布的数据为例，近10年来沪市公司累计现金分红（从2013年至2022年）达到了10.12万亿元。2022年，沪市公司的累计现金分红达到了1.72万亿元，同比增长超过了12%。在1528家进行现金分红的沪市公司中，有70%的公司分红比例超过30%。值得注意的是，2022年度沪市公司的现金分红金额已经超过了市场的股权融资和主要股东减持金额的总和，显示出投融资更加均衡。央企是回报投资者的主要力量，在2022年度沪市派现公司中，有215家为央企，合计派现金额为1.05万亿元，分红比例的中位数为31.25%。其中，55家央企的分红金额超过了10亿元，19家央企的分红金额超过了100亿元。工商银行、建设银行和中国移动的现金分红总额排名前三，分别为1082亿元、973亿元和821亿元。

根据国家统计局公布的2023年一季度国民经济数据，我国经济整体呈现出恢复向好的态势，主

[①] 增加值计算方法为：净利润+职工薪酬+固定资产折旧+支付的各项税费−收到的税费返还。
[②] 全员生产率=上市公司增加值/［上市公司公告的员工总数（年初值+年末值）/2］。
[③] ESG相关报告指上市公司在定期报告外单独发布的企业社会责任报告（CSR）、可持续发展报告和ESG报告等。

要指标企稳回升，经营主体的活力增强，市场预期明显改善。2023年上市公司一季度的数据反映了预期改善，信心在加速修复。境内上市公司在一季度共实现了17.03万亿元的营业收入和1.60万亿元的净利润，同比增速分别为2.0%和2.0%。消费政策的推动和消费场景的增多，餐饮、出行等终端消费和生产生活性服务相关行业正在呈现强劲的复苏态势。

3.1.2　上市公司成为科技创新主力军，国有、民营经济并驾齐驱

中关村国睿金融与产业发展研究会根据2022年上市公司的整体业绩进行了深入研究总结，认为：尽管2022年经历了疫情的反复冲击，但上市公司的整体业绩持续向好，充分展示了我国经济具有韧性、潜力和活力的特点。各项政策效果持续显现，出现了许多亮点。研究会指出，最显著地体现在以下四个方面：首先，企业作为科技创新的主要推动者继续发挥着作用；其次，国有企业在现代化建设中发挥了稳定作用；再次，民营企业也取得了快速发展；最后，金融服务实体经济的力度不断增强。

1. 充分发挥企业科技创新的主体地位

中关村国睿金融与产业发展研究会通过对近百家上市科技企业的走访，发现广大科技企业一致认识到，我国经济社会发展必须强化企业在科技创新中的主体地位。企业作为科技创新的主要推动者，可以推动经济发展、提升国家竞争力、促进产业升级、加强自主创新能力以及促进科技和经济的深度融合。因此，科技创新不仅是高质量发展的强大动力，也是国际战略博弈的主要战场。为了加快实现高水平科技自主创新，必须强化企业在科技创新中的主导地位，因为企业距离市场最近，对市场需求反应迅速。作为企业中的佼佼者，上市公司集中了全社会的资金，因此它们成为了科技创新的主力军。

2022年年报数据显示，全市场上市公司共计投入了1.66万亿元用于研发，较上年增加了0.27万亿元。平均研发强度为2.32%，同比提高了0.25个百分点。从分行业研发强度的中位数水平看，医药生物、计算机、国防军工、通信、电子、机械设备等行业的研发强度较高。从分地区研发强度看，北京市、上海市、天津市、四川省的中位数水平较高。科技人员的数量、素质和构成结构对企业的科技创新能力具有重要影响。2022年底，累计披露的专利数量超过了140万个，同比增长超过了17%；披露的研发人员总数达到了257万人。虽然对于某些公司来说，研发投入较大可能会影响当期利润，但从二级市场投资者的反应来看，市销率超过了26倍，这充分说明投资者更加关注公司未来的增长潜力。

2. 国有企业持续发挥在国民经济发展中的支柱作用

调研发现，国有企业在中国式现代化建设中发挥着至关重要的作用。首先，它们能够在关键领域和重要产业中发挥主导作用，推动经济结构的调整和产业的升级，从而实现经济的可持续发展。其次，国有企业为其他企业提供了支持和引领作用，促进了整个产业链的协调发展。此外，国有企业在经济发展中的支柱作用还可以增强政府的宏观调控能力，提高国际竞争力，维护国家利益。同时，国有企业还可以承担国际合作和对外投资的重要角色，推动中国企业走向世界，为国家利益服务。

2022年年报显示，国有控股上市公司总资产规模达到了298.03万亿元，占GDP的246.29%。这表明国有企业对国民经济产生了更为显著的影响。国有企业，尤其是中央企业，在关键行业和重要

领域占据着主导地位，发挥着稳定作用。中央国有控股上市公司共实现了24.69万亿元的营业收入，净利润达到1.30万亿元。这些国有企业的数量虽然只占总数的7.48%，但它们为全市场的营业收入贡献了34.52%，利润贡献了23.09%。在这些国有企业中，以中国石化、中国石油、中国建筑、中国中铁、中国铁建、中国移动、工商银行、建发股份、中国人寿、建设银行为代表的前10家企业，贡献了全市场营业收入总量的21.25%。此外，工商银行、建设银行、农业银行、中国银行、中国石油、中国海油、招商银行、中远海控、中国移动9家国有上市公司的净利润超过了千亿，合计贡献了全市场净利润的33.43%。

国有企业在实现经济效益的同时，也在积极履行社会责任。它们普遍实施党建工作，积极发布ESG报告，为推动中国经济高质量发展以及建设美好中国作出了积极贡献。特别是在当前复杂的国际形势下，国有企业作为国家的重要战略工具和阵地，更需要发挥其应有的作用，为国家的长远发展提供更坚实的支持。因此，保持国有企业的稳定发展，发挥其重要作用，是中国经济持续健康发展的关键因素之一。

3. 民营企业影响力持续增强

通过对隆基绿能、宁德时代等民营企业的调研，研究会发现，这些企业都认识到民营企业对经济发展和居民就业等方面的重要性。民营企业在不仅在就业方面有贡献，还在税收贡献、创新能力等方面发挥着积极作用，为社会稳定、国家实力增强和竞争力提升作出了积极贡献。

以自然人控股上市公司为例，2022年年报数据显示，目前自然人控股上市公司的企业总资产规模达到了26.50万亿元，占GDP的21.90%。这些自然人控股上市公司的营业收入总额高达15.74万亿元，其中比亚迪、美的集团、宁德时代等企业的营业收入在民营控股上市公司中名列前茅。净利润总额为0.82万亿元，宁德时代、通威股份、天齐锂业等公司在净利润方面表现突出。研发投入总额为5819.79亿元，比亚迪、宁德时代、长城汽车等企业在研发投入方面居于前列。自然人控股上市公司的员工总数为1049.99万人。总体而言，自然人控股上市公司占比高，同时它们在收入、净利润、研发投入以及员工数量等方面都贡献了相当大的比重，为我国经济社会的高质量发展提供了不可替代的力量。

4. 金融服务实体经济的力度进一步加大

习近平总书记强调金融要服务实体经济，更好地支持中小微企业和农村经济发展，提供更多的融资和金融服务，促进经济结构的优化和升级。2022年，金融服务实体经济的力度进一步加大。虽然金融业上市公司家数只占总数的2.51%，但它们贡献了2.45万亿元的利润，同比增加了0.02万亿元。与2021年相比，金融业在全市场利润中的占比达到了43.52%，较去年缩小了2.19个百分点。

在银行业方面，整体净利差和净息差都有所收窄，显示出商业银行积极将利润让利于实体经济的迹象。在信贷投放方面，工商银行、建设银行、农业银行、中国银行、交通银行、邮储银行六大银行的新增信贷规模超过了10万亿，约占全年新增信贷规模的46.93%。这些信贷资金主要投向先进制造业、绿色金融、乡村振兴、基础设施等重点领域。

在直接融资方面，受益于注册制改革，2022年A股上市公司的再融资总额突破了1万亿元。其中，221家国有控股上市公司共计募集了7037.99亿元；414家民营控股上市公司募集了5277.99亿元。此外，在可转债市场方面，2022年度上市公司可转债市场上市了145家公司的可转债，总计募集资金2666.84亿元，其中有117家是制造业上市公司。

通过多种手段和政策，我国金融业支持实体经济，重点服务国家的重大战略，推动实体经济稳健、快速、高质量发展。

虽然在取得成绩的同时，我们也要注意到我国上市公司面临着一些挑战。例如，航空运输、影视院线、酒店餐饮、旅游等行业亟须复苏，国际贸易不确定性逐渐增加，发达经济体采取技术封锁导致部分制造业断链或原材料价格上涨。另外，技术创新和转型需要时间来完善。随着全球科技进步的加速，上市公司需要积极应对技术变革和行业转型的挑战。如果公司不能跟上技术创新的步伐，可能会面临被竞争对手超越的风险，如半导体相关产业。经济增长放缓需要时间来恢复，特别是房地产和基础设施领域，它们仍在经历结构性调整阶段。2022年，房地产企业的收入和利润都出现了双降，这对于相关产业产生了较大的影响。

3.2 2022年中国上市公司健康指数分析

当分析中国上市公司的健康状况时，该报告选择了5031家上市公司并排除了一些情况下不适用的公司，如2023年上市的公司、已退市的公司和存在异常数据的公司。值得注意的是，对于银行、非银金融和房地产行业，由于其特殊性，健康诊断体系进行了相应的优化，以适应这三个行业的特点。因此，这三个行业的分析将采用不同于其他行业的指标体系。

接下来，将从综合健康指数和九大系统指数的角度分析剔除了银行、非银金融和房地产行业后的4795家上市公司的健康状况。

3.2.1 综合健康指数

通过对全市场4795家公司2022年健康状况进行诊断分析，其综合健康指数和九大系统健康指数如表3-1所示。

表 3-1　2022年全市场上市公司健康指数诊断结果

年份	评价公司家数	综合健康指数	公司治理	外部监督	创利能力	产品销售	竞争态势	价值再造	资产资本结构	内部控制	企业文化
2021年	4368家	64.72	78.97	79.77	58.75	50.09	50.46	59.54	55.21	87.32	65.35
2022年	4795家	66.17	85.08	78.64	58.47	50.17	50.47	60.25	56.79	83.22	67.58
变化	427家	1.45	6.11	-1.13	-0.28	0.08	0.01	0.71	1.58	-4.10	2.23

数据来源：同花顺、中关村国睿金融与产业发展研究会。

2022年，剔除银行、非银金融和房地产行业的上市公司后，全市场4795家上市公司的综合健康指数平均水平为66.17。各个系统的健康指数平均水平具体如下：

- 公司治理系统健康指数平均水平为85.08
- 外部监督系统健康指数平均水平为78.64
- 创利能力系统健康指数平均水平为58.47
- 产品销售系统健康指数平均水平为50.17
- 竞争态势系统健康指数平均水平为50.47
- 价值再造系统健康指数平均水平为60.25
- 资产资本结构系统健康指数平均水平为56.79
- 内部控制系统健康指数平均水平为83.22
- 企业文化系统健康指数平均水平为67.58

与2021年相比，2022年全市场纳入评价的公司增加了427家，综合健康指数同比提高了1.45，显示出高质量发展在进一步推进。在不断面临内外部各种挑战的情况下，我国资本市场整体保持了稳健的态势，上市公司在落实高质量发展理念方面取得了显著的效果。在具体的各个系统中，公司治理水平明显提高，监管力度不断增强，企业内控水平有所提升，企业文化持续发挥引领作用。创利能力略有回落，但产品销售、竞争态势、价值再造、资产资本结构等系统呈现改善趋势。这表明我国资本市场在持续挑战下依然保持了稳健的高质量发展态势。

1. 整体分析

从全市场看，4795家上市公司综合健康指数平均水平为66.17，高于平均水平的上市公司有2485家，占总量的51.82%，低于平均水平的上市公司有2310家，占总量的48.18%。从综合健康指数区间来看，主要分布如图3-1所示。

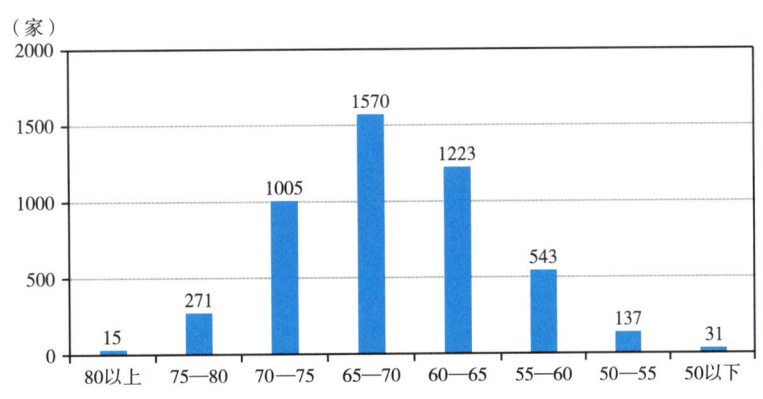

图3-1 全市场上市公司综合健康指数分布情况

根据4795家上市公司的综合健康指数分布情况，可以得出以下结论：

综合健康指数80以上的公司有15家，这些公司是全市场高质量发展的领军者。其中，**排名前三的公司分别是迈瑞医疗、五粮液和华菱钢铁。**

综合健康指数位于75—80的上市公司有271家，占总量的5.65%。这些公司在所在行业以及全市场中都是优秀的代表，展现出出色的综合健康状况。

综合健康指数位于70—75的上市公司有1005家，占总量的20.96%。这些公司也呈现出较好的健康状况，是资本市场的重要一部分。

综合健康指数位于65—70的上市公司最多，共有1570家，占总量的32.74%。这部分公司虽然健康状况略低，但仍然是市场的主要成员。

综合健康指数位于60—65的上市公司有1223家，占总量的25.51%。这些公司可能在某些方面需要进一步改善健康状况。

综合健康指数低于60的上市公司数量相对较多，共有543家。其中，综合健康指数位于55—60的上市公司占比较大，而综合健康指数低于55的上市公司有168家。这些公司在行业中的排名普遍较靠后。

特别值得注意的是，31家综合健康指数低于50的上市公司整体上都存在各类风险，其中一些可能是ST/*ST公司，这些公司的综合健康状况较为脆弱。

综合健康指数75以上的286家公司在九大系统方面均表现良好，是全市场高质量发展的典型代表。这个指标分布情况可以为投资者和市场监管部门提供重要参考，帮助评估和了解上市公司的整体健康状况。

从行业方面看，286家公司主要集中在医药生物、基础化工、电力设备、机械设备、电子、计算机等行业，如图3-2所示。

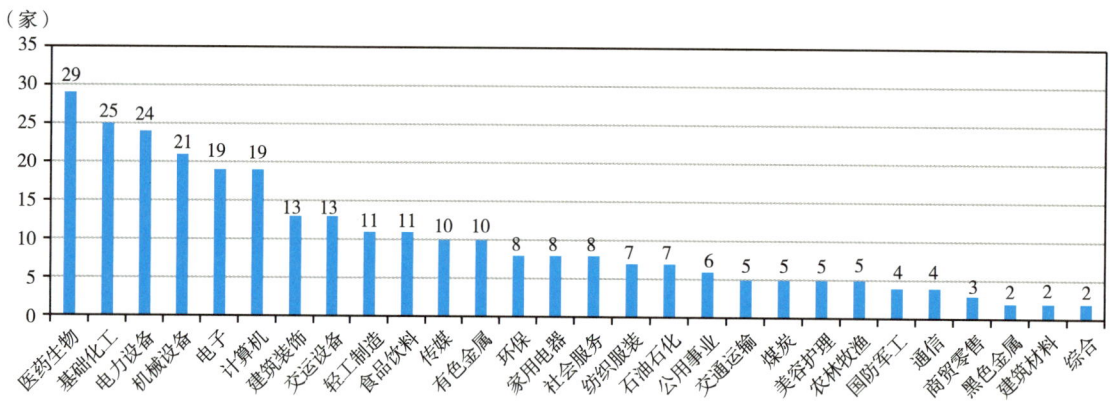

图3-2　综合健康指数75以上上市公司行业分布

从地区看，286家公司主要分布在广东、北京、浙江、江苏、上海等27个省份（直辖市、自治区），4个省份（自治区）无上市公司进入综合健康指数75以上，分别是甘肃省、海南省、黑龙江省、宁夏回族自治区，如图3-3所示。从省属地级市（或直辖市辖区）来看，综合健康指数75以上的公司中：

- 广东省深圳市有19家公司
- 北京市海淀区有17家
- 广东省广州市有13家
- 上海市浦东新区有12家
- 浙江省杭州市有11家

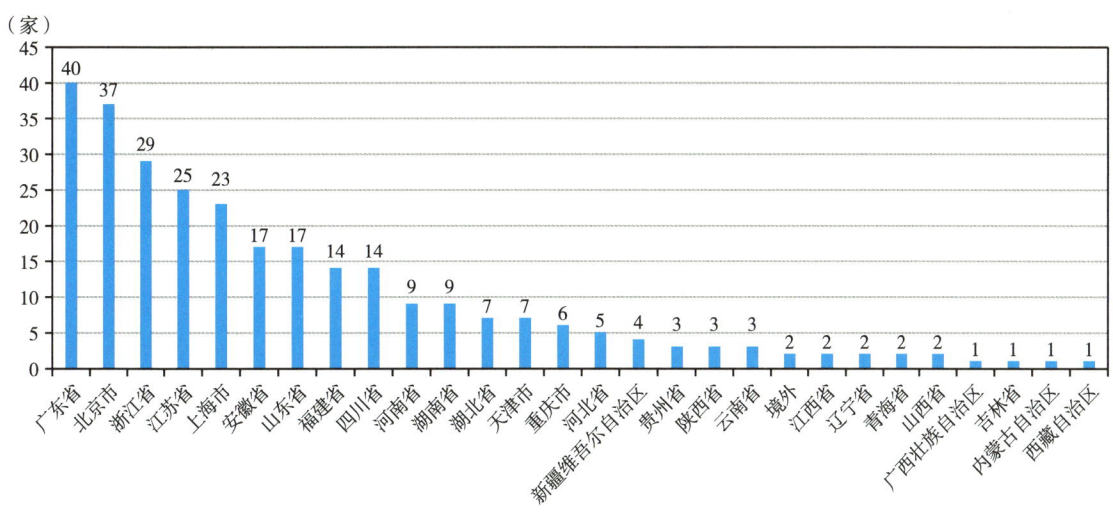

图3-3 综合健康指数75以上上市公司地区分布

从产权性质看，286家公司中，中央控股上市公司65家，地方国有控股上市公司60家，非国有控股上市公司161家，如图3-4所示，民营上市公司展现了资本市场生力军的作用。

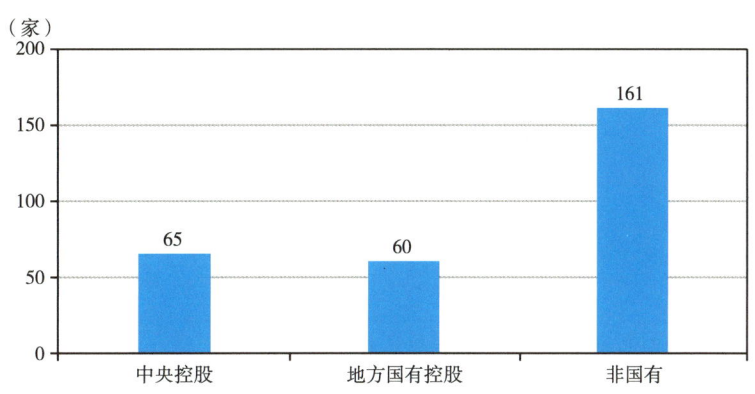

图3-4 综合健康指数75以上上市公司产权分布

2. 行业分析

报告采用同花顺行业分类，剔除房地产、银行和非银金融行业后，4795家上市公司分属于28个同花顺一级行业，如表3-2所示。从数量上看，机械设备、医药生物、电子、基础化工、计算机、电力设备等是上市公司较为集中的行业，占分析总量的50.84%。

表3-2 全市场一级行业上市公司综合健康指数平均水平

一级行业_同花顺	上市公司数量（家）	平均综合健康指数	综合健康指数最高的公司
机械设备	482	66.16	天地科技（80.43）
医药生物	474	66.16	迈瑞医疗（82.11）
电子	437	66.11	北方华创（78.22）
基础化工	385	66.23	盐湖股份（80.99）

续表

一级行业_同花顺	上市公司数量（家）	平均综合健康指数	综合健康指数最高的公司
计算机	333	66.18	宝信软件（79.36）
电力设备	327	66.15	当升科技（80.07）
交运设备	287	66.15	爱玛科技（80.17）
轻工制造	173	66.13	公牛集团（79.05）
建筑装饰	152	65.89	四川路桥（79.67）
传媒	139	66.10	三七互娱（79.04）
有色金属	136	66.14	永兴材料（80.46）
环保	134	65.81	三峰环境（76.91）
国防军工	129	66.58	中航光电（78.83）
交通运输	129	66.70	中远海控（81.49）
食品饮料	126	66.42	五粮液（81.57）
公用事业	122	66.60	南网储能（77.26）
通信	119	65.57	亿联网络（77.03）
商贸零售	104	66.43	国联股份（77.30）
农林牧渔	103	66.10	牧原股份（76.52）
纺织服装	95	66.10	稳健医疗（80.92）
家用电器	78	66.03	海信视像（77.30）
社会服务	78	66.39	华测检测（80.13）
建筑材料	76	65.84	伟星新材（78.24）
石油石化	47	65.94	中国海油（78.72）
黑色金属	44	66.91	华菱钢铁（81.56）
煤炭	34	65.33	陕西煤业（80.45）
美容护理	28	66.14	珀莱雅（78.45）
综合	24	67.11	鲁银投资（76.61）
总计	4795	66.17	—

数据来源：同花顺、中关村国睿金融与产业发展研究会。

从同花顺一级行业分布来看，有10个行业综合健康指数水平高于全市场平均水平，如表3-3所示，在上市公司数量超100家的行业中，综合健康指数平均水平较高的3个行业分别是：交通运输（66.70）、公用事业（66.60）、国防军工（66.58）。

在上市公司数量超100家的行业中，综合健康指数平均水平较低的3个行业分别是：通信（65.57）、环保（65.81）、建筑装饰（65.89）。

3. 地区分析

报告分析的4795家上市公司均上市于A股上海证券交易所、深圳证券交易所和北京证券交易所，除个别公司外，均是我国境内31个省份（自治区、直辖市）注册的公司，如表3-3所示。

从省份分布看，4795家上市公司主要集中在广东省（788家）、浙江省（632家）、江苏省（609家）、北京市（415家）、上海市（376家）、山东省（283家），占据了总量的64.71%。

从综合健康指数平均水平看，在上市公司数量超过100家的省份（自治区、直辖市）中，综合健康指数平均水平较高的省份分别是：

- 安徽省（67.30）
- 北京市（67.24）
- 四川省（66.85）
- 浙江省（66.67）
- 上海市（66.66）

表 3-3　　　　　　　　　　　全市场各地区上市公司综合健康指数平均水平

省份（自治区、直辖市）	上市公司数量（家）	综合健康指数平均水平	综合健康指数最高的上市公司
广东省	788	65.67	迈瑞医疗（82.11）
浙江省	632	66.67	永兴材料（80.46）
江苏省	609	65.97	洋河股份（78.38）
北京市	415	67.24	天地科技（80.43）
上海市	376	66.66	宝信软件（79.36）
山东省	283	66.51	鲁泰A（78.25）
四川省	163	66.85	五粮液（81.57）
福建省	161	66.40	宁德时代（78.78）
安徽省	157	67.30	三七互娱（79.04）
湖南省	135	66.16	华菱钢铁（81.56）
湖北省	130	65.30	明德生物（80.06）
河南省	103	66.44	中航光电（78.83）
辽宁省	83	64.10	圆通速递（77.74）
江西省	75	65.74	赣锋锂业（76.62）
陕西省	70	66.19	陕西煤业（80.45）
河北省	69	66.64	以岭药业（79.11）
天津市	65	67.93	中远海控（81.49）
重庆市	59	66.14	长安汽车（78.76）
新疆维吾尔自治区	56	63.88	特变电工（79.42）
吉林省	46	63.13	长春高新（76.50）
山西省	39	64.69	山西汾酒（80.15）
广西壮族自治区	37	63.09	粤桂股份（75.06）
云南省	37	66.08	南网储能（77.26）
黑龙江省	36	64.56	佳电股份（72.72）
甘肃省	34	63.79	甘肃能化（71.76）
贵州省	33	65.92	振华科技（78.42）
海南省	26	62.18	海峡股份（73.19）
内蒙古自治区	25	67.93	北方稀土（75.65）
西藏自治区	20	64.04	梅花生物（77.39）
宁夏回族自治区	15	64.57	宁夏建材（74.40）
青海省	10	64.28	盐湖股份（80.99）
其他*	8	70.93	中国海油（78.72）
总计	4795	66.17	—

注：其他*：华润微、九号公司、中芯国际、格科微、百济神州、中国移动、中国海油、诺诚健华8家公司注册地均不在境内，故不计各省份分析。

数据来源：同花顺、中关村国睿金融与产业发展研究会。

3.2.2 公司治理系统

全市场4795家上市公司公司治理系统健康指数平均水平为85.08。行业平均水平以上的上市公司有2524家，占总数的52.64%。从区间分布看，60以下的仅有1家，占0.02%；60—70的有49家，占1.02%；70—80的有789家，占16.45%；80—90的有2949家，占61.50%；90以上的有1007家，占21.00%。

全市场公司治理系统健康指数排名前10的公司分别是：**中远海能（97.51）、山东黄金（97.49）、凯盛新能（97.17）、江山股份（97.14）、辰安科技（96.89）、数字认证（96.87）、农产品（96.78）、长安汽车（96.52）、新世界（96.49）、东方中科（96.35）**。

3.2.3 外部监督系统

全市场4795家上市公司外部监督系统健康指数平均水平为78.64。行业平均水平以上的上市公司有2836家，占总数的59.14%。从区间分布看，50以下的有121家，占2.52%；50—60的有202家，占4.21%；60—70的有353家，占7.36%；70—80的有1609家，占33.56%；80—90的有2114家，占44.09%；90以上的有396家，占8.26%。

全市场外部监督系统健康指数排名前10的公司分别是：**新产业（97.08）、华润三九（96.78）、科博达（96.74）、海油工程（96.61）、中钨高新（96.15）、奇安信（95.96）、以岭药业（95.83）、广联达（95.82）、金盘科技（95.79）、金山办公（95.66）**。

3.2.4 创利能力系统

全市场4795家上市公司创利能力系统健康指数平均水平为58.47。行业平均水平以上的上市公司有2452家，占总数的51.14%。从区间分布看，40以下的有116家，占2.42%；40—50的有915家，占19.08%；50—60的有1588家，占33.12%；60—70的有1571家，占32.76%；70以上的有605家，占12.62%。

全市场创利能力系统健康指数排名前10的公司分别是：**九安医疗（85.64）、吉比特（84.99）、亚辉龙（84.74）、科锐国际（83.75）、伟星新材（83.34）、山西汾酒（83.08）、潞安环能（82.91）、轻纺城（82.86）、贵州茅台（82.86）、同花顺（82.81）**。

3.2.5 价值再造系统

全市场4795家上市公司价值再造系统健康指数平均水平为60.25。行业平均水平以上的上市公司有2468家，占总数的51.47%。从区间分布看，40以下的有87家，占1.81%；40—50的有510家，占10.64%；50—60的有1678家，占34.99%；60—70的有1878家，占39.17%；70以上的有642家，占13.39%。

全市场价值再造系统健康指数排名前10的公司分别是：**稳健医疗（86.11）、完美世界（83.71）、四川路桥（83.54）、国新文化（83.37）、冰川网络（82.76）、牧原股份（82.56）、盐湖股份（81.90）、赣锋锂业（81.45）、华凯易佰（81.37）、鲁泰A（81.14）**。

3.2.6 产品销售系统

全市场4795家上市公司产品销售系统健康指数平均水平为50.17。行业平均水平以上的上市公司有2441家，占总数的50.91%。从区间分布看，40以下的有1077家，占22.46%；40—50的有1253家，占26.13%；50—60的有1293家，占26.97%；60—70的有896家，占18.69%；70以上的有276家，占5.76%。

全市场产品销售系统健康指数排名前10的公司分别是：**中航沈飞（86.60）、四川路桥（86.05）、创新新材（84.12）、长电科技（82.36）、双良节能（82.19）、一汽富维（82.00）、浙江交科（81.74）、立讯精密（81.68）、浙富控股（81.67）、浙江建投（81.63）**。

3.2.7 竞争态势系统

全市场4795家上市公司竞争态势系统健康指数平均水平为50.47。行业平均水平以上的上市公司有2328家，占总数的48.55%。从区间分布看，40以下的有966家，占20.15%；40—50的有1437家，占29.97%；50—60的有1312家，占27.36%；60—70的有797家，占16.62%；70以上的有283家，占5.90%。

全市场竞争态势系统健康指数排名前10的公司分别是：**中控技术（86.65）、中远海控（86.26）、汇川技术（85.75）、迈瑞医疗（85.57）、宝钢股份（85.29）、万泰生物（84.29）、华熙生物（84.19）、北方华创（84.08）、达安基因（83.22）、稳健医疗（82.47）**。

3.2.8 资产资本结构系统

全市场4795家上市公司资产资本结构系统健康指数平均水平为56.79。行业平均水平以上的上市公司有2402家，占总数的50.09%。从区间分布看，40以下的有247家，占5.15%；40—50的有1060家，占22.11%；50—60的有1608家，占33.53%；60—70的有1365家，占28.47%；70以上的有515家，占10.74%。

全市场资产资本结构系统健康指数排名前10的公司分别是：**密封科技（82.72）、晨光新材（82.32）、中亦科技（82.14）、浙江恒威（81.83）、新媒股份（81.64）、利仁科技（81.63）、新光药业（81.53）、凌霄泵业（81.13）、晶华微（80.89）、金岭矿业（80.27）**。

3.2.9 内部控制系统

全市场4795家上市公司内部控制系统健康指数平均水平为83.22。行业平均水平以上的上市公司有2749家，占总数的57.33%。从区间分布看，60以下的有42家，占0.88%；60—70的有164家，占3.42%；70—80的有1088家，占22.69%；80—90的有2895家，占60.38%；90以上的有606家，占12.64%。

全市场内部控制系统健康指数排名前10的公司分别是：**亿通科技（93.57）、海天味业（93.57）、天味食品（93.57）、东软载波（93.57）、珠江啤酒（93.57）、河钢资源（93.57）、四川双马**

（93.57）、九阳股份（93.57）、再升科技（93.57）、四川成渝（93.57）、广州酒家（93.57）。

3.2.10 企业文化系统

全市场4795家上市公司企业文化系统健康指数平均水平为67.58。行业平均水平以上的上市公司有2384家，占总数的49.72%。从区间分布看，50以下的有322家，占6.72%；50—60的有968家，占20.19%；60—70的有1458家，占30.41%；70—80的有1272家，占26.53%；80以上的有775家，占16.16%。

全市场企业文化系统健康指数排名前10的公司分别是：卫星化学（96.20）、公牛集团（95.68）、九安医疗（95.62）、荃银高科（95.01）、伊利股份（94.10）、京运通（94.08）、妙可蓝多（93.53）、中际旭创（93.52）、科华数据（93.50）、信维通信（93.49）。

第二篇
行业篇

第4章
传媒行业

传媒行业涉及信息传播和媒体内容制作的广泛领域。这个行业包括了各种传媒公司、机构和平台，以不同的形式传递信息和内容给观众、读者或用户。传媒行业在现代社会中扮演着至关重要的角色，它影响着人们的意识形态、价值观和文化观念，主要包括印刷媒体、广播媒体、数字媒体、电影和影视制作、广告和市场营销、新闻机构、文娱游戏等领域。传媒行业在塑造公众意识和文化认知方面发挥着重要作用。

4.1 行业核心财务指标分析

截至2022年底，A股市场传媒行业共有上市公司142家，总市值共计12168.56亿元，平均市值85.69亿元/家，营业总收入5072.76亿元，平均营业收入35.72亿元/家，净利润总额为137.48亿元，平均净利润0.97亿元/家。市值最大的为分众传媒（964.74亿元），营业收入最高的为蓝色光标（366.83亿元），净利润最高的是三七互娱（29.10亿元）。其中，营业收入小于10亿元的公司有49家，约占该行业的34.51%；小于5亿元的31家，约占该行业的21.83%。2022年，传媒行业上市公司研发投入合计为179.57亿元。行业相关关键指标对比情况见表4-1。

表4-1 传媒行业关键指标对比

行业关键指标	2022年（中位数水平）	2021年（中位数水平）	变动情况
营业总收入3年复合增长率	-0.37%	2.33%	-2.70%
净利润3年复合增长率	5.76%	9.65%	-3.89%
年化总资产报酬率	2.54%	3.75%	-1.21%
年化净资产报酬率	3.46%	5.42%	-1.96%
销售毛利率	30.71%	31.37%	-0.66%
销售净利率	4.81%	6.60%	-1.79%
研发强度	2.57%	2.44%	0.13%
分红比例	45.08%	33.37%	11.71%
权益乘数	1.59	1.57	0.02
流动比率	2.02	2.05	-0.03

续表

行业关键指标	2022年（中位数水平）	2021年（中位数水平）	变动情况
速动比率	1.51	1.55	-0.04
现金流量利息保障倍数	927.68	1132.12	-204.44
总资产周转率	0.43	0.47	-0.04
存货周转率	6.87	6.17	0.70
应收账款周转率	4.81	5.03	-0.22

数据来源：同花顺、中关村国睿金融与产业发展研究会。

总体来看，2022年传媒行业整体发展略有下滑，但分红比例提升，偿债能力基本保持较高水平，运营周转保持正常，整体韧性较好。

4.2 健康指数分析

根据报告分析口径，剔除数据异常以及退市公司后，本报告共对传媒行业139家上市公司开展健康诊断。

4.2.1 综合健康指数分析

1. 一级行业综合健康指数分析

诊断结果显示，传媒行业综合健康指数平均水平为66.10，其中**三七互娱（79.04）**、**恺英网络（78.17）**、**吉比特（78.03）**位列行业前三。从指数分布看，高于平均水平的有69家，占行业总数的49.64%。其中，如图4-1所示，综合健康指数在60以下的有25家，占17.99%；60—70的有73家，占52.52%；70以上的有41家，占29.50%。

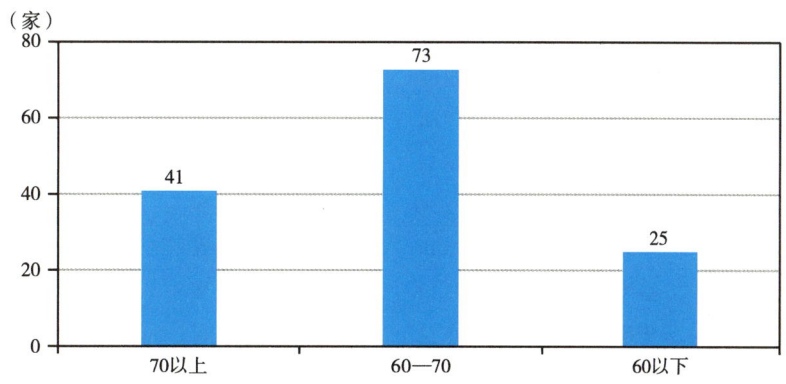

图4-1 传媒行业上市公司综合健康指数区间分布情况

2. 细分行业综合健康指数分析

"传媒行业"行业只有1个二级行业，可细分为6个三级行业，如图4-2所示，各细分行业综合健康指数情况如下：

（1）三级"出版"行业，28家公司综合健康指数平均水平为69.79，最高的是中文传媒（75.19）。

（2）三级"广告营销"行业，31家公司综合健康指数平均水平为64.65，最高的是三人行（74.30）。

（3）三级"数字媒体"行业，15家公司综合健康指数平均水平为68.73，最高的是新华网（74.77）。

（4）三级"影视院线"行业，23家公司综合健康指数平均水平为60.06，最高的是慈文传媒（66.43）。

（5）三级"游戏"行业，30家公司综合健康指数平均水平为66.78，最高的是三七互娱（79.04）。

（6）三级"有线电视网络"行业，12家公司综合健康指数平均水平为67.83，最高的是新媒股份（76.56）。

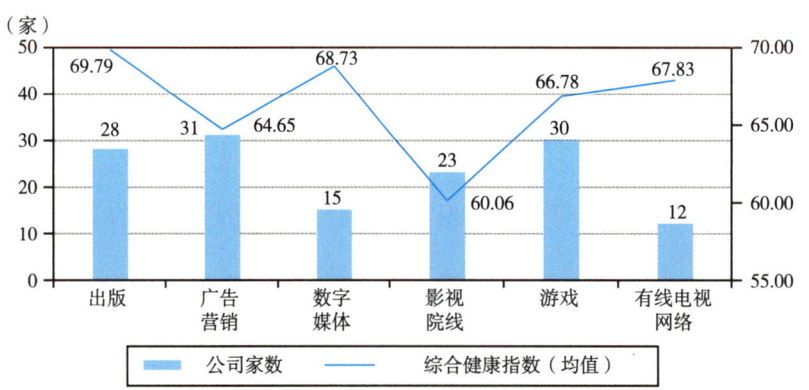

图4-2　2022年传媒细分行业综合健康指数平均水平

传媒行业上市公司综合健康指数排名前10%的公司如表4-2所示。

表4-2　传媒行业2022年综合健康指数前10%排名

排名	公司代码	公司名称	综合健康指数	二级行业_同花顺	三级行业_同花顺
1	002555.SZ	三七互娱	79.04	传媒	游戏
2	002517.SZ	恺英网络	78.17	传媒	游戏
3	603444.SH	吉比特	78.03	传媒	游戏
4	002624.SZ	完美世界	77.64	传媒	游戏
5	300770.SZ	新媒股份	76.56	传媒	有线电视网络
6	300002.SZ	神州泰岳	75.56	传媒	游戏
7	600373.SH	中文传媒	75.19	传媒	出版
8	300494.SZ	盛天网络	75.19	传媒	游戏
9	000156.SZ	华数传媒	75.14	传媒	有线电视网络
10	601098.SH	中南传媒	75.13	传媒	出版
11	603888.SH	新华网	74.77	传媒	数字媒体
12	605168.SH	三人行	74.30	传媒	广告营销
13	601019.SH	山东出版	74.22	传媒	出版
14	603000.SH	人民网	73.99	传媒	数字媒体

数据来源：同花顺、中关村国睿金融与产业发展研究会。

4.2.2 九大系统健康指数分析

1. 公司治理系统

传媒行业139家上市公司公司治理系统健康指数平均水平为84.43，略低于全市场公司治理健康指数平均水平（85.08）。行业平均水平以上的上市公司有75家，占总数的53.96%。从区间分布看，60—70的有5家，占3.60%；70—80的有30家，占21.58%；80—90的有69家，占49.64%；90以上的有35家，占25.18%。

从行业健康诊断看，公司治理系统健康指数排名前10的公司是：**广西广电（95.95）、东方明珠（95.00）、湖北广电（94.07）、华数传媒（93.64）、川网传媒（93.35）、人民网（93.34）、分众传媒（92.96）、国脉文化（92.80）、新媒股份（92.73）、中国电影（92.66）**。

2. 外部监督系统

传媒行业139家上市公司外部监督系统健康指数平均水平为77.85，略低于全市场外部监督健康指数平均水平（78.64）。行业平均水平以上的上市公司有88家，占总数的63.31%。从区间分布看，50以下的有7家，占5.04%；50—60的有7家，占5.04%；60—70的有13家，占9.35%；70—80的有33家，占23.74%；80—90的有68家，占48.92%；90以上的有11家，占7.91%。

从行业健康诊断看，外部监督系统健康指数排名前10的公司是：**吉比特（95.56）、浙数文化（94.11）、芒果超媒（93.04）、三七互娱（92.58）、华数传媒（91.57）、皖新传媒（91.53）、中文传媒（91.33）、恺英网络（90.84）、分众传媒（90.76）、完美世界（90.57）**。

3. 创利能力系统

传媒行业139家上市公司创利能力系统健康指数平均水平为58.98，略高于全市场创利能力健康指数平均水平（58.47）。行业平均水平以上的上市公司有67家，占总数的48.20%。从区间分布看，40以下的有1家，占0.72%；40—50的有24家，占17.27%；50—60的有51家，占36.69%；60—70的有43家，占30.94%；70以上的有20家，占14.39%。

从行业健康诊断看，创利能力系统健康指数排名前10的公司是：**吉比特（84.99）、盛天网络（77.41）、新经典（75.00）、人民网（74.86）、电魂网络（74.75）、三七互娱（74.68）、新媒股份（74.07）、恺英网络（73.00）、浙数文化（72.58）、新华网（72.26）**。

4. 价值再造系统

传媒行业139家上市公司价值再造系统健康指数平均水平为60.94，略高于全市场价值再造健康指数平均水平（60.25）。行业平均水平以上的上市公司有70家，占总数的50.36%。从区间分布看，40以下的有2家，占1.44%；40—50的有14家，占10.07%；50—60的有44家，占31.65%；60—70的有54家，占38.85%；70以上的有25家，占17.99%。

从行业健康诊断看，价值再造系统健康指数排名前10的公司是：**完美世界（83.71）、冰川网络（82.76）、恺英网络（79.97）、吉比特（79.39）、神州泰岳（78.25）、元隆雅图（77.24）、三七互娱（76.20）、昆仑万维（75.21）、中南传媒（75.04）、姚记科技（72.96）**。

5. 产品销售系统

传媒行业139家上市公司产品销售系统健康指数平均水平为50.41，略高于全市场产品销售健康指数平均水平（50.17）。行业平均水平以上的上市公司有69家，占总数的49.64%。从区间分布看，40以下的有23家，占16.55%；40—50的有46家，占33.09%；50—60的有43家，占30.94%；60—70的有24家，占17.27%；70以上的有3家，占2.16%。

从行业健康诊断看，产品销售系统健康指数排名前10的公司是：**天龙集团（74.77）、省广集团（73.60）、浙文互联（72.36）、蓝色光标（69.69）、捷成股份（68.23）、时代出版（68.21）、利欧股份（67.43）、三人行（67.39）、广弘控股（66.31）、天地在线（66.11）**。

6. 竞争态势系统

传媒行业139家上市公司竞争态势系统健康指数平均水平为50.55，略高于全市场竞争态势健康指数平均水平（50.47）。行业平均水平以上的上市公司有69家，占总数的49.64%。从区间分布看，40以下的有30家，占21.58%；40—50的有40家，占28.78%；50—60的有32家，占23.02%；60—70的有31家，占22.30%；70以上的有6家，占4.32%。

从行业健康诊断看，竞争态势系统健康指数排名前10的公司是：**恺英网络（77.34）、华数传媒（75.72）、浙数文化（75.52）、凤凰传媒（73.47）、三七互娱（72.01）、中南传媒（71.97）、昆仑万维（69.69）、省广集团（69.20）、吉比特（68.88）、完美世界（68.83）**。

7. 资产资本结构系统

传媒行业139家上市公司资产资本结构系统健康指数平均水平为56.11，略低于全市场资产资本结构健康指数平均水平（56.79）。行业平均水平以上的上市公司有71家，占总数的51.08%。从区间分布看，40以下的有8家，占5.76%；40—50的有33家，占23.74%；50—60的有46家，占33.09%；60—70的有39家，占28.06%；70以上的有13家，占9.35%。

从行业健康诊断看，资产资本结构系统健康指数排名前10的公司是：**新媒股份（81.64）、冰川网络（76.27）、读客文化（76.01）、川网传媒（75.11）、兆讯传媒（74.90）、果麦文化（72.96）、盛天网络（72.74）、荣信文化（72.51）、返利科技（72.47）、三六五网（70.96）**。

8. 内部控制系统

传媒行业139家上市公司内部控制系统健康指数平均水平为83.21，略低于全市场内部控制健康指数平均水平（83.22）。行业平均水平以上的上市公司有80家，占总数的57.55%。从区间分布看，60以下的有2家，占1.44%；60—70的有3家，占2.16%；70—80的有34家，占24.46%；80—90的有82家，占58.99%；90以上的有18家，占12.95%。

从行业健康诊断看，内部控制系统健康指数排名前10的公司是：**巨人网络（93.50）、风语筑（93.13）、芒果超媒（93.08）、新经典（93.08）、华媒控股（92.26）、东方明珠（92.05）、电声股份（91.93）、宝通科技（91.92）、中广天择（91.50）、三人行（91.31）**。

9. 企业文化系统

传媒行业139家上市公司企业文化系统健康指数平均水平为67.65，略高于全市场企业文化健康指数平均水平（67.58）。行业平均水平以上的上市公司有59家，占总数的42.45%。从区间分布看，50以下的有1家，占0.72%；50—60的有32家，占23.02%；60—70的有52家，占37.41%；70—80的有37家，占26.62%；80以上的有17家，占12.23%。

从行业健康诊断看，企业文化系统健康指数排名前10的公司是：**完美世界**（91.91）、**宝通科技**（91.68）、**恺英网络**（90.70）、**三七互娱**（88.01）、**利欧股份**（86.11）、**视觉中国**（84.96）、**掌阅科技**（84.90）、**神州泰岳**（84.17）、**电魂网络**（83.82）、**世纪华通**（83.10）。

4.3 行业机遇、挑战和发展对策

4.3.1 行业发展面临的机遇

随着社交媒体的普及和数字技术的迅猛发展，传媒产业正在经历一次巨大的变革。

1. 数字化媒体的快速发展：随着互联网的普及和数字化媒体的迅速发展，传媒行业可以通过在线平台和数字内容的创新，满足消费者日益增长的在线内容需求，从而拓展市场份额。

2. 在线内容消费的增加：人们对在线内容消费的需求不断增加，涵盖了流媒体、社交媒体、短视频等多个领域。传媒行业可通过生产和传播优质内容，吸引用户和广告主，实现业务增长。

3. 数字广告市场的扩大：随着互联网广告市场的不断扩大，传媒行业可以通过广告技术的创新和精准投放，提供更有效的广告解决方案，满足广告主的需求，从而实现广告收入的增长。

4. 用户体验和社交化的重视：用户体验和社交化的趋势也在影响传媒行业。传媒企业需要关注用户的使用体验，提供更便捷和个性化的服务。同时，将社交化融入媒体中，使用户成为内容的生产者和传播者，有助于提高用户黏性和传播效果。

4.3.2 行业发展面临的挑战

随着科技水平的提升、人民群众生活水平的提高，以及用户需求日益多元化，传媒行业发展面临一系列挑战。

1. 数字化转型：随着数字技术的普及，传统媒体面临着向数字化转型的压力。数字媒体和互联网提供了更便捷和个性化的内容传播方式，传统印刷媒体和广播电视的受众逐渐减少。

2. 新兴媒体竞争：新兴媒体平台和社交媒体的兴起增加了传媒行业的竞争压力。这些平台成为人们获取信息和娱乐的主要途径，吸引了大量用户和广告资源。

3. 虚假信息和信息信任危机：数字化时代，虚假信息和谣言的传播成为严重问题，影响公众对媒体的信任。传媒行业需要应对信息可信度和质量的挑战，维护媒体的公信力。

4. 广告收入下降：随着数字媒体的兴起，广告主倾向于在互联网和社交媒体平台上投放广告，传统媒体的广告收入受到冲击，广告营收下降成为问题。

5. 内容过载和注意力竞争：数字时代，人们面临大量信息和内容的过载，传媒行业需要应对用户的注意力竞争。吸引和保持受众的关注成为挑战。

6. 版权保护和内容盗版：数字化环境下，内容盗版和侵权问题严重，传媒公司需要采取措施保护版权和内容创作者的权益。

7. 平台集中化：一些大型数字媒体平台垄断了信息传播和内容分发市场，传媒行业需要关注可能带来的市场垄断和竞争问题。

8. 持续监管和政策变化：传媒行业通常受到政府监管，政策和法规的变化可能对行业产生影响。行业需要适应不断变化的监管环境。

同时，受到经济环境影响，2022年我国传媒行业中有42家公司出现亏损，研发强度低于2%的公司有48家，占行业公司总数的三分之一以上。创利能力不足、发展潜力不足是这部分公司面临的主要挑战。

4.3.3 行业发展建议

为了应对这些挑战，传媒行业可以采取以下措施来保持竞争力，实现可持续发展：

1. 数字化转型：传媒企业应积极推动数字化转型，加强在线内容生产和分发能力。发展多媒体内容和移动端应用，以满足年轻受众的需求，同时提供个性化的用户体验。

2. 提高内容质量：注重生产和传播优质内容，保持内容的独特性和原创性。提高用户对媒体品牌的信任和忠诚度，同时抵制低质信息传播，维护媒体生态的健康发展。

3. 多元化收入来源：传媒企业应寻找多元化的收入来源，不仅仅依赖广告收入。可以考虑通过订阅服务、会员制度、特殊活动等方式增加收入，降低对广告营收的依赖。

4. 数据驱动决策：利用大数据和用户分析技术，了解受众的兴趣和需求，做出更精准的决策。通过数据支持，优化内容策略和广告投放，提升受众参与度和满意度。

5. 加强版权保护：传媒企业要采取措施加强版权保护，防止内容盗版和侵权行为。维护内容创作者和媒体公司的权益，为创作提供保障。

6. 创新广告模式：探索新的广告模式和营销手段，如原生广告、影片植入等。提高广告的创意和互动性，以吸引更多广告主的投放。

7. 提高社交媒体影响力：提升在社交媒体平台的存在感和影响力，与用户互动，借助社交媒体的传播力，吸引更多用户关注和参与。

8. 与新兴媒体合作：建立与新兴媒体平台的合作关系，共同开发内容，扩展传播渠道。通过资源共享和优势互补，提高传媒企业的影响力。

9. 强化监管合规：遵守相关法律法规，加强内容审核，确保内容的合法性和公正性。建立健全的内容审核机制，维护行业的良性竞争环境。

10. 提升员工素质：传媒企业应重视员工培训，提升员工的技能和素质。适应新的媒体环境和技术发展，推动企业的创新和发展。

通过以上措施，传媒行业可以更好地应对挑战，保持竞争力，并不断适应市场变化和用户需求，实现可持续发展。同时，行业应密切关注技术和市场的发展动态，及时调整策略，保持灵活性和创新性，以确保在竞争激烈的环境中取得成功。

第5章
电力设备行业

电力设备行业是指专门从事电力生产、传输、分配以及电能转换的设备制造和销售的产业。在现代社会中扮演着至关重要的角色，为社会经济发展提供了稳定可靠的电力供应。电力设备行业包括发电设备、输电和变电设备、配电设备、控制设备、储能设备等不同类型的设备制造商。电力设备行业的发展与全球能源需求、能源政策、环保法规等密切相关。随着"碳中和"战略的推进，对清洁能源和可持续发展的需求不断增加，电力设备行业也在不断创新和发展，以适应未来的能源格局。

5.1 行业核心财务指标分析

截至2022年底，A股市场电力设备行业共有上市公司328家，总市值共计68926.16亿元，平均市值210.14亿元/家，营业总收入31961.86亿元，平均营业收入97.44亿元/家，净利润总额为**2799.34亿元，平均净利润8.53亿元/家**。市值最大的为**宁德时代**（9609.34亿元），营业收入最高的为**宁德时代**（3285.94亿元），净利润最高的是**宁德时代**（334.57亿元）。其中，营业收入小于10亿元的公司有68家，约占该行业的20.73%；小于5亿元的28家，约占该行业的8.54%。2022年，电力设备行业上市公司研发投入合计为1480.21亿元。行业相关关键指标对比情况见表5-1。

表 5-1　　电力设备行业关键指标对比

行业关键指标	2022年（中位数水平）	2021年（中位数水平）	变动情况
营业总收入3年复合增长率	10.74%	16.06%	−5.32%
净利润3年复合增长率	29.63%	25.64%	3.99%
年化总资产报酬率	4.04%	6.02%	−1.98%
年化净资产报酬率	6.47%	9.16%	−2.69%
销售毛利率	18.32%	22.59%	−4.27%
销售净利率	3.90%	7.01%	−3.11%
研发强度	4.60%	4.67%	−0.07%
分红比例	30.47%	29.66%	0.81%

续表

行业关键指标	2022年（中位数水平）	2021年（中位数水平）	变动情况
权益乘数	2.39	1.94	0.45
流动比率	1.34	1.60	−0.26
速动比率	0.89	1.13	−0.24
现金流量利息保障倍数	433.46	348.67	84.79
总资产周转率	0.61	0.60	0.01
存货周转率	3.84	3.89	−0.05
应收账款周转率	3.65	3.56	0.09

数据来源：同花顺、中关村国睿金融与产业发展研究会。

总体来看，电力设备行业2022年收入虽有下滑，但净利润保持较高增长，研发强度同比变化不大，分红比例略有提升，权益乘数提升，运营周转基本保持正常，无明显变动。

5.2 健康指数分析

根据报告分析口径，剔除数据异常以及退市公司后，本报告共对电力设备行业327家上市公司开展健康诊断。

5.2.1 综合健康指数分析

1. 一级行业综合健康指数分析

诊断结果显示，电力设备行业综合健康指数平均水平为66.15，其中**当升科技**（80.07）、**通威股份**（79.43）、**特变电工**（79.42）位列行业前三。从指数分布看，高于平均水平的有157家，占行业总数的48.01%。其中，如图5-1所示，综合健康指数在60以下的有34家，占10.40%；60—70的有211家，占64.53%；70以上的有82家，占25.08%。

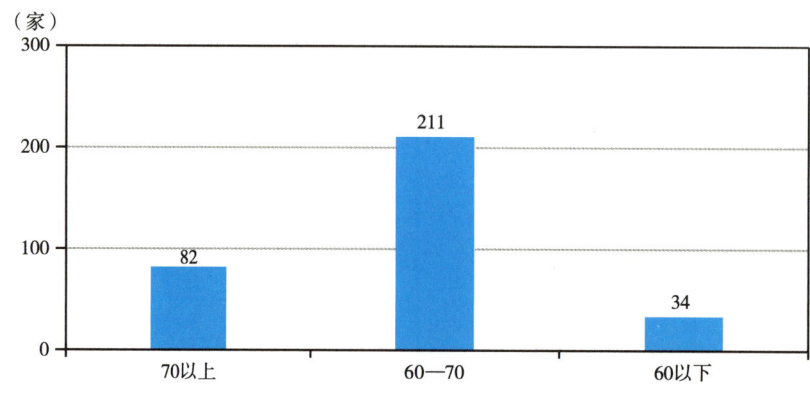

图5-1 电力设备行业上市公司综合健康指数区间分布情况

2. 细分行业综合健康指数分析

"电力设备"行业只有1个二级行业，可细分为8个三级行业，如图5-2所示，各细分行业综合健康指数情况如下：

（1）三级"电池"行业，82家公司综合健康指数平均水平为67.35，最高的是"当升科技"（80.07）。

（2）三级"电机"行业，20家公司综合健康指数平均水平为65.08，最高的是"佳电股份"（72.72）。

（3）三级"电气自控设备"行业，36家公司综合健康指数平均水平为66.57，最高的是"国电南瑞"（77.03）。

（4）三级"风电设备"行业，23家公司综合健康指数平均水平为64.40，最高的是"时代新材"（71.00）。

（5）三级"光伏设备"行业，56家公司综合健康指数平均水平为69.29，最高的是"通威股份"（79.43）。

（6）三级"其他电源设备"行业，25家公司综合健康指数平均水平为65.00，最高的是"东方电气"（75.84）。

（7）三级"输变电设备"行业，51家公司综合健康指数平均水平为63.92，最高的是"特变电工"（79.42）。

（8）三级"线缆部件及其他"行业，34家公司综合健康指数平均水平为63.66，最高的是"万马股份"（70.46）。

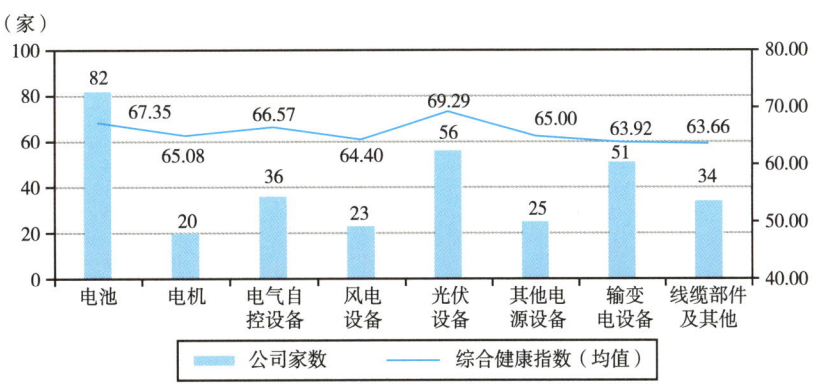

图5-2 2022年电力设备细分行业综合健康指数平均水平

电力设备行业上市公司综合健康指数排名前10%的公司如表5-2所示。

表5-2 电力设备行业2022年综合健康指数前10%排名

排名	公司代码	公司名称	综合健康指数	二级行业_同花顺	三级行业_同花顺
1	300073.SZ	当升科技	80.07	电力设备	电池
2	600438.SH	通威股份	79.43	电力设备	光伏设备
3	600089.SH	特变电工	79.42	电力设备	输变电设备
4	688303.SH	大全能源	79.33	电力设备	光伏设备

续表

排名	公司代码	公司名称	综合健康指数	二级行业_同花顺	三级行业_同花顺
5	300316.SZ	晶盛机电	79.00	电力设备	光伏设备
6	300750.SZ	宁德时代	78.78	电力设备	电池
7	002709.SZ	天赐材料	78.56	电力设备	电池
8	688063.SH	派能科技	78.29	电力设备	电池
9	688390.SH	固德威	77.76	电力设备	光伏设备
10	300274.SZ	阳光电源	77.73	电力设备	光伏设备
11	688599.SH	天合光能	77.29	电力设备	光伏设备
12	600406.SH	国电南瑞	77.03	电力设备	电气自控设备
13	688779.SH	长远锂科	76.88	电力设备	电池
14	688556.SH	高测股份	76.81	电力设备	光伏设备
15	601012.SH	隆基绿能	76.34	电力设备	光伏设备
16	688516.SH	奥特维	75.98	电力设备	光伏设备
17	600875.SH	东方电气	75.84	电力设备	其他电源设备
18	603659.SH	璞泰来	75.72	电力设备	电池
19	835185.BJ	贝特瑞	75.55	电力设备	电池
20	688032.SH	禾迈股份	75.50	电力设备	光伏设备
21	000400.SZ	许继电气	75.37	电力设备	电气自控设备
22	300037.SZ	新宙邦	75.30	电力设备	电池
23	601126.SH	四方股份	75.23	电力设备	电气自控设备
24	300820.SZ	英杰电气	75.17	电力设备	其他电源设备
25	688707.SH	振华新材	74.99	电力设备	电池
26	300450.SZ	先导智能	74.97	电力设备	电池
27	002028.SZ	思源电气	74.59	电力设备	输变电设备
28	002459.SZ	晶澳科技	74.54	电力设备	光伏设备
29	688005.SH	容百科技	74.19	电力设备	电池
30	603185.SH	弘元绿能	74.00	电力设备	光伏设备
31	002129.SZ	TCL中环	73.88	电力设备	光伏设备
32	000682.SZ	东方电子	73.53	电力设备	电气自控设备
33	688223.SH	晶科能源	73.32	电力设备	光伏设备

数据来源：同花顺、中关村国睿金融与产业发展研究会。

5.2.2 九大系统健康指数分析

1. 公司治理系统

电力设备行业327家上市公司公司治理系统健康指数平均水平为84.53，略低于全市场公司治理健康指数平均水平（85.08）。行业平均水平以上的上市公司有168家，占总数的51.38%。从区间分布看，60—70的有3家，占0.92%；70—80的有61家，占18.65%；80—90的有206家，占63.00%；90以上的有57家，占17.43%。

从行业健康诊断看，公司治理系统健康指数排名前10的公司是：**凯盛新能（97.17）**、**长远锂科（95.83）**、**胜华新材（95.42）**、**金风科技（95.24）**、**晶盛机电（95.18）**、**圣阳股份（95.17）**、**华菱线缆（95.12）**、**航天机电（95.09）**、**振华新材（95.09）**、**华瑞股份（94.27）**。

2. 外部监督系统

电力设备行业327家上市公司外部监督系统健康指数平均水平为78.29，略低于全市场外部监督健康指数平均水平（78.64）。行业平均水平以上的上市公司有183家，占总数的55.96%。从区间分布看，50以下的有9家，占2.75%；50—60的有12家，占3.67%；60—70的有25家，占7.65%；70—80的有113家，占34.56%；80—90的有145家，占44.34%；90以上的有23家，占7.03%。

从行业健康诊断看，外部监督系统健康指数排名前10的公司是：**金盘科技（95.79）**、**许继电气（94.23）**、**龙源技术（93.56）**、**孚能科技（93.55）**、**天能股份（93.50）**、**东方电气（93.14）**、**三一重能（93.06）**、**天赐材料（92.55）**、**振华新材（92.36）**、**海优新材（92.19）**。

3. 创利能力系统

电力设备行业327家上市公司创利能力系统健康指数平均水平为58.34，略低于全市场创利能力健康指数平均水平（58.47）。行业平均水平以上的上市公司有155家，占总数的47.40%。从区间分布看，40以下的有4家，占1.22%；40—50的有72家，占22.02%；50—60的有117家，占35.78%；60—70的有86家，占26.30%；70以上的有48家，占14.68%。

从行业健康诊断看，创利能力系统健康指数排名前10的公司是：**固德威（79.61）**、**通威股份（79.44）**、**微光股份（79.32）**、**奥特维（78.80）**、**安孚科技（77.73）**、**安科瑞（76.83）**、**国电南瑞（76.37）**、**迦南智能（76.36）**、**高测股份（75.99）**、**特变电工（75.98）**。

4. 价值再造系统

电力设备行业327家上市公司价值再造系统健康指数平均水平为60.65，略高于全市场价值再造健康指数平均水平（60.25）。行业平均水平以上的上市公司有162家，占总数的49.54%。从区间分布看，40以下的有2家，占0.61%；40—50的有25家，占7.65%；50—60的有129家，占39.45%；60—70的有130家，占39.76%；70以上的有41家，占12.54%。

从行业健康诊断看，价值再造系统健康指数排名前10的公司是：**爱旭股份（80.63）**、**阳光电源（80.10）**、**长园集团（78.71）**、**大全能源（78.52）**、**特变电工（78.05）**、**隆基绿能（77.66）**、**天合光能（77.01）**、**当升科技（76.83）**、**派能科技（76.33）**、**宁德时代（75.89）**。

5. 产品销售系统

电力设备行业327家上市公司产品销售系统健康指数平均水平为50.18，略高于全市场产品销售健康指数平均水平（50.17）。行业平均水平以上的上市公司有165家，占总数的50.46%。从区间分布看，40以下的有74家，占22.63%；40—50的有86家，占26.30%；50—60的有88家，占26.91%；60—70的有55家，占16.82%；70以上的有24家，占7.34%。

从行业健康诊断看，产品销售系统健康指数排名前10的公司是：振华新材（80.69）、容百科技（80.45）、爱旭股份（79.53）、钧达股份（78.91）、厦钨新能（77.97）、天赐材料（77.41）、当升科技（77.10）、晶澳科技（77.02）、通威股份（75.71）、德赛电池（75.23）。

6. 竞争态势系统

电力设备行业327家上市公司竞争态势系统健康指数平均水平为50.62，略高于全市场竞争态势健康指数平均水平（50.47）。行业平均水平以上的上市公司有153家，占总数的46.79%。从区间分布看，40以下的有59家，占18.04%；40—50的有108家，占33.03%；50—60的有77家，占23.55%；60—70的有65家，占19.88%；70以上的有18家，占5.50%。

从行业健康诊断看，竞争态势系统健康指数排名前10的公司是：阳光电源（80.45）、特变电工（79.39）、宁德时代（77.31）、通威股份（76.67）、派能科技（75.94）、天合光能（75.41）、晶科能源（75.17）、亿纬锂能（74.02）、当升科技（73.29）、贝特瑞（72.97）。

7. 资产资本结构系统

电力设备行业327家上市公司资产资本结构系统健康指数平均水平为57.11，略高于全市场资产资本结构健康指数平均水平（56.79）。行业平均水平以上的上市公司有164家，占总数的50.15%。从区间分布看，40以下的有14家，占4.28%；40—50的有70家，占21.41%；50—60的有116家，占35.47%；60—70的有82家，占25.08%；70以上的有45家，占13.76%。

从行业健康诊断看，资产资本结构系统健康指数排名前10的公司是：浙江恒威（81.83）、众智科技（80.19）、大全能源（78.41）、安科瑞（78.21）、禾迈股份（76.67）、江南奕帆（76.17）、万胜智能（76.11）、帝尔激光（75.83）、东南电子（75.81）、新宏泰（75.71）。

8. 内部控制系统

电力设备行业327家上市公司内部控制系统健康指数平均水平为82.72，略低于全市场内部控制健康指数平均水平（83.22）。行业平均水平以上的上市公司有185家，占总数的56.57%。从区间分布看，60以下的有2家，占0.61%；60—70的有13家，占3.98%；70—80的有85家，占25.99%；80—90的有185家，占56.57%；90以上的有42家，占12.84%。

从行业健康诊断看，内部控制系统健康指数排名前10的公司是：帝尔激光（92.93）、中元股份（92.93）、灿能电力（92.93）、殷图网联（92.93）、新宙邦（92.92）、东方电子（92.40）、英杰电气（92.31）、骆驼股份（92.25）、欧晶科技（92.14）、兆威机电（92.10）。

9. 企业文化系统

电力设备行业327家上市公司企业文化系统健康指数平均水平为68.69，略高于全市场企业文化健康指数平均水平（67.58）。行业平均水平以上的上市公司有165家，占总数的50.46%。从区间分布看，50以下的有21家，占6.42%；50—60的有61家，占18.65%；60—70的有94家，占28.75%；70—80的有85家，占25.99%；80以上的有66家，占20.18%。

从行业健康诊断看，企业文化系统健康指数排名前10的公司是：科华数据（93.50）、阳光电源（93.04）、贝特瑞（91.56）、璞泰来（91.32）、通威股份（91.09）、晶盛机电（90.47）、鸣志电器（89.67）、中国动力（89.49）、金银河（89.48）、宁德时代（89.39）。

5.3 行业机遇、挑战和发展对策

5.3.1 行业发展面临的机遇

尚普咨询集团数据显示，2022年，我国电力设备行业实现产值约1.7万亿元，同比增长13.3%。其中，发电设备产值约7000亿元，同比增长16.7%；输配电设备产值约8000亿元，同比增长14.3%；电能质量设备产值约1200亿元，同比增长20.0%；电力自动化设备产值约600亿元，同比增长20.0%。随着《"十四五"现代能源体系规划》的推进，电力设备行业面临着多样化的机遇，这些机遇将促进行业的发展和创新。

1. 新能源发展：随着我国政府大力推动新能源发展，包括太阳能、风能、储能等，电力设备行业面临着巨大的市场机遇。新能源装机容量的不断增加将给电力设备行业带来需求增长，包括光伏组件、风力发电设备、储能设备等。

2. 智能电网建设：智能电网的建设是电力行业的重要发展方向。通过智能电网，能源的分配和利用更加高效，电力设备行业可以提供智能电网所需的智能计量、智能传感和智能控制设备。

3. 储能技术：储能技术在电力系统中的应用越来越重要。电力设备行业有机会开发和提供新型储能设备，如电池能量储存系统，以提高电力系统的可靠性和稳定性。

4. 数字化转型：电力设备行业可以加速数字化转型，应用物联网、大数据分析和人工智能等技术来优化电力设备的运行和维护，提高生产效率和质量。

5. 电动汽车充电设施：电动汽车市场快速增长，电力设备行业有机会为电动汽车充电设施提供设备和解决方案，满足电动汽车充电需求。

6. 新兴市场发展：许多新兴市场对电力设备的需求不断增加，包括亚洲、非洲和拉丁美洲等地区。我国电力设备行业上市公司可以在这些市场寻找新的商机。

7. 国际合作和出口：随着"一带一路"倡议的推进，电力设备行业有机会参与国际合作项目，出口技术和产品，开拓更广阔的市场。

8. 绿色创新：环保和可持续发展已成为全球关注的重要议题。电力设备行业可以通过绿色创新，研发更环保、节能的设备和解决方案，提升竞争力。

综合来看，电力设备行业面临着全球清洁能源转型、智能化、数字化和可持续发展的机遇。通过抓住这些机遇，电力设备行业可以推动行业的发展，满足不断增长的市场需求，并为全球能源转型作出贡献。

5.3.2 行业发展面临的挑战

新能源产业的快速发展给我国电力设备行业带来了一定的机遇，但是正如第一部分行业指标各项数据显示，电力设备行业2022整体业绩受到过去三年疫情及国际经济环境等内外因素的影响，出现小幅度的回落，行业面临着一系列挑战，这些挑战可能影响行业的发展和运营。

1. 能源转型：全球对清洁能源的需求不断增长，许多国家正在推动能源转型，减少对传统化石燃料的依赖。这可能导致传统电力设备的需求减少，而对可再生能源设备的需求增加。

2. 竞争激烈：电力设备行业存在激烈的竞争，来自国内外的企业都在采用价格战等竞争市场份额，而价格竞争进一步压缩利润空间。截至6月30日，电力设备行业126家公司市值低于50亿元，接近行业公司总量的四成，大量规模小的公司处于低质量竞争中，更容易在头部企业的价格战中进一步恶化利润空间，造成行业无序竞争恶化。

3. 技术更新：科技不断进步，新型电力设备和解决方案不断涌现。电力设备制造商需要不断进行技术更新和创新，以保持竞争力。根据2022年年报披露数据，电力设备行业有90家公司研发投入不足5000万元，占行业四分之一左右。

4. 资源约束：电力设备的制造和运营需要大量的资源，包括原材料、人力资源和资金。资源的供应和价格波动可能对行业造成影响。

5. 环境法规：随着环保意识的增强，政府对电力设备的环保要求也在不断提高。行业需要投入更多资源来满足环保法规，可能增加成本压力。

6. 不确定性：全球经济和政治形势的不确定性可能对电力设备行业造成影响，如贸易摩擦和地缘政治紧张局势可能导致市场波动。

7. 疫情影响：持续三年的疫情和应对措施对企业经营产生了深远的影响，造成各个行业的不稳定。**2022年电力设备行业有43家公司出现亏损，86家公司营收低于10亿元，这些公司将面临扭亏或持续扩大营收的压力。**

5.3.3 行业发展建议

电力设备行业是一个重要的基础产业，其发展关系到国家的能源安全和经济发展。为了促进电力设备行业的持续发展，提出以下建议：

1. 加大研发和创新投入：鼓励电力设备制造企业加大研发投入，在当前行业研发强度为4.60%的基础上，进一步加大研发投入，推动技术创新，开发更高效、环保、智能的电力设备和解决方案。创新将帮助企业提高市场竞争力，适应能源转型和智能化的发展趋势。

2. 加强国际合作：鼓励电力设备企业积极参与国际合作项目，开拓海外市场。通过与其他国家合作，可以扩大产品出口和技术输出，提高国际竞争力。

3. 推动绿色制造和循环经济：电力设备制造过程中应采取环保措施，降低能源消耗和污染排放。鼓励循环经济模式，提高资源利用效率，推动电力设备制造业的绿色可持续发展。

4. 加强人才培养和技能提升：培养电力设备行业的专业人才，提高员工的技能水平和工程管理能力。高素质的人才是推动企业发展和创新的重要动力。

5. 优化产业结构：电力设备行业应根据市场需求和技术发展趋势，调整产业结构，注重发展新能源设备和智能化电力设备等领域，以满足市场需求。

6. 提高服务质量：电力设备制造企业应重视售后服务，提供及时、高效的技术支持和维护服务，增强客户满意度，提升企业品牌形象。

7. 加强合规与标准：遵守国家法律法规和行业标准，确保电力设备的质量和安全性。同时，主动参与行业标准的制定，积极参与国家和行业的技术标准化工作。

8. 充分利用数字化技术：电力设备行业可以充分利用物联网、大数据和人工智能等数字化技术，提高设备的运行效率和监测能力，实现智能化管理和维护。

通过采纳上述建议，有助于推动电力设备行业更好地适应市场需求，应对挑战，实现可持续发展，为国家能源安全和经济发展作出更大的贡献。

第6章 电子行业

电子行业是指涉及电子技术和电子产品制造、研发、销售以及相关服务的产业，在现代社会中发挥着至关重要的作用，几乎贯穿了人们的日常生活和工业生产的方方面面，涵盖了电子零部件制造、通信设备、计算机硬件、消费电子产品、半导体制造设备、工业电子产品等细分领域，是我国"科技强国"战略的重要支撑行业，受到科技创新和市场需求的驱动，同时也是我国解决国外"卡脖子"难题，实现"科技自立自强"的重点领域。

6.1 行业核心财务指标分析

截至2022年底，A股市场电子行业共有上市公司438家，总市值共计56960.53亿元，平均市值130.05亿元/家，营业总收入29242.28亿元，平均营业收入66.76亿元/家，净利润总额1333.52亿元，平均净利润3.04亿元/家。市值最大的为**立讯精密**（2259.17亿元），营业收入最高的为**工业富联**（5118.50亿元），净利润最高的是**工业富联**（200.84亿元）。其中，营业收入小于10亿元的公司有157家，约占该行业的35.84%；小于5亿元的有66家，约占该行业的15.07%。2022年，电子行业上市公司研发投入合计为1658.63亿元。行业相关关键指标对比情况见表6-1。

表6-1　电子行业关键指标对比

行业关键指标	2022年（中位数水平）	2021年（中位数水平）	变动情况
营业总收入3年复合增长率	16.35%	18.36%	−2.01%
净利润3年复合增长率	18.16%	25.25%	−7.09%
年化总资产报酬率	4.99%	6.73%	−1.74%
年化净资产报酬率	7.01%	9.52%	−2.51%
销售毛利率	25.28%	24.46%	0.82%
销售净利率	7.86%	8.87%	−1.01%
研发强度	6.17%	5.41%	0.76%
分红比例	34.28%	30.59%	3.69%
权益乘数	1.56	1.60	−0.04
流动比率	2.33	2.09	0.24

续表

行业关键指标	2022年（中位数水平）	2021年（中位数水平）	变动情况
速动比率	1.77	1.54	0.23
现金流量利息保障倍数	1251.41	1031.97	219.44
总资产周转率	0.53	0.65	−0.12
存货周转率	3.54	4.28	−0.74
应收账款周转率	4.02	4.23	−0.21

数据来源：同花顺、中关村国睿金融与产业发展研究会。

总体来看，电子行业2022年营收、利润增长略有下滑，行业毛利率提升，净利率略有下降，整体偿债能力进一步提升，周转能力略有下降。

6.2 健康指数分析

根据报告分析口径，剔除数据异常以及退市公司后，本报告共对电子行业437家上市公司开展健康诊断。

6.2.1 综合健康指数分析

1. 一级行业综合健康指数分析

诊断结果显示，电子行业综合健康指数平均水平为66.11，其中北方华创（78.22）、视源股份（77.70）、紫光国微（77.70）位列行业前三。从指数分布看，高于平均水平的有221家，占行业总数的50.57%。其中，如图6-1所示，综合健康指数在60以下的有55家，占12.59%；60—70的有277家，占63.39%；70以上的有105家，占24.03%。

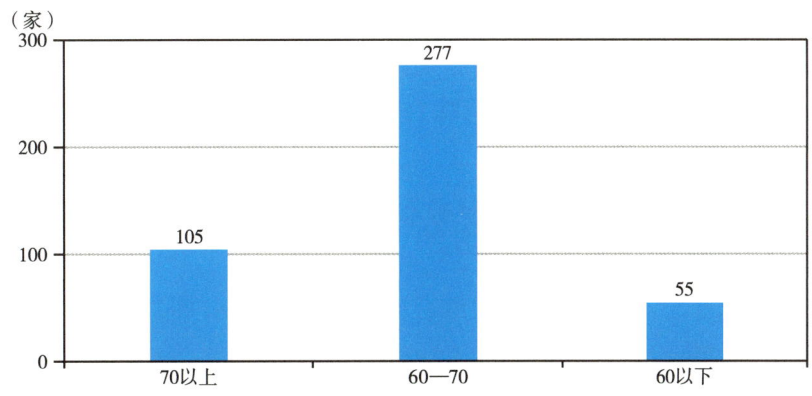

图6-1 电子行业上市公司综合健康指数区间分布情况

2. 细分行业综合健康指数分析

"电子"行业有5个二级行业，可细分为15个三级行业，如图6-2所示，各细分行业综合健康指数情况如下：

（1）二级"半导体及元件"行业，178家公司综合健康指数平均水平为67.20，最高的是北方华创（78.22）。其中：

三级"半导体材料"行业，14家公司综合健康指数平均水平为66.54，最高的是沪硅产业（72.04）；

三级"半导体设备"行业，15家公司综合健康指数平均水平为70.91，最高的是北方华创（78.22）；

三级"被动元件"行业，13家公司综合健康指数平均水平为65.82，最高的是江海股份（76.93）；

三级"分立器件"行业，16家公司综合健康指数平均水平为68.65，最高的是斯达半导（77.46）；

三级"集成电路封测"行业，11家公司综合健康指数平均水平为65.35，最高的是长电科技（71.72）；

三级"集成电路设计"行业，66家公司综合健康指数平均水平为67.23，最高的是紫光国微（77.70）；

三级"集成电路制造"行业，3家公司综合健康指数平均水平为70.20，最高的是华润微（77.13）；

三级"印制电路板"行业，40家公司综合健康指数平均水平为66.14，最高的是深南电路（75.13）。

（2）二级"光学光电子"行业，102家公司综合健康指数平均水平为64.76，最高的是立达信（75.74）。其中：

三级"面板"行业，43家公司综合健康指数平均水平为64.98，最高的是康冠科技（74.92）；

三级"LED"行业，40家公司综合健康指数平均水平为64.46，最高的是立达信（75.74）；

三级"光学元件"行业，19家公司综合健康指数平均水平为64.89，最高的是福晶科技（74.29）。

（3）二级"消费电子"行业，92家公司综合健康指数平均水平为65.71，最高的是视源股份（77.70）。其中：

三级"消费电子零部件及组装"行业，84家公司综合健康指数平均水平为65.29，最高的是信维通信（76.36）；

三级"品牌消费电子"行业，8家公司综合健康指数平均水平为70.16，最高的是视源股份（77.70）。

（4）二级"电子化学品"行业，仅有一个三级"电子化学品Ⅲ"行业，29家公司综合健康指数平均水平为66.43，最高的是安集科技（75.44）。

（5）二级"其他电子"行业，仅有一个三级"其他电子Ⅲ"行业，36家公司综合健康指数平均水平为65.26，最高的是瑞可达（72.86）。

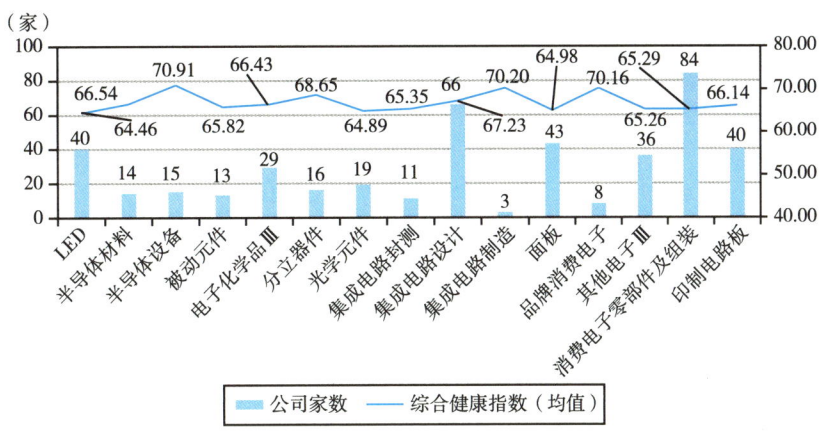

图6-2 2022年电子细分行业综合健康指数平均水平

电子行业上市公司综合健康指数排名前10%的公司如表6-2所示。

表6-2　　　　　　　　　电子行业2022年综合健康指数前10%排名

排名	公司代码	公司名称	综合健康指数	二级行业_同花顺	三级行业_同花顺
1	002371.SZ	北方华创	78.22	半导体及元件	半导体设备
2	002841.SZ	视源股份	77.70	消费电子	品牌消费电子
3	002049.SZ	紫光国微	77.70	半导体及元件	集成电路设计
4	603290.SH	斯达半导	77.46	半导体及元件	分立器件
5	688008.SH	澜起科技	77.40	半导体及元件	集成电路设计
6	688396.SH	华润微	77.13	半导体及元件	集成电路制造
7	300661.SZ	圣邦股份	76.94	半导体及元件	集成电路设计
8	002484.SZ	江海股份	76.93	半导体及元件	被动元件
9	300866.SZ	安克创新	76.90	消费电子	品牌消费电子
10	688012.SH	中微公司	76.54	半导体及元件	半导体设备
11	300136.SZ	信维通信	76.36	消费电子	消费电子零部件及组装
12	601231.SH	环旭电子	76.00	消费电子	消费电子零部件及组装
13	688072.SH	拓荆科技	75.95	半导体及元件	半导体设备
14	605365.SH	立达信	75.74	光学光电子	LED
15	688385.SH	复旦微电	75.55	半导体及元件	集成电路设计
16	688019.SH	安集科技	75.44	电子化学品	电子化学品Ⅲ
17	688036.SH	传音控股	75.21	消费电子	品牌消费电子
18	002916.SZ	深南电路	75.13	半导体及元件	印制电路板
19	300481.SZ	濮阳惠成	75.04	电子化学品	电子化学品Ⅲ
20	001308.SZ	康冠科技	74.92	光学光电子	面板
21	300408.SZ	三环集团	74.78	半导体及元件	被动元件
22	002938.SZ	鹏鼎控股	74.70	半导体及元件	印制电路板
23	688099.SH	晶晨股份	74.64	半导体及元件	集成电路设计
24	300373.SZ	扬杰科技	74.63	半导体及元件	分立器件

续表

排名	公司代码	公司名称	综合健康指数	二级行业_同花顺	三级行业_同花顺
25	688041.SH	海光信息	74.45	半导体及元件	集成电路设计
26	002222.SZ	福晶科技	74.29	光学光电子	光学元件
27	002643.SZ	万润股份	74.22	电子化学品	电子化学品Ⅲ
28	603228.SH	景旺电子	74.13	半导体及元件	印制电路板
29	688536.SH	思瑞浦	74.07	半导体及元件	集成电路设计
30	002273.SZ	水晶光电	73.94	光学光电子	光学元件
31	688037.SH	芯源微	73.90	半导体及元件	半导体设备
32	002955.SZ	鸿合科技	73.80	光学光电子	面板
33	002463.SZ	沪电股份	73.73	半导体及元件	印制电路板
34	600171.SH	上海贝岭	73.72	半导体及元件	集成电路设计
35	003019.SZ	宸展光电	73.64	光学光电子	面板
36	688082.SH	盛美上海	73.64	半导体及元件	半导体设备
37	688120.SH	华海清科	73.56	半导体及元件	半导体设备
38	601138.SH	工业富联	73.49	消费电子	消费电子零部件及组装
39	688123.SH	聚辰股份	73.23	半导体及元件	集成电路设计
40	002079.SZ	苏州固锝	73.14	半导体及元件	分立器件
41	002635.SZ	安洁科技	73.05	消费电子	消费电子零部件及组装
42	688800.SH	瑞可达	72.86	其他电子	其他电子Ⅲ
43	002139.SZ	拓邦股份	72.78	消费电子	消费电子零部件及组装
44	000541.SZ	佛山照明	72.73	光学光电子	LED

数据来源：同花顺、中关村国睿金融与产业发展研究会。

6.2.2 九大系统健康指数分析

1. 公司治理系统

电子行业437家上市公司公司治理系统健康指数平均水平为84.49，略低于全市场公司治理健康指数平均水平（85.08）。行业平均水平以上的上市公司有222家，占总数的50.80%。从区间分布看，60—70的有2家，占0.46%；70—80的有76家，占17.39%；80—90的有291家，占66.59%；90以上的有68家，占15.56%。

从行业健康诊断看，公司治理系统健康指数排名前10的公司是：**万润股份**（95.28）、**华灿光电**（95.15）、**华塑控股**（94.74）、**京东方A**（94.62）、**风华高科**（94.55）、**沪硅产业**（94.47）、**GQY视讯**（94.32）、**江海股份**（94.09）、**深纺织A**（93.86）、**寒武纪**（93.70）。

2. 外部监督系统

电子行业437家上市公司外部监督系统健康指数平均水平为78.57，略低于全市场外部监督健康指数平均水平（78.64）。行业平均水平以上的上市公司有245家，占总数的56.06%。从区间分布看，50以下的有9家，占2.06%；50—60的有10家，占2.29%；60—70的有25家，占5.72%；70—80的有

196家，占44.85%；80—90的有173家，占39.59%；90以上的有24家，占5.49%。

从行业健康诊断看，外部监督系统健康指数排名前10的公司是：**环旭电子（95.23）、鹏鼎控股（94.18）、复旦微电（93.09）、传音控股（93.01）、龙芯中科（92.16）、工业富联（91.88）、闻泰科技（91.66）、兴瑞科技（91.55）、晶晨股份（91.51）、鸿合科技（91.24）**。

3. 创利能力系统

电子行业437家上市公司创利能力系统健康指数平均水平为58.44，略低于全市场创利能力健康指数平均水平（58.47）。行业平均水平以上的上市公司有223家，占总数的51.03%。从区间分布看，40以下的有11家，占2.52%；40—50的有78家，占17.85%；50—60的有160家，占36.61%；60—70的有139家，占31.81%；70以上的有49家，占11.21%。

从行业健康诊断看，创利能力系统健康指数排名前10的公司是：**福晶科技（78.39）、海能实业（78.33）、宸展光电（77.95）、世华科技（77.74）、安克创新（76.97）、紫光国微（76.65）、永新光学（76.38）、圣邦股份（76.16）、澜起科技（75.73）、濮阳惠成（75.57）**。

4. 价值再造系统

电子行业437家上市公司价值再造系统健康指数平均水平为60.74，略高于全市场价值再造健康指数平均水平（60.25）。行业平均水平以上的上市公司有232家，占总数的53.09%。从区间分布看，40以下的有5家，占1.14%；40—50的42家，占9.61%；50—60的有148家，占33.87%；60—70的有194家，占44.39%；70以上的有48家，占10.98%。

从行业健康诊断看，价值再造系统健康指数排名前10的公司是：**北方华创（79.83）、安克创新（79.44）、拓邦股份（79.13）、盛美上海（77.00）、中微公司（76.47）、华海清科（76.01）、视源股份（75.53）、中芯国际（75.31）、英集芯（74.88）、蓝思科技（74.85）**。

5. 产品销售系统

电子行业437家上市公司产品销售系统健康指数平均水平为50.01，略低于全市场产品销售健康指数平均水平（50.17）。行业平均水平以上的上市公司有239家，占总数的54.69%。从区间分布看，40以下的有103家，占23.57%；40—50的有95家，占21.74%；50—60的有145家，占33.18%；60—70的有74家，占16.93%；70以上的有20家，占4.58%。

从行业健康诊断看，产品销售系统健康指数排名前10的公司是：**长电科技（82.36）、立讯精密（81.68）、环旭电子（80.13）、工业富联（80.09）、厦门信达（79.16）、歌尔股份（77.58）、鹏鼎控股（76.52）、领益智造（75.18）、金龙机电（74.95）、协创数据（74.77）**。

6. 竞争态势系统

电子行业437家上市公司竞争态势系统健康指数平均水平为50.3，略低于全市场竞争态势健康指数平均水平（50.47）。行业平均水平以上的上市公司有216家，占总数的49.43%。从区间分布看，40以下的有78家，占17.85%；40—50的有135家，占30.89%；50—60的有139家，占31.81%；60—70的有66家，占15.10%；70以上的有19家，占4.35%。

从行业健康诊断看，竞争态势系统健康指数排名前10的公司是：**北方华创（84.08）、紫光国微（79.42）、华润微（79.34）、中微公司（79.15）、安克创新（78.39）、长川科技（77.28）、至纯科技（76.81）、中芯国际（76.09）、视源股份（75.03）、复旦微电（73.74）。

7. 资产资本结构系统

电子行业437家上市公司资产资本结构系统健康指数平均水平为57.44，略高于全市场资产资本结构健康指数平均水平（56.79）。行业平均水平以上的上市公司有229家，占总数的52.40%。从区间分布看，40以下的有26家，占5.95%；40—50的有93家，占21.28%；50—60的有130家，占29.75%；60—70的有134家，占30.66%；70以上的有54家，占12.36%。

从行业健康诊断看，资产资本结构系统健康指数排名前10的公司是：**晶华微（80.89）、华峰测控（79.35）、联动科技（79.05）、隆扬电子（78.03）、峰岹科技（77.51）、纬达光电（77.28）、中科蓝讯（76.56）、中微半导（76.51）、东微半导（76.35）、炬芯科技（75.73）**。

8. 内部控制系统

电子行业437家上市公司内部控制系统健康指数平均水平为82.53，略低于全市场内部控制健康指数平均水平（83.22）。行业平均水平以上的上市公司有254家，占总数的58.12%。从区间分布看，60以下的有11家，占2.52%；60—70的有23家，占5.26%；70—80的有93家，占21.28%；80—90的有250家，占57.21%；90以上的有60家，占13.73%。

从行业健康诊断看，内部控制系统健康指数排名前10的公司是：**环旭电子（93.56）、艾比森（93.56）、凯德石英（93.56）、亚世光电（92.95）、振邦智能（92.95）、普冉股份（92.95）、五方光电（92.95）、中晶科技（92.95）、博硕科技（92.88）、视源股份（92.83）**。

9. 企业文化系统

电子行业437家上市公司企业文化系统健康指数平均水平为67.87，略高于全市场企业文化健康指数平均水平（67.58）。行业平均水平以上的上市公司有211家，占总数的48.28%。从区间分布看，50以下的有26家，占5.95%；50—60的有88家，占20.14%；60—70的有131家，占29.98%；70—80的有116家，占26.54%；80以上的有76家，占17.39%。

从行业健康诊断看，企业文化系统健康指数排名前10的公司是：**信维通信（93.49）、洲明科技（92.63）、飞荣达（90.41）、歌尔股份（90.37）、上海新阳（90.30）、安洁科技（90.09）、利亚德（89.11）、弘信电子（88.81）、奥拓电子（88.72）、国科微（88.71）**。

6.3 行业机遇、挑战和发展对策

6.3.1 行业发展面临的机遇

电子行业是一个高度发展和创新的领域，面临着许多机遇，这些机遇有助于推动行业的进步和壮大。

1. 5G技术推进：5G技术的商用推进将为电子行业带来新的机遇。5G网络的高速和低延迟将促进物联网、智能城市、智能交通等领域的发展，需要大量的新型电子设备和解决方案。

2. 物联网普及：物联网的普及将推动连接设备的需求增加，包括传感器、无线模块、物联网平台等。电子行业有机会为物联网应用提供相关技术和设备。

3. 人工智能应用：ChatGPT的推出，以及全世界范围内推进人工智能的热潮，将为电子行业带来新的机会。随着人工智能在各个行业的应用日益广泛，电子行业可以为人工智能设备和解决方案的开发提供支持。

4. 智能家居和智能穿戴设备：智能家居和智能穿戴设备市场不断扩大，电子行业可以提供各种智能化的家居设备和可穿戴设备。

5. 电子汽车和新能源汽车：电子行业将受益于电动汽车和新能源汽车的快速发展，包括电池技术、充电设施、车载电子设备等。

6. 高性能计算和云计算：高性能计算和云计算的发展需要大量的计算和存储设备，电子行业有机会提供高性能的处理器、服务器和存储设备。

7. 数字化医疗：数字化医疗的兴起将推动医疗设备和解决方案的需求增加，电子行业可以为数字医疗领域提供技术支持。

8. 绿色电子产品：环保和可持续发展已成为全球关注的焦点，电子行业可以开发更环保和节能的电子产品，满足市场需求。

9. 国际合作和出口：电子行业可以积极参与国际合作项目，扩大产品出口和技术输出，开拓更广阔的市场。

特别是在半导体领域，也面临着新的机遇，具体如下：

1. 技术升级和产业升级：半导体及元件行业是我国政府重点支持和发展的战略性新兴产业，政府出台了一系列政策和措施，鼓励技术创新、促进产业升级，推动我国半导体及元件行业向高端、智能化和绿色制造方向发展。这为我国半导体及元件企业提供了技术升级和产业升级的机遇，有望在全球半导体产业中取得更具竞争力的地位。

2. 市场需求增长：随着全球信息技术、通信、消费电子等产业的快速发展，对半导体及元件的需求持续增加。我国作为全球最大的电子消费市场之一，半导体及元件在5G通信、人工智能、物联网、智能制造等领域的应用不断拓展，为中国半导体及元件行业提供了巨大的市场机遇。

3. 国内替代进口需求：我国半导体及元件行业面临着替代进口的需求，尤其是在高端芯片和关键元器件方面，受制于国外技术和市场垄断的情况较为突出。政府积极推动自主创新，鼓励本土企业在高端芯片和关键元器件领域取得突破，满足国内替代进口的需求。

综合来看，电子行业面临着5G技术、物联网、人工智能、智能家居、电子汽车、半导体突围等多方面的机遇。通过抓住这些机遇，电子行业可以推动技术创新，满足不断增长的市场需求，并为推动社会经济的数字化转型和智能化发展作出贡献。

6.3.2 行业发展面临的挑战

2022年电子行业整体发展变得缓慢，行业营收和盈利能力受挫，同时受经济因素影响，以及美国等西方国家在半导体领域"卡脖子"式的围追堵截等，行业发展面临诸多挑战，将对行业的发展产生持续影响。

1. 技术竞争和更新：电子行业是一个技术驱动的行业，技术更新换代非常快。企业需要不断投入研发和创新，保持技术竞争力，否则可能被竞争对手超越。

2. 成本压力：电子产品的成本压力较大，特别是大规模生产的低价竞争。为了降低成本，企业需要提高生产效率，采用更优化的生产工艺和供应链管理。

3. 环境法规：电子行业的生产过程可能产生大量废弃物和有害物质，环保法规和标准的提高可能对行业产生影响，需要进行环保改进和合规管理。

4. 知识产权保护：电子行业涉及许多技术创新和研发，知识产权保护尤为重要。防止知识产权被侵权和盗窃可能是一个挑战。

5. 安全和隐私问题：随着物联网和智能设备的普及，安全和隐私问题越来越突出。保护设备和用户数据的安全可能是一个挑战。

6. 国际贸易摩擦：全球贸易环境不稳定，国际贸易摩擦可能对电子行业的出口和供应链产生不利影响。

7. 供应链风险：电子行业的供应链通常跨越多个国家和地区，地缘政治、自然灾害等因素可能导致供应链中断，对生产和交付产生影响。

8. 人才短缺：电子行业需要大量的高素质人才，但人才市场竞争激烈，人才短缺可能限制企业的发展和创新。

9. 产品更新周期：一些电子产品的更新周期较短，市场需求可能出现波动，企业需要灵活应对市场变化。

而在半导体领域，具体来说面临着以下4个方面的挑战。

1. 技术水平和创新能力：尽管中国半导体及元件行业取得了一系列突破性进展，但在高端芯片和关键元器件等领域，与全球领先企业相比，仍存在技术水平和创新能力相对较弱的问题。需要加大研发投入，提升技术自主创新能力，培养和引进高级人才，推动技术升级和产业升级。

2. 产能扩张和投资风险：半导体及元件行业对于高端芯片和关键元器件的生产需要大规模的产能扩张。然而，产能扩张需要巨额投资，包括研发、设备购置、生产线建设等，同时也伴随着较高的投资风险。由于市场需求波动、技术快速更新等因素，投资风险较高，需要企业在资金、技术和市场等方面做出明智的决策，降低投资风险。

3. 国际竞争和市场准入：半导体及元件行业是全球竞争激烈的产业，中国企业在国际市场上面临来自全球领先企业的激烈竞争。同时，一些国家对半导体及元件的市场准入存在一定的技术门槛和法律法规限制，对我国企业参与国际市场造成一定的困扰。需要中国企业提升产品质量和技术水平，同时积极参与国际合作，推动市场准入的改善。

4. 知识产权保护：半导体及元件行业是知识密集型产业，知识产权保护对于企业的竞争力和创新能力至关重要。目前，中国在知识产权保护方面还存在一些挑战，包括侵权盗版现象较为严重、知识产权诉讼难度较大等问题。需要加强知识产权保护，推动知识产权法律法规的完善，加强知识产权意识和保护措施。

海关数据显示，2022年中国进口集成电路5384亿件，比2021年下降15%。按价值计算，中国集成电路进口额为4156亿美元，与2021年相比下降4%左右，这说明芯片的价格在被不断抬高，中国进口成本压力不断增加。同时，**截至2023年6月30日，行业内市值在40亿元以下的公司有120余家，占四分之一，数量多、规模小、竞争水平低**，同样不利于行业整体发展，特别是面临成本压力时，这些公司遭受冲击最大。

6.3.3 行业发展建议

电子行业作为一个高速发展的领域，为了保持竞争力和持续发展，可以考虑采取以下建议。

1. 加大研发和创新投入：电子行业是技术驱动的行业，持续投入研发是保持竞争力的关键。企业应该加大研发投入，推动技术创新，开发新产品和解决方案。

2. 关注环保和可持续发展：电子行业生产过程中产生大量废弃物和有害物质，应该重视环保和可持续发展，采用环保技术和工艺，减少对环境的影响。

3. 推动数字化转型：电子行业可以应用数字化技术，优化生产流程和供应链管理，提高生产效率和管理水平。

4. 强化知识产权保护：电子行业涉及大量的知识产权，包括技术、设计和品牌等。企业应该重视知识产权保护，防止知识产权侵权和盗窃。

5. 提高产品质量和安全性：电子产品的质量和安全性对用户至关重要。企业应该加强质量控制和产品测试，确保产品符合安全标准和法规。

6. 建立稳定的供应链：电子行业的供应链通常跨越多个国家和地区，建立稳定的供应链关系对于保障生产和交付的稳定性非常重要。

7. 重视人才培养和技能提升：电子行业需要高素质的人才，企业应该加强人才培养和技能提升，提高员工的专业水平和创新能力。

8. 拓展国际市场：电子行业应该积极拓展国际市场，参与国际合作项目，扩大产品出口和技术输出。

9. 灵活应对市场变化：电子行业市场竞争激烈，市场需求和技术发展也在不断变化，企业应该灵活应对市场变化，及时调整战略和产品组合。

10. 加强合作与创新：电子行业可以加强与其他行业的合作，寻求创新和发展的新途径，拓展业务领域。

具体到半导体领域，可参考以下建议。

1. 抓住技术升级的机遇：半导体及元件行业是高技术产业，技术升级对行业发展至关重要。我国持续加大对半导体及元件技术研发的投入，鼓励自主创新，推动核心技术的突破，提升产品技术水平和附加值。

2. 优化产业链布局：半导体及元件产业链是一个复杂的生态系统，包括芯片设计、制造、封测、封装、测试等环节。中国可以优化产业链布局，提升各环节的协同效应，加强产业链的整合和优化，提高产业链的自给自足能力，减少对进口的依赖。

3. 提升市场竞争力：半导体及元件行业市场竞争激烈，需要提升市场竞争力，包括提高品牌影响力、优化产品和服务、拓展市场份额。可以加强与客户的合作，深入了解客户需求，提供高性能、高可靠性的产品和解决方案。

4. 加强人才培养与引进：半导体及元件行业需要加强人才培养和引进，提升企业的创新能力和核心竞争力。可以通过培养内部人才、引进国内外优秀人才、开展产学研合作等方式，提升行业的人才水平，满足产业发展的需求。

5. 支持创新企业和科技园区：通过财政支持、税收优惠、科研项目资助等政策措施，鼓励半导体及元件领域的创新企业和科技园区进行技术研发、产业孵化和成果转化，推动行业的创新发展。

6. 加强产学研合作：可以加强半导体及元件行业与高等院校、研究机构等科研机构的合作，促进产学研合作，推动科技成果的转化和应用，提升行业的技术创新能力和产业竞争力。

7. 推动国际合作：半导体及元件行业是全球性产业，国际合作对行业发展至关重要。可以加强与其他国家和地区的合作，共同推动技术研发、产业协同和市场拓展，形成互利共赢的合作关系。

通过采纳以上建议，有助于电子行业进一步提升技术水平，加强环保意识，确保产品质量和安全性，拓展市场份额，实现可持续发展，并为推动数字化转型和智能化发展作出贡献。同时在半导体领域实现突破，早日实现科技自立自强。

第7章
纺织服装行业

纺织服装行业是指从纤维原料采购到成品服装制造和销售的整个产业链，涵盖了纺织品生产、服装设计、制造、销售以及相关的供应链管理和零售环节，如纺织品生产、服装设计和制造、零售和销售等。纺织服装行业在全球范围内都是一个重要的制造和商业领域，也是我国具备国际优势的行业之一。

7.1 行业核心财务指标分析

截至2022年底，A股市场纺织服装行业共有上市公司96家，总市值共计5287.41亿元，平均市值55.08亿元/家，营业总收入2973.58亿元，平均营业收入31.30亿元/家，净利润总额152.26亿元，平均净利润1.60亿元/家。市值最大的为**华利集团**（666.47亿元），营业收入最高的为**华利集团**（205.69亿元），净利润最高的是**雅戈尔**（50.66亿元）。其中，营业收入小于10亿元的公司有32家，约占该行业公司总数的33.33%，小于5亿元的有12家，约占该行业公司总数的12.50%。2022年，纺织服装行业上市公司研发投入合计为71.13亿元。行业相关关键指标对比情况见表7–1。

表7–1　　纺织服装行业关键指标对比

行业关键指标	2022年（中位数水平）	2021年（中位数水平）	变动情况
营业总收入3年复合增长率	0.38%	1.88%	−1.50%
净利润3年复合增长率	2.34%	6.39%	−4.05%
年化总资产报酬率	3.65%	5.93%	−2.28%
年化净资产报酬率	4.47%	7.34%	−2.87%
销售毛利率	29.38%	30.94%	−1.56%
销售净利率	4.77%	6.60%	−1.83%
研发强度	2.97%	2.75%	0.22%
分红比例	48.62%	46.84%	1.78%
权益乘数	1.55	1.55	0.00
流动比率	1.90	2.16	−0.26
速动比率	1.20	1.36	−0.16
现金流量利息保障倍数	785.53	777.36	8.17

续表

行业关键指标	2022年（中位数水平）	2021年（中位数水平）	变动情况
总资产周转率	0.59	0.65	-0.06
存货周转率	2.16	2.57	-0.41
应收账款周转率	8.61	8.96	-0.35

数据来源：同花顺、中关村国睿金融与产业发展研究会。

总体来看，纺织服装行业2022年营收、利润增长略有下降，但研发强度进一步提升，分红持续保持较高比例，偿债能力和周转能力略有下降。

7.2 健康指数分析

根据报告分析口径，剔除数据异常以及退市公司后，本报告共对纺织服装行业95家上市公司开展健康诊断。

7.2.1 综合健康指数分析

1. 一级行业综合健康指数分析

诊断结果显示，纺织服装行业综合健康指数平均水平为66.10，其中**稳健医疗（80.92）、鲁泰A（78.25）、航民股份（76.64）**位列行业前三。从指数分布看，高于平均水平的有54家，占行业公司总数的56.84%。其中，如图7-1所示，综合健康指数在60以下的有16家，占16.84%；60—70的有52家，占54.74%；70以上的有27家，占28.42%。

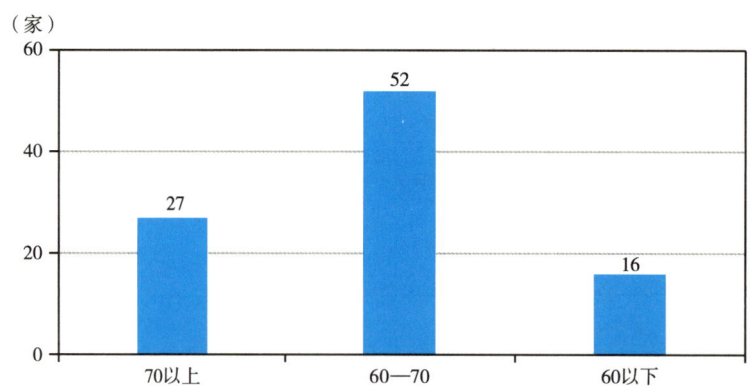

图7-1 纺织服装行业上市公司综合健康指数区间分布情况

2. 细分行业综合健康指数分析

"纺织服装"行业有2个二级行业，可细分为7个三级行业，如图7-2所示，各细分行业综合健康指数情况如下：

（1）二级"服装家纺"行业，61家公司综合健康指数平均水平为65.13，最高的是森马服饰

（75.90）。其中：

三级"服装"行业，39家公司综合健康指数平均水平为64.77，最高的是森马服饰（75.90）；

三级"家纺"行业，7家公司综合健康指数平均水平为69.02，最高的是罗莱生活（75.67）；

三级"鞋帽及其他"行业，15家公司综合健康指数平均水平为64.23，最高的是爱慕股份（72.01）。

（2）二级"纺织制造"行业，34家公司综合健康指数平均水平为67.84，最高的是稳健医疗（80.92）。其中：

三级"棉纺"行业，8家公司综合健康指数平均水平为66.58，最高的是鲁泰A（78.25）；

三级"辅料"行业，3家公司综合健康指数平均水平为71.20，最高的是伟星股份（75.41）；

三级"印染"行业，4家公司综合健康指数平均水平为68.96，最高的是航民股份（76.64）；

三级"其他纺织"行业，19家公司综合健康指数平均水平为67.61，最高的是稳健医疗（80.92）。

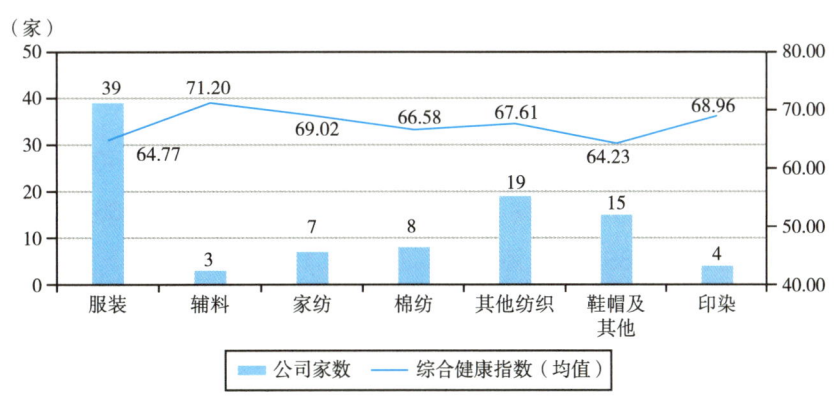

图7-2 2022年纺织服装细分行业综合健康指数平均水平

纺织服装行业上市公司综合健康指数排名前10%的公司如表7-2所示。

表7-2 纺织服装行业2022年综合健康指数前10%排名

排名	公司代码	公司名称	综合健康指数	二级行业_同花顺	三级行业_同花顺
1	300888.SZ	稳健医疗	80.92	纺织制造	其他纺织
2	000726.SZ	鲁泰A	78.25	纺织制造	棉纺
3	600987.SH	航民股份	76.64	纺织制造	印染
4	603889.SH	新澳股份	75.99	纺织制造	其他纺织
5	002563.SZ	森马服饰	75.90	服装家纺	服装
6	002293.SZ	罗莱生活	75.67	服装家纺	家纺
7	002003.SZ	伟星股份	75.41	纺织制造	辅料
8	300979.SZ	华利集团	74.89	纺织制造	其他纺织
9	600398.SH	海澜之家	74.69	服装家纺	服装
10	002327.SZ	富安娜	74.68	服装家纺	家纺

数据来源：同花顺、中关村国睿金融与产业发展研究会。

7.2.2 九大系统健康指数分析

1. 公司治理系统

纺织服装行业95家上市公司公司治理系统健康指数平均水平为83.39，略低于全市场公司治理健康指数平均水平（85.08）。行业平均水平以上的上市公司有51家，占总数的53.68%。从区间分布看，60—70的有4家，占4.21%；70—80的有13家，占13.68%；80—90的有70家，占73.68%；90以上的有8家，占8.42%。

从行业诊断看，公司治理系统健康指数排名前10的公司是：**龙头股份（93.44）、际华集团（91.91）、华升股份（91.44）、嘉欣丝绸（91.28）、美尔雅（90.43）、华斯股份（90.38）、棒杰股份（90.25）、华茂股份（90.21）、海澜之家（89.96）、酷特智能（89.18）**。

2. 外部监督系统

纺织服装行业95家上市公司外部监督系统健康指数平均水平为78.52，略低于全市场外部监督健康指数平均水平（78.64）。行业平均水平以上的上市公司有59家，占总数的62.11%。从区间分布看，50以下的有4家，占4.21%；50—60的有3家，占3.16%；60—70的有5家，占5.26%；70—80的有33家，占34.74%；80—90的有43家，占45.26%；90以上的有7家，占7.37%。

从行业诊断看，外部监督系统健康指数排名前10的公司是：**鲁泰A（95.40）、新澳股份（94.04）、罗莱生活（92.57）、稳健医疗（91.43）、朗姿股份（91.10）、欣贺股份（90.66）、华利集团（90.04）、健盛集团（89.44）、酷特智能（89.39）、海澜之家（89.04）**。

3. 创利能力系统

纺织服装行业95家上市公司创利能力系统健康指数平均水平为58.16，略低于全市场创利能力健康指数平均水平（58.47）。行业平均水平以上的上市公司有47家，占总数的49.47%。从区间分布看，40以下的有3家，占3.16%；40—50的有23家，占24.21%；50—60的有25家，占26.32%；60—70的有30家，占31.58%；70以上的有14家，占14.74%。

从行业诊断看，创利能力系统健康指数排名前10的公司是：**富安娜（79.65）、伟星股份（78.03）、稳健医疗（75.44）、华利集团（75.38）、罗莱生活（73.35）、比音勒芬（72.96）、嘉欣丝绸（72.55）、地素时尚（71.49）、聚杰微纤（70.97）、恒辉安防（70.91）**。

4. 价值再造系统

纺织服装行业95家上市公司价值再造系统健康指数平均水平为61.29，略高于全市场价值再造健康指数平均水平（60.25）。行业平均水平以上的上市公司有51家，占总数的53.68%。从区间分布看，40以下的有3家，占3.16%；40—50的有12家，占12.63%；50—60的有26家，占27.37%；60—70的有36家，占37.89%；70以上的有18家，占18.95%。

从行业诊断看，价值再造系统健康指数排名前10的公司是：**稳健医疗（86.11）、鲁泰A（81.14）、航民股份（76.93）、真爱美家（76.45）、嘉麟杰（76.12）、太湖雪（74.85）、联发股份（74.19）、南山智尚（73.59）、报喜鸟（72.99）、酷特智能（72.98）**。

5. 产品销售系统

纺织服装行业95家上市公司产品销售系统健康指数平均水平为50.15，略低于全市场产品销售健康指数平均水平（50.17）。行业平均水平以上的上市公司有51家，占总数的53.68%。从区间分布看，40以下的有18家，占18.95%；40—50的有26家，占27.37%；50—60的有32家，占33.68%；60—70的有16家，占16.84%；70以上的有3家，占3.16%。

从行业诊断看，产品销售系统健康指数排名前10的公司是：**航民股份（74.29）、云中马（71.33）、稳健医疗（70.27）、富春染织（69.84）、盛泰集团（68.01）、华利集团（67.58）、ST贵人（67.01）、新澳股份（66.77）、嘉欣丝绸（66.23）、孚日股份（65.54）**。

6. 竞争态势系统

纺织服装行业95家上市公司竞争态势系统健康指数平均水平为50.41，略低于全市场竞争态势健康指数平均水平（50.47）。行业平均水平以上的上市公司有45家，占总数的47.37%。从区间分布看，40以下的有19家，占20.00%；40—50的有31家，占32.63%；50—60的有24家，占25.26%；60—70的有17家，占17.89%；70以上的有4家，占4.21%。

从行业诊断看，竞争态势系统健康指数排名前10的公司是：**稳健医疗（82.47）、鲁泰A（72.72）、森马服饰（71.32）、海澜之家（71.21）、雅戈尔（69.98）、新澳股份（69.39）、戎美股份（69.23）、朗姿股份（68.57）、罗莱生活（67.84）、航民股份（67.26）**。

7. 资产资本结构系统

纺织服装行业95家上市公司资产资本结构系统健康指数平均水平为57.82，略高于全市场资产资本结构健康指数平均水平（56.79）。行业平均水平以上的上市公司有45家，占总数的47.37%。从区间分布看，40以下的有3家，占3.16%；40—50的有20家，占21.05%；50—60的有31家，占32.63%；60—70的有27家，占28.42%；70以上的有14家，占14.74%。

从行业诊断看，资产资本结构系统健康指数排名前10的公司是：**棒杰股份（74.56）、戎美股份（74.14）、比音勒芬（73.43）、水星家纺（73.00）、泰慕士（72.60）、浪莎股份（71.89）、地素时尚（71.44）、中胤时尚（71.21）、金发拉比（71.17）、太湖雪（70.96）**。

8. 内部控制系统

纺织服装行业95家上市公司内部控制系统健康指数平均水平为82.06，略低于全市场内部控制健康指数平均水平（83.22）。行业平均水平以上的上市公司有54家，占总数的56.84%。从区间分布看，60以下的有1家，占1.05%；60—70的有3家，占3.16%；70—80的有27家，占28.42%；80—90的有56家，占58.95%；90以上的有8家，占8.42%。

从行业健康诊断看，内部控制系统健康指数排名前10的公司是：**富安娜（93.10）、九牧王（93.10）、森马服饰（91.56）、哈森股份（91.56）、兴业科技（91.56）、汇洁股份（91.02）、鲁泰A（90.74）、安正时尚（90.19）、孚日股份（90.00）、航民股份（89.81）**。

9. 企业文化系统

纺织服装行业95家上市公司企业文化系统健康指数平均水平为69.64，略高于全市场企业文化健康指数平均水平（67.58）。行业平均水平以上的上市公司有53家，占总数的55.79%。从区间分布看，50以下的有11家，占11.58%；50—60的有12家，占12.63%；60—70的有19家，占20.00%；70—80的有31家，占32.63%；80以上的有22家，占23.16%。

从行业诊断看，企业文化系统健康指数排名前10的公司是：**伟星股份**（90.62）、**报喜鸟**（89.70）、**开润股份**（89.63）、**鲁泰A**（89.49）、**稳健医疗**（89.49）、**探路者**（88.28）、**朗姿股份**（88.06）、**九牧王**（87.25）、**罗莱生活**（87.07）、**森马服饰**（86.52）。

7.3 行业机遇、挑战和发展对策

7.3.1 行业发展面临的机遇

纺织服装行业作为一个重要的制造业领域，面临着多样化的机遇，这些机遇将有助于推动行业的发展和创新。

1. 可持续发展和环保意识：全球对可持续发展和环保的关注不断增加，消费者对环保产品和材料的需求也在上升。纺织服装行业有机会推动可持续纺织和环保时尚的发展，提供环保材料和制造工艺。

2. 个性化定制和快时尚：消费者对个性化定制的需求不断增长，快时尚模式也在流行。纺织服装行业可以利用先进的生产技术和数字化工具，提供个性化定制的服装产品，满足不同消费者的需求。

3. 智能纺织品和可穿戴技术：智能纺织品和可穿戴技术是新兴的发展方向。纺织服装行业有机会结合电子技术，开发智能纺织品和智能服装，拓展市场领域。

4. 电子商务和跨境贸易：随着电子商务的普及和跨境贸易的便利化，纺织服装行业可以利用网络平台拓展销售渠道，进入全球市场。

5. 互联网营销和社交媒体：纺织服装行业可以通过互联网营销和社交媒体来推广品牌和产品，吸引更多潜在客户。

6. 城市化和新兴市场需求：随着全球城市化进程的推进，新兴市场对纺织服装的需求不断增长。纺织服装行业有机会拓展新兴市场，满足不同地区的需求。

7. 文化融合和设计创新：纺织服装行业可以借助文化融合和设计创新，开发具有独特风格和文化内涵的产品，吸引消费者的兴趣。

8. 跨界合作和品牌联名：与其他行业的跨界合作和品牌联名合作可以为纺织服装企业带来新的市场机遇和宣传效应。

9. 人工智能和自动化生产：纺织服装行业可以应用人工智能和自动化技术，提高生产效率和质量，降低生产成本。

综合来看，纺织服装行业面临着可持续发展、个性化定制、智能技术、电子商务和新兴市场等多方面的机遇。通过抓住这些机遇，行业可以不断创新和发展，满足不断变化的市场需求，实现持续增长。

7.3.2 行业发展面临的挑战

根据第一部分的分析，受经济和疫情防控等内外因素影响，纺织服装行业2022年营收、利润增长均出现下滑，同时也面临着其他方面的挑战，可能持续影响行业的稳健发展和竞争力。

1．原材料价格波动：纺织服装行业的生产过程需要大量原材料，如棉花、聚酯纤维等，但原材料价格常常受到市场供求变化和国际政治经济因素的影响，价格波动可能对企业的成本和盈利能力造成影响。

2．环保压力：纺织服装行业涉及大量的染料和化学品使用，容易产生废水和废气，环保压力逐渐加大。企业需要投入更多的资源来符合环保法规和标准，提高生产过程的环保性。

3．劳动力成本增加：一些传统纺织服装生产地劳动力成本不断上涨，这导致部分企业将生产转移到其他地区或采取自动化生产方式，但这也带来了新的管理和技术挑战。

4．市场竞争激烈：纺织服装行业市场竞争非常激烈，不仅来自国内企业，还面临来自海外品牌的竞争。品牌认知度、设计创新和品质提升等方面的竞争压力不容忽视。

5．快时尚和消费习惯变化：快时尚模式的兴起导致消费者对服装的更新速度加快，消费习惯发生变化，企业需要不断调整产品策略和市场定位。

6．人工智能和自动化：虽然人工智能和自动化技术可以提高生产效率和质量，但也可能导致部分劳动力失业，需要合理处理人机关系问题。

7．电子商务冲击：电子商务的普及给实体店铺带来压力，传统的销售模式面临转型和适应电子商务的竞争。

8．品牌建设和知识产权保护：建立和维护品牌形象对纺织服装企业至关重要。同时，知识产权保护尤为重要，防止知识产权侵权和假冒。

9．地区产业转移：由于成本和环保等因素，一些纺织服装生产企业可能将业务转移到其他国家或地区，这可能导致原产地的经济影响和产业转型挑战。目前我国东南沿海地区相关产业转移到东南亚地区已经成为近几年的趋势。

7.3.3　行业发展建议

纺织服装行业作为一个传统产业，也是我国传统优势行业，为了实现可持续发展和创新，可以考虑采取以下建议：

1．绿色和可持续发展：纺织服装行业应该加强环保和可持续发展意识，采用环保材料和制造工艺，降低生产过程对环境的影响。

2．优化生产流程：通过优化生产流程和采用先进的生产技术，提高生产效率，降低生产成本，提高产品质量。

3．加强品牌建设：建立强大的品牌形象，注重产品品质和设计，提高品牌竞争力，增强消费者的认知和信赖。

4．加大研发和创新投入：当前行业研发强度中位数为2.97%，略高于全市场平均水平（2.32%），纺织服装行业应该投入更多资源进行研发和创新，开发具有独特特色和技术优势的产品，持续巩固已有竞争优势。

5．引入智能制造和自动化技术：借助人工智能和自动化技术，提高生产效率，减少人为错误，优化生产过程。

6．推动数字化转型：采用数字化技术，提高生产和供应链管理的效率，实现数字化营销和销售模式，拓展电子商务渠道。

7．注重人才培养和技能提升：培养高素质的人才，提高员工的专业水平和创新能力，推动人才队伍的持续发展。

8．多元化市场拓展：拓展国内外多元化市场，减少对特定市场的依赖，降低市场风险。

9．关注消费者需求和时尚趋势，加强合作与跨界合作：紧跟时尚潮流，关注消费者需求，推出适合市场需求的产品，同时与其他行业跨界合作，可以带来创新和新的市场机遇。

综合来看，纺织服装行业应该着眼于环保和可持续发展，积极推动技术创新和数字化转型，加强品牌建设和人才培养，拓展多元化市场，同时关注消费者需求和时尚趋势。以上建议有助于纺织服装行业更好地适应市场需求，应对挑战，实现持续发展和竞争力的提升。

第8章
公用事业行业

公用事业行业是指为公众提供基本生活服务的经济部门，它主要负责供应基本的公共服务，如能源、水务、交通和通信等领域。公用事业行业在社会中扮演着至关重要的角色，为居民和企业提供必要的基础设施和服务，支持社会经济的运转和发展，对于社会的稳定和发展至关重要。

8.1 行业核心财务指标分析

截至2022年底，A股市场公用事业行业共有上市公司122家，总市值共计28128.72亿元，平均市值230.56亿元/家，营业总收入21635.16亿元，平均营业收入177.34亿元/家，净利润总额1281.06亿元，平均净利润10.50亿元/家。市值最大的为**长江电力**（4775.79亿元），营业收入最高的为**华能国际**（2467.25亿元），净利润最高的是**长江电力**（216.49亿元）。其中，营业收入小于10亿元的公司有18家，约占该行业内公司总数的14.75%；小于5亿元的有5家，约占该行业内公司总数的4.10%。2022年，公用事业行业上市公司研发投入合计为229.77亿元。行业相关关键指标对比情况见表8-1。

表8-1　公用事业行业关键指标对比

行业关键指标	2022年（中位数水平）	2021年（中位数水平）	变动情况
营业总收入3年复合增长率	12.68%	9.16%	3.52%
净利润3年复合增长率	9.90%	16.75%	−6.85%
年化总资产报酬率	4.71%	4.39%	0.32%
年化净资产报酬率	6.21%	5.51%	0.70%
销售毛利率	17.23%	19.47%	−2.24%
销售净利率	6.62%	6.56%	0.06%
研发强度	0.69%	0.59%	0.10%
分红比例	36.09%	38.67%	−2.58%
权益乘数	2.64	2.67	−0.03
流动比率	0.91	0.92	−0.01
速动比率	0.73	0.68	0.05
现金流量利息保障倍数	491.56	310.04	181.52

续表

行业关键指标	2022年（中位数水平）	2021年（中位数水平）	变动情况
总资产周转率	0.37	0.35	0.02
存货周转率	19.75	19.66	0.09
应收账款周转率	6.85	7.07	−0.22

数据来源：同花顺、中关村国睿金融与产业发展研究会。

总体来看，公用事业行业2022年营收出现明显增长，但净利润增长下滑，总资产报酬率和净资产报酬率保持稳步增长，研发强度略有提升，整体偿债能力和运营能力与2021年相比基本保持不变。

8.2 健康指数分析

本报告共对公用事业行业122家上市公司开展健康诊断。

8.2.1 综合健康指数分析

1. 一级行业综合健康指数分析

诊断结果显示，公用事业行业综合健康指数平均水平为66.60，其中**南网储能（77.26）、新奥股份（76.50）、中国核电（76.19）**位列行业前三。从指数分布看，高于平均水平的有64家，占行业内公司总数的52.46%。其中，如图8-1所示，综合健康指数在60以下的有19家，占15.57%；60—70的有67家，占54.92%；70以上的有36家，占29.51%。

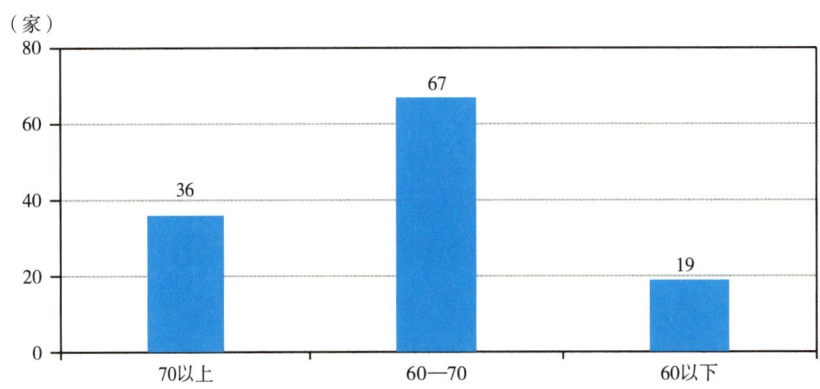

图8-1 公用事业行业上市公司综合健康指数区间分布情况

2. 细分行业综合健康指数分析

"公用事业"行业只有2个二级行业，可细分为6个三级行业，如图8-2所示，各细分行业综合健康指数情况如下：

（1）二级"电力"行业，93家公司综合健康指数平均水平为68.35，最高的是南网储能（77.26）。其中：

三级"新能源发电"行业，26家公司综合健康指数平均水平为67.14，最高的是中国核电（76.19）；

三级"火电"行业，27家公司综合健康指数平均水平为67.72，最高的是广州发展（75.62）；

三级"水电"行业，10家公司综合健康指数平均水平为68.70，最高的是国投电力（75.31）；

三级"热力"行业，15家公司综合健康指数平均水平为63.77，最高的是新中港（69.42）；

三级"电能综合服务"行业，15家公司综合健康指数平均水平为68.35，最高的是南网储能（77.26）。

（2）二级"燃气"行业仅有一个三级"燃气Ⅲ"行业，29家公司综合健康指数平均水平为64.89，最高的是新奥股份（76.50）。

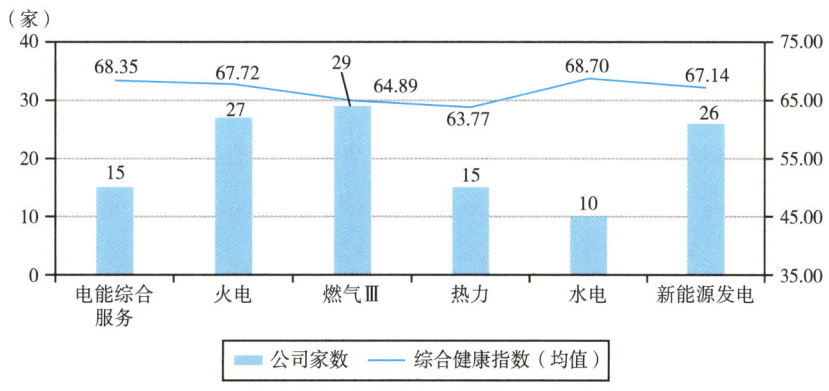

图8-2 2022年公用事业细分行业综合健康指数平均水平

公用事业行业上市公司综合健康指数排名前10%的公司如表8-2所示。

表8-2 公用事业行业2022年综合健康指数前10%排名

排名	公司代码	公司名称	综合健康指数	二级行业_同花顺	三级行业_同花顺
1	600995.SH	南网储能	77.26	电力	电能综合服务
2	600803.SH	新奥股份	76.50	燃气	燃气Ⅲ
3	601985.SH	中国核电	76.19	电力	新能源发电
4	600483.SH	福能股份	75.99	电力	电能综合服务
5	600098.SH	广州发展	75.62	电力	火电
6	600886.SH	国投电力	75.31	电力	水电
7	600956.SH	新天绿能	74.98	电力	新能源发电
8	600900.SH	长江电力	74.71	电力	水电
9	600021.SH	上海电力	74.30	电力	火电
10	688248.SH	南网科技	74.17	电力	电能综合服务
11	600795.SH	国电电力	73.89	电力	火电
12	601139.SH	深圳燃气	73.84	燃气	燃气Ⅲ
13	003816.SZ	中国广核	73.64	电力	新能源发电

数据来源：同花顺、中关村国睿金融与产业发展研究会。

8.2.2 九大系统健康指数分析

1. 公司治理系统

公用事业行业122家上市公司公司治理系统健康指数平均水平为88.09，略高于全市场公司治理健康指数平均水平（85.08）。行业平均水平以上的上市公司有75家，占总数的61.48%。从区间分布看，70—80的有15家，占12.30%；80—90的有51家，占41.80%；90以上的有56家，占45.90%。

从行业诊断看，公司治理系统健康指数排名前10的公司是：**湖北能源（96.32）、华能水电（96.10）、华能国际（95.21）、南网科技（95.15）、大唐发电（95.14）、成都燃气（95.13）、上海电力（95.03）、深圳燃气（94.96）、国投电力（94.89）、川能动力（94.89）**。

2. 外部监督系统

公用事业行业122家上市公司外部监督系统健康指数平均水平为81.85，略高于全市场外部监督健康指数平均水平（78.64）。行业平均水平以上的上市公司有73家，占总数的59.84%。从区间分布看，50以下的有1家，占0.82%；50—60的有4家，占3.28%；60—70的有9家，占7.38%；70—80的有25家，占20.49%；80—90的有61家，占50.00%；90以上的有22家，占18.03%。

从行业诊断看，外部监督系统健康指数排名前10的公司是：**南网储能（93.82）、粤电力A（93.37）、国电电力（92.70）、中国核电（92.30）、林洋能源（92.29）、黔源电力（92.22）、粤水电（92.14）、南网科技（92.14）、国投电力（91.81）、中国广核（91.75）**。

3. 创利能力系统

公用事业行业122家上市公司创利能力系统健康指数平均水平为58.61，略高于全市场创利能力健康指数平均水平（58.47）。行业平均水平以上的上市公司有66家，占总数的54.10%。从区间分布看，40以下的有2家，占1.64%；40—50的有26家，占21.31%；50—60的有37家，占30.33%；60—70的有42家，占34.43%；70以上的有15家，占12.30%。

从行业诊断看，创利能力系统健康指数排名前10的公司是：**南网储能（79.25）、桂冠电力（78.32）、内蒙华电（77.92）、中国核电（74.88）、长江电力（73.80）、黔源电力（73.72）、涪陵电力（73.49）、华能水电（73.27）、通宝能源（72.81）、川能动力（72.57）**。

4. 价值再造系统

公用事业行业122家上市公司价值再造系统健康指数平均水平为58.77，略低于全市场价值再造健康指数平均水平（60.25）。行业平均水平以上的上市公司有66家，占总数的54.10%。从区间分布看，40以下的有5家，占4.10%；40—50的有14家，占11.48%；50—60的有42家，占34.43%；60—70的有48家，占39.34%；70以上的有13家，占10.66%。

从行业诊断看，价值再造系统健康指数排名前10的公司是：**广州发展（81.06）、建投能源（78.10）、太阳能（76.20）、福能股份（75.39）、新奥股份（72.79）、中泰股份（72.52）、国电电力（72.39）、节能风电（72.01）、大唐发电（71.46）、皖能电力（71.37）**。

5. 产品销售系统

公用事业行业122家上市公司产品销售系统健康指数平均水平为50.36，略高于全市场产品销售健康指数平均水平（50.17）。行业平均水平以上的上市公司有66家，占总数的54.10%。从区间分布看，40以下的有23家，占18.85%；40—50的有33家，占27.05%；50—60的有38家，占31.15%；60—70的有23家，占18.85%；70以上的有5家，占4.10%。

从行业诊断看，产品销售系统健康指数排名前10的公司是：**新奥股份（71.67）、新天绿能（71.28）、南网储能（70.30）、广州发展（70.29）、上海电力（70.09）、佛燃能源（69.17）、龙源电力（68.53）、国电电力（68.27）、永泰能源（67.83）、京能电力（66.39）**。

6. 竞争态势系统

公用事业行业122家上市公司竞争态势系统健康指数平均水平为49.93，略低于全市场竞争态势健康指数平均水平（50.47）。行业平均水平以上的上市公司有53家，占总数的43.44%。从区间分布看，40以下的有24家，占19.67%；40—50的有45家，占36.89%；50—60的有27家，占22.13%；60—70的有19家，占15.57%；70以上的有7家，占5.74%。

从行业诊断看，竞争态势系统健康指数排名前10的公司是：**中国核电（78.01）、深圳燃气（75.79）、新奥股份（75.20）、太阳能（72.21）、广州发展（71.17）、粤水电（70.64）、中国广核（70.32）、节能风电（68.01）、深圳能源（67.63）、永泰能源（67.34）**。

7. 资产资本结构系统

公用事业行业122家上市公司资产资本结构系统健康指数平均水平为56.19，略低于全市场资产资本结构健康指数平均水平（56.79）。行业平均水平以上的上市公司有55家，占总数的45.08%。从区间分布看，40以下的有4家，占3.28%；40—50的有29家，占23.77%；50—60的有48家，占39.34%；60—70的有28家，占22.95%；70以上的有13家，占10.66%。

从行业诊断看，资产资本结构系统健康指数排名前10的公司是：**胜通能源（77.30）、明星电力（75.50）、南网科技（74.71）、美能能源（74.57）、世茂能源（74.20）、通宝能源（73.87）、洪通燃气（73.41）、涪陵电力（72.47）、瀚叶股份（72.07）、林洋能源（71.44）**。

8. 内部控制系统

公用事业行业122家上市公司内部控制系统健康指数平均水平为83.75，略高于全市场内部控制健康指数平均水平（83.22）。行业平均水平以上的上市公司有70家，占总数的57.38%。从区间分布看，60—70的有4家，占3.28%；70—80的有23家，占18.85%；80—90的有84家，占68.85%；90以上的有11家，占9.02%。

从行业健康诊断看，内部控制系统健康指数排名前10的公司是：**南网储能（93.53）、内蒙华电（92.83）、节能风电（92.39）、明星电力（91.45）、九丰能源（90.92）、湖南发展（90.92）、南网能源（90.84）、黔源电力（90.77）、国投电力（90.63）、广宇发展（90.40）**。

9. 企业文化系统

公用事业行业122家上市公司企业文化系统健康指数平均水平为64.85，略低于全市场企业文化健康指数平均水平（67.58）。行业平均水平以上的上市公司有60家，占总数的49.18%。从区间分布看，50以下的有9家，占7.38%；50—60的有35家，占28.69%；60—70的有35家，占28.69%；70—80的有35家，占28.69%；80以上的有8家，占6.56%。

从行业诊断看，企业文化系统健康指数排名前10的公司是：**京运通（94.08）、中国核电

（85.17）、新奥股份（84.10）、嘉泽新能（82.58）、水发燃气（82.17）、长春燃气（81.92）、三峡能源（81.27）、林洋能源（80.14）、黔源电力（79.74）、节能风电（78.49）。

8.3 行业机遇、挑战和发展对策

8.3.1 行业发展面临的机遇

公用事业行业作为提供基本公共服务的关键领域，面临着多样化的发展机遇。以下是公用事业行业发展的一些主要机遇：

1．可再生能源发展：全球对清洁能源的需求不断增长，可再生能源如太阳能、风能、水能等在公用事业行业中的应用逐渐扩大。投资和发展可再生能源项目将为公用事业行业带来新的增长机遇。

2．智能化和数字化转型：随着信息技术的不断进步，公用事业行业有机会推动智能化和数字化转型，实现远程监控、智能运维和数据分析等，提高运营效率和服务质量。

3．能源储存技术：能源储存技术的发展将有助于平衡能源供需，解决可再生能源波动性问题。公用事业行业可以探索和应用新型的能源储存技术，提高能源利用效率。

4．电动化和智能交通：电动汽车和智能交通系统的推广将给公用事业行业带来新的机遇，包括电动车辆充电设施建设和智能交通管理系统的应用。

5．能源效率和节能：提高能源效率和节能是公用事业行业的发展趋势。采用先进的节能技术和设备，推广能源效率改进措施，将有助于减少资源消耗和成本，提高可持续发展能力。

6．城市化和新兴市场需求：随着全球城市化进程的加速，公用事业行业将面临更多城市化和新兴市场的需求。应用智能化技术和解决方案，满足城市化进程中的能源、水资源和交通等需求。

7．地区合作与互联互通：公用事业行业可以通过地区合作和互联互通，实现能源、水资源和交通等方面的共享和优化配置，提高整体效率。

8．政策支持和资金投入：各国政府对于公用事业行业通常会提供政策支持和资金投入，以促进行业发展和改善基础设施建设。

综合来看，公用事业行业面临着可再生能源发展、智能化和数字化转型、能源储存技术、电动化和智能交通、能源效率和节能、城市化和新兴市场需求等多方面的机遇。通过抓住这些机遇，公用事业行业可以实现更加可持续和智能化的发展，为社会提供更高效、环保和安全的公共服务。

8.3.2 行业发展面临的挑战

公用事业行业作为提供基本公共服务的关键领域，是维系民生和经济发展的重要支撑，也发挥着重要的作用，同时受经济环境影响以及相关政策的影响较大，发展同样面临着一些挑战，对行业的稳健发展和运营产生影响。

1．可持续发展压力：随着全球对环境保护和可持续发展的关注不断增加，公用事业行业面临着减少碳排放、提高能源效率等方面的压力。必须采取措施以降低对环境的不良影响。

2. 能源转型：能源转型是一个重要的挑战，公用事业行业需要从传统的化石燃料向可再生能源转型，以适应全球能源结构的变化。

3. 资金和投资需求：公用事业行业通常需要大量的资金和投资用于基础设施建设和更新，但融资和投资也面临一定的风险和挑战。

4. 供需平衡：公用事业行业需要保持供需平衡，以确保稳定的能源和水资源供应。在人口增长和经济发展带来的需求增加下，供应不足可能会造成短缺和不稳定的局面。

5. 能源安全：能源安全是公用事业行业的一项重要任务。要确保能源供应的稳定性和安全性，避免能源供应中断对社会造成的不良影响。

6. 技术更新和数字化转型：公用事业行业需要跟上技术更新和数字化转型的步伐，以提高运营效率和服务质量。

7. 基础设施老化：一些地区的公用事业基础设施已经老化，特别是面临台风、暴雨、干旱等自然灾害时，需要进行升级和维护，但这需要大量的投资和资源。

8. 地缘政治风险：公用事业行业可能受到地缘政治和国际贸易形势的影响，一些政治因素可能导致资源供应不稳定和市场不确定性。

9. 自然灾害和气候变化：自然灾害和气候变化可能对公用事业行业的基础设施和供应链造成损害，需要采取应对措施。

8.3.3 行业发展建议

2022年公用事业行业营业收入保持增长，但利润出现下滑，整体表现良好，行业发展韧性较强，为了实现可持续发展和不断提升服务质量，可以考虑以下建议：

1. 加大可再生能源发展：积极推动可再生能源的发展和应用，如太阳能、风能、水能等，降低对化石燃料的依赖，提高能源供应的清洁度和可持续性。

2. 推进能源转型：积极推进能源转型，采取减少碳排放和提高能源效率的措施，逐步替代传统的高碳能源，以适应全球能源结构的变化。

3. 推动智能化和数字化转型：引入先进的信息技术和智能化工具，提高公用事业行业的运营效率和服务水平，实现远程监控、智能运维和数据分析等。

4. 加强基础设施建设和更新：注重公用事业基础设施的建设和更新，确保设施的稳健运行和供应的可靠性。

5. 推动能源储存技术应用：积极探索和应用新型的能源储存技术，以平衡能源供需，解决可再生能源波动性问题。

6. 提高能源效率和节能：采用先进的节能技术和设备，推广能源效率改进措施，降低能源消耗，提高能源利用效率。

7. 加强灾害应对和恢复能力：建立健全的灾害应对和恢复机制，确保公用事业在自然灾害和突发事件中能够有效应对和恢复。

8. 强化人才培养和技能提升：注重人才培养和技能提升，吸引和留住高素质的人才，提高员工的专业水平和创新能力。

9. 加强地区合作与互联互通：推动地区合作和互联互通，实现能源、水资源和交通等方面的共享和优化配置，提高整体效率。

10. 注重社会责任和环保：公用事业行业应当积极履行社会责任，关注环境保护和公众利益，采取环保措施，实现可持续发展。

综合来看，公用事业行业需要加强可再生能源发展，推进能源转型和数字化转型，优化基础设施建设，提高能源效率和节能水平，注重人才培养和社会责任，以实现行业的可持续发展和服务水平的不断提升。这些措施将有助于公用事业行业适应市场需求和挑战，为社会提供更优质、高效、环保的公共服务。

第9章
国防军工行业

国防军工行业是指涉及武器装备的科研、生产、配套等武器装备相关行业,是国家经济社会和平稳定发展的重要支柱。《中共中央关于制定国民经济和社会发展第十四个五年规划和2035年远景目标的建议》中表示,军工行业要坚持自主可控,加速战略性前沿性颠覆性技术发展,加速武器装备升级换代和智能化武器装备发展,2027年实现建军一百年奋斗目标,2035年基本实现国防和军队现代化。国防现代化建设叠加外部环境日趋复杂多变等不可控因素,我国国防军工行业迎来新的发展机遇期。

9.1 行业核心财务指标分析

截至2022年底,A股市场国防军工行业共有上市公司129家,总市值共计21071.85亿元,平均市值163.35亿元/家,营业总收入5254.67亿元,平均营业收入40.73亿元/家,净利润总额318.86亿元,平均净利润2.47亿元/家。市值最大的为**中航沈飞**(1149.46亿元),营业收入最高的为**中国船舶**(595.58亿元),净利润最高的是**中航光电**(29.01亿元)。其中,营业收入小于10亿元的公司有55家,约占该行业内公司总数的42.64%;小于5亿元的有37家,约占该行业内公司总数的28.68%。2022年,国防军工行业上市公司研发投入合计为328.61亿元。行业相关关键指标对比情况见表9-1。

表9-1 国防军工行业关键指标对比

行业关键指标	2022年(中位数水平)	2021年(中位数水平)	变动情况
营业总收入3年复合增长率	10.88%	13.74%	−2.86%
净利润3年复合增长率	16.10%	21.31%	−5.21%
年化总资产报酬率	4.09%	4.66%	−0.57%
年化净资产报酬率	6.36%	7.31%	−0.95%
销售毛利率	35.35%	37.33%	−1.98%
销售净利率	11.25%	11.92%	−0.67%
研发强度	8.84%	8.41%	0.43%
分红比例	30.15%	30.30%	−0.15%
权益乘数	1.50	1.49	0.01
流动比率	2.75	2.71	0.04

续表

行业关键指标	2022年（中位数水平）	2021年（中位数水平）	变动情况
速动比率	2.04	1.95	0.09
现金流量利息保障倍数	365.40	1224.59	−859.19
总资产周转率	0.38	0.41	−0.03
存货周转率	1.57	1.65	−0.08
应收账款周转率	2.15	2.59	−0.44

数据来源：同花顺、中关村国睿金融与产业发展研究会。

总体来看，国防军工行业总体处于快速增长态势，营业收入净利润持续增长，总资产报酬率和净资产报酬率略有下滑，毛利率略有增长，但净利率略有下滑，系受疫情影响各行业中间费用略有增加，行业偿债能力较好，总体运营周转处于健康状态。

9.2 健康指数分析

本报告共对国防军工行业129家上市公司开展健康诊断。

9.2.1 综合健康指数分析

1. 一级行业综合健康指数分析

诊断结果显示，国防军工行业综合健康指数平均水平为66.58，其中**中航光电（78.83）**、**振华科技（78.42）**、**中航沈飞（77.38）**位列行业前三。从指数分布看，高于平均水平的有70家，占行业内公司总数的54.26%。其中，如图9-1所示，综合健康指数在60以下的有14家，占10.85%；60—70的有75家，占58.14%；70以上的有40家，占31.01%

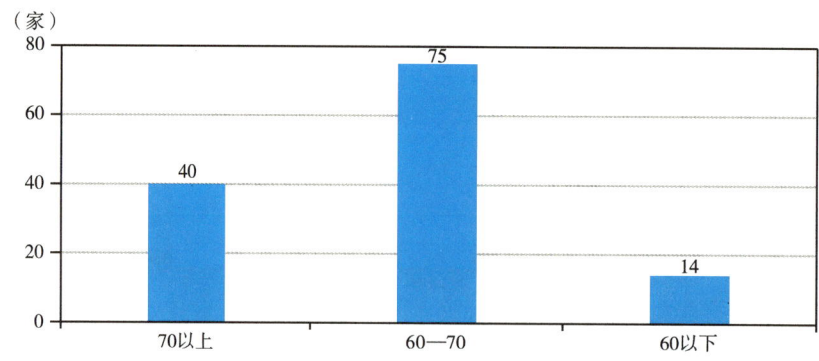

图9-1 国防军工行业上市公司综合健康指数区间分布情况

2. 细分行业综合健康指数分析

"国防军工"行业只有1个二级行业，可细分为5个三级行业，如图9-2所示，各细分行业综合健康指数情况如下：

（1）三级"地面兵装"行业，10家公司综合健康指数平均水平为66.70，最高的是中兵红箭（72.92）。

（2）三级"航海装备"行业，11家公司综合健康指数平均水平为66.19，最高的是中国船舶（72.00）。

（3）三级"航空装备"行业，45家公司综合健康指数平均水平为67.31，最高的是中航沈飞（77.38）。

（4）三级"航天装备"行业，7家公司综合健康指数平均水平为70.82，最高的是航天宏图（74.05）。

（5）三级"军工电子"行业，56家公司综合健康指数平均水平为65.51，最高的是中航光电（78.83）。

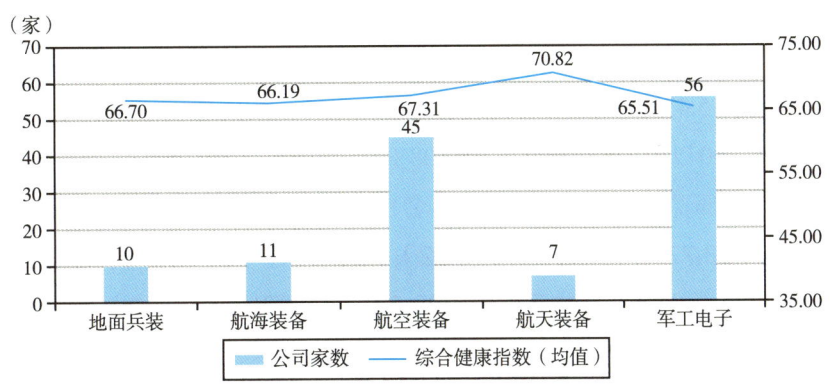

图9-2 2022年国防军工细分行业综合健康指数平均水平

国防军工行业上市公司综合健康指数排名前10%的公司如表9-2所示。

表9-2　　　　　　　　　国防军工行业2022年综合健康指数前10%排名

排名	公司代码	公司名称	综合健康指数	二级行业_同花顺	三级行业_同花顺
1	002179.SZ	中航光电	78.83	国防军工	军工电子
2	000733.SZ	振华科技	78.42	国防军工	军工电子
3	600760.SH	中航沈飞	77.38	国防军工	航空装备
4	600765.SH	中航重机	75.32	国防军工	航空装备
5	600862.SH	中航高科	74.78	国防军工	航空装备
6	688122.SH	西部超导	74.42	国防军工	航空装备
7	688066.SH	航天宏图	74.05	国防军工	航天装备
8	688297.SH	中无人机	73.92	国防军工	航空装备
9	002389.SZ	航天彩虹	73.91	国防军工	航空装备
10	600562.SH	国睿科技	73.77	国防军工	军工电子
11	300034.SZ	钢研高纳	73.75	国防军工	航空装备
12	603712.SH	七一二	73.51	国防军工	军工电子
13	600372.SH	中航电子	73.45	国防军工	航空装备

数据来源：同花顺、中关村国睿金融与产业发展研究会。

9.2.2 九大系统健康指数分析

1. 公司治理系统

国防军工行业129家上市公司公司治理系统健康指数平均水平为87.12，略高于全市场公司治理健康指数平均水平（85.08）。行业平均水平以上的上市公司有69家，占总数的53.49%。从区间分布看，60—70的有1家，占0.78%；70—80的有10家，占7.75%；80—90的有71家，占55.04%；90以上的有47家，占36.43%。

从行业诊断看，公司治理系统健康指数排名前10的公司是：**国博电子**（95.55）、**四创电子**（93.30）、**中航沈飞**（90.84）、**中航重机**（92.68）、**中航高科**（91.84）、**西部超导**（90.89）、**航天宏图**（92.11）、**中无人机**（93.36）、**航天彩虹**（88.63）、**兴图新科**（92.97）。

2. 外部监督系统

国防军工行业129家上市公司外部监督系统健康指数平均水平为79.61，略高于全市场外部监督健康指数平均水平（78.64）。行业平均水平以上的上市公司有71家，占总数的55.04%。从区间分布看，50—60的有7家，占5.43%；60—70的有9家，占6.98%；70—80的有43家，占33.33%；80—90的有57家，占44.19%；90以上的有13家，占10.08%。

从行业诊断看，外部监督系统健康指数排名前10的公司是：**振华风光**（94.35）、**中航光电**（93.86）、**航发控制**（93.77）、**振华科技**（92.72）、**西部超导**（92.70）、**中国船舶**（91.95）、**航天彩虹**（91.44）、**中航重机**（91.09）、**航天宏图**（90.82）、**中国卫通**（90.47）。

3. 创利能力系统

国防军工行业129家上市公司创利能力系统健康指数平均水平为58.12，略低于全市场创利能力健康指数平均水平（58.47）。行业平均水平以上的上市公司有65家，占总数的50.39%。从区间分布看，40以下的有3家，占2.33%；40—50的有20家，占15.50%；50—60的有48家，占37.21%；60—70的有50家，占38.76%；70以上的有8家，占6.20%。

从行业诊断看，创利能力系统健康指数排名前10的公司是：**振华科技**（79.99）、**江航装备**（78.24）、**中航高科**（76.11）、**中航光电**（73.98）、**航发控制**（71.29）、**西部超导**（70.78）、**新余国科**（70.58）、**振芯科技**（70.43）、**三角防务**（69.50）、**火炬电子**（69.39）。

4. 价值再造系统

国防军工行业129家上市公司价值再造系统健康指数平均水平为61.0，略高于全市场价值再造健康指数平均水平（60.25）。行业平均水平以上的上市公司有69家，占总数的53.49%。从区间分布看，40以下的有3家，占2.33%；40—50的有10家，占7.75%；50—60的有40家，占31.01%；60—70的有59家，占45.74%；70以上的有17家，占13.18%。

从行业诊断看，价值再造系统健康指数排名前10的公司是：**航天彩虹**（76.86）、**建设工业**（75.97）、**中航光电**（75.21）、**中船防务**（74.57）、**盛路通信**（73.84）、**振芯科技**（73.41）、**睿创微纳**（73.16）、**振华科技**（72.81）、**华如科技**（72.27）、**奥普光电**（72.13）。

5. 产品销售系统

国防军工行业129家上市公司产品销售系统健康指数平均水平为50.17，略低于全市场产品销售健康指数平均水平（50.17）。行业平均水平以上的上市公司有64家，占总数的49.61%。从区间分布看，40以下的有29家，占22.48%；40—50的有35家，占27.13%；50—60的有29家，占22.48%；60—70的有23家，占17.83%；70以上的有13家，占10.08%。

从行业诊断看，产品销售系统健康指数排名前10的公司是：**中航沈飞（86.60）、建设工业（80.10）、中国船舶（77.86）、内蒙一机（76.10）、中航重机（74.43）、中国卫星（72.88）、航天彩虹（72.68）、中直股份（71.59）、中船科技（71.55）、洪都航空（71.47）**。

6. 竞争态势系统

国防军工行业129家上市公司竞争态势系统健康指数平均水平为50.49，略高于全市场竞争态势健康指数平均水平（50.47）。行业平均水平以上的上市公司有65家，占总数的50.39%。从区间分布看，40以下的有19家，占14.73%；40—50的有42家，占32.56%；50—60的有46家，占35.66%；60—70的有16家，占12.40%；70以上的有6家，占4.65%。

从行业诊断看，竞争态势系统健康指数排名前10的公司是：**七一二（78.22）、中航光电（74.77）、睿创微纳（74.64）、航天宏图（73.75）、中航电子（71.18）、建设工业（71.00）、振华科技（69.13）、航天电子（68.13）、振芯科技（67.02）、航天电器（66.86）**。

7. 资产资本结构系统

国防军工行业129家上市公司资产资本结构系统健康指数平均水平为56.26，略低于全市场资产资本结构健康指数平均水平（56.79）。行业平均水平以上的上市公司有64家，占总数的49.61%。从区间分布看，40以下的有10家，占7.75%；40—50的有24家，占18.60%；50—60的有41家，占31.78%；60—70的有44家，占34.11%；70以上的有10家，占7.75%。

从行业诊断看，资产资本结构系统健康指数排名前10的公司是：**天微电子（78.85）、观典防务（76.34）、铖昌科技（76.17）、三角防务（73.66）、华如科技（73.03）、中无人机（72.64）、华秦科技（72.28）、晶品特装（72.16）、高凌信息（72.15）、江航装备（70.21）**。

8. 内部控制系统

国防军工行业129家上市公司内部控制系统健康指数平均水平为83.79，略高于全市场内部控制健康指数平均水平（83.22）。行业平均水平以上的上市公司有80家，占总数的62.02%。从区间分布看，60以下的有2家，占1.55%；60—70的有4家，占3.10%；70—80的有23家，占17.83%；80—90的有82家，占63.57%；90以上的有18家，占13.95%。

从行业健康诊断看，内部控制系统健康指数排名前10的公司是：**银河电子（93.52）、航发控制（92.90）、天箭科技（92.83）、内蒙一机（91.83）、四创电子（91.63）、中国卫星（91.61）、中航高科（91.51）、中国海防（91.50）、广联航空（91.47）、天和防务（91.05）**。

9. 企业文化系统

国防军工行业129家上市公司企业文化系统健康指数平均水平为67.07，略低于全市场企业文化健康指数平均水平（67.58）。行业平均水平以上的上市公司有56家，占总数的43.41%。从区间分布看，50以下的有3家，占2.33%；50—60的有39家，占30.23%；60—70的有43家，占33.33%；70—80的有27家，占20.93%；80以上的有17家，占13.18%。

从行业诊断看，企业文化系统健康指数排名前10的公司是：**睿创微纳**（93.38）、**全信股份**（92.40）、**海格通信**（88.13）、**航天宏图**（87.62）、**中航光电**（87.33）、**金信诺**（86.83）、**高凌信息**（86.83）、**航天彩虹**（85.85）、**天海防务**（85.53）、**火炬电子**（85.04）。

9.3 行业机遇、挑战和发展对策

9.3.1 行业发展面临的机遇

国防军工行业作为国家安全和国防建设的重要支撑，面临着多样化的发展机遇。以下是国防军工行业发展的一些主要机遇：

1. 军事现代化需求：随着国际安全形势的复杂性和不确定性增加，各国对军事现代化的需求不断增加。国防军工行业有机会提供先进的军事装备、技术和解决方案。《中共中央关于制定国民经济和社会发展第十四个五年规划和2035年远景目标的建议》中表示，军工行业要坚持自主可控，加速战略性前沿性颠覆性技术发展，加速武器装备升级换代和智能化武器装备发展，2027年实现建军一百年奋斗目标，2035年基本实现国防和军队现代化。

2. 技术创新和研发投入：军事领域对高新技术和研发投入的需求较大。国防军工行业可以加大技术创新力度，推动关键技术的突破和应用，保持竞争力。目前国防军工行业研发强度8.84%，在全市场中处于较高水平。

3. 智能化和数字化转型：国防军工行业可以借助智能化和数字化技术，提高军事装备的智能化程度和作战效能。

4. 军民融合发展：推动军民融合发展，将军工技术应用于民用领域，实现产业的双向渗透和互利共赢。

5. 国际市场拓展：国防军工企业可以积极拓展国际市场，参与国际军贸合作和技术输出，拓宽销售渠道和合作伙伴。

6. 信息化战争需求：随着信息化战争的兴起，军事通信、网络安全等方面的需求不断增加，国防军工行业可以为军队提供相关解决方案。

7. 人工智能和无人系统：人工智能和无人系统在军事领域有广阔应用前景，国防军工行业可以推动相关技术的研发和应用。

8. 空间领域发展：航天技术的发展也为军事领域提供了新的机遇，国防军工行业可以积极探索航天技术在军事领域的应用。

综合来看，国防军工行业面临着军事现代化需求、技术创新、智能化转型、军民融合、国际市场拓展等多方面的机遇。通过抓住这些机遇，国防军工行业可以推动技术创新和转型升级，提高装备质量和性能，增强国家安全能力，并为国防建设和国际军事合作作出贡献。

9.3.2 行业发展面临的挑战

国防军工行业作为国家安全和国防建设的重要领域，面临着一系列挑战，这些挑战可能对行业的稳健发展和竞争力产生影响。以下是国防军工行业发展面临的一些主要挑战：

1. 高技术竞争：国防军工行业的发展离不开高科技的支持，但全球高技术竞争激烈，国防军工企业需要不断加大技术研发和创新力度，以保持技术优势。

2. 国内产能过剩：在军民两用的领域，国内也可能存在低端产能过剩现象，导致产能过剩和价格竞争。

3. 国际贸易和出口限制：一些国家对军事装备的国际贸易和出口实行限制，这可能限制国防军工企业的国际合作和市场拓展。

4. 军民融合难度：军工技术的军民融合面临一定的技术和管理难度，需要克服技术转化和应用的问题。

5. 人才短缺和基础研究不足：高端的科研人才和专业人员在国防军工行业中尤为重要，国防军工行业需要依赖基础研究的支撑，但有时可能缺乏充足的基础研究资源和支持。

6. 国际政治风险：国防军工行业受到国际政治因素的影响，地缘政治紧张局势可能导致合作受限或取消。受西方国家针对，我国一直以来都面临着该方面的压力，必须维持较高的国防安全水平，保护社会主义建设。

7. 军事技术泄露和信息安全：军工技术的保密性要求高，信息安全和技术泄露可能对国防军工行业产生严重影响。

8. 灾害和突发事件：自然灾害和突发事件可能对军工生产和供应链造成干扰，需要加强灾害应对和恢复能力，如疫情期间各国防控政策对全球供应链产生巨大冲击。

9.3.3 行业发展建议

随着"十四五"规划的实施，我国国防军工行业迎来新的发展机遇期，在实现中国式现代化的道路上，国防军工行业的发展对于国家的安全和防务建设至关重要。为了实现持续发展和提升竞争力，以下是一些建议：

1. 加大技术创新和研发投入：加大技术创新力度，持续加大研发投入，推动关键技术的突破和应用。建立健全科研与产业界的合作机制，充分发挥企业、大学和科研院所的作用，提升军工技术水平。在当前较高研发强度（8.84%）的基础上持续加大投入，不断推进创新。

2. 加强人才培养和引进：重视人才培养，建立完善的人才培训和激励体系，吸引和留住高素质人才。同时，积极引进海外优秀人才，促进国际合作和交流。

3. 推进军民融合：积极推动军民融合发展，将军工技术应用于民用领域，实现产业的双向渗透和互利共赢。

4. 智能化和数字化转型：借助智能化和数字化技术，提高军事装备的智能化程度和作战效能，推动军事装备的信息化升级。

5．加强国际合作与市场拓展：积极拓展国际市场，参与国际军贸合作和技术输出。加强国际合作，共同应对全球安全挑战。

6．着重保障信息安全：加强信息安全和技术保密工作，防范技术泄露和网络攻击，确保军工技术的保密和安全。

7．灵活应对地缘政治风险：了解并应对国际政治形势的变化，做好风险评估和应对措施，确保合作项目的稳定推进。

8．加强质量管理和产品品质：确保军事装备的质量和性能符合标准要求，为军队提供可靠的装备支持。

综合来看，国防军工行业需要加大技术创新和研发投入，加强人才培养和引进，推进军民融合，智能化和数字化转型，拓展国际合作，着重保障信息安全，灵活应对地缘政治风险，加强质量管理和产品品质等方面的努力。以上举措有助于推动国防军工行业实现可持续发展，为国家安全和军队现代化建设作出更大贡献。

第10章
黑色金属行业

黑色金属行业是我国经济的关键支柱产业，涵盖铁矿石采掘、钢铁生产及相关产品制造，是建筑、基础设施、交通运输、工业生产等领域的重要基础。随着全球经济的复苏、新兴市场的发展及工业化的稳步推进，黑色金属行业逐渐成为保障国家经济稳定和社会进步的重要角色，行业的布局调整和产业升级也将成为经济发展的主旋律，为我国经济的繁荣和发展作出新的贡献。

10.1 行业核心财务指标分析

截至2022年底，A股市场黑色金属行业共有上市公司44家，总市值共计8661.84亿元，平均市值196.86亿元/家，营业总收入23325.58亿元，平均营业收入530.13亿元/家，净利润总额382.61亿元，平均净利润8.70亿元/家。市值最大的为**宝钢股份**（1244.79亿元），营业收入最高的为**宝钢股份**（3677.78亿元），净利润最高的是**宝钢股份**（140.29亿元）。其中，营业收入小于10亿元的公司有1家，约占该行业的2.27%；行业内没有小于5亿元的公司。2022年，黑色金属行业上市公司研发投入合计为736.38亿元。行业相关关键指标对比情况见表10-1。

表10-1　　　　　　　　　　黑色金属行业关键指标对比

行业关键指标	2022年（中位数水平）	2021年（中位数水平）	变动情况
营业总收入3年复合增长率	10.09%	14.68%	-4.59%
净利润3年复合增长率	-3.59%	2.34%	-5.93%
年化总资产报酬率	4.21%	8.54%	-4.33%
年化净资产报酬率	5.92%	12.79%	-6.87%
销售毛利率	7.73%	11.92%	-4.19%
销售净利率	2.51%	5.56%	-3.05%
研发强度	3.31%	3.01%	0.30%
分红比例	32.57%	36.00%	-3.43%
权益乘数	2.02	2.08	-0.06
流动比率	1.15	1.08	0.07
速动比率	0.58	0.58	0.00
现金流量利息保障倍数	659.89	1151.39	-491.50

续表

行业关键指标	2022年（中位数水平）	2021年（中位数水平）	变动情况
总资产周转率	0.94	1.18	−0.24
存货周转率	7.43	8.00	−0.57
应收账款周转率	48.21	70.31	−22.10

数据来源：同花顺、中关村国睿金融与产业发展研究会。

总体来看，黑色金属行业2022年增长出现明显下滑，但行业研发强度进一步提升，偿债能力以及运营能力同比略有下滑，分红比例保持较高水平。

10.2 健康指数分析

本报告共对黑色金属行业44家上市公司开展健康诊断。

10.2.1 综合健康指数分析

1. 一级行业综合健康指数分析

诊断结果显示，黑色金属行业综合健康指数平均水平为66.91，其中**华菱钢铁（81.56）、宝钢股份（77.05）、中信特钢（74.86）**位列行业前三。从指数分布看，高于平均水平的有23家，占行业内公司总数的52.27%。其中，如图10-1所示，综合健康指数区间在60以下的有4家，占9.09%；60—70的有30家，占68.18%；70以上的有10家，占22.73%。

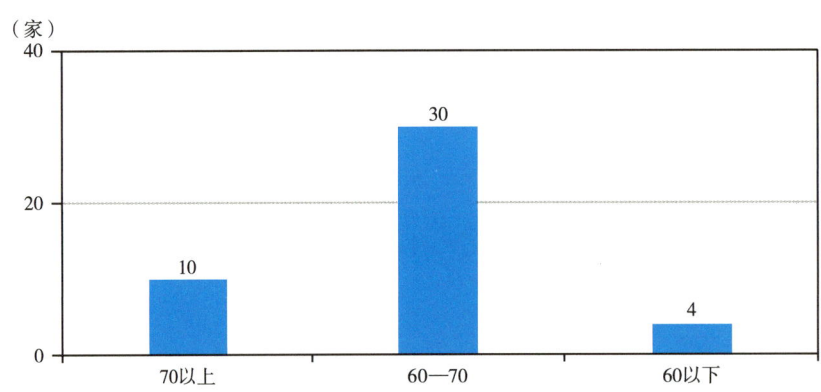

图10-1 黑色金属行业上市公司综合健康指数区间分布情况

2. 细分行业综合健康指数分析

"黑色金属"行业只有1个二级"钢铁"行业，可细分为3个三级行业，如图10-2所示，各细分行业综合健康指数情况如下：

（1）三级"冶钢原料"行业，8家公司综合健康指数平均水平为66.03，最高的是钒钛股份（70.49）。

（2）三级"普钢"行业，24家公司综合健康指数平均水平为67.41，最高的是华菱钢铁（81.56）。

（3）三级"特钢"行业，12家公司综合健康指数平均水平为66.51，最高的是中信特钢（74.86）。

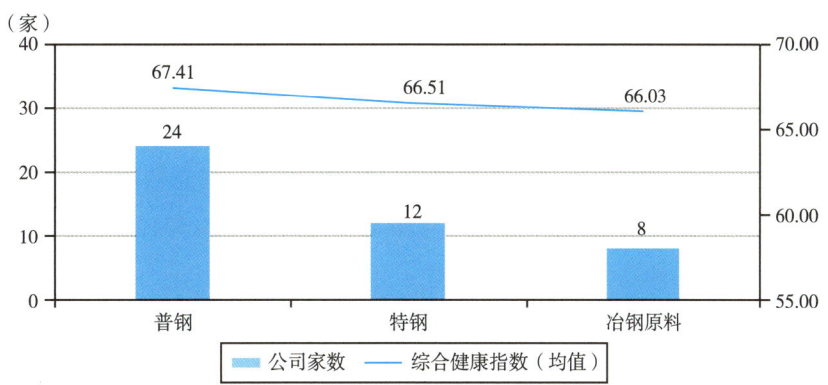

图10-2　2022年黑色金属细分行业综合健康指数平均水平

黑色金属行业上市公司综合健康指数排名前10%的公司如表10-2所示。

表10-2　黑色金属行业2022年综合健康指数前10%排名

排名	公司代码	公司名称	综合健康指数	二级行业_同花顺	三级行业_同花顺
1	000932.SZ	华菱钢铁	81.56	钢铁	普钢
2	600019.SH	宝钢股份	77.05	钢铁	普钢
3	000708.SZ	中信特钢	74.86	钢铁	特钢
4	600282.SH	南钢股份	74.66	钢铁	普钢
5	600022.SH	山东钢铁	73.80	钢铁	普钢

数据来源：同花顺、中关村国睿金融与产业发展研究会。

10.2.2　九大系统健康指数分析

1. 公司治理系统

黑色金属行业44家上市公司公司治理系统健康指数平均水平为87.04，略高于全市场公司治理健康指数平均水平（85.08）。行业平均水平以上的上市公司有23家，占总数的52.27%。从区间分布看，70—80的有5家，占11.36%；80—90的有24家，占54.55%；90以上的有15家，占34.09%。

从行业健康诊断看，公司治理系统健康指数排名前10的公司是：**新钢股份**（94.72）、**河钢股份**（94.54）、**华菱钢铁**（94.45）、**首钢股份**（94.12）、**抚顺特钢**（92.61）、**宝钢股份**（92.25）、**河钢资源**（91.93）、**新兴铸管**（91.89）、**八一钢铁**（91.58）、**常宝股份**（91.46）。

2. 外部监督系统

黑色金属行业44家上市公司外部监督系统健康指数平均水平为81.50，略高于全市场外部监督健康指数平均水平（78.64）。行业平均水平以上的上市公司有28家，占总数的63.64%。从区间分布看，50以下的有1家，占2.27%；60—70的有4家，占9.09%；70—80的有6家，占13.64%；80—90的有

28家，占63.64%；90以上的有5家，占11.36%。

从行业健康诊断看，外部监督系统健康指数排名前10的公司是：**华菱钢铁**（95.25）、**中信特钢**（93.87）、**南钢股份**（92.65）、**首钢股份**（91.20）、**新钢股份**（90.31）、**宝钢股份**（89.84）、**久立特材**（89.77）、**鞍钢股份**（87.95）、**三钢闽光**（87.35）、**包钢股份**（87.12）。

3. 创利能力系统

黑色金属行业44家上市公司创利能力系统健康指数平均水平为58.27，略低于全市场创利能力健康指数平均水平（58.47）。行业平均水平以上的上市公司有25家，占总数的56.82%。从区间分布看，40以下的有3家，占6.82%；40—50的有9家，占20.45%；50—60的有12家，占27.27%；60—70的有13家，占29.55%；70以上的有7家，占15.91%。

从行业健康诊断看，创利能力系统健康指数排名前10的公司是：**久立特材**（78.27）、**华菱钢铁**（75.67）、**河钢资源**（75.26）、**金岭矿业**（73.26）、**大中矿业**（72.94）、**鄂尔多斯**（72.73）、**中信特钢**（72.26）、**钒钛股份**（69.90）、**方大炭素**（68.07）、**海南矿业**（66.98）。

4. 价值再造系统

黑色金属行业44家上市公司价值再造系统健康指数平均水平为60.52，略高于全市场价值再造健康指数平均水平（60.25）。行业平均水平以上的上市公司有20家，占总数的45.45%。从区间分布看，40以下的有1家，占2.27%；40—50的有2家，占4.55%；50—60的有20家，占45.45%；60—70的有17家，占38.64%；70以上的有4家，占9.09%。

从行业健康诊断看，价值再造系统健康指数排名前10的公司是：**华菱钢铁**（78.47）、**宝钢股份**（74.30）、**南钢股份**（74.03）、**山东钢铁**（72.91）、**常宝股份**（69.69）、**甬金股份**（68.55）、**方大炭素**（68.25）、**新兴铸管**（68.08）、**久立特材**（66.85）、**钒钛股份**（65.72）。

5. 产品销售系统

黑色金属行业44家上市公司产品销售系统健康指数平均水平为50.18，略高于全市场产品销售健康指数平均水平（50.17）。行业平均水平以上的上市公司有22家，占总数的50.00%。从区间分布看，40以下的有15家，占34.09%；40—50的有7家，占15.91%；50—60的有12家，占27.27%；60—70的有6家，占13.64%；70以上的有4家，占9.09%。

从行业健康诊断看，产品销售系统健康指数排名前10的公司是：**山东钢铁**（74.80）、**新钢股份**（72.69）、**甬金股份**（71.60）、**华菱钢铁**（70.15）、**河钢股份**（66.84）、**友发集团**（64.82）、**杭钢股份**（62.63）、**沙钢股份**（61.25）、**首钢股份**（61.07）、**重庆钢铁**（60.99）。

6. 竞争态势系统

黑色金属行业44家上市公司竞争态势系统健康指数平均水平为50.24，略低于全市场竞争态势健康指数平均水平（50.47）。行业平均水平以上的上市公司有20家，占总数的45.45%。从区间分布看，40以下的有8家，占18.18%；40—50的有16家，占36.36%；50—60的有12家，占27.27%；60—70的有4家，占9.09%；70以上的有4家，占9.09%。

从行业健康诊断看，竞争态势系统健康指数排名前10的公司是：**宝钢股份**（85.29）、**华菱钢铁**（79.85）、**中信特钢**（79.25）、**南钢股份**（73.61）、**首钢股份**（64.18）、**山东钢铁**（62.62）、**新兴铸管（61.38）、马钢股份（61.28）、太钢不锈（58.85）、新钢股份（57.71）。

7. 资产资本结构系统

黑色金属行业44家上市公司资产资本结构系统健康指数平均水平为57.71，略高于全市场资产资本结构健康指数平均水平（56.79）。行业平均水平以上的上市公司有23家，占总数的52.27%。从区间分布看，40以下的有1家，占2.27%；40—50的有11家，占25.00%；50—60的有10家，占22.73%；60—70的有19家，占43.18%；70以上的有3家，占6.82%。

从行业健康诊断看，资产资本结构系统健康指数排名前10的公司是：**金岭矿业**（80.27）、**华达新材**（77.60）、**凌钢股份**（70.08）、**武进不锈**（68.90）、**大中矿业**（68.48）、**沙钢股份**（68.25）、**河钢资源**（67.48）、**广东明珠**（67.13）、**方大炭素**（66.21）、**钒钛股份**（65.87）。

8. 内部控制系统

黑色金属行业44家上市公司内部控制系统健康指数平均水平为84.35，略高于全市场内部控制健康指数平均水平（83.22）。行业平均水平以上的上市公司有26家，占总数的59.09%。从区间分布看，60—70的有1家，占2.27%；70—80的有11家，占25.00%；80—90的有25家，占56.82%；90以上的有7家，占15.91%。

从行业健康诊断看，内部控制系统健康指数排名前10的公司是：**河钢资源**（93.57）、**首钢股份**（91.91）、**河钢股份**（91.77）、**马钢股份**（91.66）、**金岭矿业**（91.66）、**南钢股份**（90.26）、**方大特钢**（90.26）、**三钢闽光**（89.15）、**盛德鑫泰**（89.03）、**太钢不锈**（88.84）。

9. 企业文化系统

黑色金属行业44家上市公司企业文化系统健康指数平均水平为67.22，略低于全市场企业文化健康指数平均水平（67.58）。行业平均水平以上的上市公司有24家，占总数的54.55%。从区间分布看，50以下的有5家，占11.36%；50—60的有5家，占11.36%；60—70的有15家，占34.09%；70—80的有14家，占31.82%；80以上的有5家，占11.36%。

从行业健康诊断看，企业文化系统健康指数排名前10的公司是：**南钢股份**（91.66）、**海南矿业**（82.57）、**山东钢铁**（82.41）、**鞍钢股份**（81.97）、**重庆钢铁**（81.90）、**华菱钢铁**（79.24）、**常宝股份**（78.80）、**宝钢股份**（78.09）、**八一钢铁**（77.67）、**三钢闽光**（77.36）。

10.3 行业机遇、挑战和发展对策

10.3.1 行业发展面临的机遇

2022年受经济低迷、疫情防控等内外因素的影响，黑色行业发展受挫，各项指标明显下滑，面临一些挑战，但同时也有许多发展的机遇。

1. 基础建设需求：推进基础设施建设仍然是我国城市化建设、乡村振兴及中国式现代化建设的重要举措，黑色金属作为基础建设的重要材料，将受益于基础设施建设的推进。

2. 电动汽车和新能源需求：电动汽车和新能源领域的发展将对黑色金属行业带来需求增长，如

特殊钢材等。

3．环保和节能压力：全球环保和节能的呼声日益高涨，黑色金属行业有机会推进清洁生产和环保技术，提高资源利用率和能源效率。

4．智能制造和数字化转型：引入智能制造和数字化技术，提高生产效率，优化供应链管理，提高产品质量和工艺水平。

5．国际合作和市场拓展：黑色金属行业可以积极拓展国际市场，参与国际贸易和投资合作，寻找新的市场机遇。

6．技术创新和研发投入：目前黑色金属行业研发强度为3.31%，仍需要建议进一步提高，加大技术创新和研发投入，推动产业升级和技术进步，提高黑色金属产品的附加值和竞争力。

7．绿色低碳转型：黑色金属行业可以积极转向绿色低碳发展，采用环保材料和先进技术，减少碳排放和环境污染。

8．地缘政治需求：一些国家特别是我国周边邻国对于国家安全和国防建设的需求，可能增加对黑色金属的需求，特别是在军工和国防领域。

综合来看，黑色金属行业面临着基础建设需求、电动汽车和新能源需求、环保和节能压力、智能制造和数字化转型等多方面的机遇。抓住这些机遇，黑色金属行业可以实现可持续发展，适应市场需求和技术变革，为经济和社会发展作出贡献。

10.3.2　行业发展面临的挑战

黑色金属行业2022年收入及利润增长出现明显下滑，行业整体偿债能力以及运营能力进一步被削弱，亟待恢复，同时行业也面临着可能对行业的稳健发展和竞争力产生影响的一系列挑战。

1．产能过剩和市场竞争：一些国家和地区可能存在黑色金属产能过剩的问题，导致市场竞争激烈，价格波动较大。

2．资源供应不稳定：黑色金属行业对矿石等资源依赖较大，资源供应的不稳定性可能导致生产成本上升和供应不足。

3．地缘政治影响：国际地缘政治局势的不稳定可能导致贸易摩擦和出口限制，影响黑色金属行业拓展国际市场。

4．技术升级和转型难题：2022年，黑色金属行业上市公司研发投入合计为736.38亿元，总体投入规模相对较小。黑色金属行业需要进行技术升级和转型，但这可能面临资金投入、技术创新和管理层面的难题。

5．金融风险和资金压力：黑色金属行业投资规模较大，可能受到金融风险和资金压力的影响。

6．城乡差异和需求变化：中国等国家存在城乡差异和经济发展阶段不同的情况，黑色金属行业需求可能因此产生波动。

7．环境监管趋严：全球对环保和减排的要求越来越高，黑色金属行业的高能耗、高污染特性使其在减排方面面临较大压力。政府对环保监管的趋严可能增加企业的生产成本和符合环保标准的压力。

8. 人工智能和自动化带来的用工压力：自动化技术和人工智能在生产领域的应用可能减少了对人工劳动的需求，可能造成用工压力。

10.3.3 行业发展建议

黑色金属行业发展面临诸多挑战，为了实现可持续发展和提升竞争力，以下是一些建议：

1. 技术创新和数字化应用：加大技术研发投入，推动技术创新，引入智能制造和数字化技术，提高生产效率和产品质量。

2. 资源合理配置和节约利用：优化资源配置，提高资源利用效率，减少浪费，推动循环经济和资源回收利用。

3. 加强产能调整和优化布局：面对产能过剩和市场竞争，加强产能调整，优化行业布局，防范市场风险。

4. 加强国际合作和市场拓展：积极拓展国际市场，参与国际贸易和投资合作，提高对外开放水平。

5. 提高产品附加值和品质：加大产品研发和升级力度，提高产品附加值和品质，提供更高价值的产品。

6. 支持农村振兴和城市化：积极参与农村振兴和城市化建设，提供与建筑和基础设施建设相关的产品和服务。

7. 加强行业协作和交流：促进行业内企业之间的合作与交流，共同解决行业面临的共性问题，推动整体发展。

8. 绿色转型和环保投入：加大环保投入，推动绿色转型，采用清洁生产技术和节能减排措施，减少污染物排放，提高资源利用效率，符合环保标准。

9. 注重社会责任和可持续发展：关注社会责任，积极履行企业社会责任，推动可持续发展。

综合来看，黑色金属行业需要加大环保投入和技术创新，推动资源合理配置和节约利用，加强国际合作和市场拓展，提高产品附加值和品质，注重员工安全和培训，积极支持农村振兴和城市化建设，加强行业内协作和交流，关注社会责任和可持续发展。以上措施的有效实施，有利于推动黑色金属行业逐步克服挑战，实现可持续发展，为经济和社会发展作出贡献。

第11章
环保行业

环保行业主要包括环保机械设备制造、自然保护开发经营、环境工程建设、环境保护服务等方面，产业上游主要包括钢铁、化工、电力、电子、有色金属在内的原材料供应商，为环保产品的生产及工程实施提供原材料，下游主要包括市政以及水污染防治、大气污染防治、固废处理、土壤修复、噪声与振动控制和环境检测等行业。随着我国环保治理的力度不断加大，环保产业发展的市场空间也不断扩大，同时，在"双碳"及"双循环"新发展格局的背景下，生态环境建设在推动产业转型升级、释放内循环市场潜力、提升外循环层次水平等方面的作用愈加凸显，环保行业的内涵也发生了实质性变化，从过去的以治污为主，进入降碳、减污、资源循环利用和绿色生态协同推进的新阶段。

11.1 行业核心财务指标分析

截至2022年底，A股市场环保行业共有上市公司134家，总市值共计6946.31亿元，平均市值51.84亿元/家，营业总收入3411.77亿元，平均营业收入25.46亿元/家，净利润总额203.97亿元，平均净利润1.52亿元/家。市值最大的为**伟明环保**（313.94亿元），营业收入最高的为**首创环保**（221.57亿元），净利润最高的是**首创环保**（43.75亿元）。其中，营业收入小于10亿元的公司有59家，约占该行业内公司总数的44.03%；小于5亿元的有28家，约占该行业内公司总数的20.90%。2022年，环保行业上市公司研发投入合计为94.26亿元。行业相关关键指标对比情况见表11-1。

表11-1 环保行业关键指标对比

行业关键指标	2022年（中位数水平）	2021年（中位数水平）	变动情况
营业总收入3年复合增长率	6.57%	12.25%	−5.68%
净利润3年复合增长率	5.61%	11.19%	−5.58%
年化总资产报酬率	4.53%	5.42%	−0.89%
年化净资产报酬率	6.37%	8.47%	−2.10%
销售毛利率	27.91%	28.33%	−0.42%
销售净利率	8.85%	11.13%	−2.28%

续表

行业关键指标	2022年（中位数水平）	2021年（中位数水平）	变动情况
研发强度	3.77%	3.42%	0.35%
分红比例	30.40%	30.56%	−0.16%
权益乘数	2.20	2.23	−0.03
流动比率	1.50	1.39	0.11
速动比率	1.19	1.06	0.13
现金流量利息保障倍数	225.54	223.44	2.10
总资产周转率	0.29	0.36	−0.07
存货周转率	8.73	9.30	−0.57
应收账款周转率	2.07	2.51	−0.44

数据来源：同花顺、中关村国睿金融与产业发展研究会。

总体来看，环保行业2022年收入、利润增长放缓，研发强度略有提升，分红比例保持较高水平，偿债能力略有提高，但运营能力略有下降。

11.2 健康指数分析

本报告共对环保行业134家上市公司开展健康诊断。

11.2.1 综合健康指数分析

1. 一级行业综合健康指数分析

诊断结果显示，环保行业综合健康指数平均水平为65.81，其中**三峰环境（76.91）**、**华光环能（76.31）**、**景津装备（76.28）**位列行业前三。从指数分布看，高于平均水平的有78家，占行业内公司总数的58.21%。其中，如图11-1所示，综合健康指数区间在60以下的有24家，占17.91%；60—70的有77家，占57.46%；70以上的有33家，占24.63%。

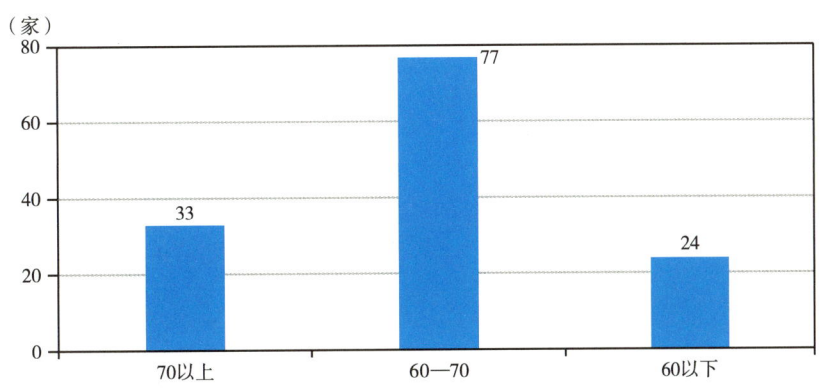

图11-1 环保行业上市公司综合健康指数区间分布情况

2. 细分行业综合健康指数分析

"环保"行业只有1个二级"环保"行业，可细分为5个三级行业，如图11-2所示，各细分行业综合健康指数情况如下：

（1）三级"大气治理"行业，7家公司综合健康指数平均水平为65.36，最高的是清新环境（72.01）。

（2）三级"固废治理"行业，32家公司综合健康指数平均水平为67.16，最高的是三峰环境（76.91）。

（3）三级"环保设备"行业，26家公司综合健康指数平均水平为67.55，最高的是景津装备（76.28）。

（4）三级"水务及水治理"行业，42家公司综合健康指数平均水平为66.52，最高的是兴蓉环境（75.65）。

（5）三级"综合环境治理"行业，27家公司综合健康指数平均水平为61.56，最高的是南大环境（75.53）。

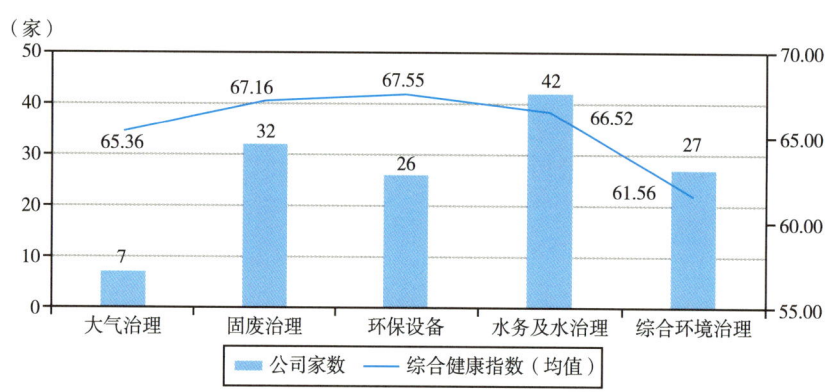

图11-2　2022年环保细分行业综合健康指数平均水平

环保行业上市公司综合健康指数排名前10%的公司如表11-2所示。

表11-2　环保行业2022年综合健康指数前10%排名

排名	公司代码	公司名称	综合健康指数	二级行业_同花顺	三级行业_同花顺
1	601827.SH	三峰环境	76.91	环保	固废治理
2	600475.SH	华光环能	76.31	环保	固废治理
3	603279.SH	景津装备	76.28	环保	环保设备
4	002658.SZ	雪迪龙	75.78	环保	环保设备
5	002266.SZ	浙富控股	75.76	环保	固废治理
6	000598.SZ	兴蓉环境	75.65	环保	水务及水治理
7	688335.SH	复洁环保	75.38	环保	环保设备
8	600874.SH	创业环保	74.69	环保	水务及水治理
9	000551.SZ	创元科技	74.69	环保	环保设备
10	600461.SH	洪城环境	74.67	环保	水务及水治理

续表

排名	公司代码	公司名称	综合健康指数	二级行业_同花顺	三级行业_同花顺
11	603568.SH	伟明环保	74.59	环保	固废治理
12	601200.SH	上海环境	74.55	环保	固废治理
13	000685.SZ	中山公用	74.45	环保	水务及水治理
14	603126.SH	中材节能	73.89	环保	固废治理

数据来源：同花顺、中关村国睿金融与产业发展研究会。

11.2.2 九大系统健康指数分析

1. 公司治理系统

环保行业134家上市公司公司治理系统健康指数平均水平为85.86，略高于全市场公司治理健康指数平均水平（85.08）。行业平均水平以上的上市公司有74家，占总数的55.22%。从区间分布看，60—70的有1家，占0.75%；70—80的有20家，占14.93%；80—90的有76家，占56.72%；90以上的有37家，占27.61%。

从行业健康诊断看，公司治理系统健康指数排名前10的公司是：**重庆水务（95.24）、钱江生化（94.61）、钱江水利（94.37）、三峰环境（94.18）、瀚蓝环境（93.98）、建工修复（93.85）、创元科技（93.73）、中建环能（93.66）、兴蓉环境（93.57）、南大环境（93.38）**。

2. 外部监督系统

环保行业134家上市公司外部监督系统健康指数平均水平为77.39，略低于全市场外部监督健康指数平均水平（78.64）。行业平均水平以上的上市公司有85家，占总数的63.43%。从区间分布看，50以下的有6家，占4.48%；50—60的有6家，占4.48%；60—70的有10家，占7.46%；70—80的有45家，占33.58%；80—90的有57家，占42.54%；90以上的有10家，占7.46%。

从行业健康诊断看，外部监督系统健康指数排名前10的公司是：**路德环境（95.43）、首创环保（94.26）、兴蓉环境（92.83）、瀚蓝环境（92.03）、伟明环保（91.47）、重庆水务（91.21）、三峰环境（90.77）、碧水源（90.71）、中山公用（90.63）、华光环能（90.24）**。

3. 创利能力系统

环保行业134家上市公司创利能力系统健康指数平均水平为58.30，略低于全市场创利能力健康指数平均水平（58.47）。行业平均水平以上的上市公司有69家，占总数的51.49%。从区间分布看，40以下的有4家，占2.99%；40—50的有25家，占18.66%；50—60的有53家，占39.55%；60—70的有35家，占26.12%；70以上的有17家，占12.69%。

从行业健康诊断看，创利能力系统健康指数排名前10的公司是：**南大环境（78.40）、重庆水务（78.03）、钱江水利（77.94）、兴蓉环境（77.51）、雪迪龙（77.50）、洪城环境（77.41）、顺控发展（76.89）、祥龙电业（76.44）、景津装备（75.97）、江南水务（75.89）**。

4. 价值再造系统

环保行业134家上市公司价值再造系统健康指数平均水平为59.37，略低于全市场价值再造健康指数平均水平（60.25）。行业平均水平以上的上市公司有69家，占总数的51.49%。从区间分布看，40以下的有5家，占3.73%；40—50的有19家，占14.18%；50—60的有45家，占33.58%；60—70的有44家，占32.84%；70以上的有21家，占15.67%。

从行业健康诊断看，价值再造系统健康指数排名前10的公司是：**中材节能（76.21）、天源环保（75.97）、雪迪龙（74.87）、景津装备（74.65）、三达膜（74.51）、高能环境（74.21）、金科环境（74.18）、碧水源（74.06）、金达莱（73.70）、宇通重工（73.63）。**

5. 产品销售系统

环保行业134家上市公司产品销售系统健康指数平均水平为50.23，略高于全市场产品销售健康指数平均水平（50.17）。行业平均水平以上的上市公司有69家，占总数的51.49%。从区间分布看，40以下的有29家，占21.64%；40—50的有36家，占26.87%；50—60的有36家，占26.87%；60—70的有25家，占18.66%；70以上的有8家，占5.97%。

从行业健康诊断看，产品销售系统健康指数排名前10的公司是：**浙富控股（81.67）、上海环境（79.05）、旺能环境（75.66）、华宏科技（74.99）、三峰环境（74.87）、绿色动力（73.23）、侨银股份（70.94）、中原环保（70.75）、伟明环保（69.90）、高能环境（69.55）。**

6. 竞争态势系统

环保行业134家上市公司竞争态势系统健康指数平均水平为50.41，略低于全市场竞争态势健康指数平均水平（50.47）。行业平均水平以上的上市公司有68家，占总数的50.75%。从区间分布看，40以下的有27家，占20.15%；40—50的有35家，占26.12%；50—60的有44家，占32.84%；60—70的有24家，占17.91%；70以上的有4家，占2.99%。

从行业健康诊断看，竞争态势系统健康指数排名前10的公司是：**龙净环保（76.74）、中山公用（74.30）、创元科技（72.58）、清新环境（71.86）、浙富控股（69.52）、高能环境（69.17）、华光环能（68.89）、中材节能（67.78）、碧水源（66.80）、三峰环境（66.78）。**

7. 资产资本结构系统

环保行业134家上市公司资产资本结构系统健康指数平均水平为55.41，略低于全市场资产资本结构健康指数平均水平（56.79）。行业平均水平以上的上市公司有73家，占总数的54.48%。从区间分布看，40以下的有10家，占7.46%；40—50的有27家，占20.15%；50—60的有48家，占35.82%；60—70的有42家，占31.34%；70以上的有7家，占5.22%。

从行业健康诊断看，资产资本结构系统健康指数排名前10的公司是：**上海凯鑫（74.87）、金达莱（74.01）、力合科技（73.78）、德林海（73.29）、天源环保（70.26）、南大环境（70.25）、景津装备（70.16）、清研环境（69.36）、恒合股份（68.98）、冠中生态（68.77）。**

8. 内部控制系统

环保行业134家上市公司内部控制系统健康指数平均水平为82.27，略低于全市场内部控制健康指数平均水平（83.22）。行业平均水平以上的上市公司有78家，占总数的58.21%。从区间分布看，60以下的有2家，占1.49%；60—70的有7家，占5.22%；70—80的有33家，占24.63%；80—90的有78家，占58.21%；90以上的有14家，占10.45%。

从行业健康诊断看，内部控制系统健康指数排名前10的公司是：**中山公用**（92.92）、**福龙马**（92.54）、**渤海股份**（92.06）、**楚环科技**（92.06）、**同兴环保**（91.99）、**上海环境**（91.83）、**雪迪龙**（91.73）、**瀚蓝环境**（91.05）、**钱江生化**（90.83）、**严牌股份**（90.71）。

9. 企业文化系统

环保行业134家上市公司企业文化系统健康指数平均水平为66.86，略低于全市场企业文化健康指数平均水平（67.58）。行业平均水平以上的上市公司有67家，占总数的50.00%。从区间分布看，50以下的有8家，占5.97%；50—60的有31家，占23.13%；60—70的有43家，占32.09%；70—80的有32家，占23.88%；80以上的有20家，占14.93%。

从行业健康诊断看，企业文化系统健康指数排名前10的公司是：**东江环保**（88.33）、**福龙马**（87.99）、**中电环保**（86.30）、**岭南股份**（85.81）、**节能铁汉**（85.68）、**久吾高科**（85.56）、**华光环能**（84.61）、**首创环保**（83.78）、**高能环境**（83.51）、**雪迪龙**（83.14）。

11.3 行业机遇、挑战和发展对策

11.3.1 行业发展面临的机遇

尽管2022年以来，多地疫情对经济产生了一定影响，但生态环境保护依然受到中央财政的支持。2022年中央生态环境资金共安排了621亿元，较2021年增加49亿元，增长了8.6%。环保行业作为应对全球环境问题的关键领域，面临着多样化的发展机遇。

1. 政策和法规支持：全球各国政府普遍加大环保力度，推出一系列环保政策和法规，为环保产业发展提供政策支持和市场机遇。近些年，我国也在不断提升环保力度，随着"绿水青山就是金山银山"的理念不断推进落实，在制度和体制创新方面推出系列标本兼治的政策，推进绿色发展。

2. 新能源和清洁技术需求：推动可再生能源和清洁技术的发展，为环保行业提供新的增长点。

3. 绿色产业需求：绿色发展理念日益深入人心，绿色产品和环保技术需求逐渐增加，为环保行业提供广阔市场空间。

4. 可持续发展需求：社会对可持续发展的追求，推动环保技术和服务的需求，涉及能源、水资源、废弃物管理等多个领域。

5. 技术创新和转型：环保行业可以借助技术创新和转型，推动环保设施和技术的升级，提高环保治理效率和成本效益。

6. 农村环保需求：乡村振兴战略的推进，为农村环保提供了发展机遇，涉及农村污水处理、农村垃圾管理等方面。

7. 国际合作和交流：环保问题是全球性的，国际环保合作和技术交流有助于推动环保行业的发展和技术进步。

8. 意识和文化转变：社会环保意识的增强和文化转变，推动公众和企业更加重视环保问题，促进环保产业的发展。

综合来看，环保行业面临着政策和法规支持、绿色产业需求、可持续发展需求、技术创新和转型、农村环保需求、城市化进程、国际合作和交流、投融资支持、环保意识和文化转变、新能源和清洁技术需求等多方面的机遇。通过抓住这些机遇，环保行业可以实现可持续发展，为改善全球环境质量和可持续发展作出贡献。

11.3.2 行业发展面临的挑战

2022年环保行业收入、利润增长放缓，行业运营周转能力略有下降，除此之外，环保行业在推动可持续发展和环境保护的过程中，还面临着其他挑战。

1. 技术和成本压力：环保技术的研发和应用可能面临一定的技术难度和高昂的成本，这可能影响环保项目的实施。特别是推动新能源和清洁技术的广泛应用，可能需要克服技术壁垒和市场适应问题。

2. 治理和监管薄弱：环保行业需要强有力的治理和监管，但一些地区可能缺乏完善的环保政策和法规，导致环保行业发展受限，存在治理和监管薄弱的问题，导致环境问题得不到有效解决。

3. 城乡差异：城乡差异可能导致一些农村地区环保设施和技术相对滞后，环保投入不足。

4. 国际合作困难：环保问题是全球性的，国际合作和技术交流可能受到一些地区政治和经济因素的影响，导致合作困难。

5. 公众意识和文化：一些地区可能存在环保意识不足和文化转变难题，导致环保行为难以得到普及。

6. 环境污染管控：环保行业需要应对多种污染源，包括大气、水体和土壤污染，综合治理较为复杂。

7. 企业责任和社会参与：企业在环保行业中承担着重要责任，但一些企业可能面临环保投入不足或缺乏环保意识的问题。

8. 应对气候变化：全球气候变化对环境产生重大影响，环保行业需要应对气候变化带来的挑战。

11.3.3 行业发展建议

环保行业是实现可持续发展和保护环境的重要领域。为了推动环保行业的发展，以下是一些建议：

1. 加强政策支持：政府应出台更加明确和有力的环保政策和法规，鼓励环保技术和产业的发展，如提供税收优惠和补贴等激励措施。

2. 技术创新和研发投入：环保行业需要加大技术研发投入，推动环保技术的创新和应用，提高治理和处理效率，降低成本。

3. 强化监管和执法：加大环保行业的监管和执法力度，严惩环境违法行为，确保环保政策的执行和环境治理的有效性。

4. 加大投资和项目支持：政府和企业可以加大对环保项目的投资和支持，促进环保产业的发展和市场化运作。

5．培育环保企业：支持和培育环保企业，鼓励民间资本进入环保行业，推动环保产业的多元化发展。

6．推动农村环保：重视农村环保问题，加大农村环保投入，提高农村环境治理水平，改善农民的生活环境。

7．加强公众教育和意识提升：加大环保教育和宣传力度，提高公众对环保问题的认识和参与意识，形成全社会共同参与环保的氛围。

8．支持国际合作和交流：加强国际环保合作，借鉴和吸收先进的环保技术和经验，推动全球环保事业的共同发展。

9．注重产学研结合：加强环保行业的产学研结合，促进科研成果的转化和应用，推动环保技术的市场化推广。

10．强调全过程管理：重视环保行业的全过程管理，从源头控制、生产、使用到废弃物处理，实现环保的全链条闭环。

通过采取这些措施，环保行业可以更好地应对挑战，实现持续发展，为改善环境质量、保护生态环境作出积极贡献，推动社会经济的绿色可持续发展。

第12章
机械设备行业

机械设备行业是一个重要的制造业领域，涵盖了广泛的产品和设备，包括但不限于工业机械、建筑机械、农业机械、能源设备、交通运输设备等各类机械产品，用于生产、加工、运输、建筑等各个领域，对国民经济的增长和工业现代化起着关键性作用，为国民经济各行业发展和国防建设提供技术装备，是国民经济的基础性和战略性产业，在社会发展中扮演关键角色。该行业的发展直接关系到国家的经济可持续发展，对提高生产效率、节约能源、保障国家安全等方面有着重要意义。因此，机械设备制造行业规模与技术水平是衡量一个国家工业化程度与国民经济综合实力的重要参照，也是我国参与全球经济发展的重要体现。

12.1 行业核心财务指标分析

截至2022年底，A股市场机械设备行业共有上市公司482家，总市值共计30822.25亿元，平均市值63.95亿元/家，营业总收入14023.88亿元，平均营业收入29.10亿元/家，净利润总额934.77亿元，平均净利润1.94亿元/家。市值最大的为**汇川技术**（1848.28亿元），营业收入最高的为**中集集团**（1415.37亿元），净利润最高的是**科达制造**（52.02亿元）。其中，营业收入小于10亿元的公司有237家，约占该行业内公司总数的49.17%；小于5亿元的有125家，约占该行业内公司总数的25.93%。2022年，机械设备行业上市公司研发投入合计为788.70亿元。行业相关关键指标对比情况见表12-1。

表 12-1　机械设备行业关键指标对比

行业关键指标	2022年（中位数水平）	2021年（中位数水平）	变动情况
营业总收入3年复合增长率	12.63%	14.65%	-2.02%
净利润3年复合增长率	14.55%	17.42%	-2.87%
年化总资产报酬率	5.23%	6.32%	-1.09%
年化净资产报酬率	7.52%	8.89%	-1.37%
销售毛利率	28.13%	28.54%	-0.41%
销售净利率	8.94%	9.25%	-0.31%
研发强度	5.42%	4.99%	0.43%
分红比例	37.24%	38.15%	-0.91%

续表

行业关键指标	2022年（中位数水平）	2021年（中位数水平）	变动情况
权益乘数	1.60	1.62	−0.02
流动比率	2.19	2.08	0.11
速动比率	1.54	1.42	0.12
现金流量利息保障倍数	984.42	710.90	273.52
总资产周转率	0.48	0.53	−0.05
存货周转率	2.09	2.50	−0.41
应收账款周转率	3.46	3.91	−0.45

数据来源：同花顺、中关村国睿金融与产业发展研究会。

受到经济下行压力的影响，机械设备行业2022年收入、利润增长全面放缓，净利润、毛利率、净利率、各项周转率略有下滑，偿债能力略有增强，研发强度持续提高，行业韧性较强，整体发展水平较高。

12.2 健康指数分析

根据报告分析口径，剔除数据异常以及退市公司后，本报告共对机械设备行业482家上市公司开展健康诊断。

12.2.1 综合健康指数分析

1. 一级行业综合健康指数分析

诊断结果显示，机械设备行业综合健康指数平均水平为66.16，其中**天地科技（80.43）、中控技术（78.89）、川仪股份（77.81）**位列行业前三。从指数分布看，高于平均水平的有243家，占行业总数的50.41%。其中，如图12-1所示，综合健康指数在60以下的有64家，占13.28%；60—70的有295家，占61.20%；70以上的有123家，占25.52%。

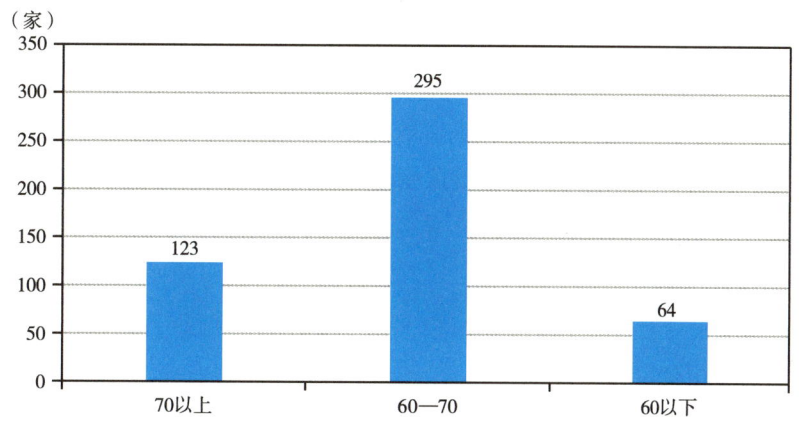

图12-1　机械设备行业上市公司综合健康指数区间分布情况

2. 细分行业综合健康指数分析

"机械设备"行业有4个二级行业，可细分为17个三级行业，如图12-2所示，各细分行业综合健康指数情况如下：

（1）二级"专用设备"行业，194家公司综合健康指数平均水平为65.96，最高的是天地科技（80.43）。其中：

三级"纺织服装设备"行业，12家公司综合健康指数平均水平为64.76，最高的是杰克股份（74.40）；

三级"工程机械"行业，28家公司综合健康指数平均水平为67.96，最高的是杭叉集团（77.00）；

三级"楼宇设备"行业，13家公司综合健康指数平均水平为65.22，最高的是青鸟消防（73.06）；

三级"能源及重型设备"行业，46家公司综合健康指数平均水平为67.55，最高的是天地科技（80.43）；

三级"农用机械"行业，7家公司综合健康指数平均水平为62.97，最高的是一拖股份（76.31）；

三级"印刷包装机械"行业，12家公司综合健康指数平均水平为62.72，最高的是东方精工（70.05）；

三级"其他专用设备"行业，76家公司综合健康指数平均水平为65.38，最高的是美亚光电（77.10）。

（2）二级"通用设备"行业，161家公司综合健康指数平均水平为65.35，最高的是汉钟精机（76.25）。其中：

三级"机床工具"行业，19家公司综合健康指数平均水平为65.21，最高的是海天精工（73.29）；

三级"金属制品"行业，67家公司综合健康指数平均水平为64.82，最高的是中集集团（72.85）；

三级"磨具磨料"行业，14家公司综合健康指数平均水平为64.29，最高的是国机精工（75.16）；

三级"制冷空调设备"行业，13家公司综合健康指数平均水平为68.42，最高的是汉钟精机（76.25）；

三级"其他通用设备"行业，48家公司综合健康指数平均水平为65.35，最高的是大元泵业（75.06）。

（3）二级"自动化设备"行业，79家公司综合健康指数平均水平为67.64，最高的是中控技术（78.89）。其中：

三级"工控设备"行业，26家公司综合健康指数平均水平为69.29，最高的是中控技术（78.89）；

三级"机器人"行业，20家公司综合健康指数平均水平为66.29，最高的是拓斯达（73.37）；

三级"激光设备"行业，11家公司综合健康指数平均水平为68.57，最高的是海目星（75.51）；

三级"其他自动化设备"行业，22家公司综合健康指数平均水平为66.44，最高的是怡合达（73.64）。

（4）二级"仪器仪表"行业仅包括1个三级"仪器仪表Ⅲ"行业，48家公司综合健康指数平均水平为67.26，最高的是川仪股份（77.81）。

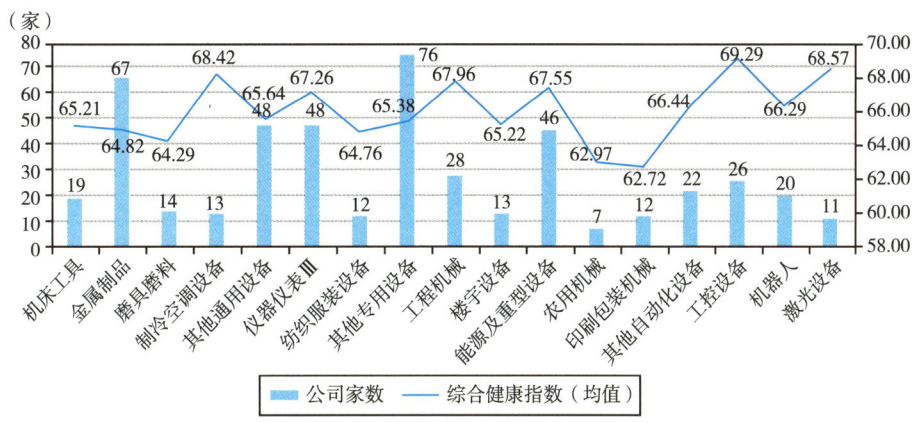

图 12-2 2022年机械设备细分行业综合健康指数平均水平

机械设备行业上市公司综合健康指数排名前10%的公司如表12-2所示。

表 12-2 机械设备行业 2022 年综合健康指数前 10% 排名

排名	公司代码	公司名称	综合健康指数	二级行业_同花顺	三级行业_同花顺
1	600582.SH	天地科技	80.43	专用设备	能源及重型设备
2	688777.SH	中控技术	78.89	自动化设备	工控设备
3	603100.SH	川仪股份	77.81	仪器仪表	仪器仪表Ⅲ
4	002690.SZ	美亚光电	77.10	专用设备	其他专用设备
5	603298.SH	杭叉集团	77.00	专用设备	工程机械
6	002353.SZ	杰瑞股份	76.52	专用设备	能源及重型设备
7	002595.SZ	豪迈科技	76.41	专用设备	其他专用设备
8	603338.SH	浙江鼎力	76.34	专用设备	工程机械
9	601038.SH	一拖股份	76.31	专用设备	农用机械
10	688128.SH	中国电研	76.31	专用设备	其他专用设备
11	300124.SZ	汇川技术	76.27	自动化设备	工控设备
12	002158.SZ	汉钟精机	76.25	通用设备	制冷空调设备
13	600761.SH	安徽合力	76.18	专用设备	工程机械
14	601100.SH	恒立液压	75.98	专用设备	工程机械
15	688559.SH	海目星	75.51	自动化设备	激光设备
16	601717.SH	郑煤机	75.35	专用设备	能源及重型设备
17	300833.SZ	浩洋股份	75.26	专用设备	其他专用设备
18	688425.SH	铁建重工	75.25	专用设备	工程机械
19	002046.SZ	国机精工	75.16	通用设备	磨具磨料
20	000988.SZ	华工科技	75.10	自动化设备	激光设备
21	603757.SH	大元泵业	75.06	通用设备	其他通用设备
22	603203.SH	快克智能	74.99	自动化设备	工控设备
23	688188.SH	柏楚电子	74.88	自动化设备	工控设备
24	688518.SH	联赢激光	74.76	自动化设备	激光设备

续表

排名	公司代码	公司名称	综合健康指数	二级行业_同花顺	三级行业_同花顺
25	600481.SH	双良节能	74.70	通用设备	制冷空调设备
26	002837.SZ	英维克	74.69	专用设备	其他专用设备
27	603698.SH	航天工程	74.55	专用设备	能源及重型设备
28	300470.SZ	中密控股	74.48	通用设备	其他通用设备
29	688768.SH	容知日新	74.45	仪器仪表	仪器仪表Ⅲ
30	603337.SH	杰克股份	74.40	专用设备	纺织服装设备
31	603025.SH	大豪科技	74.38	自动化设备	工控设备
32	002957.SZ	科瑞技术	74.37	自动化设备	工控设备
33	688162.SH	巨一科技	74.15	专用设备	其他专用设备
34	600330.SH	天通股份	74.07	专用设备	其他专用设备
35	603339.SH	四方科技	73.91	通用设备	制冷空调设备
36	301029.SZ	怡合达	73.64	自动化设备	其他自动化设备
37	300341.SZ	麦克奥迪	73.60	仪器仪表	仪器仪表Ⅲ
38	300259.SZ	新天科技	73.59	仪器仪表	仪器仪表Ⅲ
39	600320.SH	振华重工	73.39	专用设备	能源及重型设备
40	300813.SZ	泰林生物	73.39	专用设备	其他专用设备
41	300607.SZ	拓斯达	73.37	自动化设备	机器人
42	000425.SZ	徐工机械	73.32	专用设备	工程机械
43	600031.SH	三一重工	73.29	专用设备	工程机械
44	601882.SH	海天精工	73.29	通用设备	机床工具
45	002204.SZ	大连重工	73.25	专用设备	能源及重型设备
46	688698.SH	伟创电气	73.19	自动化设备	工控设备
47	002979.SZ	雷赛智能	73.16	自动化设备	机器人
48	688686.SH	奥普特	73.14	自动化设备	其他自动化设备

数据来源：同花顺、中关村国睿金融与产业发展研究会。

12.2.2 九大系统健康指数分析

1. 公司治理系统

机械设备行业482家上市公司公司治理系统健康指数平均水平为84.77，略低于全市场公司治理健康指数平均水平（85.08）。行业平均水平以上的上市公司有253家，占总数的52.49%。从区间分布看，60—70的有2家，占0.41%；70—80的有89家，占18.46%；80—90的有312家，占64.73%；90以上的有79家，占16.39%。

从行业健康诊断看，公司治理系统健康指数排名前10的公司是：**东方中科（96.35）、振华重工（95.52）、中国电研（95.50）、杭叉集团（95.31）、锐科激光（95.05）、国机精工（95.50）、中密控股（95.50）、理工光科（94.80）、航天动力（94.63）、润邦股份（94.61）。**

2. 外部监督系统

机械设备行业482家上市公司外部监督系统健康指数平均水平为78.92，略高于全市场外部监督健康指数平均水平（78.64）。行业平均水平以上的上市公司有273家，占总数的56.64%。从区间分布看，50以下的有3家，占0.62%；50—60的有23家，占4.77%；60—70的有28家，占5.81%；70—80的有185家，占38.38%；80—90的有218家，占45.23%；90以上的有25家，占5.19%。

从行业健康诊断看，外部监督系统健康指数排名前10的公司是：**埃斯顿**（95.05）、**天地科技**（95.00）、**安徽合力**（93.94）、**浙江鼎力**（93.50）、**一拖股份**（92.67）、**中控技术**（92.44）、**徐工机械**（92.36）、**中联重科**（91.94）、**英维克**（91.88）、**欧科亿**（91.87）。

3. 创利能力系统

机械设备行业482家上市公司创利能力系统健康指数平均水平为58.17，略低于全市场创利能力健康指数平均水平（58.47）。行业平均水平以上的上市公司有252家，占总数的52.28%。从区间分布看，40以下的有7家，占1.45%；40—50的有90家，占18.67%；50—60的有181家，占37.55%；60—70的有160家，占33.20%；70以上的有44家，占9.13%。

从行业健康诊断角度来看，创利能力系统健康指数排名前10的公司是：**美亚光电**（82.01）、**三德科技**（79.69）、**浩洋股份**（79.57）、**四方达**（78.54）、**天地科技**（78.37）、**麦克奥迪**（77.99）、**快克智能**（77.66）、**东华测试**（77.02）、**宏华数科**（76.56）、**银都股份**（76.26）。

4. 价值再造系统

机械设备行业482家上市公司价值再造系统健康指数平均水平为60.66，略高于全市场价值再造健康指数平均水平（60.25）。行业平均水平以上的上市公司有251家，占总数的52.07%。从区间分布看，40以下的有6家，占1.24%；40—50的有45家，占9.34%；50—60的有163家，占33.82%；60—70的有210家，占43.57%；70以上的有58家，占12.03%。

从行业健康诊断角度来看，价值再造系统健康指数排名前10的公司是：**英威腾**（79.26）、**科瑞技术**（78.33）、**杰瑞股份**（77.11）、**铁建重工**（77.10）、**巨一科技**（76.86）、**联赢激光**（76.70）、**博众精工**（76.55）、**华兴源创**（76.06）、**英维克**（75.87）、**昆船智能**（75.84）。

5. 产品销售系统

机械设备行业482家上市公司产品销售系统健康指数平均水平为50.1，略低于全市场产品销售健康指数平均水平（50.17）。行业平均水平以上的上市公司有242家，占总数的50.21%。从区间分布看，40以下的有117家，占24.27%；40—50的有121家，占25.10%；50—60的有119家，占24.69%；60—70的有94家，占19.50%；70以上的有31家，占6.43%。

从行业健康诊断看，产品销售系统健康指数排名前10的公司是：**双良节能**（82.19）、**中集集团**（81.62）、**一拖股份**（81.11）、**冀东装备**（75.98）、**天奇股份**（75.97）、**铭利达**（75.49）、**郑煤机**（75.39）、**南兴股份**（75.29）、**精工科技**（74.29）、**安徽合力**（74.26）。

6. 竞争态势系统

机械设备行业482家上市公司竞争态势系统健康指数平均水平为50.65，略高于全市场竞争态势健康指数平均水平（50.47）。行业平均水平以上的上市公司有238家，占总数的49.38%。从区间分布看，40以下的有104家，占21.58%；40—50的有136家，占28.22%；50—60的有131家，占27.18%；60—70的有76家，占15.77%；70以上的有35家，占7.26%。

从行业健康诊断看，竞争态势系统健康指数排名前10的公司是：**中控技术（86.65）、汇川技术（85.75）、埃斯顿（79.05）、杰瑞股份（77.86）、大族激光（77.50）、三一重工（76.93）、徐工机械（75.99）、英威腾（75.77）、巨一科技（75.42）、东方中科（75.42）**。

7. 资产资本结构系统

机械设备行业482家上市公司资产资本结构系统健康指数平均水平为57.14，略高于全市场资产资本结构健康指数平均水平（56.79）。行业平均水平以上的上市公司有244家，占总数的50.62%。从区间分布看，40以下的有25家，占5.19%；40—50的有111家，占23.03%；50—60的有140家，占29.05%；60—70的有151家，占31.33%；70以上的有55家，占11.41%。

从行业健康诊断看，资产资本结构系统健康指数排名前10的公司是：**凌霄泵业（81.13）、恒进感应（79.94）、泰林生物（77.85）、东亚机械（77.76）、新芝生物（77.61）、迈拓股份（77.33）、九菱科技（77.10）、航天工程（76.94）、正弦电气（76.88）、安达智能（76.84）**。

8. 内部控制系统

机械设备行业482家上市公司内部控制系统健康指数平均水平为83.20，略低于全市场内部控制健康指数平均水平（83.22）。行业平均水平以上的上市公司有274家，占总数的56.85%。从区间分布看，60以下的有6家，占1.24%；60—70的有18家，占3.73%；70—80的有112家，占23.24%；80—90的有285家，占59.13%；90以上的有61家，占12.66%。

从行业健康诊断看，内部控制系统健康指数排名前10的公司是：**北矿科技（93.55）、理工光科（93.55）、安达智能（93.54）、新天科技（93.05）、泰林生物（93.05）、矩子科技（93.05）、智立方（93.05）、东亚机械（93.05）、长龄液压（93.05）、金明精机（93.05）**。

9. 企业文化系统

机械设备行业482家上市公司企业文化系统健康指数平均水平为67.21，略低于全市场企业文化健康指数平均水平（67.58）。行业平均水平以上的上市公司有245家，占总数的50.83%。从区间分布看，50以下的有36家，占7.47%；50—60的有98家，占20.33%；60—70的有148家，占30.71%；70—80的有124家，占25.73%；80以上的有76家，占15.77%。

从行业健康诊断看，企业文化系统健康指数排名前10的公司是：**拓斯达（92.92）、诚益通（91.80）、汇川技术（91.50）、金卡智能（91.39）、佳士科技（91.25）、天地科技（90.58）、杰克股份（90.49）、中联重科（90.07）、雷赛智能（89.64）、汉威科技（89.55）**。

12.3 行业机遇、挑战和发展对策

12.3.1 行业发展面临的机遇

《机械工业"十四五"发展纲要》中表示，将"全面提升自主创新能力、统筹推进产业基础高级化、打好产业链现代化攻坚战、持续推动产业优化升级、以高水平开放助推双循环"作为重要战略任务，到2035年，我国机械工业综合技术实力将大幅提升，进入全球机械制造强国阵营中等水平。

错综复杂的国内外经济环境、科技革命、产业升级、需求变化都给该行业发展带来了新的机遇，推动着行业的进步和发展。

1. 基础设施建设需求：随着全球基础设施建设的不断推进，机械设备行业将迎来巨大的市场需求。基础设施建设需要各种类型的机械设备，如挖掘机、起重机、压路机等。而我国机械设备出口在海外市场占据重要地位。随着疫情得到稳定控制以及海外市场需求的加快恢复，我国的出口市场强势复苏，迅速带动我国工程机械在海外市场的销量。

2. 智能制造和工业自动化：智能制造和工业自动化是当前制造业的发展趋势，机械设备行业在这一领域有机会开发更智能、高效的生产设备，满足制造业的升级需求。

3. 新能源和环保设备需求：全球对新能源和环保设备的需求不断增长，如风能、太阳能发电设备、废弃物处理设备等，这为机械设备行业提供了新的市场机遇。

4. 农业机械需求：随着全球农业现代化的推进，农业机械的需求逐渐增加，如拖拉机、收割机、播种机等，为机械设备行业带来发展机遇。

5. 数字化和"互联网+"：机械设备行业可以利用数字化技术和"互联网+"模式，推动设备的智能化、信息化，提高产品竞争力和用户体验。

6. 国际合作与共享：通过国际合作和共享资源，机械设备企业可以进一步拓展国际市场，参与全球产业链合作。例如，"一带一路"为中国工程机械搭建了重要平台，越来越多的工程机械企业走出国门，参与全球竞争。根据中国工程机械工业协会数据，2022年我国工程机械进出口贸易额为470.33亿美元，同比增长24.6%，其中出口金额443.02亿美元，同比增长30.2%。

7. 大型国家战略项目：一些国家实施的重大战略项目，如"一带一路"倡议，以及国家高铁等，这些项目将带动大量机械设备的需求。

8. 人工智能和自动化技术应用：机械设备行业可以结合人工智能和自动化技术，推出更智能、高效、安全的机械设备产品。

9. 国产替代：机械设备行业是国家重点支持和培育的战略性新兴产业之一，其国产化水平和自主可控能力关系到国家的经济安全和国防安全。在当前国际形势复杂多变的情况下，机械设备行业需要加快国产替代的进程，打破国外技术垄断和制裁，提高国内市场的占有率和影响力。同时，也要借助"一带一路"等国家战略，拓展国际市场，提升国际品牌形象和竞争力。

综合来看，机械设备行业发展面临的机遇包括基础设施建设需求、智能制造和工业自动化、新能源和环保设备需求、农业机械需求、数字化和"互联网+"、国际合作与共享、大型国家战略项目、人工智能和自动化技术应用、国产替代等方面。通过抓住这些机遇，机械设备行业可以不断创新发展，提高技术水平和产品竞争力，为经济社会发展作出更大贡献。

12.3.2 行业发展面临的挑战

2022年，从增速来看，机械设备行业的营收和利润增速均较去年同期有所放缓。除了经济整体环境的压力外，行业在发展过程中也面临一些其他挑战。

1. 技术升级压力：科技的不断进步和创新，对传统机械设备产生了替代性影响，行业需要不断进行技术升级和转型，以保持竞争力。

2. 国际竞争激烈：机械设备行业是全球性的行业，面临来自世界各地的激烈竞争，包括技术、品质、价格等方面的竞争。同时，虽然全球经济复苏的预期有所提升，但国际贸易摩擦仍在持续发酵，美国对中国出口的机械设备产品继续征收高额关税，给行业的出口端带来了较大的阻碍。此外，欧盟、日本等其他国家和地区也在加强对中国机械设备产品的技术壁垒和质量标准，增加了行业的出口难度和成本。

3. 环保和节能要求：随着环保和节能意识的增强，市场对环保和能效高的机械设备的需求不断增加，而传统高耗能设备面临市场压力。2023年上半年，为了实现碳达峰和碳中和的目标，国家加大了对重点行业和地区的环境监管力度，出台了一系列的环保政策和措施，对于钢铁、有色金属、化工等机械设备行业的上游原材料供应商来说，意味着更高的环保成本和更严格的产能限制，进而影响了原材料的供应稳定性和价格波动性。

4. 产能过剩：一些机械设备行业可能面临产能过剩问题，导致价格竞争激烈，影响企业盈利能力。

5. 国际贸易不稳定：虽然全球疫情得到了控制，但鉴于地区冲突、大国博弈等仍存在不确定性和复发风险，导致国际贸易活动仍未完全恢复正常水平。美国对中国出口的机械设备产品继续征收高额关税，给行业的出口端带来了较大的阻碍。此外，欧盟、日本等其他国家和地区也在加强对中国机械设备产品的技术壁垒和质量标准，增加了行业的出口难度和成本。

6. 人才短缺：机械设备行业需要大量高技能、高素质的人才，但人才短缺可能限制行业的发展和创新能力。

7. 经济周期波动：机械设备行业受经济周期波动影响较大，经济衰退可能导致市场需求下降。

8. 原材料价格波动：原材料价格的波动可能影响机械设备的生产成本和产品价格，增加企业经营的不确定性。2023年上半年，受国际大宗商品价格上涨、国内供需失衡、环保限产等因素的影响，钢铁、有色金属、塑料等机械设备行业的主要原材料价格均出现了较大幅度的上涨，给行业的成本端带来了较大的压力。

12.3.3 行业发展建议

在面临以上机遇和挑战的背景下，机械设备行业作为制造业的重要组成部分，面对日益激烈的竞争和不断变化的市场需求，需要采取一系列措施来实现可持续发展。

1. 加强技术创新：投入更多资源用于研发和技术创新，不断推出新型、高效、节能的机械设备，提高产品竞争力。在当前行业研发强度5.42%的基础上，继续保持持续投入，不断提高研发水平，推动技术突破创新。

2. 推动智能制造：积极推进智能制造和工业自动化，应用人工智能、物联网等技术，提高生产效率和质量。

3. 注重环保和能效：开发环保型和能效高的机械设备，满足市场对绿色产品的需求，提高企业的可持续发展能力。

4．拓展新兴市场：积极拓展新兴市场，如新能源、环保、数字经济等领域，寻找新的增长点。

5．提高产品质量和服务水平：提升产品质量，加强售后服务，提高客户满意度，树立企业良好的品牌形象。

6．加强国际合作：通过国际合作和资源共享，进一步拓展全球市场，参与国际产业链。制定风险应对策略，应对国际贸易不稳定、经济周期波动等不确定因素。

7．培养高技能人才：加强人才培养和引进，提高员工技能水平，增强企业的创新和竞争能力。

8．关注产业升级：密切关注市场需求变化和产业升级趋势，及时调整产品结构和业务布局。

9．提高供应链效率：优化供应链管理，降低生产成本，提高生产效率和灵活性。

通过采纳这些建议，机械设备行业可以提高技术水平和产品质量，拓展市场份额，实现可持续发展，并在日益激烈的竞争中保持竞争力。

第13章
基础化工行业

基础化工行业是指涉及化学原料、基础化学品生产、销售和相关服务的产业。基础化工产品是许多工业生产的基础原材料，广泛应用于能源、制造业、建筑、医药、农业等各个领域，主要包括化肥、有机品、无机品、氯碱、精细与专用化学品、农药、日用化学品、塑料制品以及橡胶制品九大类，该行业对国民经济的发展和其他产业的运转起着重要的支撑作用。《石化和化工行业"十四五"规划指南》中指出要大力实施创新驱动和绿色可持续发展战略，并且按照"重质轻量"原则，着力提升行业的国际竞争力和可持续发展能力。

13.1 行业核心财务指标分析

截至2022年底，A股市场基础化工行业共有上市公司385家，总市值共计37812.34亿元，平均市值98.21亿元/家，营业总收入25046.53亿元，平均营业收入65.06亿元/家，净利润总额2175.85亿元，平均净利润5.65亿元/家。市值最大的为**万华化学**（2908.98亿元），营业收入最高的为**万华化学**（1655.65亿元），净利润最高的是**盐湖股份**（196.78亿元）。其中，营业收入小于10亿元的公司有106家，约占该行业内公司总数的27.53%；小于5亿元的有46家，约占该行业内公司总数的11.95%。2022年，基础化工行业上市公司研发投入合计为637.03亿元。行业相关关键指标对比情况见表13-1。

表13-1 基础化工行业关键指标对比

行业关键指标	2022年（中位数水平）	2021年（中位数水平）	变动情况
营业总收入3年复合增长率	14.47%	12.41%	2.06%
净利润3年复合增长率	16.53%	18.73%	-2.20%
年化总资产报酬率	6.41%	8.54%	-2.13%
年化净资产报酬率	8.83%	11.32%	-2.49%
销售毛利率	20.76%	23.53%	-2.77%
销售净利率	8.63%	10.47%	-1.84%
研发强度	3.67%	3.64%	0.03%
分红比例	32.69%	31.15%	1.54%

续表

行业关键指标	2022年（中位数水平）	2021年（中位数水平）	变动情况
权益乘数	1.60	1.60	0.00
流动比率	1.95	1.87	0.08
速动比率	1.41	1.30	0.11
现金流量利息保障倍数	1156.09	1251.28	−95.19
总资产周转率	0.67	0.70	−0.03
存货周转率	5.44	5.99	−0.55
应收账款周转率	7.89	8.38	−0.49

数据来源：同花顺、中关村国睿金融与产业发展研究会。

虽然受到经济下行压力的影响，基础化工行业2022年依然保持收入较快增长，净利润、毛利率、净利率、各项周转率略有下滑，偿债能力略有增强，行业韧性较强，整体发展水平较高。

13.2 健康指数分析

本报告共对基础化工行业385家上市公司开展健康诊断。

13.2.1 综合健康指数分析

1. 一级行业综合健康指数分析

诊断结果显示，基础化工行业综合健康指数平均水平为66.23，其中**盐湖股份（80.99）、昊华科技（79.25）、金禾实业（78.51）**位列行业前三。从指数分布看，高于平均水平的有198家，占行业总数的51.43%。其中，如图13-1所示，综合健康指数在60以下的有48家，占12.47%；60—70的有235家，占61.04%；70以上的有102家，占26.49%。

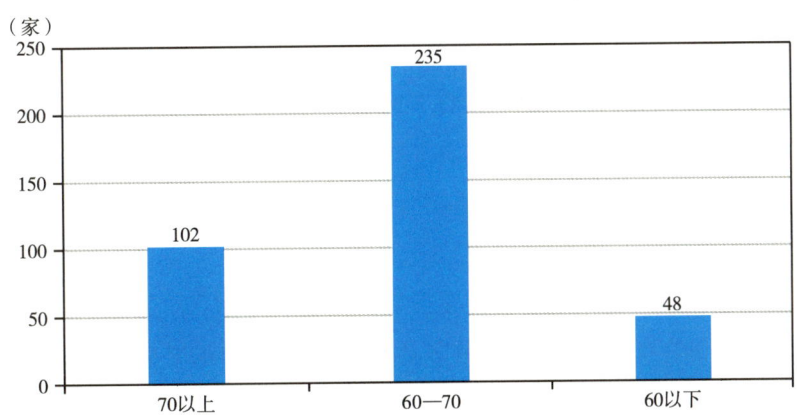

图13-1 基础化工行业上市公司综合健康指数区间分布情况

2. 细分行业综合健康指数分析

"基础化工"行业有4个二级行业，可细分为29个三级行业，如图13-2所示，各细分行业综合健康指数情况如下：

（1）二级"化学制品"行业，213家公司综合健康指数平均水平为66.75，最高的是盐湖股份（80.99）。其中：

三级"氮肥"行业，5家公司综合健康指数平均水平为68.52，最高的是华鲁恒升（77.25）；

三级"纺织化学用品"行业，12家公司综合健康指数平均水平为62.77，最高的是浙江龙盛（72.21）；

三级"氟化工"行业，9家公司综合健康指数平均水平为70.95，最高的是昊华科技（79.25）；

三级"复合肥"行业，8家公司综合健康指数平均水平为68.61，最高的是新洋丰（75.90）；

三级"钾肥"行业，4家公司综合健康指数平均水平为74.55，最高的是盐湖股份（80.99）；

三级"聚氨酯"行业，10家公司综合健康指数平均水平为68.73，最高的是沧州大化（74.26）；

三级"磷肥及磷化工"行业，10家公司综合健康指数平均水平为68.55，最高的是兴发集团（77.12）；

三级"民爆用品"行业，11家公司综合健康指数平均水平为65.39，最高的是广东宏大（72.79）；

三级"农药"行业，30家公司综合健康指数平均水平为68.46，最高的是江山股份（77.36）；

三级"食品及饲料添加剂"行业，20家公司综合健康指数平均水平为67.97，最高的是金禾实业（78.51）；

三级"涂料油墨"行业，14家公司综合健康指数平均水平为61.96，最高的是松井股份（68.68）；

三级"有机硅"行业，11家公司综合健康指数平均水平为68.89，最高的是新安股份（75.24）；

三级"其他化学制品"行业，69家公司综合健康指数平均水平为65.28，最高的是凯立新材（75.42）。

（2）二级"化工合成材料"，106家公司综合健康指数平均水平为64.09，最高的是皖维高新（76.93）。其中：

三级"氨纶"行业，3家公司综合健康指数平均水平为66.68，最高的是华峰化学（71.57）；

三级"涤纶"行业，11家公司综合健康指数平均水平为64.10，最高的是海利得（70.59）；

三级"改性塑料"行业，18家公司综合健康指数平均水平为62.92，最高的是金发科技（68.24）；

三级"合成树脂"行业，10家公司综合健康指数平均水平为64.84，最高的是蓝晓科技（71.90）；

三级"膜材料"行业，18家公司综合健康指数平均水平为63.67，最高的是沃顿科技（70.36）；

三级"炭黑"行业，6家公司综合健康指数平均水平为66.53，最高的是确成股份（71.32）；

三级"粘胶"行业，2家公司综合健康指数平均水平为59.87，最高的是南京化纤（60.64）；

三级"其他橡胶制品"行业，11家公司综合健康指数平均水平为65.15，最高的是阳谷华泰（71.08）；

三级"其他纤维"行业，8家公司综合健康指数平均水平为68.03，最高的是皖维高新（76.93）；

三级"其他塑料制品"行业，19家公司综合健康指数平均水平为62.17，最高的是英科再生（70.41）。

（3）二级"化学原料"行业，56家公司综合健康指数平均水平为68.36，最高的是三孚股份（76.68）。其中：

三级"纯碱"行业，4家公司综合健康指数平均水平为72.32，最高的是三友化工（74.39）；

三级"氯碱"行业，16家公司综合健康指数平均水平为67.11，最高的是北元集团（74.58）；

三级"钛白粉"行业，5家公司综合健康指数平均水平为67.91，最高的是安纳达（74.13）；

三级"无机盐"行业，9家公司综合健康指数平均水平为70.52，最高的是苏盐井神（75.70）；

三级"其他化学原料"行业，22家公司综合健康指数平均水平为67.76，最高的是三孚股份（76.68）。

（4）二级"非金属材料"行业，仅包括1个三级"非金属材料Ⅲ"行业，10家公司综合健康指数平均水平为66.04，最高的是石英股份（75.27）。

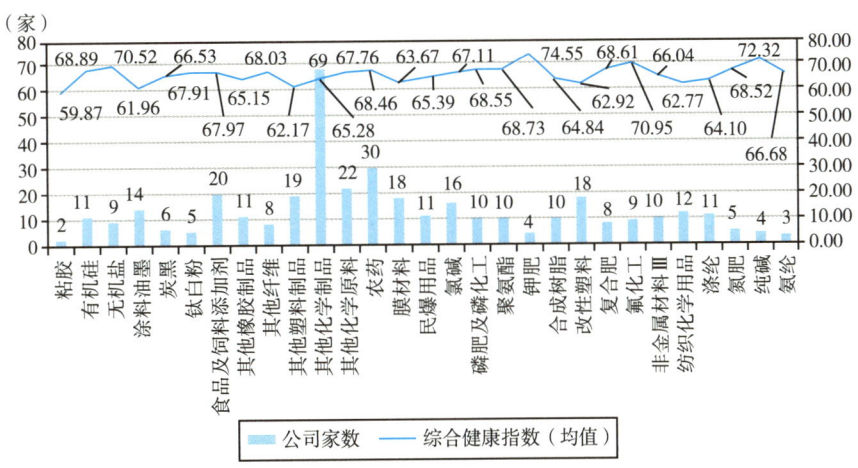

图13-2 2022年基础化工细分行业综合健康指数平均水平

基础化工行业上市公司综合健康指数排名前10%的公司如表13-2所示。

表13-2　　　　　　　　　　　基础化工行业2022年综合健康指数前10%排名

排名	公司代码	公司名称	综合健康指数	二级行业_同花顺	三级行业_同花顺
1	000792.SZ	盐湖股份	80.99	化学制品	钾肥
2	600378.SH	昊华科技	79.25	化学制品	氟化工
3	002597.SZ	金禾实业	78.51	化学制品	食品及饲料添加剂
4	600160.SH	巨化股份	77.44	化学制品	氟化工
5	600873.SH	梅花生物	77.39	化学制品	食品及饲料添加剂
6	600389.SH	江山股份	77.36	化学制品	农药
7	600426.SH	华鲁恒升	77.25	化学制品	氮肥
8	600141.SH	兴发集团	77.12	化学制品	磷肥及磷化工
9	000408.SZ	藏格矿业	77.01	化学制品	钾肥
10	600063.SH	皖维高新	76.93	化工合成材料	其他纤维
11	600486.SH	扬农化工	76.83	化学制品	农药
12	603938.SH	三孚股份	76.68	化学原料	其他化学原料
13	603599.SH	广信股份	76.60	化学制品	农药
14	002258.SZ	利尔化学	76.26	化学制品	农药
15	000902.SZ	新洋丰	75.90	化学制品	复合肥
16	000830.SZ	鲁西化工	75.76	化学原料	其他化学原料

续表

排名	公司代码	公司名称	综合健康指数	二级行业_同花顺	三级行业_同花顺
17	603299.SH	苏盐井神	75.70	化学原料	无机盐
18	603227.SH	雪峰科技	75.60	化学原料	其他化学原料
19	688269.SH	凯立新材	75.42	化学制品	其他化学制品
20	002312.SZ	川发龙蟒	75.32	化学制品	磷肥及磷化工
21	603688.SH	石英股份	75.27	非金属材料	非金属材料Ⅲ
22	600596.SH	新安股份	75.24	化学制品	有机硅
23	300910.SZ	瑞丰新材	75.11	化学制品	其他化学制品
24	600096.SH	云天化	75.03	化学制品	磷肥及磷化工
25	688196.SH	卓越新能	75.00	化学制品	其他化学制品
26	603217.SH	元利科技	74.73	化学制品	其他化学制品
27	601568.SH	北元集团	74.58	化学原料	氯碱
28	002588.SZ	史丹利	74.50	化学制品	复合肥
29	600409.SH	三友化工	74.39	化学原料	纯碱
30	600230.SH	沧州大化	74.26	化学制品	聚氨酯
31	000822.SZ	山东海化	74.25	化学原料	纯碱
32	000731.SZ	四川美丰	74.16	化学制品	氮肥
33	301090.SZ	华润材料	74.16	化学制品	聚氨酯
34	002136.SZ	安纳达	74.13	化学原料	钛白粉
35	300596.SZ	利安隆	74.10	化学制品	其他化学制品
36	603867.SH	新化股份	73.98	化学制品	其他化学制品
37	002469.SZ	三维化学	73.91	化学原料	其他化学原料
38	688639.SH	华恒生物	73.83	化学制品	食品及饲料添加剂
39	002250.SZ	联化科技	73.83	化学制品	农药

数据来源：同花顺、中关村国睿金融与产业发展研究会。

13.2.2 九大系统健康指数分析

1. 公司治理系统

基础化工行业385家上市公司公司治理系统健康指数平均水平为85.62，略高于全市场公司治理健康指数平均水平（85.08）。行业平均水平以上的上市公司有211家，占总数的54.81%。从区间分布看，60—70的有1家，占0.26%；70—80的有57家，占14.81%；80—90的有239家，占62.08%；90以上的有88家，占22.86%。

从行业健康诊断看，公司治理系统健康指数排名前10的公司是：**江山股份（97.14）、中复神鹰（96.16）、扬农化工（95.96）、南京化纤（95.81）、江南化工（95.75）、杭华股份（95.71）、华谊集团（95.68）、新化股份（95.62）、盐湖股份（95.12）、中广核技（94.66）**。

2. 外部监督系统

基础化工行业385家上市公司外部监督系统健康指数平均水平为78.76，略高于全市场外部监督健康指数平均水平（78.64）。行业平均水平以上的上市公司有229家，占总数的59.48%。从区间分布看，50以下的有11家，占2.86%；50—60的有9家，占2.34%；60—70的有28家，占7.27%；70—80的有127家，占32.99%；80—90的有186家，占48.31%；90以上的有24家，占6.23%。

从行业健康诊断看，外部监督系统健康指数排名前10的公司是：**同益中**（95.18）、**金石资源**（95.14）、**昊华科技**（94.98）、**巨化股份**（94.73）、**利安隆**（94.43）、**确成股份**（94.18）、**雪天盐业**（93.66）、**永和股份**（93.62）、**三友化工**（92.77）、**索通发展**（92.70）。

3. 创利能力系统

基础化工行业385家上市公司创利能力系统健康指数平均水平为58.39，略低于全市场创利能力健康指数平均水平（58.47）。行业平均水平以上的上市公司有198家，占总数的51.43%。从区间分布看，40以下的有16家，占4.16%；40—50的有75家，占19.48%；50—60的有115家，占29.87%；60—70的有124家，占32.21%；70以上的有55家，占14.29%。

从行业健康诊断看，创利能力系统健康指数排名前10的公司是：**盐湖股份**（82.62）、**龙高股份**（80.35）、**百傲化学**（79.69）、**苏盐井神**（79.57）、**金禾实业**（79.12）、**江山股份**（78.95）、**山东海化**（78.41）、**三孚股份**（78.25）、**四川美丰**（78.01）、**藏格矿业**（77.58）。

4. 价值再造系统

基础化工行业385家上市公司价值再造系统健康指数平均水平为59.61，略低于全市场价值再造健康指数平均水平（60.25）。行业平均水平以上的上市公司有204家，占总数的52.99%。从区间分布看，40以下的有6家，占1.56%；40—50的有53家，占13.77%；50—60的有130家，占33.77%；60—70的有151家，占39.22%；70以上的有45家，占11.69%。

从行业健康诊断看，价值再造系统健康指数排名前10的公司是：**盐湖股份**（81.90）、**广信股份**（79.46）、**昊华科技**（79.30）、**史丹利**（78.32）、**安纳达**（76.40）、**川发龙蟒**（76.30）、**卓越新能**（75.63）、**雪峰科技**（75.63）、**联化科技**（75.37）、**沃顿科技**（75.25）。

5. 产品销售系统

基础化工行业385家上市公司产品销售系统健康指数平均水平为50.28，略高于全市场产品销售健康指数平均水平（50.17）。行业平均水平以上的上市公司有193家，占总数的50.13%。从区间分布看，40以下的有96家，占24.94%；40—50的有94家，占24.42%；50—60的有87家，占22.60%；60—70的有86家，占22.34%；70以上的有22家，占5.71%。

从行业健康诊断看，产品销售系统健康指数排名前10的公司是：**华鲁恒升**（81.09）、**中化国际**（79.29）、**雪峰科技**（78.68）、**鲁西化工**（77.02）、**天原股份**（76.86）、**盐湖股份**（76.13）、**万凯新材**（75.49）、**索通发展**（75.48）、**嘉化能源**（74.26）、**华西股份**（73.77）。

6. 竞争态势系统

基础化工行业385家上市公司竞争态势系统健康指数平均水平为50.36，略低于全市场竞争态势健康指数平均水平（50.47）。行业平均水平以上的上市公司有196家，占总数的50.91%。从区间分布看，40以下的有78家，占20.26%；40—50的有105家，占27.27%；50—60的有123家，占31.95%；60—70的有63家，占16.36%；70以上的有16家，占4.16%。

从行业健康诊断看，竞争态势系统健康指数排名前10的公司是：**兴发集团（77.26）、昊华科技（77.19）、卫星化学（75.90）、华鲁恒升（75.02）、广信股份（74.82）、蓝晓科技（74.12）、盐湖股份（73.99）、利安隆（73.86）、巨化股份（73.12）、龙佰集团（72.89）**。

7. 资产资本结构系统

基础化工行业385家上市公司资产资本结构系统健康指数平均水平为57.32，略高于全市场资产资本结构健康指数平均水平（56.79）。行业平均水平以上的上市公司有196家，占总数的50.91%。从区间分布看，40以下的有17家，占4.42%；40—50的有80家，占20.78%；50—60的有128家，占33.25%；60—70的有111家，占28.83%；70以上的有49家，占12.73%。

从行业健康诊断看，资产资本结构系统健康指数排名前10的公司是：**晨光新材（82.32）、卓越新能（78.70）、金瑞矿业（78.27）、洪汇新材（76.58）、康普化学（76.57）、三美股份（76.56）、柳化股份（76.52）、宁波色母（75.90）、金牛化工（74.78）、美邦股份（74.70）**。

8. 内部控制系统

基础化工行业385家上市公司内部控制系统健康指数平均水平为83.52，略高于全市场内部控制健康指数平均水平（83.22）。行业平均水平以上的上市公司有221家，占总数的57.40%。从区间分布看，60—70的有10家，占2.60%；70—80的有87家，占22.60%；80—90的有243家，占63.12%；90以上的有45家，占11.69%。

从行业健康诊断看，内部控制系统健康指数排名前10的公司是：**建龙微纳（93.56）、高盟新材（93.56）、英力特（93.56）、科拓生物（93.56）、鲁西化工（92.91）、三美股份（92.91）、裕兴股份（92.91）、坤彩科技（92.91）、昊华科技（92.12）、硅宝科技（92.04）**。

9. 企业文化系统

基础化工行业385家上市公司企业文化系统健康指数平均水平为66.78，略低于全市场企业文化健康指数平均水平（67.58）。行业平均水平以上的上市公司有187家，占总数的48.57%。从区间分布看，50以下的有31家，占8.05%；50—60的有80家，占20.78%；60—70的有117家，占30.39%；70—80的有97家，占25.19%；80以上的有60家，占15.58%。

从行业健康诊断看，企业文化系统健康指数排名前10的公司是：**卫星化学（96.20）、金禾实业（90.62）、阳谷华泰（89.95）、安利股份（89.69）、扬农化工（89.55）、新凤鸣（89.20）、新安股份（88.87）、润丰股份（88.31）、红宝丽（87.46）、元利科技（87.23）**。

13.3 行业机遇、挑战和发展对策

13.3.1 行业发展面临的机遇

虽然受到经济下行压力的影响，基础化工行业2022年依然保持收入较快增长，作为化工产业的核心领域，在我国经济复苏的大背景下行业面临着一些机遇，这些机遇将推动行业的进步和发展。

1. 新兴产业需求：新兴产业的崛起，如新能源、新材料、电子信息、生物医药等，对基础化工

产品的需求增加，为行业带来新的市场机遇。

2. 环保和绿色化发展：环保意识的增强和绿色发展理念的推广，将促使基础化工行业加大绿色技术和环保产品的研发，满足市场需求。

3. 科技创新和数字化转型：随着科技的发展，基础化工行业有机会应用先进的科技手段，实现数字化生产和智能化管理，提高生产效率和质量。

4. 供给侧结构性改革：国家实施供给侧结构性改革，鼓励优质化工产品的生产，推动行业转型升级。

5. "一带一路"倡议：基础化工产品是"一带一路"倡议中重要的基础材料，参与国际合作将带来新的市场机遇。

6. 大型国家战略项目：一些国家实施重大战略项目，如基础设施建设和能源开发，需要大量基础化工产品，为行业带来发展机遇。

7. 国际市场扩展：积极开拓国际市场，加强国际合作，拓展出口和海外投资，增加企业的国际竞争力。

8. 人口增长和城市化：人口增长和城市化进程将增加基础化工产品的需求，如建筑材料、日用品等。

综合来看，基础化工行业发展面临的机遇包括新兴产业需求、环保和绿色化发展、科技创新和数字化转型、供给侧结构性改革、"一带一路"倡议、大型国家战略项目、国际市场扩展、人口增长和城市化等方面。通过抓住这些机遇，基础化工行业可以不断创新发展，提高产品质量和技术水平，实现可持续发展，并为经济社会发展作出更大贡献。

13.3.2 行业发展面临的挑战

基础化工行业在发展过程中也面临一些挑战，这些挑战可能影响行业的运营和发展。以下是基础化工行业发展面临的一些主要挑战：

1. 环保压力：随着环保要求的不断提高，基础化工行业需要投入更多资源用于环保技术和设施建设，以满足环保标准，这些投入势必会增加成本压力。

2. 原材料价格波动：基础化工行业依赖于大量的原材料，原材料价格的波动可能影响产品的生产成本和市场竞争力。

3. 产能过剩：一些基础化工产品市场可能存在产能过剩问题，导致价格竞争激烈，企业盈利能力受到影响。

4. 技术创新压力：随着科技的不断进步，行业内部面临技术创新的压力，需要不断提高产品技术水平和质量。

5. 安全风险：基础化工行业涉及的生产过程可能存在安全风险，一旦发生事故，可能对企业造成重大影响。

6. 国际竞争激烈：全球化竞争导致国际市场竞争激烈，国外厂商的进入可能对国内企业构成竞争压力。

7. 知识产权保护：基础化工行业的技术和创新可能面临知识产权侵权风险，需要加强知识产权保护和管理。

8. 能源消耗和排放：部分基础化工生产过程需要大量的能源消耗，可能导致碳排放超标和环境污染，需要加强能源节约和减排措施。

9. 产业结构调整：行业内部存在一些陈旧的产能和产品，需要进行产业结构调整和优化升级。

13.3.3 行业发展建议

基础化工行业作为化工产业的核心领域，面临着机遇与挑战。为实现可持续发展，以下是一些建议：

1. 绿色转型：积极推动绿色化发展，投入更多资源用于环保技术和设施建设，减少污染物排放，提高资源利用效率，推广绿色产品。

2. 技术创新：加大研发投入，推动技术创新和应用，提高产品技术水平和质量，满足市场需求，降低生产成本。

3. 资源整合与优化：通过产业整合和资源优化配置，消除产能过剩，提高企业竞争力，避免价格战。

4. 加强安全管理：重视生产过程的安全风险，加强安全管理，降低事故发生概率，确保生产安全。

5. 国际合作与竞争：加强国际合作，拓展国际市场，提高产品竞争力，主动参与全球产业链合作。

6. 人才培养与引进：加强人才培养和引进，提高员工技能水平，培养技术骨干，推动行业创新。

7. 能源节约与减排：优化生产过程，加强能源消耗管理，推动能源节约和减排，降低对环境的影响。

8. 注重知识产权保护：加强知识产权保护意识，提高企业核心技术的自主创新能力，防止技术侵权。

9. 强化品牌建设：加强产品质量控制，提高服务水平，树立企业良好的品牌形象，提高客户满意度。

10. 积极参与政策制定：积极参与相关政策制定，争取政策支持，推动行业健康发展。

通过积极应对挑战，抓住机遇，基础化工行业可以实现创新升级，推动绿色可持续发展，增强国际竞争力，为经济发展和环境保护作出积极贡献。

第 14 章
计算机行业

计算机行业是指涉及计算机硬件、软件、服务及相关技术的产业，它包括了设计、制造、销售计算机及其配件的硬件企业，开发、销售计算机应用软件的软件企业，以及提供计算机系统集成、网络服务、云计算、数据中心服务等相关技术和服务的企业。计算机行业是信息技术领域的核心产业之一，对促进经济发展、推进科学技术发展都具有重要作用。"十四五"规划和2035年远景目标纲要提出制定科技强国行动纲要，打好关键核心技术攻坚战，"纲要"在加强原创性引领性科技攻关、加强关键数字技术创新应用、加快推动数字产业化等方面均提出要求，这对计算机行业的发展起到了一定的促进作用。

14.1 行业核心财务指标分析

截至2022年底，A股市场计算机行业共有上市公司338家，总市值共计33830.10亿元，平均市值100.09亿元/家，营业总收入11629.32亿元，平均营业收入34.61亿元/家，净利润总额354.90亿元，平均净利润1.06亿元/家。市值最大的为**海康威视**（3270.64亿元），营业收入最高的为**神州数码**（1158.80亿元），净利润最高的是**海康威视**（135.57亿元）。其中，营业收入小于10亿元的公司有177家，约占该行业内公司总数的52.37%；小于5亿元的有103家，约占该行业内公司总数的30.47%。2022年，计算机行业上市公司研发投入合计为1190.71亿元。行业相关关键指标对比情况见表14–1。

表14–1 计算机行业关键指标对比

行业关键指标	2022年（中位数水平）	2021年（中位数水平）	变动情况
营业总收入3年复合增长率	5.75%	10.09%	−4.34%
净利润3年复合增长率	5.21%	7.46%	−2.25%
年化总资产报酬率	2.29%	4.09%	−1.80%
年化净资产报酬率	2.90%	5.15%	−2.25%
销售毛利率	35.01%	36.55%	−1.54%
销售净利率	3.80%	7.33%	−3.53%
研发强度	13.34%	12.14%	1.20%
分红比例	36.34%	32.23%	4.11%

续表

行业关键指标	2022年（中位数水平）	2021年（中位数水平）	变动情况
权益乘数	1.47	1.49	−0.02
流动比率	2.79	2.63	0.16
速动比率	2.26	2.06	0.20
现金流量利息保障倍数	333.83	548.81	−214.98
总资产周转率	0.41	0.46	−0.05
存货周转率	3.04	3.59	−0.55
应收账款周转率	2.48	2.94	−0.46

数据来源：同花顺、中关村国睿金融与产业发展研究会。

2022年计算机行业各项关键指标同比2021年略有下滑，但研发强度进一步提升，分红比例同比提高，行业偿债能力略有增强，表现较好。

14.2 健康指数分析

根据报告分析口径，剔除数据异常以及退市公司后，本报告共对计算机行业333家上市公司开展健康诊断。

14.2.1 综合健康指数分析

1. 一级行业综合健康指数分析

诊断结果显示，计算机行业综合健康指数平均水平为66.18，其中**宝信软件（79.36）**、**广联达（78.48）**、**金山办公（78.17）**位列行业前三。从指数分布看，高于平均水平的有169家，占行业总数的50.75%。其中，如图14-1所示，综合健康指数区间在60以下的有58家，占17.42%；60—70的有182家，占54.65%；70以上的有93家，占27.93%。

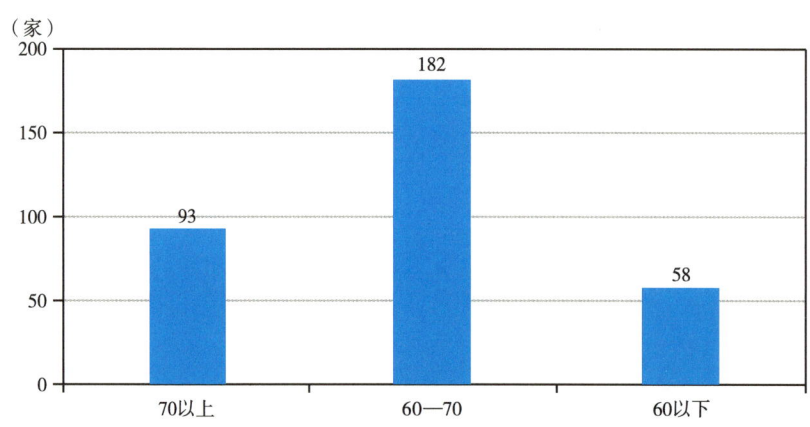

图14-1 计算机行业上市公司综合健康指数区间分布情况

2. 细分行业综合健康指数分析

"计算机"行业有2个二级行业，可细分为3个三级行业，如图14-2所示，各细分行业综合健康指数情况如下：

（1）二级"计算机应用"行业，253家公司综合健康指数平均水平为66.33，最高的是宝信软件（79.36）。其中：

三级"IT服务"行业，127家公司综合健康指数平均水平为65.83，最高的是宝信软件（79.36）；

三级"软件开发"行业，126家公司综合健康指数平均水平为66.83，最高的是广联达（78.48）。

（2）二级"计算机设备"行业，仅包括1个三级"计算机设备Ⅲ"行业，80家公司综合健康指数平均水平为65.69，最高的是海康威视（77.74）。

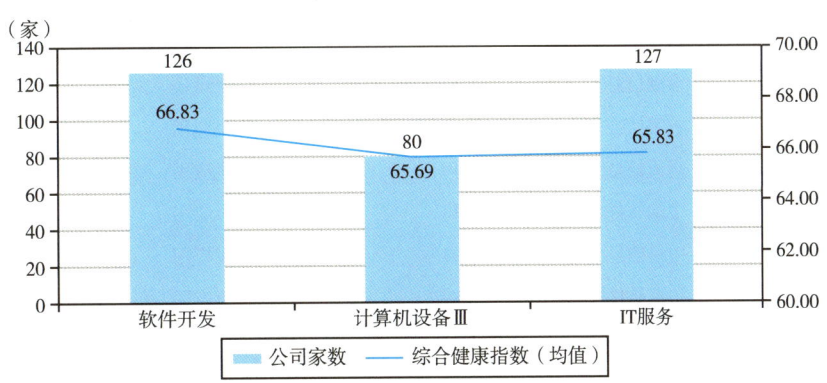

图14-2　2022年计算机细分行业综合健康指数平均水平

计算机行业上市公司综合健康指数排名前10%的公司如表14-2所示。

表14-2　　　　　　　　计算机行业2022年综合健康指数前10%排名

排名	公司代码	公司名称	综合健康指数	二级行业_同花顺	三级行业_同花顺
1	600845.SH	宝信软件	79.36	计算机应用	IT服务
2	002410.SZ	广联达	78.48	计算机应用	软件开发
3	688111.SH	金山办公	78.17	计算机应用	软件开发
4	002415.SZ	海康威视	77.74	计算机设备	计算机设备Ⅲ
5	002401.SZ	中远海科	77.73	计算机应用	IT服务
6	002063.SZ	远光软件	77.69	计算机应用	软件开发
7	000938.SZ	紫光股份	77.48	计算机应用	IT服务
8	300525.SZ	博思软件	77.10	计算机应用	软件开发
9	600131.SH	国网信通	76.98	计算机应用	IT服务
10	300454.SZ	深信服	76.41	计算机应用	软件开发
11	301236.SZ	软通动力	76.34	计算机应用	IT服务
12	300496.SZ	中科创达	76.18	计算机应用	IT服务
13	603019.SH	中科曙光	75.91	计算机设备	计算机设备Ⅲ
14	002152.SZ	广电运通	75.63	计算机设备	计算机设备Ⅲ

续表

排名	公司代码	公司名称	综合健康指数	二级行业_同花顺	三级行业_同花顺
15	603927.SH	中科软	75.36	计算机应用	软件开发
16	301208.SZ	中亦科技	75.27	计算机应用	IT服务
17	002920.SZ	德赛西威	75.26	计算机应用	软件开发
18	600850.SH	电科数字	75.12	计算机应用	IT服务
19	300033.SZ	同花顺	75.10	计算机应用	软件开发
20	600271.SH	航天信息	74.93	计算机应用	IT服务
21	600570.SH	恒生电子	74.85	计算机应用	软件开发
22	002368.SZ	太极股份	74.80	计算机应用	IT服务
23	300532.SZ	今天国际	74.78	计算机应用	IT服务
24	301153.SZ	中科江南	74.57	计算机应用	软件开发
25	688201.SH	信安世纪	74.53	计算机应用	软件开发
26	000977.SZ	浪潮信息	74.41	计算机设备	计算机设备Ⅲ
27	300579.SZ	数字认证	74.35	计算机应用	软件开发
28	000948.SZ	南天信息	74.19	计算机应用	软件开发
29	600536.SH	中国软件	74.18	计算机应用	IT服务
30	300678.SZ	中科信息	73.94	计算机应用	IT服务
31	603383.SH	顶点软件	73.89	计算机应用	软件开发
32	300634.SZ	彩讯股份	73.86	计算机应用	IT服务
33	688475.SH	萤石网络	73.81	计算机设备	计算机设备Ⅲ

数据来源：同花顺、中关村国睿金融与产业发展研究会。

14.2.2 九大系统健康指数分析

1. 公司治理系统

计算机行业333家上市公司公司治理系统健康指数平均水平为84.65，略低于全市场公司治理健康指数平均水平（85.08）。行业平均水平以上的上市公司有169家，占总数的50.75%。从区间分布看，60—70的有4家，占1.20%；70—80的有57家，占17.12%；80—90的有211家，占63.36%；90以上的有61家，占18.32%。

从行业健康诊断看，公司治理系统健康指数排名前10的公司是：辰安科技（96.89）、数字认证（96.87）、正元地信（93.90）、电科数字（93.87）、格灵深瞳（93.17）、电科网安（92.90）、吉大正元（92.85）、中孚信息（92.76）、易华录（92.74）、启明信息（92.58）。

2. 外部监督系统

计算机行业333家上市公司外部监督系统健康指数平均水平为77.37，略低于全市场外部监督健康指数平均水平（78.64）。行业平均水平以上的上市公司有198家，占总数的59.46%。从区间分布看，50以下的有13家，占3.90%；50—60的有16家，占4.80%；60—70的有28家，占8.41%；70—80的有126家，占37.84%；80—90的有119家，占35.74%；90以上的有31家，占9.31%。

从行业健康诊断看，外部监督系统健康指数排名前10的公司是：**奇安信**（95.96）、**广联达**（95.82）、**金山办公**（95.66）、**广电运通**（94.70）、**紫光股份**（94.62）、**中远海科**（94.23）、**中望软件**（93.98）、**软通动力**（93.90）、**太极股份**（93.71）、**税友股份**（93.20）。

3. 创利能力系统

计算机行业333家上市公司创利能力系统健康指数平均水平为58.55，略高于全市场创利能力健康指数平均水平（58.47）。行业平均水平以上的上市公司有164家，占总数的49.25%。从区间分布看，40以下的有5家，占1.50%；40—50的有62家，占18.62%；50—60的有115家，占34.53%；60—70的有112家，占33.63%；70以上的有39家，占11.71%。

从行业健康诊断看，创利能力系统健康指数排名前10的公司是：**同花顺**（82.81）、**顶点软件**（80.18）、**广联达**（79.95）、**金山办公**（79.07）、**中远海科**（78.12）、**宝信软件**（77.98）、**凌志软件**（77.50）、**力鼎光电**（77.40）、**汉仪股份**（76.19）、**思维列控**（75.44）。

4. 价值再造系统

计算机行业333家上市公司价值再造系统健康指数平均水平为60.5，略高于全市场价值再造健康指数平均水平（60.25）。行业平均水平以上的上市公司有170家，占总数的51.05%。从区间分布看，40以下的有4家，占1.20%；40—50的有30家，占9.01%；50—60的有124家，占37.24%；60—70的有125家，占37.54%；70以上的有50家，占15.02%。

从行业健康诊断看，价值再造系统健康指数排名前10的公司是：**中科曙光**（79.55）、**远光软件**（78.48）、**能科科技**（77.56）、**直真科技**（76.51）、**经纬恒润**（76.27）、**启明星辰**（75.97）、**彩讯股份**（75.75）、**中科创达**（75.71）、**新点软件**（75.19）、**海康威视**（74.88）。

5. 产品销售系统

计算机行业333家上市公司产品销售系统健康指数平均水平为50.12，略低于全市场产品销售健康指数平均水平（50.17）。行业平均水平以上的上市公司有163家，占总数的48.95%。从区间分布看，40以下的有79家，占23.72%；40—50的有90家，占27.03%；50—60的有78家，占23.42%；60—70的有67家，占20.12%；70以上的有19家，占5.71%。

从行业健康诊断看，产品销售系统健康指数排名前10的公司是：**上海钢联**（81.49）、**德赛西威**（79.36）、**南天信息**（77.35）、**软通动力**（76.79）、**润泽科技**（76.01）、**神州数码**（75.95）、**紫光股份**（74.90）、**宝信软件**（74.44）、**智微智能**（74.00）、**东华软件**（73.62）。

6. 竞争态势系统

计算机行业333家上市公司竞争态势系统健康指数平均水平为50.69，略高于全市场竞争态势健康指数平均水平（50.47）。行业平均水平以上的上市公司有156家，占总数的46.85%。从区间分布看，40以下的有60家，占18.02%；40—50的有111家，占33.33%；50—60的有87家，占26.13%；60—70的有59家，占17.72%；70以上的有16家，占4.80%。

从行业健康诊断看，竞争态势系统健康指数排名前10的公司是：**海康威视**（78.08）、**广联达**（78.01）、**用友网络**（77.54）、**恒生电子**（77.21）、**博思软件**（76.32）、**中科创达**（75.24）、**宝信软件**（74.92）、**中科星图**（74.62）、**金山办公**（74.39）、**同花顺**（74.00）。

7. 资产资本结构系统

计算机行业333家上市公司资产资本结构系统健康指数平均水平为56.39，略低于全市场资产资本结构健康指数平均水平（56.79）。行业平均水平以上的上市公司有167家，占总数的50.15%。从区间分布看，40以下的有21家，占6.31%；40—50的有87家，占26.13%；50—60的有98家，占29.43%；60—70的有85家，占25.53%；70以上的有42家，占12.61%。

从行业健康诊断角度看，资产资本结构系统健康指数排名前10的公司是：**中亦科技（82.14）、三未信安（80.10）、广立微（78.27）、新炬网络（76.91）、鸥玛软件（76.79）、天利科技（76.69）、海量数据（76.64）、曙光数创（76.12）、天润科技（76.08）、迪普科技（75.89）**。

8. 内部控制系统

计算机行业333家上市公司内部控制系统健康指数平均水平为84.60，略高于全市场内部控制健康指数平均水平（83.22）。行业平均水平以上的上市公司有187家，占总数的56.16%。从区间分布看，60—70的有13家，占3.90%；70—80的有57家，占17.12%；80—90的有190家，占57.06%；90以上的有73家，占21.92%。

从行业健康诊断看，内部控制系统健康指数排名前10的公司是：**远光软件（93.55）、浪潮软件（93.55）、久远银海（93.55）、直真科技（93.55）、吉大正元（93.55）、中新赛克（93.55）、深信服（93.09）、电科数字（93.09）、广立微（93.09）、汉得信息（93.09）、思维列控（93.09）、金现代（93.09）、创业慧康（93.09）、天迈科技（93.09）、榕基软件（93.09）、铜牛信息（93.09）**。

9. 企业文化系统

计算机行业333家上市公司企业文化系统健康指数平均水平为68.8，略高于全市场企业文化健康指数平均水平（67.58）。行业平均水平以上的上市公司有169家，占总数的50.75%。从区间分布看，50以下的有18家，占5.41%；50—60的有55家，占16.52%；60—70的有104家，占31.23%；70—80的有93家，占27.93%；80以上的有63家，占18.92%。

从行业健康诊断看，企业文化系统健康指数排名前10的公司是：**恒生电子（90.75）、信安世纪（89.40）、启明星辰（88.99）、中科曙光（88.57）、数码视讯（88.42）、诺力股份（88.23）、紫光股份（87.52）、佳都科技（87.30）、大华股份（86.95）、朗新科技（85.96）**。

14.3 行业机遇、挑战和发展对策

14.3.1 行业发展面临的机遇

根据工信部的数据，2022年，我国软件产业收入10.8万亿元，同比增长11.2%，较2020年全年增速提高了1.2个百分点；利润总额1265亿元，同比增长了5.7%，较2020年全年6.3%的增速下降了0.6个百分点。受新冠疫情和中美贸易摩擦的影响，我国软件产业增速放缓，但仍保持了两位数的增长水平。

信创产业将成为国家战略支柱产业。信创产业是指以信息技术为核心，以自主可控为目标，以

国家安全为导向，以创新为动力，以应用为导向的产业。信创产业涵盖了基础软硬件产品（CPU、GPU、操作系统、数据库、中间件等）、网络安全产品（密码、防火墙、安全审计等）、应用软件产品（自动控制、ERP、办公软件、GIS等）等多个领域，这些均与计算机行业有着密切的联系。随着中美脱钩加剧，我国在高新科技领域面临着更多的制裁和限制，需要构筑出自主可控的能力。信创产业是实现这一目标的重要途径和手段，也是保障国家安全和经济社会发展的重要基础。

随着ChatGPT引爆了人工智能领域新的变革，计算机行业作为信息技术领域的核心产业，迎来了新的历史机遇期，将不断推动行业的进步和发展。

1. 人工智能和大数据：大数据和人工智能的应用将提升软件行业的智能化水平，实现更精准、个性化、智能化的软件解决方案，满足不同行业和领域的需求，为计算机行业带来了巨大的发展机遇。智能化应用和数据分析需求将持续增长。

2. 5G和云计算：随着云计算的普及和成本降低，软件行业将从传统的软件产品和服务模式向云服务模式转变，实现更高效、灵活、可扩展的软件交付和运维。5G技术的普及和云计算的发展将推动计算机行业的升级和转型，提供更强大的计算和数据处理能力。

3. 物联网和智能设备：随着物联网和智能设备的普及，计算机行业将有机会提供更多的连接和智能化解决方案。

4. 区块链技术：区块链技术的应用拓展将为计算机行业带来新的市场机遇，尤其在金融、供应链和数字资产领域。

5. 数字化转型需求：各行各业都在进行数字化转型，计算机行业可以提供相关的信息技术和解决方案。

6. 人工智能芯片和量子计算：人工智能芯片和量子计算技术的发展，将推动计算机硬件产业的新一轮创新和发展。

7. 智能城市建设：智能城市建设需要大量的信息技术支持，计算机行业可以提供相关的技术和产品。

8. 科技创新：持续的科技创新和研发投入将为计算机行业带来新的产品和技术突破。

9. 人工智能应用推广：人工智能的应用逐渐推广，计算机行业可以为不同行业提供智能化解决方案。

10. 国际合作：在中美脱钩的背景下，软件行业不能孤立发展，需要积极寻求国际合作与全球布局的机会，拓展国际市场和资源。

综合来看，计算机行业发展面临的机遇包括人工智能和大数据、5G和云计算、物联网和智能设备、区块链技术、数字化转型需求、人工智能芯片和量子计算、智能城市建设、科技创新、人工智能应用推广、国际合作等方面。通过抓住这些机遇，计算机行业可以不断创新发展，提高技术水平和产品竞争力，实现可持续发展，并为社会进步和经济发展作出更大贡献。

14.3.2 行业发展面临的挑战

2023年上半年，受人工智能热点影响，计算机行业是资本市场的热门行业之一，虽然充满了机遇，但同时也面临着一些挑战，这些挑战可能影响行业的发展和竞争力。

1. 技术竞争压力：计算机行业是一个高度竞争的行业，技术更新换代速度快，企业需要不断进行技术创新和研发投入，以保持竞争力。

2. 信息安全风险：随着互联网和物联网的普及，信息安全问题愈发严重，计算机行业需要加强信息安全防护和风险管理。

3. 数据隐私保护：随着大数据应用的广泛推广，数据隐私保护成为一个重要问题，行业需要寻找平衡点，在保障隐私的前提下充分利用数据。

4. 产业标准和规范：缺乏统一的产业标准和规范可能导致产品兼容性和互操作性问题，行业需要制定更统一的标准。

5. 人才短缺：计算机行业对高素质、高技能的人才需求巨大，人才短缺可能限制行业的发展和创新能力。

6. 环保压力：计算机行业的生产和废弃物处理可能带来环保压力，需要采取更环保的生产和回收方式。

7. 市场饱和和价格竞争：一些细分市场可能已经饱和，价格竞争激烈，导致产品利润下降。

8. 地缘政治和贸易风险：地缘政治和贸易紧张局势可能导致市场不稳定，影响国际贸易和合作。

9. 新兴技术不确定性：新兴技术如人工智能、区块链等还处于不断发展和探索阶段，相关的政策法规和商业模式尚不成熟，存在不确定性。

10. 用户体验和满意度：计算机行业需要持续改进产品和服务，以提高用户体验和满意度，满足用户不断变化的需求。

14.3.3 行业发展建议

计算机行业作为信息技术领域的核心产业，面临激烈竞争和快速发展的挑战。为实现持续发展，以下是一些建议：

1. 持续技术创新：加大研发投入，推动技术创新，推出更加先进、高效、安全的计算机产品和服务，提高核心竞争力。

2. 加强信息安全和数据隐私保护：注重信息安全和数据隐私保护，加强系统的安全防护，保障用户数据安全。

3. 加强产业标准与规范：积极参与产业标准制定，加强合作，推动建立统一的行业标准，提高产品兼容性和互操作性。

4. 人才培养与引进：加强人才培养和引进，培养高素质的技术人才，提高企业的创新和竞争能力。

5. 加强国际合作：通过国际合作和共享资源，积极拓展全球市场，参与国际产业链，提高国际竞争力。

6. 关注环保与可持续发展：加强环保意识，推动绿色制造和回收利用，降低对环境的影响。

7. 推动数字化转型：积极推动各行业的数字化转型，提供更完善的数字化解决方案，满足市场需求。

8. 提升用户体验：关注用户需求，提供更优质的产品和服务，提升用户体验和满意度。

9. 积极探索新兴技术：积极跟踪和探索新兴技术，如人工智能、区块链等，寻找新的发展机遇。

10. 加强品牌建设：加强产品质量控制，树立企业良好的品牌形象，提高品牌认知度和美誉度。

通过积极应对挑战，抓住机遇，计算机行业可以实现创新发展，提高技术水平和产品竞争力，持续推动行业发展，为社会进步和经济发展作出更大贡献。

第15章
家用电器行业

家用电器行业是指涉及家庭生活、生活环境和家庭装修等领域的各种电气和电子器具制造和销售业务，又称民用电器、日用电器，家用电器行业在国民经济中扮演着重要的角色。家用电器提高了人类生活品质，为人类创造了更为舒适优美、更有利于身心健康的生活和工作环境，提供了丰富多彩的文化娱乐条件，已成为现代家庭生活的必需品。除此之外，家用电器行业涉及制造、零售、售后服务等环节，带动了相关产业链的发展，包括电子元器件、家用电器零售、物流配送等。

15.1 行业核心财务指标分析

截至2022年底，A股市场家用电器行业共有上市公司78家，总市值共计14484.62亿元，平均市值185.70亿元/家，营业总收入13512.53亿元，平均营业收入173.24亿元/家，净利润总额981.97亿元，平均净利润12.59亿元/家。市值最大的为**美的集团**（3624.59亿元），营业收入最高的为**美的集团**（3439.18亿元），净利润最高的是**美的集团**（298.10亿元）。其中，营业收入小于10亿元的公司有15家，约占该行业内公司总数的19.23%；小于5亿元的有5家，约占该行业内公司总数的6.41%。2022年，家用电器行业上市公司研发投入合计为507.13亿元。行业相关关键指标对比情况见表15-1。

表15-1　　家用电器行业关键指标对比

行业关键指标	2022年（中位数水平）	2021年（中位数水平）	变动情况
营业总收入3年复合增长率	7.69%	10.00%	-2.31%
净利润3年复合增长率	11.02%	15.93%	-4.91%
年化总资产报酬率	6.66%	6.61%	0.05%
年化净资产报酬率	10.60%	10.80%	-0.20%
销售毛利率	23.02%	21.39%	1.63%
销售净利率	7.77%	6.18%	1.59%
研发强度	4.09%	3.61%	0.48%
分红比例	41.29%	40.81%	0.48%
权益乘数	1.94	1.96	-0.02
流动比率	1.80	1.74	0.06

续表

行业关键指标	2022年（中位数水平）	2021年（中位数水平）	变动情况
速动比率	1.32	1.24	0.08
现金流量利息保障倍数	1892.92	1161.30	731.62
总资产周转率	0.82	0.92	−0.10
存货周转率	4.90	5.06	−0.16
应收账款周转率	6.25	6.90	−0.65

数据来源：同花顺、中关村国睿金融与产业发展研究会。

受疫情防控及经济下行压力影响，家用电器行业整体收入、利润略有下滑，但毛利率和净利率同比提高，研发强度和分红比例进一步提高，偿债能力和运营能力基本保持稳健。

15.2 健康指数分析

本报告共对家用电器行业78家上市公司开展健康诊断。

15.2.1 综合健康指数分析

1. 一级行业综合健康指数分析

诊断结果显示，家用电器行业综合健康指数平均水平为66.03，其中**海信视像（77.30）、海尔智家（77.07）、美的集团（76.24）**位列行业前三。从指数分布看，高于平均水平的有37家，占行业内公司总数的47.44%。其中，如图15-1所示，综合健康指数区间在60以下的有15家，占19.23%；60—70的有42家，占53.85%；70以上的有21家，占26.92%。

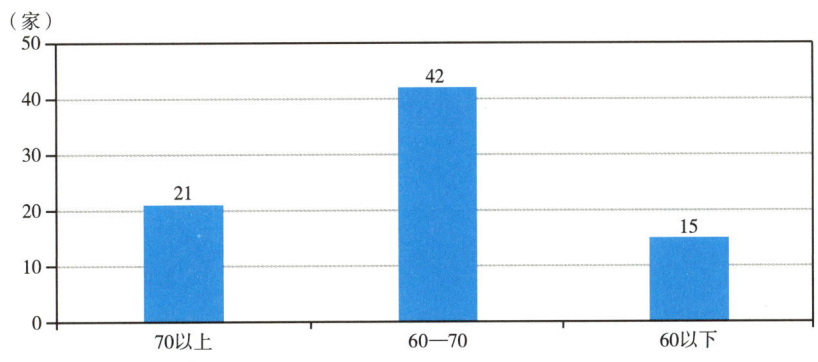

图15-1　家用电器行业上市公司综合健康指数区间分布情况

2. 细分行业综合健康指数分析

"家用电器"行业有4个二级行业，可细分为7个三级行业，如图15-2所示，各细分行业综合健康指数情况如下：

（1）二级"白色家电"行业，36家公司综合健康指数平均水平为65.34，最高的是海尔智家

(77.07)。其中：

三级"冰洗"行业，5家公司综合健康指数平均水平为68.23，最高的是海尔智家（77.07）；

三级"空调"行业，4家公司综合健康指数平均水平为72.97，最高的是美的集团（76.24）；

三级"其他白色家电"行业，27家公司综合健康指数平均水平为63.67，最高的是三花智控（75.74）。

（2）二级"黑色家电"行业，36家公司综合健康指数平均水平为66.07，最高的是海信视像（77.30）。其中：

三级"彩电"行业，4家公司综合健康指数平均水平为68.06，最高的是海信视像（77.30）；

三级"其他黑色家电"行业，6家公司综合健康指数平均水平为64.75，最高的是创维数字（72.78）。

（3）二级"小家电"行业，仅包括一个三级"小家电Ⅲ"行业，23家公司综合健康指数平均水平为65.98，最高的是苏泊尔（76.15）。

（4）二级"厨卫电器"行业，仅包括一个三级"厨卫电器Ⅲ"行业，9家公司综合健康指数平均水平为68.85，最高的是老板电器（73.24）。

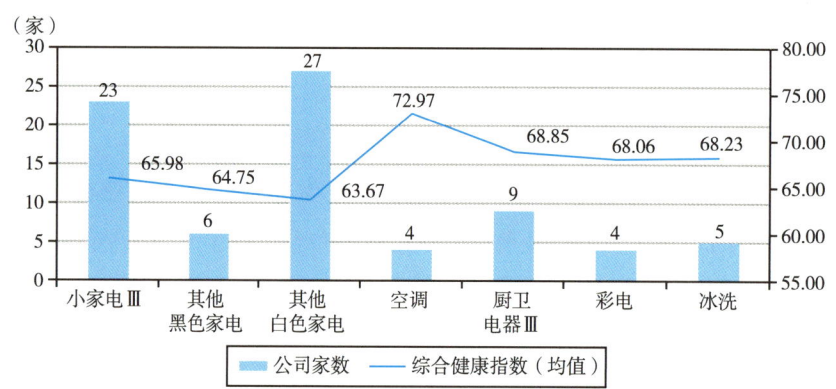

图15-2　2022年家用电器细分行业综合健康指数平均水平

家用电器行业上市公司综合健康指数排名前10%的公司如表15-2所示。

表15-2　　　　　　　　家用电器行业2022年综合健康指数前10%排名

排名	公司代码	公司名称	综合健康指数	二级行业_同花顺	三级行业_同花顺
1	600060.SH	海信视像	77.30	黑色家电	彩电
2	600690.SH	海尔智家	77.07	白色家电	冰洗
3	000333.SZ	美的集团	76.24	白色家电	空调
4	002032.SZ	苏泊尔	76.15	小家电	小家电Ⅲ
5	000651.SZ	格力电器	76.10	白色家电	空调
6	603486.SH	科沃斯	76.04	小家电	小家电Ⅲ
7	002050.SZ	三花智控	75.74	白色家电	其他白色家电
8	000921.SZ	海信家电	75.57	白色家电	空调

数据来源：同花顺、中关村国睿金融与产业发展研究会。

15.2.2 九大系统健康指数分析

1. 公司治理系统

家用电器行业78家上市公司公司治理系统健康指数平均水平为85.31，略高于全市场公司治理健康指数平均水平（85.08）。行业平均水平以上的上市公司有44家，占总数的56.41%。从区间分布看，70—80的有14家，占17.95%；80—90的有48家，占61.54%；90以上的有16家，占20.51%。

从行业健康诊断看，公司治理系统健康指数排名前10的公司是：**高斯贝尔**（95.95）、**深康佳A**（93.42）、**四川长虹**（93.13）、**海尔智家**（92.69）、**海信视像**（92.25）、**四川九洲**（92.20）、**海立股份**（91.84）、**北鼎股份**（91.84）、**奇精机械**（91.82）、**浙江美大**（91.36）。

2. 外部监督系统

家用电器行业78家上市公司外部监督系统健康指数平均水平为77.04，略低于全市场外部监督健康指数平均水平（78.64）。行业平均水平以上的上市公司有43家，占总数的55.13%。从区间分布看，50以下的有3家，占3.85%；50—60的有4家，占5.13%；60—70的有7家，占8.97%；70—80的有30家，占38.46%；80—90的有28家，占35.90%；90以上的有6家，占7.69%。

从行业健康诊断看，外部监督系统健康指数排名前10的公司是：**海信家电**（94.91）、**苏泊尔**（94.60）、**九阳股份**（92.61）、**美的集团**（92.35）、**海尔智家**（91.08）、**创维数字**（90.70）、**万朗磁塑**（89.77）、**小熊电器**（89.19）、**海信视像**（88.34）、**亿田智能**（86.97）。

3. 创利能力系统

家用电器行业78家上市公司创利能力系统健康指数平均水平为58.56，略高于全市场创利能力健康指数平均水平（58.47）。行业平均水平以上的上市公司有41家，占总数的52.56%。从区间分布看，40以下的有1家，占1.28%；40—50的有16家，占20.51%；50—60的有24家，占30.77%；60—70的有26家，占33.33%；70以上的有11家，占14.10%。

从行业健康诊断看，创利能力系统健康指数排名前10的公司是：**飞科电器**（76.53）、**苏泊尔**（75.34）、**奥普家居**（73.60）、**立霸股份**（72.00）、**帅丰电器**（70.95）、**海信视像**（70.81）、**美的集团**（70.60）、**海尔智家**（70.32）、**亿田智能**（70.14）、**莱克电气**（70.09）。

4. 价值再造系统

家用电器行业78家上市公司价值再造系统健康指数平均水平为60.4，略高于全市场价值再造健康指数平均水平（60.25）。行业平均水平以上的上市公司有37家，占总数的47.44%。从区间分布看，40—50的有9家，占11.54%；50—60的有31家，占39.74%；60—70的有22家，占28.21%；70以上的有16家，占20.51%。

从行业健康诊断看，价值再造系统健康指数排名前10的公司是：**海信视像**（79.60）、**老板电器**（76.73）、**长虹美菱**（76.23）、**三花智控**（73.08）、**奥普家居**（72.93）、**极米科技**（72.87）、**海信家电**（72.76）、**美的集团**（72.25）、**莱克电气**（71.72）、**东方电热**（71.71）。

5. 产品销售系统

家用电器行业78家上市公司产品销售系统健康指数平均水平为50.01，略低于全市场产品销售健康指数平均水平（50.17）。行业平均水平以上的上市公司有42家，占总数的53.85%。从区间分布看，

40以下的有14家，占17.95%；40—50的有22家，占28.21%；50—60的有21家，占26.92%；60—70的有21家，占26.92%。

从行业健康诊断看，产品销售系统健康指数排名前10的公司是：**美的集团（69.64）、海信家电（69.24）、海信视像（68.97）、长虹美菱（66.37）、四川长虹（65.54）、莱克电气（65.17）、海尔智家（65.08）、德业股份（64.32）、长虹华意（64.28）、盾安环境（63.37）**。

6. 竞争态势系统

家用电器行业78家上市公司竞争态势系统健康指数平均水平为49.87，略低于全市场竞争态势健康指数平均水平（50.47）。行业平均水平以上的上市公司有36家，占总数的46.15%。从区间分布看，40以下的有21家，占26.92%；40—50的有22家，占28.21%；50—60的有19家，占24.36%；60—70的有8家，占10.26%；70以上的有8家，占10.26%。

从行业健康诊断看，竞争态势系统健康指数排名前10的公司是：**科沃斯（81.86）、三花智控（79.23）、海尔智家（79.21）、美的集团（77.83）、格力电器（75.31）、石头科技（71.24）、老板电器（70.99）、海信家电（70.30）、创维数字（68.04）、极米科技（67.38）**。

7. 资产资本结构系统

家用电器行业78家上市公司资产资本结构系统健康指数平均水平为57.17，略高于全市场资产资本结构健康指数平均水平（56.79）。行业平均水平以上的上市公司有41家，占总数的52.56%。从区间分布看，40以下的有3家，占3.85%；40—50的有17家，占21.79%；50—60的有28家，占35.90%；60—70的有23家，占29.49%；70以上的有7家，占8.97%。

从行业健康诊断看，资产资本结构系统健康指数排名前10的公司是：**利仁科技（81.63）、亿田智能（79.31）、浙江美大（78.14）、帅丰电器（72.50）、欧圣电气（72.44）、北鼎股份（70.86）、倍益康（70.14）、小熊电器（69.74）、苏泊尔（69.64）、飞科电器（68.15）**。

8. 内部控制系统

家用电器行业78家上市公司内部控制系统健康指数平均水平为83.73，略高于全市场内部控制健康指数平均水平（83.22）。行业平均水平以上的上市公司有41家，占总数的52.56%。从区间分布看，60—70的有2家，占2.56%；70—80的有18家，占23.08%；80—90的有47家，占60.26%；90以上的有11家，占14.10%。

从行业健康诊断看，内部控制系统健康指数排名前10的公司是：**九阳股份（93.57）、亿田智能（92.96）、立霸股份（92.96）、春光科技（91.66）、汉宇集团（91.06）、帅丰电器（90.99）、四川九洲（90.40）、奇精机械（90.20）、科沃斯（90.12）、华翔股份（90.09）**。

9. 企业文化系统

家用电器行业78家上市公司企业文化系统健康指数平均水平为66.71，略低于全市场企业文化健康指数平均水平（67.58）。行业平均水平以上的上市公司有39家，占总数的50.00%。从区间分布看，50以下的有11家，占14.10%；50—60的有15家，占19.23%；60—70的有16家，占20.51%；70—80的有21家，占26.92%；80以上的有15家，占19.23%。

从行业健康诊断看，企业文化系统健康指数排名前10的公司是：**美的集团（90.14）、老板电器

（89.69）、三花智控（89.47）、格力电器（86.31）、倍益康（85.31）、帅丰电器（85.30）、华帝股份（84.84）、海立股份（84.66）、开能健康（84.44）、荣泰健康（83.72）。

15.3 行业机遇、挑战和发展对策

15.3.1 行业发展面临的机遇

《中国家电工业"十四五"发展指导意见》提出了"十四五"中国家电工业的总体发展目标——持续提升行业的全球竞争力、创新力和影响力，到2025年，成为全球家电科技创新的引领者。随着科技的不断进步和消费需求的不断升级，家用电器行业面临着许多发展机遇，这些机遇将推动行业的进步和发展。

1. 智能家居需求增加：智能家居产品和服务的普及，使得消费者对智能家电的需求持续增加，为家用电器行业带来新的市场机遇。
2. 人口老龄化和健康关注：随着人口老龄化趋势的加剧和对健康的关注增加，家用电器行业有机会开发适应老年人和健康需求的产品。
3. 环保意识提升：环保意识的增强使得消费者更加关注低能耗、高效节能的家用电器产品，推动绿色环保家电的需求。
4. 互联网和物联网技术：互联网和物联网技术的发展为家用电器行业带来了智能化、互联化的机遇，提供更智能、便捷的用户体验。
5. 新能源应用：新能源技术的应用，如太阳能、风能等，为家用电器提供可持续的能源解决方案，拓展新的市场空间。
6. 品牌影响力提升：品牌意识和品牌忠诚度逐渐增强，知名品牌在市场竞争中具有一定的优势。
7. 产品个性化和定制化：消费者对于产品个性化和定制化的需求增加，家用电器企业可以根据不同需求推出定制化产品。
8. 电商和社交媒体渠道：电商和社交媒体渠道的兴起为家用电器行业提供了更广阔的销售渠道和营销方式。
9. 国际市场拓展：家用电器行业在国际市场也有较大发展空间，通过国际合作和出口拓展，提高企业的国际竞争力。

综合来看，家用电器行业发展面临的机遇包括智能家居需求增加、人口老龄化和健康关注、环保意识提升、互联网和物联网技术、新能源应用、品牌影响力提升、产品个性化和定制化、电商和社交媒体渠道、国际市场拓展等方面。通过抓住这些机遇，家用电器行业可以不断创新发展，满足消费者需求，提高产品技术水平和品质，实现可持续发展，并为社会生活带来更多便利和舒适。

15.3.2 行业发展面临的挑战

家用电器行业虽然面临着众多机遇，但同时也面临一些挑战，这些挑战可能影响行业的运营和

发展。以下是家用电器行业发展面临的一些主要挑战：

1. 激烈市场竞争：家用电器行业竞争激烈，产品同质化程度高，企业需要不断提升品质和服务，降低成本，以保持市场竞争力。

2. 成本压力：原材料成本、劳动力成本和运营成本的不断上涨，给家用电器企业带来较大压力。

3. 环保和节能要求：随着环保意识的提升，消费者对于环保和节能的要求日益增加，企业需要生产更环保、高效节能的产品。

4. 技术更新换代：科技发展速度快，家用电器行业面临技术更新换代的挑战，需要持续投入研发以跟上潮流。

5. 品质和售后服务：消费者对产品品质和售后服务的要求提高，企业需要提供更好的用户体验。

6. 供应链管理：家用电器行业涉及复杂的供应链，需要加强供应链管理，确保生产和供应的稳定性。

7. 市场需求变化：家用电器产品市场需求随时可能发生变化，企业需要灵活调整产品结构和策略。

8. 电子垃圾处理：家用电器的更新换代导致电子垃圾增加，需要加强回收和处理体系。

9. 新兴市场竞争：新兴市场的崛起可能带来竞争压力，需要适应不同国家和地区的市场需求。

10. 国际贸易摩擦：国际贸易摩擦和贸易保护主义的加剧，可能导致市场不稳定，影响国际合作和出口。

15.3.3 行业发展建议

随着消费者收入水平的提高和消费观念的变化，家电产品更新换代的速度加快，消费者的置换需求也在不断增加。2023年家用电器行业应根据面临的新机遇和挑战，根据市场变化和消费者需求，不断调整自身的战略和布局，加强创新和协作，提升竞争力和效率，为消费者提供更好的产品和服务。为了实现家用电器行业的持续发展和提高竞争力，以下是一些建议：

1. 创新产品技术：加大研发投入，推动产品技术创新，开发更智能、高效、环保的家用电器产品，满足消费者多样化的需求。

2. 提高产品品质和服务质量：注重产品品质和售后服务，建立完善的质量管理体系，提供更优质的用户体验，树立品牌信誉。

3. 绿色环保生产：注重环境保护，推动绿色环保生产，降低能耗和排放，提倡循环经济，推广可回收、可再利用的产品。

4. 加强供应链管理：优化供应链管理，确保原材料供应的稳定性，强化成本控制，降低供应链风险。

5. 适应智能化趋势：积极适应智能家居和物联网技术趋势，将产品智能化和互联化，提供更便捷、智能的使用体验。

6. 拓展新兴市场：积极拓展新兴市场，关注发展中国家和二三线城市的消费需求，扩大市场份额。

7．推动产业标准化：积极参与产业标准的制定，推动行业标准化，增强产品兼容性和互操作性。

8．加强人才培养：加大人才培养和引进力度，培养高素质、高技能的人才，提高企业的创新和竞争能力。

9．促进国际合作：积极开展国际合作，参与国际产业链，提高国际竞争力，拓展国际市场。

10．关注用户体验：倾听用户反馈，关注用户需求，持续改进产品设计和功能，提高用户体验和满意度。

通过积极应对挑战，抓住机遇，家用电器行业可以实现创新发展，提高技术水平和产品品质，满足消费者需求，实现可持续发展，并为社会生活提供更多便利和舒适。同时，政府部门也应该提供支持和政策引导，推动家用电器行业的健康发展，促进产业升级和转型，实现经济和环境的双赢。

第16章
建筑材料行业

建筑材料行业是指涉及生产、销售和供应建筑工程和建筑项目所需的各类材料的产业，这些建筑材料包括但不限于水泥、钢材、砖块、混凝土、玻璃、涂料、木材等。建筑材料是建筑施工和装修的基础，直接影响着建筑工程的质量和性能。建筑材料行业在国民经济中具有重要地位，不仅为建筑和基础设施提供必要的材料，促进经济发展，满足人们基本需求，还带动了相关产业链的发展，创造就业机会，推动城市化进程，对环保和可持续发展也有积极贡献。

16.1 行业核心财务指标分析

截至2022年底，A股市场建筑材料行业共有上市公司76家，总市值共计9667.53亿元，平均市值127.20亿元/家，营业总收入7916.49亿元，平均营业收入104.16亿元/家，净利润总额547.22亿元，平均净利润7.20亿元/家。市值最大的为**海螺水泥**（1412.04亿元），营业收入最高的为**天山股份**（1325.81亿元），净利润最高的是**海螺水泥**（161.40亿元）。其中，营业收入小于10亿元的公司有19家，约占该行业内公司总数的25.00%；小于5亿元的有4家，约占该行业内公司总数的5.26%。2022年，建筑材料行业上市公司研发投入合计为175.22亿元。行业相关关键指标对比情况见表16–1。

表16–1　　建筑材料行业关键指标对比

行业关键指标	2022年（中位数水平）	2021年（中位数水平）	变动情况
营业总收入3年复合增长率	6.34%	10.66%	−4.32%
净利润3年复合增长率	−2.91%	14.71%	−17.62%
年化总资产报酬率	3.86%	6.05%	−2.19%
年化净资产报酬率	5.40%	8.23%	−2.83%
销售毛利率	19.83%	24.29%	−4.46%
销售净利率	4.38%	7.59%	−3.21%
研发强度	3.45%	3.16%	0.29%
分红比例	31.55%	32.23%	−0.68%
权益乘数	1.92	1.92	0.00
流动比率	1.48	1.57	−0.09

续表

行业关键指标	2022年（中位数水平）	2021年（中位数水平）	变动情况
速动比率	1.11	1.07	0.04
现金流量利息保障倍数	511.96	676.22	−164.26
总资产周转率	0.56	0.67	−0.11
存货周转率	5.30	6.58	−1.28
应收账款周转率	5.16	6.55	−1.39

数据来源：同花顺、中关村国睿金融与产业发展研究会。

受疫情管控和房地产行业政策影响，建筑材料行业大部分指标均出现同比下滑，但研发强度同比提升，行业整体亟待复苏。

16.2 健康指数分析

本报告共对建筑材料行业76家上市公司开展健康诊断。

16.2.1 综合健康指数分析

1. 一级行业综合健康指数分析

诊断结果显示，建筑材料行业综合健康指数平均水平为65.84，其中**伟星新材（78.24）、北新建材（76.92）、海螺水泥（74.64）**位列行业前三。从指数分布看，高于平均水平的有42家，占行业内公司总数的55.26%。其中，如图16-1所示，综合健康指数区间在60以下的有14家，占18.42%；60—70的有41家，占53.95%；70以上的有21家，占27.63%。

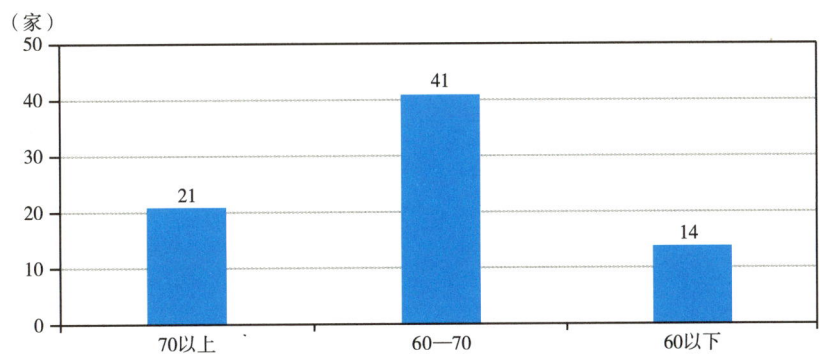

图16-1 建筑材料行业上市公司综合健康指数区间分布情况

2. 细分行业综合健康指数分析

"建筑材料"行业只有1个二级行业，可细分为5个三级行业，如图16-2所示，各细分行业综合健康指数情况如下：

（1）三级"水泥"行业，25家公司综合健康指数平均水平为65.46，最高的是海螺水泥（74.64）。

（2）三级"其他建材"行业，23家公司综合健康指数平均水平为65.45，最高的是北新建材（76.92）。

（3）三级"耐火材料"行业，6家公司综合健康指数平均水平为68.31，最高的是鲁阳节能（72.00）。

（4）三级"管材"行业，8家公司综合健康指数平均水平为63.43，最高的是伟星新材（78.24）。

（5）三级"玻璃玻纤"行业，14家公司综合健康指数平均水平为67.49，最高的是中国巨石（74.60）。

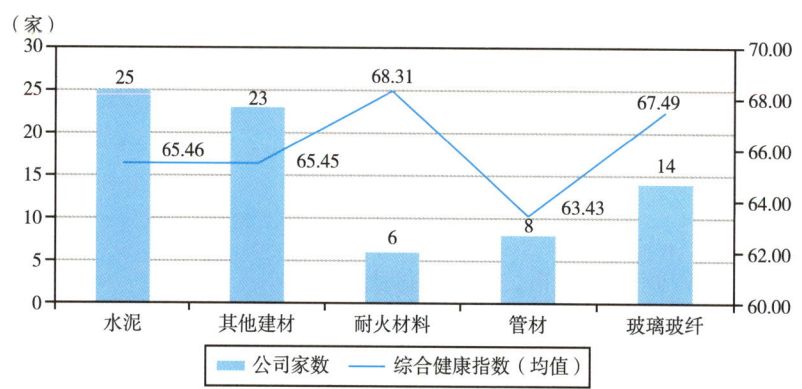

图16-2 2022年建筑材料细分行业综合健康指数平均水平

建筑材料行业上市公司综合健康指数排名前10%的公司如表16-2所示。

表16-2　　建筑材料行业2022年综合健康指数前10%排名

排名	公司代码	公司名称	综合健康指数	二级行业_同花顺	三级行业_同花顺
1	002372.SZ	伟星新材	78.24072641	建筑材料	管材
2	000786.SZ	北新建材	76.91892444	建筑材料	其他建材
3	600585.SH	海螺水泥	74.64418171	建筑材料	水泥
4	600176.SH	中国巨石	74.60214474	建筑材料	玻璃玻纤
5	002302.SZ	西部建设	74.57852057	建筑材料	水泥
6	300196.SZ	长海股份	74.55567952	建筑材料	玻璃玻纤
7	600449.SH	宁夏建材	74.39821383	建筑材料	水泥
8	002080.SZ	中材科技	73.86263964	建筑材料	玻璃玻纤

数据来源：同花顺、中关村国睿金融与产业发展研究会。

16.2.2 九大系统健康指数分析

1. 公司治理系统

建筑材料行业76家上市公司公司治理系统健康指数平均水平为85.15，略高于全市场公司治理健康指数平均水平（85.08）。行业平均水平以上的上市公司有39家，占总数的51.32%。从区间分布看，

60—70的有1家，占1.32%；70—80的有10家，占13.16%；80—90的有45家，占59.21%；90以上的有20家，占26.32%。

从行业健康诊断看，公司治理系统健康指数排名前10的公司是：**海螺水泥（94.52）、海螺新材（94.00）、金隅集团（93.93）、中国巨石（93.63）、瑞泰科技（93.36）、北新建材（93.34）、冀东水泥（92.28）、中钢洛耐（92.13）、山东玻纤（92.08）、耀皮玻璃（92.05）**。

2. 外部监督系统

建筑材料行业76家上市公司外部监督系统健康指数平均水平为79.41，略高于全市场外部监督健康指数平均水平（78.64）。行业平均水平以上的上市公司有49家，占总数的64.47%。从区间分布看，50以下的有3家，占3.95%；50—60的有2家，占2.63%；60—70的有4家，占5.26%；70—80的有20家，占26.32%；80—90的有41家，占53.95%；90以上的有6家，占7.89%。

从行业健康诊断看，外部监督系统健康指数排名前10的公司是：**伟星新材（95.66）、北新建材（94.11）、东方雨虹（91.91）、旗滨集团（91.52）、西部建设（90.92）、金隅集团（90.54）、冀东水泥（89.59）、海螺水泥（89.37）、塔牌集团（89.06）、亚士创能（88.65）**。

3. 创利能力系统

建筑材料行业76家上市公司创利能力系统健康指数平均水平为58.82，略高于全市场创利能力健康指数平均水平（58.47）。行业平均水平以上的上市公司有40家，占总数的52.63%。从区间分布看，40—50的有14家，占18.42%；50—60的有25家，占32.89%；60—70的有27家，占35.53%；70以上的有10家，占13.16%。

从行业健康诊断看，创利能力系统健康指数排名前10的公司是：**伟星新材（83.34）、山东玻纤（74.73）、长海股份（73.95）、友邦吊顶（72.83）、北新建材（72.13）、鲁阳节能（71.48）、中国巨石（71.42）、祁连山（71.08）、四川双马（70.84）、兔宝宝（70.31）**。

4. 价值再造系统

建筑材料行业76家上市公司价值再造系统健康指数平均水平为58.9，略低于全市场价值再造健康指数平均水平（60.25）。行业平均水平以上的上市公司有40家，占总数的52.63%。从区间分布看，40以下的有2家，占2.63%；40—50的有10家，占13.16%；50—60的有30家，占39.47%；60—70的有26家，占34.21%；70以上的有8家，占10.53%。

从行业健康诊断看，价值再造系统健康指数排名前10的公司是：**中材科技（77.88）、中国巨石（72.98）、北新建材（72.83）、南玻A（71.74）、友邦吊顶（71.18）、西部建设（70.82）、长海股份（70.35）、中钢洛耐（70.11）、方大集团（69.55）、伟星新材（68.77）**。

5. 产品销售系统

建筑材料行业76家上市公司产品销售系统健康指数平均水平为50.05，略低于全市场产品销售健康指数平均水平（50.17）。行业平均水平以上的上市公司有41家，占总数的53.95%。从区间分布看，40以下的有16家，占21.05%；40—50的有19家，占25.00%；50—60的有23家，占30.26%；60—70的有17家，占22.37%；70以上的有1家，占1.32%。

从行业健康诊断看，产品销售系统健康指数排名前10的公司是：**宁夏建材（72.50）、天山股份**

（69.88）、西部建设（67.46）、祁连山（67.04）、中材科技（65.82）、中国巨石（65.03）、兔宝宝（64.62）、南玻A（64.23）、宁波富达（64.06）、冀东水泥（63.26）。

6. 竞争态势系统

建筑材料行业76家上市公司竞争态势系统健康指数平均水平为50.26，略低于全市场竞争态势健康指数平均水平（50.47）。行业平均水平以上的上市公司有38家，占总数的50.00%。从区间分布看，40以下的有21家，占27.63%；40—50的有16家，占21.05%；50—60的有17家，占22.37%；60—70的有16家，占21.05%；70以上的有6家，占7.89%。

从行业健康诊断看，竞争态势系统健康指数排名前10的公司是：**中材科技（74.99）、南玻A（73.74）、北新建材（72.36）、海螺水泥（71.70）、旗滨集团（71.47）、华新水泥（70.67）、宁夏建材（69.55）、东方雨虹（69.17）、西部建设（67.62）、方大集团（67.00）**。

7. 资产资本结构系统

建筑材料行业76家上市公司资产资本结构系统健康指数平均水平为53.49，略低于全市场资产资本结构健康指数平均水平（56.79）。行业平均水平以上的上市公司有39家，占总数的51.32%。从区间分布看，40以下的有4家，占5.26%；40—50的有28家，占36.84%；50—60的有21家，占27.63%；60—70的有21家，占27.63%；70以上的有2家，占2.63%。

从行业健康诊断看，资产资本结构系统健康指数排名前10的公司是：**长海股份（72.59）、法狮龙（70.26）、中旗新材（69.49）、科创新材（68.80）、塔牌集团（68.56）、中钢洛耐（68.39）、聚力文化（67.43）、伟星新材（65.84）、北玻股份（65.61）、雄塑科技（64.75）**。

8. 内部控制系统

建筑材料行业76家上市公司内部控制系统健康指数平均水平为83.67，略高于全市场内部控制健康指数平均水平（83.22）。行业平均水平以上的上市公司有44家，占总数的57.89%。从区间分布看，60以下的有1家，占1.32%；60—70的有1家，占1.32%；70—80的有17家，占22.37%；80—90的有47家，占61.84%；90以上的有10家，占13.16%。

从行业健康诊断看，内部控制系统健康指数排名前10的公司是：**再升科技（93.57）、四川双马（93.57）、罗普斯金（92.02）、伟星新材（91.86）、塔牌集团（91.66）、开尔新材（91.17）、冀东水泥（90.71）、濮耐股份（90.62）、瑞泰科技（90.44）、龙泉股份（90.05）**。

9. 企业文化系统

建筑材料行业76家上市公司企业文化系统健康指数平均水平为67.41，略低于全市场企业文化健康指数平均水平（67.58）。行业平均水平以上的上市公司有38家，占总数的50.00%。从区间分布看，50以下的有7家，占9.21%；50—60的有17家，占22.37%；60—70的有18家，占23.68%；70—80的有22家，占28.95%；80以上的有12家，占15.79%。

从行业健康诊断看，企业文化系统健康指数排名前10的公司是：**北京利尔（90.67）、三棵树（90.31）、伟星新材（90.30）、坚朗五金（89.69）、东方雨虹（88.98）、濮耐股份（87.08）、科顺股份（86.40）、再升科技（84.53）、亚士创能（83.67）、华新水泥（81.64）**。

16.3 行业机遇、挑战和发展对策

16.3.1 行业发展面临的机遇

《建材工业"十四五"发展实施意见》指出"十四五"时期，是我国建材工业进一步深化供给侧结构性改革，实现制造大国向制造强国转变的重要时期，也是建材工业推进高质量发展，提前实现碳达峰目标的关键阶段，到2025年，建材工业形成与保障国民经济建设、满足人民高质量建材需求相适应的良性发展新格局。建筑材料行业是与建筑产业密切相关的核心产业之一。随着城市化进程的不断推进和人们对于建筑品质的要求不断提高，建筑材料行业面临着一些发展机遇，这些机遇将推动行业的进步和发展。

1. 城市更新和改造：城市更新和改造项目的推进，为建筑材料行业带来新的市场需求，如2023年的棚改新政策将会形成带动建筑材料行业发展的新动能。
2. 绿色建筑和可持续发展：绿色建筑和可持续发展理念的普及，促使建筑材料行业推出更环保、节能、可持续的产品。
3. 基础设施建设：国家对基础设施建设的投资不断增加，为建筑材料行业带来需求增长。
4. 新技术应用：新技术在建筑材料行业的应用，如智能材料、高性能材料等，为行业创造了新的发展机遇。
5. 数字化转型：建筑材料行业的数字化转型将提高生产效率和产品质量，拓展新的市场领域。
6. 建筑市场多元化：不同地区和国家的建筑风格和需求多样化，需要建筑材料行业提供多样化的产品。

综合来看，建筑材料行业发展面临的机遇包括城市更新和改造、绿色建筑和可持续发展、基础设施建设、新技术应用、数字化转型、建筑市场多元化等方面。通过抓住这些机遇，建筑材料行业可以实现创新发展，提高技术水平和品质，满足市场需求，实现可持续发展，并为城市建设和社会进步作出积极贡献。

16.3.2 行业发展面临的挑战

受房地产市场影响，建筑材料行业备受影响，2022年业绩出现大幅度下滑。整个行业面临着景气度恢复的压力，除此之外，随着社会水平和经济发展的需要，建筑材料行业还面临着其他挑战。

1. 环境压力：建筑材料生产和使用过程中会产生大量二氧化碳排放和其他环境污染，需要应对严峻的环保压力。
2. 资源短缺：一些建筑材料的原材料存在短缺问题，需要寻找替代材料或者进行资源回收利用。
3. 绿色建筑标准：随着绿色建筑概念的提升，建筑材料行业需要适应绿色建筑标准的要求，推出环保、节能的产品。
4. 市场竞争：建筑材料行业竞争激烈，产品同质化现象明显，企业需要不断提升品质和技术水

平，降低成本。

5. 技术创新：新技术的不断涌现，需要建筑材料行业进行技术创新，推陈出新，满足市场需求。

6. 建筑行业需求波动：建筑行业需求受宏观经济波动影响较大，需求波动可能对建筑材料行业带来不确定性。

7. 建筑质量和安全：建筑材料的质量和安全问题是关键，需要建筑材料行业加强产品质量管理和标准化。

8. 建筑废弃物处理：建筑废弃物产生量大，需要建筑材料行业寻找合理的处理和回收方式。

16.3.3 行业发展建议

建筑材料行业作为受房地产市场影响较大的行业之一，除了房地产市场触底回升，行业趋暖带动发展外，为了促进建筑材料行业的健康发展和提高竞争力，以下是一些建议：

1. 绿色环保发展：积极推进绿色环保发展，开发和推广环保、节能、可持续的建筑材料，满足绿色建筑标准要求，减少资源消耗和环境污染。

2. 技术创新与升级：当前行业研发强度仅为3.45%，仍需要加大科研投入，推动技术创新，开发更高性能、更智能化的建筑材料，提高产品品质和竞争力。

3. 加强质量监管：建立健全建筑材料质量监管体系，严格执行标准，加强产品质量抽查和监测，确保建筑材料安全可靠。

4. 促进产业升级：引导企业进行产业升级和转型升级，推动传统建筑材料向高附加值、高技术含量方向发展。

5. 构建循环经济：推动建筑材料循环利用和资源回收，降低废弃物产生，促进建筑材料产业向循环经济发展。

6. 增强国际竞争力：加强国际交流与合作，了解国际市场需求和潮流，提高产品适应性，积极拓展国际市场。

7. 支持技术转让和合作：鼓励企业进行技术转让与合作，吸收国际先进技术，提高自主创新能力。

8. 提升人才培养与引进：加大人才培养和引进力度，培养高素质的技术和管理人才，推动行业的持续创新与发展。

9. 促进数字化转型：推动建筑材料行业数字化转型，提高生产效率和管理水平，降低成本。

10. 加强行业协作与联盟：鼓励企业之间建立联盟和合作伙伴关系，共同推动行业创新和发展。

通过采取上述措施，建筑材料行业可以更好地适应市场需求和环保要求，推动技术创新和产业升级，增强国际竞争力，实现可持续发展，为城市建设和社会发展提供优质的建筑材料和解决方案。

第17章
建筑装饰行业

建筑装饰行业是指涉及建筑内外部装饰、设计和装修施工等相关服务的产业。这个行业主要负责对建筑物进行装饰和美化，使其符合功能需求、美观舒适，并提高建筑物的使用价值和空间体验。建筑装饰行业在国民经济中具有重要地位，不仅是城市建设和房地产行业的支撑产业，还在人类居住环境提升、文化产业推动、创造就业、促进消费等方面发挥着重要作用。随着城市化进程的推进和人们对美好生活的追求，建筑装饰行业的发展前景愈发广阔。

17.1 行业核心财务指标分析

截至2022年底，A股市场建筑装饰行业共有上市公司153家，总市值共计16521.93亿元，平均市值107.99亿元/家，营业总收入84533.95亿元，平均营业收入556.14亿元/家，净利润总额2390.31亿元，平均净利润15.73亿元/家。市值最大的为**中国建筑**（2277.04亿元），营业收入最高的为**中国建筑**（20550.52亿元），净利润最高的是**中国建筑**（692.12亿元）。其中，营业收入小于10亿元的公司有55家，约占该行业内公司总数的35.95%；小于5亿元的有26家，约占该行业内公司总数的16.99%。2022年，建筑装饰行业上市公司研发投入合计为2257.36亿元。行业相关关键指标对比情况见表17-1。

表17-1　建筑装饰行业关键指标对比

行业关键指标	2022年（中位数水平）	2021年（中位数水平）	变动情况
营业总收入3年复合增长率	4.26%	11.78%	-7.52%
净利润3年复合增长率	4.13%	11.10%	-6.97%
年化总资产报酬率	2.71%	3.58%	-0.87%
年化净资产报酬率	5.55%	8.11%	-2.56%
销售毛利率	15.24%	14.60%	0.64%
销售净利率	2.90%	3.58%	-0.68%
研发强度	3.47%	3.37%	0.10%
分红比例	31.10%	29.98%	1.12%
权益乘数	2.59	2.73	-0.14
流动比率	1.34	1.34	0.00

续表

行业关键指标	2022年（中位数水平）	2021年（中位数水平）	变动情况
速动比率	1.12	1.14	-0.02
现金流量利息保障倍数	146.66	116.63	30.03
总资产周转率	0.51	0.58	-0.07
存货周转率	10.71	13.36	-2.65
应收账款周转率	2.31	2.71	-0.40

数据来源：同花顺、中关村国睿金融与产业发展研究会。

受疫情管控和房地产行业政策影响，建筑装饰行业大部分指标均出现同比下滑，但毛利率和研发强度同比提升，行业转暖复苏期待进一步的政策和经济环境支持。

17.2 健康指数分析

根据报告分析口径，剔除数据异常以及退市公司后，本报告共对建筑装饰行业152家上市公司开展健康诊断。

17.2.1 综合健康指数分析

1. 一级行业综合健康指数分析

诊断结果显示，建筑装饰行业综合健康指数平均水平为65.89，其中**四川路桥（79.67）、中国海诚（78.25）、隧道股份（77.47）**位列行业前三。从指数分布看，高于平均水平的有79家，占行业内公司总数的51.97%。其中，如图17-1所示，综合健康指数区间在60以下的有37家，占24.34%；60—70的有69家，占45.39%；70以上的有46家，占30.26%。

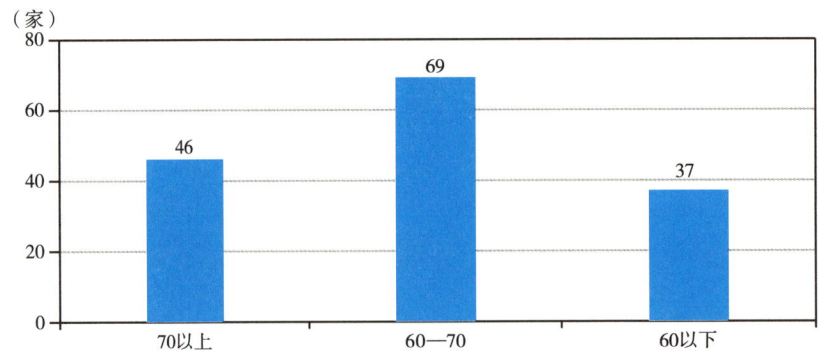

图17-1 建筑装饰行业上市公司综合健康指数区间分布情况

2. 细分行业综合健康指数分析

"建筑装饰"行业只有1个二级行业，可细分为5个三级行业，如图17-2所示，各细分行业综合健康指数情况如下：

（1）三级"基础建设"行业，26家公司综合健康指数平均水平为70.12，最高的是四川路桥（79.67）。

（2）三级"房屋建设"行业，8家公司综合健康指数平均水平为70.27，最高的是中国建筑（75.82）。

（3）三级"专业工程"行业，34家公司综合健康指数平均水平为67.40，最高的是中材国际（76.78）。

（4）三级"工程咨询服务"行业，41家公司综合健康指数平均水平为66.44，最高的是中国海诚（78.25）。

（5）三级"装饰园林"行业，43家公司综合健康指数平均水平为60.80，最高的是金螳螂（71.97）。

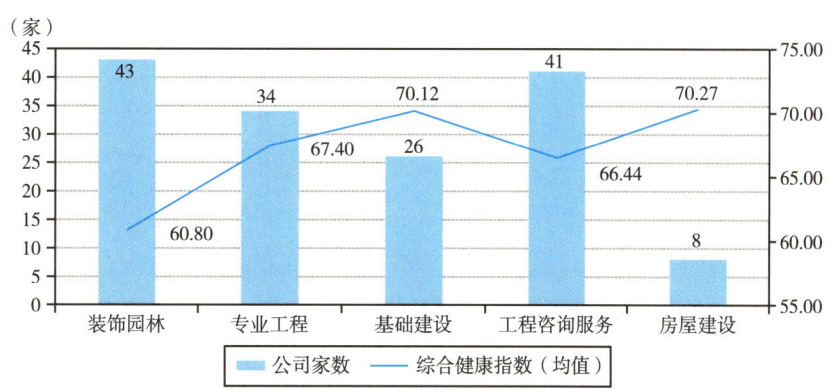

图17-2　2022年建筑装饰细分行业综合健康指数平均水平

建筑装饰行业上市公司综合健康指数排名前10%的公司如表17-2所示。

表17-2　　建筑装饰行业2022年综合健康指数前10%排名

排名	公司代码	公司名称	综合健康指数	二级行业_同花顺	三级行业_同花顺
1	600039.SH	四川路桥	79.67	建筑装饰	基础建设
2	002116.SZ	中国海诚	78.25	建筑装饰	工程咨询服务
3	600820.SH	隧道股份	77.47	建筑装饰	基础建设
4	600284.SH	浦东建设	77.47	建筑装饰	基础建设
5	002061.SZ	浙江交科	77.38	建筑装饰	基础建设
6	601390.SH	中国中铁	77.29	建筑装饰	基础建设
7	600970.SH	中材国际	76.78	建筑装饰	专业工程
8	601186.SH	中国铁建	75.88	建筑装饰	基础建设
9	601668.SH	中国建筑	75.82	建筑装饰	房屋建设
10	601669.SH	中国电建	75.77	建筑装饰	基础建设
11	603929.SH	亚翔集成	75.55	建筑装饰	专业工程
12	600502.SH	安徽建工	75.45	建筑装饰	基础建设
13	002140.SZ	东华科技	75.17	建筑装饰	专业工程
14	000498.SZ	山东路桥	74.88	建筑装饰	基础建设
15	003013.SZ	地铁设计	74.67	建筑装饰	工程咨询服务

数据来源：同花顺、中关村国睿金融与产业发展研究会。

17.2.2 九大系统健康指数分析

1. 公司治理系统

建筑装饰行业152家上市公司公司治理系统健康指数平均水平为85.32，略高于全市场公司治理健康指数平均水平（85.08）。行业平均水平以上的上市公司有74家，占总数的48.68%。从区间分布看，70—80的有26家，占17.11%；80—90的有94家，占61.84%；90以上的有32家，占21.05%。

从行业健康诊断看，公司治理系统健康指数排名前10的公司是：**中国中铁**（95.24）、**浙江交科**（95.20）、**中国海诚**（94.70）、**浙江建投**（94.55）、**深水规院**（94.49）、**华建集团**（94.18）、**镇海股份**（94.16）、**东华科技**（93.65）、**隧道股份**（93.59）、**深桑达A**（93.47）。

2. 外部监督系统

建筑装饰行业152家上市公司外部监督系统健康指数平均水平为77.59，略低于全市场外部监督健康指数平均水平（78.64）。行业平均水平以上的上市公司有91家，占总数的59.87%。从区间分布看，50以下的有4家，占2.63%；50—60的有8家，占5.26%；60—70的有16家，占10.53%；70—80的有51家，占33.55%；80—90的有58家，占38.16%；90以上的有15家，占9.87%。

从行业健康诊断看，外部监督系统健康指数排名前10的公司是：**中国铁建**（94.57）、**中材国际**（93.89）、**中国海诚**（93.29）、**苏文电能**（93.28）、**江河集团**（92.80）、**中国建筑**（92.66）、**隧道股份**（92.55）、**中国中铁**（92.29）、**中工国际**（92.24）、**安徽建工**（92.09）。

3. 创利能力系统

建筑装饰行业152家上市公司创利能力系统健康指数平均水平为58.21，略低于全市场创利能力健康指数平均水平（58.47）。行业平均水平以上的上市公司有74家，占总数的48.68%。从区间分布看，40以下的有3家，占1.97%；40—50的有30家，占19.74%；50—60的有50家，占32.89%；60—70的有51家，占33.55%；70以上的有18家，占11.84%。

从行业健康诊断看，创利能力系统健康指数排名前10的公司是：**地铁设计**（81.23）、**设计总院**（81.01）、**三联虹普**（79.85）、**镇海股份**（78.55）、**亚翔集成**（78.25）、**广咨国际**（78.19）、**华设集团**（77.43）、**筑博设计**（75.75）、**利柏特**（75.65）、**中粮科工**（74.78）。

4. 价值再造系统

建筑装饰行业152家上市公司价值再造系统健康指数平均水平为59.65，略低于全市场价值再造健康指数平均水平（60.25）。行业平均水平以上的上市公司有80家，占总数的52.63%。从区间分布看，40以下的有8家，占5.26%；40—50的有12家，占7.89%；50—60的有55家，占36.18%；60—70的有53家，占34.87%；70以上的有24家，占15.79%。

从行业健康诊断看，价值再造系统健康指数排名前10的公司是：**四川路桥**（83.54）、**浙江交科**（77.91）、**亚翔集成**（77.04）、**陕建股份**（76.72）、**隧道股份**（76.37）、**苏交科**（74.73）、**安徽建工**（74.36）、**浦东建设**（74.33）、**中国能建**（74.10）、**山东路桥**（73.86）。

5. 产品销售系统

建筑装饰行业152家上市公司产品销售系统健康指数平均水平为50.35，略高于全市场产品销售健康指数平均水平（50.17）。行业平均水平以上的上市公司有76家，占总数的50.00%。从区间分布看，40以下的有39家，占25.66%；40—50的有36家，占23.68%；50—60的有36家，占23.68%；60—70的有24家，占15.79%；70以上的有17家，占11.18%。

从行业健康诊断看，产品销售系统健康指数排名前10的公司是：**四川路桥（86.05）、浙江交科（81.74）、浙江建投（81.63）、陕建股份（81.21）、隧道股份（80.23）、维业股份（77.89）、中国电建（77.48）、浦东建设（76.64）、中国核建（74.96）、中国中铁（74.69）**。

6. 竞争态势系统

建筑装饰行业152家上市公司竞争态势系统健康指数平均水平为50.18，略低于全市场竞争态势健康指数平均水平（50.47）。行业平均水平以上的上市公司有75家，占总数的49.34%。从区间分布看，40以下的有37家，占24.34%；40—50的有38家，占25.00%；50—60的有37家，占24.34%；60—70的有28家，占18.42%；70以上的有12家，占7.89%。

从行业健康诊断看，竞争态势系统健康指数排名前10的公司是：**中国能建（78.05）、四川路桥（75.02）、浦东建设（74.72）、中国电建（74.55）、中国化学（73.65）、中国核建（73.47）、安徽建工（73.38）、陕建股份（72.77）、中国中铁（72.46）、东湖高新（71.69）**。

7. 资产资本结构系统

建筑装饰行业152家上市公司资产资本结构系统健康指数平均水平为56.59，略低于全市场资产资本结构健康指数平均水平（56.79）。行业平均水平以上的上市公司有75家，占总数的49.34%。从区间分布看，40以下的有6家，占3.95%；40—50的有36家，占23.68%；50—60的有55家，占36.18%；60—70的有43家，占28.29%；70以上的有12家，占7.89%。

从行业健康诊断看，资产资本结构系统健康指数排名前10的公司是：**广咨国际（80.23）、新城市（76.42）、镇海股份（76.21）、矩阵股份（75.17）、蕾奥规划（74.70）、上海港湾（74.07）、筑博设计（73.82）、中天精装（72.45）、华锡有色（72.38）、亚翔集成（71.80）**。

8. 内部控制系统

建筑装饰行业152家上市公司内部控制系统健康指数平均水平为82.00，略低于全市场内部控制健康指数平均水平（83.22）。行业平均水平以上的上市公司有81家，占总数的53.29%。从区间分布看，60以下的有3家，占1.97%；60—70的有4家，占2.63%；70—80的有45家，占29.61%；80—90的有85家，占55.92%；90以上的有15家，占9.87%。

从行业健康诊断看，内部控制系统健康指数排名前10的公司是：**安徽建工（92.87）、尤安设计（92.83）、山东路桥（92.37）、霍普股份（91.82）、奥雅股份（91.71）、地铁设计（91.61）、旭杰科技（91.53）、普邦股份（91.44）、浙江交科（91.08）、中岩大地（91.02）**。

9. 企业文化系统

建筑装饰行业152家上市公司企业文化系统健康指数平均水平为68.13，略高于全市场企业文化健康指数平均水平（67.58）。行业平均水平以上的上市公司有73家，占总数的48.03%。从区间分布看，50以下的有12家，占7.89%；50—60的有29家，占19.08%；60—70的有42家，占27.63%；70—80的有34家，占22.37%；80以上的有35家，占23.03%。

从行业健康诊断看，企业文化系统健康指数排名前10的公司是：**中国建筑（92.89）、华设集团**

（91.18）、中国中铁（89.89）、苏交科（88.61）、普邦股份（86.00）、设研院（85.48）、中工国际（85.46）、中国能建（84.94）、中国电建（84.59）、华蓝集团（84.47）。

17.3 行业机遇、挑战和发展对策

17.3.1 行业发展面临的机遇

《建筑装饰行业"十四五"发展规划》指出，"十四五"期间，建筑装饰行业以转变发展方式为核心，不断优化行业产业结构，着力推动企业经营管理和工程项目管理模式的创新，大力推动工业化、数字化、智能化等领域的创新研发和应用，到2025年，力争行业产值规模达到6.5万亿元，年产值50亿元以上头部企业的数量、综合实力和品牌影响力进一步提升，在各专业细分领域培育一批具有核心竞争力的"专精特新"企业。全面建设社会主义现代化国家新征程将为建筑装饰行业的发展开启新的战略机遇期，机遇和挑战并存，机遇大于挑战。随着城市化进程和人们对居住和工作环境品质要求的提高，全社会固定资产投资的持续增长、新型城镇化持续推进、国家坚定实施扩大内需发展战略等都为行业提供了持续发展的巨大空间。

1. 城市化进程：全球城市化进程的不断推进，带来了大量住宅和商业用地的开发，为建筑装饰行业带来市场机遇。

2. 建筑更新与改造：城市更新和老旧建筑改造项目的推进，为建筑装饰行业提供新的市场需求。

3. 绿色建筑和可持续发展：绿色建筑理念的普及，促使建筑装饰行业推出环保、节能、可持续的装饰材料和产品。

4. 智能化和数字化需求：智能化和数字化装饰产品的需求增加，为建筑装饰行业带来新的发展机遇。

5. 高端定制化需求：消费者对于高品质、定制化的装饰需求增加，为建筑装饰行业提供市场空间。

6. 人居环境改善：人们对居住和工作环境品质要求提高，对室内装饰提出更高的要求，推动建筑装饰行业升级发展。

7. 文化创意产业：文化创意产业的兴起，促进建筑装饰行业融入更多文化元素，提供个性化装饰产品。

8. 线上线下融合：建筑装饰行业线上线下融合发展，提供更多便捷的购物和服务体验。

9. 国际交流与合作：加强国际交流与合作，引进和吸收国际先进装饰技术，提升行业水平和竞争力。

10. 绿色消费意识：绿色消费意识的增强，消费者更倾向选择环保、健康的装饰产品，推动行业向绿色发展。

综合来看，建筑装饰行业发展面临的机遇包括城市化进程、建筑更新与改造、绿色建筑和可持

续发展、智能化和数字化需求、高端定制化需求、人居环境改善、文化创意产业、线上线下融合、国际交流与合作、绿色消费意识等方面。通过抓住这些机遇，建筑装饰行业可以不断创新发展，满足消费者需求，提高装饰品质和服务水平，实现可持续发展，并为城市建设和社会进步作出积极贡献。

17.3.2 行业发展面临的挑战

同样受房地产市场影响，建筑装饰行业2022年业绩出现大幅度下滑。同时在其他方面也面临着一些挑战，这些挑战可能影响行业的发展和竞争力。

1. 环保压力：建筑装饰材料和产品生产过程中可能产生大量废弃物和污染物，需要应对环保压力，推动绿色装饰材料的发展。
2. 资源短缺：一些装饰材料的原材料可能存在短缺问题，需要寻找替代材料或进行资源回收利用。
3. 建筑节能要求：随着建筑节能要求的提高，装饰材料和产品需要满足更严格的节能标准，促进装饰节能化发展。
4. 市场竞争：建筑装饰行业竞争激烈，产品同质化程度高，企业需要不断提升品质和服务，降低成本，以保持市场竞争力。
5. 需求波动：建筑行业需求受宏观经济波动影响较大，装饰行业需求可能波动，需要应对市场不确定性。
6. 技术更新换代：科技发展速度快，装饰行业面临技术更新换代的挑战，需要持续投入研发以跟上潮流。
7. 人工成本上升：劳动力成本的上升可能对装饰行业带来一定的生产成本压力。
8. 安全与品质：建筑装饰材料和产品的安全与品质问题是关键，需要加强产品质量监管和标准化。
9. 建筑装饰设计创新：消费者对于装饰设计个性化和创新的需求增加，需要不断提供新颖的装饰设计方案。
10. 疫情和市场不确定性：全球疫情可能导致市场不确定性，对建筑装饰行业带来一定冲击。

17.3.3 行业发展建议

作为房地产和基建投资最重要的伴飞行业，为了促进建筑装饰行业的健康发展和提高竞争力，以下是一些建议：

1. 绿色环保发展：积极推进绿色环保发展，开发和推广环保、节能、可持续的装饰材料和产品，满足绿色建筑标准要求。
2. 技术创新与研发：加大科研投入，推动技术创新与研发，提高装饰材料和产品的技术水平和品质，拓展产品应用领域。
3. 加强行业标准化和监管：建立健全装饰行业标准体系，加强装饰材料和产品的质量监管，确保产品安全可靠。

4．人才培养与引进：加大人才培养和引进力度，培养高素质的设计、技术和管理人才，提高企业的创新能力和竞争力。

5．构建循环经济：推动装饰材料的循环利用和资源回收，降低废弃物产生，促进装饰行业向循环经济发展。

6．优化供应链管理：加强与供应商的合作，优化供应链管理，确保原材料供应的稳定性和质量。

7．建立品牌优势：加强品牌建设，提升企业的品牌知名度和美誉度，树立品牌信誉，提高市场竞争力。

8．适应智能化趋势：积极融入智能化和数字化技术，推出智能化装饰产品，提供更便捷、智能的使用体验。

9．加强行业协作与合作：鼓励企业之间建立联盟和合作伙伴关系，共同推动行业技术创新和发展。

10．培育文化创意产业：结合文化创意产业的发展，注重文化元素融入装饰设计，提供个性化、文化氛围浓厚的装饰产品。

通过采取上述措施，建筑装饰行业可以不断创新发展，满足消费者需求，提高装饰品质和服务水平，实现可持续发展，并为城市建设和社会进步作出积极贡献。同时，政府部门也应该提供支持和政策引导，推动建筑装饰行业的健康发展，促进产业升级和转型，实现经济和环境的双赢。

第18章
交通运输行业

交通运输行业是指涉及陆路、水路、空中和铁路等交通工具及设施的建设、运营、管理和服务等相关产业。这个行业包括公路、铁路、航空、水路和城市交通等各个领域，旨在满足人们的出行和货物运输需求，提供高效便捷的交通运输服务。该行业是现代生活必不可少的一部分，在国家经济发展和日常生活中扮演着重要的角色，是经济发展的支撑产业，改善人民的生活条件，促进区域协调发展，推动城市化进程和国际交流。

18.1 行业核心财务指标分析

截至2022年底，A股市场交通运输行业共有上市公司129家，总市值共计31164.60亿元，平均市值241.59亿元/家，营业总收入49784.64亿元，平均营业收入385.93亿元/家，净利润总额1407.18亿元，平均净利润10.91亿元/家。市值最大的为**顺丰控股**（2827.47亿元），营业收入最高的为**建发股份**（8328.12亿元），净利润最高的是**中远海控**（1313.38亿元）。其中，营业收入小于10亿元的公司有15家，约占该行业内公司总数的11.63%；小于5亿元的有6家，约占该行业内公司总数的4.65%。2022年，交通运输行业上市公司研发投入合计为128.69亿元。行业相关关键指标对比情况见表18-1。

表 18-1　　　　　　　　　　交通运输行业关键指标对比

行业关键指标	2022年（中位数水平）	2021年（中位数水平）	变动情况
营业总收入3年复合增长率	8.99%	7.74%	1.25%
净利润3年复合增长率	7.58%	12.11%	−4.53%
年化总资产报酬率	5.04%	5.59%	−0.55%
年化净资产报酬率	6.71%	7.41%	−0.70%
销售毛利率	17.66%	18.75%	−1.09%
销售净利率	7.80%	8.31%	−0.51%
研发强度	0.40%	0.39%	0.01%
分红比例	32.61%	31.57%	1.04%
权益乘数	2.06	2.01	0.05
流动比率	1.33	1.27	0.06

续表

行业关键指标	2022年（中位数水平）	2021年（中位数水平）	变动情况
速动比率	1.08	1.00	0.08
现金流量利息保障倍数	755.61	672.83	82.78
总资产周转率	0.37	0.39	−0.02
存货周转率	31.35	28.59	2.76
应收账款周转率	11.23	12.28	−1.05

数据来源：同花顺、中关村国睿金融与产业发展研究会。

交通运输行业2022年表现出较好的发展韧性，行业整体收入保持较快增长，整体利润及各项盈利指标略有下滑，运营能力和偿债能力保持稳健，研发强度略有提升，整体表现较好。

18.2 健康指数分析

本报告共对交通运输行业129家上市公司开展健康诊断。

18.2.1 综合健康指数分析

1. 一级行业综合健康指数分析

诊断结果显示，交通运输行业综合健康指数平均水平为66.70，其中**中远海控（81.49）、圆通速递（77.74）、青岛港（76.39）**位列行业前三。从指数分布看，高于平均水平的有67家，占行业内公司总数的51.94%。其中，如图18-1所示，综合健康指数区间在60以下的有15家，占11.63%；60—70的有74家，占57.36%；70以上的有40家，占31.01%。

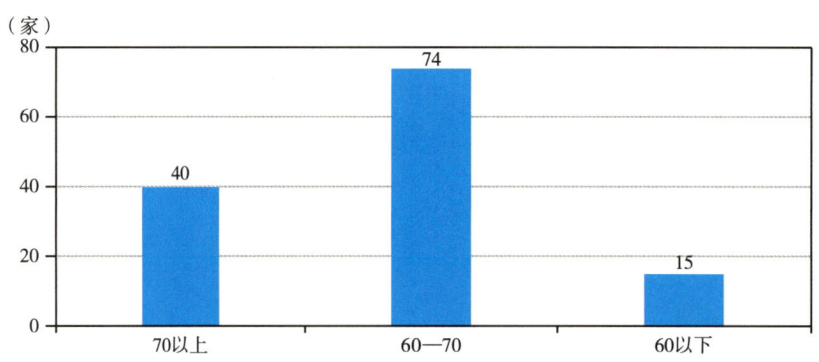

图18-1 交通运输行业上市公司综合健康指数区间分布情况

2. 细分行业综合健康指数分析

"交通运输"行业只有4个二级行业，可细分为8个三级行业，如图18-2所示，各细分行业综合健康指数情况如下：

（1）二级"物流"行业，仅包括1个三级"物流Ⅲ"行业，48家公司综合健康指数平均水平为

66.59，最高的是圆通速递（77.74）。

（2）二级"港口航运"行业，34家公司综合健康指数平均水平为69.29，最高的是中远海控（81.49）。其中：

三级"港口"行业，18家公司综合健康指数平均水平为68.52，最高的是青岛港（76.39）；

三级"航运"行业，16家公司综合健康指数平均水平为70.16，最高的是中远海控（81.49）。

（3）二级"公路铁路运输"行业，34家公司综合健康指数平均水平为66.54，最高的是皖通高速（73.62）。其中：

三级"高速公路"行业，20家公司综合健康指数平均水平为68.24，最高的是皖通高速（73.62）；

三级"公交"行业，7家公司综合健康指数平均水平为61.28，最高的是锦江在线（65.50）；

三级"铁路运输"行业，7家公司综合健康指数平均水平为66.95，最高的是大秦铁路（72.38）。

（4）二级"机场航运"行业，13家公司综合健康指数平均水平为60.71，最高的是中信海直（64.41）。其中：

三级"航空运输"行业，8家公司综合健康指数平均水平为60.78，最高的是中信海直（64.41）；

三级"机场"行业，5家公司综合健康指数平均水平为60.60，最高的是上海机场（61.96）。

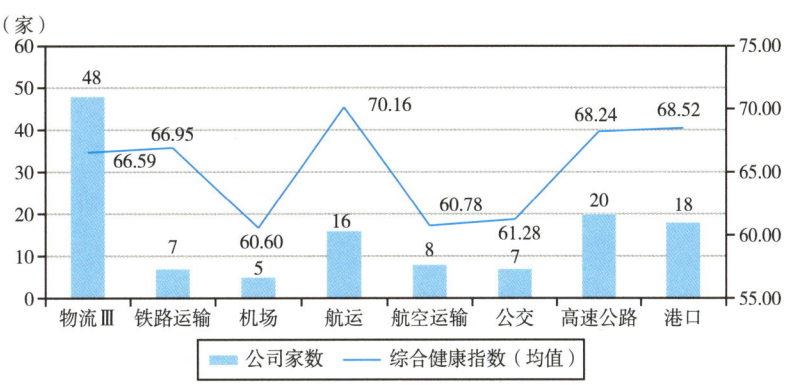

图18-2　2022年交通运输细分行业综合健康指数平均水平

交通运输行业上市公司综合健康指数排名前10%的公司如表18-2所示。

表18-2　交通运输行业2022年综合健康指数前10%排名

排名	公司代码	公司名称	综合健康指数	二级行业_同花顺	三级行业_同花顺
1	601919.SH	中远海控	81.49	港口航运	航运
2	600233.SH	圆通速递	77.74	物流	物流Ⅲ
3	601298.SH	青岛港	76.39	港口航运	港口
4	603565.SH	中谷物流	75.62	港口航运	航运
5	600026.SH	中远海能	75.37	港口航运	航运
6	601156.SH	东航物流	74.92	物流	物流Ⅲ
7	001872.SZ	招商港口	74.82	港口航运	港口
8	002352.SZ	顺丰控股	74.67	物流	物流Ⅲ

续表

排名	公司代码	公司名称	综合健康指数	二级行业_同花顺	三级行业_同花顺
9	601018.SH	宁波港	74.34	港口航运	港口
10	601000.SH	唐山港	74.12	港口航运	港口
11	600153.SH	建发股份	73.90	物流	物流Ⅲ
12	600057.SH	厦门象屿	73.87	物流	物流Ⅲ
13	600018.SH	上港集团	73.85	港口航运	港口

数据来源：同花顺、中关村国睿金融与产业发展研究会。

18.2.2　九大系统健康指数分析

1. 公司治理系统

交通运输行业129家上市公司公司治理系统健康指数平均水平为88.43，略高于全市场公司治理健康指数平均水平（85.08）。行业平均水平以上的上市公司有76家，占总数的58.91%。从区间分布看，60—70的有1家，占0.78%；70—80的有9家，占6.98%；80—90的有63家，占48.84%；90以上的有56家，占43.41%。

从行业健康诊断看，公司治理系统健康指数排名前10的公司是：**中远海能（97.51）、中国外运（96.14）、中远海发（95.85）、招商港口（95.68）、物产中大（95.26）、皖通高速（95.20）、东航物流（94.89）、重庆港（94.87）、中国东航（94.80）、上港集团（94.73）**。

2. 外部监督系统

交通运输行业129家上市公司外部监督系统健康指数平均水平为82.0，略高于全市场外部监督健康指数平均水平（78.64）。行业平均水平以上的上市公司有75家，占总数的58.14%。从区间分布看，50以下的有3家，占2.33%；50—60的有1家，占0.78%；60—70的有6家，占4.65%；70—80的有28家，占21.71%；80—90的有69家，占53.49%；90以上的有22家，占17.05%。

从行业健康诊断看，外部监督系统健康指数排名前10的公司是：**厦门象屿（95.24）、圆通速递（93.93）、顺丰控股（93.75）、中远海能（93.08）、建发股份（92.96）、招商公路（92.56）、招商港口（92.21）、宁沪高速（91.84）、大秦铁路（91.39）、厦门国贸（91.32）**。

3. 创利能力系统

交通运输行业129家上市公司创利能力系统健康指数平均水平为58.39，略低于全市场创利能力健康指数平均水平（58.47）。行业平均水平以上的上市公司有70家，占总数的54.26%。从区间分布看，40以下的有3家，占2.33%；40—50的有22家，占17.05%；50—60的有44家，占34.11%；60—70的有48家，占37.21%；70以上的有12家，占9.30%。

从行业健康诊断看，创利能力系统健康指数排名前10的公司是：**中远海控（79.79）、海峡股份（79.67）、青岛港（77.11）、大秦铁路（75.18）、招商南油（75.15）、中谷物流（74.76）、福建高速（74.04）、上港集团（73.12）、皖通高速（72.97）、锦江在线（72.86）**。

4. 价值再造系统

交通运输行业129家上市公司价值再造系统健康指数平均水平为59.49，略低于全市场价值再造健康指数平均水平（60.25）。行业平均水平以上的上市公司有65家，占总数的50.39%。从区间分布看，40以下的有1家，占0.78%；40—50的有17家，占13.18%；50—60的有53家，占41.09%；60—70的有39家，占30.23%；70以上的有19家，占14.73%。

从行业健康诊断看，价值再造系统健康指数排名前10的公司是：**青岛港（77.11）、圆通速递（76.70）、申通快递（74.92）、德邦股份（74.34）、中远海能（73.76）、招商港口（73.40）、上港集团（73.37）、宁波港（73.25）、畅联股份（73.19）、招商公路（72.57）**。

5. 产品销售系统

交通运输行业129家上市公司产品销售系统健康指数平均水平为49.67，略低于全市场产品销售健康指数平均水平（50.17）。行业平均水平以上的上市公司有71家，占总数的55.04%。从区间分布看，40以下的有33家，占25.58%；40—50的有27家，占20.93%；50—60的有39家，占30.23%；60—70的有25家，占19.38%；70以上的有5家，占3.88%。

从行业健康诊断看，产品销售系统健康指数排名前10的公司是：**浙商中拓（73.69）、厦门象屿（70.67）、中远海控（70.57）、顺丰控股（70.46）、现代投资（70.19）、圆通速递（69.42）、申通快递（69.22）、厦门国贸（69.20）、物产中大（68.01）、招商轮船（67.35）**。

6. 竞争态势系统

交通运输行业129家上市公司竞争态势系统健康指数平均水平为49.51，略低于全市场竞争态势健康指数平均水平（50.47）。行业平均水平以上的上市公司有61家，占总数的47.29%。从区间分布看，40以下的有32家，占24.81%；40—50的有40家，占31.01%；50—60的有33家，占25.58%；60—70的有12家，占9.30%；70以上的有12家，占9.30%。

从行业健康诊断看，竞争态势系统健康指数排名前10的公司是：**浙商中拓（73.69）、厦门象屿（70.67）、中远海控（70.57）、顺丰控股（70.46）、现代投资（70.19）、圆通速递（69.42）、申通快递（69.22）、厦门国贸（69.20）、物产中大（68.01）、招商轮船（67.35）**。

7. 资产资本结构系统

交通运输行业129家上市公司资产资本结构系统健康指数平均水平为55.87，略低于全市场资产资本结构健康指数平均水平（56.79）。行业平均水平以上的上市公司有62家，占总数的48.06%。从区间分布看，40以下的有6家，占4.65%；40—50的有24家，占18.60%；50—60的有60家，占46.51%；60—70的有31家，占24.03%；70以上的有8家，占6.20%。

从行业健康诊断看，资产资本结构系统健康指数排名前10的公司是：**厦门空港（73.92）、皖通高速（71.98）、唐山港（71.41）、龙江交通（71.36）、申通地铁（71.23）、锦江在线（70.34）、海峡股份（70.29）、海晨股份（70.15）、湖南投资（69.62）、福然德（67.75）**。

8. 内部控制系统

交通运输行业129家上市公司内部控制系统健康指数平均水平为83.86，略高于全市场内部控制健康指数平均水平（83.22）。行业平均水平以上的上市公司有76家，占总数的58.91%。从区间分布看，60以下的有1家，占0.78%；60—70的有3家，占2.33%；70—80的有26家，占20.16%；80—90的有87家，占67.44%；90以上的有12家，占9.30%。

从行业健康诊断看，内部控制系统健康指数排名前10的公司是：**四川成渝（93.57）、吉林高速（92.72）、招商港口（92.08）、永泰运（91.76）、楚天高速（91.72）、赣粤高速（91.66）、海汽集团（91.66）、白云机场（91.49）、原尚股份（90.82）、宁波海运（90.64）**。

9. 企业文化系统

交通运输行业129家上市公司企业文化系统健康指数平均水平为66.67，略低于全市场企业文化健康指数平均水平（67.58）。行业平均水平以上的上市公司有65家，占总数的50.39%。从区间分布看，50以下的有6家，占4.65%；50—60的有26家，占20.16%；60—70的有54家，占41.86%；70—80的有34家，占26.36%；80以上的有9家，占6.98%。

从行业健康诊断看，企业文化系统健康指数排名前10的公司是：**圆通速递（89.46）、宏川智慧（88.74）、顺丰控股（86.29）、韵达股份（86.04）、传化智联（84.57）、中远海能（84.27）、怡亚通（81.82）、天津港（81.51）、兴通股份（80.65）、飞力达（79.24）**。

18.3 行业机遇、挑战和发展对策

18.3.1 行业发展面临的机遇

我国综合交通运输发展面临的形势复杂多变，《"十四五"现代综合交通运输体系发展规划》指出，到2025年，综合交通运输基本实现一体化融合发展，智能化、绿色化取得实质性突破，综合能力、服务品质、运行效率和整体效益显著提升，交通运输发展向世界一流水平迈进。交通运输行业作为基础性产业，随着我国现代化进程的不断推进，面临着一些发展机遇。以下是交通运输行业发展的一些主要机遇：

1. 城市化进程：城市化进程加速，城市人口密集，对城市交通运输系统提出更高要求，为交通运输行业带来市场机遇。

2. 交通基础设施建设：许多地区和国家都在加大对交通基础设施的投资，包括公路、铁路、机场、港口等，为交通运输行业提供发展机遇。

3. "一带一路"倡议：中国的"一带一路"倡议促进了国际贸易和合作，推动了跨境交通运输的发展。

4. 新能源交通：新能源汽车和新能源交通工具的推广，为交通运输行业带来节能减排和环保发展的机遇。

5. 智能交通技术：智能交通技术的不断发展，如自动驾驶、智能交通管理系统等，为交通运输行业带来新的发展机遇。

6. 物流业发展：随着电商和跨境贸易的增长，物流业发展迅猛，为交通运输行业提供更多的业务机会。

7. 环保和可持续发展：交通运输行业面临环保和可持续发展的压力，推动行业朝着绿色、低碳方向发展。

8. 城市交通拥堵问题：城市交通拥堵问题日益严重，需要推动公共交通和城市交通规划的发展。

9. 人工智能和大数据：人工智能和大数据技术的应用，为交通运输行业提供更多创新发展的机遇。

10. 政策支持：政府部门对交通运输行业的政策支持，为行业提供更好的发展环境和政策支持。

综合来看，交通运输行业发展面临的机遇包括城市化进程、交通基础设施建设、"一带一路"倡议、新能源交通、智能交通技术、物流业发展、环保和可持续发展、城市交通拥堵问题、人工智能和大数据、政策支持等方面。通过抓住这些机遇，交通运输行业可以不断创新发展，提高效率和服务质量，推动绿色可持续发展，满足市场需求，并为经济发展和社会进步作出积极贡献。

18.3.2 行业发展面临的挑战

交通运输行业作为一个关键的基础产业，在发展过程中也面临一些挑战。这些挑战可能影响行业的可持续发展和运营效率。以下是交通运输行业发展面临的一些主要挑战：

1. 城市交通拥堵：随着城市化进程加快，城市交通拥堵问题日益严重，需要解决交通拥堵，改善交通出行环境。

2. 交通安全：交通事故频发，交通安全问题仍然是交通运输行业面临的重要挑战，需要加强交通安全管理和监管。

3. 资金和投资压力：建设和维护交通基础设施需要大量资金和投资，融资压力较大，如何保障资金和合理运用资金成为挑战。

4. 环保压力：交通运输行业是碳排放的主要来源之一，面临环保压力和减排要求，需要推动绿色交通的发展。

5. 新能源应用：推广新能源交通工具是一个挑战，需要克服新能源车辆技术、充电设施等问题。

6. 交通智能化：实现交通智能化和自动驾驶技术的应用，需要克服技术瓶颈和安全性问题。

7. 交通运输服务质量：提升交通运输服务质量，满足乘客和货物运输的高效、便捷、舒适需求。

8. 交通网络协调：推动城乡交通网络的协调发展，缩小交通不平衡的差距。

9. 人口老龄化：随着人口老龄化趋势加剧，对交通运输服务的需求和改善的要求也增加。

10. 竞争压力：交通运输行业竞争激烈，市场份额争夺激烈，需要提高企业竞争力和创新能力。

综合来看，交通运输行业发展面临着城市交通拥堵、交通安全、资金和投资压力、环保压力、新能源应用、交通智能化、交通运输服务质量、交通网络协调、人口老龄化、竞争压力等多方面的挑战。

18.3.3 行业发展建议

在我国全力打造统一大市场以及促进内循环的大背景下，为了促进交通运输行业的健康发展和提高竞争力，有以下建议供参考。

1. 加大基础设施建设投资：政府和企业应加大对交通基础设施的投资，建设高速公路、铁路、机场、港口等，提升交通运输网络的覆盖范围和运输能力。

2. 推动绿色交通发展：鼓励使用新能源交通工具，推广电动车辆和混合动力车辆，减少尾气排放，降低交通运输对环境的影响。

3. 提高交通安全管理水平：加强交通安全管理，推动科技手段在交通安全监控和预警中的应用，降低交通事故发生率。

4. 推进交通智能化：积极推动交通智能化和自动驾驶技术的发展，提升交通运输效率和安全性。

5. 完善城乡交通网络：合理规划城乡交通网络，推动城乡交通网络协调发展，提高交通便捷性和连通性。

6. 优化交通运输服务质量：加强乘客和货物运输服务的管理和监督，提高服务质量，提升客户满意度。

7. 引导出行方式多样化：鼓励公共交通的使用，推动多种出行方式的融合，减少私人汽车使用，缓解交通拥堵问题。

8. 推进数字化转型：加强信息技术在交通运输行业的应用，提高管理效率和运营水平，推动数字化转型。

9. 加强国际合作：促进交通运输行业的国际合作与交流，借鉴其他国家的成功经验，提升行业的国际竞争力。

10. 引导可持续发展：鼓励交通运输企业推动可持续发展，降低能耗和碳排放，实现经济、社会和环境的协调发展。

第19章
交运设备行业

交运设备行业是指涉及交通运输工具和设备的制造、销售、维修和相关服务的产业，该行业涵盖了各种交通运输设备，包括但不限于汽车、火车、飞机、船舶、电动车、摩托车、自行车等，以及交通运输设备的零部件和配件。该行业不仅为交通运输基础设施建设提供了必要的交通工具和设备，还推动了交通运输发展，改善了人民的生活条件，促进了制造业发展，提升了国家形象，对经济社会发展起着重要支撑和推动作用。由于我国的经济发展和基础设施建设的持续投入，我国运输设备行业的市场规模将进一步扩大，未来交运设备发展将依靠创新驱动，推进智能化与数字化转型、大力发展绿色环保出行方式，不断强化产业链基础，向制造服务业发展。

19.1 行业核心财务指标分析

截至2022年底，A股市场交运设备行业共有上市公司288家，总市值共计35768.12亿元，平均市值124.19亿元/家，营业总收入35949.51亿元，平均营业收入124.82亿元/家，净利润总额1190.14亿元，平均净利润4.13亿元/家。市值最大的为**比亚迪**（6548.27亿元），营业收入最高的为**上汽集团**（7209.88亿元），净利润最高的是**上汽集团**（228.43亿元）。其中，营业收入小于10亿元的公司有95家，约占该行业内公司总数的32.99%；小于5亿元的有38家，约占该行业内公司总数的13.19%。2022年，交运设备行业上市公司研发投入合计为1584.83亿元。行业相关关键指标对比情况见表19–1。

表19–1　　　　　　　　　　交运设备行业关键指标对比

行业关键指标	2022年（中位数水平）	2021年（中位数水平）	变动情况
营业总收入3年复合增长率	7.13%	7.60%	−0.47%
净利润3年复合增长率	4.44%	5.19%	−0.75%
年化总资产报酬率	3.79%	4.84%	−1.05%
年化净资产报酬率	5.55%	6.92%	−1.37%
销售毛利率	19.52%	20.33%	−0.81%
销售净利率	5.25%	5.69%	−0.44%
研发强度	4.77%	4.61%	0.16%
分红比例	34.52%	33.22%	1.30%

续表

行业关键指标	2022年（中位数水平）	2021年（中位数水平）	变动情况
权益乘数	1.79	1.77	0.02
流动比率	1.68	1.68	0.00
速动比率	1.19	1.17	0.02
现金流量利息保障倍数	842.80	798.72	44.08
总资产周转率	0.59	0.60	−0.01
存货周转率	3.57	3.83	−0.26
应收账款周转率	3.97	4.21	−0.24

数据来源：同花顺、中关村国睿金融与产业发展研究会。

交运设备行业2022年同样表现出较好的发展韧性，行业整体收入和利润略有下降，各项盈利指标保持稳健，研发强度和分红比例持续提升，运营能力和偿债能力稳定。

19.2 健康指数分析

根据报告分析口径，剔除数据异常以及退市公司后，本报告共对交运设备行业287家上市公司开展健康诊断。

19.2.1 综合健康指数分析

1. 一级行业综合健康指数分析

诊断结果显示，交运设备行业综合健康指数平均水平为66.15，其中**爱玛科技（80.17）**、**长安汽车（78.76）**、**春风动力（78.36）**位列行业前三。从指数分布看，高于平均水平的有287家，占行业内公司总数的52.96%。其中，如图19-1所示，综合健康指数区间在60以下的有43家，占14.98%；60—70的有171家，占59.58%；70以上的有73家，占25.44%。

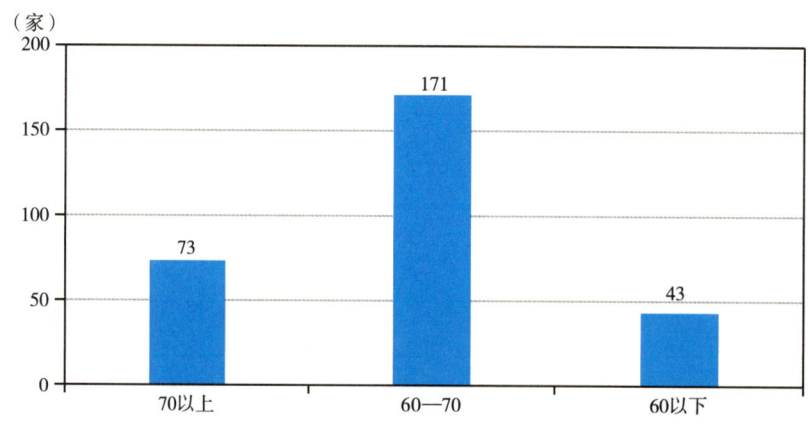

图19-1 交运设备行业上市公司综合健康指数区间分布情况

2. 细分行业综合健康指数分析

"交运设备"行业只有4个二级行业，可细分为7个三级行业，如图19-2所示，各细分行业综合健康指数情况如下：

（1）二级"汽车零部件"行业，仅包括1个三级"汽车零部件Ⅲ"行业，207家公司综合健康指数平均水平为65.84，最高的是亚普股份（77.52）。

（2）二级"汽车整车"行业，24家公司综合健康指数平均水平为67.50，最高的是长安汽车（78.76）。其中：

三级"乘用车"行业，9家公司综合健康指数平均水平为69.29，最高的是长安汽车（78.76）；

三级"商用载货车"行业，9家公司综合健康指数平均水平为67.53，最高的是中集车辆（73.40）；

三级"商用载客车"行业，6家公司综合健康指数平均水平为64.78，最高的是宇通客车（73.93）。

（3）二级"汽车服务"行业，仅包括1个三级"汽车服务Ⅲ"行业，13家公司综合健康指数平均水平为63.92，最高的是中国汽研（77.56）。

（4）二级"非汽车交运"行业，43家公司综合健康指数平均水平为68.47，最高的是爱玛科技（80.17）。其中：

三级"其他交运设备"行业，14家公司综合健康指数平均水平为68.47，最高的是爱玛科技（80.17）；

三级"轨交设备"行业，29家公司综合健康指数平均水平为67.09，最高的是时代电气（77.84）。

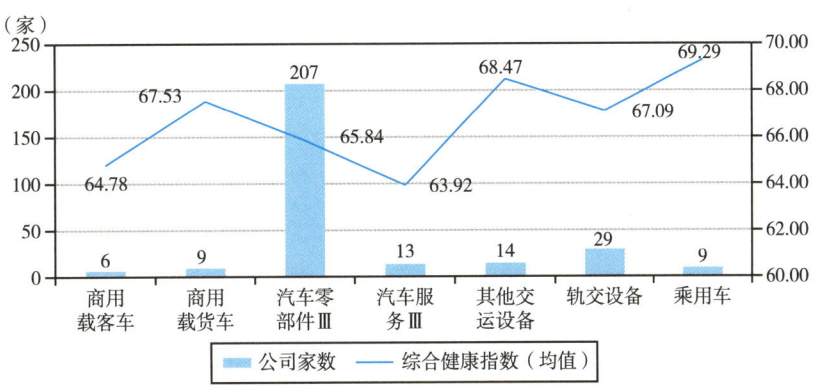

图19-2　2022年交运设备细分行业综合健康指数平均水平

交运设备行业上市公司综合健康指数排名前10%的公司如表19-2所示。

表19-2　　　　交运设备行业2022年综合健康指数前10%排名

排名	公司代码	公司名称	综合健康指数	二级行业_同花顺	三级行业_同花顺
1	603529.SH	爱玛科技	80	非汽车交运	其他交运设备
2	000625.SZ	长安汽车	79	汽车整车	乘用车
3	603129.SH	春风动力	78	非汽车交运	其他交运设备
4	688187.SH	时代电气	78	非汽车交运	轨交设备
5	601965.SH	中国汽研	78	汽车服务	汽车服务Ⅲ
6	603013.SH	亚普股份	78	汽车零部件	汽车零部件Ⅲ

续表

排名	公司代码	公司名称	综合健康指数	二级行业_同花顺	三级行业_同花顺
7	600660.SH	福耀玻璃	78	汽车零部件	汽车零部件Ⅲ
8	603786.SH	科博达	77	汽车零部件	汽车零部件Ⅲ
9	601799.SH	星宇股份	76	汽车零部件	汽车零部件Ⅲ
10	000913.SZ	钱江摩托	76	非汽车交运	其他交运设备
11	002594.SZ	比亚迪	75	汽车整车	乘用车
12	688009.SH	中国通号	75	非汽车交运	轨交设备
13	601633.SH	长城汽车	75	汽车整车	乘用车
14	600741.SH	华域汽车	75	汽车零部件	汽车零部件Ⅲ
15	002085.SZ	万丰奥威	75	汽车零部件	汽车零部件Ⅲ
16	601766.SH	中国中车	75	非汽车交运	轨交设备
17	601238.SH	广汽集团	74	汽车整车	乘用车
18	605088.SH	冠盛股份	74	汽车零部件	汽车零部件Ⅲ
19	002472.SZ	双环传动	74	汽车零部件	汽车零部件Ⅲ
20	000338.SZ	潍柴动力	74	汽车零部件	汽车零部件Ⅲ
21	689009.SH	九号公司	74	非汽车交运	其他交运设备
22	002101.SZ	广东鸿图	74	汽车零部件	汽车零部件Ⅲ
23	600066.SH	宇通客车	74	汽车整车	商用载客车
24	603596.SH	伯特利	74	汽车零部件	汽车零部件Ⅲ
25	000887.SZ	中鼎股份	74	汽车零部件	汽车零部件Ⅲ
26	600528.SH	中铁工业	73	非汽车交运	轨交设备
27	301039.SZ	中集车辆	73	汽车整车	商用载货车
28	600933.SH	爱柯迪	73	汽车零部件	汽车零部件Ⅲ
29	600480.SH	凌云股份	73	汽车零部件	汽车零部件Ⅲ

数据来源：同花顺、中关村国睿金融与产业发展研究会。

19.2.2 九大系统健康指数分析

1. 公司治理系统

交运设备行业287家上市公司公司治理系统健康指数平均水平为84.55，略低于全市场公司治理健康指数平均水平（85.08）。行业平均水平以上的上市公司有151家，占总数的52.61%。从区间分布看，60—70的有5家，占1.74%；70—80的有50家，占17.42%；80—90的有181家，占63.07%；90以上的有51家，占17.77%。

从行业健康诊断看，公司治理系统健康指数排名前10的公司是：**长安汽车（96.52）、时代电气（95.88）、广东鸿图（95.76）、亚普股份（95.21）、长春一东（95.04）、中集车辆（94.97）、中国汽研（94.50）、铁科轨道（94.36）、中国中车（94.22）、威孚高科（94.12）**。

2. 外部监督系统

交运设备行业287家上市公司外部监督系统健康指数平均水平为79.35，略高于全市场外部监督健康指数平均水平（78.64）。行业平均水平以上的上市公司有162家，占总数的56.45%。从区间分布看，50以下的有6家，占2.09%；50—60的有10家，占3.48%；60—70的有17家，占5.92%；70—80的有101家，占35.19%；80—90的有124家，占43.21%；90以上的有29家，占10.10%。

从行业健康诊断看，外部监督系统健康指数排名前10的公司是：**科博达**（96.74）、**冠盛股份**（95.45）、**华懋科技**（94.88）、**爱玛科技**（94.81）、**时代电气**（94.28）、**广东鸿图**（93.95）、**中国通号**（93.80）、**中国汽研**（93.49）、**长安汽车**（93.33）、**双环传动**（92.74）。

3. 创利能力系统

交运设备行业287家上市公司创利能力系统健康指数平均水平为58.19，略低于全市场创利能力健康指数平均水平（58.47）。行业平均水平以上的上市公司有146家，占总数的50.87%。从区间分布看，40以下的有11家，占3.83%；40—50的有50家，占17.42%；50—60的有95家，占33.10%；60—70的有97家，占33.80%；70以上的有34家，占11.85%。

从行业健康诊断看，创利能力系统健康指数排名前10的公司是：**福耀玻璃**（79.91）、**建邦科技**（79.34）、**中国汽研**（78.52）、**万通智控**（77.19）、**爱玛科技**（77.08）、**苏轴股份**（76.27）、**正强股份**（75.90）、**邦德股份**（75.70）、**恒帅股份**（75.61）、**骏创科技**（75.51）。

4. 价值再造系统

交运设备行业287家上市公司价值再造系统健康指数平均水平为60.58，略高于全市场价值再造健康指数平均水平（60.25）。行业平均水平以上的上市公司有149家，占总数的51.92%。从区间分布看，40以下的有5家，占1.74%；40—50的有29家，占10.10%；50—60的有99家，占34.49%；60—70的有109家，占37.98%；70以上的有45家，占15.68%。

从行业健康诊断看，价值再造系统健康指数排名前10的公司是：**时代电气**（79.12）、**比亚迪**（79.11）、**春风动力**（78.64）、**爱玛科技**（78.32）、**万里扬**（77.52）、**祥鑫科技**（76.06）、**广汽集团**（75.93）、**长城汽车**（75.30）、**华阳集团**（75.04）、**万安科技**（74.95）。

5. 产品销售系统

交运设备行业287家上市公司产品销售系统健康指数平均水平为49.98，略低于全市场产品销售健康指数平均水平（50.17）。行业平均水平以上的上市公司有150家，占总数的52.26%。从区间分布看，40以下的有67家，占23.34%；40—50的有70家，占24.39%；50—60的有84家，占29.27%；60—70的有45家，占15.68%；70以上的有21家，占7.32%。

从行业健康诊断看，产品销售系统健康指数排名前10的公司是：**一汽富维**（82.00）、**金杯汽车**（79.03）、**均胜电子**（78.70）、**卡倍亿**（77.35）、**新朋股份**（76.15）、**万丰奥威**（76.03）、**中国重汽**（75.34）、**华域汽车**（75.30）、**立中集团**（74.32）、**中集车辆**（73.87）。

6. 竞争态势系统

交运设备行业287家上市公司竞争态势系统健康指数平均水平为50.45，略低于全市场竞争态势健康指数平均水平（50.47）。行业平均水平以上的上市公司有140家，占总数的48.78%。从区间分布看，40以下的有58家，占20.21%；40—50的有88家，占30.66%；50—60的有81家，占28.22%；60—70的有42家，占14.63%；70以上的有18家，占6.27%。

从行业健康诊断看，竞争态势系统健康指数排名前10的公司是：**中远海控（86.26）**、建发股份（78.74）、物产中大（75.63）、招商公路（75.23）、山东高速（74.28）、招商轮船（73.38）、招商港口（72.67）、青岛港（72.42）、圆通速递（72.20）、韵达股份（72.15）。

7. 资产资本结构系统

交运设备行业287家上市公司资产资本结构系统健康指数平均水平为57.22，略高于全市场资产资本结构健康指数平均水平（56.79）。行业平均水平以上的上市公司有141家，占总数的49.13%。从区间分布看，40以下的有14家，占4.88%；40—50的有52家，占18.12%；50—60的有112家，占39.02%；60—70的有78家，占27.18%；70以上的有31家，占10.80%。

从行业健康诊断看，资产资本结构系统健康指数排名前10的公司是：**密封科技（82.72）**、标榜股份（79.53）、建邦科技（79.37）、雷尔伟（79.09）、正强股份（78.93）、泰祥股份（78.28）、盛帮股份（76.85）、天铭科技（76.05）、威帝股份（75.85）、派特尔（75.67）。

8. 内部控制系统

交运设备行业287家上市公司内部控制系统健康指数平均水平为83.82，略高于全市场内部控制健康指数平均水平（83.22）。行业平均水平以上的上市公司有164家，占总数的61.89%。从区间分布看，60—70的有8家，占3.02%；70—80的有60家，占22.64%；80—90的有182家，占68.68%；90以上的有37家，占13.96%。

从行业健康诊断看，内部控制系统健康指数排名前10的公司是：**高铁电气（93.55）**、密封科技（93.55）、爱柯迪（92.97）、富奥股份（92.97）、盛帮股份（92.97）、交大思诺（92.97）、雪龙集团（92.97）、日月明（92.91）、长春一东（92.91）、智慧农业（92.53）。

9. 企业文化系统

交运设备行业287家上市公司企业文化系统健康指数平均水平为66.53，略低于全市场企业文化健康指数平均水平（67.58）。行业平均水平以上的上市公司有139家，占总数的48.43%。从区间分布看，50以下的有16家，占5.57%；50—60的有64家，占22.30%；60—70的有96家，占33.45%；70—80的有69家，占24.04%；80以上的有42家，占14.63%。

从行业健康诊断看，企业文化系统健康指数排名前10的公司是：**云意电气（93.25）**、春风动力（91.92）、凯众股份（91.42）、保隆科技（89.24）、双环传动（88.97）、苏奥传感（86.96）、万里扬（86.58）、永贵电器（86.55）、赛力斯（86.27）、上汽集团（86.12）。

19.3 行业机遇、挑战和发展对策

19.3.1 行业发展面临的机遇

当前，国内新能源汽车的发展正处于蓬勃发展的阶段，新能源汽车的产销量呈现出快速增长的态势。中国汽车工业协会的数据显示，截至2022年末，中国新能源汽车已累计销售近2000万辆，车型覆盖电动汽车、插电混动汽车、燃料电池汽车等多个领域。其中，电动汽车和插电混动汽车仍然

是市场主力，另外，燃料电池汽车也在逐渐发展壮大。在销量方面，中国新能源汽车市场已超过欧洲、美国等其他主要市场，将会是全球新能源汽车发展的重要推动力。新能源汽车的蓬勃发展给整个交运设备行业及其他相关行业带来新的生机，行业发展也面临着新的机遇。

1．交运设备数字化和智能化需求：交运设备行业数字化和智能化的需求增加，将推动行业技术升级和创新。

2．新能源交通工具推广：全球对环保和节能的关注度增加，新能源交通工具如电动汽车、混合动力车等将成为交运设备行业的发展重点。

3．智能交通发展：智能交通技术的不断发展，包括自动驾驶技术、智能交通管理系统等，为交运设备行业带来创新和发展机遇。

4．"一带一路"倡议：中国的"一带一路"倡议促进了与沿线国家的交通合作，将为交运设备行业拓展国际市场提供机遇。

5．航空旅游需求增加：全球中产阶级人口增加，航空旅游需求不断上升，为航空交运设备行业带来发展机遇。

6．交通基础设施建设：许多国家和地区都在加大对交通基础设施的投资，为交运设备行业带来市场机遇。

7．绿色物流和航空运输：绿色物流和航空运输的发展需要节能、环保的交运设备，为行业带来发展机遇。

8．海洋经济发展：海洋经济的推进将为船舶交运设备行业带来新的市场需求，包括船舶建造和海洋工程设备需求。

9．可持续发展倡议：全球可持续发展倡议对交运设备行业提出更高要求，推动绿色、环保、高效的交运设备发展。

综合来看，交运设备行业发展面临的机遇涵盖了城市化和城市交通需求增长、新能源交通工具推广、智能交通发展、"一带一路"倡议、航空旅游需求增加、交通基础设施建设、绿色物流和航空运输、交运设备数字化和智能化需求、海洋经济发展、可持续发展倡议等多方面。通过抓住这些机遇，交运设备行业可以不断创新发展，提高技术水平和产品品质，满足市场需求，推动可持续发展，并为交通运输行业和经济社会的进步作出积极贡献。

19.3.2　行业发展面临的挑战

交运设备行业作为交通运输产业链的重要组成部分，面临着一些发展挑战。以下是交运设备行业发展面临的一些主要挑战：

1．环保和节能压力：全球环保和节能意识不断提升，交运设备行业需要满足环保标准，推动新能源、低排放技术的应用，减少尾气和噪音排放。

2．技术竞争：交运设备行业技术更新换代较快，面临来自其他行业或国家的技术竞争，需要不断创新和提升技术水平。

3．市场竞争激烈：交运设备市场竞争激烈，行业内部竞争和来自其他行业的竞争都对企业产生压力。

4. 成本控制：交运设备制造和运营成本较高，企业需要采取措施控制成本，提高运营效率。

5. 城市交通拥堵：城市交通拥堵问题严重，交运设备行业需要提供解决方案，改善交通拥堵状况。

6. 安全问题：交运设备行业安全问题备受关注，尤其对于飞机、火车、船舶等公共交通工具，需要加强安全管理和监管。

7. 新兴技术应用：新兴技术的应用如自动驾驶、无人机等带来新的机遇，但也面临着技术成熟度和安全性等方面的挑战。

8. 国际贸易摩擦：全球经济环境不稳定，国际贸易摩擦增多，可能影响交运设备行业的国际合作和市场拓展。

9. 城乡差异：城乡交通发展差异较大，特别是农村地区交运设备滞后，需要推动城乡交通一体化发展。

10. 人才短缺：交运设备行业需要大量高素质的研发、制造和运营人才，但人才短缺问题亦是一个挑战。

19.3.3 行业发展建议

在政策的支持和技术的推进下，我国交运设备行业，特别是新能源汽车市场将进一步拓展。为了促进交运设备行业的持续健康发展，以下是一些建议：

1. 加强技术创新：当前行业研发强度仅为4.77%，交运设备行业应加大研发投入，推动技术创新，引入先进技术，提高产品技术水平和品质，满足市场需求。

2. 推动绿色可持续发展：交运设备行业要积极推动绿色、环保、可持续发展，采用新能源、低碳技术，减少尾气排放和能耗。

3. 提升产品安全性：特别是对于飞机、火车、船舶等公共交通工具，交运设备行业要加强安全管理，确保产品的安全性和可靠性。

4. 加强市场营销和品牌建设：交运设备企业应加强市场调研，深入了解客户需求，优化产品结构，提升品牌知名度和美誉度。

5. 推进数字化转型：交运设备行业要积极推进数字化转型，应用先进的信息技术，提高管理效率和生产效率。

6. 建立全球化供应链：交运设备行业要构建全球化供应链体系，加强国际合作，降低生产成本，提高全球市场竞争力。

7. 加强人才培养和引进：交运设备行业要加大人才培养和引进力度，吸引高素质人才参与行业发展，推动产业发展和创新。

8. 政策支持和引导：政府部门应出台有利于交运设备行业发展的政策，鼓励技术创新、绿色发展和国际合作。

9. 推动智能交通应用：交运设备行业应积极推动智能交通技术的应用，如自动驾驶、智能交通管理系统等,提升交通运输效率和安全性。

10. 加强行业协作与合作:交运设备行业内部企业之间要加强合作,形成合力,共同推进行业发展。

通过采取上述措施,交运设备行业可以不断创新发展,提高技术水平和产品质量,满足市场需求,推动可持续发展,并为交通运输行业和经济社会的进步作出积极贡献。同时,政府部门也应提供支持和政策引导,促进交运设备行业的健康发展,实现经济和环境的双赢。

第20章
煤炭行业

煤炭行业是我国经济的关键支柱产业，涵盖煤炭采掘、煤炭加工、煤炭化工等环节，是我国能源产业的基础。煤炭是我国主要能源资源之一，广泛应用于电力、钢铁、建材、化工等重要领域。近年来，煤炭行业积极响应国家政策，加大技术革新和节能减排力度，推动煤炭产业转型升级。通过先进的煤矿采掘技术、清洁煤炭转化技术等手段，煤炭行业努力减少对环境的影响，朝着可持续发展的方向不断迈进，为我国经济的繁荣和发展作出新的贡献。

20.1 行业核心财务指标分析

截至2022年底，A股市场煤炭行业共有上市公司34家，总市值共计14468.53亿元，平均市值425.54亿元/家，营业总收入15737.17亿元，平均营业收入462.86亿元/家，净利润总额3017.97亿元，平均净利润88.76亿元/家。市值最大的为**中国神华**（5235.16亿元），营业收入最高的为**中国神华**（3445.33亿元），净利润最高的是**中国神华**（816.55亿元）。该行业没有营业收入小于10亿元的公司。2022年，煤炭行业上市公司研发投入合计为227.43亿元。行业相关关键指标对比情况见表20-1。

表20-1　　　　　　　　　　　煤炭行业关键指标对比

行业关键指标	2022年（中位数水平）	2021年（中位数水平）	变动情况
营业总收入3年复合增长率	14.20%	11.77%	2.43%
净利润3年复合增长率	47.77%	24.16%	23.61%
年化总资产报酬率	11.42%	9.72%	1.70%
年化净资产报酬率	18.78%	15.68%	3.10%
销售毛利率	35.19%	30.38%	4.81%
销售净利率	17.36%	11.19%	6.17%
研发强度	0.93%	0.90%	0.03%
分红比例	43.45%	36.42%	7.03%
权益乘数	2.53	2.67	−0.14
流动比率	0.85	0.73	0.12

续表

行业关键指标	2022年（中位数水平）	2021年（中位数水平）	变动情况
速动比率	0.75	0.63	0.12
现金流量利息保障倍数	1088.55	929.71	158.84
总资产周转率	0.63	0.57	0.06
存货周转率	19.46	19.47	−0.01
应收账款周转率	23.37	21.92	1.45

数据来源：同花顺、中关村国睿金融与产业发展研究会。

受到经济需求以及国际贸易对煤炭价格影响，2022年煤炭行业收获了超预期发展，盈利能力领先市场，分红比例大幅度提升，行业创利、创现、创收能力卓越。

20.2 健康指数分析

本报告共对煤炭行业34家上市公司开展健康诊断。

20.2.1 综合健康指数分析

1. 一级行业综合健康指数分析

诊断结果显示，煤炭行业综合健康指数平均水平为65.33，其中**陕西煤业**（80.45）、**潞安环能**（79.21）、**中国神华**（77.59）位列行业前三。从指数分布看，高于平均水平的有17家，占行业内公司总数的58.21%。其中，如图20-1所示，综合健康指数区间在60以下的有11家，占32.35%；60—70的有12家，占35.29%；70以上的有11家，占32.25%。

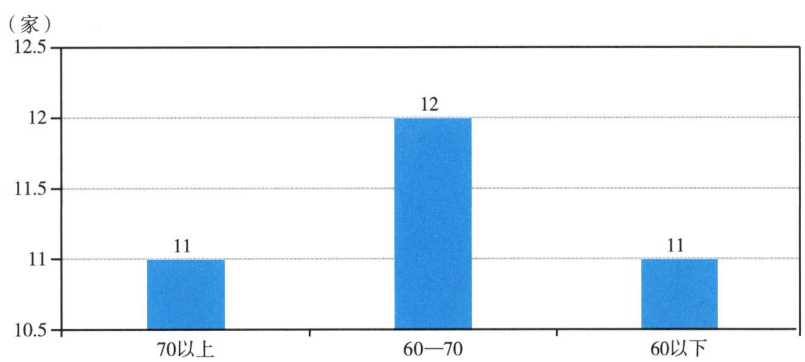

图20-1 煤炭行业上市公司综合健康指数区间分布情况

2. 细分行业综合健康指数分析

"煤炭"行业有1个二级"煤炭开采加工"行业，可细分为2个三级行业，如图20-2所示，各细分行业综合健康指数情况如下：

（1）三级"焦炭加工"行业，8家公司综合健康指数平均水平为58.86，最高的是开滦股份

（67.35）。

（2）三级"煤炭开采"行业，26家公司综合健康指数平均水平为67.32，最高的是陕西煤业（80.45）。

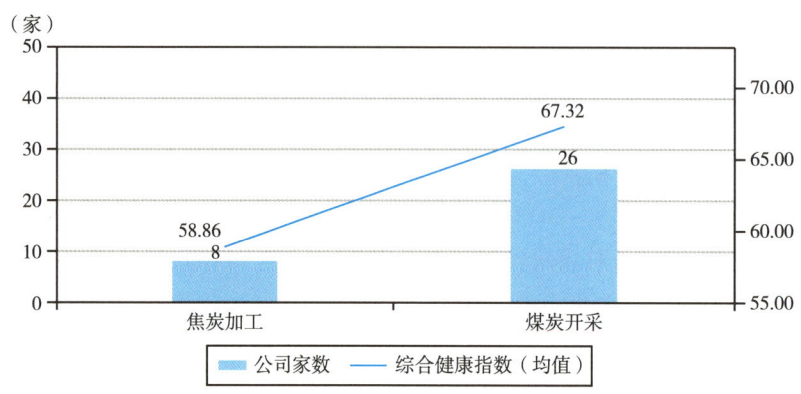

图20-2　2022年煤炭细分行业综合健康指数平均水平

煤炭行业上市公司综合健康指数排名前10%的公司如表20-2所示。

表20-2　　　　　　　　　　　煤炭行业 2022 年综合健康指数前 10% 排名

排名	公司代码	公司名称	综合健康指数	二级行业_同花顺	三级行业_同花顺
1	601225.SH	陕西煤业	80.45	煤炭开采加工	煤炭开采
2	601699.SH	潞安环能	79.21	煤炭开采加工	煤炭开采
3	601088.SH	中国神华	77.59	煤炭开采加工	煤炭开采
4	600985.SH	淮北矿业	75.58	煤炭开采加工	煤炭开采
5	600188.SH	兖矿能源	75.05	煤炭开采加工	煤炭开采
6	000983.SZ	山西焦煤	73.14	煤炭开采加工	煤炭开采
7	000552.SZ	甘肃能化	71.76	煤炭开采加工	煤炭开采
8	600348.SH	华阳股份	70.92	煤炭开采加工	煤炭开采
9	002128.SZ	电投能源	70.29	煤炭开采加工	煤炭开采
10	601666.SH	平煤股份	70.26	煤炭开采加工	煤炭开采

数据来源：同花顺、中关村国睿金融与产业发展研究会。

20.2.2　九大系统健康指数分析

1. 公司治理系统

煤炭行业34家上市公司公司治理系统健康指数平均水平为86.53，略高于全市场公司治理健康指数平均水平（85.08）。行业平均水平以上的上市公司有21家，占总数的61.76%。从区间分布看，70—80的有6家，占17.65%；80—90的有20家，占58.82%；90以上的有8家，占23.53%。

从行业健康诊断看，公司治理系统健康指数排名前10的公司是：**辽宁能源（95.44）、开滦股份（94.12）、兖矿能源（93.64）、陕西煤业（91.86）、华电能源（91.02）、山西焦煤（90.76）、淮北矿业（90.22）、平煤股份（90.05）、上海能源（89.99）、华阳股份（89.86）**。

2. 外部监督系统

煤炭行业34家上市公司外部监督系统健康指数平均水平为77.43，略低于全市场外部监督健康指数平均水平（78.64）。行业平均水平以上的上市公司有16家，占总数的47.06%。从区间分布看，50—60的有3家，占8.82%；60—70的有4家，占11.76%；70—80的有13家，占38.24%；80—90的有7家，占20.59%；90以上的有7家，占20.59%。

从行业健康诊断看，外部监督系统健康指数排名前10的公司是：**潞安环能（95.63）、中国神华（93.03）、陕西煤业（92.97）、中煤能源（92.19）、平煤股份（91.17）、兰花科创（90.61）、华阳股份（90.19）、淮北矿业（89.27）、开滦股份（88.33）、上海能源（87.43）**。

3. 创利能力系统

煤炭行业34家上市公司创利能力系统健康指数平均水平为58.6，略高于全市场创利能力健康指数平均水平（58.47）。行业平均水平以上的上市公司有20家，占总数的58.82%。从区间分布看，40以下的有5家，占14.71%；40—50的有3家，占8.82%；50—60的有8家，占23.53%；60—70的有12家，占35.29%；70以上的有6家，占17.65%。

从行业健康诊断看，创利能力系统健康指数排名前10的公司是：**潞安环能（82.91）、陕西煤业（81.59）、中国神华（74.68）、兰花科创（73.04）、山煤国际（72.98）、山西焦煤（70.15）、兖矿能源（69.25）、华阳股份（69.12）、上海能源（68.90）、甘肃能化（68.35）**。

4. 价值再造系统

煤炭行业34家上市公司价值再造系统健康指数平均水平为58.33，略低于全市场价值再造健康指数平均水平（60.25）。行业平均水平以上的上市公司有16家，占总数的47.06%。从区间分布看，40以下的有1家，占2.94%；40—50的有7家，占20.59%；50—60的有12家，占35.29%；60—70的有8家，占23.53%；70以上的有6家，占17.65%。

从行业健康诊断看，价值再造系统健康指数排名前10的公司是：**兖矿能源（79.11）、甘肃能化（75.64）、潞安环能（75.03）、淮北矿业（72.39）、山西焦煤（71.86）、陕西煤业（70.73）、冀中能源（69.23）、恒源煤电（68.92）、金能科技（66.30）、电投能源（63.89）**。

5. 产品销售系统

煤炭行业34家上市公司产品销售系统健康指数平均水平为50.05，略低于全市场产品销售健康指数平均水平（50.17）。行业平均水平以上的上市公司有16家，占总数的47.06%。从区间分布看，40以下的有5家，占14.71%；40—50的有13家，占38.24%；50—60的有12家，占35.29%；60—70的有4家，占11.76%。

从行业健康诊断看，产品销售系统健康指数排名前10的公司是：**中国神华（69.80）、陕西煤业（69.33）、淮北矿业（68.61）、华阳股份（61.37）、安泰集团（59.38）、山西焦煤（57.65）、电投能源（57.23）、中煤能源（57.11）、冀中能源（56.76）、山西焦化（56.63）**。

6. 竞争态势系统

煤炭行业34家上市公司竞争态势系统健康指数平均水平为49.83，略低于全市场竞争态势健康指数平均水平（50.47）。行业平均水平以上的上市公司有15家，占总数的44.12%。从区间分布看，40

以下的有9家，占26.47%；40—50的有10家，占29.41%；50—60的有6家，占17.65%；60—70的有5家，占14.71%；70以上的有4家，占11.76%。

从行业健康诊断看，竞争态势系统健康指数排名前10的公司是：**陕西煤业（77.85）、潞安环能（74.59）、兖矿能源（72.81）、中国神华（71.21）、甘肃能化（68.32）、中煤能源（66.41）、山西焦煤（66.41）、金能科技（64.72）、淮北矿业（64.44）、冀中能源（58.36）**。

7. 资产资本结构系统

煤炭行业34家上市公司资产资本结构系统健康指数平均水平为56.73，略低于全市场资产资本结构健康指数平均水平（56.79）。行业平均水平以上的上市公司有16家，占总数的47.06%。从区间分布看，40以下的有1家，占2.94%；40—50的有10家，占29.41%；50—60的有12家，占35.29%；60—70的有7家，占20.59%；70以上的有4家，占11.76%。

从行业健康诊断看，资产资本结构系统健康指数排名前10的公司是：**恒源煤电（76.74）、潞安环能（76.00）、上海能源（71.40）、兰花科创（70.17）、华阳股份（69.55）、陕西煤业（69.28）、晋控煤业（67.04）、大有能源（66.83）、甘肃能化（66.33）、中国神华（64.97）**。

8. 内部控制系统

煤炭行业34家上市公司内部控制系统健康指数平均水平为81.16，略低于全市场内部控制健康指数平均水平（83.22）。行业平均水平以上的上市公司有18家，占总数的52.94%。从区间分布看，60—70的有2家，占5.88%；70—80的有10家，占29.41%；80—90的有21家，占61.76%；90以上的有1家，占2.94%。

从行业健康诊断看，内部控制系统健康指数排名前10的公司是：**开滦股份（92.56）、中国神华（89.33）、淮北矿业（89.03）、兰花科创（88.67）、潞安环能（88.63）、电投能源（88.06）、华电能源（87.89）、山西焦煤（86.51）、恒源煤电（86.05）、郑州煤电（84.49）**。

9. 企业文化系统

煤炭行业34家上市公司企业文化系统健康指数平均水平为59.3，略低于全市场企业文化健康指数平均水平（67.58）。行业平均水平以上的上市公司有18家，占总数的52.94%。从区间分布看，50以下的有8家，占23.53%；50—60的有11家，占32.35%；60—70的有7家，占20.59%；70—80的有6家，占17.65%；80以上的有2家，占5.88%。

从行业健康诊断看，企业文化系统健康指数排名前10的公司是：**兖矿能源（83.64）、淮北矿业（82.75）、中国神华（77.89）、陕西煤业（76.88）、中煤能源（76.38）、平煤股份（75.27）、金能科技（74.70）、昊华能源（70.10）、山煤国际（64.82）、潞安环能（64.67）**。

20.3 行业机遇、挑战和发展对策

20.3.1 行业发展面临的机遇

煤炭行业作为我国经济的关键支柱产业，涵盖多个领域。随着全球经济复苏和工业化进程的推

进，煤炭行业面临着诸多发展机遇，以下是一些主要机遇：

1. 国内能源需求稳步增长：作为我国主要能源之一，煤炭在国内能源结构中占有重要地位。随着国内经济的不断发展，对能源的需求将持续稳步增长，为煤炭行业提供了市场支撑。

2. "绿色能源"政策倡导：环保和绿色发展成为全球关注的焦点。政府出台了一系列绿色能源政策，鼓励煤炭行业加快技术创新和节能减排，推动煤炭向更清洁、高效的方向转型。

3. 供给侧结构性改革：为了提高煤炭行业的竞争力和可持续发展能力，供给侧结构性改革成为煤炭行业的主要任务之一。通过淘汰落后产能、优化生产布局，煤炭行业将迎来产能优化和结构升级的机遇。

4. "一带一路"倡议带来的机遇：我国积极推进"一带一路"倡议，扩大了煤炭出口市场。作为全球最大的煤炭生产国，我国煤炭行业在"一带一路"建设中将有更多合作机遇。

5. 智能化和数字化转型：随着科技的不断进步，煤炭行业也面临着智能化和数字化转型的机遇。通过引入人工智能、大数据等技术，提高生产效率和安全性，推动煤炭行业实现智能化升级。

6. 多元化产业链布局：煤炭企业逐渐意识到单一依赖煤炭业务可能带来的风险，开始拓展多元化产业链布局。投资新能源、清洁能源等产业，有望为企业带来更多增长机遇。

综合来看，煤炭行业面临着国内能源需求增长、绿色能源政策倡导、供给侧结构性改革、"一带一路"倡议带来的机遇、智能化和数字化转型、多元化产业链布局等多方面的发展机遇。煤炭企业应抓住这些机遇，加快转型升级，实现煤炭产业的可持续发展。同时，也需密切关注环保政策和市场变化，积极应对挑战，推动行业朝着更清洁、高效、可持续的方向发展。

20.3.2　行业发展面临的挑战

随着全球经济发展和能源需求变化，煤炭行业面临着一系列挑战，需要积极应对以实现可持续发展。

1. 环保压力增加：随着环保意识的提升和政府对环境保护的要求日益严格，煤炭行业面临着严峻的环保压力。传统煤炭开采和使用带来的大气污染、水土流失等问题亟待解决。

2. 产能过剩问题：长期以来，我国煤炭行业存在严重的产能过剩问题。过剩产能导致价格竞争激烈，影响企业盈利能力，需要通过供给侧结构性改革来化解过剩产能。

3. 能源结构转型：全球对清洁能源和可持续发展的需求日益增长，煤炭行业面临来自替代能源的竞争。随着新能源技术的发展，清洁能源的成本逐渐下降，可能对煤炭需求产生冲击。

4. 企业盈利压力：煤炭行业盈利压力较大，尤其是受到成本上升和价格波动的双重影响。需要通过技术升级、资源整合等手段提高盈利能力。

5. 产业转型升级：传统煤炭行业面临转型升级的挑战，需要加大科技创新投入，推动智能化和数字化转型，提高生产效率和产品附加值。

6. 资源衰竭风险：随着煤炭资源的开采，一些地区面临着煤炭资源枯竭和采煤安全隐患等问题。如何合理规划资源开发，确保资源可持续利用，是行业需要面对的重要问题。

7. 产能退出难题：煤炭行业产能过剩导致一些落后产能难以退出，企业面临较大的产能调整和资源整合压力。

20.3.3 行业发展建议

煤炭行业作为我国重要的能源支柱之一，直接关系着我国经济社会的发展安全，为助力煤炭行业高质量发展，需积极采取措施以实现煤炭行业的可持续发展。

1. 推进绿色转型：加大环保投入，推动煤炭企业向清洁高效的绿色生产方式转型，采用先进的节能减排技术，减少对环境的影响。

2. 拓展多元化产业链：将业务扩展到新能源、清洁能源和可再生能源领域，积极参与多元化产业链，降低对传统煤炭需求的依赖。

3. 加强科技创新：投入更多资源用于科技研发和创新，提高技术水平，提高煤炭开采和生产的效率，并开发高附加值的煤炭产品。

4. 推动产能优化：煤炭行业应通过市场化手段推动产能优化，逐步淘汰落后产能，优化资源配置，提高整体产能效率。

5. 发展清洁能源：在开展传统煤炭业务的同时，积极发展清洁能源项目，如煤炭气化、煤矿瓦斯利用等，增加清洁能源产值。

6. 强化节能减排：通过技术改造和节能减排措施，降低煤炭生产的能耗和碳排放，提高资源利用效率。

7. 加强政策引导：政府应出台支持煤炭行业转型升级的政策，包括财税支持、技术创新激励等，推动行业可持续发展。

8. 促进国际合作：加强国际合作交流，借鉴其他国家的先进经验，推动全球煤炭产业的可持续发展。

9. 深化企业改革：推进企业改革，提高企业管理水平和竞争力，增强适应市场需求和变化的能力。

综合采取上述措施，煤炭行业能够积极应对挑战，实现可持续发展，为我国经济的繁荣和能源需求的满足作出积极贡献。

第21章
美容护理行业

美容护理行业是一个多元且日益繁荣的产业，涵盖了美容护肤、美发造型、美甲美睫、美容整形等多个领域。消费者对于形象和健康美容的重视不断提升，推动了美容护理市场的不断扩大。人们日益增长的美容意识和对自身形象的关注，促使其愿意为美容护理服务买单，尤其是对于高品质、个性化的美容体验需求不断增长。在此背景下，美容护理行业逐渐成为受欢迎且受关注的行业之一。

21.1 行业核心财务指标分析

截至2022年底，A股市场美容护理行业共有上市公司28家，总市值共计4358.13亿元，平均市值155.65亿元/家，营业总收入692.89亿元，平均营业收入24.75亿元/家，净利润总额35.31亿元，平均净利润1.26亿元/家。市值最大的为**爱美客**（1225.35亿元），营业收入最高的为**中顺洁柔**（85.70亿元），净利润最高的是**爱美客**（12.68亿元）。其中，营业收入小于10亿元的公司有7家，约占该行业内公司总数的25.00%；小于5亿元的有3家，约占该行业内公司总数的10.71%。2022年，美容护理行业上市公司研发投入合计为24.39亿元。行业相关关键指标对比情况见表21-1。

表21-1　美容护理行业关键指标对比

行业关键指标	2022年（中位数水平）	2021年（中位数水平）	变动情况
营业总收入3年复合增长率	9.21%	11.91%	−2.70%
净利润3年复合增长率	7.47%	17.17%	−9.70%
年化总资产报酬率	4.93%	8.78%	−3.85%
年化净资产报酬率	6.64%	9.01%	−2.37%
销售毛利率	24.65%	26.32%	−1.67%
销售净利率	6.63%	8.37%	−1.74%
研发强度	3.46%	3.16%	0.30%
分红比例	44.05%	39.42%	4.63%
权益乘数	1.39	1.31	0.08
流动比率	2.41	2.84	−0.43

续表

行业关键指标	2022年（中位数水平）	2021年（中位数水平）	变动情况
速动比率	1.66	2.25	-0.59
现金流量利息保障倍数	3160.00	4559.14	-1399.14
总资产周转率	0.69	0.67	0.02
存货周转率	3.72	3.56	0.16
应收账款周转率	7.58	7.48	0.10

数据来源：同花顺、中关村国睿金融与产业发展研究会。

受整体经济环境和疫情防控的影响，美容护理行业2022年营收、净利润增长出现下滑，盈利能力略有下降，但研发强度和分红比例进一步提升，偿债能力和运营能力保持稳健。

21.2 健康指数分析

本报告共对美容护理行业28家上市公司开展健康诊断。

21.2.1 综合健康指数分析

1. 一级行业综合健康指数分析

诊断结果显示，美容护理行业综合健康指数平均水平为66.14，其中**珀莱雅**（78.45）、**华熙生物**（76.89）、**科思股份**（76.17）位列行业前三。从指数分布看，高于平均水平的有13家，占行业内公司总数的55.34%。其中，如图21-1所示，综合健康指数区间在60以下的有6家，占21.43%；60—70的有14家，占50.00%；70以上的有8家，占25.24%。

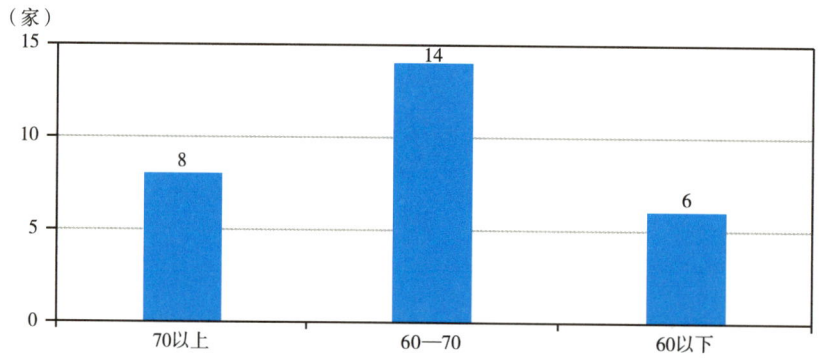

图21-1　美容护理行业上市公司综合健康指数区间分布情况

2. 细分行业综合健康指数分析

"美容护理"行业只有1个二级行业，可细分为3个三级行业，如图21-2所示，包括：

（1）三级"个护用品"行业，13家公司综合健康指数平均水平为65.44，最高的是百亚股份（70.85）。

（2）三级"化妆品"行业，12家公司综合健康指数平均水平为66.51，最高的是珀莱雅（78.45）。

（3）三级"医疗美容"行业，3家公司综合健康指数平均水平为67.67，最高的是华熙生物（76.89）。

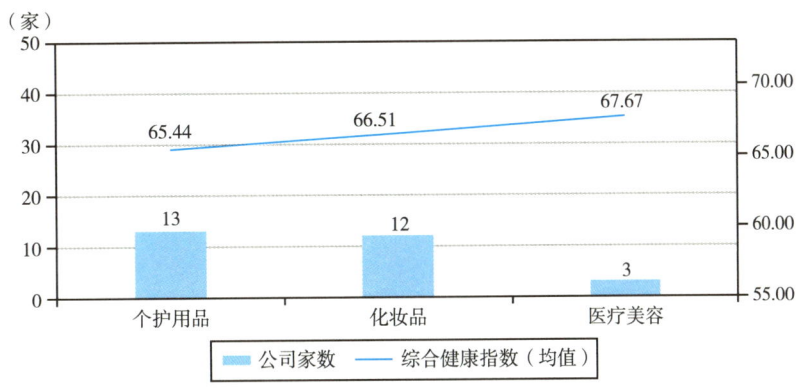

图21-2　2022年美容护理细分行业综合健康指数平均水平

美容护理行业上市公司综合健康指数排名前10%的公司如表21-2所示。

表21-2　美容护理行业2022年综合健康指数前10%排名

排名	公司代码	公司名称	综合健康指数	二级行业_同花顺	三级行业_同花顺
1	603605.SH	珀莱雅	78.45	美容护理	化妆品
2	688363.SH	华熙生物	76.89	美容护理	医疗美容
3	300856.SZ	科思股份	76.17	美容护理	化妆品
4	300957.SZ	贝泰妮	76.12	美容护理	化妆品
5	300896.SZ	爱美客	75.36	美容护理	医疗美容
6	003006.SZ	百亚股份	70.85	美容护理	个护用品
7	605009.SH	豪悦护理	70.66	美容护理	个护用品
8	001206.SZ	依依股份	70.18	美容护理	个护用品
9	002511.SZ	中顺洁柔	69.75	美容护理	个护用品
10	600315.SH	上海家化	69.10	美容护理	化妆品

数据来源：同花顺、中关村国睿金融与产业发展研究会。

21.2.2　九大系统健康指数分析

1. 公司治理系统

美容护理行业28家上市公司公司治理系统健康指数平均水平为84.42，略低于全市场公司治理健康指数平均水平（85.08）。行业平均水平以上的上市公司有15家，占总数的53.57%。从区间分布看，60—70的有1家，占3.57%；70—80的有5家，占17.86%；80—90的有16家，占57.14%；90以上的有6家，占21.43%。

从行业健康诊断看，公司治理系统健康指数排名前10的公司是：**两面针（93.24）、名臣健康（91.65）、珀莱雅（91.63）、中顺洁柔（91.58）、华业香料（90.84）、百亚股份（90.62）、上海家化（88.74）、华熙生物（88.06）、金三江（87.77）、水羊股份（87.73）**。

2. 外部监督系统

美容护理行业28家上市公司外部监督系统健康指数平均水平为76.61，略低于全市场外部监督健康指数平均水平（78.64）。行业平均水平以上的上市公司有17家，占总数的60.71%。从区间分布看，50以下的有1家，占3.57%；50—60的有3家，占10.71%；60—70的有3家，占10.71%；70—80的有10家，占35.71%；80—90的有7家，占25.00%；90以上的有4家，占14.29%。

从行业健康诊断看，外部监督系统健康指数排名前10的公司是：**珀莱雅（94.39）、中顺洁柔（93.69）、百亚股份（93.42）、华熙生物（93.22）、贝泰妮（89.38）、爱美客（87.07）、两面针（86.10）、上海家化（85.93）、丸美股份（83.32）、水羊股份（80.86）**。

3. 创利能力系统

美容护理行业28家上市公司创利能力系统健康指数平均水平为58.37，略低于全市场创利能力健康指数平均水平（58.47）。行业平均水平以上的上市公司有16家，占总数的57.14%。从区间分布看，40以下的有1家，占3.57%；40—50的有6家，占21.43%；50—60的有6家，占21.43%；60—70的有12家，占42.86%；70以上的有3家，占10.71%。

从行业健康诊断看，创利能力系统健康指数排名前10的公司是：**珀莱雅（77.05）、爱美客（74.47）、百亚股份（71.36）、贝泰妮（69.97）、华熙生物（69.85）、科思股份（69.49）、豪悦护理（66.50）、金三江（66.22）、依依股份（64.74）、倍加洁（63.64）**。

4. 价值再造系统

美容护理行业28家上市公司价值再造系统健康指数平均水平为60.49，略高于全市场价值再造健康指数平均水平（60.25）。行业平均水平以上的上市公司有13家，占总数的46.43%。从区间分布看，40以下的有1家，占3.57%；40—50的有2家，占7.14%；50—60的有11家，占39.29%；60—70的有10家，占35.71%；70以上的有4家，占14.29%。

从行业健康诊断看，价值再造系统健康指数排名前10的公司是：**科思股份（78.31）、华熙生物（76.48）、名臣健康（70.32）、珀莱雅（70.31）、爱美客（69.74）、贝泰妮（69.48）、倍加洁（69.03）、依依股份（67.55）、豪悦护理（67.09）、诺邦股份（64.35）**。

5. 产品销售系统

美容护理行业28家上市公司产品销售系统健康指数平均水平为50.16，略低于全市场产品销售健康指数平均水平（50.17）。行业平均水平以上的上市公司有15家，占总数的53.57%。从区间分布看，40以下的有3家，占10.71%；40—50的有9家，占32.14%；50—60的有12家，占42.86%；60—70的有4家，占14.29%。

从行业健康诊断看，产品销售系统健康指数排名前10的公司是：**科思股份（62.33）、依依股份（61.90）、广州浪奇（61.11）、中顺洁柔（60.22）、豪悦护理（59.61）、青岛金王（58.95）、珀莱雅（58.34）、诺邦股份（57.89）、贝泰妮（56.88）、爱美客（56.38）**。

6. 竞争态势系统

美容护理行业28家上市公司竞争态势系统健康指数平均水平为50.04，略低于全市场竞争态势健康指数平均水平（50.47）。行业平均水平以上的上市公司有11家，占总数的39.29%。从区间分布看，

40以下的有7家，占25.00%；40—50的有10家，占35.71%；50—60的有5家，占17.86%；60—70的有2家，占7.14%；70以上的有4家，占14.29%。

从行业健康诊断看，竞争态势系统健康指数排名前10的公司是：**华熙生物**（84.19）、**贝泰妮**（77.52）、**爱美客**（75.34）、**珀莱雅**（74.82）、**科思股份**（66.67）、**名臣健康**（60.61）、**上海家化**（59.63）、**豪悦护理**（57.69）、**丸美股份**（52.53）、**中顺洁柔**（52.11）。

7. 资产资本结构系统

美容护理行业28家上市公司资产资本结构系统健康指数平均水平为56.87，略高于全市场资产资本结构健康指数平均水平（56.79）。行业平均水平以上的上市公司有14家，占总数的50.00%。从区间分布看，40以下的有2家，占7.14%；40—50的有5家，占17.86%；50—60的有9家，占32.14%；60—70的有10家，占35.71%；70以上的有2家，占7.14%。

从行业健康诊断看，资产资本结构系统健康指数排名前10的公司是：**豪悦护理**（73.75）、**洁雅股份**（73.66）、**贝泰妮**（69.26）、**科思股份**（68.20）、**拉芳家化**（67.42）、**爱美客**（66.63）、**依依股份**（65.57）、**珀莱雅**（64.68）、**金三江**（64.30）、**两面针**（63.96）。

8. 内部控制系统

美容护理行业28家上市公司内部控制系统健康指数平均水平为83.27，略高于全市场内部控制健康指数平均水平（83.22）。行业平均水平以上的上市公司有17家，占总数的60.71%。从区间分布看，60—70的有1家，占3.57%；70—80的有6家，占21.43%；80—90的有19家，占67.86%；90以上的有2家，占7.14%。

从行业健康诊断看，内部控制系统健康指数排名前10的公司是：**科思股份**（93.10）、**依依股份**（91.20）、**名臣健康**（89.55）、**珀莱雅**（87.91）、**华业香料**（87.78）、**拉芳家化**（87.33）、**嘉亨家化**（87.29）、**贝泰妮**（87.13）、**洁雅股份**（85.63）、**中顺洁柔**（85.02）。

9. 企业文化系统

美容护理行业28家上市公司企业文化系统健康指数平均水平为71.74，略高于全市场企业文化健康指数平均水平（67.58）。行业平均水平以上的上市公司有15家，占总数的53.57%。从区间分布看，50—60的有4家，占14.29%；60—70的有9家，占32.14%；70—80的有7家，占25.00%；80以上的有8家，占28.57%。

从行业健康诊断看，企业文化系统健康指数排名前10的公司是：**倍加洁**（84.19）、**上海家化**（84.07）、**贝泰妮**（83.50）、**诺邦股份**（83.41）、**科思股份**（82.36）、**华熙生物**（82.10）、**百亚股份**（82.02）、**金三江**（80.93）、**珀莱雅**（79.42）、**拉芳家化**（78.01）。

21.3 行业机遇、挑战和发展对策

21.3.1 行业发展面临的机遇

美容护理行业是一个蓬勃发展的领域，涵盖了化妆品、护肤品、个人护理产品等多个细分市场。

近年来，美容护理行业面临着诸多机遇，以下是一些主要机遇：

1. 消费升级和美妆意识提升：随着生活水平的提高，消费者对美妆护理产品的需求不断增加。美妆意识的提高促使消费者更注重个人形象和护理，推动了美妆市场的快速扩张。

2. 互联网和社交媒体的普及：互联网和社交媒体的普及使得美妆品牌可以更直接地与消费者进行互动和沟通，提升品牌知名度和用户黏性。

3. 数字化技术的应用：数字化技术的应用为美妆护理行业带来了更多创新机遇。例如，虚拟试妆技术、智能美容仪器、个性化美妆定制等，提高了美妆产品和服务的体验度，满足了消费者个性化需求。

4. 多元化消费需求：消费者对美妆护理产品的需求日益多元化，包括天然有机产品、功能性护肤品、男性护理产品等，为美妆护理行业拓展更广阔的市场空间。

5. 全球市场的开放：美妆护理产品国际贸易持续增长，全球市场开放为美妆品牌拓展国际业务提供了更多机遇。

6. 品牌升级和转型：越来越多的美妆品牌在注重产品质量的同时，也关注环保、可持续发展和社会责任等方面，进行品牌升级和转型，提升品牌形象和竞争力。

7. 化妆品线上销售的崛起：电商平台的兴起为化妆品线上销售带来新的机遇，消费者越来越习惯通过互联网购买美妆产品，推动了线上销售的快速增长。

综上所述，美容护理行业面临着消费升级、互联网和社交媒体的普及、数字化技术的应用、多元化消费需求、全球市场的开放、品牌升级和转型、化妆品线上销售的崛起等多个机遇。通过抓住这些机遇，美容护理行业有望实现持续发展和创新，满足消费者日益增长的美容需求，为行业的繁荣和发展作出新的贡献。

21.3.2　行业发展面临的挑战

美容护理行业发展虽然面临着广阔的机遇，但同时也面临着一些挑战，以下是一些主要挑战：

1. 激烈的竞争：美容护理市场竞争激烈，涌现出众多品牌和产品。品牌之间的竞争导致价格战和利润压力，企业需要不断创新和提高品质，以保持竞争优势。

2. 消费者需求变化：消费者需求不断变化，追求个性化、天然有机、功能性和健康美容等产品。美妆企业需要灵活调整产品线和营销策略，满足多样化的消费者需求。

3. 环保和可持续发展压力：随着环保意识的提高，消费者对美妆产品的环保性和可持续性要求日益严格。美妆企业需要在产品研发、生产和包装等方面加强环保措施，推动可持续发展。

4. 假冒伪劣产品：美容护理行业经常受到假冒伪劣产品的侵害，给消费者带来安全隐患，并损害了合法品牌的声誉。美妆企业需要采取有效措施打击假冒伪劣产品，保护消费者权益。

5. 法规和监管压力：美容护理产品涉及消费者的健康和安全，因此受到严格的法规和监管要求。企业需要遵守相关法规，确保产品的质量和安全。

6. 新兴科技挑战：随着科技的不断进步，新兴科技如智能化、人工智能和虚拟现实等技术在美容护理领域的应用也在增加。美妆企业需要不断学习和应用新技术，以适应行业发展的趋势。

7. 疫情影响：全球范围内的疫情暴发给美容护理行业带来了一定冲击，包括供应链中断、消费者购买力下降等问题。企业需要灵活应对疫情的影响，寻找新的市场和销售渠道。

21.3.3 行业发展建议

为使美容护理行业能够更好地应对挑战，抓住机遇，实现可持续发展，经研究我们有如下建议：

1. 投资科技创新：积极投资研发，加强科技创新，推动美容护肤产品的技术升级和品质提升。利用新兴科技，如人工智能、大数据分析等，提供个性化护肤方案和定制化产品，满足消费者多样化需求。

2. 强化品牌建设：加强品牌塑造和推广，提高品牌认知度和美誉度。通过品牌营销和线上线下融合，建立品牌与消费者的情感连接，增强品牌忠诚度。

3. 提供绿色健康产品：关注环保和可持续发展，推出绿色健康产品，避免有害成分，注重产品安全性和环保性。满足消费者对绿色、天然、有机的健康美容需求。

4. 拓展线上销售渠道：积极开拓线上销售渠道，利用电商平台和社交媒体，拓展消费者群体，提高销售额。同时，建立良好的线上服务体系，提供在线咨询和售后服务。

5. 强化品质管理：严把产品质量关，加强生产过程控制和质检，确保产品安全和有效。建立完善的质量管理体系，提高产品质量和用户满意度。

6. 推动行业合作：积极参与行业协会和组织，加强行业内企业之间的合作与交流。共同研究解决行业共性问题，推动行业健康发展。

7. 注重消费者体验：重视消费者体验，提供个性化、贴心的服务。建立客户反馈机制，听取消费者意见和建议，不断优化产品和服务。

8. 开发新兴市场：积极开拓新兴市场，特别是二三线城市和国际市场。了解不同市场的需求和文化差异，适应不同市场的消费习惯。

9. 人才培养和团队建设：重视人才培养，建设专业化的研发、营销和销售团队。吸引和留住优秀人才，提高企业的核心竞争力。

10. 关注消费升级趋势：密切关注消费者消费升级趋势，预测市场变化，及时调整战略和产品布局，保持市场敏锐度。

综上所述，美容护理行业发展需要抓住机遇，同时应对挑战。通过投资科技创新、强化品牌建设、提供绿色健康产品、拓展线上销售渠道、强化品质管理、推动行业合作、注重消费者体验、开发新兴市场、人才培养和团队建设，以及关注消费升级趋势，美容护理企业可以实现可持续发展并在市场竞争中取得优势。

第22章
农林牧渔行业

农林牧渔行业是我国经济的重要组成部分，涵盖了农业、林业、畜牧养殖和渔业等领域，是食品生产的基础，对国家经济和社会发展起着关键支撑作用。随着国内外市场的需求变化和技术进步及国内城市化进程和居民收入水平的提高，农林牧渔行业正经历着产业升级和布局调整，为该行业提供了新的发展机遇。同时，农业现代化和智能农业技术的应用也促进了生产效率的提升。综合而言，农林牧渔行业在我国经济中具有不可忽视的地位和作用。作为重要的食品供应链和农产品基础产业，其发展对国家经济稳定和社会进步至关重要。

22.1 行业核心财务指标分析

截至2022年底，A股市场农林牧渔行业共有上市公司103家，总市值共计15052.17亿元，平均市值146.14亿元/家，营业总收入12086.23亿元，平均营业收入117.34亿元/家，净利润总额178.92亿元，平均净利润1.74亿元/家。市值最大的为**牧原股份**（2667.74亿元），营业收入最高的为**金龙鱼**（2574.85亿元），净利润最高的是**牧原股份**（149.33亿元）。其中，营业收入小于10亿元的公司有24家，约占该行业内公司总数的23.30%；小于5亿元的有14家，约占该行业内公司总数的13.59%。2022年，农林牧渔行业上市公司研发投入合计为87.53亿元。行业相关关键指标对比情况见表22-1。

表22-1　　农林牧渔行业关键指标对比

行业关键指标	2022年（中位数水平）	2021年（中位数水平）	变动情况
营业总收入3年复合增长率	10.88%	9.53%	1.35%
净利润3年复合增长率	9.62%	9.19%	0.43%
年化总资产报酬率	3.61%	3.50%	0.11%
年化净资产报酬率	4.58%	3.61%	0.97%
销售毛利率	13.84%	14.53%	−0.69%
销售净利率	3.62%	2.84%	0.78%
研发强度	1.09%	1.15%	−0.06%
分红比例	40.50%	33.56%	6.94%

续表

行业关键指标	2022年（中位数水平）	2021年（中位数水平）	变动情况
权益乘数	1.90	1.91	−0.01
流动比率	1.62	1.52	0.10
速动比率	0.71	0.73	−0.02
现金流量利息保障倍数	512.33	319.32	193.01
总资产周转率	0.60	0.57	0.03
存货周转率	3.43	3.04	0.39
应收账款周转率	17.39	17.64	−0.25

数据来源：同花顺、中关村国睿金融与产业发展研究会。

作为民生相关的重要支柱行业，2022年农林牧渔行业保持稳健发展，行业总体收入和净利润实现进一步增长，但总体毛利率、净资产收益率较低，分红比例有所提升，偿债能力和运营能力保持稳健，行业整体发展韧性较强。

22.2 健康指数分析

本报告共对农林牧渔行业103家上市公司开展健康诊断。

22.2.1 综合健康指数分析

1. 一级行业综合健康指数分析

诊断结果显示，农林牧渔行业综合健康指数平均水平为66.10，其中**牧原股份（76.52）、海大集团（76.46）、立华股份（76.25）**位列行业前三。从指数分布看，高于平均水平的有57家，占行业总数的55.34%。其中，如图22-1所示，综合健康指数区间在60以下的有13家，占12.62%；60—70的有64家，占62.14%；70以上的有26家，占25.24%。

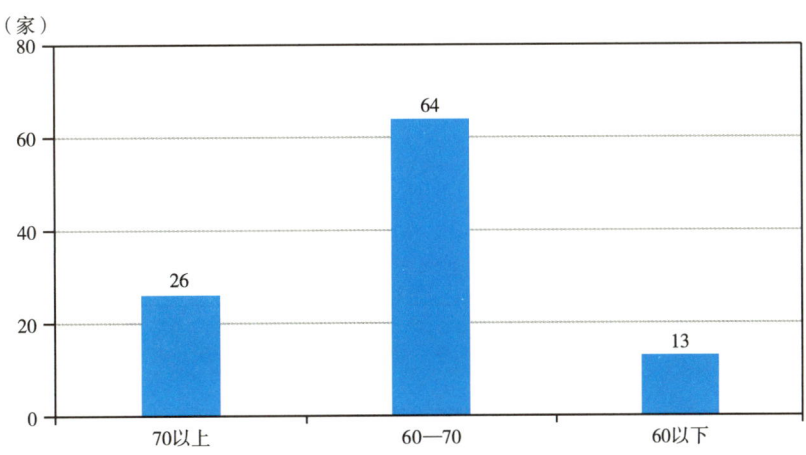

图22-1　农林牧渔行业上市公司综合健康指数区间分布情况

2. 细分行业综合健康指数分析

"农林牧渔"行业有4个二级行业，可细分为13个三级行业，如图22-2所示，包括：

（1）二级"农产品加工"行业，38家公司综合健康指数平均水平为66.73，最高的是海大集团（76.46）。其中：

三级"果蔬加工"行业，4家公司综合健康指数平均水平为63.14，最高的是冠农股份（70.68）；

三级"粮油加工"行业，7家公司综合健康指数平均水平为66.43，最高的是深粮控股（71.88）；

三级"其他农产品加工"行业，10家公司综合健康指数平均水平为65.98，最高的是晨光生物（74.33）；

三级"饲料"行业，17家公司综合健康指数平均水平为68.13，最高的是海大集团（76.46）。

（2）二级"农业服务"行业，16家公司综合健康指数平均水平为67.90，最高的是中牧股份（74.74）。其中：

三级"动物保健"行业，13家公司综合健康指数平均水平为67.63，最高的是中牧股份（74.74）；

三级"农业综合"行业，3家公司综合健康指数平均水平为69.07，最高的是辉隆股份（72.23）。

（3）二级"养殖业"行业，25家公司综合健康指数平均水平为64.48，最高的是牧原股份（76.52）。其中：

三级"畜牧养殖"行业，19家公司综合健康指数平均水平为65.30，最高的是牧原股份（76.52）；

三级"海洋捕捞"行业，2家公司综合健康指数平均水平为65.16，最高的是中水渔业（65.98）；

三级"水产养殖"行业，4家公司综合健康指数平均水平为60.27，最高的是獐子岛（63.52）。

（4）二级"种植业与林业"行业，24家公司综合健康指数平均水平为65.59，最高的是荃银高科（75.80）。其中：

三级"粮食种植"行业，2家公司综合健康指数平均水平为71.85，最高的是苏垦农发（73.30）；

三级"林业"行业，4家公司综合健康指数平均水平为60.16，最高的是永安林业（65.56）；

三级"其他种植业"行业，9家公司综合健康指数平均水平为62.91，最高的是华绿生物（68.82）；

三级"种子生产"行业，9家公司综合健康指数平均水平为69.31，最高的是荃银高科（75.80）。

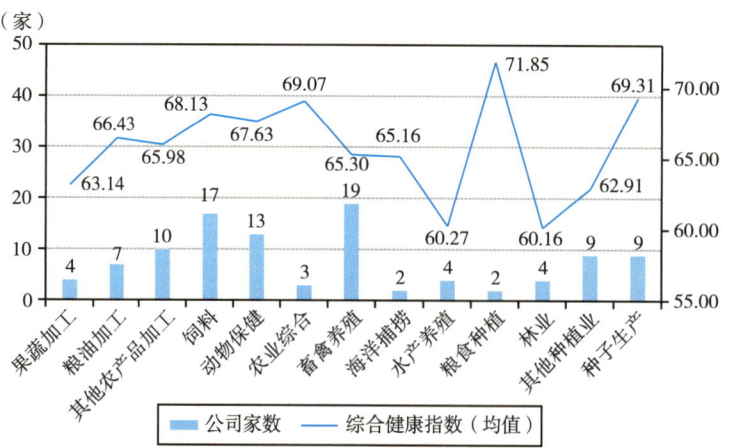

图22-2　2022年农林牧渔细分行业综合健康指数平均水平

农林牧渔行业上市公司综合健康指数排名前10%的公司如表22-2所示。

表22-2　　　　　　　　　　农林牧渔行业2022年综合健康指数前10%排名

排名	公司代码	公司名称	综合健康指数	二级行业_同花顺	三级行业_同花顺
1	002714.SZ	牧原股份	76.52	养殖业	畜禽养殖
2	002311.SZ	海大集团	76.46	农产品加工	饲料
3	300761.SZ	立华股份	76.25	养殖业	畜禽养殖
4	300087.SZ	荃银高科	75.80	种植业与林业	种子生产
5	600313.SH	农发种业	75.01	种植业与林业	种子生产
6	300498.SZ	温氏股份	74.77	养殖业	畜禽养殖
7	600195.SH	中牧股份	74.74	农业服务	动物保健
8	300138.SZ	晨光生物	74.33	农产品加工	其他农产品加工
9	603609.SH	禾丰股份	73.99	农产品加工	饲料
10	002385.SZ	大北农	73.53	农产品加工	饲料

数据来源：同花顺、中关村国睿金融与产业发展研究会。

22.2.2　九大系统健康指数分析

1. 公司治理系统

农林牧渔行业103家上市公司公司治理系统健康指数平均水平为84.64，略低于全市场公司治理健康指数平均水平（85.08）。行业平均水平以上的上市公司有59家，占总数的57.28%。从区间分布看，60以下的有1家，占0.97%；70—80的有19家，占18.45%；80—90的有65家，占63.11%；90以上的有18家，占17.48%。

从行业健康诊断看，公司治理系统健康指数排名前10的公司是：**中水渔业**（94.53）、**荃银高科**（93.92）、**海利生物**（93.21）、**天康生物**（93.15）、**中粮科技**（91.92）、**亚盛集团**（91.84）、**中牧股份**（91.76）、**中粮糖业**（91.51）、**粤海饲料**（91.28）、**晓鸣股份**（91.12）。

2. 外部监督系统

农林牧渔行业103家上市公司外部监督系统健康指数平均水平为78.37，略低于全市场外部监督健康指数平均水平（78.64）。行业平均水平以上的上市公司有67家，占总数的65.05%。从区间分布看，50以下的有2家，占1.94%；50—60的有6家，占5.83%；60—70的有11家，占10.68%；70—80的有26家，占25.24%；80—90的有52家，占50.49%；90以上的有6家，占5.83%。

从行业健康诊断看，外部监督系统健康指数排名前10的公司是：**海大集团**（93.54）、**圣农发展**（93.12）、**温氏股份**（92.18）、**大北农**（91.31）、**中粮科技**（90.35）、**立华股份**（90.31）、**登海种业**（89.96）、**中牧股份**（89.91）、**禾丰股份**（89.68）、**深粮控股**（89.24）。

3. 创利能力系统

农林牧渔行业103家上市公司创利能力系统健康指数平均水平为59.0，略高于全市场创利能力健康指数平均水平（58.47）。行业平均水平以上的上市公司有56家，占总数的54.37%。从区间分布看，40以下的有1家，占0.97%；40—50的有18家，占17.48%；50—60的有29家，占28.16%；60—70

的有44家，占42.72%；70以上的有11家，占10.68%。

从行业健康诊断看，创利能力系统健康指数排名前10的公司是：**万向德农（79.21）、北大荒（76.27）、科前生物（74.21）、京基智农（71.37）、海利生物（71.04）、永顺生物（70.81）、苏垦农发（70.79）、博闻科技（70.63）、海大集团（70.44）、瑞普生物（70.35）**。

4. 价值再造系统

农林牧渔行业103家上市公司价值再造系统健康指数平均水平为59.95，略低于全市场价值再造健康指数平均水平（60.25）。行业平均水平以上的上市公司有48家，占总数的46.60%。从区间分布看，40以下的有1家，占0.97%；40—50的有10家，占9.71%；50—60的有44家，占42.72%；60—70的有39家，占37.86%；70以上的有9家，占8.74%。

从行业健康诊断看，价值再造系统健康指数排名前10的公司是：**牧原股份（82.56）、海大集团（78.12）、大北农（74.92）、农发种业（74.28）、天康生物（72.56）、瑞普生物（72.42）、荃银高科（71.36）、粤海饲料（70.62）、唐人神（70.21）、润农节水（69.94）**。

5. 产品销售系统

农林牧渔行业103家上市公司产品销售系统健康指数平均水平为50.3，略高于全市场产品销售健康指数平均水平（50.17）。行业平均水平以上的上市公司有54家，占总数的52.43%。从区间分布看，40以下的有22家，占21.36%；40—50的有26家，占25.24%；50—60的有29家，占28.16%；60—70的有17家，占16.50%；70以上的有9家，占8.74%。

从行业健康诊断看，产品销售系统健康指数排名前10的公司是：**温氏股份（77.23）、牧原股份（74.09）、立华股份（74.04）、新五丰（73.04）、唐人神（72.86）、海大集团（72.39）、金龙鱼（71.33）、辉隆股份（71.21）、农发种业（70.10）、禾丰股份（68.87）**。

6. 竞争态势系统

农林牧渔行业103家上市公司竞争态势系统健康指数平均水平为50.79，略高于全市场竞争态势健康指数平均水平（50.47）。行业平均水平以上的上市公司有49家，占总数的47.57%。从区间分布看，40以下的有24家，占23.30%；40—50的有25家，占24.27%；50—60的有27家，占26.21%；60—70的有22家，占21.36%；70以上的有5家，占4.85%。

从行业健康诊断看，竞争态势系统健康指数排名前10的公司是：**海大集团（77.79）、荃银高科（77.51）、牧原股份（76.97）、大北农（74.93）、晨光生物（73.78）、立华股份（69.43）、唐人神（69.24）、金龙鱼（69.00）、隆平高科（68.69）、丰乐种业（68.69）**。

7. 资产资本结构系统

农林牧渔行业103家上市公司资产资本结构系统健康指数平均水平为56.42，略低于全市场资产资本结构健康指数平均水平（56.79）。行业平均水平以上的上市公司有50家，占总数的48.54%。从区间分布看，40以下的有2家，占1.94%；40—50的有24家，占23.30%；50—60的有43家，占41.75%；60—70的有23家，占22.33%；70以上的有11家，占10.68%。

从行业健康诊断看，资产资本结构系统健康指数排名前10的公司是：**万向德农（78.03）、嘉华股份（77.60）、秋乐种业（76.01）、登海种业（75.18）、神农集团（73.70）、北大荒（73.14）、科前生物（72.44）、永顺生物（72.30）、邦基科技（71.92）、申联生物（70.82）。

8. 内部控制系统

农林牧渔行业103家上市公司内部控制系统健康指数平均水平为83.23，略高于全市场内部控制健康指数平均水平（83.22）。行业平均水平以上的上市公司有59家，占总数的57.28%。从区间分布看，60—70的有3家，占2.91%；70—80的有23家，占22.33%；80—90的有70家，占67.96%；90以上的有7家，占6.80%。

从行业健康诊断看，内部控制系统健康指数排名前10的公司是：**路斯股份**（92.74）、**保龄宝**（92.64）、**圣农发展**（91.79）、**驱动力**（91.43）、**海利生物**（90.74）、**深粮控股**（90.28）、**禾丰股份**（90.05）、**中牧股份**（89.97）、**普莱柯**（89.69）、**荃银高科**（89.35）。

9. 企业文化系统

农林牧渔行业103家上市公司企业文化系统健康指数平均水平为67.3，略低于全市场企业文化健康指数平均水平（67.58）。行业平均水平以上的上市公司有57家，占总数的55.34%。从区间分布看，50以下的有9家，占8.74%；50—60的有21家，占20.39%；60—70的有25家，占24.27%；70—80的有34家，占33.01%；80以上的有14家，占13.59%。

从行业健康诊断看，企业文化系统健康指数排名前10的公司是：**荃银高科**（95.01）、**晨光生物**（92.83）、**牧原股份**（90.14）、**瑞普生物**（88.92）、**唐人神**（84.43）、**苏垦农发**（83.95）、**生物股份**（83.84）、**海大集团**（83.79）、**大禹节水**（83.01）、**祖名股份**（81.91）。

22.3 行业机遇、挑战和发展对策

22.3.1 行业发展面临的机遇

农林牧渔行业是重要的基础产业，涵盖了农业、林业、畜牧业和渔业等多个领域。随着全球经济发展和社会需求的变化，农林牧渔行业面临着许多发展机遇，以下是一些主要机遇：

1. 农产品需求增长：随着全球人口增加和经济发展，对粮食、蔬菜、水果等农产品的需求持续增长，为农业发展提供了市场支撑。

2. 绿色农业发展：环保意识增强，对绿色有机农产品的需求逐渐增加，农业行业有机会发展绿色农业和有机农业。

3. 农产品国际贸易：全球化发展趋势下，农林牧渔行业有机会扩大对外贸易，进一步拓展国际市场。

4. 乡村振兴战略：乡村振兴战略的实施为农业提供了发展契机，推动农村产业升级和乡村旅游发展。

5. 农业科技创新：农业科技创新可以提高农产品产量和质量，降低生产成本，推动农业现代化进程。

6. 林业资源开发：合理开发林业资源，推动林产品产业化，为林业发展提供机遇。

7. 畜牧业需求增长：随着人们生活水平的提高，对畜牧产品的需求逐渐增加，为畜牧业提供发展空间。

8. 渔业资源开发：合理开发渔业资源，加强渔业管理，推动渔业可持续发展。

9. 农产品加工和价值提升：农林牧渔行业可以通过加工和深加工，提高农产品的附加值和市场竞争力。

10. 政策支持：政府出台的相关农业政策和农村发展政策，为农林牧渔行业提供了政策红利和发展机遇。

综合来看，农林牧渔行业面临着农产品需求增长、绿色农业发展、农产品国际贸易、乡村振兴战略、农业科技创新、林业资源开发、畜牧业需求增长、渔业资源开发、农产品加工和价值提升、政策支持等多方面的机遇。通过抓住这些机遇，农林牧渔行业可以实现持续发展，提高农产品供给能力，促进农村经济繁荣，为国家粮食安全和经济发展作出积极贡献。

22.3.2 行业发展面临的挑战

关于农林牧渔行业发展面临的挑战，我们认为有以下几点值得关注：

1. 资源与环境压力：随着人口增长和经济发展，农林牧渔行业面临着日益增加的资源压力，如土地、水源和能源。同时，环境污染和生态破坏对农林牧渔生产带来威胁，推动行业向绿色、可持续方向发展是重要挑战。

2. 农村人才流失：随着城市化进程的加速，农村劳动力流失严重，农林牧渔行业面临人才短缺和劳动力成本上升的问题。吸引和留住优秀的农业从业人员成为行业发展的挑战。

3. 供应链薄弱：农林牧渔行业的供应链尚不完善，农产品采收、加工、储存和销售等环节存在问题。提高供应链的效率和可靠性是行业发展中需要解决的挑战。

4. 自然灾害与气候变化：农林牧渔行业受天气和气候变化的影响较大。自然灾害如洪涝、旱灾、虫害等对农作物和养殖业造成重大损失，气候变化可能导致产量不稳定和生产成本上升。

5. 国际市场竞争：农林牧渔行业是全球性的产业，国际市场竞争激烈。一些国家和地区拥有先进的农业技术和优势资源，对我国农产品的竞争压力不容忽视。

6. 疫病与安全问题：动植物疫病的爆发和食品安全问题对农林牧渔行业造成不良影响，可能引发市场信任危机，加大贸易壁垒。

22.3.3 行业发展建议

农林牧渔行业将能够更好地应对挑战，抓住机遇，实现可持续发展，经研究我们有如下建议：

1. 推动现代化农业：加大科技创新投入，推动现代化农业发展，提高农业生产效率和产品质量。应用物联网、大数据、人工智能等技术，智能化管理农田、养殖场，优化农业生产流程，提高资源利用效率。

2. 加强环保意识：农林牧渔行业与自然环境密切相关，要加强环保意识，采取可持续发展的方式，保护生态环境。推广绿色种植和养殖技术，减少农药和化肥的使用，保护水资源，降低环境污染。

3．加强品牌建设：培育一批有竞争力的农林牧渔品牌，提高产品附加值和知名度。通过品牌建设，增强消费者对产品的认知和信任，拓展市场份额。

4．促进农村一二三产业融合：鼓励农民发展农业产业、休闲农业和乡村旅游等产业融合，增加农民收入。推动农业与农村一二三产业融合发展，促进农村经济多元化。

5．加强国际合作：积极参与国际合作和贸易，拓展农林牧渔产品的出口市场。通过国际合作，借鉴先进技术和管理经验，提升行业竞争力。

6．加强食品安全管理：建立健全食品安全监管体系，加强对农林牧渔产品的质量监管和追溯体系，确保产品安全和质量。

7．支持农业保险：建立健全农业保险制度，降低农民面临的风险，增强其信心和抵御能力，促进农业稳定发展。

综合以上建议，农林牧渔行业可以加强技术创新、环保意识和品牌建设，促进产业融合和国际合作，提高农民收入水平，保障食品安全，融合现代化发展和可持续发展理念，推动行业向着更加稳健、高效、绿色的方向发展。

第23章
轻工制造行业

　　轻工制造行业是我国经济的重要组成部分，涵盖了纺织、服装、家具、日用品等多个领域。作为消费品的主要生产领域，轻工制造行业对人们的日常生活具有重要影响。随着国内经济的不断发展和全球市场的开放，轻工制造行业逐渐成为促进国家经济稳定和社会进步的重要支柱，行业的布局调整和技术升级也将成为经济发展的主旋律。轻工制造行业在发展过程中也需要注意节能减排，减少对环境的影响，朝着可持续发展的方向前进，为国家经济的繁荣和发展作出新的贡献。

23.1 行业核心财务指标分析

　　截至2022年底，A股市场轻工制造行业共有上市公司173家，总市值共计11089.04亿元，平均市值64.10亿元/家，营业总收入7706.40亿元，平均营业收入44.55亿元/家，净利润总额273.62亿元，平均净利润1.58亿元/家。市值最大的为**公牛集团**（861.10亿元），营业收入最高的为**老凤祥**（630.10亿元），净利润最高的是**公牛集团**（31.85亿元）。其中，营业收入小于10亿元的公司有58家，约占该行业内公司总数的33.53%；小于5亿元的有27家，约占该行业内公司总数的15.61%。2022年，轻工制造行业上市公司研发投入合计为186.89亿元。行业相关关键指标对比情况见表23-1。

表 23-1　　　　　　　　　　轻工制造行业关键指标对比

行业关键指标	2022年（中位数水平）	2021年（中位数水平）	变动情况
营业总收入3年复合增长率	7.80%	10.04%	-2.24%
净利润3年复合增长率	5.93%	8.54%	-2.61%
年化总资产报酬率	4.99%	5.35%	-0.36%
年化净资产报酬率	6.15%	7.58%	-1.43%
销售毛利率	22.27%	23.07%	-0.80%
销售净利率	4.88%	5.39%	-0.51%
研发强度	3.38%	3.32%	0.06%
分红比例	40.00%	39.71%	0.29%
权益乘数	1.60	1.62	-0.02
流动比率	1.95	1.89	0.06

续表

行业关键指标	2022年（中位数水平）	2021年（中位数水平）	变动情况
速动比率	1.28	1.19	0.09
现金流量利息保障倍数	1238.07	633.41	604.66
总资产周转率	0.67	0.78	−0.11
存货周转率	3.85	4.03	−0.18
应收账款周转率	6.42	6.96	−0.54

数据来源：同花顺、中关村国睿金融与产业发展研究会。

受外部各类因素影响，2022年轻工制造行业发展势头变缓，盈利能力略有下滑，但研发强度和分红比例保持同比增长，运营能力和偿债能力保持稳健，头部上市公司展现了较好的发展带动作用。

23.2 健康指数分析

本报告共对轻工制造行业173家上市公司开展健康诊断。

23.2.1 综合健康指数分析

1. 一级行业综合健康指数分析

诊断结果显示，轻工制造行业综合健康指数平均水平为66.13，其中**公牛集团（79.05）、裕同科技（78.15）、欧派家居（77.59）**位列行业前三。从指数分布看，高于平均水平的有91家，占行业内公司总数的52.60%。其中，如图23-1所示，综合健康指数区间在60以下的有28家，占16.18%；60—70的有100家，占57.80%；70以上的有45家，占26.01%。

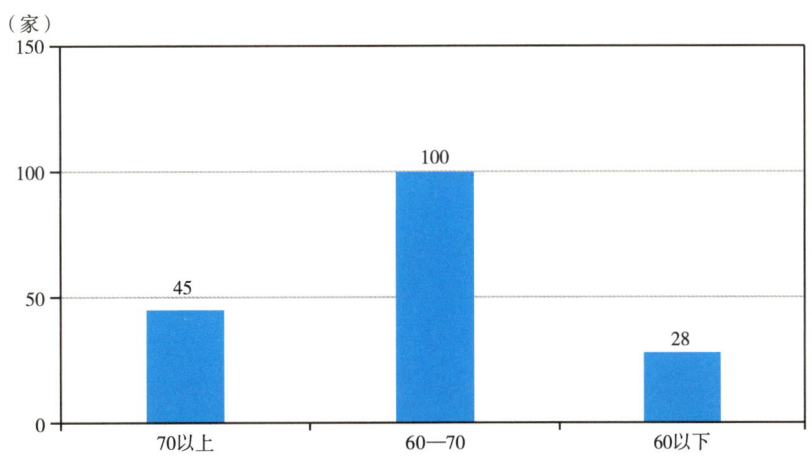

图23-1　轻工制造行业上市公司综合健康指数区间分布情况

2. 细分行业综合健康指数分析

"轻工制造"行业有3个二级行业，可细分为8个三级行业，如图23-2所示，包括：

(1)二级"包装印刷"行业,46家公司综合健康指数平均水平为65.13,最高的是裕同科技(78.15)。其中:

三级"包装"行业,41家公司综合健康指数平均水平为65.60,最高的是裕同科技(78.15);

三级"印刷"行业,5家公司综合健康指数平均水平为61.22,最高的是东港股份(69.94)。

(2)二级"家用轻工"行业,105家公司综合健康指数平均水平为66.20,最高的是公牛集团(67.07)。其中:

三级"瓷砖地板"行业,10家公司综合健康指数平均水平为64.09,最高的是东鹏控股(69.86);

三级"家具"行业,30家公司综合健康指数平均水平为67.87,最高的是欧派家居(77.59);

三级"其他家用轻工"行业,30家公司综合健康指数平均水平为67.07,最高的是公牛集团(79.05);

三级"饰品"行业,16家公司综合健康指数平均水平为65.19,最高的是老凤祥(75.36);

三级"文娱用品"行业,19家公司综合健康指数平均水平为64.16,最高的是晨光股份(76.21)。

(3)二级"造纸"行业只有1个三级"造纸Ⅲ"行业,22家公司综合健康指数平均水平为67.91,最高的是太阳纸业(75.61)。

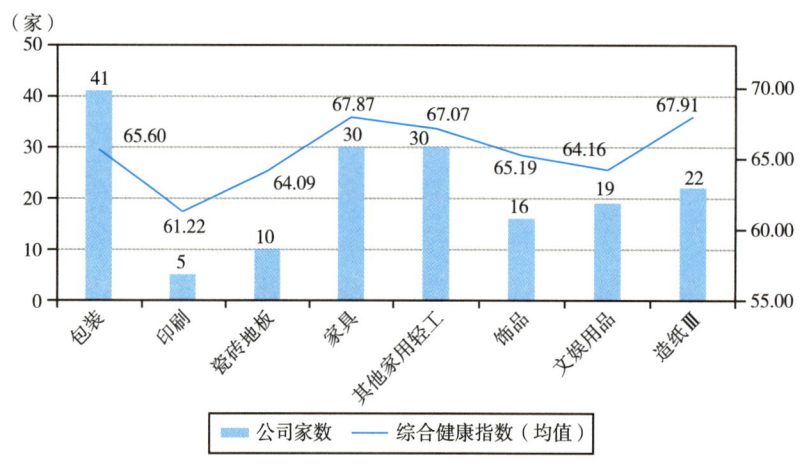

图23-2 2022年轻工制造细分行业综合健康指数平均水平

轻工制造行业上市公司综合健康指数排名前10%的公司如表23-2所示。

表23-2　　　　　　　　轻工制造行业2022年综合健康指数前10%排名

排名	公司代码	公司名称	综合健康指数	二级行业_同花顺	三级行业_同花顺
1	603195.SH	公牛集团	79.05	家用轻工	其他家用轻工
2	002831.SZ	裕同科技	78.15	包装印刷	包装
3	603833.SH	欧派家居	77.59	家用轻工	家具
4	603801.SH	志邦家居	77.02	家用轻工	家具
5	002014.SZ	永新股份	77.00	包装印刷	包装
6	002790.SZ	瑞尔特	76.34	家用轻工	其他家用轻工
7	603899.SH	晨光股份	76.21	家用轻工	文娱用品
8	603408.SH	建霖家居	75.65	家用轻工	其他家用轻工

续表

排名	公司代码	公司名称	综合健康指数	二级行业_同花顺	三级行业_同花顺
9	002078.SZ	太阳纸业	75.61	造纸	造纸Ⅲ
10	600612.SH	老凤祥	75.36	家用轻工	饰品
11	600963.SH	岳阳林纸	75.07	造纸	造纸Ⅲ
12	002572.SZ	索菲亚	74.73	家用轻工	家具
13	600916.SH	中国黄金	74.49	家用轻工	饰品
14	300729.SZ	乐歌股份	74.32	家用轻工	其他家用轻工
15	600433.SH	冠豪高新	74.07	造纸	造纸Ⅲ
16	301004.SZ	嘉益股份	74.03	家用轻工	其他家用轻工
17	605599.SH	菜百股份	73.83	家用轻工	饰品

数据来源：同花顺、中关村国睿金融与产业发展研究会。

23.2.2　九大系统健康指数分析

1. 公司治理系统

轻工制造行业173家上市公司公司治理系统健康指数平均水平为83.9，略低于全市场公司治理健康指数平均水平（85.08）。行业平均水平以上的上市公司有86家，占总数的49.71%。从区间分布看，60—70的有1家，占0.58%；70—80的有35家，占20.23%；80—90的有118家，占68.21%；90以上的有19家，占10.98%。

从行业健康诊断看，公司治理系统健康指数排名前10的公司是：**晨鸣纸业**（94.80）、**中国黄金**（94.80）、**菜百股份**（94.78）、**珠江钢琴**（94.59）、**景兴纸业**（93.94）、**东鹏控股**（93.68）、**老凤祥**（93.52）、**环球印务**（93.48）、**岳阳林纸**（93.34）、**民丰特纸**（93.03）。

2. 外部监督系统

轻工制造行业173家上市公司外部监督系统健康指数平均水平为78.97，略高于全市场外部监督健康指数平均水平（78.64）。行业平均水平以上的上市公司有95家，占总数的54.91%。从区间分布看，50以下的有2家，占1.16%；50—60的有7家，占4.05%；60—70的有14家，占8.09%；70—80的有60家，占34.68%；80—90的有77家，占44.51%；90以上的有13家，占7.51%。

从行业健康诊断看，外部监督系统健康指数排名前10的公司是：**晨光股份**（95.32）、**中国黄金**（94.97）、**裕同科技**（94.11）、**仙鹤股份**（93.56）、**蒙娜丽莎**（92.77）、**迪阿股份**（92.42）、**志邦家居**（91.89）、**公牛集团**（91.84）、**飞亚达**（91.65）、**太阳纸业**（91.42）。

3. 创利能力系统

轻工制造行业173家上市公司创利能力系统健康指数平均水平为58.38，略低于全市场创利能力健康指数平均水平（58.47）。行业平均水平以上的上市公司有94家，占总数的54.34%。从区间分布看，40以下的有4家，占2.31%；40—50的有37家，占21.39%；50—60的有50家，占28.90%；60—70的有59家，占34.10%；70以上的有23家，占13.29%。

从行业健康诊断看，创利能力系统健康指数排名前10的公司是：**公牛集团（79.04）、嘉益股份（76.90）、我乐家居（76.62）、瑞尔特（75.63）、索菲亚（74.47）、共创草坪（74.29）、裕同科技（73.72）、顾家家居（73.71）、建霖家居（73.48）、志邦家居（73.08）**。

4. 价值再造系统

轻工制造行业173家上市公司价值再造系统健康指数平均水平为60.07，略低于全市场价值再造健康指数平均水平（60.25）。行业平均水平以上的上市公司有87家，占总数的50.29%。从区间分布看，40以下的有2家，占1.16%；40—50的有20家，占11.56%；50—60的有63家，占36.42%；60—70的有64家，占36.99%；70以上的有24家，占13.87%。

从行业健康诊断看，价值再造系统健康指数排名前10的公司是：**华瓷股份（79.28）、瑞尔特（77.65）、岳阳林纸（77.62）、家联科技（75.68）、裕同科技（75.52）、志邦家居（74.27）、乐歌股份（74.08）、嘉益股份（73.87）、荣晟环保（73.84）、公牛集团（73.73）**。

5. 产品销售系统

轻工制造行业173家上市公司产品销售系统健康指数平均水平为50.08，略低于全市场产品销售健康指数平均水平（50.17）。行业平均水平以上的上市公司有82家，占总数的47.40%。从区间分布看，40以下的有44家，占25.43%；40—50的有47家，占27.17%；50—60的有38家，占21.97%；60—70的有35家，占20.23%；70以上的有9家，占5.20%。

从行业健康诊断看，产品销售系统健康指数排名前10的公司是：**太阳纸业（80.83）、老凤祥（77.69）、中国黄金（75.55）、五洲特纸（74.48）、晨光股份（73.38）、冠豪高新（71.50）、华泰股份（70.80）、岳阳林纸（70.69）、晨鸣纸业（70.09）、宝钢包装（69.85）**。

6. 竞争态势系统

轻工制造行业173家上市公司竞争态势系统健康指数平均水平为50.36，略低于全市场竞争态势健康指数平均水平（50.47）。行业平均水平以上的上市公司有83家，占总数的47.98%。从区间分布看，40以下的有36家，占20.81%；40—50的有50家，占28.90%；50—60的有50家，占28.90%；60—70的有26家，占15.03%；70以上的有11家，占6.36%。

从行业健康诊断看，竞争态势系统健康指数排名前10的公司是：**欧派家居（81.88）、公牛集团（80.12）、志邦家居（77.16）、太阳纸业（74.77）、冠豪高新（73.69）、乐歌股份（72.68）、裕同科技（72.02）、岳阳林纸（71.89）、永新股份（71.07）、金牌厨柜（70.99）**。

7. 资产资本结构系统

轻工制造行业173家上市公司资产资本结构系统健康指数平均水平为57.48，略高于全市场资产资本结构健康指数平均水平（56.79）。行业平均水平以上的上市公司有84家，占总数的48.55%。从区间分布看，40以下的有5家，占2.89%；40—50的有30家，占17.34%；50—60的有70家，占40.46%；60—70的有46家，占26.59%；70以上的有22家，占12.72%。

从行业健康诊断看，资产资本结构系统健康指数排名前10的公司是：**趣睡科技（77.24）、曼卡龙（76.79）、匠心家居（75.92）、西大门（73.99）、三柏硕（73.21）、浙江正特（73.01）、玉马遮阳（72.62）、嘉益股份（72.22）、新巨丰（71.98）、雅艺科技（71.92）**。

8. 内部控制系统

轻工制造行业173家上市公司内部控制系统健康指数平均水平为83.54，略高于全市场内部控制健康指数平均水平（83.22）。行业平均水平以上的上市公司有96家，占总数的55.49%。从区间分布看，60—70的有4家，占2.31%；70—80的有36家，占20.81%；80—90的有116家，占67.05%；90以上的有17家，占9.83%。

从行业健康诊断看，内部控制系统健康指数排名前10的公司是：**雅艺科技**（93.53）、**瑞尔特**（93.06）、**周大生**（93.06）、**珠江钢琴**（92.65）、**华旺科技**（91.88）、**老凤祥**（91.78）、**浙江正特**（91.66）、**玉马遮阳**（91.45）、**森林包装**（91.15）、**方大新材**（91.15）。

9. 企业文化系统

轻工制造行业173家上市公司企业文化系统健康指数平均水平为68.97，略高于全市场企业文化健康指数平均水平（67.58）。行业平均水平以上的上市公司有86家，占总数的49.71%。从区间分布看，50以下的有11家，占6.36%；50—60的有28家，占16.18%；60—70的有51家，占29.48%；70—80的有43家，占24.86%；80以上的有40家，占23.12%。

从行业健康诊断看，企业文化系统健康指数排名前10的公司是：**公牛集团**（95.68）、**裕同科技**（92.38）、**晨光股份**（91.82）、**永艺股份**（91.43）、**盛通股份**（91.20）、**美克家居**（91.02）、**欧派家居**（90.89）、**顾家家居**（89.10）、**海顺新材**（88.58）、**翔港科技**（87.53）。

23.3 行业机遇、挑战和发展对策

23.3.1 行业发展面临的机遇

轻工制造行业作为我国经济的重要组成部分，涵盖了纺织、服装、家具、日用品等多个领域，具有广阔的发展机遇：

1. 消费升级带来的需求增长：随着人民生活水平提高，消费者对品质和个性化的需求逐渐增加，促进了高端产品和个性化定制市场的发展。

2. 互联网和电子商务的普及：互联网技术的应用和电子商务的兴起，为轻工制造行业提供了更广阔的销售渠道和市场机会。

3. 创新科技的应用：通过技术创新，轻工制造行业可以开发更加智能化和高效率的生产方式，提高生产效率和产品品质。

4. 国际市场的开放：随着全球化的发展，轻工制造行业有机会拓展国际市场，提高产品的出口水平和国际竞争力。

5. 绿色制造的推广：重视环保和可持续发展的理念在轻工制造行业得到推广，注重绿色制造将有助于提升企业形象和市场竞争力。

6. 人工智能技术的应用：人工智能技术在轻工制造行业的应用可以实现生产自动化和智能化，提高生产效率和降低成本。

7. 品牌建设的重要性：加强品牌建设，提高产品知名度和品牌美誉度，有助于吸引更多消费者和提高市场份额。

8. 城乡融合发展：随着城乡经济差距的缩小，轻工制造行业有机会在农村地区开发市场，推动城乡融合发展。

综合来看，轻工制造行业面临着诸多机遇，通过抓住这些机遇，行业可以实现更快速的发展和更持久的竞争优势。同时，也需要面对一些挑战，需要注重技术创新、环保意识和品牌建设，以提高企业的核心竞争力和可持续发展能力。

23.3.2 行业发展面临的挑战

轻工制造行业作为国民生活中的重要支撑，在发展过程中也面临一些挑战。

1. 市场竞争激烈：轻工制造行业市场竞争激烈，产品同质化现象较为严重，企业需要不断提升产品品质和技术含量，以保持竞争优势。

2. 劳动力成本上升：随着人工成本的上升，企业在生产过程中需要面临更高的劳动力成本压力，对企业的盈利能力构成挑战。

3. 环保和可持续发展压力：随着社会环保意识的提高，轻工制造行业面临着更加严格的环保标准和法规，需要投入更多的资源用于环保设施建设和减排工作。

4. 原材料价格波动：轻工制造行业对原材料的依赖性较高，原材料价格的波动会对企业的生产成本和盈利能力造成影响。

5. 供应链管理挑战：轻工制造行业的供应链管理需要面对生产、配送、销售等多个环节的协调和管理，提高供应链的效率和灵活性是一个挑战。

6. 品牌建设和市场营销：轻工制造行业需要注重品牌建设和市场营销，提高产品知名度和竞争力，但这需要投入大量的资源和精力。

7. 人工智能替代：随着人工智能技术的发展，一些传统劳动密集型工序可能会被自动化替代，对企业的用工结构和管理模式提出了新的挑战。

8. 新兴科技的应用：轻工制造行业需要积极应对新兴科技的应用，包括物联网、大数据、人工智能等，以提高生产效率和产品质量。

23.3.3 行业发展建议

为了助力轻工制造行业可持续高质量发展，报告提出以下发展建议：

1. 技术创新：鼓励企业加大研发投入，积极推动技术创新，引进和应用先进的生产技术和设备，提高生产效率和产品质量。

2. 产品升级：推动产品升级换代，加强对产品设计和工艺的改进，提供更具竞争力和符合市场需求的新产品。

3. 优化供应链：加强供应链管理，提高生产和物流效率，降低生产成本，同时保障供应链的稳定性和灵活性。

4．环保和可持续发展：积极应对环保压力，加强环保设施建设，推动绿色制造和循环经济发展，实现可持续发展。

5．品牌建设和市场营销：注重品牌建设和市场营销，提高产品知名度和美誉度，扩大市场份额，拓展销售渠道。

6．人才培养与引进：加强人才培养与引进，提高员工技能水平，培养专业人才和管理人才，增强企业核心竞争力。

7．积极拓展国际市场：抓住全球经济复苏的机遇，积极拓展国际市场，开拓新的出口业务，提高产品国际竞争力。

8．政府支持和政策倾斜：积极争取政府支持和政策倾斜，包括财税优惠、创新资金支持等，提供良好的政策环境。

9．推动数字化转型：积极推动数字化转型，应用物联网、大数据、人工智能等新兴科技，提高企业管理和生产的智能化水平。

10．加强行业合作与交流：加强行业内企业之间的合作与交流，推动资源共享、技术创新合作，共同促进行业的发展。

综上所述，轻工制造行业应积极应对挑战，抓住机遇，加强技术创新，推动环保和可持续发展，加强品牌建设和市场营销，拓展国际市场，借助政府支持和政策倾斜，推动数字化转型，共同实现行业的升级和可持续发展。这些措施将有助于提高轻工制造行业的核心竞争力，推动行业持续健康发展。

第24章
商贸零售行业

商贸零售行业是一个涵盖商品交易和零售销售的重要领域，是经济中消费端的关键组成部分。随着全球经济的发展和社会消费升级，商贸零售行业面临着广阔的发展机遇。在数字化技术的推动下，新零售模式逐渐崭露头角，电商平台的崛起为消费者带来了更加便捷和多样化的购物体验。此外，农村市场潜力巨大，品牌建设和营销能力的提升成为企业脱颖而出的关键，而社交媒体和粉丝经济的兴起也为企业拓展市场提供了新的机遇。

24.1 行业核心财务指标分析

截至2022年底，A股市场商贸零售行业共有上市公司106家，总市值共计12392.05亿元，平均市值116.91亿元/家，营业总收入12992.22亿元，平均营业收入122.57亿元/家，净利润总额–25.54亿元，平均净利润–0.24亿元/家。市值最大的为**中国中免**（4457.05亿元），营业收入最高的为苏美达（1411.45亿元），净利润最高的是**中国中免**（61.88亿元）。其中，营业收入小于10亿元的公司有32家，约占该行业内公司总数的30.19%；小于5亿元的有12家，约占该行业内公司总数的11.32%。2022年，商贸零售行业上市公司研发投入合计为41.76亿元。行业相关关键指标对比情况见表24-1。

表24-1 商贸零售行业关键指标对比

行业关键指标	2022年（中位数水平）	2021年（中位数水平）	变动情况
营业总收入3年复合增长率	–5.34%	–5.30%	–0.04%
净利润3年复合增长率	–1.05%	5.28%	–6.33%
年化总资产报酬率	2.79%	4.26%	–1.47%
年化净资产报酬率	3.32%	4.76%	–1.44%
销售毛利率	28.38%	30.60%	–2.22%
销售净利率	1.90%	3.00%	–1.10%
研发强度	0.51%	0.43%	0.08%
分红比例	34.75%	36.18%	–1.43%
权益乘数	2.50	2.28	0.22
流动比率	1.27	1.26	0.01

续表

行业关键指标	2022年（中位数水平）	2021年（中位数水平）	变动情况
速动比率	0.74	0.77	−0.03
现金流量利息保障倍数	317.59	499.79	−182.20
总资产周转率	0.46	0.51	−0.05
存货周转率	4.64	5.14	−0.50
应收账款周转率	22.64	30.91	−8.27

数据来源：同花顺、中关村国睿金融与产业发展研究会。

受各类外部因素影响，2022年整体消费潜力被压制，商贸零售行业受到冲击，各项盈利指标均出现下滑，分红比例同比下降，偿债能力面临一定挑战，但研发强度保持稳健提升，行业复苏意愿较强。

24.2 健康指数分析

根据报告分析口径，剔除数据异常以及退市公司后，本报告共对商贸零售行业104家上市公司开展健康诊断。

24.2.1 综合健康指数分析

1. 一级行业综合健康指数分析

诊断结果显示，商贸零售行业综合健康指数平均水平为66.43，其中**国联股份（77.30）、苏美达（76.67）、中国中免（75.24）**位列行业前三。从指数分布看，高于平均水平的有56家，占行业内公司总数的53.85%。其中，如图24-1所示，综合健康指数区间在60以下的有16家，占15.38%；60—70的有60家，占57.69%；70以上的有28家，占26.92%。

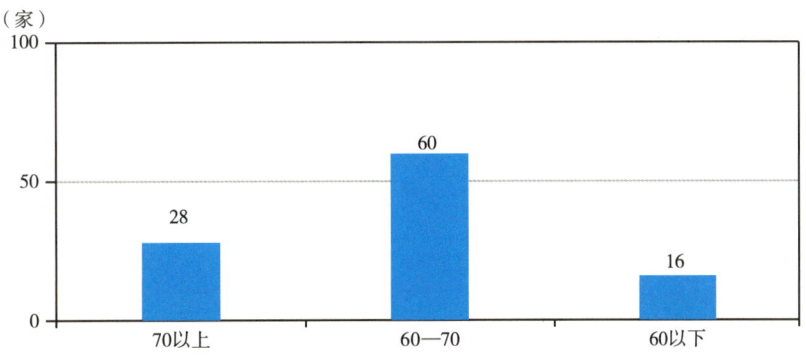

图24-1 商贸零售行业上市公司综合健康指数区间分布情况

2. 细分行业综合健康指数分析

"商贸零售"行业有3个二级行业，可细分为6个三级行业，如图24-2所示，包括：

（1）二级"互联网电商"行业，只有1个三级"互联网电商Ⅲ"行业，19家公司综合健康指数平均水平为65.85，最高的是国联股份（77.30）。

（2）二级"零售"行业，70家公司综合健康指数平均水平为66.12，最高的是中国中免（75.24）。其中：

三级"百货零售"行业，44家公司综合健康指数平均水平为65.21，最高的是天虹股份（73.43）；

三级"旅游零售"行业，1家公司综合健康指数平均水平为75.24，最高的是中国中免（75.24）；

三级"商业物业经营"行业，18家公司综合健康指数平均水平为66.77，最高的是农产品（73.04）；

三级"专业连锁"行业，7家公司综合健康指数平均水平为68.88，最高的是爱施德（73.55）。

（3）二级"贸易"行业，只有1个三级"贸易Ⅲ"行业，15家公司综合健康指数平均水平为68.58，最高的是苏美达（76.67）。

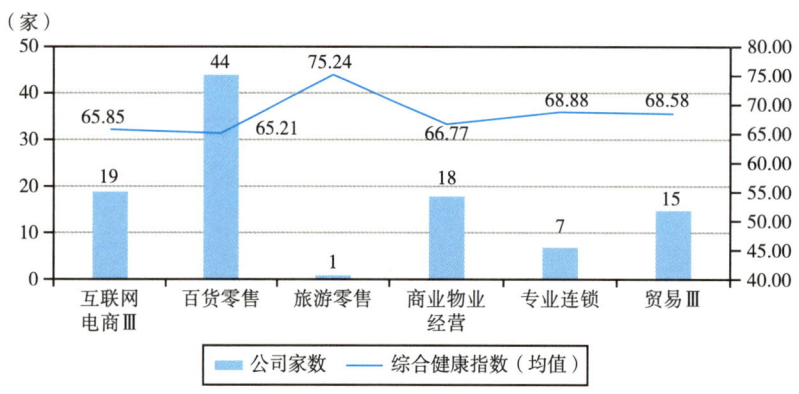

图24-2　2022年商贸零售细分行业综合健康指数平均水平

商贸零售行业2022年综合健康指数前10%排名的上市公司见表24-2。

表24-2　商贸零售行业2022年综合健康指数前10%排名

排名	公司代码	公司名称	综合健康指数	二级行业_同花顺	三级行业_同花顺
1	603613.SH	国联股份	77.30	互联网电商	互联网电商Ⅲ
2	600710.SH	苏美达	76.67	贸易	贸易Ⅲ
3	601888.SH	中国中免	75.24	零售	旅游零售
4	002315.SZ	焦点科技	74.87	互联网电商	互联网电商Ⅲ
5	300592.SZ	华凯易佰	73.78	互联网电商	互联网电商Ⅲ
6	002416.SZ	爱施德	73.55	零售	专业连锁
7	002419.SZ	天虹股份	73.43	零售	百货零售
8	002091.SZ	江苏国泰	73.13	贸易	贸易Ⅲ
9	000061.SZ	农产品	73.04	零售	商业物业经营
10	002697.SZ	红旗连锁	72.97	零售	百货零售

数据来源：同花顺、中关村国睿金融与产业发展研究会。

24.2.2 九大系统健康指数分析

1. 公司治理系统

商贸零售行业104家上市公司公司治理系统健康指数平均水平为85.34，略高于全市场公司治理健康指数平均水平（85.08）。行业平均水平以上的上市公司有57家，占总数的54.81%。从区间分布看，60—70的有2家，占1.92%；70—80的有19家，占18.27%；80—90的有56家，占53.85%；90以上的有27家，占25.96%。

从行业健康诊断看，公司治理系统健康指数排名前10的公司是：**农产品（96.78）、新世界（96.49）、中百集团（95.70）、中国中免（95.25）、武商集团（95.15）、王府井（94.79）、南纺股份（94.24）、东方创业（93.68）、新华百货（93.13）、益民集团（93.03）**。

2. 外部监督系统

商贸零售行业104家上市公司外部监督系统健康指数平均水平为78.98，略高于全市场外部监督健康指数平均水平（78.64）。行业平均水平以上的上市公司有70家，占总数的67.31%。从区间分布看，50以下的有3家，占2.88%；50—60的有7家，占6.73%；60—70的有7家，占6.73%；70—80的有21家，占20.19%；80—90的有60家，占57.69%；90以上的有6家，占5.77%。

从行业健康诊断看，外部监督系统健康指数排名前10的公司是：**百联股份（92.80）、中国中免（91.21）、农产品（90.89）、海宁皮城（90.36）、天虹股份（90.04）、美凯龙（90.03）、银座股份（89.80）、永辉超市（89.62）、杭州解百（89.41）、南极电商（89.33）**。

3. 创利能力系统

商贸零售行业104家上市公司创利能力系统健康指数平均水平为58.83，略高于全市场创利能力健康指数平均水平（58.47）。行业平均水平以上的上市公司有55家，占总数的52.88%。从区间分布看，40—50的有19家，占18.27%；50—60的有35家，占33.65%；60—70的有43家，占41.35%；70以上的有7家，占6.73%。

从行业健康诊断看，创利能力系统健康指数排名前10的公司是：**轻纺城（82.86）、焦点科技（80.69）、百大集团（80.06）、盛讯达（74.95）、富森美（72.91）、浙江东日（71.18）、国联股份（70.95）、华凯易佰（69.96）、杭州解百（69.90）、红旗连锁（69.76）**。

4. 价值再造系统

商贸零售行业104家上市公司价值再造系统健康指数平均水平为61.79，略高于全市场价值再造健康指数平均水平（60.25）。行业平均水平以上的上市公司有59家，占总数的56.73%。从区间分布看，40以下的有2家，占1.92%；40—50的有7家，占6.73%；50—60的有29家，占27.88%；60—70的有48家，占46.15%；70以上的有18家，占17.31%。

从行业健康诊断看，价值再造系统健康指数排名前10的公司是：**华凯易佰（81.37）、焦点科技（77.66）、国联股份（76.54）、华鼎股份（75.84）、若羽臣（74.75）、狮头股份（73.72）、中国中免（73.56）、苏美达（72.19）、宁波中百（71.67）、江苏国泰（71.61）**。

5. 产品销售系统

商贸零售行业104家上市公司产品销售系统健康指数平均水平为49.91，略低于全市场产品销售健康指数平均水平（50.17）。行业平均水平以上的上市公司有52家，占总数的50.00%。从区间分布看，40以下的有23家，占22.12%；40—50的有29家，占27.88%；50—60的有30家，占28.85%；60—70的有14家，占13.46%；70以上的有8家，占7.69%。

从行业健康诊断看，产品销售系统健康指数排名前10的公司是：**汇鸿集团（78.13）、天音控股（76.08）、玉龙股份（75.37）、爱施德（75.08）、五矿发展（75.07）、远大控股（73.97）、东方创业（73.36）、苏美达（72.56）、苏豪弘业（66.49）、宁波中百（65.43）**。

6. 竞争态势系统

商贸零售行业104家上市公司竞争态势系统健康指数平均水平为51.54，略高于全市场竞争态势健康指数平均水平（50.47）。行业平均水平以上的上市公司有54家，占总数的51.92%。从区间分布看，40以下的有15家，占14.42%；40—50的有30家，占28.85%；50—60的有34家，占32.69%；60—70的有24家，占23.08%；70以上的有1家，占0.96%。

从行业健康诊断看，竞争态势系统健康指数排名前10的公司是：**国联股份（73.79）、苏美达（69.97）、豫园股份（68.97）、小商品城（68.55）、居然之家（67.56）、焦点科技（67.37）、农产品（65.99）、华凯易佰（65.95）、江苏国泰（65.64）、百联股份（65.55）**。

7. 资产资本结构系统

商贸零售行业104家上市公司资产资本结构系统健康指数平均水平为56.11，略低于全市场资产资本结构健康指数平均水平（56.79）。行业平均水平以上的上市公司有52家，占总数的50.00%。从区间分布看，40以下的有6家，占5.77%；40—50的有25家，占24.04%；50—60的有33家，占31.73%；60—70的有32家，占30.77%；70以上的有8家，占7.69%。

从行业健康诊断看，资产资本结构系统健康指数排名前10的公司是：**宁波中百（76.49）、*ST同达（74.21）、中兴商业（72.98）、焦点科技（72.22）、盛讯达（72.00）、百大集团（71.40）、云维股份（71.19）、益民集团（70.14）、汇通能源（69.56）、红旗连锁（69.08）**。

8. 内部控制系统

商贸零售行业104家上市公司内部控制系统健康指数平均水平为83.01，略低于全市场内部控制健康指数平均水平（83.22）。行业平均水平以上的上市公司有58家，占总数的55.77%。从区间分布看，60—70的有5家，占4.81%；70—80的有24家，占23.08%；80—90的有64家，占61.54%；90以上的有11家，占10.58%。

从行业健康诊断看，内部控制系统健康指数排名前10的公司是：**富森美（93.53）、中兴商业（93.53）、永辉超市（92.67）、中国中免（92.12）、江苏国泰（92.09）、天虹股份（91.92）、徐家汇（91.62）、新世界（90.88）、三江购物（90.86）、合肥百货（90.37）**。

9. 企业文化系统

商贸零售行业104家上市公司企业文化系统健康指数平均水平为66.39，略低于全市场企业文化健康指数平均水平（67.58）。行业平均水平以上的上市公司有50家，占总数的48.08%。从区间分布看，50以下的有6家，占5.77%；50—60的有29家，占27.88%；60—70的有26家，占25.00%；70—80的有32家，占30.77%；80以上的有11家，占10.58%。

从行业健康诊断看，企业文化系统健康指数排名前10的公司是：豫园股份（93.02）、天音控股（89.59）、ST易购（86.05）、爱婴室（83.40）、盛讯达（82.81）、南极电商（82.54）、美凯龙（82.33）、鹏都农牧（81.59）、博士眼镜（81.57）、跨境通（81.33）。

24.3 行业机遇、挑战和发展对策

24.3.1 行业发展面临的机遇

商贸零售行业作为消费品行业的重要组成部分，涵盖了零售、批发、电子商务、超市、百货商店等多个细分领域。随着经济全球化和科技创新的推动，商贸零售行业面临着许多发展机遇：

1. 数字化转型：科技创新和数字化转型为商贸零售行业带来了巨大机遇。电子商务的兴起和互联网技术的应用使得消费者可以在线购物和支付，拓展了销售渠道和市场范围。同时，大数据分析和人工智能的运用为零售商提供了更深入的消费者洞察和个性化服务，提高了营销效率和客户满意度。

2. 消费升级：随着人们生活水平的提高和消费观念的变化，消费者对品质、品牌、体验和服务的需求不断升级。商贸零售行业有机会通过提供高品质的产品和独特的购物体验来满足消费者的需求，推动企业发展和品牌建设。

3. 新兴市场增长：新兴市场的快速发展和城镇化进程为商贸零售行业带来了广阔的市场空间。随着新兴市场中消费者中产阶级的崛起，他们对消费品的需求逐渐增加，为零售企业拓展业务提供了良好机遇。

4. 跨境电商：全球化和贸易自由化的推动促进了跨境电商的发展。商贸零售行业可以通过跨境电商平台进一步拓展国际市场，增加产品的销售和出口，实现全球资源的优化配置。

5. 供应链优化：优化供应链和物流管理可以提高库存周转率、降低成本，增强企业的竞争力。随着物流技术的不断进步和供应链管理的完善，商贸零售行业有机会提高运营效率，提供更快捷、高效的服务。

综合来看，商贸零售行业面临着数字化转型、消费升级、新兴市场增长、跨境电商和供应链优化等多方面的发展机遇。抓住这些机遇，零售企业可以不断创新，提高竞争力，满足不断变化的消费者需求，实现持续稳健的发展。

24.3.2 行业发展面临的挑战

商贸零售行业虽然面临着许多发展机遇，但也面临着一些挑战：

1. 电子商务竞争：随着电子商务的快速发展，传统实体零售商面临着来自电商平台的激烈竞争。在线购物的便利性和更低的价格可能会吸引部分消费者转向线上购物，对传统零售业务构成竞争压力。

2. 市场竞争激烈：商贸零售行业竞争激烈，市场份额有限，企业之间为了争夺更多的市场份额，可能陷入价格战和促销竞争，对利润率造成挑战。

3. 消费者需求多样化：消费者需求不断变化和多样化，他们对品质、品牌、环保、可持续性等方面的要求日益增加。零售商需要不断提升产品和服务质量，满足不同消费者的需求，提高客户忠诚度。

4. 人力成本和租金压力：商贸零售行业通常需要大量的员工来提供服务，人力成本可能会成为企业的负担。此外，商业地产租金也可能对企业的经营产生一定的压力。

5. 新冠疫情和经济不确定性：新冠疫情对商贸零售行业造成了巨大冲击，尤其是实体店面。疫情引发的经济不确定性可能导致消费者购买力下降，影响零售销售额。

6. 渠道变革：随着科技的发展，消费者购物行为不断变化，多渠道销售和无界零售趋势日益明显。零售企业需要适应新的销售渠道，加强线上线下融合，提供无缝购物体验。

7. 环境和可持续性压力：随着社会环保意识的提高，消费者对于企业的环保和可持续性要求越来越高。零售企业需要积极采取环保措施，推动可持续发展，符合消费者的期望。

24.3.3 行业发展建议

商贸零售行业面临着激烈的市场竞争和多样化的消费者需求，为了保持竞争优势和实现可持续发展，以下是一些建议：

1. 数字化转型：促进数字化转型是提高商贸零售企业竞争力的重要途径。通过建设线上销售平台、优化供应链管理、利用大数据分析消费者行为，企业可以更好地了解客户需求，提供个性化的购物体验，提高客户满意度。

2. 多渠道融合：实现线上线下融合，打造无界零售体验。消费者在购物时通常会在多个渠道之间切换，零售企业需要将线上线下销售渠道相互衔接，提供无缝购物体验，增加消费者忠诚度。

3. 注重品牌和产品创新：建立有竞争力的品牌形象和产品，不断推出新的创新产品，满足不同消费者的需求。品牌认知度的提升和产品的差异化将有助于吸引更多忠实客户。

4. 提升客户服务质量：加强员工培训，提升客户服务质量。优质的客户服务将增强客户黏性和满意度，带来更多的重复消费和口碑传播。

5. 环保和可持续发展：关注环保和可持续性问题，推动绿色发展。消费者对环保的关注越来越高，关注企业的社会责任和环境表现，注重可持续性将有助于赢得消费者信任。

6. 开拓新兴市场：商贸零售企业可以考虑开拓新兴市场，尤其是二三线城市和乡村市场，这些地区消费潜力巨大，但竞争相对较小。

7. 合作共赢：与供应商建立长期稳固的合作关系，共同推动供应链的优化和效率提升。优质的供应链合作将有助于提供更具竞争力的产品和价格，提高企业综合实力。

8. 投资科技研发：积极投资科技研发，探索新的商业模式和技术创新。商贸零售行业的科技应用将为企业提供更多商机和发展空间。

9. 大力发展跨境电商：拓展国际市场，发展跨境电商业务。随着全球化进程加快，跨境电商将带来更多机遇，扩大企业的市场份额。

10. 关注政策和法规：密切关注政策和法规的变化，合规经营，避免可能的风险和不确定性。

综上所述，商贸零售行业可以通过数字化转型、多渠道融合、品牌和产品创新、客户服务质量提升、环保和可持续发展、开拓新兴市场、合作共赢、投资科技研发、发展跨境电商以及关注政策法规等策略，迎接发展的机遇，应对挑战，实现持续稳健的发展。

第25章
社会服务行业

社会服务行业是一个涵盖多种服务领域的行业，旨在满足社会各个方面的需求，提供各类服务以促进社会的发展与进步。这个行业的服务范围广泛，包括但不限于教育、医疗保健、文化艺术、社会福利、旅游休闲、体育健身等领域。它是社会经济的重要组成部分，对于提高人民群众生活质量、推动社会发展和促进国家文明进步起着重要作用。

25.1 行业核心财务指标分析

截至2022年底，A股市场社会服务行业共有上市公司80家，总市值共计5505.74亿元，平均市值68.82亿元/家，营业总收入1056.14亿元，平均营业收入13.20亿元/家，净利润总额–84.98亿元，平均净利润–1.06亿元/家。市值最大的为**锦江酒店**（555.12亿元），营业收入最高的为**外服控股**（146.64亿元），净利润最高的是**华测检测**（9.25亿元）。其中，营业收入小于10亿元的公司有59家，约占该行业内公司总数的73.75%；小于5亿元的有41家，约占该行业内公司总数的51.25%。2022年，社会服务行业上市公司研发投入合计为38.48亿元。行业相关关键指标对比情况见表25-1。

表25-1　社会服务行业关键指标对比

行业关键指标	2022年（中位数水平）	2021年（中位数水平）	变动情况
营业总收入3年复合增长率	–10.97%	–6.14%	–4.83%
净利润3年复合增长率	2.06%	7.34%	–5.28%
年化总资产报酬率	0.14%	1.71%	–1.57%
年化净资产报酬率	0.46%	0.74%	–0.28%
销售毛利率	33.23%	33.75%	–0.52%
销售净利率	–1.81%	1.92%	–3.73%
研发强度	6.31%	6.03%	0.28%
分红比例	53.45%	50.53%	2.92%
权益乘数	1.50	1.64	–0.14
流动比率	1.92	1.92	0.00
速动比率	1.51	1.58	–0.07
现金流量利息保障倍数	465.54	426.86	38.68

续表

行业关键指标	2022年（中位数水平）	2021年（中位数水平）	变动情况
总资产周转率	0.23	0.28	−0.05
存货周转率	13.78	19.07	−5.29
应收账款周转率	7.05	9.11	−2.06

数据来源：同花顺、中关村国睿金融与产业发展研究会。

受疫情防控及经济下行压力影响，社会服务行业整体收入、利润及部分盈利指标出现明显下滑，但研发强度和分红比例有所提高，偿债能力和运营能力面临一定挑战。

25.2 健康指数分析

根据报告分析口径，剔除数据异常以及退市公司后，本报告共对社会服务行业78家上市公司开展健康诊断。

25.2.1 综合健康指数分析

1. 一级行业综合健康指数分析

诊断结果显示，社会服务行业综合健康指数平均水平为66.39，其中**华测检测**（80.13）、**科锐国际**（78.96）、**谱尼测试**（78.21）位列行业前三。从指数分布看，高于平均水平的有40家，占行业内公司总数的51.28%。其中，如图25-1所示，综合健康指数区间在60以下的有15家，占19.23%；60—70的有40家，占51.28%；70以上的有23家，占29.49%。

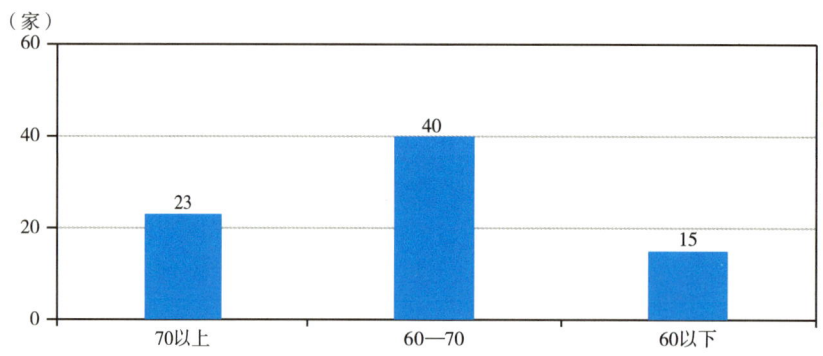

图25-1 社会服务行业上市公司综合健康指数区间分布情况

2. 细分行业综合健康指数分析

"社会服务"行业有4个二级行业，可细分为8个三级行业，如图25-2所示，包括：

（1）二级"教育"行业，只有1个三级"教育Ⅲ"行业，20家公司综合健康指数平均水平为65.54，最高的是国新文化（76.61）。

（2）二级"景点及旅游"行业，20家公司综合健康指数平均水平为62.16，最高的是丽江股份

（70.72）。其中：

三级"旅游综合"行业，4家公司综合健康指数平均水平为61.00，最高的是中青旅（65.05）；

三级"人工景点"行业，5家公司综合健康指数平均水平为61.78，最高的是宋城演艺（66.38）；

三级"自然景点"行业，11家公司综合健康指数平均水平为62.75，最高的是丽江股份（70.72）。

（3）二级"酒店及餐饮"行业，9家公司综合健康指数平均水平为64.74，最高的是锦江酒店（71.33）。其中：

三级"餐饮"行业，3家公司综合健康指数平均水平为63.73，最高的是同庆楼（69.21）；

三级"酒店"行业，6家公司综合健康指数平均水平为65.25，最高的是锦江酒店（71.33）。

（4）二级"其他社会服务"行业，29家公司综合健康指数平均水平为70.41，最高的是华测检测（80.13）。其中：

三级"体育"行业，3家公司综合健康指数平均水平为62.43，最高的是中体产业（74.02）；

三级"专业服务"行业，26家公司综合健康指数平均水平为71.33，最高的是华测检测（80.13）。

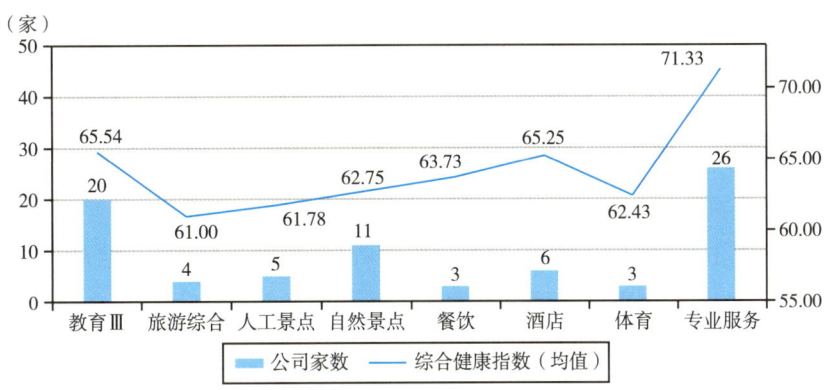

图25-2　2022年社会服务细分行业综合健康指数平均水平

社会服务行业上市公司综合健康指数排名前10%的公司如表25-2所示。

表25-2　社会服务行业2022年综合健康指数前10%排名

排名	公司代码	公司名称	综合健康指数	二级行业_同花顺	三级行业_同花顺
1	300012.SZ	华测检测	80.13	其他社会服务	专业服务
2	300662.SZ	科锐国际	78.96	其他社会服务	专业服务
3	300887.SZ	谱尼测试	78.21	其他社会服务	专业服务
4	600636.SH	国新文化	76.61	教育	教育Ⅲ
5	003032.SZ	传智教育	76.49	教育	教育Ⅲ
6	300797.SZ	钢研纳克	76.17	其他社会服务	专业服务
7	300962.SZ	中金辐照	75.46	其他社会服务	专业服务
8	600662.SH	外服控股	75.01	其他社会服务	专业服务
9	300416.SZ	苏试试验	74.49	其他社会服务	专业服务
10	600158.SH	中体产业	74.02	其他社会服务	体育

数据来源：同花顺、中关村国睿金融与产业发展研究会。

25.2.2 九大系统健康指数分析

1. 公司治理系统

社会服务行业78家上市公司公司治理系统健康指数平均水平为86.18，略高于全市场公司治理健康指数平均水平（85.08）。行业平均水平以上的上市公司有42家，占总数的53.85%。从区间分布看，70—80的有9家，占11.54%；80—90的有45家，占57.59%；90以上的有24家，占30.77%。

从行业健康诊断看，公司治理系统健康指数排名前10的公司是：**首旅酒店（95.12）、国新文化（94.88）、丽江股份（94.28）、学大教育（94.17）、西安饮食（93.78）、中体产业（93.04）、岭南控股（92.97）、云南旅游（92.86）、国义招标（92.43）、中金辐照（92.29）**。

2. 外部监督系统

社会服务行业78家上市公司外部监督系统健康指数平均水平为77.70，略低于全市场外部监督健康指数平均水平（78.64）。行业平均水平以上的上市公司有53家，占总数的67.95%。从区间分布看，50—60的有9家，占11.54%；60—70的有4家，占5.13%；70—80的有18家，占23.08%；80—90的有35家，占44.87%；90以上的有9家，占11.54%。

从行业健康诊断看，外部监督系统健康指数排名前10的公司是：**中青旅（93.52）、谱尼测试（92.32）、锦江酒店（92.03）、金陵饭店（91.41）、君亭酒店（91.37）、华测检测（91.32）、国检集团（90.95）、广电计量（90.36）、科锐国际（90.12）、国新文化（89.56）**。

3. 创利能力系统

社会服务行业78家上市公司创利能力系统健康指数平均水平为59.26，略高于全市场创利能力健康指数平均水平（58.47）。行业平均水平以上的上市公司有40家，占总数的51.28%。从区间分布看，40以下的有2家，占2.56%；40—50的有17家，占21.79%；50—60的有21家，占26.92%；60—70的有23家，占29.49%；70以上的有15家，占19.23%。

从行业健康诊断看，创利能力系统健康指数排名前10的公司是：**科锐国际（83.75）、传智教育（79.46）、中金辐照（76.64）、博通股份（76.25）、开普检测（74.55）、华测检测（74.37）、信测标准（73.74）、天纺标（72.80）、外服控股（71.49）、国新文化（71.45）**。

4. 价值再造系统

社会服务行业78家上市公司价值再造系统健康指数平均水平为59.79，略低于全市场价值再造健康指数平均水平（60.25）。行业平均水平以上的上市公司有40家，占总数的51.28%。从区间分布看，40以下的有2家，占2.56%；40—50的有10家，占12.82%；50—60的有26家，占33.33%；60—70的有29家，占37.18%；70以上的有11家，占14.10%。

从行业健康诊断看，价值再造系统健康指数排名前10的公司是：**国新文化（83.37）、谱尼测试（80.53）、信测标准（76.94）、华测检测（75.82）、钢研纳克（75.58）、中纺标（73.85）、苏试试验（73.11）、科锐国际（71.81）、中金辐照（70.93）、国缆检测（70.83）**。

5. 产品销售系统

社会服务行业78家上市公司产品销售系统健康指数平均水平为51.00，略高于全市场产品销售健康指数平均水平（50.17）。行业平均水平以上的上市公司有41家，占总数的52.56%。从区间分布看，

40以下的有9家，占11.54%；40—50的有27家，占34.62%；50—60的有27家，占34.62%；60—70的有13家，占16.67%；70以上的有2家，占2.56%。

从行业健康诊断看，产品销售系统健康指数排名前10的公司是：**科锐国际（77.25）、*ST雪发（71.14）、学大教育（68.45）、锦江酒店（67.68）、外服控股（67.12）、谱尼测试（67.04）、首旅酒店（66.77）、ST开元（63.57）、国检集团（63.44）、科德教育（62.43）**。

6. 竞争态势系统

社会服务行业78家上市公司竞争态势系统健康指数平均水平为51.30，略高于全市场竞争态势健康指数平均水平（50.47）。行业平均水平以上的上市公司有42家，占总数的43.85%。从区间分布看，40以下的有17家，占21.79%；40—50的有18家，占23.08%；50—60的有24家，占30.77%；60—70的有12家，占15.38%；70以上的有7家，占8.92%。

从行业健康诊断看，竞争态势系统健康指数排名前10的公司是：**华测检测（81.88）、广电计量（78.00）、苏试试验（77.77）、国检集团（77.64）、谱尼测试（74.75）、钢研纳克（72.90）、中体产业（71.32）、建科股份（69.04）、传智教育（68.51）、信测标准（67.97）**。

7. 资产资本结构系统

社会服务行业78家上市公司资产资本结构系统健康指数平均水平为56.54，略低于全市场资产资本结构健康指数平均水平（56.79）。行业平均水平以上的上市公司有41家，占总数的52.56%。从区间分布看，40以下的有2家，占2.56%；40—50的有22家，占28.21%；50—60的有23家，占29.49%；60—70的有26家，占33.33%；70以上的有5家，占6.41%。

从行业健康诊断看，资产资本结构系统健康指数排名前10的公司是：**中纺标（78.14）、传智教育（76.49）、国义招标（74.68）、天纺标（74.54）、行动教育（71.32）、中金辐照（69.98）、开普检测（69.56）、国缆检测（68.58）、米奥会展（68.28）、丽江股份（67.51）**。

8. 内部控制系统

社会服务行业78家上市公司内部控制系统健康指数平均水平为83.23，略高于全市场内部控制健康指数平均水平（83.22）。行业平均水平以上的上市公司有42家，占总数的53.85%。从区间分布看，60—70的有3家，占3.85%；70—80的有18家，占23.08%；80—90的有46家，占58.97%；90以上的有11家，占14.10%。

从行业健康诊断看，内部控制系统健康指数排名前10的公司是：**科锐国际（93.44）、国新文化（92.69）、钢研纳克（92.69）、科德教育（92.69）、华测检测（91.61）、米奥会展（91.54）、安车检测（91.29）、零点有数（90.78）、创业黑马（90.78）、广电计量（90.47）**。

9. 企业文化系统

社会服务行业78家上市公司企业文化系统健康指数平均水平为66.26，略低于全市场企业文化健康指数平均水平（67.58）。行业平均水平以上的上市公司有39家，占总数的50.00%。从区间分布看，50以下的有8家，占10.26%；50—60的有13家，占16.67%；60—70的有29家，占37.18%；70—80的有18家，占23.08%；80以上的有10家，占12.82%。

从行业健康诊断看，企业文化系统健康指数排名前10的公司是：**华测检测（93.04）、谱尼测试**

（89.68）、创业黑马（85.66）、锋尚文化（83.81）、首旅酒店（81.87）、力合科创（81.27）、建研院（80.63）、广电计量（80.60）、安车检测（80.02）、宋城演艺（78.44）。

25.3 行业机遇、挑战和发展对策

25.3.1 行业发展面临的机遇

社会服务行业是一个多元化的领域，包括医疗保健、教育培训、文化娱乐、旅游服务、社会福利等多个子行业。在未来发展中，社会服务行业面临着许多机遇：

1. 人口结构变化：随着人口老龄化和城市化进程加快，医疗保健、养老服务、社会福利等子行业将迎来巨大的市场需求，为社会服务行业提供持续的发展机遇。

2. 科技创新：随着科技的不断进步和创新，社会服务行业可以借助先进的技术，提高服务质量和效率。例如，医疗保健领域的数字化医疗、远程诊断和智能医疗设备，教育培训领域的在线教育和智能学习平台，文化娱乐领域的虚拟现实和增强现实技术等，将为行业创造更多发展机遇。

3. 消费升级：随着人们生活水平的提高，对于优质社会服务的需求逐渐增加。在医疗保健领域，人们对个性化、定制化医疗服务的需求增长；在文化娱乐领域，人们对高品质、多样化的文化娱乐活动的需求增加；在旅游服务领域，人们对独特、特色旅游体验的需求提高。这些都为社会服务行业提供了增长机遇。

4. 政策支持促进行业发展：政府出台的一系列政策和措施，鼓励社会服务行业的发展，包括医疗保健领域的医改政策、教育培训领域的教育改革政策、文化娱乐领域的文化产业扶持政策、旅游服务领域的旅游业振兴政策等。这些政策的出台将为社会服务行业提供更多的发展机遇。

5. 人才培养和服务业态创新：随着社会服务行业的不断发展，社会服务行业对人才的需求也在不断增加。培养更多高素质的专业人才，将为行业的可持续发展提供有力支撑。同时，服务业态创新也将为行业注入新的活力，提供更多发展机遇。

综上所述，社会服务行业面临着人口结构变化、科技创新、消费升级、政策支持以及人才培养和服务业态创新等多方面的机遇。通过抓住这些机遇，社会服务行业可以实现持续发展，为满足人民群众对优质生活的需求、促进社会进步和发展作出积极贡献。

25.3.2 行业发展面临的挑战

社会服务行业在发展过程中也面临着一些挑战：

1. 人力资源压力：随着社会服务需求的不断增加，行业对人力资源的需求也在增加。然而，社会服务行业普遍存在人才短缺和高薪竞争的问题，特别是在医疗保健、教育培训等领域。解决人力资源压力，培养和吸引更多高素质的专业人才，成为行业面临的重要挑战。

2. 资金压力：社会服务行业的投入较大，特别是医疗保健、教育培训等领域需要大量资金支持。然而，由于服务定价受限或补贴政策不足，部分企业可能面临资金不足的困扰，导致服务质量

难以保证。解决资金压力，创新融资模式，吸引更多社会资本投入，是行业发展的难点之一。

3. 市场竞争激烈：社会服务行业竞争激烈，特别是在大城市，竞争更为激烈。各类社会服务企业为争夺市场份额，降低价格、提供优惠等手段层出不穷，对企业盈利能力造成影响。应对市场竞争，提高服务品质，拓展差异化竞争优势，成为行业发展的关键。

4. 技术与安全挑战：社会服务行业的一些子行业，如医疗保健、教育培训等，需要借助先进技术提供高质量的服务。然而，技术的引入和应用也带来了数据安全和隐私保护的挑战，特别是在医疗健康领域。解决技术与安全挑战，建立健全信息保护制度，提高技术运用能力，是行业发展的重要课题。

5. 政策法规限制：社会服务行业涉及广泛，受到政策法规的约束和规范较多。一些政策法规的频繁调整和执行不到位，可能影响行业发展和企业的正常运营。应对政策法规限制，积极参与政策制定，推动政策的改进和完善，为行业发展创造良好的政策环境。

25.3.3 行业发展建议

作为社会服务行业的发展建议，以下几点可供参考：

1. 创新服务模式：积极采用新技术、数字化手段和智能化应用，提升服务效率和质量。例如，引入人工智能、大数据分析等技术，优化医疗服务流程；推广在线教育平台，提供便捷高效的教育培训服务。

2. 加强人才培养：加大对社会服务行业专业人才的培养和吸引力，建立完善的培训体系，提高从业人员的专业水平和服务能力，满足市场多样化需求。

3. 提高服务品质：注重服务体验，不断优化服务流程，增加服务项目，提供个性化定制服务。通过提供高品质的服务，赢得客户的口碑和忠诚度。

4. 加强品牌建设：加大品牌宣传和推广力度，树立行业知名品牌，提升企业的竞争力和市场份额。

5. 拓展多元化市场：积极开拓国内和国际市场，拓展多元化业务。例如，医疗机构可以提供健康管理服务，教育培训机构可以扩展国际学生市场。

6. 加强安全与隐私保护：在应用新技术和数据管理中，要高度重视信息安全和隐私保护，确保客户的个人信息不受侵犯。

7. 积极参与社会责任：行业企业应积极参与社会公益活动，回馈社会，树立良好的企业形象，增强社会认同感。

8. 寻求政府支持：加强与政府部门的合作与沟通，争取政策支持和优惠政策，推动行业的健康发展。

9. 推动国际合作：加强国际交流与合作，吸收国外先进经验和管理模式，提高国际竞争力。

综上所述，社会服务行业在发展过程中面临着人力资源压力、资金压力、市场竞争激烈、技术与安全挑战以及政策法规限制等多方面的挑战。解决这些挑战，需要行业相关方共同努力，采取有效措施，促进行业的稳健发展，提高服务质量，满足人民群众对优质生活的需求，推动社会服务行业持续向前发展。

第26章
石油石化行业

石油石化行业是涉及石油开采、炼油、石油化工及相关产品制造的关键产业。作为全球经济的支柱产业之一，石油石化行业在现代工业和社会发展中扮演着至关重要的角色。它涵盖能源供应、化工原料和工业产品生产等方面，在国家经济的稳定运行和社会的持续发展中起着关键作用。

26.1 行业核心财务指标分析

截至2022年底，A股市场石油石化行业共有上市公司47家，总市值共计24872.88亿元，平均市值529.21亿元/家，营业总收入81055.97亿元，平均营业收入1724.60亿元/家，净利润总额4113.09亿元，平均净利润87.51亿元/家。市值最大的为**中国石油**（8720.37亿元），营业收入最高的为**中国石化**（33181.68亿元），净利润最高的是**中国石油**（1639.77亿元）。其中，营业收入小于10亿元的公司有9家，约占该行业内公司总数的19.15%；小于5亿元的有4家，约占该行业内公司总数的8.51%。2022年，石油石化行业上市公司研发投入合计为731.76亿元。行业相关关键指标对比情况见表26-1。

表26-1　　石油石化行业关键指标对比

行业关键指标	2022年（中位数水平）	2021年（中位数水平）	变动情况
营业总收入3年复合增长率	8.87%	7.38%	1.49%
净利润3年复合增长率	8.00%	19.15%	-11.15%
年化总资产报酬率	2.96%	4.14%	-1.18%
年化净资产报酬率	3.65%	4.51%	-0.86%
销售毛利率	11.22%	12.87%	-1.65%
销售净利率	2.44%	3.09%	-0.65%
研发强度	2.37%	2.22%	0.15%
分红比例	35.26%	42.38%	-7.12%
权益乘数	2.04	2.05	-0.01
流动比率	1.25	1.15	0.10
速动比率	0.95	0.94	0.01
现金流量利息保障倍数	596.03	648.97	-52.94

续表

行业关键指标	2022年（中位数水平）	2021年（中位数水平）	变动情况
总资产周转率	0.75	0.83	-0.08
存货周转率	12.74	12.96	-0.22
应收账款周转率	11.88	14.80	-2.92

数据来源：同花顺、中关村国睿金融与产业发展研究会。

作为经济"发动机"的重要支撑行业，受经济下行压力冲击，2022年石油石化行业发展受到一定影响，在行业整体营收同比增长的同时，净利润同比下滑明显，其他各项盈利指标也略有下滑，净资产收益率较低，行业分红比例出现大幅度下降，但偿债能力保持稳健，有一定的韧性。

26.2 健康指数分析

本报告共对石油石化行业47家上市公司开展健康诊断。

26.2.1 综合健康指数分析

1. 一级行业综合健康指数分析

诊断结果显示，石油石化行业综合健康指数平均水平为65.94，其中**中国海油（78.72）、海油工程（78.10）、海油发展（76.68）**位列行业前三。从指数分布看，高于平均水平的有22家，占行业内公司总数的46.81%。其中，如图26-1所示，综合健康指数区间在60以下的有8家，占17.02%；60—70的有27家，占57.45%；70以上的有12家，占25.53%。

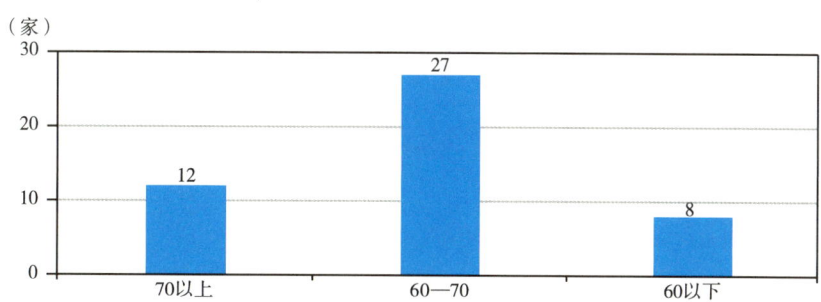

图26-1 石油石化行业上市公司综合健康指数区间分布情况

2. 细分行业综合健康指数分析

"石油石化"行业有2个二级行业，可细分为4个三级行业，如图26-2所示，包括：

（1）二级"石油加工贸易"行业，26家公司综合健康指数平均水平为65.30，最高的是中国石油（75.35）。其中：

三级"石油加工"行业，20家公司综合健康指数平均水平为65.90，最高的是中国石油（75.35）；

三级"油品石化贸易"行业，6家公司综合健康指数平均水平为63.28，最高的是和顺石油（65.19）。

（2）二级"油气开采及服务"行业，21家公司综合健康指数平均水平为66.74，最高的是中国海油（78.72）。其中：

三级"油服工程"行业，14家公司综合健康指数平均水平为65.77，最高的是海油工程（78.10）；

三级"油气开采"行业，7家公司综合健康指数平均水平为68.68，最高的是中国海油（78.72）。

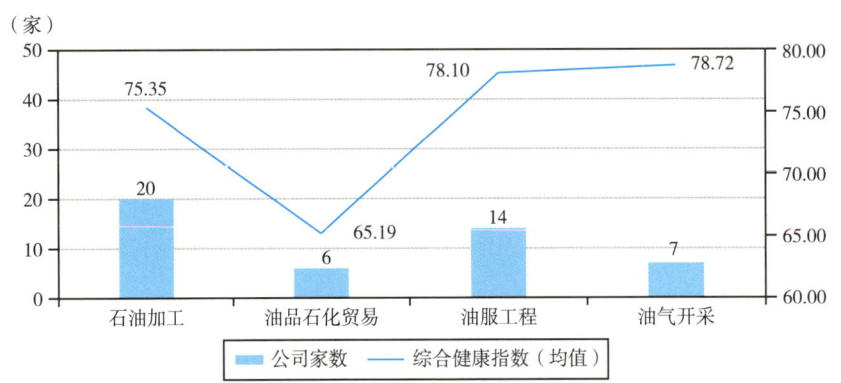

图26-2　2022年石油化工细分行业综合健康指数平均水平

石油化工行业上市公司综合健康指数排名前10%的公司如表26-2所示。

表26-2　　　　　　　　石油化工行业2022年综合健康指数前10%排名

排名	公司代码	公司名称	综合健康指数	二级行业_同花顺	三级行业_同花顺
1	600938.SH	中国海油	78.72	油气开采及服务	油气开采
2	600583.SH	海油工程	78.10	油气开采及服务	油服工程
3	600968.SH	海油发展	76.68	油气开采及服务	油服工程
4	600256.SH	广汇能源	76.34	油气开采及服务	油气开采
5	601808.SH	中海油服	76.32	油气开采及服务	油服工程
6	601857.SH	中国石油	75.35	石油加工贸易	石油加工
7	002986.SZ	宇新股份	75.14	石油加工贸易	石油加工
8	000968.SZ	蓝焰控股	72.84	油气开采及服务	油气开采
9	600339.SH	中油工程	71.90	油气开采及服务	油服工程
10	600028.SH	中国石化	71.43	石油加工贸易	石油加工

数据来源：同花顺、中关村国睿金融与产业发展研究会。

26.2.2　九大系统健康指数分析

1. 公司治理系统

石油石化行业47家上市公司公司治理系统健康指数平均水平为84.85，略低于全市场公司治理健康指数平均水平（85.08）。行业平均水平以上的上市公司有26家，占总数的55.32%。从区间分布看，60—70的有2家，占4.26%；70—80的有9家，占19.15%；80—90的有23家，占48.94%；90以上的有13家，占27.66%。

从行业健康诊断看，公司治理系统健康指数排名前10的公司是：**中海油服（95.35）、广汇能源（93.67）、渤海化学（92.90）、中国海油（92.37）、上海石化（92.36）、海油工程（92.26）、中油**

工程（92.26）、中国石化（92.01）、惠博普（91.72）、石化油服（91.14）。

2. 外部监督系统

石油石化行业47家上市公司外部监督系统健康指数平均水平为78.52，略低于全市场外部监督健康指数平均水平（78.64）。行业平均水平以上的上市公司有26家，占总数的55.32%。从区间分布看，50以下的有2家，占4.26%；50—60的有3家，占6.38%；60—70的有3家，占6.38%；70—80的有19家，占40.43%；80—90的有13家，占27.66%；90以上的有7家，占14.89%。

从行业健康诊断看，外部监督系统健康指数排名前10的公司是：**海油工程（96.61）、中国石化（93.84）、海油发展（93.61）、中海油服（92.50）、中油工程（92.18）、中国石油（92.13）、博汇股份（91.59）、蓝焰控股（89.88）、荣盛石化（89.62）、上海石化（89.20）**。

3. 创利能力系统

石油石化行业47家上市公司创利能力系统健康指数平均水平为58.95，略高于全市场创利能力健康指数平均水平（58.47）。行业平均水平以上的上市公司有21家，占总数的44.68%。从区间分布看，40以下的有1家，占2.13%；40—50的有9家，占19.15%；50—60的有17家，占36.17%；60—70的有10家，占21.28%；70以上的有10家，占21.28%。

从行业健康诊断看，创利能力系统健康指数排名前10的公司是：**中国海油（79.62）、新潮能源（79.22）、中国石油（76.91）、海油发展（74.76）、中曼石油（74.25）、蓝焰控股（73.67）、中海油服（73.45）、广汇能源（73.04）、宇新股份（72.48）、潜能恒信（71.30）**。

4. 价值再造系统

石油石化行业47家上市公司价值再造系统健康指数平均水平为59.38，略低于全市场价值再造健康指数平均水平（60.25）。行业平均水平以上的上市公司有21家，占总数的44.68%。从区间分布看，40以下的有1家，占2.13%；40—50的有5家，占10.64%；50—60的有21家，占44.68%；60—70的有13家，占27.66%；70以上的有7家，占14.89%。

从行业健康诊断看，价值再造系统健康指数排名前10的公司是：**中国海油（78.20）、海油工程（76.75）、宇新股份（75.31）、中海油服（74.64）、海油发展（74.37）、惠博普（71.24）、中国石油（70.14）、渤海化学（69.81）、中曼石油（69.79）、博汇股份（66.48）**。

5. 产品销售系统

石油石化行业47家上市公司产品销售系统健康指数平均水平为51.02，略高于全市场产品销售健康指数平均水平（50.17）。行业平均水平以上的上市公司有23家，占总数的48.94%。从区间分布看，40以下的有10家，占21.28%；40—50的有13家，占27.66%；50—60的有7家，占14.89%；60—70的有17家，占36.17%。

从行业健康诊断看，产品销售系统健康指数排名前10的公司是：**广汇能源（69.70）、中国石油（69.03）、荣盛石化（68.35）、新潮能源（68.18）、海油工程（67.33）、中国石化（65.52）、宇新股份（63.29）、恒通股份（62.76）、中海油服（62.34）、大庆华科（61.72）**。

6. 竞争态势系统

石油石化行业47家上市公司竞争态势系统健康指数平均水平为50.29，略低于全市场竞争态势健康指数平均水平（50.47）。行业平均水平以上的上市公司有21家，占总数的44.68%。从区间分布看，40以下的有6家，占12.77%；40—50的有20家，占42.55%；50—60的有11家，占23.40%；60—70的有8家，占17.02%；70以上的有2家，占4.26%。

从行业健康诊断看，竞争态势系统健康指数排名前10的公司是：**中国海油（76.57）、海油工程（70.23）、中国石油（68.51）、宇新股份（66.61）、中国石化（66.06）、广汇能源（65.57）、中海油服（64.78）、荣盛石化（64.74）、海油发展（63.53）、博汇股份（62.15）**。

7. 资产资本结构系统

石油石化行业47家上市公司资产资本结构系统健康指数平均水平为56.62，略低于全市场资产资本结构健康指数平均水平（56.79）。行业平均水平以上的上市公司有23家，占总数的48.94%。从区间分布看，40以下的有2家，占4.26%；40—50的有11家，占23.40%；50—60的有17家，占36.17%；60—70的有13家，占27.66%；70以上的有4家，占8.51%。

从行业健康诊断看，资产资本结构系统健康指数排名前10的公司是：**大庆华科（77.67）、润贝航科（73.06）、博迈科（72.83）、广聚能源（70.59）、宝莫股份（69.25）、恒通股份（68.81）、潜能恒信（68.57）、康普顿（67.62）、和顺石油（65.61）、岳阳兴长（64.16）**。

8. 内部控制系统

石油石化行业47家上市公司内部控制系统健康指数平均水平为82.48，略低于全市场内部控制健康指数平均水平（83.22）。行业平均水平以上的上市公司有24家，占总数的51.06%。从区间分布看，60—70的有2家，占4.26%；70—80的有14家，占29.79%；80—90的有27家，占57.45%；90以上的有4家，占8.51%。

从行业健康诊断看，内部控制系统健康指数排名前10的公司是：**大庆华科（92.88）、蓝焰控股（92.41）、统一股份（91.07）、恒通股份（90.58）、中油工程（89.46）、海油工程（88.99）、博迈科（88.43）、海油发展（88.20）、广聚能源（87.61）、泰山石油（87.08）**。

9. 企业文化系统

石油石化行业47家上市公司企业文化系统健康指数平均水平为65.52，略低于全市场企业文化健康指数平均水平（67.58）。行业平均水平以上的上市公司有25家，占总数的53.19%。从区间分布看，50以下的有6家，占12.77%；50—60的有11家，占23.40%；60—70的有9家，占19.15%；70—80的有17家，占36.17%；80以上的有4家，占8.51%。

从行业健康诊断看，企业文化系统健康指数排名前10的公司是：**宇新股份（89.08）、广汇能源（82.76）、中曼石油（80.69）、荣盛石化（80.35）、上海石化（79.74）、惠博普（78.31）、中国石油（77.38）、石化油服（77.26）、岳阳兴长（76.73）、海油发展（75.97）**。

26.3 行业机遇、挑战和发展对策

26.3.1 行业发展面临的机遇

石油石化行业面临着一系列发展机遇，以下是一些主要的机遇：

1. 能源需求稳步增长：随着全球人口增加和经济发展，对能源的需求将持续增长。石油石化行业作为主要能源供应者之一，将受益于能源需求的增长。

2. 新兴市场需求增加：新兴市场国家经济不断发展，工业化和城市化进程加快，将带动石油石化产品的需求增加。

3. 石油化工产品应用拓展：石油化工产品广泛应用于化工、塑料、橡胶、医药、农业等领域，随着科技进步和创新，产品的应用领域将不断拓展。

4. 天然气发展潜力：天然气是清洁能源的代表，受到国际社会的广泛关注。石油石化企业可以积极发展天然气资源和相关产业，抓住清洁能源发展的机遇。

5. 产业升级和技术创新：石油石化行业面临产业升级和技术创新的机遇。通过引进先进技术和提高石油化工产品附加值，企业可以提高竞争力和盈利能力。

6. "一带一路"倡议：中国积极推进"一带一路"倡议，加强与沿线国家的能源合作，石油石化企业可以通过国际合作开拓更广阔的市场。

7. 绿色可持续发展：环保意识的提高促使石油石化行业朝着绿色和可持续发展方向转型。发展环保技术、减少碳排放、推广可再生能源等都是行业发展面临的机遇。

8. 石油石化化工品进口增长：随着国内经济的发展和化工产品需求的增加，石油石化化工品进口量也在逐渐增长，为行业提供了扩大市场份额的机遇。

综上所述，石油石化行业面临着能源需求增长、新兴市场需求增加、石油化工产品应用拓展、天然气发展潜力、产业升级和技术创新、"一带一路"倡议、绿色可持续发展以及石油石化化工品进口增长等多方面的机遇。企业可以抓住这些机遇，加强技术创新，拓展市场，实现持续稳健的发展。

26.3.2 行业发展面临的挑战

当谈到石油石化行业的发展，也面临着一系列的挑战，以下是其中一些主要的挑战：

1. 能源转型：随着全球对环境保护和气候变化问题的关注增加，石油石化行业面临能源转型的挑战。逐渐减少对化石燃料的依赖，推进可再生能源和清洁能源的发展，是行业转型升级的重要方向。

2. 供需平衡：石油石化行业供需平衡问题一直是挑战之一。市场波动和需求波动导致价格不稳定，企业需要灵活应对供应链和产能规划，以确保供需平衡。

3. 市场竞争：石油石化行业市场竞争激烈，尤其是国际市场。全球石油石化企业竞争激烈，企业需要提高产品质量、降低成本，增强核心竞争力。

4. 环保压力：石油石化行业是重要的污染源之一，受到环保法规的限制和监管，企业需要投入更多资源用于环保设施建设和排放减排，提高环境保护意识。

5. 油价波动：国际油价的波动性较大，直接影响石油石化企业的盈利能力和经营状况。行业需要谨慎应对油价波动，寻找稳健的经营策略。

6. 替代品竞争：随着可再生能源和电动车等新兴技术的发展，石油石化产品面临替代品竞争。企业需要加大研发投入，提高产品创新和技术水平，增强市场竞争力。

7. 地缘政治风险：石油石化行业受到地缘政治风险的影响较大。国际政治动荡、地区冲突等都可能影响石油产量和国际贸易，带来不确定性。

8. 可持续发展压力：社会对石油石化行业的可持续发展要求越来越高，企业需要积极应对，推动绿色发展，减少对环境的负面影响。

26.3.3 行业发展建议

为了助力石油石化行业的高质量发展，以下是一些建议：

1. 加大科技创新投入：石油石化行业需要加大科技创新投入，推动技术的进步和升级。发展新的石油勘探和开采技术，提高油气资源开采率；推进炼油和化工技术创新，降低生产成本；开发清洁能源技术，减少对化石燃料的依赖，推进能源转型。

2. 绿色发展和环保措施：石油石化行业要重视环保，加大环保设施建设和排放减排措施。推进炼油和化工过程的清洁生产，减少废弃物和污染物排放；发展低碳技术和清洁能源，降低碳排放；推动绿色化工发展，开发可持续的生物资源。

3. 多元化发展和资源整合：石油石化企业要拓展多元化业务，降低对石油价格波动的依赖。积极拓展新能源领域，如天然气、电力等；发展石化下游产业，提高附加值；进行资源整合，优化产业结构和供应链，提高市场竞争力。

4. 国际合作和市场拓展：石油石化企业要加强国际合作，拓展国际市场。参与"一带一路"倡议，开展国际合作项目；积极拓展海外石油资源开采和海外市场销售，降低国际市场风险。

5. 灵活应对市场变化：石油石化企业要灵活应对市场变化，根据需求波动和油价变化做出及时调整。建立灵活的供应链和产能规划，确保供需平衡；加强市场研究和预测，做好市场风险评估。

6. 增强企业创新和管理能力：石油石化企业要提高创新和管理能力。培养专业技术人才，推动科技创新；优化企业管理，提高生产效率和运营水平。

7. 关注可持续发展：石油石化行业要关注可持续发展，积极履行企业社会责任。推动绿色供应链和循环经济发展，降低资源消耗和环境负担。

综上所述，石油石化行业面临着能源转型、供需平衡、市场竞争、环保压力、油价波动、替代品竞争、地缘政治风险以及可持续发展压力等挑战。通过采纳加大科技创新投入、推动绿色发展、拓展多元化业务和国际合作、灵活应对市场变化以及提高企业创新和管理能力等建议，石油石化企业可以更好地应对挑战，实现持续稳健发展。

第27章
食品饮料行业

食品饮料行业是涉及食品和饮料生产、加工、销售及相关服务的重要产业。它是人们日常生活中必需的行业之一，直接关系到人们的饮食安全和健康。食品饮料行业涵盖了广泛的产品种类，包括食品、饮料、糖果、咖啡、茶叶、果汁、乳制品等，涉及众多的品牌和企业。

27.1 行业核心财务指标分析

截至2022年底，A股市场食品饮料行业共有上市公司127家，总市值共计61917.80亿元，平均市值487.54亿元/家，营业总收入9849.95亿元，平均营业收入78.17亿元/家，净利润总额为1812.24亿元，平均净利润14.38亿元/家。市值最大的为**贵州茅台**（21694.54亿元），营业收入最高的为**贵州茅台**（1241.00亿元），净利润最高的是**贵州茅台**（653.75亿元）。其中，营业收入小于10亿元的公司有28家，约占该行业内公司总数的22.05%；小于5亿元的有15家，约占该行业内公司总数的11.81%。2022年，食品饮料行业上市公司研发投入合计为91.98亿元。行业相关关键指标对比情况见表27-1。

表 27-1　食品饮料行业关键指标对比

行业关键指标	2022年（中位数水平）	2021年（中位数水平）	变动情况
营业总收入3年复合增长率	8.33%	10.24%	−1.91%
净利润3年复合增长率	7.06%	11.34%	−4.28%
年化总资产报酬率	6.11%	8.22%	−2.11%
年化净资产报酬率	7.81%	8.72%	−0.91%
销售毛利率	31.98%	32.89%	−0.91%
销售净利率	7.59%	9.10%	−1.51%
研发强度	1.11%	1.00%	0.11%
分红比例	46.87%	37.84%	9.03%
权益乘数	1.49	1.49	0.00
流动比率	2.11	2.19	−0.08
速动比率	1.24	1.27	−0.03
现金流量利息保障倍数	2742.48	2926.39	−183.91

续表

行业关键指标	2022年（中位数水平）	2021年（中位数水平）	变动情况
总资产周转率	0.66	0.71	−0.05
存货周转率	4.30	4.48	−0.18
应收账款周转率	24.04	25.20	−1.16

数据来源：同花顺、中关村国睿金融与产业发展研究会。

受各类外部因素影响，2022年整体消费潜力被压制，食品饮料行业除白酒保持稳健外，其他细分行业受到冲击，各项盈利指标均出现下滑，偿债能力面临一定挑战，但研发强度有所提升，分红比例大幅度增加，行业复苏意愿较强。

27.2 健康指数分析

根据报告分析口径，剔除数据异常以及退市公司后，本报告共对食品饮料行业126家上市公司开展健康诊断。

27.2.1 综合健康指数分析

1. 一级行业综合健康指数分析

诊断结果显示，食品饮料行业综合健康指数平均水平为66.42，其中**五粮液（81.57）**、**山西汾酒（80.15）**、**泸州老窖（79.16）**位列行业前三。从指数分布看，高于平均水平的有64家，占行业内公司总数的50.79%。其中，如图27-1所示，综合健康指数区间在60以下的有15家，占16.18%；60—70的有76家，占57.80%；70以上的有35家，占26.01%。

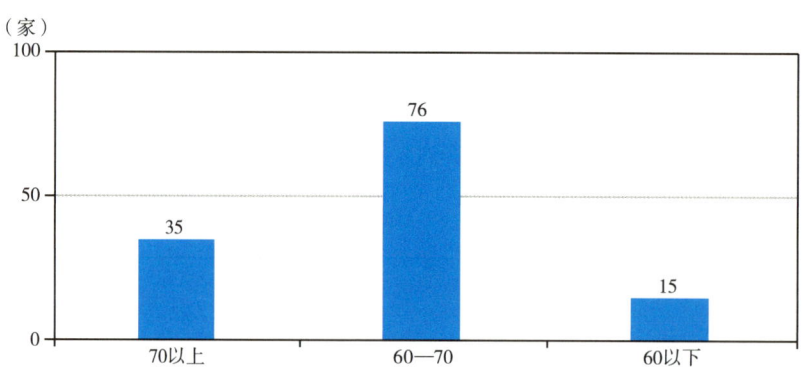

图27-1 食品饮料行业上市公司综合健康指数区间分布情况

2. 细分行业综合健康指数分析

"食品饮料"行业有2个二级行业，可细分为9个三级行业，如图27-2所示，包括：

（1）二级"食品加工制造"行业，79家公司综合健康指数平均水平为65.93，最高的是安琪酵母（76.68）。其中：

三级"调味发酵品"行业，15家公司综合健康指数平均水平为67.33，最高的是安琪酵母（76.68）；

三级"肉制品"行业，8家公司综合健康指数平均水平为65.88，最高的是双汇发展（71.73）；

三级"乳品"行业，18家公司综合健康指数平均水平为63.95，最高的是伊利股份（74.47）；

三级"休闲食品"行业，21家公司综合健康指数平均水平为66.77，最高的是洽洽食品（75.03）；

三级"其他食品"行业，17家公司综合健康指数平均水平为65.78，最高的是三全食品（74.48）。

（2）二级"饮料制造"行业，47家公司综合健康指数平均水平为67.24，最高的是五粮液（81.57）。其中：

三级"白酒"行业，20家公司综合健康指数平均水平为70.83，最高的是五粮液（81.57）；

三级"啤酒"行业，7家公司综合健康指数平均水平为66.36，最高的是青岛啤酒（74.35）；

三级"软饮料"行业，11家公司综合健康指数平均水平为67.02，最高的是东鹏饮料（73.18）；

三级"其他酒类"行业，9家公司综合健康指数平均水平为60.22，最高的是百润股份（69.13）。

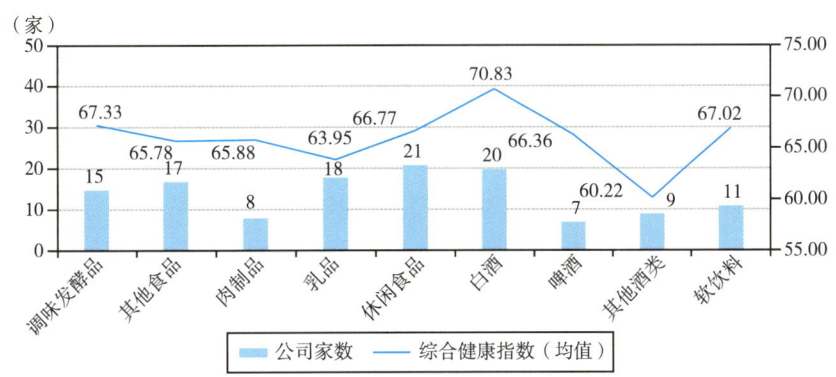

图27-2　2022年食品饮料细分行业综合健康指数平均水平

食品饮料行业2022年综合健康指数前10%排名如表27-2所示。

表27-2　食品饮料行业2022年综合健康指数前10%排名

排名	公司代码	公司名称	综合健康指数	二级行业_同花顺	三级行业_同花顺
1	000858.SZ	五粮液	81.57	饮料制造	白酒
2	600809.SH	山西汾酒	80.15	饮料制造	白酒
3	000568.SZ	泸州老窖	79.16	饮料制造	白酒
4	603198.SH	迎驾贡酒	78.72	饮料制造	白酒
5	002304.SZ	洋河股份	78.38	饮料制造	白酒
6	600519.SH	贵州茅台	78.37	饮料制造	白酒
7	000596.SZ	古井贡酒	76.93	饮料制造	白酒
8	600702.SH	舍得酒业	76.75	饮料制造	白酒
9	600298.SH	安琪酵母	76.68	食品加工制造	调味发酵品
10	603288.SH	海天味业	76.33	食品加工制造	调味发酵品
11	002557.SZ	洽洽食品	75.03	食品加工制造	休闲食品
12	603317.SH	天味食品	74.89	食品加工制造	调味发酵品
13	002216.SZ	三全食品	74.48	食品加工制造	其他食品

数据来源：同花顺、中关村国睿金融与产业发展研究会。

27.2.2 九大系统健康指数分析

1. 公司治理系统

食品饮料行业126家上市公司公司治理系统健康指数平均水平为84.99，略低于全市场公司治理健康指数平均水平（85.08）。行业平均水平以上的上市公司有56家，占总数的44.44%。从区间分布看，60—70的有1家，占0.79%；70—80的有18家，占14.29%；80—90的有81家，占64.29%；90以上的有26家，占20.63%。

从行业健康诊断看，公司治理系统健康指数排名前10的公司是：**涪陵榨菜（95.32）、广州酒家（95.31）、天润乳业（95.18）、顺鑫农业（95.17）、上海梅林（95.17）、洋河股份（95.11）、青岛啤酒（94.83）、三元股份（94.60）、安琪酵母（94.13）、酒鬼酒（93.83）**。

2. 外部监督系统

食品饮料行业126家上市公司外部监督系统健康指数平均水平为79.11，略高于全市场外部监督健康指数平均水平（78.64）。行业平均水平以上的上市公司有79家，占总数的62.70%。从区间分布看，50以下的有4家，占3.17%；50—60的有6家，占4.76%；60—70的有6家，占4.76%；70—80的有38家，占30.16%；80—90的有61家，占48.41%；90以上的有11家，占8.73%。

从行业健康诊断看，外部监督系统健康指数排名前10的公司是：**东鹏饮料（94.89）、燕京啤酒（94.56）、老白干酒（91.42）、迎驾贡酒（91.25）、广州酒家（91.11）、劲仔食品（90.91）、双汇发展（90.71）、天润乳业（90.55）、泸州老窖（90.25）、洋河股份（90.22）**。

3. 创利能力系统

食品饮料行业126家上市公司创利能力系统健康指数平均水平为58.63，略高于全市场创利能力健康指数平均水平（58.47）。行业平均水平以上的上市公司有62家，占总数的49.21%。从区间分布看，40以下的有5家，占3.97%；40—50的有24家，占19.05%；50—60的有41家，占32.54%；60—70的有36家，占28.57%；70以上的有20家，占15.87%。

从行业健康诊断看，创利能力系统健康指数排名前10的公司是：**山西汾酒（83.08）、贵州茅台（82.86）、五粮液（81.38）、迎驾贡酒（77.88）、三全食品（77.71）、古井贡酒（76.93）、重庆啤酒（75.73）、洋河股份（75.50）、泸州老窖（75.02）、舍得酒业（74.81）**。

4. 价值再造系统

食品饮料行业126家上市公司价值再造系统健康指数平均水平为60.06，略低于全市场价值再造健康指数平均水平（60.25）。行业平均水平以上的上市公司有67家，占总数的53.17%。从区间分布看，40以下的有2家，占1.59%；40—50的有14家，占11.11%；50—60的有43家，占34.13%；60—70的有53家，占42.06%；70以上的有14家，占11.11%。

从行业健康诊断看，价值再造系统健康指数排名前10的公司是：**安井食品（78.06）、古井贡酒（78.03）、舍得酒业（77.46）、迎驾贡酒（77.07）、五粮液（76.45）、泸州老窖（75.16）、燕京啤酒（74.77）、山西汾酒（74.72）、劲仔食品（74.30）、安琪酵母（74.07）**。

5. 产品销售系统

食品饮料行业126家上市公司产品销售系统健康指数平均水平为49.97，略低于全市场产品销售健康指数平均水平（50.17）。行业平均水平以上的上市公司有67家，占总数的53.17%。从区间分布看，40以下的有25家，占19.84%；40—50的有34家，占26.98%；50—60的有41家，占32.54%；60—70的有19家，占15.08%；70以上的有7家，占5.56%。

从行业健康诊断看，产品销售系统健康指数排名前10的公司是：**龙大美食**（79.20）、**华统股份**（75.82）、**双汇发展**（74.86）、**益客食品**（71.34）、**上海梅林**（71.12）、**克明食品**（70.66）、**山西汾酒**（70.10）、**安琪酵母**（69.03）、**贵州茅台**（68.99）、**五粮液**（67.00）。

6. 竞争态势系统

食品饮料行业126家上市公司竞争态势系统健康指数平均水平为49.96，略低于全市场竞争态势健康指数平均水平（50.47）。行业平均水平以上的上市公司有66家，占总数的52.38%。从区间分布看，40以下的有29家，占23.02%；40—50的有31家，占24.60%；50—60的有37家，占29.37%；60—70的有19家，占15.08%；70以上的有10家，占7.94%。

从行业健康诊断看，竞争态势系统健康指数排名前10的公司是：**安琪酵母**（78.09）、**伊利股份**（73.68）、**迎驾贡酒**（73.67）、**洋河股份**（73.52）、**海天味业**（73.00）、**泸州老窖**（72.84）、**重庆啤酒**（71.69）、**古井贡酒**（71.31）、**五粮液**（70.64）、**山西汾酒**（70.08）。

7. 资产资本结构系统

食品饮料行业126家上市公司资产资本结构系统健康指数平均水平为57.56，略高于全市场资产资本结构健康指数平均水平（56.79）。行业平均水平以上的上市公司有72家，占总数的57.14%。从区间分布看，40以下的有12家，占9.52%；40—50的有22家，占17.46%；50—60的有33家，占26.19%；60—70的有44家，占34.92%；70以上的有15家，占11.90%。

从行业健康诊断看，资产资本结构系统健康指数排名前10的公司是：**承德露露**（77.41）、**酒鬼酒**（76.81）、**百合股份**（75.52）、**贵州茅台**（74.32）、**青岛食品**（74.32）、**五粮液**（73.69）、**海融科技**（73.68）、**佳隆股份**（73.03）、**涪陵榨菜**（72.34）、**味知香**（72.27）。

8. 内部控制系统

食品饮料行业126家上市公司内部控制系统健康指数平均水平为83.72，略高于全市场内部控制健康指数平均水平（83.22）。行业平均水平以上的上市公司有67家，占总数的53.17%。从区间分布看，60以下的有1家，占0.79%；60—70的有2家，占1.59%；70—80的有26家，占20.63%；80—90的有79家，占62.70%；90以上的有18家，占14.29%。

从行业健康诊断看，内部控制系统健康指数排名前10的公司是：**海天味业**（93.57）、**天味食品**（93.57）、**广州酒家**（93.57）、**珠江啤酒**（93.57）、**劲仔食品**（93.02）、**燕京啤酒**（93.02）、**仲景食品**（93.02）、**好想你**（93.02）、**佳隆股份**（93.02）、**桃李面包**（92.44）。

9. 企业文化系统

食品饮料行业126家上市公司企业文化系统健康指数平均水平为70.39，略高于全市场企业文化健康指数平均水平（67.58）。行业平均水平以上的上市公司有65家，占总数的51.59%。从区间分布看，50以下的有5家，占3.97%；50—60的有17家，占13.49%；60—70的有36家，占28.57%；70—80的有44家，占34.92%；80以上的有24家，占19.05%。

从行业健康诊断看，企业文化系统健康指数排名前10的公司是：**伊利股份**（94.10）、**妙可蓝多**（93.53）、**安琪酵母**（90.30）、**安井食品**（87.81）、**五粮液**（86.82）、**洋河股份**（86.51）、**劲仔食品**（85.79）、**新乳业**（85.39）、**均瑶健康**（85.36）、**洽洽食品**（84.83）。

27.3 行业机遇、挑战和发展对策

27.3.1 行业发展面临的机遇

食品饮料行业面临着许多发展机遇，以下是一些主要的机遇：

1. 健康意识提升：随着人们健康意识的增强，消费者对健康食品和饮料的需求不断增加。健康食品、有机食品、天然成分、低糖低脂产品等受到青睐，促进了行业的创新和升级。

2. 快速消费品市场增长：经济发展和中产阶级的崛起带动了快速消费品市场的扩大，食品饮料行业将受益于消费升级和消费结构变化。

3. 城乡消费差异缩小：随着城乡经济发展的一体化，农村地区对品质、安全和多样性的需求增加，为食品饮料行业进一步开拓农村市场提供了机遇。

4. 科技创新推动发展：食品饮料行业不断探索新的生产技术、加工方法和包装形式，提高生产效率和产品质量，同时满足消费者个性化需求。

5. 跨境电商拓展海外市场：中国食品饮料企业通过跨境电商平台，拓展海外市场，加速"走出去"步伐，受益于全球化发展趋势。

6. 城市化进程加速：随着城市化进程的推进，城市居民生活节奏加快，便捷、方便的食品饮料产品将受到更多关注和需求。

7. 消费升级带动高端产品需求：随着收入水平提高和消费升级，高端、特色化、差异化产品的需求逐渐增长，推动食品饮料行业的升级转型。

8. 品牌建设和市场营销：食品饮料行业注重品牌建设和市场营销，通过有效的品牌推广和营销策略，提高品牌知名度和市场份额。

综上所述，食品饮料行业在当前社会经济发展背景下，面临着许多机遇。行业企业应积极抓住这些机遇，加强创新和品牌建设，满足消费者需求，推动行业的持续发展和壮大。

27.3.2 行业发展面临的挑战

食品饮料行业面临着一些发展挑战，以下是一些主要的挑战：

1. 食品安全问题：食品安全一直是消费者关注的重要问题。食品饮料行业需要严格遵守食品安全法律法规，加强质量监管和生产管理，确保产品安全和质量。

2. 健康与营养需求：消费者对健康和营养的需求越来越高，对低糖、低脂、无添加剂、天然成分的食品饮料产品需求增加，行业需要不断创新和开发更健康的产品。

3. 成本压力：原材料价格波动、劳动力成本上涨等因素，给食品饮料企业带来了成本压力，需

要有效控制成本，提高生产效率。

4．市场竞争激烈：食品饮料市场竞争激烈，企业需要不断提升产品品质和服务水平，拓展市场份额，保持竞争优势。

5．环境和可持续性问题：食品饮料行业需要关注环境保护和可持续性发展，减少对环境的影响，推动绿色生产和包装。

6．供应链管理：食品饮料行业的供应链较长，需要加强供应链管理，确保原材料供应的稳定性和品质。

7．新兴科技应用：随着科技的不断进步，食品饮料行业需要适应新兴科技应用的趋势，如电商、物联网、人工智能等，提升企业数字化和智能化水平。

8．消费者多样化需求：消费者需求日益多样化，食品饮料企业需要灵活应对不同消费群体的需求，推出更多样化、个性化的产品。

27.3.3 行业发展建议

食品饮料行业在面临挑战的同时，也蕴含着许多发展的机遇。以下是一些建议，有助于食品饮料行业实现持续发展：

1．加强品质与安全管理：食品饮料企业应注重产品品质和安全，加强质量管理与控制，确保产品符合相关标准和法规，增强消费者对产品的信任。

2．创新研发：积极进行产品研发与创新，推出更符合健康、营养和个性化需求的食品饮料产品，满足消费者多样化的需求。

3．拓展新兴市场：将目光投向新兴市场，特别是发展中国家，开发适应当地文化和口味的产品，开拓更广阔的市场空间。

4．数字化转型：加速数字化转型，利用先进的技术手段优化生产、销售和供应链管理，提高效率和运营灵活性。

5．绿色包装与可持续发展：推动绿色包装和环保措施的应用，降低对环境的影响，积极参与可持续发展，提高企业的社会责任感。

6．品牌建设与营销：加强品牌建设和市场营销，提升品牌知名度和美誉度，增强市场竞争力，拓展市场份额。

7．跨界合作：探索跨界合作机会，与相关行业合作，推出联合产品，扩大产品影响力。

8．人才培养与创新：加强人才培养与引进，吸引更多优秀人才加入行业，推动企业创新发展。

9．跟踪消费者需求：密切关注消费者需求变化，及时调整产品结构和营销策略，保持行业竞争优势。

10．积极参与政策制定：与政府部门积极沟通合作，参与行业政策制定，争取政策支持，促进行业良性发展。

总之，面对挑战，食品饮料行业的企业需要密切关注市场动态和消费者需求变化，不断加强创新和技术研发，提升产品品质和安全水平，强化品牌建设和营销推广，同时加强与政府部门的合作，积极参与产业标准制定和行业协会活动，共同推动食品饮料行业的可持续发展。

第28章
通信行业

通信行业是围绕用户通信需求，提供通信产品和服务的行业，是最具成长性的关键性、基础性产业，对我国经济转型升级有着重要支撑作用。近年来，国务院、国家发改委、工信部等多部门都陆续印发了支持、规范通信行业的发展政策，内容涉及5G网络建设、终端IPv6升级改造、"双千兆"网络基础设施、工业互联网建设等内容；2021年11月，工业和信息化部发布了《"十四五"信息通信行业发展规划》，明确了"十四五"期间推进信息通信行业发展的总体思路，即坚定不移推动制造强国、质量强国、网络强国、数字中国建设，系统部署新型数字基础设施，有效推进网络提速提质，着力强化新技术研发和应用推广，建立完善新型行业管理体系，持续提升行业服务质量和安全保障能力，切实增强行业抗击风险的能力水平，实现行业高质量发展。

28.1 行业核心财务指标分析

截至2022年底，A股市场通信行业共有上市公司119家，总市值共计23946.50亿元，平均市值201.23亿元/家，营业总收入22840.96亿元，平均营业收入191.94亿元/家，净利润总额为1922.68亿元，平均净利润16.16亿元/家。市值最大的为**中国移动**（10068.92亿元），营业收入最高的为**中国移动**（9372.59亿元），净利润最高的是**中国移动**（1255.94亿元）。其中，营业收入小于10亿元的公司有48家，约占该行业内公司总数的40.34%；小于5亿元的有21家，约占该行业内公司总数的17.65%。2022年，通信行业上市公司研发投入合计为991.10亿元。行业相关关键指标对比情况见表28-1。

表 28-1　　通信行业关键指标对比

行业关键指标	2022年（中位数水平）	2021年（中位数水平）	变动情况
营业总收入3年复合增长率	9.11%	6.91%	2.20%
净利润3年复合增长率	18.03%	8.96%	9.07%
年化总资产报酬率	3.78%	3.03%	0.75%
年化净资产报酬率	5.98%	4.13%	1.85%
销售毛利率	24.31%	24.24%	0.07%
销售净利率	4.95%	4.16%	0.79%

续表

行业关键指标	2022年（中位数水平）	2021年（中位数水平）	变动情况
研发强度	8.20%	7.04%	1.16%
分红比例	35.29%	31.55%	3.74%
权益乘数	1.64	1.52	0.12
流动比率	2.07	2.00	0.07
速动比率	1.47	1.55	−0.08
现金流量利息保障倍数	554.04	497.11	56.93
总资产周转率	0.58	0.56	0.02
存货周转率	3.35	3.41	−0.06
应收账款周转率	3.29	3.16	0.13

数据来源：同花顺、中关村国睿金融与产业发展研究会。

虽然面临整体外部环境不利的局面，2022年通信行业整体发展亮眼，行业整体营收和净利润保持快速增长，各项盈利指标同比增长明显，研发强度和分红比例持续提升，运营能力和偿债能力保持稳健，整体发展潜力有待进一步释放。

28.2 健康指数分析

根据报告分析口径，剔除数据异常以及退市公司后，本报告共对通信行业119家上市公司开展健康诊断。

28.2.1 综合健康指数分析

1. 一级行业综合健康指数分析

诊断结果显示，通信行业综合健康指数平均水平为65.57，其中**亿联网络（77.03）、威胜信息（76.55）、中国联通（75.44）**位列行业前三。从指数分布看，高于平均水平的有68家，占行业内公司总数的57.14%。其中，如图28-1所示，综合健康指数区间在60以下的有20家，占16.81%；60—70的有71家，占59.66%；70以上的有28家，占23.53%。

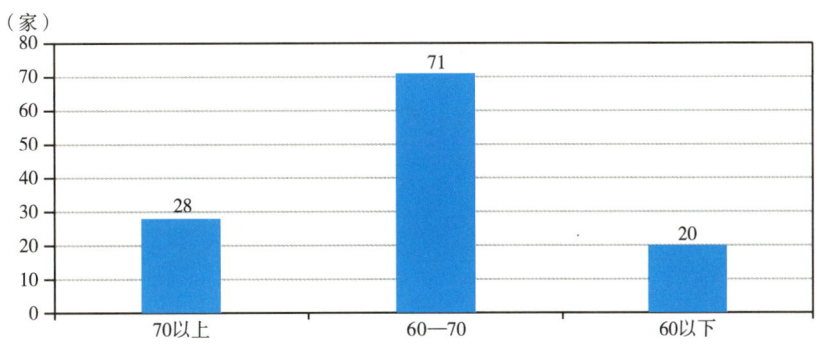

图28-1　通信行业上市公司综合健康指数区间分布情况

2. 细分行业综合健康指数分析

"通信"行业细分为2个二级行业和5个三级行业，如图28-2所示，各细分行业综合健康指数情况如下：

（1）二级"通信服务"行业，36家公司综合健康指数平均水平为63.08，最高的是中国联通（75.44）。其中，二级"通信服务"行业只包括1个三级"通信服务Ⅲ"行业。

（2）二级"通信设备"行业，83家公司综合健康指数平均水平为66.65，最高的是亿联网络（77.03）。其中：

三级"通信网络设备及器件"行业32家上市公司综合健康指数平均水平为67.28，最高的是中际旭创（75.03）；

三级"通信线缆及配套"行业12家上市公司综合健康指数平均水平为64.80，最高的是长飞光纤（74.09）；

三级"通信终端及配件"行业27家上市公司综合健康指数平均水平为66.72，最高的是亿联网络（77.03）；

三级"其他通信设备"行业12家上市公司综合健康指数平均水平为66.67，最高的是东方通信（72.35）。

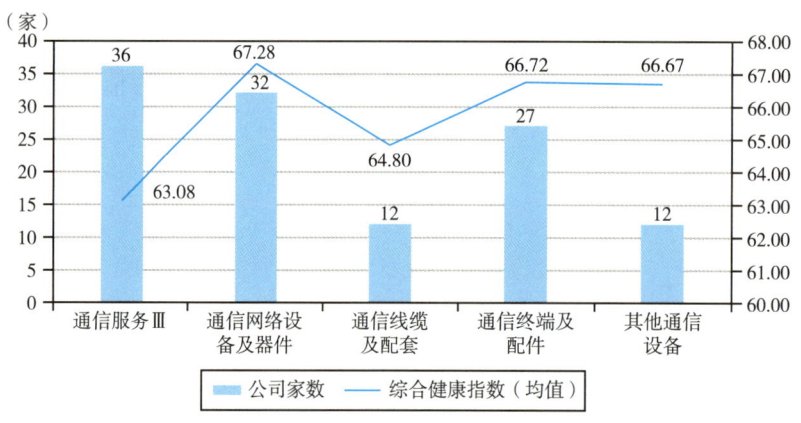

图28-2　2022年通信细分行业综合健康指数平均水平

通信行业上市公司综合健康指数排名前10%的公司如表28-2所示。

表28-2　　通信行业2022年综合健康指数前10%排名

排名	公司代码	公司名称	综合健康指数	二级行业_同花顺	三级行业_同花顺
1	300628.SZ	亿联网络	77.03	通信设备	通信终端及配件
2	688100.SH	威胜信息	76.55	通信设备	通信终端及配件
3	600050.SH	中国联通	75.44	通信服务	通信服务Ⅲ
4	300308.SZ	中际旭创	75.03	通信设备	通信网络设备及器件
5	600941.SH	中国移动	74.79	通信服务	通信服务Ⅲ
6	000063.SZ	中兴通讯	74.62	通信设备	通信网络设备及器件

续表

排名	公司代码	公司名称	综合健康指数	二级行业_同花顺	三级行业_同花顺
7	300627.SZ	华测导航	74.58	通信设备	通信终端及配件
8	300638.SZ	广和通	74.38	通信设备	通信终端及配件
9	601728.SH	中国电信	74.31	通信服务	通信服务Ⅲ
10	601869.SH	长飞光纤	74.09	通信设备	通信线缆及配套
11	002544.SZ	普天科技	73.94	通信服务	通信服务Ⅲ
12	002017.SZ	东信和平	73.84	通信设备	通信终端及配件

数据来源：同花顺、中关村国睿金融与产业发展研究会。

28.2.2 九大系统健康指数分析

1. 公司治理系统

通信行业119家上市公司公司治理系统健康指数平均水平为83.63，略低于全市场公司治理健康指数平均水平（85.08）。行业平均水平以上的上市公司有56家，占总数的47.06%。从区间分布看，60—70的有2家，占1.68%；70—80的有25家，占21.01%；80—90的有74家，占62.18%；高于90的有18家，占15.13%。

从行业健康诊断看，公司治理系统健康指数排名前10的公司是：**普天科技**（95.97）、**南京熊猫**（95.82）、**光库科技**（95.42）、**中兴通讯**（93.40）、**中瓷电子**（92.99）、**万马科技**（92.71）、**光迅科技**（92.42）、**中国联通**（92.24）、**东信和平**（92.18）、**长江通信**（92.17）。

2. 外部监督系统

通信行业119家上市公司外部监督系统健康指数平均水平为76.55，略低于全市场外部监督健康指数平均水平（78.64）。行业平均水平以上的上市公司有67家，占总数的56.30%。从区间分布看，50以下的有4家，占3.36%；50—60的有8家，占6.72%；60—70的有13家，占10.92%；70—80的有40家，占33.61%；80—90的有43家，占36.13%；高于90的有11家，占9.24%。

从行业健康诊断看，外部监督系统健康指数排名前10的公司是：**润建股份**（95.53）、**中国联通**（95.00）、**中国电信**（94.39）、**中国移动**（94.06）、**威胜信息**（93.97）、**中瓷电子**（93.75）、**德生科技**（93.20）、**亨通光电**（91.86）、**东信和平**（91.20）、**星网锐捷**（90.67）。

3. 创利能力系统

通信行业119家上市公司创利能力系统健康指数平均水平为58.44，略低于全市场创利能力健康指数平均水平（58.47）。行业平均水平以上的上市公司有58家，占总数的48.74%。从区间分布看，40以下的有1家，占0.84%；40—50的有21家，占17.65%；50—60的有43家，占36.13%；60—70的有38家，占31.93%；高于70的有16家，占13.45%。

从行业健康诊断看，创利能力系统健康指数排名前10的公司是：**威胜信息**（78.80）、**中国电信**（77.32）、**新易盛**（76.68）、**亿联网络**（73.78）、**三旺通信**（73.62）、**东信和平**（73.52）、**太辰光**（73.45）、**中国移动**（73.32）、**鼎通科技**（72.62）、**富士达**（72.16）。

4. 价值再造系统

通信行业119家上市公司价值再造系统健康指数平均水平为60.13，略低于全市场价值再造健康指数平均水平（60.25）。行业平均水平以上的上市公司有66家，占总数的55.46%。从区间分布看，40以下的有3家，占2.52%；40—50的有14家，占11.76%；50—60的有36家，占30.25%；60—70的有46家，占38.66%；高于70的有20家，占16.81%。

从行业健康诊断看，价值再造系统健康指数排名前10的公司是：**中天科技（79.67）、瑞斯康达（75.66）、海能达（74.68）、中际旭创（73.49）、太辰光（73.12）、星网锐捷（72.95）、天喻信息（72.71）、长飞光纤（72.50）、锐捷网络（72.24）、亿联网络（72.15）**。

5. 产品销售系统

通信行业119家上市公司产品销售系统健康指数平均水平为49.96，略低于全市场产品销售健康指数平均水平（50.17）。行业平均水平以上的上市公司有59家，占总数的49.58%。从区间分布看，40以下的有24家，占20.17%；40—50的有36家，占30.25%；50—60的有30家，占25.21%；60—70的有26家，占21.85%；高于70的有3家，占2.52%。

从行业健康诊断看，产品销售系统健康指数排名前10的公司是：**三维通信（74.63）、移远通信（71.14）、中天科技（70.35）、中际旭创（69.83）、亨通光电（69.78）、超讯通信（69.53）、广和通（68.45）、菲菱科思（68.39）、润建股份（67.50）、东方通信（64.74）**。

6. 竞争态势系统

通信行业119家上市公司竞争态势系统健康指数平均水平为50.37，略低于全市场竞争态势健康指数平均水平（50.47）。行业平均水平以上的上市公司有54家，占总数的45.38%。从区间分布看，40以下的有25家，占21.01%；40—50的有37家，占31.09%；50—60的有28家，占23.53%；60—70的有19家，占15.97%；高于70的有10家，占11.9%。

从行业健康诊断看，竞争态势系统健康指数排名前10的公司是：**亿联网络（80.67）、烽火通信（80.05）、移远通信（75.92）、华测导航（74.38）、长飞光纤（73.40）、星网锐捷（73.08）、广和通（71.70）、中国移动（71.43）、中兴通讯（71.27）、锐捷网络（70.77）**。

7. 资产资本结构系统

通信行业119家上市公司资产资本结构系统健康指数平均水平为56.64，略低于全市场资产资本结构健康指数平均水平（56.79）。行业平均水平以上的上市公司有63家，占总数的52.94%。从区间分布看，40以下的有9家，占7.56%；40—50的有31家，占26.05%；50—60的有31家，占26.05%；60—70的有33家，占27.73%；高于70的有15家，占12.61%。

从行业健康诊断看，资产资本结构系统健康指数排名前10的公司是：**坤恒顺维（79.08）、亿通科技（77.67）、映翰通（76.31）、南凌科技（74.69）、恒宝股份（74.08）、广哈通信（73.63）、浩瀚深度（72.59）、武汉凡谷（72.07）、亿联网络（72.02）、威胜信息（71.24）**。

8. 内部控制系统

通信行业119家上市公司内部控制系统健康指数平均水平为83.41，略高于全市场内部控制健康指数平均水平（83.22）。行业平均水平以上的上市公司有66家，占总数的55.46%。从区间分布看，

60—70的有4家，占3.36%；70—80的有31家，占26.05%；80—90的有62家，占52.10%；90以上的有22家，占18.49%。

从行业健康诊断看，内部控制系统健康指数排名前10的公司是：东软载波（93.57）、亿通科技（93.57）、移为通信（93.09）、二六三（93.09）、共进股份（93.09）、北纬科技（93.03）、菲菱科思（92.10）、佳讯飞鸿（92.06）、广脉科技（91.98）、中光防雷（91.85）。

9. 企业文化系统

通信行业119家上市公司企业文化系统健康指数平均水平为66.10，略低于全市场企业文化健康指数平均水平（67.58）。行业平均水平以上的上市公司有59家，占总数的49.58%。从区间分布看，50以下的有12家，占10.08%；50—60的有25家，占21.01%；60—70的有41家，占34.45%；70—80的有22家，占18.49%；高于80的有13家，占10.92%。

从行业健康诊断看，企业文化系统健康指数排名前10的公司是：中际旭创（93.52）、广和通（92.97）、长飞光纤（92.16）、华测导航（90.90）、鼎信通讯（90.32）、东土科技（90.17）、海能达（88.41）、中天科技（86.22）、顺网科技（85.23）、移为通信（85.01）。

28.3 行业机遇、挑战和发展对策

28.3.1 行业发展面临的机遇

通信行业作为信息社会的基石，正面临着许多发展机遇。以下是通信行业发展面临的一些主要机遇：

1. 5G技术推广：5G技术将带来更快的网络速度、更低的延迟和更多连接的能力，为移动通信、物联网等领域带来巨大的机遇。

2. 物联网应用：随着物联网的发展，各种设备和物品都可以互相连接，通信行业可以通过提供物联网平台和解决方案获得机遇。

3. 云计算和大数据：通信行业可以通过提供云计算和大数据服务，支持企业和个人进行数据存储、分析和处理。

4. 边缘计算：边缘计算将数据处理移近数据源，减少传输延迟，适用于物联网等需要即时响应的场景。

5. 跨界融合创新：通信行业与其他行业的融合将带来新的商业模式和应用，如智慧城市、智能交通等领域。

6. 数字化转型：各行各业都在进行数字化转型，通信行业可以为其他行业提供数字化解决方案和支持。

7. 人工智能和自动化：通信行业可以利用人工智能技术提升网络管理、故障诊断等能力，实现自动化运维。

8. 新兴市场需求：一些发展中国家和地区的通信市场需求仍在增长，为行业的国际拓展提供

机遇。

9. 通信基础设施建设：一些地区仍需要建设通信基础设施，为通信设备供应商和运营商带来商机。

10. 数字经济发展：通信作为数字经济的基础，将受益于数字经济的发展，为行业带来更多机遇。

综合来看，通信行业发展面临的机遇涵盖了5G技术推广、物联网应用、云计算和大数据、边缘计算、跨界融合创新、数字化转型、人工智能和自动化、新兴市场需求、通信基础设施建设、数字经济发展等多个方面。通过抓住这些机遇，通信行业可以不断创新发展，提供更高质量的服务，满足不断增长的通信需求，推动科技进步和社会发展。

28.3.2 行业面临的挑战

通信行业在迎接机遇的同时，也面临一些发展挑战。以下是通信行业发展面临的一些主要挑战：

1. 竞争激烈：通信市场竞争激烈，运营商、设备制造商和服务提供商之间争夺市场份额，可能导致价格战和利润下降。

2. 技术变革：通信技术不断变革，行业需要不断跟进和升级，以满足用户的需求，但技术变革也可能带来高昂的投资成本。

3. 隐私和安全问题：随着通信数据的增加，隐私和安全问题变得更加突出，通信行业需要加强数据保护和网络安全。

4. 技术标准化：通信技术涉及多种标准，需要行业内部和国际协调，确保设备和系统的互通性。

5. 网络拥堵：随着通信需求的不断增加，网络拥堵问题可能影响用户体验，需要加强网络扩容和优化。

6. 频谱资源短缺：无线通信需要频谱资源，但频谱资源有限，可能导致频谱拥挤和资源竞争。

7. 法规和监管：通信行业受到法规和监管的影响较大，需要遵守各种通信法律、隐私法规等。

8. 基础设施建设成本：通信基础设施的建设成本较高，特别是在偏远地区建设困难，可能导致投资回报周期较长。

9. 市场饱和：一些细分领域的通信市场已经相对饱和，增长空间有限，需要通过创新和服务升级寻找增长点。

10. 用户体验：随着用户对通信体验的要求不断提高，通信行业需要提供更稳定、更快速、更高质量的服务。

28.3.3 行业发展建议

为助力通信行业高质量发展，在总结机遇和挑战的基础上，给出以下建议：

1. 创新技术应用：通信行业应不断投资于研发和创新，推动新技术的应用，如5G、物联网、人工智能等，以满足用户不断增长的需求。

2. 提升用户体验：通信行业应关注用户体验，提供更稳定、更快速、更高质量的通信服务，以满足用户对通信的高要求。

3．加强网络建设：通信运营商应加强网络基础设施的建设，提升网络覆盖范围和质量，尤其是在偏远地区。

4．数据安全与隐私保护：通信行业应加强数据安全和隐私保护，建立严格的数据管理和保护体系，保障用户的个人信息安全。

5．跨界融合创新：通信行业可以与其他行业融合创新，推动智慧城市、智能交通、智能制造等领域的发展。

6．提高网络容量：随着网络数据流量的增加，通信行业需要不断提高网络的容量，以应对日益增长的通信需求。

7．支持中小企业：通信行业应支持中小企业的发展，为其提供定制化的通信解决方案，助力其数字化转型。

8．加强行业合作：通信行业内部和不同行业之间应加强合作，共同推动技术创新和应用，实现互利共赢。

9．培养人才：通信行业需要培养更多的专业人才，包括网络工程师、数据分析师、安全专家等，以满足行业发展的需求。

通过采纳上述建议，通信行业可以实现技术创新、用户体验提升、网络建设、数据安全保护、融合创新、支持中小企业等多方面的发展，为社会提供更高质量的通信服务，推动信息社会的发展和进步。同时，政府、企业和社会的共同努力也是通信行业健康发展的关键。

第29章
医药生物行业

医药生物行业是关系国计民生和国家安全的战略性新兴产业，涵盖生物技术、制药、生物医学工程等多个方面。作为我国战略性新兴产业之一，既是生物技术最重要的应用方向，又是现代医药行业转型升级的关键所在。在常态化疫情防控下，伴随着"健康中国"建设等新机遇，我国生物医药行业发展的重要性与迫切性愈发凸显，正快速由最具发展潜力的高技术产业向高技术支柱产业发展。

29.1 行业核心财务指标分析

截至2022年底，A股市场医药生物行业共有上市公司479家，总市值共计72301.40亿元，平均市值150.94亿元/家，营业总收入24823.25亿元，平均营业收入51.93亿元/家，净利润总额为2070.29亿元，平均净利润4.32亿元/家。市值最大的为**迈瑞医疗**（3830.95亿元），营业收入最高的为**上海医药**（2319.81亿元），净利润最高的是**九安医疗**（164.84亿元）。其中，营业收入小于10亿元的公司有186家，约占该行业内公司总数的38.83%；小于5亿元的有91家，约占该行业内公司总数的19.00%。2022年，医药生物行业上市公司研发投入合计为1262.67亿元。行业相关关键指标对比情况见表29-1。

表29-1　　　　　　　　　　医药生物行业关键指标对比

行业关键指标	2022年（中位数水平）	2021年（中位数水平）	变动情况
营业总收入3年复合增长率	9.38%	11.94%	-2.56%
净利润3年复合增长率	14.99%	19.85%	-4.86%
年化总资产报酬率	6.08%	7.75%	-1.67%
年化净资产报酬率	8.07%	9.58%	-1.51%
销售毛利率	52.38%	55.66%	-3.28%
销售净利率	10.59%	12.56%	-1.97%
研发强度	6.36%	5.83%	0.53%
分红比例	33.38%	32.07%	1.31%
权益乘数	1.40	1.42	-0.02
流动比率	2.63	2.59	0.04

续表

行业关键指标	2022年（中位数水平）	2021年（中位数水平）	变动情况
速动比率	2.01	2.03	−0.02
现金流量利息保障倍数	1712.78	1936.15	−223.37
总资产周转率	0.45	0.50	−0.05
存货周转率	2.55	2.49	0.06
应收账款周转率	5.56	5.67	−0.11

数据来源：同花顺、中关村国睿金融与产业发展研究会。

受疫情防控及经济下行压力影响，医药生物行业整体收入、利润及部分盈利指标出现明显下滑，但研发强度和分红比例进一步提高，偿债能力和运营能力面临一定挑战。

29.2 健康指数分析

根据报告分析口径，剔除数据异常以及退市公司后，本报告共对医药生物行业474家上市公司开展健康诊断。

29.2.1 综合健康指数分析

1. 一级行业综合健康指数分析

诊断结果显示，医药生物行业综合健康指数平均水平为66.16，其中**迈瑞医疗（82.11）、达安基因（80.75）、明德生物（80.06）**位列行业前三。从指数分布看，高于平均水平的有252家，占行业内公司总数的53.16%。其中，如图29-1所示，综合健康指数区间在60以下的有70家，占14.77%；60—70的有269家，占56.75%；70以上的有135家，占28.48%。

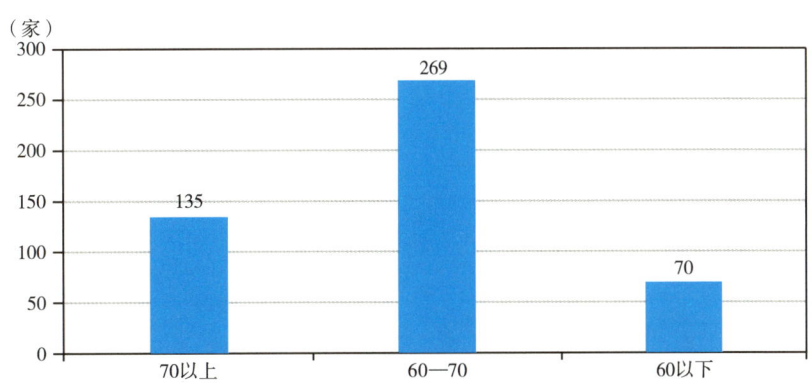

图29-1 医药生物行业上市公司综合健康指数区间分布情况

2. 细分行业综合健康指数分析

"医药生物"行业细分为6个二级行业和12个三级行业，如图29-2所示，各细分行业综合健康指数情况如下：

（1）二级"化学制药"行业，148家公司综合健康指数平均水平为65.42，最高的是健康元（75.68）。其中：

三级"化学制剂"行业，109家上市公司综合健康指数平均水平为65.16，最高的是健康元（75.68）；

三级"原料药"行业，39家上市公司综合健康指数平均水平为66.16，最高的是新和成（75.07）。

（2）二级"生物制品"行业，52家公司综合健康指数平均水平为65.90，最高的是万泰生物（79.20）。其中：

三级"其他生物制品"行业，33家上市公司综合健康指数平均水平为64.66，最高的是长春高新（76.50）；

三级"血液制品"行业，6家上市公司综合健康指数平均水平为68.86，最高的是天坛生物（74.69）；

三级"疫苗"行业，13家上市公司综合健康指数平均水平为67.69，最高的是万泰生物（79.20）。

（3）二级"医疗服务"行业，49家公司综合健康指数平均水平为65.95，最高的是凯莱英（78.90）。其中：

三级"其他医疗服务"行业，24家上市公司综合健康指数平均水平为62.97，最高的是金域医学（78.78）；

三级"医疗研发外包"行业，25家上市公司综合健康指数平均水平为68.81，最高的是凯莱英（78.90）。

（4）二级"医疗器械"行业，120家公司综合健康指数平均水平为67.80，最高的是迈瑞医疗（82.11）。其中：

三级"体外诊断"行业，39家上市公司综合健康指数平均水平为69.87，最高的是达安基因（80.75）；

三级"医疗耗材"行业，44家上市公司综合健康指数平均水平为65.86，最高的是乐普医疗（77.03）；

三级"医疗设备"行业，37家上市公司综合健康指数平均水平为67.96，最高的是迈瑞医疗（82.11）。

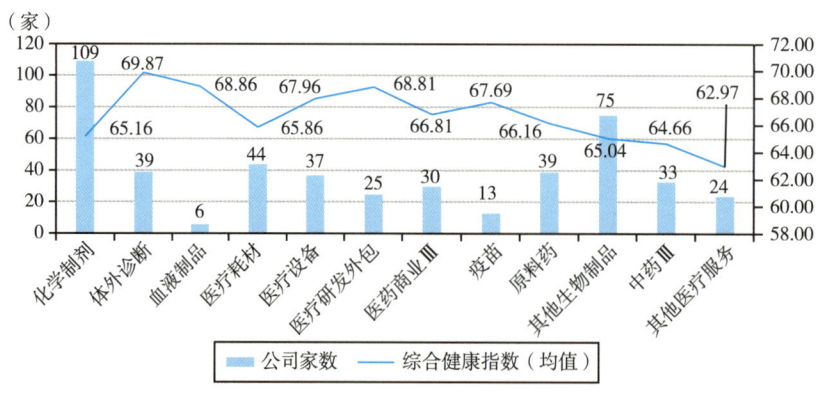

图29-2 2022年医药生物细分行业综合健康指数平均水平

（5）二级"医药商业"行业，只有1个三级"医药商业Ⅲ"行业，30家公司综合健康指数平均水平为66.81，最高的是九州通（73.15）。

（6）二级"中药"行业，只有1个三级"中药Ⅲ"行业，75家公司综合健康指数平均水平为65.04，最高的是以岭药业（79.11）。

医药生物行业上市公司综合健康指数排名前10%的公司如表29-2所示。

表29-2　　　　　　　　　　医药生物行业2022年综合健康指数前10%排名

排名	公司代码	公司名称	综合健康指数	二级行业_同花顺	三级行业_同花顺
1	300760.SZ	迈瑞医疗	82.11	医疗器械	医疗设备
2	002030.SZ	达安基因	80.75	医疗器械	体外诊断
3	002932.SZ	明德生物	80.06	医疗器械	体外诊断
4	300639.SZ	凯普生物	79.67	医疗器械	体外诊断
5	300832.SZ	新产业	79.54	医疗器械	体外诊断
6	688575.SH	亚辉龙	79.54	医疗器械	体外诊断
7	603392.SH	万泰生物	79.20	生物制品	疫苗
8	002603.SZ	以岭药业	79.11	中药	中药Ⅲ
9	002821.SZ	凯莱英	78.90	医疗服务	医疗研发外包
10	603882.SH	金域医学	78.78	医疗服务	其他医疗服务
11	300363.SZ	博腾股份	77.52	医疗服务	医疗研发外包
12	688139.SH	海尔生物	77.07	医疗器械	医疗设备
13	300003.SZ	乐普医疗	77.03	医疗器械	医疗耗材
14	688617.SH	惠泰医疗	77.02	医疗器械	医疗耗材
15	603658.SH	安图生物	76.71	医疗器械	体外诊断
16	000999.SZ	华润三九	76.62	中药	中药Ⅲ
17	000661.SZ	长春高新	76.50	生物制品	其他生物制品
18	688399.SH	硕世生物	76.22	医疗器械	体外诊断
19	600566.SH	济川药业	76.18	中药	中药Ⅲ
20	600436.SH	片仔癀	76.04	中药	中药Ⅲ
21	002432.SZ	九安医疗	75.82	医疗器械	医疗设备
22	600380.SH	健康元	75.68	化学制药	化学制剂
23	000513.SZ	丽珠集团	75.56	化学制药	化学制剂
24	688278.SH	特宝生物	75.41	生物制品	其他生物制品
25	300122.SZ	智飞生物	75.37	生物制品	疫苗
26	600062.SH	华润双鹤	75.08	化学制药	化学制剂
27	002001.SZ	新和成	75.07	化学制药	原料药
28	600332.SH	白云山	75.03	中药	中药Ⅲ
29	300759.SZ	康龙化成	75.01	医疗服务	医疗研发外包
30	300009.SZ	安科生物	74.97	生物制品	其他生物制品
31	301367.SZ	怡和嘉业	74.87	医疗器械	医疗设备
32	600161.SH	天坛生物	74.69	生物制品	血液制品

续表

排名	公司代码	公司名称	综合健康指数	二级行业_同花顺	三级行业_同花顺
33	688289.SH	圣湘生物	74.68	医疗器械	体外诊断
34	688606.SH	奥泰生物	74.51	医疗器械	体外诊断
35	002262.SZ	恩华药业	74.51	化学制药	化学制剂
36	002223.SZ	鱼跃医疗	74.51	医疗器械	医疗设备
37	688105.SH	诺唯赞	74.48	生物制品	其他生物制品
38	002773.SZ	康弘药业	74.41	化学制药	化学制剂
39	688016.SH	心脉医疗	74.36	医疗器械	医疗耗材
40	600276.SH	恒瑞医药	74.33	化学制药	化学制剂
41	300347.SZ	泰格医药	74.28	医疗服务	医疗研发外包
42	301060.SZ	兰卫医学	74.27	医疗服务	其他医疗服务
43	688389.SH	普门科技	74.20	医疗器械	体外诊断
44	300298.SZ	三诺生物	74.00	医疗器械	医疗设备
45	600750.SH	江中药业	73.87	中药	中药Ⅲ
46	000963.SZ	华东医药	73.79	化学制药	化学制剂
47	600196.SH	复星医药	73.75	化学制药	化学制剂

数据来源：同花顺、中关村国睿金融与产业发展研究会。

29.2.2 九大系统健康指数分析

1. 公司治理系统

医药生物行业474家上市公司公司治理系统健康指数平均水平为84.95，略低于全市场公司治理健康指数平均水平（85.08）。行业平均水平以上的上市公司有259家，占总数的54.64%。从区间分布看，60—70的有7家，占1.48%；70—80的有72家，占15.19%；80—90的有312家，占65.82%；90以上的有83家，占17.51%。

从行业健康诊断看，公司治理系统健康指数排名前10的公司是：**莱美药业（95.73）、康恩贝（94.74）、英特集团（94.57）、东阿阿胶（94.32）、百克生物（94.25）、黄山胶囊（93.98）、诚意药业（93.89）、盘龙药业（93.70）、华仁药业（93.51）、中国医药（93.40）**。

2. 外部监督系统

医药生物行业474家上市公司外部监督系统健康指数平均水平为78.51，略低于全市场外部监督健康指数平均水平（78.64）。行业平均水平以上的上市公司有282家，占总数的59.49%。从区间分布看，50以下的有13家，占2.74%；50—60的有19家，占4.01%；60—70的有40家，占8.44%；70—80的有158家，占33.33%；80—90的有204家，占43.04%；90以上的有40家，占8.44%。

从行业健康诊断看，外部监督系统健康指数排名前10的公司是：**新产业（97.08）、华润三九（96.78）、以岭药业（95.83）、老百姓（95.59）、安图生物（95.44）、太极集团（94.97）、康缘药业（93.69）、康龙化成（93.33）、丽珠集团（93.27）、健康元（93.26）**。

3. 创利能力系统

医药生物行业474家上市公司创利能力系统健康指数平均水平为58.62，略高于全市场创利能力健康指数平均水平（58.47）。行业平均水平以上的上市公司有244家，占总数的51.48%。从区间分布看，40以下区间的有15家，占3.16%；40—50的有95家，占20.04%；50—60的有141家，占29.75%；60—70的有154家，占32.49%；70以上的有69家，占14.56%。

从行业健康诊断看，创利能力系统健康指数排名前10的公司是：**九安医疗（85.64）、亚辉龙（84.74）、明德生物（81.60）、安旭生物（80.08）、迈瑞医疗（79.67）、华特达因（79.16）、安科生物（78.31）、博腾股份（78.24）、惠泰医疗（77.52）、以岭药业（77.35）**。

4. 价值再造系统

医药生物行业474家上市公司价值再造系统健康指数平均水平为60.2，略低于全市场价值再造健康指数平均水平（60.25）。行业平均水平以上的上市公司有246家，占总数的51.90%。从区间分布看，40以下的有10家，占2.11%；40—50的有53家，占11.18%；50—60的有162家，占34.18%；60—70的有194家，占40.93%；70以上的有55家，占11.60%。

从行业健康诊断看，价值再造系统健康指数排名前10的公司是：**万泰生物（79.81）、以岭药业（79.81）、怡和嘉业（78.35）、达安基因（77.62）、亚辉龙（77.55）、华海药业（77.42）、博腾股份（77.03）、凯莱英（76.96）、乐普医疗（76.83）、三诺生物（76.47）**。

5. 产品销售系统

医药生物行业474家上市公司产品销售系统健康指数平均水平为50.04，略低于全市场产品销售健康指数平均水平（50.17）。行业平均水平以上的上市公司有234家，占总数的49.37%。从区间分布看，40以下的有99家，占20.89%；40—50的有140家，占29.54%；50—60的有121家，占25.53%；60—70的有87家，占18.35%；70以上的有27家，占5.70%。

从行业健康诊断看，产品销售系统健康指数排名前10的公司是：**冠福股份（77.79）、九州通（77.11）、药明康德（77.09）、重药控股（76.91）、兰卫医学（75.49）、中国医药（75.15）、英特集团（75.14）、国药股份（75.10）、南京医药（74.43）、鹭燕医药（73.75）**。

6. 竞争态势系统

医药生物行业474家上市公司竞争态势系统健康指数平均水平为50.38，略低于全市场竞争态势健康指数平均水平（50.47）。行业平均水平以上的上市公司有222家，占总数的46.84%。从区间分布看，40以下的有98家，占20.68%；40—50的有149家，占31.43%；50—60的有123家，占25.95%；60—70的有72家，占15.19%；70以上的有32家，占6.75%。

从行业健康诊断看，竞争态势系统健康指数排名前10的公司是：**迈瑞医疗（85.57）、万泰生物（84.29）、达安基因（83.22）、联影医疗（81.68）、药明康德（78.76）、长春高新（76.81）、凯莱英（76.42）、新产业（76.07）、圣湘生物（75.02）、安图生物（74.95）**。

7. 资产资本结构系统

医药生物行业474家上市公司资产资本结构系统健康指数平均水平为56.52，略低于全市场资产资本结构健康指数平均水平（56.79）。行业平均水平以上的上市公司有240家，占总数的50.63%。从区间分布看，40以下的有31家，占6.54%；40—50的有103家，占21.73%；50—60的有156家，占32.91%；60—70的有131家，占27.64%；70以上的有53家，占11.18%。

从行业健康诊断看，资产资本结构系统健康指数排名前10的公司是：新光药业（81.53）、博拓生物（79.22）、上海谊众（78.99）、诺思格（76.02）、益方生物（75.83）、正海生物（75.72）、赛伦生物（75.56）、普蕊斯（75.34）、成大生物（75.12）、威高骨科（74.94）。

8. 内部控制系统

医药生物行业474家上市公司内部控制系统健康指数平均水平为82.97，略低于全市场内部控制健康指数平均水平（83.22）。行业平均水平以上的上市公司有276家，占总数的58.23%。从区间分布看，60以下的有9家，占1.90%；60—70的有16家，占3.38%；70—80的有103家，占21.73%；80—90的有285家，占60.13%；90以上的有61家，占12.87%。

从行业健康诊断看，内部控制系统健康指数排名前10的公司是：华纳药厂（93.55）、江中药业（93.54）、上海莱士（93.54）、凯普生物（93.01）、新产业（93.01）、我武生物（93.01）、健帆生物（93.01）、成大生物（93.01）、维力医疗（93.01）、德源药业（93.01）、睿昂基因（93.01）、诺思格（93.01）、奥赛康（93.01）、华兰股份（93.01）、华兰疫苗（93.01）、西点药业（93.01）。

9. 企业文化系统

医药生物行业474家上市公司企业文化系统健康指数平均水平为68.98，略高于全市场企业文化健康指数平均水平（67.58）。行业平均水平以上的上市公司有235家，占总数的49.58%。从区间分布看，50以下的有21家，占4.43%；50—60的有88家，占18.57%；60—70的有147家，占31.01%；70—80的有137家，占28.90%；80以上的有81家，占17.09%。

从行业健康诊断看，企业文化系统健康指数排名前10的公司是：九安医疗（95.62）、丽珠集团（92.41）、云南白药（91.38）、迈瑞医疗（91.27）、九洲药业（90.33）、康恩贝（90.00）、迪安诊断（89.90）、健康元（89.88）、达安基因（89.62）、华大基因（89.56）。

29.3 行业机遇、挑战和发展对策

29.3.1 行业发展面临的机遇

医药生物行业作为一个关键的健康产业，随着人民生活水平的提高，对健康的重视，以及我国老龄化社会的到来，依然面临着许多发展机遇。2023年8月25日，国务院常务会议审议通过《医药工业高质量发展行动计划（2023—2025年）》和《医疗装备产业高质量发展行动计划（2023—2025年）》，给医药生物行业带来了新的发展动力，以下是医药生物行业发展的一些主要机遇：

1. 创新药物研发：随着科技的不断进步，医药生物行业有机会研发出更多创新药物，治疗疾病的效果更好，副作用更小。

2. 个性化医疗：基因测序和分子诊断技术的发展，使得个体化医疗成为可能，医药生物行业可以根据个体的基因信息定制治疗方案。

3. 生物技术和基因工程：生物技术的进步，如基因编辑、细胞治疗等，为医药生物行业带来了治疗疾病的新途径和新方法。

4. 老龄化人口增加：随着人口老龄化趋势加剧，医药生物行业有机会开发适应老年人健康需求的药物和治疗方案。

5. 健康管理和预防：人们对健康管理和预防的重视逐渐增加，医药生物行业可以开发出更多健康监测和预防产品。

6. 疫情应对和疫苗研发：全球疫情暴发给医药生物行业带来了机遇，推动疫苗研发和流行病应对技术的创新。

7. 医疗器械和医疗技术：医疗器械和技术的进步，如远程医疗、3D打印人体器官等，为医药生物行业带来新的发展机遇。

8. 健康旅游和健康养老：健康旅游和健康养老产业的兴起，为医药生物行业提供了相关产品和服务的发展机会。

9. 市场国际化：医药生物行业具有较强的国际竞争力，可以通过国际市场合作和出口扩大发展空间。

10. 政策支持和创新投资：政府对医药生物行业的政策支持和创新投资将促进行业的创新和发展。

综合来看，医药生物行业发展面临的机遇涵盖了创新药物研发、个性化医疗、生物技术和基因工程、老龄化人口增加、健康管理和预防、疫情应对和疫苗研发、医疗器械和医疗技术、健康旅游和健康养老、市场国际化、政策支持和创新投资等多个方面。通过抓住这些机遇，医药生物行业可以不断创新发展，提高技术水平和产品质量，满足社会健康需求，推动行业可持续发展，并为人类健康事业作出积极贡献。

29.3.2　行业发展面临的挑战

医药生物行业在追求创新和健康的同时，也面临着一些发展挑战。以下是医药生物行业发展面临的一些主要挑战：

1. 高昂的研发成本：药物研发需要巨大的资金投入和长时间的研究周期，研发失败率高，使得研发成本居高不下。

2. 严格的监管和审批流程：医药生物行业受到严格的监管和审批流程，新药的研发和上市需要经过严格的临床试验和审批程序。

3. 创新风险：医药生物行业的创新具有不确定性，尤其是在新领域的研发，成功的概率较低。

4. 专利保护期限：药物专利的保护期限有限，一旦专利过期，面临着仿制药的竞争，可能影响企业收益。

5. 市场竞争激烈：医药生物行业竞争激烈，新药上市后需要在市场中取得份额，需要强大的市场推广和营销能力。

6. 法律风险和知识产权保护：医药生物行业涉及伦理、法律等复杂问题，同时需要保护自身的知识产权。

7. 药物安全性和副作用：新药的安全性是重中之重，一旦出现安全性问题和副作用，可能导致严重的法律和声誉风险。

8. 技术难题和限制：一些疾病的治疗仍面临技术难题，限制了医药生物行业的发展。

9. 资金压力：医药生物行业需要大量的资金投入，但寻找融资渠道可能会面临一定的难题。

10. 市场准入障碍：在一些国家和地区，医药生物产品的市场准入可能受到限制，影响国际合作和拓展市场。

另外，与发达经济体相比，我国医药生物行业研发强度中位水平为6.36%，而国际大型医药公司研发强度均在10%以上，无论是绝对研发投入金额还是研发金额占收入比均有一定差距；医药生物行业市值小于50亿元的公司仅200家，几乎占据一半公司。行业整体存在呈现数量多、规模小、创新能力弱的特点，进一步影响了行业竞争质量。

29.3.3 行业发展建议

面对以上挑战，医药生物行业需要不断提升创新能力，加强合作，推动技术进步，积极应对市场和政策变化，以实现行业的可持续发展。为促进医药生物行业的健康发展，提出以下建议：

1. 加强创新：鼓励企业加大研发投入，推动药物研发创新，开发新的治疗方法和药物，提高行业整体的技术水平。

2. 拓展国际合作：加强国际科研和技术合作，分享资源、知识和技术，推动全球医药生物行业的共同发展。

3. 提高临床试验质量：临床试验是新药研发的关键环节，需要加强质量控制，确保数据的准确性和可靠性。

4. 加强知识产权保护：医药生物行业需要加强对知识产权的保护，防范仿制药和知识产权侵权的风险。

5. 推动个性化医疗：加大基因测序、分子诊断等技术的研发和应用，推动个性化医疗的发展，提供更精准的治疗方案。

6. 优化临床试验审批流程：政府部门可以优化临床试验审批流程，减少繁琐的程序，加速药物研发进程。

7. 加强市场监管：政府部门应加强对医药市场的监管，确保药物的质量和安全。

8. 提高行业透明度：医药生物企业应提高信息透明度，向公众和医疗专业人员提供准确的信息。

9. 加强人才培养：医药生物行业需要培养更多的专业人才，包括研发人员、临床医生和专业管理人员。

10. 推动政策支持：政府应出台支持医药生物行业发展的政策，包括研发资金、税收优惠等方面的支持。

11. 增强风险管理能力：医药生物企业应增强风险管理能力，及时应对市场波动、法律风险等问题。

12. 注重社会责任：医药生物企业应积极履行社会责任，推动健康产业的可持续发展，为社会健康事业作出贡献。

2023年8月25日，国务院常务会议审议通过的《医药工业高质量发展行动计划（2023—2025

年）》和《医疗装备产业高质量发展行动计划（2023—2025年）》两个文件中提到，要着力提高医药工业和医疗装备产业韧性和现代化水平，增强高端药品、关键技术和原辅料等供给能力，加快补齐我国高端医疗装备短板。要着眼医药研发创新难度大、周期长、投入高的特点，给予全链条支持，鼓励和引导龙头医药企业发展壮大，提高产业集中度和市场竞争力。要充分发挥我国中医药独特优势，加大保护力度，维护中医药发展安全。要高度重视国产医疗装备的推广应用，完善相关支持政策，促进国产医疗装备迭代升级。要加大医工交叉复合型人才培养力度，支持高校与企业联合培养一批医疗装备领域领军人才。

通过采纳上述建议，医药生物行业可以不断创新发展，提高技术水平和产品质量，满足人们对健康的需求，推动可持续发展，为人类健康事业作出积极贡献。同时，政府、企业和学术界的合作也是促进行业发展的关键。

第30章
有色金属行业

有色金属是指除铁、锰、铬三种黑色金属，以及铀、钍等25种放射性金属之外的铜、铝、铅、锌、镍、锡等59种金属，以及硅、砷、硒、碲等5种半金属，合计64种元素。有色金属是国民经济、人民日常生活及国防工业、科学技术发展必不可少的基础材料和重要的战略物资。有色金属行业是制造业的重要基础产业之一，是实现制造强国的重要支撑。进入21世纪以来，我国有色金属行业发展迅速，基本满足了经济社会发展和国防科技工业建设的需要。

30.1 行业核心财务指标分析

截至2022年底，A股市场有色金属行业共有上市公司136家，总市值共计26355.54亿元，平均市值193.79亿元/家，营业总收入32598.96亿元，平均营业收入239.70亿元/家，净利润总额为2260.96亿元，平均净利润16.62亿元/家。市值最大的为**紫金矿业**（2601.42亿元），营业收入最高的为**江西铜业**（4799.38亿元），净利润最高的是**天齐锂业**（311.08亿元）。其中，营业收入小于10亿元的公司有22家，约占该行业内公司总数的16.18%；小于5亿元的有8家，约占该行业内公司总数的5.88%。2022年，有色金属行业上市公司研发投入合计为528.60亿元。行业相关关键指标对比情况见表30-1。

表30-1　　有色金属行业关键指标对比

行业关键指标	2022年（中位数水平）	2021年（中位数水平）	变动情况
营业总收入3年复合增长率	18.97%	15.83%	3.14%
净利润3年复合增长率	31.66%	30.43%	1.23%
年化总资产报酬率	7.47%	7.54%	−0.07%
年化净资产报酬率	10.16%	9.95%	0.21%
销售毛利率	15.36%	16.74%	−1.38%
销售净利率	5.90%	6.82%	−0.92%
研发强度	2.90%	2.97%	−0.07%
分红比例	30.84%	30.52%	0.32%
权益乘数	1.86	1.87	−0.01
流动比率	1.68	1.61	0.07

续表

行业关键指标	2022年（中位数水平）	2021年（中位数水平）	变动情况
速动比率	1.01	0.95	0.06
现金流量利息保障倍数	545.25	371.03	174.22
总资产周转率	0.86	0.81	0.05
存货周转率	4.98	5.23	−0.25
应收账款周转率	12.10	11.23	0.87

数据来源：同花顺、中关村国睿金融与产业发展研究会。

受到新能源产业发展刺激，有色金属行业2022年实现收入、利润的显著增长，各项盈利指标受到外部环境影响略有下滑，但行业运营能力及偿债能力依然保持稳健状态，行业发展潜力逐步释放。

30.2 健康指数分析

本报告共对有色金属行业136家上市公司开展健康诊断。

30.2.1 综合健康指数分析

1. 一级行业综合健康指数分析

诊断结果显示，有色金属行业综合健康指数平均水平为66.14，其中**永兴材料**（80.46）、**雅化集团**（77.40）、**天齐锂业**（76.94）位列行业前三。从指数分布看，高于平均水平的有74家，占行业内公司总数的54.41%。其中，如图30-1所示，综合健康指数区间在60以下的有21家，占15.44%；60—70的有79家，占58.09%；70以上的有36家，占26.47%。

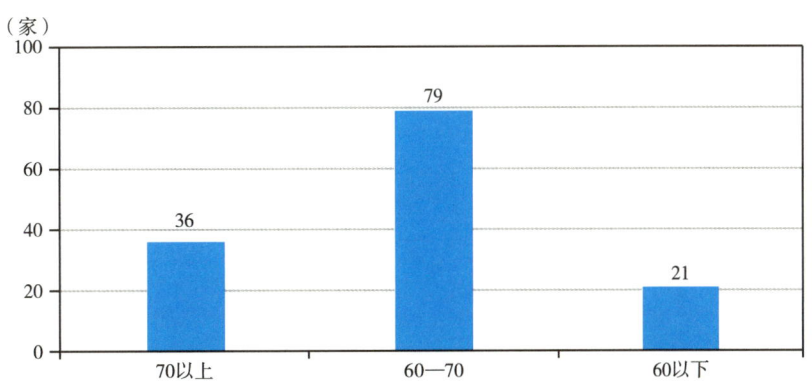

图30-1 有色金属行业上市公司综合健康指数区间分布情况

2. 细分行业综合健康指数分析

"有色金属"行业细分为4个二级行业和9个三级行业，如图30-2所示，各细分行业综合健康指数情况如下：

（1）二级"工业金属"行业，63家公司综合健康指数平均水平为64.97，最高的是铜陵有色（76.80）。其中：

三级"铝"行业，32家上市公司综合健康指数平均水平为64.61，最高的是云铝股份（74.93）；

三级"铅锌"行业，14家上市公司综合健康指数平均水平为61.82，最高的是驰宏锌锗（69.68）；

三级"铜"行业，17家上市公司综合健康指数平均水平为68.23，最高的是铜陵有色（76.80）。

（2）二级"贵金属"行业，只有1个三级"贵金属Ⅲ"行业，10家公司综合健康指数平均水平为65.33，最高的是山东黄金（73.80）。

（3）二级"金属新材料"行业，24家公司综合健康指数平均水平为65.96，最高的是横店东磁（75.42）。其中：

三级"磁性材料"行业，11家上市公司综合健康指数平均水平为67.93，最高的是横店东磁（75.42）；

三级"其他金属新材料"行业，13家上市公司综合健康指数平均水平为64.29，最高的是云路股份（70.71）。

（4）二级"小金属"行业，39家公司综合健康指数平均水平为68.36，最高的是永兴材料（80.46）。其中：

三级"能源金属"行业，15家上市公司综合健康指数平均水平为70.16，最高的是永兴材料（80.46）；

三级"其他小金属"行业，20家上市公司综合健康指数平均水平为66.30，最高的是金钼股份（73.66）；

三级"稀土"行业，4家上市公司综合健康指数平均水平为71.87，最高的是北方稀土（75.65）。

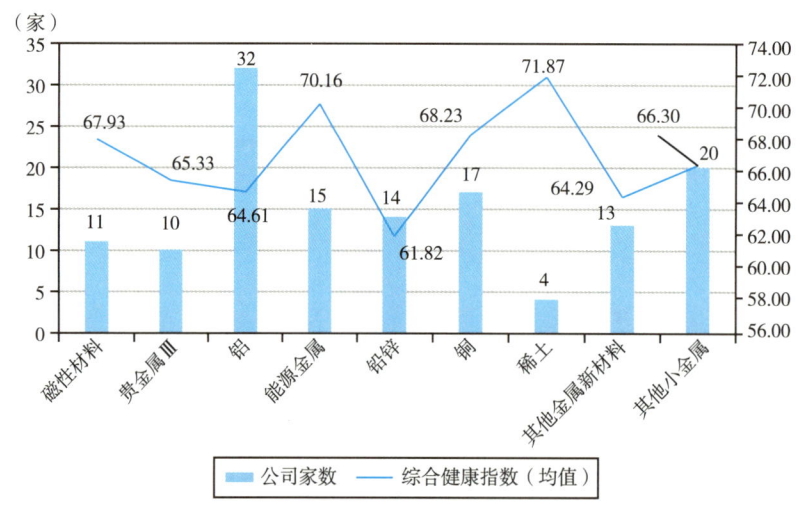

图30-2 2022年有色金属细分行业综合健康指数平均水平

有色金属行业上市公司综合健康指数排名前10%的公司如表30-2所示。

表 30-2　　　　　　　　　　　有色金属行业 2022 年综合健康指数前 10% 排名

排名	公司代码	公司名称	综合健康指数	二级行业_同花顺	三级行业_同花顺
1	002756.SZ	永兴材料	80.46	有色金属	小金属
2	002497.SZ	雅化集团	77.40	有色金属	小金属
3	002466.SZ	天齐锂业	76.94	有色金属	小金属
4	000630.SZ	铜陵有色	76.80	有色金属	工业金属
5	002460.SZ	赣锋锂业	76.62	有色金属	小金属
6	300390.SZ	天华新能	76.35	有色金属	小金属
7	002192.SZ	融捷股份	76.35	有色金属	小金属
8	600111.SH	北方稀土	75.65	有色金属	小金属
9	601899.SH	紫金矿业	75.54	有色金属	工业金属
10	002056.SZ	横店东磁	75.42	有色金属	金属新材料
11	000807.SZ	云铝股份	74.93	有色金属	工业金属
12	600362.SH	江西铜业	74.60	有色金属	工业金属
13	601600.SH	中国铝业	74.50	有色金属	工业金属
14	600547.SH	山东黄金	73.80	有色金属	贵金属

数据来源：同花顺、中关村国睿金融与产业发展研究会。

30.2.2　九大系统健康指数分析

1. 公司治理系统

有色金属行业 136 家上市公司公司治理系统健康指数平均水平为 85.19，略高于全市场公司治理健康指数平均水平（85.08）。行业平均水平以上的上市公司有 68 家，占总数的 50.00%。从区间分布看，60—70 的有 2 家，占 1.47%；70—80 的有 24 家，占 17.65%；80—90 的有 77 家，占 56.62%；90 以上的有 33 家，占 24.26%。

从行业健康诊断看，公司治理系统健康指数排名前 10 的公司是：**山东黄金**（97.49）、**盛和资源**（95.82）、**雅化集团**（95.08）、**合金投资**（94.91）、**中国铝业**（94.67）、**贵研铂业**（94.27）、**广晟有色**（94.24）、**铜陵有色**（93.93）、**西藏矿业**（93.79）、**东方钽业**（93.56）。

2. 外部监督系统

有色金属行业 136 家上市公司外部监督系统健康指数平均水平为 78.38，略低于全市场外部监督健康指数平均水平（78.64）。行业平均水平以上的上市公司有 89 家，占总数的 65.44%。从区间分布看，50 以下的有 4 家，占 2.94%；50—60 的有 6 家，占 4.41%；60—70 的有 11 家，占 8.09%；70—80 的有 40 家，占 29.41%；80—90 的有 69 家，占 50.74%；90 以上的有 6 家，占 4.41%。

从行业健康诊断看，外部监督系统健康指数排名前 10 的公司是：**中钨高新**（96.15）、**横店东磁**（95.49）、**山东黄金**（95.31）、**铜陵有色**（92.35）、**洛阳钼业**（91.31）、**中金黄金**（91.12）、**有研粉材**（89.97）、**天山铝业**（89.68）、**云铝股份**（89.62）、**中国铝业**（89.52）。

3. 创利能力系统

有色金属行业 136 家上市公司创利能力系统健康指数平均水平为 58.82，略高于全市场创利能力健康指数平均水平（58.47）。行业平均水平以上的上市公司有74家，占总数的54.41%。从区间分布看，40以下的有4家，占2.94%；40—50的有26家，占19.12%；50—60的有38家，占27.94%；60—70的有49家，占36.03%；70以上的有19家，占13.97%。

从行业健康诊断看，创利能力系统健康指数排名前10的公司是：**西藏矿业（80.36）、天华新能（79.05）、金钼股份（77.53）、融捷股份（77.42）、天齐锂业（76.72）、永兴材料（76.57）、赣锋锂业（75.55）、神火股份（75.09）、云铝股份（74.46）、雅化集团（73.40）**。

4. 价值再造系统

有色金属行业136家上市公司价值再造系统健康指数平均水平为59.22，略低于全市场价值再造健康指数平均水平（60.25）。行业平均水平以上的上市公司有70家，占总数的51.47%。从区间分布看，40以下的有4家，占2.94%；40—50的有24家，占17.65%；50—60的有45家，占33.09%；60—70的有46家，占33.82%；70以上的有17家，占12.50%。

从行业健康诊断看，价值再造系统健康指数排名前10的公司是：**赣锋锂业（81.45）、永兴材料（80.37）、雅化集团（77.86）、云南铜业（76.93）、天华新能（75.80）、融捷股份（75.52）、铜陵有色（75.24）、鼎胜新材（75.12）、中矿资源（74.88）、中国铝业（74.61）**。

5. 产品销售系统

有色金属行业136家上市公司产品销售系统健康指数平均水平为50.71，略高于全市场产品销售健康指数平均水平（50.17）。行业平均水平以上的上市公司有67家，占总数的49.26%。从区间分布看，40以下的有36家，占26.47%；40—50的有29家，占21.32%；50—60的有28家，占20.59%；60—70的有30家，占22.06%；70以上的有13家，占9.56%。

从行业健康诊断看，产品销售系统健康指数排名前10的公司是：**创新新材（84.12）、铜陵有色（77.08）、江西铜业（75.23）、恒邦股份（73.39）、云南铜业（72.78）、天齐锂业（72.66）、中国铝业（72.60）、白银有色（71.90）、洛阳钼业（71.74）、湖南黄金（71.71）**。

6. 竞争态势系统

有色金属行业136家上市公司竞争态势系统健康指数平均水平为50.74，略高于全市场竞争态势健康指数平均水平（50.47）。行业平均水平以上的上市公司有65家，占总数的47.79%。从区间分布看，40以下的有23家，占16.91%；40—50的有46家，占33.82%；50—60的有31家，占22.79%；60—70的有33家，占24.26%；70以上的有3家，占2.21%。

从行业健康诊断看，竞争态势系统健康指数排名前10的公司是：**永兴材料（77.54）、赣锋锂业（72.77）、横店东磁（71.88）、厦门钨业（69.96）、华友钴业（68.72）、紫金矿业（68.52）、中国铝业（67.67）、天齐锂业（67.37）、铜陵有色（67.22）、江西铜业（67.05）**。

7. 资产资本结构系统

有色金属行业136家上市公司资产资本结构系统健康指数平均水平为56.85，略高于全市场资产资本结构健康指数平均水平（56.79）。行业平均水平以上的上市公司有58家，占总数的42.65%。从区间分布看，40以下的有2家，占1.47%；40—50的有29家，占21.32%；50—60的有62家，占45.59%；60—70的有33家，占24.26%；70以上的有10家，占7.35%。

从行业健康诊断看，资产资本结构系统健康指数排名前10的公司是：**永兴材料（78.45）**、**银河磁体（78.29）**、**安宁股份（78.26）**、**宁波富邦（76.24）**、**图南股份（74.80）**、**远航精密（74.68）**、**丽岛新材（72.36）**、**海星股份（71.05）**、**腾远钴业（71.03）**、**屹通新材（70.80）**。

8. 内部控制系统

有色金属行业136家上市公司内部控制系统健康指数平均水平为82.94，略低于全市场内部控制健康指数平均水平（83.22）。行业平均水平以上的上市公司有80家，占总数的58.82%。从区间分布看，60以下的有1家，占0.74%；60—70的有3家，占2.21%；70—80的有41家，占30.15%；80—90的有82家，占60.29%；90以上的有9家，占6.62%。

从行业健康诊断看，内部控制系统健康指数排名前10的公司是：**融捷股份（92.59）**、**闽发铝业（92.01）**、**天华新能（91.61）**、**亚太科技（90.84）**、**西藏矿业（90.71）**、**焦作万方（90.71）**、**晓程科技（90.71）**、**宁波韵升（90.68）**、**洛阳钼业（90.21）**、**银泰黄金（89.73）**。

9. 企业文化系统

有色金属行业136家上市公司企业文化系统健康指数平均水平为66.89，略低于全市场企业文化健康指数平均水平（67.58）。行业平均水平以上的上市公司有69家，占总数的50.74%。从区间分布看，50以下的有11家，占8.09%；50—60的有29家，占21.32%；60—70的有41家，占30.15%；70—80的有36家，占26.47%；80以上的有19家，占13.97%。

从行业健康诊断看，企业文化系统健康指数排名前10的公司是：**紫金矿业（90.94）**、**天齐锂业（90.35）**、**海亮股份（89.63）**、**天华新能（86.78）**、**楚江新材（86.37）**、**大地熊（85.61）**、**铂科新材（85.45）**、**永兴材料（85.03）**、**中钢天源（84.89）**、**天山铝业（83.75）**。

30.3 行业机遇、挑战和发展对策

30.3.1 行业发展面临的机遇

有色金属行业在全球经济和工业发展中具有重要地位，面临着一些发展机遇：

1. **新能源和电动车需求**：随着对环境友好能源的需求增加，电动车辆和可再生能源领域对锂、镍、铜等有色金属的需求显著增长。
2. **基础设施建设**：基础设施建设的增加对有色金属需求有所推动，如铜在电缆、管道等领域的应用。
3. **5G和通信设备**：5G技术的推广和通信设备的需求增加，带动对铜等金属的需求，用于制造通信线路和设备。
4. **新材料研发**：有色金属行业的新材料研发，如轻质高强度合金，为行业带来创新和发展机遇。
5. **环保技术升级**：有色金属行业需要采用环保技术来减少对环境的影响，这也为行业的技术升级提供机遇。
6. **国际合作**：有色金属是全球性产业，国际合作可以促进资源共享、技术交流和市场拓展。

7. 智能制造和数字化转型：应用智能制造技术和数字化转型可以提高生产效率和质量，降低成本。

8. 绿色矿山和可持续开发：推动绿色矿山建设和可持续开发，符合环保要求，也有助于提升企业形象。

9. 新兴市场需求：新兴市场对有色金属的需求在不断增长，为行业的国际业务拓展提供机会。

10. 高科技应用：有色金属在高科技领域的应用，如航空航天、电子器件等，将带来新的发展机遇。

综合来看，有色金属行业发展面临的机遇涵盖了新能源和电动车需求、基础设施建设、5G和通信设备、新材料研发、环保技术升级、国际合作、智能制造和数字化转型、绿色矿山和可持续开发、新兴市场需求、高科技应用等多个方面。通过抓住这些机遇，有色金属行业可以不断创新发展，提高技术水平和产品质量，满足市场需求，推动可持续发展，并为工业和经济的进步作出积极贡献。

30.3.2 行业发展面临的挑战

有色金属行业在迎来机遇的同时，也面临一些发展挑战。以下是有色金属行业发展面临的一些主要挑战：

1. 资源供应不足：有色金属矿产资源的采集和开发日益困难，矿产储量逐渐减少，导致资源供应不足的问题。

2. 环境压力和可持续性：有色金属采矿和加工产生大量的废弃物和污染物，行业需要应对环境保护要求，实现可持续发展。

3. 价格波动风险：有色金属价格受全球经济、政治和市场供需等因素影响，价格波动风险较大，对企业经营造成影响。

4. 技术创新和升级压力：为了提高生产效率和产品质量，有色金属企业需要不断进行技术创新和设备升级，但这需要巨大的投入。

5. 竞争激烈：全球有色金属市场竞争激烈，来自不同国家的企业都争夺市场份额，加大了市场竞争压力。

6. 能源和成本压力：有色金属生产需要大量的能源，能源价格上涨可能会增加生产成本。

7. 资金压力：有色金属行业需要大量资金用于矿产开采、加工、技术研发等方面，寻找融资渠道可能会面临挑战。

8. 管理和监管要求：有色金属行业需要满足复杂的管理和监管要求，包括环境、安全、劳动等多方面的要求。

9. 地缘政治风险：有色金属行业受地缘政治影响较大，地区冲突和政治不稳定可能影响资源供应和市场运营。

10. 可替代技术威胁：新兴技术和材料的发展可能威胁到传统有色金属的市场份额，需要及时进行产业调整。

30.3.3 行业发展建议

为了促进有色金属行业的可持续发展,以下是一些建议:

1. 投资研发和创新:加大研发投入,推动技术创新,开发高附加值产品和新材料,提高行业的竞争力。

2. 资源节约和循环利用:采用节能环保技术,减少资源消耗和废弃物产生,推动矿产资源的可持续开发利用。

3. 推动环保升级:加强环境保护,实施清洁生产,减少污染排放,推动绿色矿山建设和环保技术的应用。

4. 国际合作和市场拓展:加强国际合作,拓展海外市场,降低国际市场风险,实现可持续的国际业务发展。

5. 加强人才培养:培养更多专业人才,包括矿产开发、冶炼技术、环保管理等领域,提升行业的技术人才储备。

6. 完善政策支持:政府可以出台相关政策,鼓励资源节约和环保技术的应用,提供研发资金和税收优惠。

7. 优化管理体制:加强企业内部管理,提高生产效率,降低生产成本,增强行业的竞争力。

8. 风险管理和应急预案:制定应对价格波动、资源供应中断等风险的应急预案,降低经营风险。

9. 加强公众沟通:加强与公众的沟通,传达行业的环保努力和可持续发展成果,提升社会形象。

10. 推动数字化转型:应用信息技术,提高生产过程的智能化和数字化水平,提高生产效率和质量。

11. 鼓励多元化发展:在有色金属行业的基础上,逐步拓展至其他相关领域,降低单一市场波动的影响。

12. 持续关注市场变化:紧密关注国内外市场的变化,灵活调整产业布局和发展战略。

通过采纳上述建议,有色金属行业可以在面对挑战的同时,实现可持续发展,促进技术创新、环保升级、资源节约利用等方面的进步,为经济和环境作出积极贡献。同时,政府、企业和社会的合作也是促进行业发展的关键。

第31章
综合行业

"综合行业"并非一个特定的行业名称,而是一个泛指概念,用来指代涵盖多个不同领域和行业的公司。综合行业公司通常经营多样化的业务,跨越多个产业领域,没有特定的主导产业或主营业务。这些公司可能在不同的行业中拥有多个子公司或部门,以实现多元化经营和风险分散。

31.1 行业核心财务指标分析

截至2022年底,A股市场综合行业共有上市公司25家,总市值共计1048.71亿元,平均市值41.95亿元/家,营业总收入760.60亿元,平均营业收入31.69亿元/家,净利润总额为-42.03亿元,平均净利润-1.75亿元/家。市值最大的为**综艺股份**(90.48亿元),营业收入最高的为**泰达股份**(202.51亿元),净利润最高的是**鲁银投资**(3.35亿元)。其中,营业收入小于10亿元的公司有13家,约占该行业内公司总数的52.00%;小于5亿元的有11家,约占该行业内公司总数的44.00%。2022年,综合行业上市公司研发投入合计为7.17亿元。行业相关关键指标对比情况见表31-1。

表 31-1　　综合行业关键指标对比

行业关键指标	2022年(中位数水平)	2021年(中位数水平)	变动情况
营业总收入3年复合增长率	5.20%	6.95%	-1.75%
净利润3年复合增长率	6.79%	27.35%	-20.56%
年化总资产报酬率	1.40%	2.24%	-0.84%
年化净资产报酬率	1.43%	2.21%	-0.78%
销售毛利率	12.29%	15.83%	-3.54%
销售净利率	0.96%	2.87%	-1.91%
研发强度	1.84%	1.19%	0.65%
分红比例	26.18%	26.12%	0.06%
权益乘数	1.96	1.75	0.21
流动比率	1.40	1.55	-0.15
速动比率	0.92	0.98	-0.06
现金流量利息保障倍数	88.86	254.65	-165.79

续表

行业关键指标	2022年（中位数水平）	2021年（中位数水平）	变动情况
总资产周转率	0.42	0.58	−0.16
存货周转率	5.29	6.76	−1.47
应收账款周转率	7.73	7.67	0.06

数据来源：同花顺、中关村国睿金融与产业发展研究会。

受疫情防控及经济下行压力影响，综合行业整体收入、利润及部分盈利指标出现明显下滑，但研发强度和分红比例略有提高，偿债能力和运营能力面临一定挑战，未来需要行业整合，突出主业，做专做精。

31.2 健康指数分析

根据报告分析口径，剔除数据异常以及退市公司后，本报告共对综合行业24家上市公司开展健康诊断。

31.2.1 综合健康指数分析

1. 一级行业综合健康指数分析

诊断结果显示，综合行业综合健康指数平均水平为67.11，其中**鲁银投资（76.61）、粤桂股份（75.06）、大为股份（73.78）**位列行业前三。从指数分布看，高于平均水平的有12家，占行业内公司总数的50%。其中，如图31-1所示，综合健康指数区间在60以下的有3家，占12.50%；60—70的有11家，占45.83%；70以上的有10家，占41.67%。

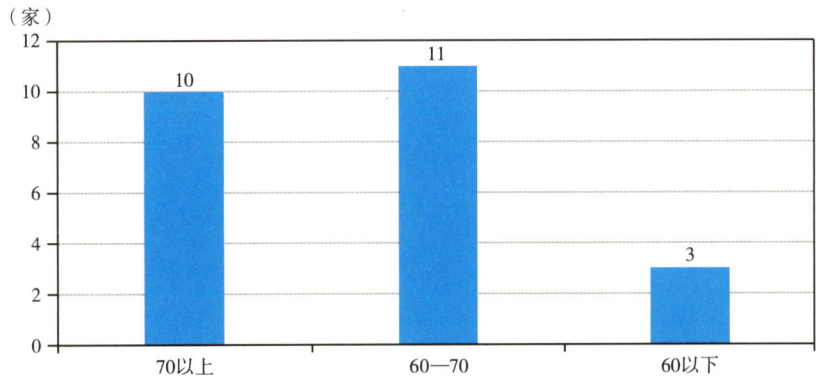

图31-1 综合行业上市公司综合健康指数区间分布情况

2. 细分行业综合健康指数分析

"综合"行业细只有1个二级行业和1个三级行业，如图31-2所示，各细分行业综合健康指数情况如下：

二级"综合"行业，只包含1个三级"综合Ⅲ"行业，24家公司综合健康指数平均水平为67.11，最高的是鲁银投资（76.61）。

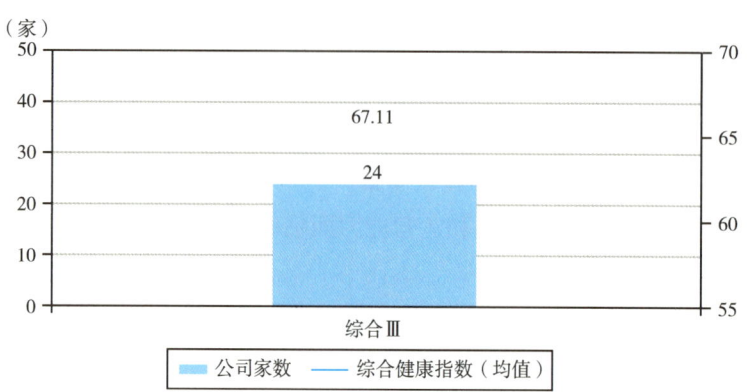

图31-2　2022年综合细分行业综合健康指数平均水平

综合行业上市公司综合健康指数排名前5的公司如表31-2所示。

表31-2　　　　　　　　　　　综合行业2022年综合健康指数前5排名

排名	公司代码	公司名称	综合健康指数	二级行业_同花顺	三级行业_同花顺
1	600784.SH	鲁银投资	76.61	综合	综合Ⅲ
2	000833.SZ	粤桂股份	75.06	综合	综合Ⅲ
3	002213.SZ	大为股份	73.78	综合	综合Ⅲ
4	000652.SZ	泰达股份	73.13	综合	综合Ⅲ
5	000753.SZ	漳州发展	72.37	综合	综合Ⅲ

数据来源：同花顺、中关村国睿金融与产业发展研究会。

31.2.2　九大系统健康指数分析

1. 公司治理系统

综合行业24家上市公司公司治理系统健康指数平均水平为83.65，略低于全市场公司治理健康指数平均水平（85.08）。行业平均水平以上的上市公司有15家，占总数的62.50%。从区间分布看，60—70的有1家，占4.17%；70—80的有6家，占25.00%；80—90的有11家，占45.83%；90以上的有6家，占25.00%。

从行业健康诊断看，公司治理系统健康指数排名前10的公司是：**漳州发展（93.81）、绿能慧充（91.83）、鲁银投资（90.98）、三木集团（90.62）、粤桂股份（90.53）、亚泰集团（90.16）、交运股份（89.23）、悦达投资（89.21）、青岛中程（88.00）、大为股份（87.57）**。

2. 外部监督系统

综合行业24家上市公司外部监督系统健康指数平均水平为78.37，略低于全市场外部监督健康指数平均水平（78.64）。行业平均水平以上的上市公司有17家，占总数的70.83%。从区间分布看，50—

60的有3家，占12.50%；60—70的有3家，占12.50%；70—80的有4家，占16.67%；80—90的有11家，占45.83%；90以上的有3家，占12.50%。

从行业健康诊断看，外部监督系统健康指数排名前10的公司是：**漳州发展（95.09）、三木集团（92.51）、粤桂股份（90.61）、绿能慧充（87.86）、鲁银投资（87.51）、天宸股份（87.19）、宁波联合（84.39）、亚泰集团（83.87）、上海三毛（83.32）、悦达投资（81.99）**。

3. 创利能力系统

综合行业24家上市公司创利能力系统健康指数平均水平为60.08，略高于全市场创利能力健康指数平均水平（58.47）。行业平均水平以上的上市公司有13家，占总数的54.17%。从区间分布看，40—50的有4家，占16.67%；50—60的有7家，占29.17%；60—70的有9家，占37.50%；70以上的有4家，占16.67%。

从行业健康诊断看，创利能力系统健康指数排名前10的公司是：**济南高新（73.62）、顺发恒业（71.10）、鲁银投资（70.80）、大为股份（70.69）、博信股份（69.98）、泰达股份（67.64）、粤桂股份（67.61）、上海三毛（67.37）、青岛中程（65.77）、漳州发展（65.25）**。

4. 价值再造系统

综合行业24家上市公司价值再造系统健康指数平均水平为62.88，略高于全市场价值再造健康指数平均水平（60.25）。行业平均水平以上的上市公司有13家，占总数的54.17%。从区间分布看，40—50的有1家，占4.17%；50—60的有7家，占29.17%；60—70的有11家，占45.83%；70以上的有5家，占20.83%。

从行业健康诊断看，价值再造系统健康指数排名前10的公司是：**鲁银投资（78.25）、粤桂股份（73.72）、济南高新（72.09）、泰达股份（70.05）、天宸股份（68.78）、大为股份（68.73）、漳州发展（66.90）、上海三毛（65.60）、顺发恒业（65.35）、综艺股份（64.90）**。

5. 产品销售系统

综合行业24家上市公司产品销售系统健康指数平均水平为54.56，略高于全市场产品销售健康指数平均水平（50.17）。行业平均水平以上的上市公司有11家，占总数的45.83%。从区间分布看，40以下的有2家，占8.33%；40—50的有7家，占29.17%；50—60的有8家，占33.33%；60—70的有5家，占20.83%；70以上的有2家，占8.33%。

从行业健康诊断看，产品销售系统健康指数排名前10的公司是：**泰达股份（77.37）、三木集团（77.05）、鲁银投资（67.65）、宁波联合（64.53）、交运股份（63.33）、粤桂股份（63.24）、大为股份（62.01）、恒立实业（57.34）、上海三毛（57.13）、青岛中程（56.10）**。

6. 竞争态势系统

综合行业24家上市公司竞争态势系统健康指数平均水平为57.4，略高于全市场竞争态势健康指数平均水平（50.47）。行业平均水平以上的上市公司有13家，占总数的54.17%。从区间分布看，40以下的有2家，占8.33%；40—50的有3家，占12.50%；50—60的有7家，占29.17%；60—70的有9家，占37.50%；70以上的有3家，占12.50%。

从行业健康诊断看，竞争态势系统健康指数排名前10的公司是：**泰达股份（74.50）、鲁银投资**

（74.13）、三木集团（72.31）、漳州发展（68.97）、大为股份（64.44）、粤桂股份（63.88）、亚泰集团（63.61）、交运股份（62.13）、绿能慧充（62.12）、济南高新（62.02）。

7. 资产资本结构系统

综合行业24家上市公司资产资本结构系统健康指数平均水平为55.89，略低于全市场资产资本结构健康指数平均水平（56.79）。行业平均水平以上的上市公司有12家，占总数的50.00%。从区间分布看，40以下的有1家，占4.17%；40—50的有6家，占25.00%；50—60的有7家，占29.17%；60—70的有9家，占37.50%；70以上的有1家，占4.17%。

从行业健康诊断看，资产资本结构系统健康指数排名前10的公司是：**顺发恒业（73.52）、天宸股份（67.34）、上海三毛（67.22）、凯瑞德（66.90）、群兴玩具（64.93）、宁波联合（64.67）、大为股份（64.30）、粤桂股份（62.09）、交运股份（61.52）、恒立实业（60.59）**。

8. 内部控制系统

综合行业24家上市公司内部控制系统健康指数平均水平为81.59，略低于全市场内部控制健康指数平均水平（83.22）。行业平均水平以上的上市公司有15家，占总数的62.50%。从区间分布看，60—70的有2家，占8.33%；70—80的有5家，占20.83%；80—90的有16家，占66.67%；90以上的有1家，占4.17%。

从行业健康诊断看，内部控制系统健康指数排名前10的公司是：**综艺股份（91.91）、鲁银投资（88.44）、天宸股份（88.37）、粤桂股份（87.47）、交运股份（86.67）、大为股份（86.29）、群兴玩具（84.40）、亚泰集团（83.77）、悦达投资（83.64）、上海三毛（83.57）**。

9. 企业文化系统

综合行业24家上市公司企业文化系统健康指数平均水平为61.49，略低于全市场企业文化健康指数平均水平（67.58）。行业平均水平以上的上市公司有15家，占总数的62.50%。从区间分布看，50以下的有4家，占16.67%；50—60的有5家，占20.83%；60—70的有10家，占41.67%；70—80的有5家，占20.83%。

从行业健康诊断看，企业文化系统健康指数排名前10的公司是：**大为股份（74.22）、泰达股份（71.11）、宁波联合（70.63）、三木集团（70.49）、青岛中程（70.27）、粤桂股份（69.35）、天宸股份（69.08）、亚泰集团（67.56）、漳州发展（66.95）、鲁银投资（65.68）**。

31.3 行业机遇、挑战和发展对策

31.3.1 行业发展面临的机遇

综合行业作为提供各类综合性、多元化服务的行业，其发展机遇与中国经济发展的机遇有着紧密关联。对企业而言，可以重点抓住以下三个方面的机遇：

1. 产业升级的发展机遇：随着居民对高品质供给需求的扩大，低端制造向中高端制造的转变潜力巨大。通过提升产品质量、技术含量和服务水平，企业可以在产业升级中获得更多市场份额和竞

争优势。

2．数字经济发展的机遇：生产端的数字化趋势不断加快，为企业带来了数字化转型的新机遇。借助先进的数字技术，企业可以优化生产流程、提高效率，甚至开发出全新的数字化产品和服务，满足不断变化的市场需求。

3．绿色转型的发展机遇：全球绿色生产生活方式的逐渐形成，绿色产品和绿色行业正迅速发展，成为经济增长的新增长点。企业可以通过研发环保型产品、实施可持续经营战略，积极响应绿色转型趋势，获得市场份额和社会认可。

31.3.2 行业发展面临的挑战

综合行业作为非特定领域而言，在不确定性因素较多的背景下，面对的挑战更大：

1．个别企业家信心不足：一些企业由于业务收缩等原因，甚至出现企业家准备退出的情况，这可能影响行业的整体稳定性。

2．民营企业面临困难：民营企业在面临政策、市场等多重压力时，可能遇到更多的困难。国家相关政策的出台旨在推动民营企业发展，但仍需要解决实际执行问题。

3．出口形势不容乐观：全球经济复苏乏力，需求不足，这也影响了综合行业的出口业务，制约了经济的快速恢复。

31.3.3 行业发展建议

针对这些挑战，以下是一些建议，可以帮助综合行业保持竞争力，实现高质量发展：

1．加强市场调研：定期进行市场调研，了解市场变化和消费者需求，为制定有效的战略提供基础。

2．注重品牌形象：加强品牌建设，提升品牌知名度和美誉度，以赢得更多消费者的信任和忠诚度。

3．持续创新：加大研发投入，推出具有竞争优势的创新产品和服务，以满足不断变化的市场需求。

4．拓展多元化渠道：充分利用互联网平台，拓展线上销售渠道，同时加强实体店的建设和管理，提供优质的线下服务体验。

5．人才培养：投资于人才培养，培养适应新经济环境的高素质员工，以支撑企业的可持续发展。

6．关注政策环境：密切关注国家政策的变化，合理应对政策风险，充分利用政策的支持来促进企业的稳定增长。

在当前经济环境下，综合行业的发展既受益于机遇，也需要应对挑战。通过积极应对，行业可以不断提升自身竞争力，实现可持续发展。

第32章
银行业

银行业是由经营金融服务的商业银行等金融机构所组成的行业，其主要功能涵盖存款、贷款、支付结算、投资、外汇兑换以及其他金融服务。**作为金融体系的核心组成部分，银行在经济发展和金融稳定方面扮演着关键角色，对整个社会的货币供给具有重要影响，同时也构成国家实施宏观经济政策的重要基础**。银行业在金融体系中的地位至关重要，提供了一系列的金融产品和服务，满足了个人、企业和政府等各类主体的资金需求。其主要职能包括：

存款与储蓄：银行作为存款的保管者，为个人和企业提供安全的存储和管理资金的服务，也为储蓄者提供收益和流动性。

贷款与融资：银行向个人和企业提供贷款，帮助其融资和实现经济活动。通过贷款，银行促进了投资和消费，推动了经济增长。

支付与结算：银行为各类支付活动提供便捷的服务，包括转账、电子支付、支票、信用卡等，支持经济交易的顺利进行。

投资与理财：银行为客户提供多样化的投资和理财产品，帮助客户管理和增值资产。

外汇兑换：作为外汇市场的参与者，银行提供外汇兑换服务，支持国际贸易和资本流动。

金融咨询与服务：银行为客户提供金融咨询、财务规划和其他金融服务，满足不同客户的需求。

在国家经济体系中，银行业不仅为经济活动提供了资金流通的基础，还有助于维护金融市场的稳定性。然而，银行业也面临着一些挑战，如利率风险、信用风险、科技变革等。因此，银行业需要持续创新，提高风险管理水平，适应不断变化的金融环境，以保持其在经济中的关键作用。

32.1 行业核心财务指标分析

截至2022年底，A股市场银行业共有上市公司42家，总市值共计87784.85亿元，平均市值2090.12亿元/家，营业总收入58529.45亿元，平均营业收入1393.56亿元/家，净利润总额为20831.72亿元，平均净利润495.99亿元/家。市值最大的为**工商银行**（14817.90亿元），营业收入最高的为**工商银行**（9179.89亿元），净利润最高的是**工商银行**（3610.38亿元）。2022年，银行业上市公司研发投入合计为0.11亿元，金融科技投入总额为1833.21亿元。行业相关关键指标对比情况见表32–1。

表 32-1　　银行业关键指标对比

行业关键指标	2022年（中位数水平）	2021年（中位数水平）	变动情况
营业总收入3年复合增长率	5.37%	9.55%	-4.18%
净利润3年复合增长率	8.57%	9.81%	-1.24%
生息资产收益率	4.14%	4.29%	-0.15%
分红比例	28.19%	28.97%	-0.78%
拨备覆盖率	280.78%	274.01%	6.77%
不良贷款比例	1.22%	1.25%	-0.03%
资本充足率	13.71%	14.12%	-0.41%
净息差	1.99	2.13	-0.14
净利差	1.86	1.99	-0.13
贷款拨备率	3.34%	3.43%	-0.09

数据来源：同花顺、中关村国睿金融与产业发展研究会。

银行业上市公司作为中国资本市场的重要支柱，2022年虽整体收入、利润等增长有所放缓，但依然为实体经济发展提供了源源不断的动力，抗风险能力进一步提升。

32.2　健康指数分析

本报告共对银行业42家上市公司开展健康诊断。

32.2.1　综合健康指数分析

1. 一级行业综合健康指数分析

诊断结果显示，银行业综合健康指数平均水平为70.71，其中**建设银行（80.63）**、**工商银行（79.75）**、**招商银行（79.72）**位列行业前三。从指数分布看，高于平均水平的有21家，占行业内公司总数的50.00%。其中，如图32-1所示，综合健康指数区间在60以下的有1家，占2.38%；60—70的有20家，占47.62%；70以上的有21家，占50.00%。

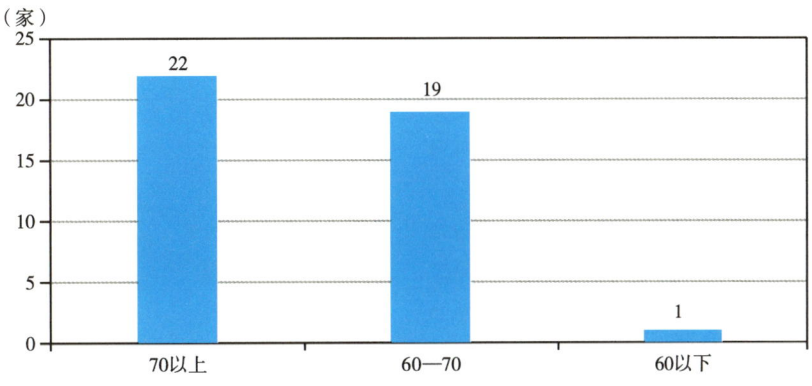

图 32-1　银行业上市公司综合健康指数区间分布情况

2. 细分行业综合健康指数分析

"银行"行业只有1个二级行业，可细分为4个三级行业，如图32-2所示，各细分行业综合健康指数情况如下：

（1）三级"国有大型银行"行业，6家公司综合健康指数平均水平为77.75，最高的是建设银行（80.63）。

（2）三级"股份制银行"行业，9家公司综合健康指数平均水平为74.03，最高的是招商银行（79.72）。

（3）三级"城商行"行业，17家公司综合健康指数平均水平为68.43，最高的是成都银行（76.61）。

（4）三级"农商行"行业，10家公司综合健康指数平均水平为67.38，最高的是沪农银行（73.66）。

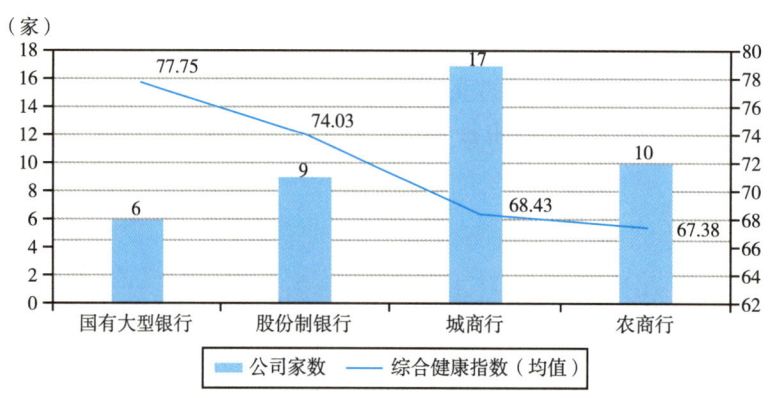

图32-2　2022年银行细分行业综合健康指数平均水平

银行业上市公司综合健康指数排名前10%的公司如表32-2所示。

表32-2　银行业2022年综合健康指数前10%排名

排名	公司代码	公司名称	综合健康指数	二级行业_同花顺	三级行业_同花顺
三级行业_同花顺：国有大型银行					
1	601939.SH	建设银行	80.63	银行	国有大型银行
2	601398.SH	工商银行	79.75	银行	国有大型银行
3	601288.SH	农业银行	78.01	银行	国有大型银行
4	601988.SH	中国银行	77.66	银行	国有大型银行
5	601328.SH	交通银行	75.46	银行	国有大型银行
6	601658.SH	邮储银行	74.99	银行	国有大型银行
三级行业_同花顺：股份制银行					
1	600036.SH	招商银行	79.72	银行	股份制银行
2	601998.SH	中信银行	77.27	银行	股份制银行
3	000001.SZ	平安银行	76.30	银行	股份制银行
4	601166.SH	兴业银行	75.84	银行	股份制银行
5	601818.SH	光大银行	73.28	银行	股份制银行

续表

排名	公司代码	公司名称	综合健康指数	二级行业_同花顺	三级行业_同花顺
三级行业_同花顺：城商行					
1	601838.SH	成都银行	76.61	银行	城商行
2	600919.SH	江苏银行	74.95	银行	城商行
3	601009.SH	南京银行	72.65	银行	城商行
三级行业_同花顺：农商行					
1	601825.SH	沪农商行	73.66	银行	农商行

数据来源：同花顺、中关村国睿金融与产业发展研究会。

32.2.2 九大系统健康指数分析

1. 公司治理系统

银行业42家上市公司公司治理系统健康指数平均水平为93.52，行业平均水平以上的上市公司有20家，占总数的47.62%。从区间分布看，80—90的有6家，占14.29%；90以上的有36家，占85.71%。

从行业健康诊断看，公司治理系统健康指数排名前10的公司是：**工商银行（99.72）、青岛银行（98.96）、华夏银行（98.95）、厦门银行（98.62）、交通银行（98.26）、西安银行（97.73）、齐鲁银行（97.65）、上海银行（97.53）、建设银行（96.34）、平安银行（96.26）**。银行业整体公司治理较为规范、有效，特别是国有大行是行业公司治理的典范。

2. 外部监督系统

银行业42家上市公司外部监督系统健康指数平均水平为83.48，行业平均水平以上的上市公司有24家，占总数的57.14%。从区间分布看，50—60的有1家，占2.38%；60—70的有1家，占2.38%；70—80的有5家，占11.90%；80—90的有33家，占78.57%；90以上的有2家，占4.76%。

从行业健康诊断看，外部监督系统健康指数排名前10的公司是：**苏州银行（92.68）、常熟银行（90.69）、成都银行（89.34）、南京银行（88.42）、宁波银行（88.33）、杭州银行（88.14）、江阴银行（88.11）、平安银行（87.44）、江苏银行（87.27）、苏农银行（87.07）**。银行业上市公司坚守合规经营的原则，积极与投资者互动，努力履行社会责任，在外部监督方面整体表现优秀，但受股价季度表现、年度表现、年度夏普比率、投资者调研等定量指标的影响，国有大行与中小银行该系统指数略有差距。

3. 创利能力系统

银行业42家上市公司创利能力系统健康指数平均水平为65.55，行业平均水平以上的上市公司有24家，占总数的57.14%。从区间分布看，50—60的有10家，占23.81%；60—70的有21家，占50.00%；70以上的有11家，占26.19%。

从行业健康诊断看，创利能力系统健康指数排名前10的公司是：**招商银行（80.67）、成都银行（78.43）、沪农商行（77.20）、兴业银行（76.56）、南京银行（73.55）、建设银行（73.47）、江苏**

银行（72.65）、中信银行（71.21）、宁波银行（71.19）、长沙银行（70.51）。国有大行支持实体经济力度加大，在资本市场发挥着重要的作用。

4. 价值再造系统

银行业42家上市公司价值再造系统健康指数平均水平为66.40，行业平均水平以上的上市公司有23家，占总数的54.76%。从区间分布看，40—50的有1家，占2.38%；50—60的有8家，占19.05%；60—70的有19家，占45.24%；70以上的有14家，占33.33%。

从行业健康诊断看，价值再造系统健康指数排名前10的公司是：**农业银行（78.34）、苏农银行（77.65）、建设银行（76.79）、江阴银行（76.17）、中信银行（75.77）、齐鲁银行（75.24）、张家港行（72.84）、中国银行（72.51）、光大银行（72.30）、无锡银行（72.07）**。

5. 产品销售系统

银行业42家上市公司产品销售系统健康指数平均水平为50.00，行业平均水平以上的上市公司有22家，占总数的52.38%。从区间分布看，40以下的有14家，占33.33%；40—50的有6家，占14.29%；50—60的有7家，占16.67%；60—70的有6家，占14.29%；70以上的有9家，占21.43%。

从行业健康诊断看，产品销售系统健康指数排名前10的公司是：**招商银行（86.72）、中信银行（83.04）、建设银行（80.47）、平安银行（80.09）、江苏银行（72.22）、光大银行（72.05）、兴业银行（71.68）、邮储银行（70.71）、工商银行（70.35）、中国银行（69.68）**。

6. 竞争态势系统

银行业42家上市公司竞争态势系统健康指数平均水平为55.86，行业平均水平以上的上市公司有21家，占总数的50.00%。从区间分布看，40以下的有3家，占7.14%；40—50的有12家，占28.57%；50—60的有11家，占26.19%；60—70的有10家，占23.81%；70以上的有6家，占14.29%。

从行业健康诊断看，竞争态势系统健康指数排名前10的公司是：**工商银行（77.97）、招商银行（76.50）、建设银行（75.83）、农业银行（72.42）、交通银行（70.97）、中国银行（70.66）、兴业银行（68.14）、浦发银行（65.35）、平安银行（64.81）、中信银行（64.04）**。大型银行竞争优势明显，在引领行业发展和助力实体经济发展方面发挥着压舱石的作用。

7. 资产资本结构系统

银行业42家上市公司资产资本结构系统健康指数平均水平为52.43，行业平均水平以上的上市公司有21家，占总数的50%。从区间分布看，40以下的有2家，占4.76%；40—50的有15家，占35.71%；50—60的有17家，占40.48%；60—70的有7家，占16.67%；70以上的有1家，占2.38%。

从行业健康诊断看，资产资本结构系统健康指数排名前10的公司是：**江阴银行（74.85）、工商银行（67.43）、无锡银行（65.65）、建设银行（64.14）、农业银行（63.16）、瑞丰银行（62.42）、苏农银行（60.85）、紫金银行（60.37）、中国银行（59.89）和招商银行（59.58）**。

8. 内部控制系统

银行业42家上市公司内部控制系统健康指数平均水平为89.32，行业平均水平以上的上市公司有24家，占总数的57.14%。从区间分布看，70—80的有3家，占7.14%；80—90的有17家，占40.48%；90以上的有22家，占52.38%。

从行业健康诊断看，内部控制系统健康指数排名前10的公司是：**中国银行**（97.97）、**农业银行**（97.82）、**工商银行**（95.84）、**成都银行**（94.65）、**江苏银行**（94.05）、**建设银行**（93.94）、**渝农商行**（93.23）、**光大银行**（93.15）、**西安银行**（93.15）、**齐鲁银行**（92.85）。银行业上市公司整体内部控制方面，制度健全、流程规范、内控有效性较高。

9. 企业文化系统

银行业42家上市公司企业文化系统健康指数平均水平为74.22，行业平均水平以上的上市公司有19家，占总数的45.24%。从区间分布看，50—60的有1家，占2.38%；60—70的有4家，占9.52%；70—80的有34家，占80.95%；80以上的有3家，占7.14%。

从行业健康诊断看，企业文化系统健康指数排名前10的公司是：**紫金银行**（83.47）、**中信银行**（82.05）、**无锡银行**（80.87）、**兰州银行**（79.98）、**瑞丰银行**（79.49）、**张家港行**（79.20）、**中国银行**（78.77）、**苏州银行**（77.87）、**交通银行**（77.83）、**浦发银行**（77.32）。银行业上市公司承担着维护市场安全、助力社会主义现代化建设的使命，战略明确，企业文化系统整体健康指数领先市场，但受到董监高任期内工作调整等定量指标的影响，国有大行该系统健康指数优势不明显。

32.3 行业机遇、挑战和发展对策

32.3.1 行业发展面临的机遇

党的二十大报告擘画了发展蓝图，2023年是贯彻落实党的二十大精神的开局之年，随着金融监管体系进一步完善，银行业监管机构的地位和作用进一步强化，更有助于金融服务生态全面高质量稳健发展。银行业作为金融体系的核心组成部分，面临着许多机遇，特别是在数字化、技术创新和金融服务升级方面：

1. 数字化转型：随着科技的不断发展，银行业有机会通过数字化转型来提高效率、降低成本，并提供更便捷、安全、个性化的金融服务。

2. 移动支付和互联网金融：移动支付和互联网金融的兴起为银行业带来了新的机遇，可以通过线上渠道吸引更多年轻用户，拓展市场份额。

3. 金融科技创新：金融科技的发展为银行业带来了更多的创新机遇，例如区块链、人工智能、大数据等技术的应用，可以改善风险管理和提升客户体验。

4. 跨境业务拓展：全球化发展趋势下，银行业可以通过拓展跨境业务来增加收入和扩大市场份额。

5. 绿色金融：环保和可持续发展的关注增加，银行业有机会发展绿色金融业务，支持环保和可持续发展项目。

6. 个性化金融服务：通过大数据和人工智能技术，银行可以提供更加个性化的金融服务，满足客户多样化的需求。

7. 开放银行模式：开放银行模式的推进允许不同金融机构之间共享数据和服务，为银行业创造

更多合作和创新的机会。

8. 人口老龄化和财富管理：随着人口老龄化程度加深，财富管理业务将面临巨大的发展机遇。

9. 金融市场多元化：金融市场的多元化和创新为银行业提供了更多的业务发展空间。

10. 金融监管改革：一些地区对金融监管进行改革，为银行业提供更加开放和灵活的发展环境。

综合来看，银行业面临着数字化转型、移动支付和互联网金融、金融科技创新、跨境业务拓展、绿色金融、个性化金融服务、开放银行模式、人口老龄化和财富管理、金融市场多元化、金融监管改革等多方面的机遇。通过抓住这些机遇，银行业可以实现持续创新和发展，提升服务水平和市场竞争力。

32.3.2 行业发展面临的挑战

随着现代化的社会进步，经济和金融技术的发展，银行业在2023年将迎来更加复杂的环境，如市场竞争加剧，上下游行业大发展，新技术的出现等。

1. 外部环境的不确定性不断增强：全球能源危机、通胀加速、地缘政治紧张在国内外经济形势严峻的多重挑战下，全球银行业的经营环境呈现高复杂性与不确定性。

2. 市场竞争日益激烈：由于金融发展快速，市场竞争激烈，银行业发展压力也会加大。银行业的竞争对手不仅有传统的企业，也有新兴的互联网公司，在这种纷繁复杂的形势下，各银行业的竞争加剧，给各家银行带来较大压力。为了突破市场竞争，银行业需要在客户服务上加大投入，不断开发新产品，优化有效的运营网络，提升服务质量，扩大市场份额。

3. 上下游行业大发展：上下游行业的快速发展也会给银行业带来持续压力。上游行业，涉及与银行业一起发展的相关行业，它们的发展会对银行业造成影响。例如，随着信息技术的快速发展，互联网金融模式出现，银行要应对的挑战就更大了。下游行业，与银行业相关的行业，如房地产、能源、电子商务等，都会面临发展挑战，特别是房地产行业的持续低迷，给银行带来重大压力。

4. 新技术的出现：新技术的出现对银行业造成了巨大影响，也为银行提供了可以利用的发展机会。这种技术包括云计算、人工智能、物联网等，它们能够极大地推动行业的发展，使银行业更加智能化，更加便捷化，从而提高服务效率。此外，新技术还能加快银行业的数字转型，满足不断完善的消费需求等。

总之，2022年以来，全球经济金融体系面临严峻挑战，银行业风险因素凸显。随着我国从疫情防控中快速走出，经济稳步重启。财政政策与货币政策协调配合、加力提效，稳定经济增长，银行业稳健经营和高质量服务实体经济能力也在持续提升。

32.3.3 行业发展建议

党的二十大以来，银行业把支持实体经济高质量发展放到了更加突出的位置，深刻把握战略机遇和发展窗口期，深化科技金融转型，稳步推进普惠金融、绿色金融、财富金融升级，向综合化、数字化纵深发展，行业高质量发展取得明显成效。为了推动银行业的发展并提高竞争力，以下是一些建议：

1. 数字化转型：银行业需要积极推进数字化转型，提升数字化服务能力，拓展线上渠道，推出便捷的移动银行应用，提供个性化的金融服务。

2. 投资科技创新：加大对金融科技创新的投入，探索区块链、人工智能、大数据等前沿技术在风控、反欺诈、智能客服等领域的应用。

3. 加强风险管理：强化风险管理体系，提高风险识别和防范能力，降低不良资产风险，确保金融体系的稳健运行。

4. 推动绿色金融：发展绿色金融业务，支持环保和可持续发展项目，鼓励客户投资环保产业和低碳项目。

5. 加强合规与监管：严格遵守金融监管政策和法规，加强合规管理，提升企业的社会形象和公信力。

6. 强化客户体验：优化客户服务流程，提供更便捷、高效、个性化的服务，关注客户需求，增强客户黏性。

7. 拓展跨境业务：积极拓展跨境业务，加强国际合作，开发跨境支付、外汇业务等，拓宽国际市场份额。

8. 推动金融创新：鼓励银行业推动金融创新，开发符合市场需求的新产品和服务，提高业务竞争力。

9. 注重人才培养：加强人才培养和引进，提升员工专业水平和服务质量，推动银行业的持续发展。

综合来看，银行业可以在加强数字化转型，投资科技创新，加强风险管理和合规监管，推动绿色金融和金融创新，注重客户体验和人才培养，拓展跨境业务等方面持续推进，有助于银行业更好地适应市场发展和技术变革，提升服务质量和竞争力，实现可持续发展。

第33章
非银金融行业

非银金融行业是指除了传统银行业务外的其他金融机构和企业，如保险、证券、资产管理、支付等领域。非银金融行业丰富了金融体系，提供了更多元化的金融选择，推动了金融业务的创新和发展，为经济提供了广泛的金融产品和服务，是金融市场稳健运行的重要参与者。

33.1 行业核心财务指标分析

截至2022年底，A股市场非银金融行业共有上市公司88家，总市值共计53991.85亿元，平均市值613.54亿元/家，营业总收入39359.99亿元，平均营业收入452.41亿元/家，净利润总额3761.10亿元，平均净利润42.74亿元/家。市值最大的为**中国人寿**（8620.39亿元），营业收入最高的为**中国平安**（11105.68亿元），净利润最高的是**中国平安**（1074.32亿元）。其中，营业收入小于10亿元的公司有15家，约占该行业内公司总数的17.05%；小于5亿元的有11家，约占该行业内公司总数的12.50%。2022年，非银金融行业上市公司研发投入合计为44.29亿元。行业相关关键指标对比情况见表33-1。

表33-1　　　　　　　　　　　非银金融行业关键指标对比

行业关键指标	2022年（中位数水平）	2021年（中位数水平）	变动情况
营业总收入3年复合增长率	0.59%	23.09%	−22.50%
净利润3年复合增长率	1.09%	38.10%	−37.01%
年化总资产报酬率	2.37%	3.16%	−0.79%
年化净资产报酬率	4.85%	7.70%	−2.85%
销售毛利率	27.87%	32.64%	−4.77%
销售净利率	17.46%	27.24%	−9.78%
研发强度	1.20%	1.31%	−0.11%
分红比例	33.96%	30.31%	3.65%

数据来源：同花顺、中关村国睿金融与产业发展研究会。

受外部因素冲击，2022年非银金融行业整体发展受到一定影响，发展面临较大挑战。此外，保险和证券两个细分行业上市公司各核心指标出现同比下滑，如表33-2、表33-3所示。

表33-2　　　　　　　　　　　　　　保险细分行业关键指标对比

保险细分行业关键指标	2022年（中位数水平）	2021年（中位数水平）	变动情况
新业务价值率	17.85%	15.65%	2.20%
总投资收益率	4.20%	5.70%	−1.50%
净投资收益率	4.60%	4.50%	0.10%
退保率	1.80%	2.00%	−0.20%
核心偿付能力充足率：产险	177.60%	248.56%	−70.96%
核心偿付能力充足率：寿险	124.10%	221.40%	−97.30%

数据来源：同花顺、中关村国睿金融与产业发展研究会。

表33-3　　　　　　　　　　　　　　证券细分行业关键指标对比

证券细分行业关键指标	2022年（中位数水平）	2021年（中位数水平）	变动情况
资本杠杆率	20.49%	21.11%	−0.62%
流动性覆盖率	261.39%	278.65%	−17.26%
净稳定资金率	159.72%	151.66%	8.06%

数据来源：同花顺、中关村国睿金融与产业发展研究会。

33.2　健康指数分析

根据报告分析口径，剔除数据异常以及退市公司后，本报告共对非银金融行业87家上市公司开展健康诊断。

33.2.1　综合健康指数分析

1. 一级行业综合健康指数分析

诊断结果显示，非银金融行业综合健康指数平均水平为68.45，其中**中国人保（79.21）**、**陕国投A（77.91）**、**江苏金租（77.19）**位列行业前三。从指数分布看，高于平均水平的有50家，占行业内公司总数的57.47%。其中，如图33-1所示，综合健康指数区间在60以下的有9家，占10.34%；60—70的有39家，占44.83%；70以上的有39家，占44.83%。

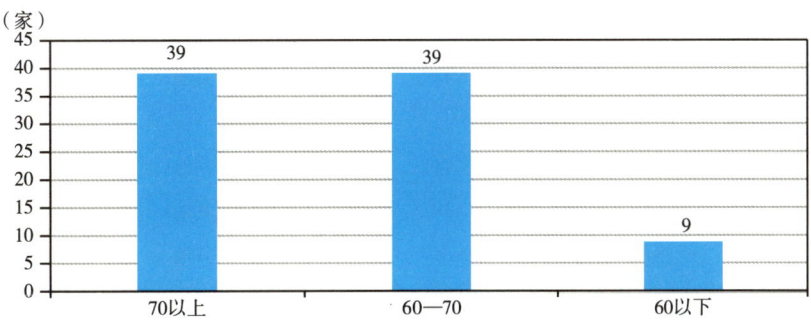

图33-1　非银金融行业上市公司综合健康指数区间分布情况

2. 细分行业综合健康指数分析

"非银金融行业"行业有2个二级行业，可细分为3个三级行业，如图33-2所示，各细分行业综合健康指数情况如下：

（1）二级"证券"行业，仅包括一个三级"证券Ⅲ"行业，49家公司综合健康指数平均水平为68.14，最高的是中信建投（75.33）。

（2）二级"保险及其他"行业，38家公司综合健康指数平均水平为68.85，最高的是中国人保（78.21）。其中：

三级"保险"行业，6家公司综合健康指数平均水平为74.63，最高的是中国人保（79，21）；

三级"多元金融"行业，32家公司综合健康指数平均水平为67.76，最高的是陕国投A（77.91）。

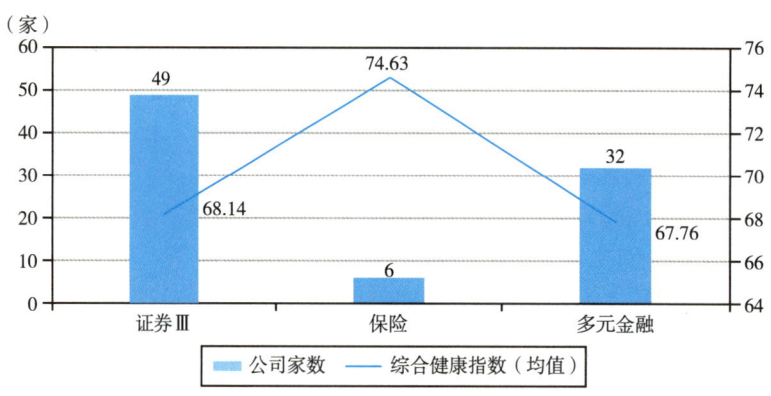

图33-2　2022年非银金融细分行业综合健康指数平均水平

非银金融行业上市公司综合健康指数排名前10%的公司如表33-4所示。

表33-4　　非银金融行业2022年综合健康指数前10%排名

排名	公司代码	公司名称	综合健康指数	二级行业_同花顺	三级行业_同花顺
三级行业_同花顺：证券Ⅲ					
1	601066.SH	中信建投	75.33	证券	证券Ⅲ
2	000776.SZ	广发证券	75.17	证券	证券Ⅲ
三级行业_同花顺：保险					
1	601319.SH	中国人保	79.21	保险及其他	保险
2	601601.SH	中国太保	76.48	保险及其他	保险
3	601318.SH	中国平安	75.11	保险及其他	保险
三级行业_同花顺：多元金融					
1	000563.SZ	陕国投A	77.91	保险及其他	多元金融
2	600901.SH	江苏金租	77.19	保险及其他	多元金融
3	600517.SH	国网英大	75.69	保险及其他	多元金融
4	000987.SZ	越秀资本	75.10	保险及其他	多元金融

数据来源：同花顺、中关村国睿金融与产业发展研究会。

33.2.2 九大系统健康指数分析

1. 公司治理系统

非银金融行业87家上市公司公司治理系统健康指数平均水平为89.22，行业平均水平以上的上市公司有53家，占总数的60.92%。从区间分布看，60—70的有1家，占1.15%；70—80的有5家，占5.75%；80—90的有34家，占39.08%；90以上的有47家，占54.02%。

从行业健康诊断看，公司治理系统健康指数排名前10的公司是：**中国银河（96.45）、中信建投（96.44）、申万宏源（96.26）、华泰证券（96.05）、西南证券（96.01）、长城证券（95.72）、国信证券（95.54）、东方证券（95.37）、中国人寿（95.30）、南京证券（95.02）**。

2. 外部监督系统

非银金融行业87家上市公司外部监督系统健康指数平均水平为83.35，行业平均水平以上的上市公司有62家，占总数的71.26%。从区间分布看，50以下的有2家，占2.30%；50—60的有1家，占1.15%；60—70的有2家，占2.30%；70—80的有13家，占14.94%；80—90的有54家，占62.07%；90以上的有15家，占17.24%。

从行业健康诊断看，外部监督系统健康指数排名前10的公司是：**国元证券（93.07）、中国太保（92.41）、国金证券（92.29）、陕国投A（92.16）、中金公司（92.09）、中信建投（91.71）、江苏金租（91.51）、中国人保（91.40）、中粮资本（90.52）、国联证券（90.45）**。

3. 创利能力系统

非银金融行业87家上市公司创利能力系统健康指数平均水平为63.44，行业平均水平以上的上市公司有49家，占总数的56.32%。从区间分布看，40—50的有10家，占11.49%；50—60的有15家，占17.24%；60—70的有39家，占44.83%；70以上的有23家，占26.44%。

从行业健康诊断看，创利能力系统健康指数排名前10的公司是：**中信证券（80.86）、广发证券（80.24）、陕国投A（79.55）、江苏金租（79.29）、中国人保（77.64）、国泰君安（76.25）、中金公司（75.97）、华泰证券（75.02）、海德股份（73.79）、光大证券（73.59）**。

4. 价值再造系统

非银金融行业87家上市公司价值再造系统健康指数平均水平为63.21，行业平均水平以上的上市公司有44家，占总数的50.57%。从区间分布看，40—50的有7家，占8.05%；50—60的有24家，占27.59%；60—70的有31家，占35.63%；70以上的有25家，占28.74%。

从行业健康诊断看，价值再造系统健康指数排名前10的公司是：**国网英大（77.89）、国金证券（76.94）、中国人保（76.50）、中国平安（76.31）、国投资本（74.54）、光大证券（74.20）、浙江东方（73.91）、长江证券（73.88）、招商证券（73.85）、东方证券（73.78）**。

5. 产品销售系统

非银金融行业87家上市公司产品销售系统健康指数平均水平为49.19，行业平均水平以上的上市公司有40家，占总数的45.98%。从区间分布看，40以下的有18家，占20.69%；40—50的有29家，占33.33%；50—60的有25家，占28.74%；60—70的有6家，占6.90%；70以上的有9家，占10.34%。

从行业健康诊断看，产品销售系统健康指数排名前10的公司是：**中国人寿（86.33）、新华保险（85.37）、中国人保（84.77）、中国太保（84.66）、中国平安（81.47）、浙商证券（76.62）、天茂集团（72.76）、永安期货（71.77）、浙江东方（70.13）、国网英大（68.15）**。

6. 竞争态势系统

非银金融行业87家上市公司竞争态势系统健康指数平均水平为52.02，行业平均水平以上的上市公司有47家，占总数的54.02%。从区间分布看，40以下的有13家，占14.94%；40—50的有24家，占27.59%；50—60的有28家，占32.18%；60—70的有19家，占21.84%；70以上的有3家，占3.45%。

从行业健康诊断看，竞争态势系统健康指数排名前10的公司是：**华泰证券（74.60）、广发证券（71.88）、中信建投（71.78）、东方证券（69.61）、东方财富（69.27）、中国人保（68.11）、越秀资本（68.07）、国投资本（67.87）、中国平安（67.47）、财通证券（66.80）**。

7. 资产资本结构系统

非银金融行业87家上市公司资产资本结构系统健康指数平均水平为54.05，行业平均水平以上的上市公司有40家，占总数的45.98%。从区间分布看，40以下的有12家，占13.79%；40—50的有23家，占26.44%；50—60的有26家，占29.89%；60—70的有14家，占16.09%；70以上的有12家，占13.79%。

从行业健康诊断看，资产资本结构系统健康指数排名前10的公司是：**江苏金租（87.92）、太平洋（80.83）、陕国投A（80.2）、红塔证券（79.59）、永安期货（78.91）、中银证券（78.31）、弘业期货（76.07）、华林证券（75.13）、南华期货（72.98）、华鑫股份（70.73）**。

8. 内部控制系统

非银金融行业87家上市公司内部控制系统健康指数平均水平为81.80，行业平均水平以上的上市公司有47家，占总数的54.02%。从区间分布看，60以下的有1家，占1.15%；60—70的有3家，占3.45%；70—80的有22家，占25.29%；80—90的有54家，占62.07%；90以上的有7家，占8.05%。

从行业健康诊断看，内部控制系统健康指数排名前10的公司是：**永安期货（93.50）、南京证券（91.77）、中粮资本（91.74）、陕国投A（91.59）、天茂集团（91.58）、海德股份（91.08）、国网英大（90.53）、东方财富（89.46）、国元证券（89.15）、渤海租赁（89.12）**。

9. 企业文化系统

非银金融行业87家上市公司企业文化系统健康指数平均水平为73.06，行业平均水平以上的上市公司有48家，占总数的55.17%。从区间分布看，50以下的有1家，占1.15%；50—60的有4家，占4.60%；60—70的有19家，占21.84%；70—80的有47家，占54.02%；80以上的有16家，占18.39%。

从行业健康诊断看，企业文化系统健康指数排名前10的公司是：**国泰君安（87.27）、浙商证券（85.43）、东方财富（84.40）、华泰证券（82.43）、华铁应急（82.28）、第一创业（82.24）、中航产融（81.88）、天茂集团（81.58）、南京证券（81.17）、中信证券（80.87）**。

33.3 行业机遇、挑战和发展对策

33.3.1 行业发展面临的机遇

在当前经济和金融环境下，特别是中央提出"活跃资本市场"的大背景下，非银金融行业面临着许多发展机遇：

1. 金融科技创新：非银金融行业可以通过金融科技创新，如区块链、人工智能、大数据等技术应用，提高服务效率和客户体验。

2. 消费升级和金融需求增长：随着消费者消费升级和金融需求增长，非银金融行业可以满足更加多样化和个性化的金融服务需求。

3. 保险业发展：随着人们风险意识的提升，保险业有机会扩大保险覆盖范围，开拓新能源汽车、健康、养老等保险业务。

4. 资产管理需求增加：随着财富积累和资产管理需求的增加，资产管理行业有机会提供更加多样化的投资产品和服务。

5. 开放银行和合作模式：开放银行模式的推进为非银金融行业提供合作和创新机遇，可以通过数据共享和合作提供更全面的金融服务。

6. 金融市场多元化：金融市场多元化发展，为非银金融机构提供了更多发展空间，如债券市场、资本市场等。

7. 互联网金融和线上渠道：互联网金融的发展和线上渠道的拓展为非银金融行业提供了更广阔的市场和用户接触渠道。

8. 政策支持和改革：政府对非银金融行业提供政策支持和改革措施，鼓励行业发展和创新，非银金融行业可以通过提供多样化的融资产品和服务，支持实体经济发展。

9. ESG表现：ESG（环境、社会、治理）是衡量非银金融机构在可持续发展方面的表现和责任的重要指标，也是越来越多投资者在进行投资决策时考虑的重要因素。具有良好ESG表现的非银金融机构往往能够更好地履行社会责任和企业公民责任，提升自身的品牌形象和社会影响力。例如，中国人保、中国平安、中国太保等保险公司，在环境保护、社会公益、治理规范等方面都有较好的ESG表现。

综合来看，非银金融行业面临着金融科技创新、消费升级和金融需求增长、保险业发展、资产管理需求增加、开放银行和合作模式、金融市场多元化、互联网金融和线上渠道、支持实体经济、政策支持和改革、ESG表现等多方面的机遇。通过抓住这些机遇，非银金融行业可以实现持续发展，提供更多优质的金融产品和服务，推动金融体系的协调发展。

33.3.2 行业发展面临的挑战

随着全球经济环境的不确定性增强，非银金融行业在发展过程中也面临一些挑战，这些挑战可能影响行业的运营和稳健发展：

1. 金融监管压力：为了防范系统性风险和维护金融稳定，监管部门不断加强对非银金融行业的监管力度，对非银金融机构的资本充足率、杠杆率、流动性比例、净稳定资金比例等方面提出更高要求，同时也加强了对非法集资、影子银行、同业拆借等乱象的整治。这些都会对非银金融机构的经营空间和发展速度产生限制。

2. 金融风险：非银金融行业可能面临市场风险、信用风险、流动性风险等各类金融风险，需要强化风险管理措施，防范系统性风险。

3. 信息安全风险：随着数字化和互联网技术的广泛应用，非银金融行业可能面临信息安全风险，包括网络攻击、数据泄露等问题，需要加强信息安全保护。

4. 通胀和利率风险：受原材料价格上涨、货币超发等因素影响，全球通胀水平上升，导致实际利率下降，这会对非银金融行业的资产端收益率产生压力。同时，为了抑制通胀预期，各国央行纷纷收紧货币政策，导致利率波动加大，这会对非银金融行业的负债端成本和期限错配产生影响，挑战非银金融机构的盈利能力。

5. 个别行业信用环境恶化：如房地产行业波动可能导致债务违约风险增加，影响信用类金融机构的资产质量。

6. 政策调整和市场竞争：政策调整和市场竞争可能导致行业格局变化，一些机构可能面临生存和发展压力。

7. 公众信任和形象：非银金融行业需要维护公众信任，加强企业形象塑造，防范舆论风险和品牌损害。

8. 客户服务体验：随着数字化转型的推进，非银金融行业需要提供更加便捷、高效和个性化的客户服务，满足客户的多样化需求。

9. 宏观经济风险：全球经济形势不确定性增加，受新冠疫情、供应链中断、能源危机等因素影响，全球经济增长放缓，国内经济下行压力加大，居民和企业收入水平下降，消费需求减弱，投资意愿降低，这些都会对非银金融行业的市场需求和盈利水平产生不利影响。

综合来看，非银金融行业面临着金融监管压力、金融风险、信息安全风险、利率市场化、信用环境恶化、政策调整和市场竞争、公众信任和形象、人才短缺、客户服务体验、全球经济形势等多方面的挑战。面对这些挑战，非银金融行业需要加强风险管理和合规控制，推进数字化转型和技术创新，提高服务质量和竞争力，确保行业的稳健发展。

33.3.3 行业发展建议

截至2022年底，根据尚普咨询披露的相关数据，我国非银行金融机构总资产达到152.6万亿元，同比增长18.5%，占全国金融机构总资产的比重为29.8%。其中，保险机构总资产为24.9万亿元，同比增长13.6%，占比为4.9%；证券公司总资产为10.7万亿元，同比增长19.8%，占比为2.1%；信托公司总资产为25.7万亿元，同比增长15.4%，占比为5%；其他非银行金融机构（包括基金管理公司、小额贷款公司、消费金融公司、互联网金融平台等）总资产为91.3万亿元，同比增长20.8%，占比为17.8%。行业总体发展势头较好，然而可以从以下几个方面着手，进一步推动行业高质量发展：

1．加强风险管理和合规控制：非银金融机构应该建立完善的风险管理体系，加强对市场风险、信用风险、操作风险等的监测和防范。同时，严格遵守金融监管政策和法规，确保合规经营。

2．推动数字化转型：积极推进数字化转型，引入金融科技创新，提高业务处理效率，改善客户体验，打造智能化、便捷化的金融服务。

3．强化信息安全保护：加强信息安全保护措施，防范网络攻击和数据泄露等风险，保障客户信息和资金安全。

4．拓展新业务领域：寻找新的增长点，拓展绿色金融、科技金融、资产管理、健康保险等新业务领域，满足不同客户群体的需求。

5．加强人才培养和引进：加大对高端金融和科技人才的培养和引进，提升机构的专业水平和竞争力。

6．提高客户服务质量：注重客户体验，提供个性化、定制化的金融服务，增强客户黏性和满意度。

7．加强合作与创新：积极参与开放银行模式，加强与科技公司、互联网企业的合作，共同推动金融创新。

8．优化资产负债管理：加强资产负债管理，降低流动性风险和利率风险，提高资本运作效率。

9．加大社会责任履行：非银金融机构应积极履行社会责任，支持可持续发展，推动绿色金融和社会公益项目。

10．关注全球经济形势：密切关注全球经济形势变化，做好风险应对和战略调整，确保行业在复杂环境中稳健发展。

综合来看，非银金融行业需要加强风险管理和合规控制，推进数字化转型和技术创新，拓展新业务领域，加强人才培养和客户服务质量，加强合作与创新，优化资产负债管理，履行社会责任，关注全球经济形势等方面。通过采取这些措施，有助于非银金融行业适应市场发展变化，提高竞争力，实现稳健可持续发展。

第34章
房地产行业

房地产行业是涉及房地产开发、销售、租赁以及相关服务的产业，贯穿了房地产的各个环节，包括土地开发、房屋建筑、房地产销售和租赁、物业管理等。作为我国经济发展的重要支柱，房地产行业在一定程度上也反映了经济的繁荣和发展趋势，为我国经济发展和城市化进程作出了重要贡献。

34.1 行业核心财务指标分析

截至2022年底，A股市场房地产行业共有上市公司112家，总市值共计15002.82亿元，平均市值133.95亿元/家，营业总收入27372.95亿元，平均营业收入244.40亿元/家，净利润总额–522.18亿元，平均净利润–4.66亿元/家。市值最大的为**万科A**（2038.88亿元），营业收入最高的为**万科A**（5038.38亿元），净利润最高的是**万科A**（375.51亿元）。其中，营业收入小于10亿元的公司有18家，约占该行业内公司总数的16.07%；小于5亿元的有9家，约占该行业内公司总数的8.04%。2022年，房地产行业上市公司研发投入合计为63.49亿元。行业相关关键指标对比情况见表34–1。

表34–1　　房地产行业关键指标对比

行业关键指标	2022年（中位数水平）	2021年（中位数水平）	变动情况
营业总收入3年复合增长率	4.88%	10.36%	–5.48%
净利润3年复合增长率	–16.00%	–5.35%	–10.65%
年化总资产报酬率	1.85%	2.65%	–0.80%
年化净资产报酬率	1.37%	4.15%	–2.78%
销售毛利率	20.45%	22.58%	–2.13%
销售净利率	2.09%	5.99%	–3.90%
研发强度	0.26%	0.21%	0.05%
分红比例	30.15%	31.37%	–1.22%
权益乘数	3.69	3.83	–0.14
流动比率	1.51	1.53	–0.02

续表

行业关键指标	2022年（中位数水平）	2021年（中位数水平）	变动情况
速动比率	0.39	0.39	0.00
现金流量利息保障倍数	138.25	310.89	−172.64
总资产周转率	0.18	0.20	−0.02
存货周转率	0.27	0.27	0.00
应收账款周转率	20.21	23.28	−3.07

数据来源：同花顺、中关村国睿金融与产业发展研究会。

受国内外多重因素影响，房地产行业在2022年面临着发展减速的局面。相较于其他行业，房地产行业的困难较大，其复苏仍然存在着巨大的挑战。

34.2 健康指数分析

根据报告分析口径，剔除数据异常以及退市公司后，本报告共对房地产行业107家上市公司开展健康诊断。

34.2.1 综合健康指数分析

1. 一级行业综合健康指数分析

诊断结果显示，房地产行业综合健康指数平均水平为67.01，其中**天健集团（77.92）**、**金地集团（76.55）**、**万科A（75.52）**位列行业前三。从指数分布看，高于平均水平的有59家，占行业内公司总数的55.14%。其中，如图34-1所示，综合健康指数区间在60以下的有13家，占9.20%；60—70的有57家，占53.27%；70以上的有37家，占34.58%。

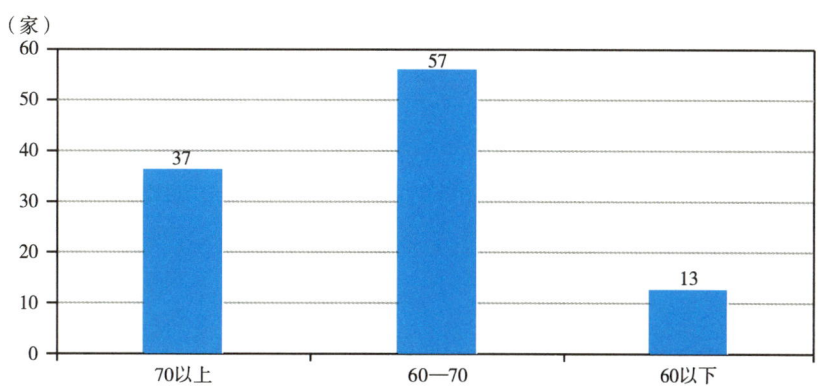

图34-1 房地产行业上市公司综合健康指数区间分布情况

2. 细分行业综合健康指数分析

"房地产行业"行业有2个二级行业，可细分为4个三级行业，如图34-2所示，各细分行业综合健康指数情况如下：

（1）二级"房地产开发"行业，99家公司综合健康指数平均水平为66.95，最高的是天健集团（77.92）。其中：

三级"住宅开发"行业，81家公司综合健康指数平均水平为66.61，最高的是天健集团（77.92）；

三级"产业地产"行业，10家公司综合健康指数平均水平为68.66，最高的是外高桥（74.50）；

三级"商业地产"行业，8家公司综合健康指数平均水平为68.32，最高的是招商蛇口（74.13）。

（2）二级"房地产服务"行业，仅包括一个三级"房地产服务Ⅲ"行业，8家公司综合健康指数平均水平为67.72，最高的是招商积余（73.24）。

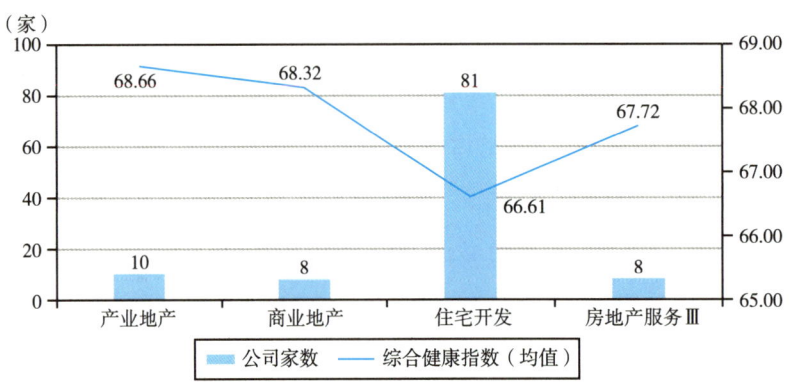

图34-2　2022年房地产细分行业综合健康指数平均水平

房地产行业上市公司综合健康指数排名前10的公司如表34-2所示。

表34-2　　房地产行业2022年综合健康指数前10排名

排名	公司代码	公司名称	综合健康指数	二级行业_同花顺	三级行业_同花顺
1	000090.SZ	天健集团	77.92	房地产开发	住宅开发
2	600383.SH	金地集团	76.55	房地产开发	住宅开发
3	000002.SZ	万科A	75.52	房地产开发	住宅开发
4	600325.SH	华发股份	75.23	房地产开发	住宅开发
5	600846.SH	同济科技	75.13	房地产开发	住宅开发
6	600048.SH	保利发展	75.05	房地产开发	住宅开发
7	000006.SZ	深振业A	74.73	房地产开发	住宅开发
8	600648.SH	外高桥	74.50	房地产开发	产业地产
9	600064.SH	南京高科	74.39	房地产开发	住宅开发
10	001979.SZ	招商蛇口	74.13	房地产开发	商业地产

数据来源：同花顺、中关村国睿金融与产业发展研究会。

34.2.2　九大系统健康指数分析

1. 公司治理系统

房地产行业107家上市公司公司治理系统健康指数平均水平为85.94，行业平均水平以上的上市公司有58家，占总数的54.21%。从区间分布看，60—70的有2家，占1.87%；70—80的有15家，占14.02%；80—90的有57家，占53.27%；90以上的有33家，占30.84%。

从行业健康诊断看，公司治理系统健康指数排名前10的公司是：**光大嘉宝（95.97）、华发股份（95.28）、上海临港（94.76）、天健集团（94.66）、同济科技（94.52）、南京高科（94.05）、电子城（94.01）、华侨城A（93.94）、光明地产（93.94）、市北高新（93.83）**。

2. 外部监督系统

房地产行业107家上市公司外部监督系统健康指数平均水平为80.05，行业平均水平以上的上市公司有68家，占总数的63.55%。从区间分布看，50以下的有3家，占2.80%；50—60的有6家，占5.61%；60—70的有11家，占10.28%；70—80的有19家，占17.76%；80—90的有49家，占45.79%；90以上的有19家，占17.76%。

从行业健康诊断看，外部监督系统健康指数排名前10的公司是：**首开股份（95.35）、滨江集团（93.95）、荣安地产（93.94）、天健集团（93.43）、万科A（93.25）、光大嘉宝（92.71）、华发股份（92.40）、深物业A（92.40）、福瑞达（92.30）、新城控股（92.23）**。

3. 创利能力系统

房地产行业107家上市公司创利能力系统健康指数平均水平为59.28，行业平均水平以上的上市公司有51家，占总数的47.66%。从区间分布看，40以下的有1家，占0.93%；40—50的有12家，占11.21%；50—60的有47家，占43.93%；60—70的有39家，占36.45%；70以上的有8家，占7.48%。

从行业健康诊断看，创利能力系统健康指数排名前10的公司是：**中国国贸（77.78）、沙河股份（77.35）、荣安地产（75.76）、中新集团（72.88）、新大正（72.87）、外高桥（71.95）、海南高速（71.37）、华联控股（70.73）、深振业A（69.94）、特发服务（69.78）**。

4. 价值再造系统

房地产行业107家上市公司价值再造系统健康指数平均水平为60.31，行业平均水平以上的上市公司有49家，占总数的45.79%。从区间分布看，40—50的有11家，占10.28%；50—60的有45家，占42.06%；60—70的有36家，占33.64%；70以上的有15家，占14.02%。

从行业健康诊断看，价值再造系统健康指数排名前10的公司是：**南山控股（75.42）、天健集团（74.28）、电子城（74.15）、金地集团（73.62）、天地源（73.16）、深振业A（72.82）、黑牡丹（72.62）、万业企业（72.26）、荣安地产（72.04）、中新集团（71.48）**。

5. 产品销售系统

房地产行业107家上市公司产品销售系统健康指数平均水平为50.71，行业平均水平以上的上市公司有59家，占总数的55.14%。从区间分布看，40以下的有17家，占15.89%；40—50的有27家，占25.23%；50—60的有39家，占36.45%；60—70的有22家，占20.56%；70以上的有2家，占1.87%。

从行业健康诊断看，产品销售系统健康指数排名前10的公司是：**南国置业（70.62）、中交地产（70.24）、万科A（68.86）、金地集团（68.73）、天健集团（68.41）、招商蛇口（66.99）、卧龙地产（66.84）、绿地控股（66.67）、栖霞建设（66.34）、京能置业（65.64）**。

6. 竞争态势系统

房地产行业107家上市公司竞争态势系统健康指数平均水平为52.92，行业平均水平以上的上市公司有55家，占总数的51.40%。从区间分布看，40以下的有12家，占11.21%；40—50的有35家，占32.71%；50—60的有31家，占28.97%；60—70的有23家，占21.50%；70以上的有6家，占5.61%。

从行业健康诊断看，竞争态势系统健康指数排名前10的公司是：**华发股份（77.91）、保利发展（77.35）、金地集团（76.50）、万科A（72.62）、滨江集团（70.98）、天健集团（70.77）、招商蛇口（69.71）、福瑞达（69.66）、南山控股（69.06）、深振业A（65.95）**。

7. 资产资本结构系统

房地产行业107家上市公司资产资本结构系统健康指数平均水平为56.86，行业平均水平以上的上市公司有51家，占总数的47.66%。从区间分布看，40以下的有4家，占3.74%；40—50的有17家，占15.89%；50—60的有45家，占42.06%；60—70的有34家，占31.78%；70以上的有7家，占6.54%。

从行业健康诊断看，资产资本结构系统健康指数排名前10的公司是：**同济科技（72.69）、特发服务（72.20）、华丽家族（71.74）、深振业A（71.06）、新黄浦（70.61）、大龙地产（70.47）、铁岭新城（70.35）、卧龙地产（69.93）、万业企业（69.79）、中天服务（69.32）**。

8. 内部控制系统

房地产行业107家上市公司内部控制系统健康指数平均水平为81.77，行业平均水平以上的上市公司有63家，占总数的58.88%。从区间分布看，60以下的有2家，占1.87%；60—70的有3家，占2.80%；70—80的有25家，占23.36%；80—90的有72家，占67.29%；90以上的有5家，占4.67%。

从行业健康诊断看，内部控制系统健康指数排名前10的公司是：**上海临港（92.92）、万业企业（91.16）、城投控股（90.86）、大龙地产（90.82）、冠城大通（90.71）、渝开发（89.72）、城建发展（89.58）、外高桥（89.01）、浦东金桥（88.52）、新大正（88.51）**。

9. 企业文化系统

房地产行业107家上市公司企业文化系统健康指数平均水平为70.87，行业平均水平以上的上市公司有53家，占总数的49.53%。从区间分布看，50以下的有3家，占2.80%；50—60的有13家，占12.15%；60—70的有36家，占33.64%；70—80的有33家，占30.84%；80以上的有22家，占20.56%。

从行业健康诊断看，企业文化系统健康指数排名前10的公司是：**中南建设（92.36）、新城控股（90.62）、万科A（90.58）、华侨城A（89.86）、合肥城建（86.54）、新湖中宝（86.44）、招商蛇口（85.43）、绿地控股（85.20）、世荣兆业（84.05）、华发股份（84.05）**。

34.3 行业机遇、挑战和发展对策

34.3.1 行业发展面临的机遇

房地产行业受内外环境因素的影响，2022年整体业绩出现明显下滑，十多家公司面临退市风险，整个行业在加速洗牌。然而，随着科技的发展，房地产行业也面临着前所未有的变革。随着智能家

居、人工智能、大数据分析等技术的广泛应用，正在改变人们对房地产的认知和需求。房地产行业在触底后依然面临着新的发展机遇。

1. 城市化进程：目前我国在推进超大规模城市以及地区核心城市建设，随着城市化进程的不断推进，人口流动和城市扩张带来了对住房和商业地产的持续需求，为房地产行业提供了广阔的市场空间。

2. 住房改善和升级需求：随着人们生活水平的提高，住房改善和升级需求增加，推动高品质住宅项目的发展。

3. 科技创新：房地产行业可以通过科技创新，如智能家居、绿色建筑技术等，提高房屋质量和生活品质，满足消费者的个性化需求。

4. 租赁市场发展：租赁市场的发展为房地产行业带来了新的机遇，特别是在长租公寓和租赁管理领域。

5. 乡村振兴：乡村振兴战略的实施带动了乡村旅游和乡村住宅的发展，为房地产行业带来新的增长点。

6. 金融创新：金融创新可以提供更多房地产融资渠道和产品，支持房地产开发和购房需求。

7. 绿色可持续发展：随着绿色建筑和可持续发展趋势的推进，绿色环保将成为未来房地产市场的重要发展方向，以可持续发展为导向，引入新技术、新材料，建设节能、环保的房屋。

8. 人口老龄化：我国老龄化趋势明显，带动了老年公寓和养老地产的需求，为房地产行业带来新的市场机遇，未来的房地产市场需要适应老年人的需求，例如住宅形态的变化，以及居家养老等服务的发展。

9. 产业园区发展：产业园区的发展推动了商业地产和办公楼的需求，增加了商业地产项目的投资机会。

10. 政策支持：政府出台的相关房地产政策和产业扶持政策，为房地产行业提供了政策红利和新的发展机遇，引导房地产行业触底回升。

34.3.2 行业发展面临的挑战

当前，房地产市场供需两端都面临着冲击和压力，行业洗牌加速。一方面，需求端受到政策放松、信贷支持、积压需求释放等因素的刺激，呈现出修复和复苏的态势，但也存在区域差异、结构性失衡、价格敏感等问题。另一方面，供应端受到土地制度改革、去库存压力、资金链紧张等因素的影响，呈现出成本上升、竞争加剧等特征。除此之外，从宏观方面，房地产行业在发展过程中也面临一些挑战。

1. 房地产调控政策：政府出台的房地产调控政策可能对市场产生一定影响，如限购、限贷、限售等，一定程度上影响购房者和开发商的预期。

2. 融资难题：房地产开发需要大量资金，受制于金融政策和信贷环境，有可能面临融资难题，尤其是中小房地产企业。

3. 市场竞争激烈：随着房屋供应量不断增加，房价可会出现波动，目前购房意愿持续降低，进一步加剧了市场竞争激烈程度。

4. 人口结构变化：人口结构变化，如人口老龄化和人口迁移等因素，可能导致房地产市场需求结构发生变化。

5. 产业链条影响：随着老年人口增长，年轻人消费能力下降，整个社会消费会出现波动，这将对房地产市场产生影响，同时波及与众多房地产相挂钩的产业，如家具、装修、家居用品等。

6. 房产税立法：房产税的立法可能导致房地产投资者和购房者的预期变化，影响市场需求和投资行为。

7. 租赁市场挑战：租赁市场的发展可能对房地产市场产生影响，尤其是长租公寓等新业态的崛起可能改变购房意愿。

34.3.3 行业发展建议

2023年房地产市场虽然面临着诸多挑战，但也有着巨大的机遇。作为我国重要的经济支柱行业，为了房地产行业的实现持续健康发展，政府、房企和个人都应该因地制宜，结合自身情况进行相关调整。

1. 政府方面：各级政府作为政策的制定者和经济的操盘手，根据不同城市的实际情况，灵活调整政策力度和节奏，既要防止过热过冷，又要激发有效需求和供给潜力。同时，进一步完善土地、税收、金融等相关制度，形成市场化、法治化、透明化的运行机制，加快推进房地产长效机制的建设，保证行业健康、稳定发展，又要有效防控相关风险。

2. 房地产企业方面：对于房企而言，应该根据市场变化和自身优势，制定合理的发展战略和营销策略，加强风险管理和资金控制，提升产品力和品牌力，满足消费者的多元化和个性化需求。同时，应该积极拥抱数字化、智能化、绿色化等新技术、新模式、新理念，提高效率和质量，降低成本和资源消耗，实现可持续发展。

3. 消费者方面：应该根据自身的实际需求和承受能力，理性看待房地产市场的变化，合理安排购房计划和资金预算，避免盲目跟风和投机炒作，选择符合自己需求和预期的房源。同时，应该关注政策动态和市场信息，及时了解自己的权益和义务，维护自己的合法利益。

4. 行业发展方面，房地产企业还应多样化发展，开发地产租赁市场，积极创新，提高房地产产品的品质和性能，满足消费者的个性化需求，同时，加强融资渠道的多样化，降低企业的融资成本，合规经营，加强品牌建设，积极融入国家战略，推进乡村振兴、城市化棚改等。

综合来看，房地产行业发展需要政府、房地产企业、消费者、市场等积极参与，互相配合，方能实现可持续发展，为经济社会发展作出积极贡献。

第三篇
地区篇

第35章
北京市

截至2022年底，北京市上市公司的总体情况如下：**上市公司数量**共455家，占全国上市公司总数的8.99%；**资产总额**为2166943.08亿元，占全国上市公司资产总量的56.23%。

总市值为178627.85亿元，占全国上市公司总市值的21.06%。前3名总市值最高的上市公司分别是：工商银行（14817.90亿元）、建设银行（11041.77亿元）、农业银行（10025.88亿元）。

营业收入总额为245743.50亿元，占全国上市公司总营业收入的34.48%。前3名营业收入最高的上市公司分别是：中国石化（33181.68亿元）、中国石油（32391.67亿元）、中国建筑（20550.52亿元）。

净利润总额为22544.56亿元，占全国上市公司总净利润的40.12%。前3名净利润最高的上市公司分别是：工商银行（3610.38亿元）、建设银行（3231.66亿元）、农业银行（2586.88亿元）。

研发投入总额为4276.35亿元，占全国上市公司总研发投入的26.11%。前3名研发投入最高的上市公司分别是：中国建筑（497.53亿元）、中国石油（287.18亿元）、中国中铁（278.11亿元）。

研发投入占营业收入比为1.74%，低于全市场整体水平（2.32%）。前3名研发强度最高的上市公司分别是：首药控股（10914.97%）、寒武纪（208.92%）、神州细胞（95.14%）。

总体来看，北京市上市公司在资产规模、营业收入、净利润、研发投入规模等方面均位于全国前列。

35.1 综合健康指数

根据报告同一诊断口径，在剔除银行、非银金融和房地产三个特殊行业外，共对北京市415家制造业、服务业上市公司开展健康诊断，其指数情况如下：

2022年北京市415家上市公司综合健康指数平均水平为67.24，最高的是**天地科技**（**80.43**）。从区间分布看，综合健康指数70以上的有154家，占37.11%；60—70的有202家，占48.67%；50—60的有58家，占13.98%；50以下的有1家，占0.24%，如图35-1所示。

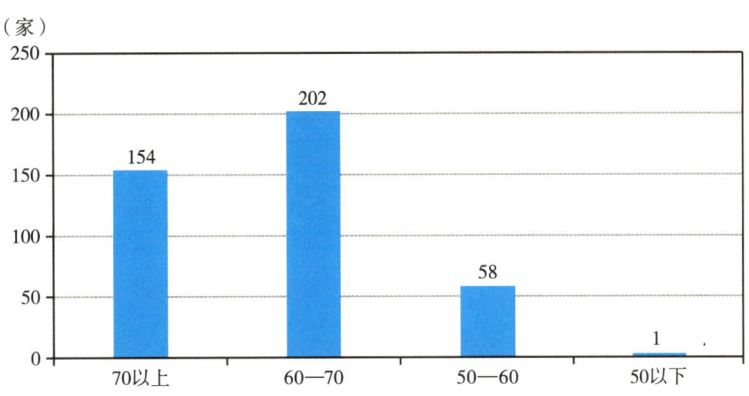

图35-1 北京市上市公司综合健康指数分布

北京市综合健康指数排名前10%的上市公司如表35-1所示。

表 35-1　　北京市上市公司综合健康指数前 10% 排名

排名	公司代码	公司名称	综合健康指数	一级行业_同花顺	地级市	产权性质
1	600582.SH	天地科技	80.43	机械设备	朝阳区	中央控股
2	300073.SZ	当升科技	80.07	电力设备	丰台区	中央控股
3	603392.SH	万泰生物	79.20	医药生物	昌平区	非国有
4	300662.SZ	科锐国际	78.96	社会服务	朝阳区	非国有
5	002410.SZ	广联达	78.48	计算机	海淀区	非国有
6	002371.SZ	北方华创	78.22	电子	朝阳区	地方国有控股
7	300887.SZ	谱尼测试	78.21	社会服务	海淀区	非国有
8	688111.SH	金山办公	78.17	计算机	海淀区	非国有
9	601088.SH	中国神华	77.59	煤炭	东城区	中央控股
10	000938.SZ	紫光股份	77.48	计算机	海淀区	非国有
11	603613.SH	国联股份	77.30	商贸零售	丰台区	非国有
12	601390.SH	中国中铁	77.29	建筑装饰	丰台区	中央控股
13	300003.SZ	乐普医疗	77.03	医药生物	昌平区	非国有
14	300661.SZ	圣邦股份	76.94	电子	海淀区	非国有
15	000786.SZ	北新建材	76.92	建筑材料	海淀区	中央控股
16	600968.SH	海油发展	76.68	石油石化	东城区	中央控股
17	301236.SZ	软通动力	76.34	计算机	海淀区	非国有
18	601985.SH	中国核电	76.19	公用事业	海淀区	中央控股
19	300496.SZ	中科创达	76.18	计算机	海淀区	非国有
20	300797.SZ	钢研纳克	76.17	社会服务	海淀区	中央控股
21	601186.SH	中国铁建	75.88	建筑装饰	海淀区	中央控股
22	601668.SH	中国建筑	75.82	建筑装饰	海淀区	中央控股
23	002658.SZ	雪迪龙	75.78	环保	昌平区	非国有
24	601669.SH	中国电建	75.77	建筑装饰	海淀区	中央控股
25	300002.SZ	神州泰岳	75.56	传媒	海淀区	非国有
26	600050.SH	中国联通	75.44	通信	西城区	中央控股

续表

排名	公司代码	公司名称	综合健康指数	一级行业_同花顺	地级市	产权性质
27	300896.SZ	爱美客	75.36	美容护理	昌平区	非国有
28	603927.SH	中科软	75.36	计算机	海淀区	中央控股
29	601857.SH	中国石油	75.35	石油石化	东城区	中央控股
30	688009.SH	中国通号	75.32	交运设备	丰台区	中央控股
31	600886.SH	国投电力	75.31	公用事业	西城区	中央控股
32	301208.SZ	中亦科技	75.27	计算机	海淀区	非国有
33	601888.SH	中国中免	75.24	商贸零售	东城区	中央控股
34	601126.SH	四方股份	75.23	电力设备	海淀区	非国有
35	600062.SH	华润双鹤	75.08	医药生物	朝阳区	中央控股
36	600313.SH	农发种业	75.01	农林牧渔	西城区	中央控股
37	300759.SZ	康龙化成	75.01	医药生物	大兴区	非国有
38	600271.SH	航天信息	74.93	计算机	海淀区	中央控股
39	301367.SZ	怡和嘉业	74.87	医药生物	海淀区	非国有
40	002368.SZ	太极股份	74.80	计算机	海淀区	中央控股
41	603888.SH	新华网	74.77	传媒	西城区	中央控股
42	600195.SH	中牧股份	74.74	农林牧渔	丰台区	中央控股

数据来源：同花顺、中关村国睿金融与产业发展研究会。

从行业分布来看，北京市上市公司在不同行业中分布如下：计算机行业拥有最多的上市公司，达到96家；其次是医药生物、传媒、国防军工、建筑装饰、电子、机械设备、环保、交运设备、社会服务等行业，各自拥有超过15家上市公司（见表35-2）。在这些行业中，电子、机械设备、建筑装饰、医药生物行业的整体综合健康指数相对较高。总体而言，北京市上市公司的行业分布呈现出多元化的特点，与其作为中国的政治、文化和科技中心以及经济发展的特点相吻合。不同行业的存在和发展为北京市的经济提供了多样性和韧性，也为投资者提供了不同领域的投资机会。

表35-2　　　　　　　　　　　　北京市上市公司行业分布及综合健康指数水平

一级行业_同花顺	综合健康指数	上市公司家数
计算机	66.34	96
医药生物	67.84	45
传媒	66.32	27
国防军工	66.01	24
建筑装饰	67.84	24
电子	68.83	18
机械设备	69.28	18
环保	65.93	17
交运设备	66.64	17
社会服务	66.62	17
通信	65.76	14
公用事业	70.67	13

续表

一级行业_同花顺	综合健康指数	上市公司家数
电力设备	65.86	12
有色金属	68.11	11
基础化工	68.42	7
建筑材料	68.37	7
商贸零售	67.96	7
石油石化	68.75	7
纺织服装	68.17	6
交通运输	66	6
轻工制造	66.29	6
食品饮料	66.83	5
农林牧渔	72.32	4
煤炭	69.95	3
家用电器	66.44	2
黑色金属	72.16	1
美容护理	75.36	1
总计	67.24	415

数据来源：同花顺、中关村国睿金融与产业发展研究会。

35.2　九大系统健康指数

1. 公司治理系统

北京市415家上市公司公司治理系统健康指数平均水平为86.09，略高于全市场公司治理健康指数平均水平（85.08）。行业平均水平以上的上市公司有220家，占总数的53.01%。从区间分布看，60—70的有4家，占0.96%；70—80的有53家，占12.77%；80—90的有233家，占56.14%；90以上的有125家，占30.12%。

北京市上市公司公司治理系统健康指数排名前10的是：**辰安科技（96.89）、数字认证（96.87）、东方中科（96.35）、中国外运（96.14）、中国中免（95.25）、中国中铁（95.24）、华能国际（95.21）、顺鑫农业（95.17）、大唐发电（95.14）、首旅酒店（95.12）**。

2. 外部监督系统

北京市415家上市公司外部监督系统健康指数平均水平为80.31，略高于全市场外部监督健康指数平均水平（78.64）。行业平均水平以上的上市公司有237家，占总数的57.11%。从区间分布看，50以下的有6家，占1.45%；50—60的有15家，占3.61%；60—70的有25家，占6.02%；70—80的有129家，占31.08%；80—90的有174家，占41.93%；90以上的有66家，占15.90%。

北京市上市公司外部监督系统健康指数排名前10的是：**奇安信（95.96）、广联达（95.82）、金山办公（95.66）、同益中（95.18）、天地科技（95.00）、中国联通（95.00）、中国黄金（94.97）、**

紫光股份（94.62）、中国铁建（94.57）、燕京啤酒（94.56）。

3. 创利能力系统

北京市415家上市公司创利能力系统健康指数平均水平为59.31，略高于全市场创利能力健康指数平均水平（58.47）。行业平均水平以上的上市公司有223家，占总数的53.73%。从区间分布看，40以下的有6家，占1.45%；40—50的有72家，占17.35%；50—60的有125家，占30.12%；60—70的有155家，占37.35%；70以上的有57家，占13.73%。

北京市上市公司创利能力系统健康指数排名前10的是：**科锐国际（83.75）、广联达（79.95）、三联虹普（79.85）、金山办公（79.07）、天地科技（78.37）、雪迪龙（77.50）、中国电信（77.32）、中国石油（76.91）、万泰生物（76.49）、汉仪股份（76.19）**。

4. 价值再造系统

北京市415家上市公司价值再造系统健康指数平均水平为61.42，略高于全市场价值再造健康指数平均水平（60.25）。行业平均水平以上的上市公司有212家，占总数的51.08%。从区间分布看，40以下的有5家，占1.20%；40—50的有33家，占7.95%；50—60的有145家，占34.94%；60—70的有157家，占37.83%；70以上的有75家，占18.07%。

北京市上市公司价值再造系统健康指数排名前10的是：**谱尼测试（80.53）、北方华创（79.83）、万泰生物（79.81）、怡和嘉业（78.35）、神州泰岳（78.25）、能科科技（77.56）、元隆雅图（77.24）、当升科技（76.83）、乐普医疗（76.83）、国联股份（76.54）**。

5. 产品销售系统

北京市415家上市公司产品销售系统健康指数平均水平为49.54，略低于全市场产品销售健康指数平均水平（50.17）。行业平均水平以上的上市公司有207家，占总数的49.88%。从区间分布看，40以下的有106家，占25.54%；40—50的有106家，占25.54%；50—60的有102家，占24.58%；60—70的有75家，占18.07%；70以上的有26家，占6.27%。

北京市上市公司产品销售系统健康指数排名前10的是：**创新新材（84.12）、中国电建（77.48）、科锐国际（77.25）、当升科技（77.10）、软通动力（76.79）、中国黄金（75.55）、中国医药（75.15）、国药股份（75.10）、五矿发展（75.07）、紫光股份（74.90）**。

6. 竞争态势系统

北京市415家上市公司竞争态势系统健康指数平均水平为53.86，略高于全市场竞争态势健康指数平均水平（50.47）。行业平均水平以上的上市公司有210家，占总数的50.60%。从区间分布看，40以下的有50家，占12.05%；40—50的有121家，占29.16%；50—60的有114家，占27.47%；60—70的有92家，占22.17%；70以上的有38家，占9.16%。

北京市上市公司竞争态势系统健康指数排名前10的是：**万泰生物（84.29）、北方华创（84.08）、中国能建（78.05）、中国核电（78.01）、广联达（78.01）、国检集团（77.64）、用友网络（77.54）、三一重工（76.93）、中铁工业（76.49）、东方中科（75.42）**。

7. 资产资本结构系统

北京市415家上市公司资产资本结构系统健康指数平均水平为56.66，略低于全市场资产资本结构健康指数平均水平（56.79）。行业平均水平以上的上市公司有211家，占总数的50.84%。从区间分布看，40以下的有21家，占5.06%；40—50的有108家，占26.02%；50—60的有118家，占28.43%；60—70的有121家，占29.16%；70以上的有47家，占11.33%。

北京市上市公司资产资本结构系统健康指数排名前10的是：**中亦科技（82.14）、利仁科技（81.63）、三未信安（80.10）、华峰测控（79.35）、中纺标（78.14）、航天工程（76.94）、海量数据（76.64）、中际联合（76.39）、观典防务（76.34）、映翰通（76.31）**。

8. 内部控制系统

北京市415家上市公司内部控制系统健康指数平均水平为83.87，略高于全市场内部控制健康指数平均水平（83.22）。平均水平以上的上市公司有236家，占总数的56.87%。从区间分布看，60以下的有1家，占0.24%；60—70的有14家，占3.37%；70—80的有86家，占20.72%；80—90的有245家，占59.04%；90以上的有69家，占16.63%。

北京市上市公司内部控制系统健康指数排名前10的是：**凯德石英（93.56）、高盟新材（93.56）、科拓生物（93.56）、直真科技（93.55）、北矿科技（93.55）、科锐国际（93.44）、铜牛信息（93.09）、二六三（93.09）、万集科技（93.04）、北纬科技（93.03）**。

9. 企业文化系统

北京市415家上市公司企业文化系统健康指数平均水平为69.12，略高于全市场企业文化健康指数平均水平（67.58）。行业平均水平以上的上市公司有207家，占总数的49.88%。从区间分布看，50以下的有23家，占5.54%；50—60的有74家，占17.83%；60—70的有116家，占27.95%；70—80的有116家，占27.95%；80以上的有86家，占20.72%。

北京市上市公司企业文化系统健康指数排名前10的是：**京运通（94.08）、中国建筑（92.89）、诚益通（91.80）、盛通股份（91.20）、北京利尔（90.67）、天地科技（90.58）、东土科技（90.17）、中国中铁（89.89）、谱尼测试（89.68）、信安世纪（89.40）**。

第36章 天津市

截至2022年底，天津市上市公司总体情况如下：**上市公司数量**共70家，占全国上市公司总量的1.38%；**资产总量**为15237.07亿元，占全国上市公司资产总量的0.40%。

总市值为11234.08亿元，占全国上市公司总量的1.32%，总市值前3的上市公司分别是：中远海控（1549.49亿元）、TCL中环（1217.85亿元）、海光信息（932.52亿元）。

营业收入总额为9928.23亿元，占全国上市公司总量的1.39%，营业收入前3的上市公司分别是：中远海控（3910.59亿元）、中储股份（767.75亿元）、友发集团（673.60亿元）。

净利润总额为1797.72亿元，占全国上市公司总量的3.20%，净利润前3的上市公司分别是：中远海控（1313.38亿元）、九安医疗（164.84亿元）、TCL中环（70.73亿元）。

研发投入总额为250.54亿元，占全国上市公司研发投入的1.53%，研发投入金额前3的上市公司分别是：TCL中环（37.71亿元）、三六零（33.14亿元）、中科曙光（24.72亿元）。

研发投入占营业收入比为2.52%，高于全市场整体水平（2.32%），研发强度前3的上市公司分别是：赛诺医疗（107.51%）、康希诺（76.35%）、海光信息（40.33%）。

总体来看，天津市上市公司体量小、竞争力弱，但研发投入和研发强度较高。

36.1 综合健康指数

根据报告同一诊断口径，在剔除银行、非银金融和房地产三个特殊行业外，共对天津市65家上市公司开展健康诊断，健康指数情况如下。

2022年天津市65家上市公司综合健康指数平均水平为67.93，最高的是**中远海控（81.49）**。从区间分布看，综合健康指数70以上的有154家，占37.11%；60—70的有202家，占48.67%；50—60的有58家，占13.98%；50以下的有1家，占0.24%，如图36-1所示。

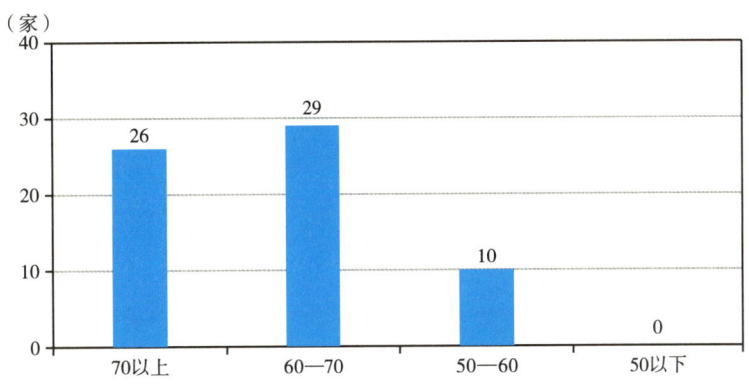

图36-1 天津市上市公司综合健康指数分布

天津市综合健康指数排名前10%的上市公司如表36-1所示。

表36-1　　　　　　　　　　天津市上市公司综合健康指数前10%排名

排名	公司代码	公司名称	综合健康指数	一级行业_同花顺	地级市	产权性质
1	601919.SH	中远海控	81.49	交通运输	东丽区	中央控股
2	603529.SH	爱玛科技	80.17	交运设备	静海区	非国有
3	002821.SZ	凯莱英	78.90	医药生物	滨海新区	非国有
4	600583.SH	海油工程	78.10	石油石化	东丽区	中央控股
5	601808.SH	中海油服	76.32	石油石化	滨海新区	中央控股
6	603019.SH	中科曙光	75.91	计算机	西青区	中央控股
7	002432.SZ	九安医疗	75.82	医药生物	南开区	非国有
8	600874.SH	创业环保	74.69	环保	南开区	地方国有控股
9	688041.SH	海光信息	74.45	电子	滨海新区	非国有
10	300596.SZ	利安隆	74.10	基础化工	滨海新区	非国有

数据来源：同花顺、中关村国睿金融与产业发展研究会。

从行业分布来看，天津市在医药生物行业拥有10家上市公司；机械设备、电子、交通运输行业各自拥有不少于5家上市公司。在这些行业中，交通运输行业的整体综合健康指数相对较高，其次是医药生物行业，如表36-2所示。总体而言，天津市上市公司的行业分布反映了其产业特点和发展优势。

表36-2　　　　　　　　　　天津市上市公司行业分布及综合健康指数水平

一级行业_同花顺	综合健康指数	上市公司家数
医药生物	68.26	10
机械设备	65.90	7
电子	64.94	7
交通运输	72.56	5
石油石化	72.30	4
交运设备	71.59	4
计算机	67.31	4
基础化工	63.52	3

续表

一级行业_同花顺	综合健康指数	上市公司家数
环保	71.51	3
电力设备	68.46	3
社会服务	71.36	2
国防军工	66.96	2
公用事业	66.52	2
传媒	67.76	2
综合	73.13	1
通信	58.45	1
食品饮料	56.46	1
轻工制造	56.77	1
农林牧渔	73.29	1
美容护理	70.18	1
黑色金属	65.29	1
总计	67.93	65

数据来源：同花顺、中关村国睿金融与产业发展研究会。

36.2 九大系统健康指数

1. 公司治理系统

天津市65家上市公司公司治理系统健康指数平均水平为87.56，略高于全市场公司治理健康指数平均水平（85.08）。行业平均水平以上的上市公司有33家，占总数的50.77%。从区间分布看，70—80的有2家，占3.08%；80—90的有44家，占67.69%；90以上的有19家，占29.23%。

天津市上市公司公司治理系统健康指数排名前10的是：**中海油服（95.35）、中储股份（94.54）、中远海控（94.47）、鹏翎股份（93.39）、津膜科技（93.27）、TCL中环（93.25）、海光信息（93.07）、中体产业（93.04）、渤海化学（92.90）、华海清科（92.59）**。

2. 外部监督系统

天津市65家上市公司外部监督系统健康指数平均水平为81.54，略高于全市场外部监督健康指数平均水平（78.64）。行业平均水平以上的上市公司有36家，占总数的55.38%。从区间分布看，50以下的有1家，占1.54%；50—60的有1家，占1.54%；60—70的有3家，占4.62%；70—80的有19家，占29.23%；80—90的有35家，占53.85%；90以上的有6家，占9.23%。

天津市上市公司外部监督系统健康指数排名前10的是：**海油工程（96.61）、华海清科（94.81）、中远海控（94.43）、招商公路（92.56）、中海油服（92.50）、TCL中环（90.24）、康希诺（89.45）、中海油服（89.19）、华海清科（88.83）、中远海控（88.81）**。

3. 创利能力系统

天津市65家上市公司创利能力系统健康指数平均水平为59.24，略高于全市场创利能力健康指数平均水平（58.47）。行业平均水平以上的上市公司有33家，占总数的50.77%。从区间分布看，40以下的有2家，占3.08%；40—50的有9家，占13.85%；50—60的有23家，占35.38%；60—70的有22家，占33.85%；70以上的有9家，占13.85%。

天津市上市公司创利能力系统健康指数排名前10的是：**九安医疗（85.64）、中远海控（79.79）、爱玛科技（77.08）、爱玛科技（76.96）、新经典（75.90）、中海油服（73.45）、天纺标（72.80）、瑞普生物（70.35）、中材节能（70.25）、中远海控（68.31）**。

4. 价值再造系统

天津市65家上市公司价值再造系统健康指数平均水平为62.35，略高于全市场价值再造健康指数平均水平（60.25）。行业平均水平以上的上市公司有37家，占总数的56.92%。从区间分布看，40以下的有1家，占1.54%；40—50的有8家，占12.31%；50—60的有13家，占20.00%；60—70的有28家，占43.08%；70以上的有15家，占23.08%。

天津市上市公司价值再造系统健康指数排名前10的是：**中科曙光（79.55）、爱玛科技（78.32）、凯莱英（76.96）、海油工程（76.75）、中材节能（76.21）、华海清科（76.01）、天汽模（74.68）、中海油服（74.64）、海光信息（73.80）、招商公路（72.57）**。

5. 产品销售系统

天津市65家上市公司产品销售系统健康指数平均水平为51.24，略高于全市场产品销售健康指数平均水平（50.17）。行业平均水平以上的上市公司有35家，占总数的53.85%。从区间分布看，40以下的有13家，占20.00%；40—50的有15家，占23.08%；50—60的有15家，占23.08%；60—70的有18家，占27.69%；70以上的有4家，占6.15%。

天津市上市公司产品销售系统健康指数排名前10的是：**泰达股份（77.37）、TCL中环（73.33）、爱玛科技（72.13）、中远海控（70.57）、九安医疗（69.66）、海油工程（67.33）、津荣天宇（67.02）、中材节能（66.60）、中储股份（66.49）、国机汽车（66.45）**。

6. 竞争态势系统

天津市65家上市公司竞争态势系统健康指数平均水平为53.62，略高于全市场竞争态势健康指数平均水平（50.47）。行业平均水平以上的上市公司有30家，占总数的46.15%。从区间分布看，40以下的有11家，占16.92%；40—50的有18家，占27.69%；50—60的有15家，占23.08%；60—70的有11家，占16.92%；70以上的有10家，占15.38%。

天津市上市公司竞争态势系统健康指数排名前10的是：**中远海控（86.26）、七一二（78.22）、凯莱英（76.42）、招商公路（75.23）、泰达股份（74.50）、利安隆（73.86）、华海清科（72.87）、中体产业（71.32）、中科曙光（71.31）、海油工程（70.23）**。

7. 资产资本结构系统

天津市65家上市公司资产资本结构系统健康指数平均水平为57.79，略高于全市场资产资本结构健康指数平均水平（56.79）。行业平均水平以上的上市公司有34家，占总数的52.31%。从区间分布看，40以下的有2家，占3.08%；40—50的有16家，占24.62%；50—60的有22家，占33.85%；60—70的有18家，占27.69%；70以上的有7家，占10.77%。

天津市上市公司资产资本结构系统健康指数排名前10的是：**兆讯传媒（74.90）**、**凯华材料（74.83）**、**天纺标（74.54）**、**美腾科技（73.56）**、**博迈科（72.83）**、**爱玛科技（70.83）**、**桂发祥（70.47）**、**三六零（69.79）**、**华海清科（69.45）**、**唯捷创芯（68.59）**。

8. 内部控制系统

天津市65家上市公司内部控制系统健康指数平均水平为84.59，略高于全市场内部控制健康指数平均水平（83.22）。平均水平以上的上市公司有32家，占总数的49.23%。从区间分布看，60—70的有1家，占1.54%；70—80的有11家，占16.92%；80—90的有43家，占66.15%；90以上的有10家，占15.38%。

天津市上市公司内部控制系统健康指数排名前10的是：**新经典（93.08）**、**三六零（91.94）**、**凯莱英（91.64）**、**依依股份（91.20）**、**中科曙光（91.13）**、**鹏翎股份（91.06）**、**捷强装备（91.00）**、**桂发祥（90.65）**、**力生制药（90.55）**、**广宇发展（90.40）**。

9. 企业文化系统

天津市65家上市公司企业文化系统健康指数平均水平为67.7，略高于全市场企业文化健康指数平均水平（67.58）。行业平均水平以上的上市公司有33家，占总数的50.77%。从区间分布看，50以下的有8家，占12.31%；50—60的有8家，占12.31%；60—70的有21家，占32.31%；70—80的有19家，占29.23%；80以上的有9家，占13.85%。

天津市上市公司企业文化系统健康指数排名前10是：**九安医疗（95.62）**、**瑞普生物（88.92）**、**中科曙光（88.57）**、**利安隆（87.76）**、**创业环保（86.76）**、**爱玛科技（85.91）**、**红日药业（83.84）**、**天津港（81.51）**、**长荣股份（80.55）**、**创业环保（79.25）**。

第37章
河北省

截至2022年底，河北省上市公司总体情况如下：**上市公司数量**共74家，占全国上市公司总量的1.46%；**资产总量**为22428.35亿元，占全国上市公司资产总量的0.58%。

总市值为11861.96亿元，占全国上市公司总量的1.40%，总市值前3的上市公司分别是：长城汽车（2062.74亿元）、晶澳科技（1415.93亿元）、紫光国微（1119.95亿元）。

营业收入总额为10466.02亿元，占全国上市公司总量的1.47%，营业收入前3的上市公司分别是：新奥股份（1540.44亿元）、河钢股份（1434.70亿元）、长城汽车（1373.40亿元）。

净利润总额为404.70亿元，占全国上市公司总量的0.72%，净利润前3的上市公司分别是：新奥股份（110.74亿元）、长城汽车（82.53亿元）、晶澳科技（55.40亿元）。

研发投入总额为364.07亿元，占全国上市公司研发投入的2.22%，研发投入金额前3的上市公司分别是：长城汽车（121.81亿元）、晶澳科技（46.08亿元）、河钢股份（30.63亿元）。

研发投入占营业收入比为3.48%，高于全市场整体水平（2.32%），研发强度前3的上市公司分别是：紫光国微（17.55%）、乐凯新材（14.02%）、中瓷电子（13.78%）。

总体来看，河北省上市公司体量小、竞争力弱，但研发投入和研发强度略高。

37.1 综合健康指数

根据报告同一诊断口径，在剔除银行、非银金融和房地产三个特殊行业外，共对河北省69家上市公司开展健康诊断，健康指数情况如下。

2022年河北省69家上市公司综合健康指数平均水平为66.64，最高的是**以岭药业**（**79.11**）。从区间分布看，综合健康指数70以上的有19家，占27.54%；60—70的有41家，占59.42%；50—60的有9家，占13.04%，如图37-1所示。

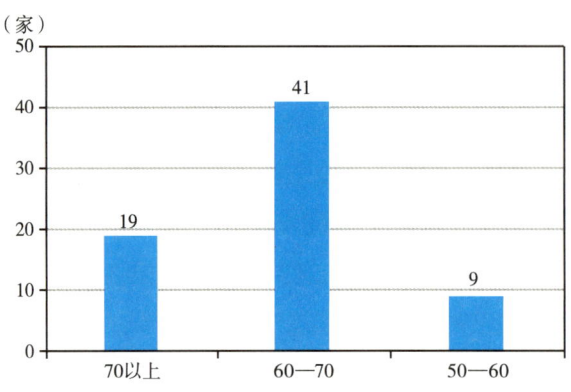

图37-1　河北省上市公司综合健康指数分布

河北省综合健康指数排名前10%的上市公司如表37-1所示。

表37-1　　　　　　　　　　　河北省上市公司综合健康指数前10%排名

排名	公司代码	公司名称	综合健康指数	一级行业_同花顺	地级市	产权性质
1	002603.SZ	以岭药业	79.11	医药生物	石家庄市	非国有
2	002049.SZ	紫光国微	77.70	电子	唐山市	非国有
3	603938.SH	三孚股份	76.68	基础化工	唐山市	非国有
4	600803.SH	新奥股份	76.50	公用事业	石家庄市	非国有
5	601633.SH	长城汽车	75.24	交运设备	保定市	非国有
6	600956.SH	新天绿能	74.98	公用事业	石家庄市	地方国有控股
7	002459.SZ	晶澳科技	74.54	电力设备	邢台市	非国有
8	600409.SH	三友化工	74.39	基础化工	唐山市	中央控股
9	300138.SZ	晨光生物	74.33	农林牧渔	邯郸市	非国有
10	600230.SH	沧州大化	74.26	基础化工	沧州市	中央控股

数据来源：同花顺、中关村国睿金融与产业发展研究会。

从行业分布来看，河北省在基础化工行业拥有9家上市公司；电力设备、机械设备、医药生物和交运设备行业各自拥有不少于5家上市公司。在这些行业中，基础化工行业的整体综合健康指数相对较高，其次是交运设备行业，如表37-2所示。总体而言，河北省上市公司的行业分布反映了该省的产业特点和资源优势。

表37-2　　　　　　　　　　河北省上市公司行业分布及综合健康指数水平

一级行业_同花顺	综合健康指数	上市公司家数
基础化工	68.95	9
电力设备	66.71	8
机械设备	65.41	8
医药生物	66.61	6
交运设备	68.75	5
公用事业	69.94	4

续表

一级行业_同花顺	综合健康指数	上市公司家数
电子	66.90	3
黑色金属	69.04	3
计算机	56.47	3
农林牧渔	64.45	3
食品饮料	70.76	3
环保	59.70	2
交通运输	71.82	2
煤炭	67.10	2
轻工制造	67.74	2
通信	64.25	2
纺织服装	58.48	1
国防军工	61.10	1
建筑材料	69.04	1
建筑装饰	64.43	1
总计	66.64	69

数据来源：同花顺、中关村国睿金融与产业发展研究会。

37.2 九大系统健康指数

1. 公司治理系统

河北省69家上市公司公司治理系统健康指数平均水平为86.13，略高于全市场公司治理健康指数平均水平（85.08）。行业平均水平以上的上市公司有36家，占总数的52.17%。从区间分布看，70—80的有10家，占14.49%；80—90的有36家，占52.17%；90以上的有23家，占33.33%。

河北省上市公司公司治理系统健康指数排名前10的是：**河钢股份（94.54）、开滦股份（94.12）、沧州大化（94.05）、唐山港（93.50）、乐凯新材（93.40）、秦港股份（93.32）、中瓷电子（92.99）、三友化工（92.61）、惠达卫浴（92.59）、冀东水泥（92.28）**。

2. 外部监督系统

河北省69家上市公司外部监督系统健康指数平均水平为78.64，略高于全市场外部监督健康指数平均水平（78.64）。行业平均水平以上的上市公司有39家，占总数的56.52%。从区间分布看，50以下的有2家，占2.90%；50—60的有1家，占1.45%；60—70的有8家，占11.59%；70—80的有22家，占31.88%；80—90的有30家，占43.48%；90以上的有6家，占8.70%。

河北省上市公司外部监督系统健康指数排名前10的是：**以岭药业（95.83）、中瓷电子（93.75）、三友化工（92.77）、老白干酒（91.42）、长城汽车（90.40）、同飞股份（90.20）、冀东水泥（89.59）、唐山港（89.57）、新天绿能（89.39）、新奥股份（89.16）**。

3. 创利能力系统

河北省69家上市公司创利能力系统健康指数平均水平为58.49，略高于全市场创利能力健康指数平均水平（58.47）。行业平均水平以上的上市公司有36家，占总数的52.17%。从区间分布看，40以下的有2家，占2.90%；40—50的有12家，占17.39%；50—60的有19家，占27.54%；60—70的有31家，占44.93%；70以上的有5家，占7.25%。

河北省上市公司法人创利能力健康指数排名前10的是：**三孚股份（78.25）、以岭药业（77.35）、紫光国微（76.65）、河钢资源（75.26）、承德露露（73.54）、老白干酒（69.87）、新诺威（69.46）、长城汽车（69.16）、晨光生物（68.48）、唐山港（68.35）**。

4. 价值再造系统

河北省69家上市公司价值再造系统健康指数平均水平为60.09，略低于全市场价值再造健康指数平均水平（60.25）。行业平均水平以上的上市公司有33家，占总数的47.83%。从区间分布看，40以下的有2家，占2.90%；40—50的有8家，占11.59%；50—60的有26家，占37.68%；60—70的有23家，占33.33%；70以上的有10家，占14.49%。

河北省上市公司价值再造系统健康指数排名前10的是：**以岭药业（79.81）、建投能源（78.10）、长城汽车（75.30）、紫光国微（74.55）、青鸟消防（74.40）、晶澳科技（73.89）、新奥股份（72.79）、新诺威（72.51）、秦港股份（71.89）、沧州大化（71.84）**。

5. 产品销售系统

河北省69家上市公司产品销售系统健康指数平均水平为51.77，略高于全市场产品销售健康指数平均水平（50.17）。行业平均水平以上的上市公司有35家，占总数的50.72%。从区间分布看，40以下的有16家，占23.19%；40—50的有16家，占23.19%；50—60的有17家，占24.64%；60—70的有15家，占21.74%；70以上的有5家，占7.25%。

河北省上市公司产品销售系统健康指数排名前10的是：**晶澳科技（77.02）、冀东装备（75.98）、立中集团（74.32）、新奥股份（71.67）、新天绿能（71.28）、以岭药业（69.98）、沧州大化（69.25）、三友化工（69.09）、新诺威（68.62）、河钢股份（66.84）**。

6. 竞争态势系统

河北省69家上市公司竞争态势系统健康指数平均水平为51.53，略高于全市场竞争态势健康指数平均水平（50.47）。行业平均水平以上的上市公司有35家，占总数的50.72%。从区间分布看，40以下的有15家，占21.74%；40—50的有16家，占23.19%；50—60的有20家，占28.99%；60—70的有12家，占17.39%；70以上的有6家，占8.70%。

河北省上市公司竞争态势系统健康指数排名前10的是：**紫光国微（79.42）、长城汽车（75.47）、新奥股份（75.20）、晨光生物（73.78）、青鸟消防（72.53）、以岭药业（70.90）、三孚股份（67.67）、凌云股份（67.47）、晶澳科技（66.80）、新天绿能（65.92）**。

7. 资产资本结构系统

河北省69家上市公司资产资本结构系统健康指数平均水平为58.1，略高于全市场资产资本结构健康指数平均水平（56.79）。行业平均水平以上的上市公司有37家，占总数的53.62%。从区间分布看，40以下的有5家，占7.25%；40—50的有6家，占8.70%；50—60的有28家，占40.58%；60—70的有23家，占33.33%；70以上的有7家，占10.14%。

河北省上市公司资产资本结构系统健康指数排名前10的是：**承德露露（77.41）、金牛化工（74.78）、新诺威（71.87）、唐山港（71.41）、建新股份（71.19）、福成股份（70.72）、中船汉光（70.44）、华密新材（69.27）、润农节水（69.24）、中瓷电子（69.19）**。

8. 内部控制系统

河北省69家上市公司内部控制系统健康指数平均水平为83.74，略高于全市场内部控制健康指数平均水平（83.22）。平均水平以上的上市公司有40家，占总数的57.97%。从区间分布看，60—70的有2家，占2.90%；70—80的有16家，占23.19%；80—90的有37家，占53.62%；90以上的有14家，占20.29%。

河北省上市公司内部控制系统健康指数排名前10的是：**河钢资源（93.57）、开滦股份（92.56）、新诺威（92.43）、三孚股份（91.97）、乐凯新材（91.95）、通合科技（91.89）、河钢股份（91.77）、方大新材（91.15）、汇中股份（91.14）、工大科雅（91.14）**。

9. 企业文化系统

河北省69家上市公司企业文化系统健康指数平均水平为65.26，略低于全市场企业文化健康指数平均水平（67.58）。行业平均水平以上的上市公司有35家，占总数的50.72%。从区间分布看，50以下的有6家，占8.70%；50—60的有17家，占24.64%；60—70的有25家，占36.23%；70—80的有14家，占20.29%；80以上的有7家，占10.14%。

河北省上市公司企业文化系统健康指数排名前10的是：**晨光生物（92.83）、中国动力（89.49）、紫光国微（84.99）、汇中股份（84.73）、新奥股份（84.10）、三友化工（81.73）、老白干酒（80.05）、惠达卫浴（79.99）、尚太科技（79.20）、长城汽车（79.02）**。

第38章
山西省

截至2022年底，山西省上市公司总体情况如下：**上市公司数量**共40家，占全国上市公司总量的0.79%；**资产总量**为11870.80亿元，占全国上市公司资产总量的0.31%。

总市值为9240.58亿元，占全国上市公司总量的1.09%，总市值前3的上市公司分别是：山西汾酒（3477.09亿元）、大秦铁路（993.11亿元）、潞安环能（504.05亿元）。

营业收入总额为6382.73亿元，占全国上市公司总量的0.90%，营业收入前3的上市公司分别是：太钢不锈（976.54亿元）、大秦铁路（757.58亿元）、山西焦煤（651.83亿元）。

净利润总额为859.74亿元，占全国上市公司总量的1.53%，净利润前3的上市公司分别是：潞安环能（156.44亿元）、山西焦煤（132.34亿元）、大秦铁路（128.53亿元）。

研发投入总额为96.83亿元，占全国上市公司研发投入的0.59%，研发投入金额前3的上市公司分别是：太钢不锈（33.98亿元）、潞安环能（15.90亿元）、山西焦煤（12.23亿元）。

研发投入占营业收入比为1.52%，低于全市场整体水平（2.32%），研发强度前3的上市公司分别是：科达自控（11.25%）、太原重工（9.5%）、仟源医药（7.03%）。

总体来看，山西省上市公司体量小、竞争力弱，但创利能力尚有一定的竞争优势。

38.1 综合健康指数

根据报告同一诊断口径，在剔除银行、非银金融和房地产三个特殊行业外，共对山西省39家上市公司开展健康诊断，健康指数情况如下。

2022年山西省39家上市公司综合健康指数平均水平为64.69，最高的是**山西汾酒**（80.15）。从区间分布看，综合健康指数70以上的有8家，占20.51%；60—70的有23家，占58.97%；50—60的有7家，占17.95%；50以下的有1家，占2.56%，如图38-1所示。

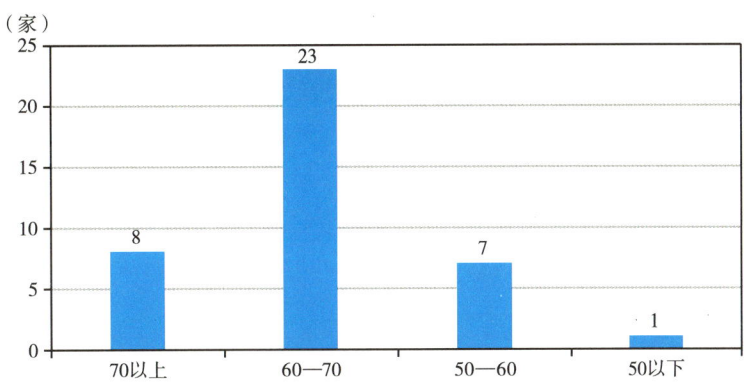

图38-1 山西省上市公司综合健康指数分布

山西省综合健康指数排名前10%的上市公司如表38-1所示。

表 38-1　　　　　　　　　　　山西省上市公司综合健康指数前 10% 排名

排名	公司代码	公司名称	综合健康指数	一级行业_同花顺	地级市	产权性质
1	600809.SH	山西汾酒	80.15	食品饮料	吕梁市	地方国有控股
2	601699.SH	潞安环能	79.21	煤炭	长治市	地方国有控股
3	000983.SZ	山西焦煤	73.14	煤炭	太原市	地方国有控股
4	000968.SZ	蓝焰控股	72.84	石油石化	太原市	地方国有控股
5	601006.SH	大秦铁路	72.38	交通运输	大同市	中央控股
6	600348.SH	华阳股份	70.92	煤炭	阳泉市	地方国有控股
7	600157.SH	永泰能源	70.91	公用事业	晋中市	非国有
8	600169.SH	太原重工	70.46	机械设备	太原市	地方国有控股

数据来源：同花顺、中关村国睿金融与产业发展研究会。

从行业分布来看，山西省上市公司在不同行业中的分布情况如下：煤炭行业拥有9家上市公司；基础化工和医药生物行业各拥有5家。在这些行业中，煤炭行业的整体综合健康指数相对较高，如表38-2所示。

表 38-2　　　　　　　　　山西省上市公司行业分布及综合健康指数水平

一级行业_同花顺	综合健康指数	上市公司家数
煤炭	66.32	9
基础化工	63.79	5
医药生物	62.08	5
公用事业	65.36	4
机械设备	65.66	3
交通运输	68.52	2
商贸零售	63.09	2
有色金属	59.53	2
电力设备	47.90	1
黑色金属	69.22	1

续表

一级行业_同花顺	综合健康指数	上市公司家数
家用电器	63.31	1
建筑装饰	56.86	1
交运设备	65.70	1
石油石化	72.84	1
食品饮料	80.15	1
总计	64.69	39

数据来源：同花顺、中关村国睿金融与产业发展研究会。

38.2 九大系统健康指数

1. 公司治理系统

山西省39家上市公司公司治理系统健康指数平均水平为85.59，略高于全市场公司治理健康指数平均水平（85.08）。行业平均水平以上的上市公司有25家，占总数的64.10%。从区间分布看，70—80的有10家，占25.64%；80—90的有22家，占56.41%；90以上的有7家，占17.95%。

山西省上市公司公司治理系统健康指数排名前10的是：**广誉远（92.67）、晋控电力（92.35）、阳煤化工（91.01）、蓝焰控股（90.92）、太钢不锈（90.88）、山西路桥（90.77）、山西焦煤（90.76）、山西汾酒（89.88）、华阳股份（89.86）、晋控煤业（89.85）**。

2. 外部监督系统

山西省39家上市公司外部监督系统健康指数平均水平为76.06，略低于全市场外部监督健康指数平均水平（78.64）。行业平均水平以上的上市公司有19家，占总数的48.72%。从区间分布看，50以下的有1家，占2.56%；50—60的有3家，占7.69%；60—70的有4家，占10.26%；70—80的有16家，占41.03%；80—90的有11家，占28.21%；90以上的有4家，占10.26%。

山西省上市公司外部监督系统健康指数排名前10的是：**潞安环能（95.63）、大秦铁路（91.39）、兰花科创（90.61）、华阳股份（90.19）、蓝焰控股（89.88）、山西汾酒（88.80）、壶化股份（85.70）、山西焦煤（85.42）、太原重工（85.24）、派林生物（83.63）**。

3. 创利能力系统

山西省39家上市公司创利能力系统健康指数平均水平为57.49，略低于全市场创利能力健康指数平均水平（58.47）。行业平均水平以上的上市公司有18家，占总数的46.15%。从区间分布看，40以下的有2家，占5.13%；40—50的有10家，占25.64%；50—60的有13家，占33.33%；60—70的有6家，占15.38%；70以上的有8家，占20.51%。

山西省上市公司创利能力系统健康指数排名前10的是：**山西汾酒（83.08）、潞安环能（82.91）、大秦铁路（75.18）、蓝焰控股（73.67）、兰花科创（73.04）、山煤国际（72.98）、通宝能源（72.81）、山西焦煤（70.15）、华阳股份（69.12）、壶化股份（67.30）**。

4. 价值再造系统

山西省39家上市公司价值再造系统健康指数平均水平为57.9，略低于全市场价值再造健康指数平均水平（60.25）。行业平均水平以上的上市公司有19家，占总数的48.72%。从区间分布看，40以下的有1家，占2.56%；40—50的有8家，占20.51%；50—60的有16家，占41.03%；60—70的有6家，占15.38%；70以上的有8家，占20.51%。

山西省上市公司价值再造系统健康指数排名前10的是：**太原重工（75.55）、潞安环能（75.03）、山西汾酒（74.72）、狮头股份（73.72）、山西焦煤（71.86）、派林生物（70.54）、科达自控（70.34）、永泰能源（70.06）、壶化股份（69.05）、大秦铁路（63.96）**。

5. 产品销售系统

山西省39家上市公司产品销售系统健康指数平均水平为50.3，略高于全市场产品销售健康指数平均水平（50.17）。行业平均水平以上的上市公司有22家，占总数的56.41%。从区间分布看，40以下的有6家，占15.38%；40—50的有11家，占28.21%；50—60的有15家，占38.46%；60—70的有6家，占15.38%；70以上的有1家，占2.56%。

山西省上市公司产品销售系统健康指数排名前10的是：**山西汾酒（70.10）、永东股份（68.24）、永泰能源（67.83）、通宝能源（64.10）、跨境通（63.75）、北方铜业（62.66）、华阳股份（61.37）、太钢不锈（59.80）、安泰集团（59.38）、太原重工（58.52）**。

6. 竞争态势系统

山西省39家上市公司竞争态势系统健康指数平均水平为47.73，略低于全市场竞争态势健康指数平均水平（50.47）。行业平均水平以上的上市公司有17家，占总数的43.59%。从区间分布看，40以下的有6家，占15.38%；40—50的有21家，占53.85%；50—60的有6家，占15.38%；60—70的有4家，占10.26%；70以上的有2家，占5.13%。

山西省上市公司竞争态势系统健康指数排名前10的是：**潞安环能（74.59）、山西汾酒（70.08）、永泰能源（67.34）、山西焦煤（66.41）、太原重工（63.01）、科达自控（62.34）、太钢不锈（58.85）、派林生物（58.85）、山煤国际（57.60）、蓝焰控股（55.48）**。

7. 资产资本结构系统

山西省39家上市公司资产资本结构系统健康指数平均水平为55.61，略低于全市场资产资本结构健康指数平均水平（56.79）。行业平均水平以上的上市公司有16家，占总数的41.03%。从区间分布看，40以下的有1家，占2.56%；40—50的有11家，占28.21%；50—60的有15家，占38.46%；60—70的有8家，占20.51%；70以上的有4家，占10.26%。

山西省上市公司资产资本结构系统健康指数排名前10的是：**潞安环能（76.00）、通宝能源（73.87）、大禹生物（70.51）、兰花科创（70.17）、晋西车轴（69.60）、华阳股份（69.55）、山西汾酒（69.39）、晋控煤业（67.04）、大秦铁路（65.35）、永东股份（62.67）**。

8. 内部控制系统

山西省39家上市公司内部控制系统健康指数平均水平为83.42，略高于全市场内部控制健康指数平均水平（83.22）。平均水平以上的上市公司有22家，占总数的56.41%。从区间分布看，60—70的有1家，占2.56%；70—80的有11家，占28.21%；80—90的有23家，占58.97%；90以上的有4家，占10.26%。

山西省上市公司内部控制系统健康指数排名前10的是：**蓝焰控股**（92.41）、**永东股份**（91.00）、**大禹生物**（90.33）、**华翔股份**（90.09）、**阳煤化工**（89.23）、**国新能源**（88.99）、**太钢不锈**（88.84）、**兰花科创**（88.67）、**潞安环能**（88.63）、**大秦铁路**（88.41）。

9. 企业文化系统

山西省39家上市公司企业文化系统健康指数平均水平为60.07，略低于全市场企业文化健康指数平均水平（67.58）。行业平均水平以上的上市公司有20家，占总数的51.28%。从区间分布看，50以下的有8家，占20.51%；50—60的有11家，占28.21%；60—70的有15家，占38.46%；70—80的有3家，占7.69%；80以上的有2家，占5.13%。

山西省上市公司企业文化系统健康指数排名前10的是：**太原重工**（83.44）、**跨境通**（81.33）、**亚宝药业**（78.65）、**山西汾酒**（78.01）、**蓝焰控股**（71.66）、**太钢不锈**（68.61）、**同德化工**（68.07）、**大秦铁路**（67.63）、**派林生物**（67.06）、**东杰智能**（66.79）。

第39章
内蒙古自治区

截至2022年底，内蒙古自治区上市公司总体情况如下：**上市公司数量**共25家，占全国上市公司总量的0.49%；**资产总量**为6888.42亿元，占全国上市公司资产总量的0.18%。

总市值为7036.61亿元，占全国上市公司总量的0.83%，总市值前3的上市公司分别是：伊利股份（1983.80亿元）、北方稀土（905.57亿元）、包钢股份（875.23亿元）。

营业收入总额为4289.89亿元，占全国上市公司总量的0.60%，营业收入前3的上市公司分别是：伊利股份（1226.98亿元）、包钢股份（721.72亿元）、北方稀土（372.60亿元）。

净利润总额为433.79亿元，占全国上市公司总量的0.77%，净利润前3的上市公司分别是：伊利股份（93.18亿元）、鄂尔多斯（66.76亿元）、北方稀土（63.58亿元）。

研发投入总额为76.47亿元，占全国上市公司研发投入的0.47%，研发投入金额前3的上市公司分别是：包钢股份（29.31亿元）、伊利股份（8.22亿元）、内蒙一机（5.78亿元）。

研发投入占营业收入比为1.78%，低于全市场整体水平（2.32%），研发强度前3的上市公司分别是：生物股份（13.3%）、福瑞股份（10.17%）、蒙草生态（8.87%）。

总体来看，内蒙古上市公司数量相对较少，但部分上市公司在行业中处于竞争优势地位。

39.1 综合健康指数

根据报告同一诊断口径，在剔除银行、非银金融和房地产三个特殊行业外，共对内蒙古自治区25家上市公司开展健康诊断，健康指数情况如下。

2022年内蒙古自治区25家上市公司综合健康指数平均水平为67.93，最高的是**北方稀土（75.65）**。从区间分布看，综合健康指数70以上的有9家，占36.00%；60—70的有14家，占56.00%；50—60的有2家，占4.00%，如图39-1所示。

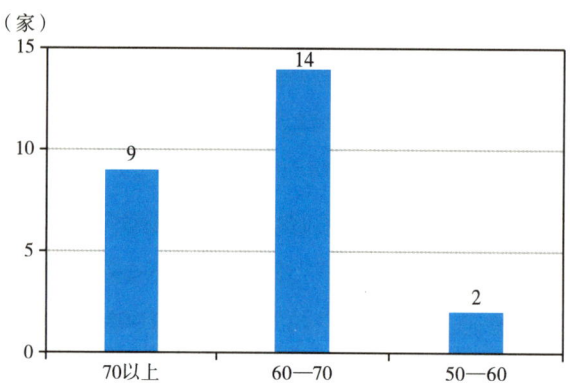

图39-1 内蒙古自治区上市公司综合健康指数分布

内蒙古自治区综合健康指数排名前10%的上市公司如表39-1所示。

表39-1 内蒙古自治区上市公司综合健康指数前10%排名

排名	公司代码	公司名称	综合健康指数	一级行业_同花顺	地级市	产权性质
1	600111.SH	北方稀土	75.65	有色金属	包头市	地方国有控股
2	600887.SH	伊利股份	74.47	食品饮料	呼和浩特市	非国有
3	600328.SH	中盐化工	73.14	基础化工	阿拉善盟	中央控股
4	600863.SH	内蒙华电	72.93	公用事业	呼和浩特市	中央控股
5	600262.SH	北方股份	71.94	机械设备	包头市	中央控股
6	600967.SH	内蒙一机	71.82	国防军工	包头市	中央控股
7	601216.SH	君正集团	71.77	基础化工	乌海市	非国有
8	001269.SZ	欧晶科技	70.79	电力设备	呼和浩特市	非国有
9	002128.SZ	电投能源	70.29	煤炭	通辽市	中央控股

数据来源：同花顺、中关村国睿金融与产业发展研究会。

从行业分布来看，内蒙古自治区的上市公司主要集中在以下几个行业：基础化工和有色金属行业，各自拥有4家上市公司；黑色金属、农林牧渔和医药生物行业均拥有3家上市公司。在这些行业中，基础化工行业的整体综合健康指数水平相对较高，其次是有色金属行业，如表39-2所示。

表39-2 内蒙古自治区上市公司行业分布及综合健康指数水平

一级行业_同花顺	综合健康指数	上市公司家数
基础化工	70.20	4
有色金属	67.44	4
黑色金属	65.51	3
农林牧渔	62.96	3
医药生物	64.72	3
传媒	69.23	1
电力设备	70.79	1
公用事业	72.93	1

续表

一级行业_同花顺	综合健康指数	上市公司家数
国防军工	71.82	1
环保	66.75	1
机械设备	71.94	1
煤炭	70.29	1
食品饮料	74.47	1
总计	67.93	25

数据来源：同花顺、中关村国睿金融与产业发展研究会。

39.2 九大系统健康指数

1. 公司治理系统

内蒙古自治区25家上市公司公司治理系统健康指数平均水平为86.97，略高于全市场公司治理健康指数平均水平（85.08）。行业平均水平以上的上市公司有15家，占总数的60.00%。从区间分布看，70—80的有3家，占12.00%；80—90的有16家，占64.00%；90以上的有6家，占24.00%。

内蒙古自治区上市公司公司治理系统健康指数排名前10的是：**北方股份（93.11）、内蒙一机（92.32）、伊利股份（92.20）、北方稀土（91.27）、中盐化工（90.86）、内蒙新华（90.61）、蒙草生态（89.27）、生物股份（89.15）、包钢股份（89.13）、东宝生物（88.52）**。

2. 外部监督系统

内蒙古自治区25家上市公司外部监督系统健康指数平均水平为81.88，略高于全市场外部监督健康指数平均水平（78.64）。行业平均水平以上的上市公司有15家，占总数的60.00%。从区间分布看，50—60的有1家，占4.00%；60—70的有1家，占4.00%；70—80的有5家，占20.00%；80—90的有18家，占72.00%。

内蒙古自治区上市公司外部监督系统健康指数排名前10的是：**欧晶科技（89.94）、远兴能源（88.94）、内蒙一机（88.34）、包钢股份（87.12）、伊利股份（87.07）、银泰黄金（86.92）、北方股份（86.84）、北方稀土（86.83）、内蒙华电（85.88）、鄂尔多斯（85.86）**。

3. 创利能力系统

内蒙古自治区25家上市公司创利能力系统健康指数平均水平为62.97，略高于全市场创利能力健康指数平均水平（58.47）。行业平均水平以上的上市公司有16家，占总数的64.00%。从区间分布看，40—50的有3家，占12.00%；50—60的有4家，占16.00%；60—70的有12家，占48.00%；70以上的有6家，占24.00%。

内蒙古自治区上市公司创利能力系统健康指数排名前10的是：**内蒙华电（77.92）、福瑞股份（73.46）、大中矿业（72.94）、中盐化工（72.88）、鄂尔多斯（72.73）、北方稀土（70.64）、欧晶科技（69.48）、北方股份（68.87）、伊利股份（67.64）、内蒙新华（67.14）**。

4. 价值再造系统

内蒙古自治区25家上市公司价值再造系统健康指数平均水平为59.42，略低于全市场价值再造健康指数平均水平（60.25）。行业平均水平以上的上市公司有13家，占总数的52.00%。从区间分布看，40—50的有5家，占20.00%；50—60的有8家，占32.00%；60—70的有9家，占36.00%；70以上的有3家，占12.00%。

内蒙古自治区上市公司价值再造系统健康指数排名前10的是：北方稀土（72.40）、内蒙华电（70.52）、中盐化工（70.31）、生物股份（66.06）、北方股份（65.10）、内蒙新华（64.41）、电投能源（63.89）、东宝生物（63.43）、蒙草生态（62.82）、伊利股份（61.76）。

5. 产品销售系统

内蒙古自治区25家上市公司产品销售系统健康指数平均水平为53.32，略高于全市场产品销售健康指数平均水平（50.17）。行业平均水平以上的上市公司有12家，占总数的48.00%。从区间分布看，40以下的有5家，占20.00%；40—50的有3家，占12.00%；50—60的有9家，占36.00%；60—70的有5家，占20.00%；70以上的有3家，占12.00%。

内蒙古自治区上市公司产品销售系统健康指数排名前10的是：内蒙一机（76.10）、君正集团（71.00）、中盐化工（70.26）、亿利洁能（67.78）、银泰黄金（64.79）、内蒙华电（64.34）、北方稀土（63.07）、北方股份（60.66）、伊利股份（59.45）、远兴能源（57.62）。

6. 竞争态势系统

内蒙古自治区25家上市公司竞争态势系统健康指数平均水平为51.57，略高于全市场竞争态势健康指数平均水平（50.47）。行业平均水平以上的上市公司有13家，占总数的52.00%。从区间分布看，40以下的有3家，占12.00%；40—50的有6家，占24.00%；50—60的有11家，占44.00%；60—70的有4家，占16.00%；70以上的有1家，占4.00%。

内蒙古自治区上市公司竞争态势系统健康指数排名前10的是：伊利股份（73.68）、君正集团（69.43）、北方稀土（63.74）、蒙草生态（63.23）、中盐化工（62.83）、远兴能源（58.69）、电投能源（58.03）、内蒙一机（57.60）、金河生物（56.97）、鄂尔多斯（54.22）。

7. 资产资本结构系统

内蒙古自治区25家上市公司资产资本结构系统健康指数平均水平为54.74，略低于全市场资产资本结构健康指数平均水平（56.79）。行业平均水平以上的上市公司有11家，占总数的44.00%。从区间分布看，40—50的有8家，占32.00%；50—60的有13家，占52.00%；60—70的有3家，占12.00%；70以上的有1家，占4.00%。

内蒙古自治区上市公司资产资本结构系统健康指数排名前10的是：欧晶科技（72.80）、大中矿业（68.48）、内蒙新华（67.86）、银泰黄金（60.89）、北方稀土（59.66）、电投能源（59.14）、君正集团（58.72）、生物股份（58.69）、大唐药业（57.96）、北方股份（56.21）。

8. 内部控制系统

内蒙古自治区25家上市公司内部控制系统健康指数平均水平为85.71，略高于全市场内部控制健康指数平均水平（83.22）。平均水平以上的上市公司有14家，占总数的56.00%。从区间分布看，70—

80的有4家，占16.00%；80—90的有18家，占72.00%；90以上的有3家，占12.00%。

内蒙古自治区上市公司内部控制系统健康指数排名前10的是：**内蒙华电**（92.83）、**欧晶科技**（92.14）、**内蒙一机**（91.83）、**银泰黄金**（89.73）、**伊利股份**（89.70）、**东宝生物**（89.54）、**电投能源**（88.06）、**北方股份**（87.82）、**大唐药业**（87.74）、**鄂尔多斯**（87.42）。

9. 企业文化系统

内蒙古自治区25家上市公司企业文化系统健康指数平均水平为67.85，略高于全市场企业文化健康指数平均水平（67.58）。行业平均水平以上的上市公司有12家，占总数的48.00%。从区间分布看，50以下的有2家，占8.00%；50—60的有4家，占16.00%；60—70的有8家，占32.00%；70—80的有8家，占32.00%；80以上的有3家，占12.00%。

内蒙古自治区上市公司企业文化系统健康指数排名前10的是：**伊利股份**（94.10）、**生物股份**（83.84）、**兴业银锡**（83.08）、**东宝生物**（79.53）、**北方稀土**（77.92）、**金河生物**（76.54）、**中盐化工**（75.95）、**银泰黄金**（73.65）、**大唐药业**（73.49）、**赤峰黄金**（73.35）。

第40章 辽宁省

截至2022年底，辽宁省上市公司总体情况如下：**上市公司数量**共85家，占全国上市公司总量的1.68%；**资产总量**为15405.69亿元，占全国上市公司资产总量的0.40%。

总市值为8949.88亿元，占全国上市公司总量的1.06%，总市值前3的上市公司分别是：恒力石化（1093.17亿元）、国电电力（761.58亿元）、圆通速递（691.36亿元）。

营业收入总额为11463.36亿元，占全国上市公司总量的1.61%，营业收入前3的上市公司分别是：恒力石化（2223.24亿元）、国电电力（1926.81亿元）、广汇汽车（1335.44亿元）。

净利润总额为98.57亿元，占全国上市公司总量的0.18%，净利润前3的上市公司分别是：国电电力（68.66亿元）、圆通速递（39.64亿元）、恒力石化（23.18亿元）。

研发投入总额为161.71亿元，占全国上市公司研发投入的0.99%，研发投入金额前3的上市公司分别是：鞍钢股份（26.21亿元）、本钢板材（19.24亿元）、国电电力（14.63亿元）。

研发投入占营业收入比为1.41%，低于全市场整体水平（2.32%），研发强度前3的上市公司分别是：科德数控（36.26%）、拓荆科技（22.21%）、智云股份（20.01%）。

总体来看，辽宁省上市公司数量较少，竞争力不强，研发投入和研发强度还需要进一步提升。

40.1 综合健康指数

根据报告同一诊断口径，在剔除银行、非银金融和房地产三个特殊行业外，共对辽宁省83家上市公司开展健康诊断，健康指数情况如下。

2022年辽宁省83家上市公司综合健康指数平均水平为64.10，最高的是**圆通速递（77.74）**。从区间分布看，综合健康指数70以上的有9家，占10.84%；60—70的有55家，占66.27%；50—60的有19家，占22.89%，如图40-1所示。

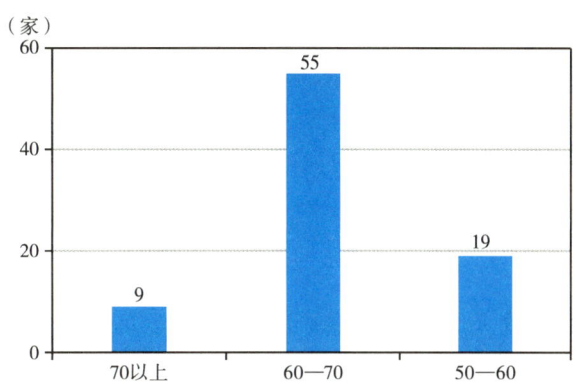

图40-1　辽宁省上市公司综合健康指数分布

辽宁省综合健康指数排名前10%的上市公司如表40-1所示。

表 40-1　　　　　　　　　　辽宁省上市公司综合健康指数前 10% 排名

排名	公司代码	公司名称	综合健康指数	一级行业_同花顺	地级市	产权性质
1	600233.SH	圆通速递	77.74	交通运输	大连市	非国有
2	688072.SH	拓荆科技	75.95	电子	沈阳市	非国有
3	603609.SH	禾丰股份	73.99	农林牧渔	沈阳市	非国有
4	688037.SH	芯源微	73.90	电子	沈阳市	中央控股
5	600795.SH	国电电力	73.89	公用事业	大连市	中央控股
6	002204.SZ	大连重工	73.25	机械设备	大连市	地方国有控股
7	688739.SH	成大生物	71.67	医药生物	沈阳市	地方国有控股
8	300024.SZ	机器人	71.41	机械设备	沈阳市	中央控股

数据来源：同花顺、中关村国睿金融与产业发展研究会。

从行业分布来看，辽宁省的上市公司主要集中在机械设备和基础化工行业，分别有12家和9家上市公司；电力设备、公用事业、交运设备、电子以及医药生物行业均不少于5家。在这些行业中，电子行业的整体综合健康指数水平相对较高，其次是医药生物行业，如表40-2所示。

表 40-2　　　　　　　　　　辽宁省上市公司行业分布及综合健康指数水平

一级行业_同花顺	综合健康指数	上市公司家数
机械设备	63.24	12
基础化工	62.74	9
电力设备	65.39	7
公用事业	62.34	6
交运设备	60.56	6
电子	71.35	5
医药生物	68.30	5
黑色金属	64.84	4
交通运输	67.96	4
商贸零售	61.89	4

续表

一级行业_同花顺	综合健康指数	上市公司家数
传媒	61.41	3
石油石化	65.76	3
计算机	64.64	2
农林牧渔	68.75	2
社会服务	57.12	2
食品饮料	66.28	2
有色金属	64.76	2
国防军工	60.05	1
环保	55.02	1
煤炭	59.40	1
轻工制造	64.79	1
通信	60.81	1
总计	64.10	83

数据来源：同花顺、中关村国睿金融与产业发展研究会。

40.2 九大系统健康指数

1. 公司治理系统

辽宁省83家上市公司公司治理系统健康指数平均水平为84.48，略低于全市场公司治理健康指数平均水平（85.08）。行业平均水平以上的上市公司有44家，占总数的53.01%。从区间分布看，60—70的有1家，占1.20%；70—80的有22家，占26.51%；80—90的有44家，占53.01%；90以上的有16家，占19.28%。

辽宁省上市公司公司治理系统健康指数排名前10的是：**辽宁能源（95.44）、中广核技（94.66）、辽港股份（94.41）、沈阳机床（94.12）、铁龙物流（93.76）、富创精密（93.02）、拓荆科技（92.68）、抚顺特钢（92.61）、大连重工（92.54）、芯源微（91.78）**。

2. 外部监督系统

辽宁省83家上市公司外部监督系统健康指数平均水平为76.17，略低于全市场外部监督健康指数平均水平（78.64）。行业平均水平以上的上市公司有50家，占总数的60.24%。从区间分布看，50以下的有2家，占2.41%；50—60的有5家，占6.02%；60—70的有13家，占15.66%；70—80的有26家，占31.33%；80—90的有35家，占42.17%；90以上的有2家，占2.41%。

辽宁省上市公司外部监督系统健康指数排名前10的是：**圆通速递（93.93）、国电电力（92.70）、大连重工（89.72）、禾丰股份（89.68）、兴齐眼药（89.42）、华锦股份（88.79）、中广核技（88.43）、沈阳化工（88.43）、东软集团（88.25）、鞍钢股份（87.95）**。

3. 创利能力系统

辽宁省83家上市公司创利能力系统健康指数平均水平为54.82，略低于全市场创利能力健康指数平均水平（58.47）。行业平均水平以上的上市公司有39家，占总数的46.99%。从区间分布看，40以下的有4家，占4.82%；40—50的有20家，占24.10%；50—60的有34家，占40.96%；60—70的有23家，占27.71%；70以上的有2家，占2.41%。

辽宁省上市公司创利能力系统健康指数排名前10的是：**百傲化学（79.69）、拓荆科技（70.04）、兴齐眼药（69.57）、圆通速递（69.01）、国电电力（68.82）、时代万恒（68.20）、亚世光电（67.25）、大连电瓷（67.00）、吉翔股份（66.56）、桃李面包（66.30）**。

4. 价值再造系统

辽宁省83家上市公司价值再造系统健康指数平均水平为58.2，略低于全市场价值再造健康指数平均水平（60.25）。行业平均水平以上的上市公司有45家，占总数的54.22%。从区间分布看，40以下的有2家，占2.41%；40—50的有13家，占15.66%；50—60的有28家，占33.73%；60—70的有33家，占39.76%；70以上的有7家，占8.43%。

辽宁省上市公司价值再造系统健康指数排名前10的是：**圆通速递（76.70）、拓荆科技（74.24）、中触媒（73.82）、芯源微（73.20）、国电电力（72.39）、大连重工（70.94）、东北制药（70.66）、富创精密（69.95）、连城数控（68.83）、亚世光电（68.74）**。

5. 产品销售系统

辽宁省83家上市公司产品销售系统健康指数平均水平为49.22，略低于全市场产品销售健康指数平均水平（50.17）。行业平均水平以上的上市公司有40家，占总数的48.19%。从区间分布看，40以下的有17家，占20.48%；40—50的有28家，占33.73%；50—60的有21家，占25.30%；60—70的有15家，占18.07%；70以上的有2家，占2.41%。

辽宁省上市公司产品销售系统健康指数排名前10的是：**金杯汽车（79.03）、威领股份（72.77）、圆通速递（69.42）、禾丰股份（68.87）、国电电力（68.27）、大连重工（67.63）、奥克股份（67.50）、萃华珠宝（65.98）、聆达股份（64.51）、辽宁成大（63.97）**。

6. 竞争态势系统

辽宁省83家上市公司竞争态势系统健康指数平均水平为47.92，略低于全市场竞争态势健康指数平均水平（50.47）。行业平均水平以上的上市公司有40家，占总数的48.19%。从区间分布看，40以下的有24家，占28.92%；40—50的有23家，占27.71%；50—60的有26家，占31.33%；60—70的有6家，占7.23%；70以上的有4家，占4.82%。

辽宁省上市公司竞争态势系统健康指数排名前10的是：**机器人（75.14）、芯源微（72.60）、圆通速递（72.20）、大连重工（71.02）、连城数控（68.94）、禾丰股份（67.33）、拓荆科技（67.17）、豪森股份（61.57）、富创精密（61.12）、吉翔股份（61.04）**。

7. 资产资本结构系统

辽宁省83家上市公司资产资本结构系统健康指数平均水平为54.5，略低于全市场资产资本结构健康指数平均水平（56.79）。行业平均水平以上的上市公司有44家，占总数的53.01%。从区间分布看，40以下的有7家，占8.43%；40—50的有28家，占33.73%；50—60的有20家，占24.10%；60—70的有22家，占26.51%；70以上的有6家，占7.23%。

辽宁省上市公司资产资本结构系统健康指数排名前10的是：**成大生物（75.12）、中兴商业（72.98）、何氏眼科（72.66）、联美控股（71.14）、百傲化学（70.41）、凌钢股份（70.08）、大金重工（69.75）、风光股份（69.64）、春光药装（69.50）、神工股份（69.24）**。

8. 内部控制系统

辽宁省83家上市公司内部控制系统健康指数平均水平为81.78，略低于全市场内部控制健康指数平均水平（83.22）。平均水平以上的上市公司有48家，占总数的57.83%。从区间分布看，60以下的有2家，占2.41%；60—70的有4家，占4.82%；70—80的有22家，占26.51%；80—90的有48家，占57.83%；90以上的有7家，占8.43%。

辽宁省上市公司内部控制系统健康指数排名前10的是：**中兴商业（93.53）、成大生物（93.01）、亚世光电（92.95）、桃李面包（92.44）、金辰股份（91.03）、机器人（90.49）、禾丰股份（90.05）、奥维通信（88.92）、国电电力（88.84）、冰山冷热（88.28）**。

9. 企业文化系统

辽宁省83家上市公司企业文化系统健康指数平均水平为65.06，略低于全市场企业文化健康指数平均水平（67.58）。行业平均水平以上的上市公司有42家，占总数的50.60%。从区间分布看，50以下的有9家，占10.84%；50—60的有20家，占24.10%；60—70的有24家，占28.92%；70—80的有23家，占27.71%；80以上的有7家，占8.43%。

辽宁省上市公司企业文化系统健康指数排名前10的是：**圆通速递（89.46）、机器人（84.87）、拓荆科技（83.82）、东软集团（82.19）、水发燃气（82.17）、鞍钢股份（81.97）、时代万恒（81.25）、奥克股份（79.83）、辽港股份（78.22）、信德新材（77.80）**。

第41章
吉林省

截至2022年底，吉林省上市公司总体情况如下：**上市公司数量**共49家，占全国上市公司总量的0.97%；**资产总量**为5698.64亿元，占全国上市公司资产总量的0.15%。

总市值为4067.84亿元，占全国上市公司总量的0.48%，总市值前3的上市公司分别是：长春高新（673.66亿元）、一汽解放（359.70亿元）、百克生物（285.31亿元）。

营业收入总额为2004.59亿元，占全国上市公司总量的0.28%，营业收入前3的上市公司分别是：一汽解放（383.32亿元）、一汽富维（199.72亿元）、中钢国际（187.18亿元）。

净利润总额为61.93亿元，占全国上市公司总量的0.11%，净利润前3的上市公司分别是：长春高新（42.15亿元）、吉林敖东（18.01亿元）、通化东宝（15.82亿元）。

研发投入总额为85.75亿元，占全国上市公司研发投入的0.52%，研发投入金额前3的上市公司分别是：一汽解放（28.96亿元）、长春高新（16.63亿元）、富奥股份（4.43亿元）。

研发投入占营业收入比为4.28%，高于全市场整体水平（2.32%），研发强度前3的上市公司分别是：吉大正元（23.51%）、奥来德（21.15%）、百克生物（14.54%）。

总体来看，吉林省上市公司数量少，但研发强度处于市场领先地位。

41.1 综合健康指数

根据报告同一诊断口径，在剔除银行、非银金融和房地产三个特殊行业外，共对吉林省46家上市公司开展健康诊断，健康指数情况如下。

2022年吉林省46家上市公司综合健康指数平均水平为63.13，最高的是**长春高新（76.50）**。从区间分布看，综合健康指数70以上的有11家，占23.91%；60—70的有21家，占45.65%；50—60的有11家，占23.91%；50以下的有3家，占6.52%，如图41-1所示。

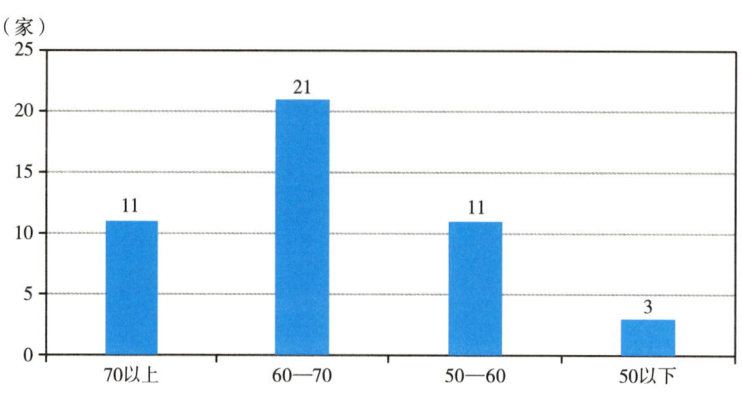

图41-1 吉林省上市公司综合健康指数分布

吉林省综合健康指数排名前10%的上市公司如表41-1所示。

表 41-1　　吉林省上市公司综合健康指数前 10% 排名

排名	公司代码	公司名称	综合健康指数	一级行业_同花顺	地级市	产权性质
1	000661.SZ	长春高新	76.50	医药生物	长春市	地方国有控股
2	000928.SZ	中钢国际	74.05	建筑装饰	吉林市	中央控股
3	300396.SZ	迪瑞医疗	73.30	医药生物	长春市	中央控股
4	601518.SH	吉林高速	72.28	交通运输	长春市	地方国有控股
5	002232.SZ	启明信息	72.15	计算机	长春市	中央控股

数据来源：同花顺、中关村国睿金融与产业发展研究会。

从行业分布来看，吉林省的上市公司主要集中在医药生物行业，拥有11家上市公司；交运设备有6家；公用事业、机械设备以及基础化工行业也各自拥有3家上市公司。在这些行业中，交运设备行业的整体综合健康指数水平相对较高，如表41-2所示。

表 41-2　　吉林省上市公司行业分布及综合健康指数水平

一级行业_同花顺	综合健康指数	上市公司家数
医药生物	62.26	11
交运设备	67.32	6
公用事业	59.92	3
机械设备	62.67	3
基础化工	64.42	3
电力设备	63.03	2
国防军工	59.28	2
计算机	69.65	2
商贸零售	61.55	2
食品饮料	61.18	2
通信	58.62	2
传媒	62.41	1

续表

一级行业_同花顺	综合健康指数	上市公司家数
电子	59.16	1
建筑材料	57.49	1
建筑装饰	74.05	1
交通运输	72.28	1
社会服务	62.64	1
有色金属	53.81	1
综合	65.54	1
总计	63.13	46

数据来源：同花顺、中关村国睿金融与产业发展研究会。

41.2 九大系统健康指数

1. 公司治理系统

吉林省46家上市公司公司治理系统健康指数平均水平为84.93，略低于全市场公司治理健康指数平均水平（85.08）。行业平均水平以上的上市公司有27家，占总数的58.70%。从区间分布看，60—70的有1家，占2.17%；70—80的有12家，占26.09%；80—90的有21家，占45.65%；90以上的有12家，占26.09%。

吉林省上市公司公司治理系统健康指数排名前10的是：**长春一东（95.04）、百克生物（94.25）、吉电股份（93.98）、吉大正元（92.85）、富奥股份（92.73）、启明信息（92.58）、长春高新（91.32）、一汽解放（91.05）、金冠股份（90.77）、吉视传媒（90.59）**。

2. 外部监督系统

吉林省46家上市公司外部监督系统健康指数平均水平为75.84，略低于全市场外部监督健康指数平均水平（78.64）。行业平均水平以上的上市公司有28家，占总数的60.87%。从区间分布看，50以下的有4家，占8.70%；50—60的有2家，占4.35%；60—70的有2家，占4.35%；70—80的有18家，占39.13%；80—90的有16家，占34.78%；90以上的有4家，占8.70%。

吉林省上市公司外部监督系统健康指数排名前10的是：**中钢国际（92.06）、一汽解放（91.49）、百克生物（91.11）、吉林高速（90.19）、吉电股份（89.73）、吉林敖东（89.57）、吉大正元（89.25）、奥来德（88.78）、迪瑞医疗（86.15）、吉林碳谷（85.51）**。

3. 创利能力系统

吉林省46家上市公司创利能力系统健康指数平均水平为53.88，略低于全市场创利能力健康指数平均水平（58.47）。行业平均水平以上的上市公司有19家，占总数的41.30%。从区间分布看，40以下的有2家，占4.35%；40—50的有17家，占36.96%；50—60的有14家，占30.43%；60—70的有10家，占21.74%；70以上的有3家，占6.52%。

吉林省上市公司创利能力系统健康指数排名前10的是：**长春高新（76.99）、通化东宝（73.14）、吉林碳谷（70.70）、吉电股份（67.44）、派斯林（66.50）、吉林高速（66.36）、朱老六（65.58）、迪瑞医疗（65.13）、中钢国际（63.39）、一汽富维（62.75）**。

4. 价值再造系统

吉林省46家上市公司价值再造系统健康指数平均水平为56.87，略低于全市场价值再造健康指数平均水平（60.25）。行业平均水平以上的上市公司有24家，占总数的52.17%。从区间分布看，40以下的有3家，占6.52%；40—50的有7家，占15.22%；50—60的有16家，占34.78%；60—70的有17家，占36.96%；70以上的有3家，占6.52%。

吉林省上市公司价值再造系统健康指数排名前10的是：**启明信息（72.17）、奥普光电（72.13）、吉林高速（71.50）、长春高新（69.95）、迪瑞医疗（67.69）、吉电股份（67.51）、一汽解放（66.90）、通化东宝（66.44）、吉林敖东（65.75）、奥来德（64.04）**。

5. 产品销售系统

吉林省46家上市公司产品销售系统健康指数平均水平为45.93，略低于全市场产品销售健康指数平均水平（50.17）。行业平均水平以上的上市公司有23家，占总数的50.00%。从区间分布看，40以下的有16家，占34.78%；40—50的有10家，占21.74%；50—60的有13家，占28.26%；60—70的有5家，占10.87%；70以上的有2家，占4.35%。

吉林省上市公司产品销售系统健康指数排名前10的是：**一汽富维（82.00）、富奥股份（71.29）、启明信息（69.29）、中钢国际（66.92）、英利汽车（65.62）、吉林碳谷（65.18）、派斯林（62.08）、金浦钛业（59.65）、诺德股份（57.45）、吉电股份（56.88）**。

6. 竞争态势系统

吉林省46家上市公司竞争态势系统健康指数平均水平为45.26，略低于全市场竞争态势健康指数平均水平（50.47）。行业平均水平以上的上市公司有22家，占总数的47.83%。从区间分布看，40以下的有16家，占34.78%；40—50的有14家，占30.43%；50—60的有8家，占17.39%；60—70的有7家，占15.22%；70以上的有1家，占2.17%。

吉林省上市公司竞争态势系统健康指数排名前10的是：**长春高新（76.81）、一汽解放（66.62）、中钢国际（66.49）、亚泰集团（63.61）、富奥股份（63.10）、迪瑞医疗（62.27）、通化东宝（61.01）、启明信息（60.19）、吉林碳谷（59.52）、吉林敖东（57.75）**。

7. 资产资本结构系统

吉林省46家上市公司资产资本结构系统健康指数平均水平为53.01，略低于全市场资产资本结构健康指数平均水平（56.79）。行业平均水平以上的上市公司有23家，占总数的50.00%。从区间分布看，40以下的有6家，占13.04%；40—50的有12家，占26.09%；50—60的有15家，占32.61%；60—70的有11家，占23.91%；70以上的有2家，占4.35%。

吉林省上市公司资产资本结构系统健康指数排名前10的是：**研奥股份（73.03）、西点药业（72.22）、长春一东（68.59）、吉大通信（68.45）、朱老六（67.97）、一汽解放（67.15）、吉大正元（65.84）、吉林高速（64.16）、中钢国际（63.80）、通化东宝（63.71）**。

8. 内部控制系统

吉林省46家上市公司内部控制系统健康指数平均水平为82.28，略低于全市场内部控制健康指数平均水平（83.22）。平均水平以上的上市公司有25家，占总数的54.35%。从区间分布看，60以下的有2家，占4.35%；60—70的有2家，占4.35%；70—80的有9家，占19.57%；80—90的有25家，占54.35%；90以上的有8家，占17.39%。

吉林省上市公司内部控制系统健康指数排名前10的是：**吉大正元（93.55）、西点药业（93.01）、富奥股份（92.97）、长春一东（92.91）、吉林高速（92.72）、一汽解放（91.65）、迪瑞医疗（91.64）、吉大通信（91.01）、研奥股份（89.84）、吉林碳谷（89.54）**。

9. 企业文化系统

吉林省46家上市公司企业文化系统健康指数平均水平为65.34，略低于全市场企业文化健康指数平均水平（67.58）。行业平均水平以上的上市公司有23家，占总数的50.00%。从区间分布看，50以下的有4家，占8.70%；50—60的有11家，占23.91%；60—70的有16家，占34.78%；70—80的有8家，占17.39%；80以上的有7家，占15.22%。

吉林省上市公司企业文化系统健康指数排名前10的是：**长春高新（88.08）、迪瑞医疗（87.47）、奥来德（82.31）、长春燃气（81.92）、通化东宝（80.91）、中钢国际（80.58）、吉大正元（80.22）、吉林敖东（79.13）、一汽解放（76.71）、泉阳泉（75.17）**。

第42章
黑龙江省

截至2022年底,黑龙江省上市公司总体情况如下:**上市公司数量**共39家,占全国上市公司总量的0.77%;**资产总量**为9039.01亿元,占全国上市公司资产总量的0.23%。

总市值为3194.27亿元,占全国上市公司总量的0.38%,总市值前3的上市公司分别是:中航产融(289.65亿元)、中直股份(273.58亿元)、北大荒(244.61亿元)。

营业收入总额为1965.35亿元,占全国上市公司总量的0.28%,营业收入前3的上市公司分别是:中国一重(238.86亿元)、中直股份(194.73亿元)、龙建股份(169.59亿元)。

净利润总额为70.78亿元,占全国上市公司总量的0.13%,净利润前3的上市公司分别是:中航产融(29.17亿元)、安通控股(23.42亿元)、北大荒(9.46亿元)。

研发投入总额为44.53亿元,占全国上市公司研发投入的0.27%,研发投入金额前3的上市公司分别是:中国一重(9.87亿元)、中直股份(5.13亿元)、龙建股份(4.92亿元)。

研发投入占营业收入比为2.27%,略低于全市场整体水平(2.32%),研发强度前3的上市公司分别是:新光光电(23.9%)、威帝股份(19.23%)、光智科技(11.61%)。

总体来看,黑龙江省上市公司体量小、竞争力弱,但研发强度较高。

42.1 综合健康指数

根据报告同一诊断口径,在剔除银行、非银金融和房地产三个特殊行业外,共对黑龙江省36家上市公司开展健康诊断,健康指数情况如下。

2022年黑龙江省36家上市公司综合健康指数平均水平为64.56,最高的是**佳电股份**(**72.72**)。从区间分布看,综合健康指数70以上的有7家,占19.44%;60—70的有17家,占47.22%;50—60的有12家,占33.33%,如图42-1所示。

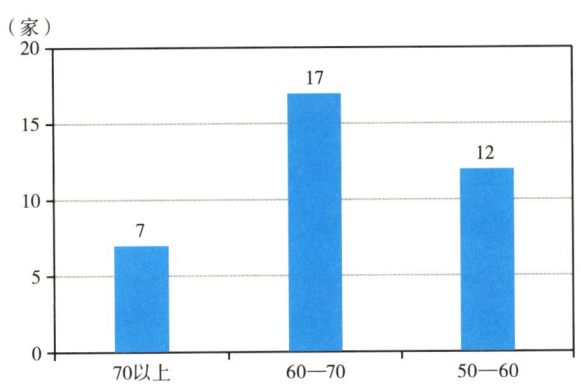

图42-1 黑龙江省上市公司综合健康指数分布

黑龙江省综合健康指数排名前10%的上市公司如表42-1所示。

表 42-1　　　　　　　　　　黑龙江省上市公司综合健康指数前 10% 排名

排名	公司代码	公司名称	综合健康指数	一级行业_同花顺	地级市	产权性质
1	000922.SZ	佳电股份	72.72	电力设备	佳木斯市	中央控股
2	600356.SH	恒丰纸业	72.65	轻工制造	牡丹江市	地方国有控股
3	600179.SH	安通控股	71.90	交通运输	齐齐哈尔市	非国有
4	002737.SZ	葵花药业	71.75	医药生物	哈尔滨市	非国有
5	605577.SH	龙版传媒	71.05	传媒	哈尔滨市	地方国有控股

数据来源：同花顺、中关村国睿金融与产业发展研究会。

从行业分布来看，黑龙江省上市公司分布行业较为分散，医药生物行业为6家，交运设备为5家，机械设备、国防军工、农林牧渔行业的上市公司均不少于3家。在以上行业中，国防军工行业整体综合健康指数水平相对较高，如表42-2所示。

表 42-2　　　　　　　　　黑龙江省上市公司行业分布及综合健康指数水平

一级行业_同花顺	综合健康指数	上市公司家数
医药生物	65.18	6
交运设备	64.74	5
机械设备	64.54	4
国防军工	65.37	3
农林牧渔	65.21	3
电力设备	65.50	2
环保	53.70	2
交通运输	68.47	2
煤炭	59.36	2
轻工制造	70.06	2
传媒	71.05	1
电子	59.54	1

续表

一级行业_同花顺	综合健康指数	上市公司家数
建筑装饰	69.56	1
石油石化	69.17	1
通信	55.93	1
总计	64.56	36

数据来源：同花顺、中关村国睿金融与产业发展研究会。

42.2 九大系统健康指数

1. 公司治理系统

黑龙江省36家上市公司公司治理系统健康指数平均水平为85.02，略低于全市场公司治理健康指数平均水平（85.08）。行业平均水平以上的上市公司有18家，占总数的50.00%。从区间分布看，70—80的有4家，占11.11%；80—90的有25家，占69.44%；90以上的有7家，占19.44%。

黑龙江省上市公司公司治理系统健康指数排名前10的是：**佳电股份（94.18）、航天科技（93.63）、华电能源（91.02）、龙版传媒（90.91）、哈空调（90.51）、龙江交通（90.46）、恒丰纸业（90.19）、中直股份（89.82）、博实股份（89.63）、广联航空（89.57）**。

2. 外部监督系统

黑龙江省36家上市公司外部监督系统健康指数平均水平为76.66，略低于全市场外部监督健康指数平均水平（78.64）。行业平均水平以上的上市公司有22家，占总数的61.11%。从区间分布看，50—60的有3家，占8.33%；60—70的有5家，占13.89%；70—80的有10家，占27.78%；80—90的有18家，占50.00%。

黑龙江省上市公司外部监督系统健康指数排名前10的是：**广联航空（87.68）、龙版传媒（87.19）、中直股份（87.00）、人民同泰（86.53）、葵花药业（85.11）、大庆华科（84.89）、恒丰纸业（84.42）、万向德农（83.85）、航天科技（83.76）、珍宝岛（83.74）**。

3. 创利能力系统

黑龙江省36家上市公司创利能力系统健康指数平均水平为56.28，略低于全市场创利能力健康指数平均水平（58.47）。行业平均水平以上的上市公司有19家，占总数的52.78%。从区间分布看，40以下的有2家，占5.56%；40—50的有10家，占27.78%；50—60的有11家，占30.56%；60—70的有9家，占25.00%；70以上的有4家，占11.11%。

黑龙江省上市公司创利能力系统健康指数排名前10的是：**万向德农（79.21）、北大荒（76.27）、葵花药业（72.29）、佳电股份（71.78）、安通控股（68.60）、哈铁科技（68.54）、博实股份（68.23）、广联航空（67.37）、龙版传媒（66.84）、恒丰纸业（62.11）**。

4. 价值再造系统

黑龙江省36家上市公司价值再造系统健康指数平均水平为58.43，略低于全市场价值再造健康指数平均水平（60.25）。行业平均水平以上的上市公司有20家，占总数的55.56%。从区间分布看，40—50的有9家，占25.00%；50—60的有7家，占19.44%；60—70的有16家，占44.44%；70以上的有4家，占11.11%。

黑龙江省上市公司价值再造系统健康指数排名前10的是：**佳电股份（72.88）、广联航空（71.83）、哈药股份（70.55）、龙建股份（70.28）、葵花药业（68.62）、恒丰纸业（68.37）、博实股份（64.86）、安通控股（64.64）、哈铁科技（64.34）、哈三联（64.31）**。

5. 产品销售系统

黑龙江省36家上市公司产品销售系统健康指数平均水平为47.4，略低于全市场产品销售健康指数平均水平（50.17）。行业平均水平以上的上市公司有20家，占总数的55.56%。从区间分布看，40以下的有11家，占30.56%；40—50的有9家，占25.00%；50—60的有7家，占19.44%；60—70的有6家，占16.67%；70以上的有3家，占8.33%。

黑龙江省上市公司产品销售系统健康指数排名前10的是：**人民同泰（73.37）、中直股份（71.59）、中国一重（70.46）、龙建股份（67.10）、哈药股份（65.52）、安通控股（64.96）、葵花药业（64.83）、大庆华科（61.72）、哈空调（60.73）、东安动力（59.94）**。

6. 竞争态势系统

黑龙江省36家上市公司竞争态势系统健康指数平均水平为48.69，略低于全市场竞争态势健康指数平均水平（50.47）。行业平均水平以上的上市公司有20家，占总数的55.56%。从区间分布看，40以下的有7家，占19.44%；40—50的有12家，占33.33%；50—60的有11家，占30.56%；60—70的有6家，占16.67%。

黑龙江省上市公司竞争态势系统健康指数排名前10的是：**龙建股份（65.36）、安通控股（63.97）、哈铁科技（63.61）、航天科技（61.41）、恒丰纸业（61.22）、佳电股份（60.40）、中国一重（59.94）、万向德农（58.99）、博实股份（57.15）、光智科技（55.74）**。

7. 资产资本结构系统

黑龙江省36家上市公司资产资本结构系统健康指数平均水平为57.14，略高于全市场资产资本结构健康指数平均水平（56.79）。行业平均水平以上的上市公司有17家，占总数的47.22%。从区间分布看，40以下的有2家，占5.56%；40—50的有11家，占30.56%；50—60的有8家，占22.22%；60—70的有8家，占22.22%；70以上的有7家，占19.44%。

黑龙江省上市公司资产资本结构系统健康指数排名前10的是：**万向德农（78.03）、大庆华科（77.67）、威帝股份（75.85）、北大荒（73.14）、龙江交通（71.36）、森鹰窗业（70.55）、龙版传媒（70.05）、人民同泰（68.30）、哈铁科技（66.42）、新光光电（66.15）**。

8. 内部控制系统

黑龙江省36家上市公司内部控制系统健康指数平均水平为84.01，略高于全市场内部控制健康指数平均水平（83.22）。平均水平以上的上市公司有19家，占总数的52.78%。从区间分布看，60—70的有1家，占2.78%；70—80的有8家，占22.22%；80—90的有21家，占58.33%；90以上的有6家，占16.67%。

黑龙江省上市公司内部控制系统健康指数排名前10的是：**大庆华科（92.88）、葵花药业（91.86）、广联航空（91.47）、哈三联（91.26）、誉衡药业（91.11）、航天科技（90.61）、东安动力（89.74）、珍宝岛（89.58）、哈药股份（89.20）、华电能源（87.89）**。

9. 企业文化系统

黑龙江省36家上市公司企业文化系统健康指数平均水平为60.52，略低于全市场企业文化健康指数平均水平（67.58）。行业平均水平以上的上市公司有18家，占总数的50.00%。从区间分布看，50以下的有8家，占22.22%；50—60的有10家，占27.78%；60—70的有11家，占30.56%；70—80的有6家，占16.67%；80以上的有1家，占2.78%。

黑龙江省上市公司企业文化系统健康指数排名前10的是：**恒丰纸业（86.54）、龙江交通（78.50）、新光光电（75.97）、广联航空（74.52）、光智科技（71.49）、龙版传媒（71.25）、森鹰窗业（70.47）、安通控股（68.68）、哈药股份（68.33）、东方集团（67.20）**。

第43章
上海市

截至2022年底，上海市上市公司总体情况如下：上市公司**数量共416家**，占全国上市公司总量的8.22%；**资产总量**为401198.08亿元，占全国上市公司资产总量的10.41%。

总市值为69754.45亿元，占全国上市公司总量的8.22%，总市值前3的上市公司分别是：交通银行（3264.74亿元）、东方财富（2563.55亿元）、金龙鱼（2361.65亿元）。

营业收入总额为59829.05亿元，占全国上市公司总量的8.39%，营业收入前3的上市公司分别是：上汽集团（7209.88亿元）、中国太保（4553.72亿元）、绿地控股（4355.20亿元）。

净利润总额为3677.91亿元，占全国上市公司总量的6.54%，净利润前3的上市公司分别是：交通银行（920.30亿元）、浦发银行（519.97亿元）、中国太保（252.40亿元）。

研发投入总额为1472.16亿元，占全国上市公司研发投入的8.99%，研发投入金额前3的上市公司分别是：上汽集团（208.66亿元）、宝钢股份（172.46亿元）、上海建工（101.85亿元）。

研发投入占营业收入比为2.46%，高于全市场整体水平（2.32%），研发强度前3的上市公司分别是：迈威生物（2735.89%）、盟科药业（311.97%）、君实生物（164.04%）。

总体来看，上海市上市公司总量、收入、利润以及研发等方面的贡献在市场中处于靠前位置，研发强度较高。

43.1 综合健康指数

根据报告同一诊断口径，在剔除银行、非银金融和房地产三个特殊行业外，共对上海市376家上市公司开展健康诊断，健康指数情况如下。

2022年上海市376家上市公司综合健康指数平均水平为66.66，最高的是**宝信软件（79.36）**。从区间分布看，综合健康指数70以上的有108家，占28.72%；60—70的有225家，占59.84%；50—60的有43家，占11.44%，如图43-1所示。

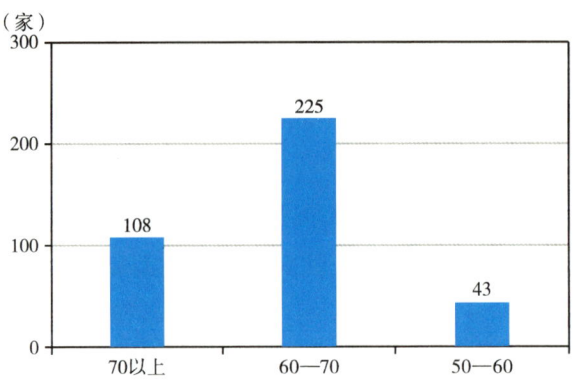

图43-1 上海市上市公司综合健康指数分布

上海市综合健康指数排名前10%的上市公司如表43-1所示。

表43-1 上海市上市公司综合健康指数前10%排名

排名	公司代码	公司名称	综合健康指数	一级行业_同花顺	地级市	产权性质
1	600845.SH	宝信软件	79.36	计算机	浦东新区	中央控股
2	688063.SH	派能科技	78.29	电力设备	浦东新区	非国有
3	002116.SZ	中国海诚	78.25	建筑装饰	徐汇区	中央控股
4	002401.SZ	中远海科	77.73	计算机	浦东新区	中央控股
5	600820.SH	隧道股份	77.47	建筑装饰	徐汇区	地方国有控股
6	600284.SH	浦东建设	77.47	建筑装饰	浦东新区	地方国有控股
7	688008.SH	澜起科技	77.40	电子	徐汇区	非国有
8	600019.SH	宝钢股份	77.05	黑色金属	宝山区	中央控股
9	603786.SH	科博达	76.80	交运设备	浦东新区	非国有
10	600636.SH	国新文化	76.61	社会服务	闵行区	中央控股
11	688012.SH	中微公司	76.54	电子	浦东新区	地方国有控股
12	002158.SZ	汉钟精机	76.25	机械设备	金山区	非国有
13	603899.SH	晨光股份	76.21	轻工制造	奉贤区	非国有
14	601231.SH	环旭电子	76.00	电子	浦东新区	非国有
15	603659.SH	璞泰来	75.72	电力设备	浦东新区	非国有
16	603565.SH	中谷物流	75.62	交通运输	浦东新区	非国有
17	688385.SH	复旦微电	75.55	电子	杨浦区	地方国有控股
18	688019.SH	安集科技	75.44	电子	浦东新区	非国有
19	688335.SH	复洁环保	75.38	环保	杨浦区	非国有
20	600026.SH	中远海能	75.37	交通运输	浦东新区	中央控股
21	600612.SH	老凤祥	75.36	轻工制造	黄浦区	地方国有控股
22	600850.SH	电科数字	75.12	计算机	嘉定区	中央控股
23	600662.SH	外服控股	75.01	社会服务	浦东新区	地方国有控股
24	601156.SH	东航物流	74.92	交通运输	浦东新区	中央控股
25	600741.SH	华域汽车	74.89	交运设备	静安区	地方国有控股
26	688188.SH	柏楚电子	74.88	机械设备	闵行区	非国有

续表

排名	公司代码	公司名称	综合健康指数	一级行业_同花顺	地级市	产权性质
27	688099.SH	晶晨股份	74.64	电子	浦东新区	非国有
28	002028.SZ	思源电气	74.59	电力设备	闵行区	非国有
29	300627.SZ	华测导航	74.58	通信	青浦区	非国有
30	601200.SH	上海环境	74.55	环保	长宁区	地方国有控股
31	601611.SH	中国核建	74.53	建筑装饰	青浦区	中央控股
32	688016.SH	心脉医疗	74.36	医药生物	浦东新区	非国有
33	600021.SH	上海电力	74.30	公用事业	黄浦区	中央控股
34	301060.SZ	兰卫医学	74.27	医药生物	长宁区	非国有
35	600170.SH	上海建工	74.05	建筑装饰	浦东新区	地方国有控股
36	600018.SH	上港集团	73.85	交通运输	浦东新区	地方国有控股
37	002605.SZ	姚记科技	73.81	传媒	嘉定区	非国有
38	600196.SH	复星医药	73.75	医药生物	普陀区	非国有

数据来源：同花顺、中关村国睿金融与产业发展研究会。

从行业分布来看，上海市上市公司在医药生物和电子行业分布较为集中，分别有超过40家公司；其次是计算机和机械设备行业，各有超过30家公司。此外，基础化工、电力设备、交运设备以及交通运输等行业也都有超过20家上市公司。在上述行业中，电子、医药生物和交通运输行业整体综合健康指数水平相对较高，显示出相对较好的发展状况，如表43-2所示。

表43-2　　　　　　　　　　　　　上海市上市公司行业分布及综合健康指数水平

一级行业_同花顺	综合健康指数	上市公司家数
医药生物	67.09	48
电子	68.56	41
计算机	66.59	37
机械设备	65.17	31
基础化工	63.97	26
电力设备	66.79	24
交运设备	66.07	23
交通运输	67.00	20
商贸零售	66.31	16
食品饮料	65.84	14
建筑装饰	67.96	13
轻工制造	66.63	12
传媒	65.45	10
社会服务	69.94	9
环保	65.03	8
纺织服装	66.78	6
国防军工	68.45	5
农林牧渔	66.40	5

续表

一级行业_同花顺	综合健康指数	上市公司家数
通信	69.70	5
家用电器	65.67	4
有色金属	61.46	4
公用事业	67.90	3
建筑材料	66.50	3
石油石化	64.49	3
综合	70.39	3
黑色金属	77.05	1
煤炭	67.40	1
美容护理	69.10	1
总计	66.66	376

数据来源：同花顺、中关村国睿金融与产业发展研究会。

43.2 九大系统健康指数

1. 公司治理系统

上海市376家上市公司公司治理系统健康指数平均水平为85.51，略高于全市场公司治理健康指数平均水平（85.08）。行业平均水平以上的上市公司有192家，占总数的51.06%。从区间分布看，60—70的有6家，占1.60%；70—80的有48家，占12.77%；80—90的有234家，占62.23%；90以上的有88家，占23.40%。

上海市上市公司公司治理系统健康指数排名前10的是：**中远海能（97.51）、新世界（96.49）、中远海发（95.85）、华谊集团（95.68）、振华重工（95.52）、上海梅林（95.17）、航天机电（95.09）、上海电力（95.03）、东方明珠（95.00）、东航物流（94.89）**。

2. 外部监督系统

上海市376家上市公司外部监督系统健康指数平均水平为79.52，略高于全市场外部监督健康指数平均水平（78.64）。行业平均水平以上的上市公司有226家，占总数的60.11%。从区间分布看，50以下的有9家，占2.39%；50—60的有13家，占3.46%；60—70的有27家，占7.18%；70—80的有107家，占28.46%；80—90的有190家，占50.53%；90以上的有30家，占7.98%。

上海市上市公司外部监督系统健康指数排名前10的是：**科博达（96.74）、晨光股份（95.32）、环旭电子（95.23）、中远海科（94.23）、中国海诚（93.29）、宝信软件（93.20）、复旦微电（93.09）、中远海能（93.08）、百联股份（92.80）、隧道股份（92.55）**。

3. 创利能力系统

上海市376家上市公司创利能力系统健康指数平均水平为59.27，略高于全市场创利能力健康指数平均水平（58.47）。行业平均水平以上的上市公司有190家，占总数的50.53%。从区间分布看，40

以下的有4家，占1.06%；40—50的有62家，占16.49%；50—60的有133家，占35.37%；60—70的有123家，占32.71%；70以上的有54家，占14.36%。

上海市上市公司创利能力系统健康指数排名前10的是：**中远海科（78.12）、宝信软件（77.98）、安科瑞（76.83）、心脉医疗（76.61）、飞科电器（76.53）、澜起科技（75.73）、汉钟精机（75.44）、聚辰股份（75.34）、派能科技（75.27）、兰卫医学（74.87）**。

4. 价值再造系统

上海市376家上市公司价值再造系统健康指数平均水平为59.84，略低于全市场价值再造健康指数平均水平（60.25）。行业平均水平以上的上市公司有186家，占总数的49.47%。从区间分布看，40以下的有3家，占0.80%；40—50的有40家，占10.64%；50—60的有148家，占39.36%；60—70的有143家，占38.03%；70以上的有42家，占11.17%。

上海市上市公司价值再造系统健康指数排名前10的是：**国新文化（83.37）、爱旭股份（80.63）、盛美上海（77.00）、中微公司（76.47）、隧道股份（76.37）、派能科技（76.33）、嘉麟杰（76.12）、宝信软件（74.73）、德邦股份（74.34）、浦东建设（74.33）**。

5. 产品销售系统

上海市376家上市公司产品销售系统健康指数平均水平为49.56，略低于全市场产品销售健康指数平均水平（50.17）。行业平均水平以上的上市公司有191家，占总数的50.80%。从区间分布看，40以下的有100家，占26.60%；40—50的有89家，占23.67%；50—60的有99家，占26.33%；60—70的有60家，占15.96%；70以上的有28家，占7.45%。

上海市上市公司产品销售系统健康指数排名前10的是：**上海钢联（81.49）、隧道股份（80.23）、环旭电子（80.13）、爱旭股份（79.53）、中化国际（79.29）、上海环境（79.05）、中国船舶（77.86）、老凤祥（77.69）、浦东建设（76.64）、新朋股份（76.15）**。

6. 竞争态势系统

上海市376家上市公司竞争态势系统健康指数平均水平为51.83，略高于全市场竞争态势健康指数平均水平（50.47）。行业平均水平以上的上市公司有184家，占总数的48.94%。从区间分布看，40以下的有57家，占15.16%；40—50的有111家，占29.52%；50—60的有115家，占30.59%；60—70的有68家，占18.09%；70以上的有25家，占6.65%。

上海市上市公司竞争态势系统健康指数排名前10的是：**宝钢股份（85.29）、联影医疗（81.68）、中微公司（79.15）、至纯科技（76.81）、派能科技（75.94）、移远通信（75.92）、正帆科技（75.02）、宝信软件（74.92）、浦东建设（74.72）、华测导航（74.38）**。

7. 资产资本结构系统

上海市376家上市公司资产资本结构系统健康指数平均水平为57.94，略高于全市场资产资本结构健康指数平均水平（56.79）。行业平均水平以上的上市公司有188家，占总数的50.00%。从区间分布看，40以下的有11家，占2.93%；40—50的有71家，占18.88%；50—60的有129家，占34.31%；60—70的有122家，占32.45%；70以上的有43家，占11.44%。

上海市上市公司资产资本结构系统健康指数排名前10的是：**上海谊众（78.99）、安科瑞（78.21）、**

新炬网络（76.91）、读客文化（76.01）、益方生物（75.83）、澜起科技（75.57）、赛伦生物（75.56）、灿瑞科技（75.39）、普蕊斯（75.34）、宏英智能（75.17）。

8. 内部控制系统

上海市376家上市公司内部控制系统健康指数平均水平为82.49，略低于全市场内部控制健康指数平均水平（83.22）。平均水平以上的上市公司有210家，占总数的59.66%。从区间分布看，60以下的有6家，占1.70%；60—70的有12家，占3.41%；70—80的有90家，占25.57%；80—90的有227家，占64.49%；90以上的有41家，占11.65%。

上海市上市公司内部控制系统健康指数排名前10的是：**环旭电子（93.56）、上海莱士（93.54）、风语筑（93.13）、电科数字（93.09）、汉得信息（93.09）、移为通信（93.09）、矩子科技（93.05）、睿昂基因（93.01）、普冉股份（92.95）、尤安设计（92.83）**。

9. 企业文化系统

上海市376家上市公司企业文化系统健康指数平均水平为69.56，略高于全市场企业文化健康指数平均水平（67.58）。行业平均水平以上的上市公司有195家，占总数的51.86%。从区间分布看，50以下的有20家，占5.32%；50—60的有55家，占14.63%；60—70的有110家，占29.26%；70—80的有118家，占31.38%；80以上的有73家，占19.41%。

上海市上市公司企业文化系统健康指数排名前10的是：**妙可蓝多（93.53）、豫园股份（93.02）、晨光股份（91.82）、凯众股份（91.42）、璞泰来（91.32）、华测导航（90.90）、上海新阳（90.30）、鸣志电器（89.67）、保隆科技（89.24）、复星医药（88.91）**。

第44章
江苏省

截至2022年底，江苏省上市公司的总体情况如下：**上市公司数量**共计634家，占全国上市公司总量的12.53%；资产总量为1331220亿元，占全国上市公司资产总量的3.45%。

总市值为643647.1亿元，占全国上市公司总市值的7.59%。其中，市值排名前3的上市公司分别为：恒瑞医药（245783亿元）、洋河股份（241872亿元）、药明康德（236898亿元）。

营业收入总额为321043亿元，占全国上市公司总营业收入的4.50%。营业收入排名前3的上市公司分别为：苏美达（141145亿元）、新城控股（115457亿元）、徐工机械（93817亿元）。

净利润总额为228544亿元，占全国上市公司总净利润的4.07%。净利润排名前3的上市公司分别为：江苏银行（26352亿元）、南京银行（18544亿元）、华泰证券（11365亿元）。

研发投入总额为105964亿元，占全国上市公司总研发投入的6.47%。研发投入排名前3的上市公司分别为：恒瑞医药（6346亿元）、徐工机械（5751亿元）、天合光能（4621亿元）。

研发投入占营业收入比为3.30%，高于全市场整体水平（2.32%）。研发强度排名前3的上市公司分别为：前沿生物（323.73%）、泽璟制药（164.64%）、苏州科达（43.8%）。

总体来看，江苏省上市公司在数量、收入、利润以及研发等方面都在市场中占据较靠前的位置，表现出较高的研发强度。

44.1 综合健康指数

根据报告同一诊断口径，在剔除银行、非银金融和房地产三个特殊行业外，共对江苏省609家上市公司开展健康诊断，健康指数情况如下。

2022年江苏省609家上市公司综合健康指数平均水平为65.97，最高的是**洋河股份（78.38）**。从区间分布看，综合健康指数70以上的有138家，占22.66%；60—70的有396家，占65.02%；50—60的有71家，占11.66%；50以下的有4家，占0.66%，如图44-1所示。

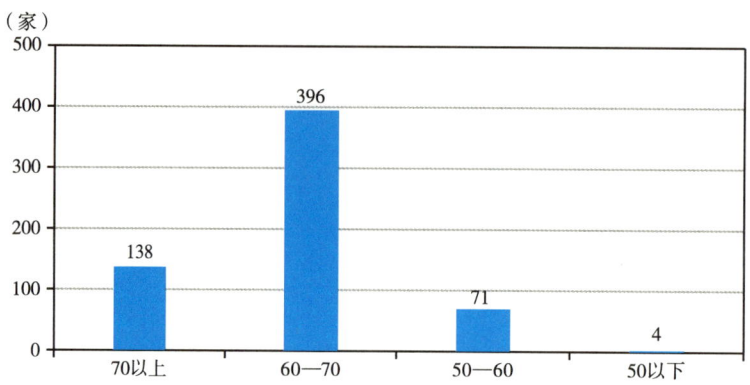

图44-1 江苏省上市公司综合健康指数分布

江苏省综合健康指数排名前10%的上市公司如表44-1所示。

表44-1　江苏省上市公司综合健康指数前10%排名

排名	公司代码	公司名称	综合健康指数	一级行业_同花顺	地级市	产权性质
1	002304.SZ	洋河股份	78.38	食品饮料	宿迁市	地方国有控股
2	688390.SH	固德威	77.76	电力设备	苏州市	非国有
3	603013.SH	亚普股份	77.52	交运设备	扬州市	中央控股
4	600389.SH	江山股份	77.36	基础化工	南通市	地方国有控股
5	688599.SH	天合光能	77.29	电力设备	常州市	非国有
6	600406.SH	国电南瑞	77.03	电力设备	南京市	中央控股
7	002484.SZ	江海股份	76.93	电子	南通市	非国有
8	600486.SH	扬农化工	76.83	基础化工	扬州市	中央控股
9	600970.SH	中材国际	76.78	建筑装饰	南京市	中央控股
10	600710.SH	苏美达	76.67	商贸零售	南京市	中央控股
11	003032.SZ	传智教育	76.49	社会服务	宿迁市	非国有
12	300390.SZ	天华新能	76.35	有色金属	苏州市	非国有
13	600475.SH	华光环能	76.31	环保	无锡市	地方国有控股
14	300761.SZ	立华股份	76.25	农林牧渔	常州市	非国有
15	688399.SH	硕世生物	76.22	医药生物	泰州市	非国有
16	300856.SZ	科思股份	76.17	美容护理	南京市	非国有
17	603486.SH	科沃斯	76.04	家用电器	苏州市	非国有
18	688516.SH	奥特维	75.98	电力设备	无锡市	非国有
19	601100.SH	恒立液压	75.98	机械设备	常州市	非国有
20	601799.SH	星宇股份	75.83	交运设备	常州市	非国有
21	603299.SH	苏盐井神	75.70	基础化工	淮安市	地方国有控股
22	002293.SZ	罗莱生活	75.67	纺织服装	南通市	非国有
23	603929.SH	亚翔集成	75.55	建筑装饰	苏州市	非国有
24	300864.SZ	南大环境	75.53	环保	南京市	中央控股
25	603688.SH	石英股份	75.27	基础化工	连云港市	非国有
26	603203.SH	快克智能	74.99	机械设备	常州市	非国有

续表

排名	公司代码	公司名称	综合健康指数	一级行业_同花顺	地级市	产权性质
27	300450.SZ	先导智能	74.97	电力设备	无锡市	非国有
28	002315.SZ	焦点科技	74.87	商贸零售	南京市	非国有
29	600862.SH	中航高科	74.78	国防军工	南通市	中央控股
30	600481.SH	双良节能	74.70	机械设备	无锡市	非国有
31	603355.SH	莱克电气	74.69	家用电器	苏州市	非国有
32	600398.SH	海澜之家	74.69	纺织服装	无锡市	非国有
33	000551.SZ	创元科技	74.69	环保	苏州市	地方国有控股
34	600282.SH	南钢股份	74.66	黑色金属	南京市	非国有
35	300373.SZ	扬杰科技	74.63	电子	扬州市	非国有
36	300196.SZ	长海股份	74.56	建筑材料	常州市	非国有
37	002262.SZ	恩华药业	74.51	医药生物	徐州市	非国有
38	002223.SZ	鱼跃医疗	74.51	医药生物	镇江市	非国有
39	300416.SZ	苏试试验	74.49	社会服务	苏州市	非国有
40	688105.SH	诺唯赞	74.48	医药生物	南京市	非国有
41	600276.SH	恒瑞医药	74.33	医药生物	连云港市	非国有
42	301090.SZ	华润材料	74.16	基础化工	常州市	中央控股
43	688536.SH	思瑞浦	74.07	电子	苏州市	非国有
44	603185.SH	弘元绿能	74.00	电力设备	无锡市	非国有
45	603339.SH	四方科技	73.91	机械设备	南通市	非国有
46	002080.SZ	中材科技	73.86	建筑材料	南京市	中央控股
47	600562.SH	国睿科技	73.77	国防军工	南京市	中央控股
48	002463.SZ	沪电股份	73.73	电子	苏州市	非国有
49	601928.SH	凤凰传媒	73.72	传媒	南京市	地方国有控股
50	688232.SH	新点软件	73.63	计算机	苏州市	非国有
51	603968.SH	醋化股份	73.56	基础化工	南通市	非国有
52	601975.SH	招商南油	73.33	交通运输	南京市	中央控股
53	688295.SH	中复神鹰	73.32	基础化工	连云港市	中央控股
54	000425.SZ	徐工机械	73.32	机械设备	徐州市	地方国有控股
55	601952.SH	苏垦农发	73.30	农林牧渔	南京市	地方国有控股
56	688698.SH	伟创电气	73.19	机械设备	苏州市	非国有
57	002079.SZ	苏州固锝	73.14	电子	苏州市	非国有
58	002091.SZ	江苏国泰	73.13	商贸零售	苏州市	地方国有控股
59	300258.SZ	精锻科技	73.13	交运设备	泰州市	非国有
60	300354.SZ	东华测试	73.09	机械设备	泰州市	非国有
61	688097.SH	博众精工	73.05	机械设备	苏州市	非国有

数据来源：同花顺、中关村国睿金融与产业发展研究会。

从行业分布来看，江苏省上市公司的情况表现出多样性，各个行业的分布比较广泛。具体来说，在机械设备行业上市公司最为集中，达到86家，显示了该省在制造业领域的活跃程度。其次是电子行业，有74家上市公司，展示了该省在科技和电子产业方面的较强实力。此外，基础化工、电力设备、交运设备以及医药生物行业的上市公司数量也都超过了50家，说明江苏省在这些领域也有着相当规模的市场参与。

在以上列举的行业中，机械设备和医药生物行业的整体综合健康指数水平相对较高，这反映了这些行业在江苏省的发展较为稳健，有较强的竞争力和市场表现，如表44-2所示。

表44-2　　江苏省上市公司行业分布及综合健康指数水平

一级行业_同花顺	综合健康指数	上市公司家数
机械设备	66.51	86
电子	65.86	74
基础化工	64.99	64
电力设备	64.96	63
交运设备	65.29	53
医药生物	66.10	52
建筑装饰	66.23	21
环保	67.03	19
计算机	64.73	19
通信	64.92	17
国防军工	67.24	15
轻工制造	64.99	15
有色金属	65.93	15
商贸零售	68.15	14
纺织服装	67.59	13
家用电器	66.84	10
交通运输	65.54	10
社会服务	69.96	8
建筑材料	64.39	7
食品饮料	69.58	7
传媒	67.09	6
黑色金属	66.39	6
公用事业	66.07	5
农林牧渔	72.79	3
综合	65.10	3
美容护理	70.71	2
石油石化	60.64	2
总计	65.97	609

数据来源：同花顺、中关村国睿金融与产业发展研究会。

44.2 九大系统健康指数

1. 公司治理系统

江苏省609家上市公司公司治理系统健康指数平均水平为84.34，略低于全市场公司治理健康指数平均水平（85.08）。行业平均水平以上的上市公司有314家，占总数的51.56%。从区间分布看，60—70的有2家，占0.33%；70—80的有120家，占19.70%；80—90的有401家，占65.85%；90以上的有86家，占14.12%。

江苏省上市公司公司治理系统健康指数排名前10的是：**江山股份（97.14）、中复神鹰（96.16）、扬农化工（95.96）、南京熊猫（95.82）、南京化纤（95.81）、国博电子（95.55）、亚普股份（95.21）、洋河股份（95.11）、润邦股份（94.61）、中南文化（94.59）**。

2. 外部监督系统

江苏省609家上市公司外部监督系统健康指数平均水平为77.92，略低于全市场外部监督健康指数平均水平（78.64）。行业平均水平以上的上市公司有351家，占总数的57.64%。从区间分布看，50以下的有15家，占2.46%；50—60的有18家，占2.96%；60—70的有39家，占6.40%；70—80的有265家，占43.51%；80—90的有245家，占40.23%；90以上的有27家，占4.43%。

江苏省上市公司外部监督系统健康指数排名前10的是：**埃斯顿（95.05）、确成股份（94.18）、中材国际（93.89）、航发控制（93.77）、康缘药业（93.69）、苏文电能（93.28）、南钢股份（92.65）、罗莱生活（92.57）、亚普股份（92.49）、徐工机械（92.36）**。

3. 创利能力系统

江苏省609家上市公司创利能力系统健康指数平均水平为58.93，略高于全市场创利能力健康指数平均水平（58.47）。行业平均水平以上的上市公司有311家，占总数的51.07%。从区间分布看，40以下的有10家，占1.64%；40—50的有114家，占18.72%；50—60的有193家，占31.69%；60—70的有207家，占33.99%；70以上的有85家，占13.96%。

江苏省上市公司创利能力系统健康指数排名前10的是：**焦点科技（80.69）、固德威（79.61）、苏盐井神（79.57）、传智教育（79.46）、天华新能（79.05）、江山股份（78.95）、奥特维（78.80）、南大环境（78.40）、亚翔集成（78.25）、世华科技（77.74）**。

4. 价值再造系统

江苏省609家上市公司价值再造系统健康指数平均水平为60.5，略高于全市场价值再造健康指数平均水平（60.25）。行业平均水平以上的上市公司有306家，占总数的50.25%。从区间分布看，40以下的有5家，占0.82%；40—50的有55家，占9.03%；50—60的有220家，占36.12%；60—70的有260家，占42.69%；70以上的有69家，占11.33%。

江苏省上市公司价值再造系统健康指数排名前10的是：**中天科技（79.67）、科思股份（78.31）、中材科技（77.88）、焦点科技（77.66）、亚翔集成（77.04）、天合光能（77.01）、博众精工（76.55）、药明康德（76.40）、华兴源创（76.06）、鱼跃医疗（75.80）**。

5. 产品销售系统

江苏省609家上市公司产品销售系统健康指数平均水平为49.92，略低于全市场产品销售健康指数平均水平（50.17）。行业平均水平以上的上市公司有313家，占总数的51.40%。从区间分布看，40以下的有125家，占20.53%；40—50的有172家，占28.24%；50—60的有184家，占30.21%；60—70的有101家，占16.58%；70以上的有27家，占4.43%。

江苏省上市公司产品销售系统健康指数排名前10的是：**长电科技（82.36）、双良节能（82.19）、汇鸿集团（78.13）、药明康德（77.09）、天奇股份（75.97）、华宏科技（74.99）、宝胜股份（74.62）、南京医药（74.43）、立华股份（74.04）、远大控股（73.97）**。

6. 竞争态势系统

江苏省609家上市公司竞争态势系统健康指数平均水平为49.69，略低于全市场竞争态势健康指数平均水平（50.47）。行业平均水平以上的上市公司有295家，占总数的48.44%。从区间分布看，40以下的有125家，占20.53%；40—50的有197家，占32.35%；50—60的有169家，占27.75%；60—70的有96家，占15.76%；70以上的有22家，占3.61%。

江苏省上市公司竞争态势系统健康指数排名前10的是：**科沃斯（81.86）、埃斯顿（79.05）、药明康德（78.76）、苏试试验（77.77）、徐工机械（75.99）、天合光能（75.41）、中材科技（74.99）、博众精工（73.82）、南钢股份（73.61）、洋河股份（73.52）**。

7. 资产资本结构系统

江苏省609家上市公司资产资本结构系统健康指数平均水平为58.1，略高于全市场资产资本结构健康指数平均水平（56.79）。行业平均水平以上的上市公司有312家，占总数的51.23%。从区间分布看，40以下的有22家，占3.61%；40—50的有119家，占19.54%；50—60的有198家，占32.51%；60—70的有192家，占31.53%；70以上的有78家，占12.81%。

江苏省上市公司资产资本结构系统健康指数排名前10的是：**标榜股份（79.53）、雷尔伟（79.09）、隆扬电子（78.03）、亿通科技（77.67）、迈拓股份（77.33）、洪汇新材（76.58）、传智教育（76.49）、东微半导（76.35）、海昌新材（76.20）、江南奕帆（76.17）**。

8. 内部控制系统

江苏省609家上市公司内部控制系统健康指数平均水平为82.38，略低于全市场内部控制健康指数平均水平（83.22）。平均水平以上的上市公司有346家，占总数的56.81%。从区间分布看，60以下的有7家，占1.15%；60—70的有22家，占3.61%；70—80的有159家，占26.11%；80—90的有360家，占59.11%；90以上的有61家，占10.02%。

江苏省上市公司内部控制系统健康指数排名前10的是：**亿通科技（93.57）、银河电子（93.52）、科思股份（93.10）、长龄液压（93.05）、德源药业（93.01）、华兰股份（93.01）、立霸股份（92.96）、灿能电力（92.93）、裕兴股份（92.91）、航发控制（92.90）**。

9. 企业文化系统

江苏省609家上市公司企业文化系统健康指数平均水平为66.88，略低于全市场企业文化健康指数平均水平（67.58）。行业平均水平以上的上市公司有299家，占总数的49.10%。从区间分布看，50

以下的有39家，占6.40%；50—60的有139家，占22.82%；60—70的有188家，占30.87%；70—80的有149家，占24.47%；80以上的有94家，占15.44%。

江苏省上市公司企业文化系统健康指数排名前10的是：云意电气（93.25）、全信股份（92.40）、宝通科技（91.68）、南钢股份（91.66）、华设集团（91.18）、安洁科技（90.09）、扬农化工（89.55）、瀚川智能（89.10）、赛伍技术（88.92）、天合光能（88.83）。

第45章 浙江省

根据2022年底的数据，浙江省上市公司的情况如下：**上市公司数量**共计656家，占全国上市公司总量的12.96%；其**资产总额**为132946.84亿元，占全国上市公司资产总量的3.45%。

总市值为71599.56亿元，占全国上市公司总市值的8.44%。其中，总市值排名前3的上市公司分别是：海康威视（3270.64亿元）、宁波银行（2142.87亿元）、荣盛石化（1245.44亿元）。

营业收入总额为47938.68亿元，占全国上市公司总营业收入的6.73%。营业收入排名前3的上市公司分别是：物产中大（5765.49亿元）、荣盛石化（2890.95亿元）、浙商中拓（1936.05亿元）。

净利润总额为2956.89亿元，占全国上市公司总净利润的5.26%。净利润排名前3的上市公司分别是：宁波银行（231.32亿元）、浙商银行（139.89亿元）、海康威视（135.57亿元）。

研发投入总额为1284.06亿元，占全国上市公司总研发投入的7.84%。研发投入排名前3的上市公司分别是：海康威视（98.14亿元）、荣盛石化（43.67亿元）、大华股份（38.83亿元）。

浙江省上市公司的**研发投入占营业收入比**为2.68%，高于全市场整体水平（2.32%）。其中，研发投入占营业收入比排名前3的上市公司分别是：虹软科技（54.15%）、鸿泉物联（54.10%）、大立科技（47.29%）。

总体来看，浙江省上市公司在数量、资产、市值、营业收入、净利润以及研发等方面表现出较高水平，研发投入强度也高于市场平均水平，显示出浙江省在经济活动和科技创新方面的活跃程度。

45.1 综合健康指数

根据报告同一诊断口径，在剔除银行、非银金融和房地产三个特殊行业外，共对浙江省632家上市公司开展健康诊断，健康指数情况如下。

2022年浙江省632家上市公司综合健康指数平均水平为66.67，最高的是**永兴材料（80.46）**。从区间分布看，综合健康指数70以上的有177家，占28.01%；60—70的有390家，占61.71%；50—60的有62家，占9.81%；50以下的有3家，占0.47%，如图45-1所示。

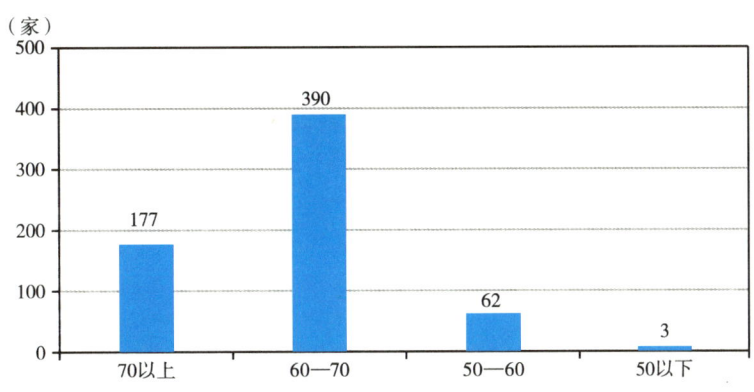

图45-1 浙江省上市公司综合健康指数分布

浙江省综合健康指数排名前10%的上市公司如表45-1所示。

表45-1　　　　　　　　　　浙江省上市公司综合健康指数前10%排名

排名	公司代码	公司名称	综合健康指数	一级行业_同花顺	地级市	产权性质
1	002756.SZ	永兴材料	80.46	有色金属	湖州市	非国有
2	603195.SH	公牛集团	79.05	轻工制造	宁波市	非国有
3	300316.SZ	晶盛机电	79.00	电力设备	绍兴市	非国有
4	688777.SH	中控技术	78.89	机械设备	杭州市	非国有
5	603605.SH	珀莱雅	78.45	美容护理	杭州市	非国有
6	603129.SH	春风动力	78.36	交运设备	杭州市	非国有
7	002372.SZ	伟星新材	78.24	建筑材料	台州市	非国有
8	002415.SZ	海康威视	77.74	计算机	杭州市	中央控股
9	002624.SZ	完美世界	77.64	传媒	湖州市	非国有
10	603290.SH	斯达半导	77.46	电子	嘉兴市	非国有
11	600160.SH	巨化股份	77.44	基础化工	衢州市	地方国有控股
12	002061.SZ	浙江交科	77.38	建筑装饰	衢州市	地方国有控股
13	603298.SH	杭叉集团	77.00	机械设备	杭州市	非国有
14	600987.SH	航民股份	76.64	纺织服装	杭州市	非国有
15	603338.SH	浙江鼎力	76.34	机械设备	湖州市	非国有
16	002032.SZ	苏泊尔	76.15	家用电器	台州市	非国有
17	603889.SH	新澳股份	75.99	纺织服装	嘉兴市	非国有
18	002563.SZ	森马服饰	75.90	纺织服装	温州市	非国有
19	002266.SZ	浙富控股	75.76	环保	杭州市	非国有
20	002050.SZ	三花智控	75.74	家用电器	绍兴市	非国有
21	000913.SZ	钱江摩托	75.59	交运设备	台州市	非国有
22	688032.SH	禾迈股份	75.50	电力设备	杭州市	非国有
23	002056.SZ	横店东磁	75.42	有色金属	金华市	非国有
24	002003.SZ	伟星股份	75.41	纺织服装	台州市	非国有
25	600596.SH	新安股份	75.24	基础化工	杭州市	非国有
26	000156.SZ	华数传媒	75.14	传媒	杭州市	地方国有控股

续表

排名	公司代码	公司名称	综合健康指数	一级行业_同花顺	地级市	产权性质
27	300033.SZ	同花顺	75.10	计算机	杭州市	非国有
28	002001.SZ	新和成	75.07	医药生物	绍兴市	非国有
29	603757.SH	大元泵业	75.06	机械设备	台州市	非国有
30	002085.SZ	万丰奥威	74.86	交运设备	绍兴市	非国有
31	600570.SH	恒生电子	74.85	计算机	杭州市	非国有
32	600176.SH	中国巨石	74.60	建筑材料	嘉兴市	中央控股
33	603568.SH	伟明环保	74.59	环保	温州市	非国有
34	688606.SH	奥泰生物	74.51	医药生物	杭州市	非国有
35	603337.SH	杰克股份	74.40	机械设备	台州市	非国有
36	002154.SZ	报喜鸟	74.39	纺织服装	温州市	非国有
37	601018.SH	宁波港	74.34	交通运输	宁波市	地方国有控股
38	300729.SZ	乐歌股份	74.32	轻工制造	宁波市	非国有
39	300347.SZ	泰格医药	74.28	医药生物	杭州市	非国有
40	605088.SH	冠盛股份	74.20	交运设备	温州市	非国有
41	688005.SH	容百科技	74.19	电力设备	宁波市	非国有
42	002472.SZ	双环传动	74.17	交运设备	台州市	非国有
43	600330.SH	天通股份	74.07	机械设备	嘉兴市	非国有
44	301004.SZ	嘉益股份	74.03	轻工制造	金华市	非国有
45	603867.SH	新化股份	73.98	基础化工	杭州市	地方国有控股
46	002273.SZ	水晶光电	73.94	电子	台州市	非国有
47	002389.SZ	航天彩虹	73.91	国防军工	台州市	中央控股
48	002250.SZ	联化科技	73.83	基础化工	台州市	非国有
49	603213.SH	镇洋发展	73.82	基础化工	宁波市	地方国有控股
50	688475.SH	萤石网络	73.81	计算机	杭州市	中央控股
51	000963.SZ	华东医药	73.79	医药生物	杭州市	非国有
52	000739.SZ	普洛药业	73.71	医药生物	金华市	非国有
53	603948.SH	建业股份	73.70	基础化工	杭州市	非国有
54	601921.SH	浙版传媒	73.63	传媒	杭州市	地方国有控股
55	002332.SZ	仙琚制药	73.61	医药生物	台州市	地方国有控股
56	002120.SZ	韵达股份	73.54	交通运输	宁波市	非国有
57	688298.SH	东方生物	73.49	医药生物	湖州市	非国有
58	301095.SZ	广立微	73.48	计算机	杭州市	非国有
59	600704.SH	物产中大	73.47	交通运输	杭州市	地方国有控股
60	300244.SZ	迪安诊断	73.39	医药生物	杭州市	非国有
61	300813.SZ	泰林生物	73.39	机械设备	杭州市	非国有
62	600933.SH	爱柯迪	73.38	交运设备	宁波市	非国有
63	601882.SH	海天精工	73.29	机械设备	宁波市	非国有

数据来源：同花顺、中关村国睿金融与产业发展研究会。

从行业分布来看，浙江省A股上市公司有656家，居全国第二位，且分布行业范围较广，机械设备行业最多，达96家，基础化工、交运设备、医药生物及电力设备行业上市公司均超过50家。交运设备和医药生物行业的上市公司整体综合健康指数水平相对较高，表明这些行业在浙江省的上市公司中具有较好的经营和发展状况，如表45-2所示。

表45-2　　　　　　　　　　浙江省上市公司行业分布及综合健康指数水平

一级行业_同花顺	综合健康指数	上市公司家数
机械设备	65.77	96
基础化工	66.57	62
交运设备	67.29	57
医药生物	67.17	52
电力设备	66.71	50
轻工制造	67.39	43
电子	65.72	35
计算机	67.64	32
纺织服装	67.41	30
家用电器	67.01	22
传媒	64.89	21
建筑装饰	65.63	16
环保	66.71	14
公用事业	66.15	12
有色金属	67.88	12
商贸零售	69.16	11
通信	64.83	11
建筑材料	67.93	10
交通运输	70.82	10
食品饮料	63.96	10
黑色金属	67.74	5
美容护理	66.43	5
石油石化	63.15	4
国防军工	66.71	3
农林牧渔	65.49	3
社会服务	67.39	3
综合	65.17	3
总计	66.67	632

数据来源：同花顺、中关村国睿金融与产业发展研究会。

45.2 九大系统健康指数

1. 公司治理系统

浙江省632家上市公司公司治理系统健康指数平均水平为84.6，略低于全市场公司治理健康指数平均水平（85.08）。行业平均水平以上的上市公司有328家，占总数的51.90%。从区间分布看，60—70的有2家，占0.32%；70—80的有105家，占16.61%；80—90的有441家，占69.78%；90以上的有84家，占13.29%。

浙江省上市公司公司治理系统健康指数排名前10的是：**杭华股份（95.71）、新化股份（95.62）、杭叉集团（95.31）、物产中大（95.26）、浙江交科（95.20）、晶盛机电（95.18）、康恩贝（94.74）、钱江生化（94.61）、英特集团（94.57）、浙江建投（94.55）**。

2. 外部监督系统

浙江省632家上市公司外部监督系统健康指数平均水平为78.71，略高于全市场外部监督健康指数平均水平（78.64）。行业平均水平以上的上市公司有378家，占总数的59.81%。从区间分布看，50以下的有15家，占2.37%；50—60的有25家，占3.96%；60—70的有46家，占7.28%；70—80的有211家，占33.39%；80—90的有298家，占47.15%；90以上的有37家，占5.85%。

浙江省上市公司外部监督系统健康指数排名前10的是：**伟星新材（95.66）、横店东磁（95.49）、冠盛股份（95.45）、金石资源（95.14）、巨化股份（94.73）、苏泊尔（94.60）、珀莱雅（94.39）、浙数文化（94.11）、新澳股份（94.04）、永和股份（93.62）**。

3. 创利能力系统

浙江省632家上市公司创利能力系统健康指数平均水平为59.62，略高于全市场创利能力健康指数平均水平（58.47）。行业平均水平以上的上市公司有313家，占总数的49.53%。从区间分布看，40以下的有9家，占1.42%；40—50的有100家，占15.82%；50—60的有216家，占34.18%；60—70的有221家，占34.97%；70以上的有86家，占13.61%。

浙江省上市公司创利能力系统健康指数排名前10的是：**伟星新材（83.34）、轻纺城（82.86）、同花顺（82.81）、安旭生物（80.08）、百大集团（80.06）、微光股份（79.32）、公牛集团（79.04）、镇海股份（78.55）、久立特材（78.27）、伟星股份（78.03）**。

4. 价值再造系统

浙江省632家上市公司价值再造系统健康指数平均水平为60.82，略高于全市场价值再造健康指数平均水平（60.25）。行业平均水平以上的上市公司有320家，占总数的50.63%。从区间分布看，40以下的有8家，占1.27%；40—50的有53家，占8.39%；50—60的有222家，占35.13%；60—70的有258家，占40.82%；70以上的有91家，占14.40%。

浙江省上市公司价值再造系统健康指数排名前10的是：**完美世界（83.71）、永兴材料（80.37）、春风动力（78.64）、浙江交科（77.91）、万里扬（77.52）、华海药业（77.42）、航民股份（76.93）、航天彩虹（76.86）、老板电器（76.73）、真爱美家（76.45）**。

5. 产品销售系统

浙江省632家上市公司产品销售系统健康指数平均水平为51.32，略高于全市场产品销售健康指数平均水平（50.17）。行业平均水平以上的上市公司有310家，占总数的49.05%。从区间分布看，40以下的有115家，占18.20%；40—50的有184家，占29.11%；50—60的有161家，占25.47%；60—70的有135家，占21.36%；70以上的有37家，占5.85%。

浙江省上市公司产品销售系统健康指数排名前10的是：**浙江交科（81.74）、浙富控股（81.67）、浙江建投（81.63）、容百科技（80.45）、均胜电子（78.70）、卡倍亿（77.35）、万丰奥威（76.03）、华统股份（75.82）、旺能环境（75.66）、万凯新材（75.49）**。

6. 竞争态势系统

浙江省632家上市公司竞争态势系统健康指数平均水平为50.54，略高于全市场竞争态势健康指数平均水平（50.47）。行业平均水平以上的上市公司有307家，占总数的48.58%。从区间分布看，40以下的有126家，占19.94%；40—50的有190家，占30.06%；50—60的有177家，占28.01%；60—70的有111家，占17.56%；70以上的有28家，占4.43%。

浙江省上市公司竞争态势系统健康指数排名前10的是：**中控技术（86.65）、春风动力（81.76）、公牛集团（80.12）、三花智控（79.23）、海康威视（78.08）、永兴材料（77.54）、长川科技（77.28）、恒生电子（77.21）、卫星化学（75.90）、华数传媒（75.72）**。

7. 资产资本结构系统

浙江省632家上市公司资产资本结构系统健康指数平均水平为58.26，略高于全市场资产资本结构健康指数平均水平（56.79）。行业平均水平以上的上市公司有315家，占总数的49.84%。从区间分布看，40以下的有21家，占3.32%；40—50的有114家，占18.04%；50—60的有227家，占35.92%；60—70的有181家，占28.64%；70以上的有89家，占14.08%。

浙江省上市公司资产资本结构系统健康指数排名前10的是：**浙江恒威（81.83）、新光药业（81.53）、晶华微（80.89）、亿田智能（79.31）、博拓生物（79.22）、正强股份（78.93）、永兴材料（78.45）、广立微（78.27）、浙江美大（78.14）、泰林生物（77.85）**。

8. 内部控制系统

浙江省632家上市公司内部控制系统健康指数平均水平为83.17，略低于全市场内部控制健康指数平均水平（83.22）。平均水平以上的上市公司有356家，占总数的56.33%。从区间分布看，60以下的有6家，占0.95%；60—70的有21家，占3.32%；70—80的有150家，占23.73%；80—90的有379家，占59.97%；90以上的有76家，占12.03%。

浙江省上市公司内部控制系统健康指数排名前10的是：**雅艺科技（93.53）、广立微（93.09）、创业慧康（93.09）、泰林生物（93.05）、我武生物（93.01）、爱柯迪（92.97）、雪龙集团（92.97）、亿田智能（92.96）、中晶科技（92.95）、三美股份（92.91）**。

9. 企业文化系统

浙江省632家上市公司企业文化系统健康指数平均水平为68.2，略高于全市场企业文化健康指数平均水平（67.58）。行业平均水平以上的上市公司有316家，占总数的50.00%。从区间分布看，50以下的有31家，占4.91%；50—60的有124家，占19.62%；60—70的有191家，占30.22%；70—80的有180家，占28.48%；80以上的有106家，占16.77%。

浙江省上市公司企业文化系统健康指数排名前10的是：**卫星化学**（96.20）、**公牛集团**（95.68）、**春风动力**（91.92）、**完美世界**（91.91）、**永艺股份**（91.43）、**金卡智能**（91.39）、**恒生电子**（90.75）、**伟星股份**（90.62）、**杰克股份**（90.49）、**晶盛机电**（90.47）。

第46章
安徽省

截至2022年底，安徽省上市公司总体情况如下：**上市公司数量**共161家，占全国上市公司总量的3.18%；**资产总量**为20698.33亿元，占全国上市公司资产总量的0.54%。

总市值为17985.38亿元，占全国上市公司总量的2.12%，总市值前3的上市公司分别是：阳光电源（1660.44亿元）、海螺水泥（1412.04亿元）、古井贡酒（1224.54亿元）。

营业收入总额为13255.21亿元，占全国上市公司总量的1.86%，营业收入前3的上市公司分别是：海螺水泥（1320.22亿元）、铜陵有色（1218.45亿元）、马钢股份（1021.54亿元）。

净利润总额为741.02亿元，占全国上市公司总量的1.32%，净利润前3的上市公司分别是：海螺水泥（161.40亿元）、淮北矿业（71.39亿元）、阳光电源（36.95亿元）。

研发投入总额为419.56亿元，占全国上市公司研发投入的2.56%，研发投入金额前3的上市公司分别是：马钢股份（39.80亿元）、科大讯飞（33.55亿元）、铜陵有色（33.53亿元）。

研发投入占营业收入比为3.17%，高于全市场整体水平（2.32%），研发强度前3的上市公司分别是：国盾量子（100.76%）、科威尔（20.45%）、皖仪科技（19.87%）。

总体来看，安徽省上市公司总体表现较好，特别是研发投入和研发强度在市场中处于靠前位置。

46.1 综合健康指数

根据报告同一诊断口径，在剔除银行、非银金融和房地产三个特殊行业外，共对安徽省157家上市公司开展健康诊断，健康指数情况如下。

2022年安徽省157家上市公司综合健康指数平均水平为67.30，最高的是**三七互娱**（79.04）。从区间分布看，综合健康指数70以上的有44家，占28.03%；60—70的有96家，占61.15%；50—60的有17家，占10.83%，如图46-1所示。

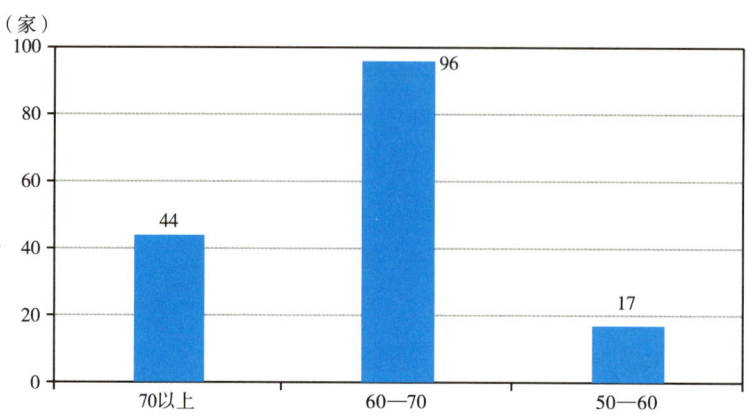

图46-1　安徽省上市公司综合健康指数分布

安徽省综合健康指数排名前10%的上市公司如表46-1所示。

表46-1　　安徽省上市公司综合健康指数前10%排名

排名	公司代码	公司名称	综合健康指数	一级行业_同花顺	地级市	产权性质
1	002555.SZ	三七互娱	79.04	传媒	芜湖市	非国有
2	603198.SH	迎驾贡酒	78.72	食品饮料	六安市	非国有
3	002597.SZ	金禾实业	78.51	基础化工	滁州市	非国有
4	300274.SZ	阳光电源	77.73	电力设备	合肥市	非国有
5	002690.SZ	美亚光电	77.10	机械设备	合肥市	非国有
6	603801.SH	志邦家居	77.02	轻工制造	合肥市	非国有
7	002014.SZ	永新股份	77.00	轻工制造	黄山市	非国有
8	000596.SZ	古井贡酒	76.93	食品饮料	亳州市	地方国有控股
9	600063.SH	皖维高新	76.93	基础化工	合肥市	地方国有控股
10	000630.SZ	铜陵有色	76.80	有色金属	铜陵市	地方国有控股
11	603599.SH	广信股份	76.60	基础化工	宣城市	非国有
12	600761.SH	安徽合力	76.18	机械设备	合肥市	地方国有控股
13	300087.SZ	荃银高科	75.80	农林牧渔	合肥市	中央控股
14	600985.SH	淮北矿业	75.58	煤炭	淮北市	地方国有控股
15	600502.SH	安徽建工	75.45	建筑装饰	蚌埠市	地方国有控股
16	002140.SZ	东华科技	75.17	建筑装饰	合肥市	中央控股

数据来源：同花顺、中关村国睿金融与产业发展研究会。

从行业分布来看，安徽省上市公司在机械设备和基础化工行业各17家，电子、交运设备和环保行业均超过10家，有色金属、建筑装饰、医药生物、轻工制造、电力设备、家用电器、食品饮料和纺织服装行业均为5家以上。在以上行业中，食品饮料及建筑装饰行业整体综合健康指数水平相对较高，如表46-2所示。

表 46-2　　安徽省市公司行业分布及综合健康指数水平

一级行业_同花顺	综合健康指数	上市公司家数
机械设备	67.00	17
基础化工	69.16	17
电子	64.10	13
交运设备	65.70	11
环保	66.54	10
有色金属	66.96	9
建筑装饰	70.20	8
医药生物	67.63	8
轻工制造	66.48	7
电力设备	69.55	6
家用电器	61.84	6
食品饮料	71.51	6
纺织服装	66.15	5
计算机	62.09	5
农林牧渔	72.17	4
社会服务	65.49	4
传媒	74.64	3
国防军工	68.35	3
煤炭	68.39	3
公用事业	69.60	2
建筑材料	71.34	2
交通运输	71.10	2
美容护理	64.60	2
通信	60.93	2
黑色金属	69.40	1
商贸零售	71.43	1
总计	67.30	157

数据来源：同花顺、中关村国睿金融与产业发展研究会。

46.2　九大系统健康指数

1. 公司治理系统

安徽省157家上市公司公司治理系统健康指数平均水平为86.96，略高于全市场公司治理健康指数平均水平（85.08）。行业平均水平以上的上市公司有85家，占总数的54.14%。从区间分布看，60—70的有1家，占0.64%；70—80的有10家，占6.37%；80—90的有96家，占61.15%；90以上的有50家，占31.85%。

安徽省上市公司公司治理系统健康指数排名前10的是：**江南化工（95.75）、皖通高速（95.20）、海螺水泥（94.52）、皖天然气（94.36）、国风新材（94.14）、安徽合力（94.01）、海螺新材（94.00）、黄山胶囊（93.98）、铜陵有色（93.93）、荃银高科（93.92）**。

2. 外部监督系统

安徽省157家上市公司外部监督系统健康指数平均水平为80.11，略高于全市场外部监督健康指数平均水平（78.64）。行业平均水平以上的上市公司有92家，占总数的58.60%。从区间分布看，50以下的有2家，占1.27%；50—60的有3家，占1.91%；60—70的有9家，占5.73%；70—80的有51家，占32.48%；80—90的有80家，占50.96%；90以上的有12家，占7.64%。

安徽省上市公司外部监督系统健康指数排名前10的是：**安徽合力（93.94）、三七互娱（92.58）、铜陵有色（92.35）、安徽建工（92.09）、志邦家居（91.89）、阳光电源（91.64）、皖新传媒（91.53）、元琛科技（91.29）、迎驾贡酒（91.25）、皖通高速（91.15）**。

3. 创利能力系统

安徽省157家上市公司创利能力系统健康指数平均水平为58.31，略低于全市场创利能力健康指数平均水平（58.47）。行业平均水平以上的上市公司有76家，占总数的48.41%。从区间分布看，40以下的有3家，占1.91%；40—50的有29家，占18.47%；50—60的有58家，占36.94%；60—70的有49家，占31.21%；70以上的有18家，占11.46%。

安徽省上市公司创利能力系统健康指数排名前10的是：**美亚光电（82.01）、设计总院（81.01）、金禾实业（79.12）、安科生物（78.31）、江航装备（78.24）、迎驾贡酒（77.88）、安孚科技（77.73）、古井贡酒（76.93）、华恒生物（75.47）、安纳达（74.88）**。

4. 价值再造系统

安徽省157家上市公司价值再造系统健康指数平均水平为61.85，略高于全市场价值再造健康指数平均水平（60.25）。行业平均水平以上的上市公司有84家，占总数的53.50%。从区间分布看，40以下的有1家，占0.64%；40—50的有15家，占9.55%；50—60的有49家，占31.21%；60—70的有63家，占40.13%；70以上的有29家，占18.47%。

安徽省上市公司价值再造系统健康指数排名前10的是：**阳光电源（80.10）、广信股份（79.46）、古井贡酒（78.03）、迎驾贡酒（77.07）、巨一科技（76.86）、安纳达（76.40）、长虹美菱（76.23）、三七互娱（76.20）、铜陵有色（75.24）、国轩高科（75.00）**。

5. 产品销售系统

安徽省157家上市公司产品销售系统健康指数平均水平为52.31，略高于全市场产品销售健康指数平均水平（50.17）。行业平均水平以上的上市公司有85家，占总数的54.14%。从区间分布看，40以下的有25家，占15.92%；40—50的有39家，占24.84%；50—60的有44家，占28.03%；60—70的有42家，占26.75%；70以上的有7家，占4.46%。

安徽省上市公司产品销售系统健康指数排名前10的是：**铜陵有色（77.08）、安徽合力（74.26）、香农芯创（73.07）、安徽建工（72.66）、精达股份（71.43）、辉隆股份（71.21）、华塑股份（70.24）、富春染织（69.84）、巨一科技（69.72）、淮北矿业（68.61）**。

6. 竞争态势系统

安徽省157家上市公司竞争态势系统健康指数平均水平为52.65，略高于全市场竞争态势健康指数平均水平（50.47）。行业平均水平以上的上市公司有72家，占总数的45.86%。从区间分布看，40以下的有24家，占15.29%；40—50的有48家，占30.57%；50—60的有39家，占24.84%；60—70的有30家，占19.11%；70以上的有16家，占10.19%。

安徽省上市公司竞争态势系统健康指数排名前10的是：**阳光电源（80.45）、荃银高科（77.51）、志邦家居（77.16）、伯特利（75.70）、巨一科技（75.42）、广信股份（74.82）、迎驾贡酒（73.67）、安徽建工（73.38）、科大讯飞（72.82）、皖维高新（72.31）**。

7. 资产资本结构系统

安徽省157家上市公司资产资本结构系统健康指数平均水平为57.65，略高于全市场资产资本结构健康指数平均水平（56.79）。行业平均水平以上的上市公司有83家，占总数的52.87%。从区间分布看，40以下的有5家，占3.18%；40—50的有32家，占20.38%；50—60的有48家，占30.57%；60—70的有60家，占38.22%；70以上的有12家，占7.64%。

安徽省上市公司资产资本结构系统健康指数排名前10的是：**恒源煤电（76.74）、美亚光电（76.34）、耐科装备（75.35）、恒烁股份（74.15）、洁雅股份（73.66）、雅葆轩（73.31）、皖通高速（71.98）、东方材料（71.69）、黄山胶囊（71.69）、广信股份（70.94）**。

8. 内部控制系统

安徽省157家上市公司内部控制系统健康指数平均水平为82.81，略低于全市场内部控制健康指数平均水平（83.22）。平均水平以上的上市公司有86家，占总数的54.78%。从区间分布看，60以下的有1家，占0.64%；60—70的有3家，占1.91%；70—80的有45家，占28.66%；80—90的有93家，占59.24%；90以上的有15家，占9.55%。

安徽省上市公司内部控制系统健康指数排名前10的是：**安徽建工（92.87）、同兴环保（91.99）、马钢股份（91.66）、四创电子（91.63）、国机通用（91.14）、洽洽食品（91.12）、工大高科（91.06）、艾可蓝（91.06）、大富科技（91.01）、司尔特（91.00）**。

9. 企业文化系统

安徽省157家上市公司企业文化系统健康指数平均水平为67.69，略高于全市场企业文化健康指数平均水平（67.58）。行业平均水平以上的上市公司有78家，占总数的49.68%。从区间分布看，50以下的有9家，占5.73%；50—60的有36家，占22.93%；60—70的有42家，占26.75%；70—80的有42家，占26.75%；80以上的有28家，占17.83%。

安徽省上市公司企业文化系统健康指数排名前10的是：**荃银高科（95.01）、阳光电源（93.04）、金禾实业（90.62）、安利股份（89.69）、开润股份（89.63）、三七互娱（88.01）、容知日新（87.60）、芯碁微装（87.53）、楚江新材（86.37）、国轩高科（86.01）**。

第47章
福建省

截至2022年底，福建省上市公司总体情况如下：**上市公司数量**共169家，占全国上市公司总量的3.34%；**资产总量**为133202.39亿元，占全国上市公司资产总量的3.46%。

总市值为32432.10亿元，占全国上市公司总量的3.82%，总市值前3的上市公司分别是：宁德时代（9609.34亿元）、兴业银行（3654.19亿元）、紫金矿业（2601.42亿元）。

营业收入总额为36818.27亿元，占全国上市公司总量的5.17%，营业收入前3的上市公司分别是：建发股份（8328.12亿元）、厦门象屿（5381.48亿元）、厦门国贸（5219.18亿元）。

净利润总额为1865.54亿元，占全国上市公司总量的3.32%，净利润前3的上市公司分别是：兴业银行（924.14亿元）、宁德时代（334.57亿元）、紫金矿业（247.67亿元）。

研发投入总额为455.12亿元，占全国上市公司研发投入的2.78%，研发投入金额前3的上市公司分别是：宁德时代（155.10亿元）、星网锐捷（24.94亿元）、锐捷网络（20.42亿元）。

研发投入占营业收入比为1.24%，低于全市场整体水平（2.32%），研发强度前3的上市公司分别是：广生堂（48.47%）、易联众（34.92%）、福昕软件（32.26%）。

总体来看，福建省上市公司总体营业收入、净利润、市值、研发投入均有较好表现，但整体研发强度略低于全市场水平。

47.1 综合健康指数

根据报告同一诊断口径，在剔除银行、非银金融和房地产三个特殊行业外，共对福建省161家上市公司开展健康诊断，健康指数情况如下。

2022年福建省161家上市公司综合健康指数平均水平为66.40，最高的是**宁德时代（78.78）**。从区间分布看，综合健康指数70以上的有42家，占26.09%；60—70的有97家，占60.25%；50—60的有21家，占13.04%；50以下的有1家，占0.62%，如图47-1所示。

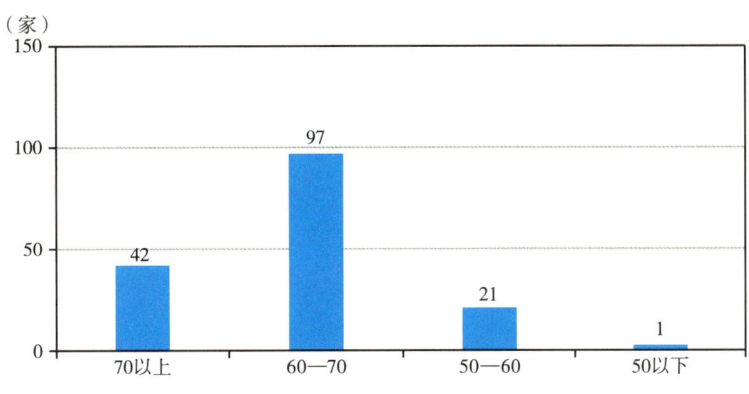

图47-1　福建省上市公司综合健康指数分布

福建省综合健康指数排名前10%的上市公司如表47-1所示。

表 47-1　　　　　　　　　　福建省上市公司综合健康指数前 10% 排名

排名	公司代码	公司名称	综合健康指数	一级行业_同花顺	地级市	产权性质
1	300750.SZ	宁德时代	78.78	电力设备	宁德市	非国有
2	002517.SZ	恺英网络	78.17	传媒	泉州市	非国有
3	603444.SH	吉比特	78.03	传媒	厦门市	非国有
4	600660.SH	福耀玻璃	77.51	交运设备	福州市	非国有
5	300525.SZ	博思软件	77.10	计算机	福州市	非国有
6	300628.SZ	亿联网络	77.03	通信	厦门市	非国有
7	002790.SZ	瑞尔特	76.34	轻工制造	厦门市	非国有
8	600436.SH	片仔癀	76.04	医药生物	漳州市	地方国有控股
9	600483.SH	福能股份	75.99	公用事业	南平市	地方国有控股
10	605365.SH	立达信	75.74	电子	厦门市	非国有
11	603408.SH	建霖家居	75.65	轻工制造	厦门市	非国有
12	601899.SH	紫金矿业	75.54	有色金属	龙岩市	地方国有控股
13	688278.SH	特宝生物	75.41	医药生物	厦门市	非国有
14	688196.SH	卓越新能	75.00	基础化工	龙岩市	非国有
15	002222.SZ	福晶科技	74.29	电子	福州市	中央控股
16	603345.SH	安井食品	73.91	食品饮料	厦门市	非国有

数据来源：同花顺、中关村国睿金融与产业发展研究会。

从行业分布来看，福建省上市公司在电子行业有19家，计算机、轻工制造和交通运输行业均超过10家，电力设备、机械设备、农林牧渔、医药生物、传媒、纺织服装、基础化工、环保、建筑材料、食品饮料、通信和有色金属行业均为5家以上。在以上行业中，医药生物行业整体综合健康指数水平相对较高，如表47-2所示。

表 47-2　福建省市公司行业分布及综合健康指数水平

一级行业_同花顺	综合健康指数	上市公司家数
电子	65.73	19
计算机	66.23	15
轻工制造	65.87	14
交通运输	66.74	10
电力设备	67.60	8
机械设备	65.67	8
农林牧渔	63.99	8
医药生物	68.09	8
传媒	67.76	7
纺织服装	67.22	7
基础化工	66.82	7
环保	66.45	6
建筑材料	61.99	5
食品饮料	66.20	5
通信	66.97	5
有色金属	67.72	5
建筑装饰	65.23	4
公用事业	70.13	3
交运设备	71.93	3
美容护理	59.65	3
商贸零售	66.64	3
国防军工	65.43	2
社会服务	70.12	2
综合	71.98	2
黑色金属	68.89	1
家用电器	59.99	1
总计	66.40	161

数据来源：同花顺、中关村国睿金融与产业发展研究会。

47.2　九大系统健康指数

1. 公司治理系统

福建省161家上市公司公司治理系统健康指数平均水平为84.88，略低于全市场公司治理健康指数平均水平（85.08）。行业平均水平以上的上市公司有82家，占总数的50.93%。从区间分布看，60—70的有2家，占1.24%；70—80的有26家，占16.15%；80—90的有105家，占65.22%；90以上的有28家，占17.39%。

福建省上市公司公司治理系统健康指数排名前10的是：**闽东电力**（94.58）、**厦门国贸**（94.22）、**学大教育**（94.17）、**漳州发展**（93.81）、**福能股份**（93.75）、**厦钨新能**（93.59）、**宁德时代**（93.18）、**福建高速**（92.97）、**福耀玻璃**（92.80）、**厦工股份**（92.65）。

2. 外部监督系统

福建省161家上市公司外部监督系统健康指数平均水平为79.83，略高于全市场外部监督健康指数平均水平（78.64）。行业平均水平以上的上市公司有90家，占总数的55.90%。从区间分布看，50以下的有3家，占1.86%；50—60的有5家，占3.11%；60—70的有14家，占8.70%；70—80的有49家，占30.43%；80—90的有70家，占43.48%；90以上的有20家，占12.42%。

福建省上市公司外部监督系统健康指数排名前10的是：**吉比特**（95.56）、**厦门象屿**（95.24）、**漳州发展**（95.09）、**华懋科技**（94.88）、**圣农发展**（93.12）、**建发股份**（92.96）、**华厦眼科**（92.94）、**三木集团**（92.51）、**美亚柏科**（91.68）、**厦钨新能**（91.45）。

3. 创利能力系统

福建省161家上市公司创利能力系统健康指数平均水平为58.71，略高于全市场创利能力健康指数平均水平（58.47）。行业平均水平以上的上市公司有74家，占总数的45.96%。从区间分布看，40以下的有2家，占1.24%；40—50的有34家，占21.12%；50—60的有58家，占36.02%；60—70的有41家，占25.47%；70以上的有26家，占16.15%。

福建省上市公司创利能力系统健康指数排名前10的是：**吉比特**（84.99）、**龙高股份**（80.35）、**顶点软件**（80.18）、**福耀玻璃**（79.91）、**福晶科技**（78.39）、**麦克奥迪**（77.99）、**宸展光电**（77.95）、**力鼎光电**（77.40）、**特宝生物**（76.76）、**艾德生物**（75.87）。

4. 价值再造系统

福建省161家上市公司价值再造系统健康指数平均水平为59.86，略低于全市场价值再造健康指数平均水平（60.25）。行业平均水平以上的上市公司有77家，占总数的47.83%。从区间分布看，40以下的有4家，占2.48%；40—50的有18家，占11.18%；50—60的有62家，占38.51%；60—70的有55家，占34.16%；70以上的有22家，占13.66%。

福建省上市公司价值再造系统健康指数排名前10的是：**恺英网络**（79.97）、**吉比特**（79.39）、**安井食品**（78.06）、**瑞尔特**（77.65）、**宁德时代**（75.89）、**卓越新能**（75.63）、**福能股份**（75.39）、**星网锐捷**（72.95）、**金龙汽车**（72.84）、**松霖科技**（72.39）。

5. 产品销售系统

福建省161家上市公司产品销售系统健康指数平均水平为50.88，略高于全市场产品销售健康指数平均水平（50.17）。行业平均水平以上的上市公司有84家，占总数的52.17%。从区间分布看，40以下的有33家，占20.50%；40—50的有37家，占22.98%；50—60的有55家，占34.16%；60—70的有29家，占18.01%；70以上的有7家，占4.35%。

福建省上市公司产品销售系统健康指数排名前10的是：**厦门信达**（79.16）、**厦钨新能**（77.97）、**冠福股份**（77.79）、**三木集团**（77.05）、**鹭燕医药**（73.75）、**片仔癀**（72.54）、**厦门象屿**（70.67）、**紫金矿业**（69.52）、**厦门国贸**（69.20）、**太阳电缆**（68.89）。

6. 竞争态势系统

福建省161家上市公司竞争态势系统健康指数平均水平为50.51，略高于全市场竞争态势健康指数平均水平（50.47）。行业平均水平以上的上市公司有78家，占总数的48.45%。从区间分布看，40以下的有35家，占21.74%；40—50的有47家，占29.19%；50—60的有45家，占27.95%；60—70的有23家，占14.29%；70以上的有11家，占6.83%。

福建省上市公司竞争态势系统健康指数排名前10的是：**亿联网络（80.67）、建发股份（78.74）、恺英网络（77.34）、宁德时代（77.31）、龙净环保（76.74）、博思软件（76.32）、福耀玻璃（74.99）、星网锐捷（73.08）、三木集团（72.31）、金牌厨柜（70.99）**。

7. 资产资本结构系统

福建省161家上市公司资产资本结构系统健康指数平均水平为54.94，略低于全市场资产资本结构健康指数平均水平（56.79）。行业平均水平以上的上市公司有79家，占总数的49.07%。从区间分布看，40以下的有13家，占8.07%；40—50的有40家，占24.84%；50—60的有57家，占35.40%；60—70的有37家，占22.98%；70以上的有14家，占8.70%。

福建省上市公司资产资本结构系统健康指数排名前10的是：**卓越新能（78.70）、东亚机械（77.76）、创识科技（75.19）、艾德生物（74.75）、顶点软件（74.42）、龙高股份（74.01）、厦门空港（73.92）、亿联网络（72.02）、远翔新材（72.02）、瑞芯微（71.69）**。

8. 内部控制系统

福建省161家上市公司内部控制系统健康指数平均水平为84.72，略高于全市场内部控制健康指数平均水平（83.22）。平均水平以上的上市公司有90家，占总数的55.90%。从区间分布看，60—70的有3家，占1.86%；70—80的有25家，占15.53%；80—90的有109家，占67.70%；90以上的有24家，占14.91%。

福建省上市公司内部控制系统健康指数排名前10的是：**九牧王（93.10）、榕基软件（93.09）、瑞尔特（93.06）、东亚机械（93.05）、坤彩科技（92.91）、永辉超市（92.67）、福龙马（92.54）、闽发铝业（92.01）、国安达（91.84）、圣农发展（91.79）**。

9. 企业文化系统

福建省161家上市公司企业文化系统健康指数平均水平为69.57，略高于全市场企业文化健康指数平均水平（67.58）。行业平均水平以上的上市公司有79家，占总数的49.07%。从区间分布看，50以下的有8家，占4.97%；50—60的有26家，占16.15%；60—70的有49家，占30.43%；70—80的有44家，占27.33%；80以上的有34家，占21.12%。

福建省上市公司企业文化系统健康指数排名前10的是：**科华数据（93.50）、紫金矿业（90.94）、恺英网络（90.70）、三棵树（90.31）、宁德时代（89.39）、弘信电子（88.81）、福龙马（87.99）、安井食品（87.81）、九牧王（87.25）、华映科技（87.10）**。

第48章
江西省

截至2022年底，江西省上市公司总体情况如下：**上市公司数量**共77家，占全国上市公司总量的1.52%；**资产总量**为9687.19亿元，占全国上市公司资产总量的0.25%。

总市值为9180.03亿元，占全国上市公司总量的1.08%，总市值前3的上市公司分别是：晶科能源（1465.00亿元）、赣锋锂业（1331.69亿元）、江西铜业（504.49亿元）。

营业收入总额为10878.61亿元，占全国上市公司总量的1.53%，营业收入前3的上市公司分别是：江西铜业（4799.38亿元）、新钢股份（990.01亿元）、晶科能源（826.76亿元）。

净利润总额为330.63亿元，占全国上市公司总量的0.59%，净利润前3的上市公司分别是：赣锋锂业（204.61亿元）、江西铜业（60.89亿元）、晶科能源（29.36亿元）。

研发投入总额为242.99亿元，占全国上市公司研发投入的1.48%，研发投入金额前3的上市公司分别是：晶科能源（56.15亿元）、江西铜业（54.38亿元）、江铃汽车（20.19亿元）。

研发投入占营业收入比为2.23%，略低于全市场整体水平（2.32%），研发强度前3的上市公司分别是：新元科技（10.2667%）、新余国科（9.87%）、泰豪科技（9.13%）。

总体来看，江西省上市公司家数少、竞争力弱，但研发投入较高，部分公司在行业中处于优势地位，新兴产业势头较好。

48.1 综合健康指数

根据报告同一诊断口径，在剔除银行、非银金融和房地产三个特殊行业外，共对江西省75家上市公司开展健康诊断，健康指数情况如下。

2022年江西省75家上市公司综合健康指数平均水平为65.74，最高的是**赣锋锂业（76.62）**。从区间分布看，综合健康指数70以上的有17家，占22.67%；60—70的有46家，占61.33%；50—60的有12家，占16.00%，如图48-1所示。

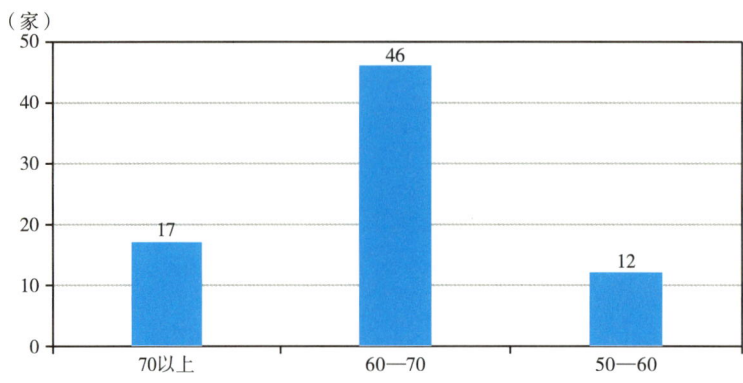

图 48-1 江西省上市公司综合健康指数分布

江西省综合健康指数排名前10%的上市公司如表48-1所示。

表 48-1　　江西省上市公司综合健康指数前 10% 排名

排名	公司代码	公司名称	综合健康指数	一级行业_同花顺	地级市	产权性质
1	002460.SZ	赣锋锂业	76.62	有色金属	新余市	非国有
2	600373.SH	中文传媒	75.19	传媒	上饶市	地方国有控股
3	600461.SH	洪城环境	74.67	环保	南昌市	地方国有控股
4	600362.SH	江西铜业	74.60	有色金属	鹰潭市	地方国有控股
5	600750.SH	江中药业	73.87	医药生物	南昌市	中央控股
6	688223.SH	晶科能源	73.32	电力设备	上饶市	非国有
7	605399.SH	晨光新材	73.25	基础化工	九江市	非国有
8	600782.SH	新钢股份	73.12	黑色金属	新余市	中央控股
9	605090.SH	九丰能源	72.49	公用事业	赣州市	非国有
10	000550.SZ	江铃汽车	72.01	交运设备	南昌市	地方国有控股

数据来源：同花顺、中关村国睿金融与产业发展研究会。

从行业分布来看，江西省上市公司在电子、机械设备、基础化工和有色金属行业均为8家，医药生物行业7家，其余行业分布较为分散。其中，有色金属行业整体综合健康指数水平相对较高，如表48-2所示。

表 48-2　　江西省市公司行业分布及综合健康指数水平

一级行业_同花顺	综合健康指数	上市公司家数
电子	63.87	8
机械设备	62.30	8
基础化工	65.94	8
有色金属	68.96	8
医药生物	67.88	7
传媒	68.23	4
电力设备	66.95	3
公用事业	66.20	3

续表

一级行业_同花顺	综合健康指数	上市公司家数
国防军工	67.39	3
食品饮料	64.31	3
黑色金属	70.18	2
环保	72.27	2
建筑装饰	61.76	2
交通运输	63.62	2
交运设备	67.99	2
轻工制造	61.25	2
商贸零售	67.07	2
计算机	68.45	1
家用电器	67.37	1
建筑材料	68.14	1
煤炭	55.19	1
农林牧渔	56.25	1
综合	55.74	1
总计	65.74	75

数据来源：同花顺、中关村国睿金融与产业发展研究会。

48.2　九大系统健康指数

1. 公司治理系统

江西省75家上市公司公司治理系统健康指数平均水平为84.73，略低于全市场公司治理健康指数平均水平（85.08）。行业平均水平以上的上市公司有39家，占总数的52.00%。从区间分布看，60—70的有1家，占1.33%；70—80的有10家，占13.33%；80—90的有49家，占65.33%；90以上的有15家，占20.00%。

江西省上市公司公司治理系统健康指数排名前10的是：**新余国科**（94.84）、**新钢股份**（94.72）、**黑猫股份**（93.81）、**中国稀土**（93.38）、**国泰集团**（92.90）、**赣能股份**（92.79）、**江中药业**（92.72）、**九丰能源**（92.44）、**江西铜业**（92.25）、**天利科技**（91.17）。

2. 外部监督系统

江西省75家上市公司外部监督系统健康指数平均水平为78.88，略高于全市场外部监督健康指数平均水平（78.64）。行业平均水平以上的上市公司有47家，占总数的62.67%。从区间分布看，50以下的有1家，占1.33%；50—60的有5家，占6.67%；60—70的有3家，占4.00%；70—80的有23家，占30.67%；80—90的有39家，占52.00%；90以上的有4家，占5.33%。

江西省上市公司外部监督系统健康指数排名前10的是：**孚能科技**（93.55）、**中文传媒**（91.33）、**新钢股份**（90.31）、**江铃汽车**（90.31）、**九丰能源**（89.93）、**博雅生物**（89.19）、**江中药业**（88.69）、金力永磁（88.08）、志特新材（87.50）、中国稀土（87.33）。

3. 创利能力系统

江西省75家上市公司创利能力系统健康指数平均水平为58.24，略低于全市场创利能力健康指数平均水平（58.47）。行业平均水平以上的上市公司有39家，占总数的52.00%。从区间分布看，40—50的有19家，占25.33%；50—60的有22家，占29.33%；60—70的有25家，占33.33%；70以上的有9家，占12.00%。

江西省上市公司创利能力系统健康指数排名前10的是：**海能实业**（78.33）、**洪城环境**（77.41）、**赣锋锂业**（75.55）、**晨光新材**（73.04）、**慈文传媒**（71.52）、**江特电机**（71.33）、**江中药业**（71.07）、**新余国科**（70.58）、**仁和药业**（70.10）、**三鑫医疗**（68.77）。

4. 价值再造系统

江西省75家上市公司价值再造系统健康指数平均水平为60.04，略低于全市场价值再造健康指数平均水平（60.25）。行业平均水平以上的上市公司有35家，占总数的46.67%。从区间分布看，40—50的有9家，占12.00%；50—60的有31家，占41.33%；60—70的有28家，占37.33%；70以上的有7家，占9.33%。

江西省上市公司价值再造系统健康指数排名前10的是：**赣锋锂业**（81.45）、**晶科能源**（74.59）、**江铃汽车**（74.51）、**金达莱**（73.70）、**三川智慧**（73.37）、**江特电机**（73.06）、**中文传媒**（70.79）、**慈文传媒**（69.90）、**甘源食品**（69.73）、**江西铜业**（69.67）。

5. 产品销售系统

江西省75家上市公司产品销售系统健康指数平均水平为51.06，略高于全市场产品销售健康指数平均水平（50.17）。行业平均水平以上的上市公司有38家，占总数的50.67%。从区间分布看，40以下的有14家，占18.67%；40—50的有20家，占26.67%；50—60的有23家，占30.67%；60—70的有14家，占18.67%；70以上的有4家，占5.33%。

江西省上市公司产品销售系统健康指数排名前10的是：**天音控股**（76.08）、**江西铜业**（75.23）、**新钢股份**（72.69）、**洪都航空**（71.47）、**联创电子**（67.47）、**泰豪科技**（67.39）、**仁和药业**（67.32）、**长虹华意**（64.28）、**赣锋锂业**（64.14）、**九丰能源**（64.14）。

6. 竞争态势系统

江西省75家上市公司竞争态势系统健康指数平均水平为48.16，略低于全市场竞争态势健康指数平均水平（50.47）。行业平均水平以上的上市公司有41家，占总数的54.67%。从区间分布看，40以下的有16家，占21.33%；40—50的有26家，占34.67%；50—60的有22家，占29.33%；60—70的有9家，占12.00%；70以上的有2家，占2.67%。

江西省上市公司竞争态势系统健康指数排名前10的是：**晶科能源**（75.17）、**赣锋锂业**（72.77）、**江西铜业**（67.05）、**中文传媒**（65.66）、**泰豪科技**（65.08）、**三川智慧**（63.62）、**江铃汽车**（62.87）、**洪城环境**（62.12）、**江特电机**（61.69）、**晨光新材**（61.31）。

7. 资产资本结构系统

江西省75家上市公司资产资本结构系统健康指数平均水平为56.84，略高于全市场资产资本结构健康指数平均水平（56.79）。行业平均水平以上的上市公司有37家，占总数的49.33%。从区间分布看，40以下的有5家，占6.67%；40—50的有13家，占17.33%；50—60的有31家，占41.33%；60—70的有15家，占20.00%；70以上的有11家，占14.67%。

江西省上市公司资产资本结构系统健康指数排名前10的是：**晨光新材**（82.32）、**天利科技**（76.69）、**百胜智能**（75.80）、**日月明**（74.92）、**金达莱**（74.01）、**善水科技**（72.89）、**返利科技**（72.47）、**满坤科技**（71.97）、**欧克科技**（71.07）、**腾远钴业**（71.03）。

8. 内部控制系统

江西省75家上市公司内部控制系统健康指数平均水平为83.37，略高于全市场内部控制健康指数平均水平（83.22）。平均水平以上的上市公司有46家，占总数的61.33%。从区间分布看，60—70的有1家，占1.33%；70—80的有23家，占30.67%；80—90的有44家，占58.67%；90以上的有7家，占9.33%。

江西省上市公司内部控制系统健康指数排名前10的是：**江中药业**（93.54）、**日月明**（92.91）、**赣粤高速**（91.66）、**宏柏新材**（91.05）、**九丰能源**（90.92）、**金达莱**（90.56）、**方大特钢**（90.26）、**天利科技**（89.60）、**新余国科**（89.54）、**洪城环境**（89.46）。

9. 企业文化系统

江西省75家上市公司企业文化系统健康指数平均水平为64.86，略低于全市场企业文化健康指数平均水平（67.58）。行业平均水平以上的上市公司有35家，占总数的46.67%。从区间分布看，50以下的有6家，占8.00%；50—60的有22家，占29.33%；60—70的有24家，占32.00%；70—80的有16家，占21.33%；80以上的有7家，占9.33%。

江西省上市公司企业文化系统健康指数排名前10的是：**美克家居**（91.02）、**天音控股**（89.59）、**晶科能源**（87.50）、**海能实业**（86.35）、**孚能科技**（86.12）、**泰豪科技**（84.21）、**博雅生物**（83.37）、**三川智慧**（80.00）、**赣锋锂业**（79.87）、**三鑫医疗**（79.41）。

第49章
山东省

截至2022年底，山东省上市公司总体情况如下：**上市公司数量**共289家，占全国上市公司总量的5.71%；**资产总量**为55828.72亿元，占全国上市公司资产总量的1.45%。

总市值为35146.25亿元，占全国上市公司总量的4.14%，总市值前3的上市公司分别是：万华化学（2908.98亿元）、海尔智家（2224.31亿元）、兖矿能源（1427.69亿元）。

营业收入总额为27587.15亿元，占全国上市公司总量的3.87%，营业收入前3的上市公司分别是：海尔智家（2435.14亿元）、兖矿能源（2008.29亿元）、潍柴动力（1751.58亿元）。

净利润总额为1743.61亿元，占全国上市公司总量的3.10%，净利润前3的上市公司分别是：兖矿能源（394.38亿元）、万华化学（170.42亿元）、海尔智家（147.32亿元）。

研发投入总额为830.75亿元，占全国上市公司研发投入的5.07%，研发投入金额前3的上市公司分别是：海尔智家（102.40亿元）、潍柴动力（88.51亿元）、歌尔股份（51.98亿元）。

研发投入占营业收入比为3.01%，高于全市场整体水平（2.32%），研发强度前3的上市公司分别是：荣昌生物（127.19%）、中孚信息（72.15%）、数字人（35.31%）。

总体来看，山东省上市公司有一定规模，营业收入、净利润对全市场也有贡献，整体研发投入和研发强度均处于较高水平。

49.1 综合健康指数

根据报告同一诊断口径，在剔除银行、非银金融和房地产三个特殊行业外，共对山东省283家上市公司开展健康诊断，健康指数情况如下。

2022年山东省283家上市公司综合健康指数平均水平为66.51，最高的是**鲁泰A**（78.25）。从区间分布看，综合健康指数70以上的有77家，占27.21%；60—70的有169家，占59.72%；50—60的有36家，占12.72%；50以下的有1家，占0.35%，如图49-1所示。

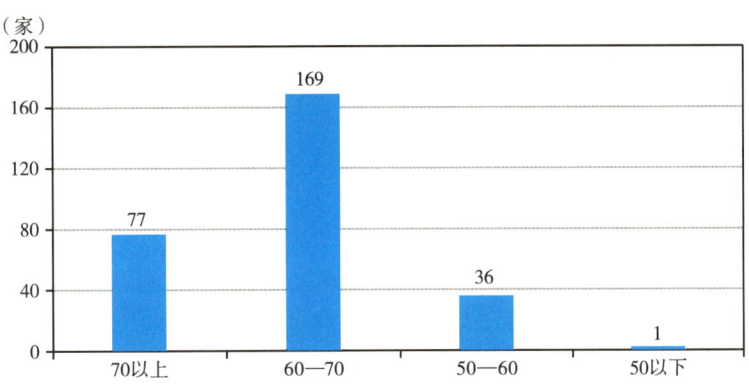

图49-1 山东省上市公司综合健康指数分布

山东省综合健康指数排名前10%的上市公司如表49-1所示。

表49-1　　　　　　　　　　山东省上市公司综合健康指数前10%排名

排名	公司代码	公司名称	综合健康指数	一级行业_同花顺	地级市	产权性质
1	000726.SZ	鲁泰A	78.25	纺织服装	淄博市	非国有
2	600760.SH	中航沈飞	77.38	国防军工	威海市	中央控股
3	600060.SH	海信视像	77.30	家用电器	青岛市	地方国有控股
4	600426.SH	华鲁恒升	77.25	基础化工	德州市	地方国有控股
5	600690.SH	海尔智家	77.07	家用电器	青岛市	非国有
6	688139.SH	海尔生物	77.07	医药生物	青岛市	非国有
7	688363.SH	华熙生物	76.89	美容护理	济南市	非国有
8	688556.SH	高测股份	76.81	电力设备	青岛市	非国有
9	600784.SH	鲁银投资	76.61	综合	济南市	地方国有控股
10	002353.SZ	杰瑞股份	76.52	机械设备	烟台市	非国有
11	002595.SZ	豪迈科技	76.41	机械设备	潍坊市	非国有
12	601298.SH	青岛港	76.39	交通运输	青岛市	地方国有控股
13	603279.SH	景津装备	76.28	环保	德州市	非国有
14	000830.SZ	鲁西化工	75.76	基础化工	聊城市	中央控股
15	002078.SZ	太阳纸业	75.61	轻工制造	济宁市	非国有
16	600188.SH	兖矿能源	75.05	煤炭	济宁市	地方国有控股
17	300308.SZ	中际旭创	75.03	通信	烟台市	非国有
18	000498.SZ	山东路桥	74.88	建筑装饰	济南市	地方国有控股
19	603217.SH	元利科技	74.73	基础化工	潍坊市	非国有
20	002588.SZ	史丹利	74.50	基础化工	临沂市	非国有
21	000977.SZ	浪潮信息	74.41	计算机	济南市	地方国有控股
22	600600.SH	青岛啤酒	74.35	食品饮料	青岛市	地方国有控股
23	000822.SZ	山东海化	74.25	基础化工	潍坊市	地方国有控股
24	601019.SH	山东出版	74.22	传媒	济南市	地方国有控股
25	002643.SZ	万润股份	74.22	电子	烟台市	中央控股
26	000338.SZ	潍柴动力	74.16	交运设备	潍坊市	地方国有控股

续表

排名	公司代码	公司名称	综合健康指数	一级行业_同花顺	地级市	产权性质
27	002469.SZ	三维化学	73.91	基础化工	淄博市	非国有
28	600547.SH	山东黄金	73.80	有色金属	济南市	地方国有控股
29	600022.SH	山东钢铁	73.80	黑色金属	济南市	地方国有控股

数据来源：同花顺、中关村国睿金融与产业发展研究会。

从行业分布来看，山东省上市公司在基础化工行业有41家，医药生物、机械设备、交运设备和电力设备行业均超过20家，轻工制造、计算机、农林牧渔和食品饮料行业均为10家以上。在以上行业中，基础化工行业整体综合健康指数水平相对较高，如表49-2所示。

表49-2　　　　　　　　　　山东省市公司行业分布及综合健康指数水平

一级行业_同花顺	综合健康指数	上市公司家数
基础化工	68.18	41
医药生物	64.12	31
机械设备	66.57	29
交运设备	65.74	27
电力设备	66.33	20
轻工制造	65.80	15
计算机	67.28	13
农林牧渔	65.98	12
食品饮料	63.92	12
电子	64.40	8
交通运输	67.76	8
有色金属	64.63	7
纺织服装	68.26	6
环保	66.84	6
石油石化	62.98	6
建筑材料	68.03	5
综合	67.75	5
传媒	69.96	4
家用电器	73.04	4
商贸零售	67.66	4
通信	66.45	4
公用事业	64.30	3
国防军工	72.71	3
建筑装饰	71.85	3
黑色金属	71.32	2
煤炭	69.86	2
美容护理	66.66	2
社会服务	57.67	1
总计	66.51	283

数据来源：同花顺、中关村国睿金融与产业发展研究会。

49.2 九大系统健康指数

1. 公司治理系统

山东省283家上市公司公司治理系统健康指数平均水平为85.14，略高于全市场公司治理健康指数平均水平（85.08）。行业平均水平以上的上市公司有152家，占总数的53.71%。从区间分布看，60—70的有3家，占1.06%；70—80的有45家，占15.90%；80—90的有176家，占62.19%；90以上的有59家，占20.85%。

山东省上市公司是公司治理系统健康指数排名前10的：**山东黄金（97.49）、胜华新材（95.42）、万润股份（95.28）、圣阳股份（95.17）、青岛啤酒（94.83）、晨鸣纸业（94.80）、冰轮环境（94.34）、东阿阿胶（94.32）、维远股份（94.20）、同大股份（93.86）**。

2. 外部监督系统

山东省283家上市公司外部监督系统健康指数平均水平为78.76，略高于全市场外部监督健康指数平均水平（78.64）。行业平均水平以上的上市公司有160家，占总数的56.54%。从区间分布看，50以下的有6家，占2.12%；50—60的有11家，占3.89%；60—70的有18家，占6.36%；70—80的有99家，占34.98%；80—90的有130家，占45.94%；90以上的有19家，占6.71%。

山东省上市公司外部监督系统健康指数排名前10的是：**鲁泰A（95.40）、山东黄金（95.31）、龙源技术（93.56）、华熙生物（93.22）、索通发展（92.70）、九阳股份（92.61）、泰和新材（92.35）、万华化学（92.22）、东阿阿胶（92.00）、鲁西化工（91.71）**。

3. 创利能力系统

山东省283家上市公司创利能力系统健康指数平均水平为58.1，略低于全市场创利能力健康指数平均水平（58.47）。行业平均水平以上的上市公司有149家，占总数的52.65%。从区间分布看，40以下的有11家，占3.89%；40—50的有52家，占18.37%；50—60的有92家，占32.51%；60—70的有89家，占31.45%；70以上的有39家，占13.78%。

山东省上市公司创利能力系统健康指数排名前10的是：**建邦科技（79.34）、新潮能源（79.22）、华特达因（79.16）、山东海化（78.41）、联创股份（77.21）、青岛港（77.11）、高测股份（75.99）、景津装备（75.97）、邦德股份（75.70）、山东玻纤（74.73）**。

4. 价值再造系统

山东省283家上市公司价值再造系统健康指数平均水平为60.85，略高于全市场价值再造健康指数平均水平（60.25）。行业平均水平以上的上市公司有150家，占总数的53.00%。从区间分布看，40以下的有4家，占1.41%；40—50的有26家，占9.19%；50—60的有95家，占33.57%；60—70的有118家，占41.70%；70以上的有40家，占14.13%。

山东省上市公司价值再造系统健康指数排名前10的是：**鲁泰A（81.14）、海信视像（79.60）、兖矿能源（79.11）、史丹利（78.32）、鲁银投资（78.25）、杰瑞股份（77.11）、青岛港（77.11）、华熙生物（76.48）、高测股份（75.74）、豪迈科技（75.66）**。

5. 产品销售系统

山东省283家上市公司产品销售系统健康指数平均水平为51.8，略高于全市场产品销售健康指数平均水平（50.17）。行业平均水平以上的上市公司有154家，占总数的54.42%。从区间分布看，40以下的有59家，占20.85%；40—50的有64家，占22.61%；50—60的有78家，占27.56%；60—70的有62家，占21.91%；70以上的有20家，占7.07%。

山东省上市公司产品销售系统健康指数排名前10的是：**中航沈飞（86.60）**、**华鲁恒升（81.09）**、**太阳纸业（80.83）**、**龙大美食（79.20）**、**歌尔股份（77.58）**、**鲁西化工（77.02）**、**索通发展（75.48）**、**玉龙股份（75.37）**、**中国重汽（75.34）**、**山东钢铁（74.80）**。

6. 竞争态势系统

山东省283家上市公司竞争态势系统健康指数平均水平为50.94，略高于全市场竞争态势健康指数平均水平（50.47）。行业平均水平以上的上市公司有145家，占总数的51.24%。从区间分布看，40以下的有54家，占19.08%；40—50的有78家，占27.56%；50—60的有88家，占31.10%；60—70的有47家，占16.61%；70以上的有16家，占5.65%。

山东省上市公司竞争态势系统健康指数排名前10的是：**华熙生物（84.19）**、**海尔智家（79.21）**、**杰瑞股份（77.86）**、**华鲁恒升（75.02）**、**太阳纸业（74.77）**、**睿创微纳（74.64）**、**山东高速（74.28）**、**鲁银投资（74.13）**、**兖矿能源（72.81）**、**鲁泰A（72.72）**。

7. 资产资本结构系统

山东省283家上市公司资产资本结构系统健康指数平均水平为57.32，略高于全市场资产资本结构健康指数平均水平（56.79）。行业平均水平以上的上市公司有144家，占总数的50.88%。从区间分布看，40以下的有8家，占2.83%；40—50的有69家，占24.38%；50—60的有87家，占30.74%；60—70的有92家，占32.51%；70以上的有27家，占9.54%。

山东省上市公司资产资本结构系统健康指数排名前10的是：**密封科技（82.72）**、**金岭矿业（80.27）**、**建邦科技（79.37）**、**嘉华股份（77.60）**、**胜通能源（77.30）**、**鸥玛软件（76.79）**、**正海生物（75.72）**、**邦德股份（75.66）**、**百合股份（75.52）**。

8. 内部控制系统

山东省283家上市公司内部控制系统健康指数平均水平为84.34，略高于全市场内部控制健康指数平均水平（83.22）。平均水平以上的上市公司有161家，占总数的56.89%。从区间分布看，60—70的有5家，占1.77%；70—80的有57家，占20.14%；80—90的有176家，占62.19%；90以上的有45家，占15.90%。

山东省上市公司内部控制系统健康指数排名前10的是：**九阳股份（93.57）**、**东软载波（93.57）**、**浪潮软件（93.55）**、**密封科技（93.55）**、**金现代（93.09）**、**鲁西化工（92.91）**、**路斯股份（92.74）**、**保龄宝（92.64）**、**东方电子（92.40）**、**山东路桥（92.37）**。

9. 企业文化系统

山东省283家上市公司企业文化系统健康指数平均水平为66.2，略低于全市场企业文化健康指数平均水平（67.58）。行业平均水平以上的上市公司有141家，占总数的49.82%。从区间分布看，50以下的有19家，占6.71%；50—60的有55家，占19.43%；60—70的有110家，占38.87%；70—80的有66家，占23.32%；80以上的有33家，占11.66%。

山东省上市公司企业文化系统健康指数排名前10的是：**中际旭创**（93.52）、**睿创微纳**（93.38）、**歌尔股份**（90.37）、**鼎信通讯**（90.32）、**阳谷华泰**（89.95）、**鲁泰A**（89.49）、**润丰股份**（88.31）、**元利科技**（87.23）、**杰瑞股份**（86.40）、**海利尔**（86.18）。

第50章 河南省

截至2022年底，河南省上市公司总体情况如下：**上市公司数量**共107家，占全国上市公司总量的2.11%；**资产总量**为21926.10亿元，占全国上市公司资产总量的0.57%。

总市值为13769.68亿元，占全国上市公司总量的1.62%，总市值前3的上市公司分别是：牧原股份（2667.74亿元）、中航光电（942.07亿元）、洛阳钼业（930.28亿元）。

营业收入总额为9608.46亿元，占全国上市公司总量的1.35%，营业收入前3的上市公司分别是：洛阳钼业（1729.91亿元）、牧原股份（1248.26亿元）、双汇发展（625.76亿元）。

净利润总额为716.16亿元，占全国上市公司总量的1.27%，净利润前3的上市公司分别是：牧原股份（149.33亿元）、神火股份（85.76亿元）、洛阳钼业（71.92亿元）。

研发投入总额为230.56亿元，占全国上市公司研发投入的1.41%，研发投入金额前3的上市公司分别是：宇通客车（16.94亿元）、中航光电（15.97亿元）、郑煤机（14.57亿元）。

研发投入占营业收入比为2.40%，略高于全市场整体水平（2.32%），研发强度前3的上市公司分别是：新开普（21.23%）、翔宇医疗（18.92%）、天迈科技（17.48%）。

总体来看，河南省上市公司有一定规模，研发强度高于市场平均水平，部分上市公司业绩表现较好。

50.1 综合健康指数

根据报告同一诊断口径，在剔除银行、非银金融和房地产三个特殊行业外，共对河南省103家上市公司开展健康诊断，健康指数情况如下。

2022年河南省103家上市公司综合健康指数平均水平为66.44，最高的是**中航光电（78.83）**。从区间分布看，综合健康指数70以上的有30家，占29.13%；60—70的有58家，占56.31%；50—60的有14家，占13.59%；50以下的有1家，占0.97%，如图50-1所示。

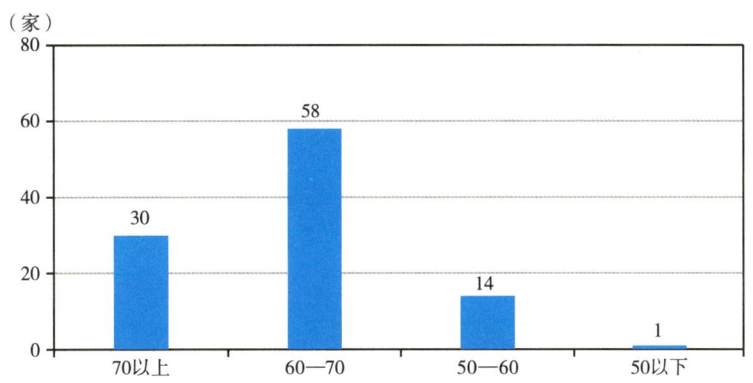

图50-1　河南省上市公司综合健康指数分布

河南省综合健康指数排名前10%的上市公司如表50-1所示。

表50-1　河南省上市公司综合健康指数前10%排名

排名	公司代码	公司名称	综合健康指数	一级行业_同花顺	地级市	产权性质
1	002179.SZ	中航光电	78.82669923	国防军工	洛阳市	中央控股
2	603658.SH	安图生物	76.7093342	医药生物	郑州市	非国有
3	002714.SZ	牧原股份	76.5171804	农林牧渔	南阳市	非国有
4	601038.SH	一拖股份	76.31331973	机械设备	洛阳市	中央控股
5	000400.SZ	许继电气	75.36676027	电力设备	许昌市	中央控股
6	601717.SH	郑煤机	75.3468095	机械设备	郑州市	地方国有控股
7	002046.SZ	国机精工	75.15635357	机械设备	洛阳市	中央控股
8	300910.SZ	瑞丰新材	75.10789861	基础化工	新乡市	非国有
9	300481.SZ	濮阳惠成	75.03870644	电子	濮阳市	非国有
10	002216.SZ	三全食品	74.4843495	食品饮料	郑州市	非国有

数据来源：同花顺、中关村国睿金融与产业发展研究会。

从行业分布来看，河南省上市公司在机械设备、电力设备和基础化工行业均超过10家，医药生物、计算机、交运设备、有色金属和食品饮料行业均为5家以上。在以上行业中，机械设备行业整体综合健康指数水平相对较高，如表50-2所示。

表50-2　河南省市公司行业分布及综合健康指数水平

一级行业_同花顺	综合健康指数	上市公司家数
机械设备	68.99	13
电力设备	65.17	12
基础化工	66.48	11
医药生物	68.53	9
计算机	65.27	6
交运设备	67.66	6
食品饮料	67.33	6
有色金属	68.05	6

续表

一级行业_同花顺	综合健康指数	上市公司家数
电子	65.17	4
建筑材料	65.79	4
农林牧渔	68.06	4
环保	66.39	3
交通运输	61.50	3
煤炭	62.52	3
公用事业	62.52	2
国防军工	69.71	2
建筑装饰	65.87	2
通信	62.96	2
传媒	72.22	1
纺织服装	55.31	1
黑色金属	57.46	1
轻工制造	60.55	1
社会服务	71.49	1
总计	66.44	103

数据来源：同花顺、中关村国睿金融与产业发展研究会。

50.2 九大系统健康指数

1. 公司治理系统

河南省103家上市公司公司治理系统健康指数平均水平为84.65，略低于全市场公司治理健康指数平均水平（85.08）。行业平均水平以上的上市公司有56家，占总数的54.37%。从区间分布看，60—70的有4家，占3.88%；70—80的有17家，占16.50%；80—90的有55家，占53.40%；90以上的有27家，占26.21%。

河南省上市公司公司治理系统健康指数排名前10的是：**凯盛新能（97.17）、国机精工（95.00）、中原高速（93.91）、新乡化纤（93.86）、安彩高科（93.62）、风神股份（93.34）、太龙药业（93.29）、金丹科技（93.01）、郑煤机（92.62）、平高电气（92.20）**。

2. 外部监督系统

河南省103家上市公司外部监督系统健康指数平均水平为78.75，略高于全市场外部监督健康指数平均水平（78.64）。行业平均水平以上的上市公司有64家，占总数的62.14%。从区间分布看，50以下的有3家，占2.91%；50—60的有6家，占5.83%；60—70的有5家，占4.85%；70—80的有31家，占30.10%；80—90的有46家，占44.66%；90以上的有12家，占11.65%。

河南省上市公司外部监督系统健康指数排名前10的是：**安图生物（95.44）、许继电气（94.23）、中航光电（93.86）、一拖股份（92.67）、飞龙股份（91.99）、宇通客车（91.93）、洛阳钼业（91.31）、**

平煤股份（91.17）、国机精工（91.13）、建龙微纳（90.98）。

3. 创利能力系统

河南省103家上市公司创利能力系统健康指数平均水平为58.49，略高于全市场创利能力健康指数平均水平（58.47）。行业平均水平以上的上市公司有57家，占总数的55.34%。从区间分布看，40以下的有7家，占6.80%；40—50的有17家，占16.50%；50—60的有27家，占26.21%；60—70的有39家，占37.86%；70以上的有13家，占12.62%。

河南省上市公司创利能力系统健康指数排名前10的是：**四方达（78.54）、三全食品（77.71）、濮阳惠成（75.57）、思维列控（75.44）、神火股份（75.09）、瑞丰新材（74.82）、开普检测（74.55）、中航光电（73.98）、羚锐制药（73.78）、安图生物（73.58）**。

4. 价值再造系统

河南省103家上市公司价值再造系统健康指数平均水平为60.5，略高于全市场价值再造健康指数平均水平（60.25）。行业平均水平以上的上市公司有51家，占总数的49.51%。从区间分布看，40以下的有2家，占1.94%；40—50的有7家，占6.80%；50—60的有42家，占40.78%；60—70的有41家，占39.81%；70以上的有11家，占10.68%。

河南省上市公司价值再造系统健康指数排名前10的是：**牧原股份（82.56）、中航光电（75.21）、新开普（74.77）、一拖股份（74.48）、宇通重工（73.63）、许继电气（72.98）、宇通客车（72.04）、瑞丰新材（71.54）、安图生物（70.59）、国机精工（70.53）**。

5. 产品销售系统

河南省103家上市公司产品销售系统健康指数平均水平为51.13，略高于全市场产品销售健康指数平均水平（50.17）。行业平均水平以上的上市公司有52家，占总数的50.49%。从区间分布看，40以下的有23家，占22.33%；40—50的有25家，占24.27%；50—60的有29家，占28.16%；60—70的有17家，占16.50%；70以上的有9家，占8.74%。

河南省上市公司产品销售系统健康指数排名前10的是：**一拖股份（81.11）、郑煤机（75.39）、易成新能（75.18）、双汇发展（74.86）、牧原股份（74.09）、恒星科技（72.04）、洛阳钼业（71.74）、国机精工（71.22）、中原环保（70.75）、凯盛新能（67.05）**。

6. 竞争态势系统

河南省103家上市公司竞争态势系统健康指数平均水平为51.6，略高于全市场竞争态势健康指数平均水平（50.47）。行业平均水平以上的上市公司有49家，占总数的47.57%。从区间分布看，40以下的有20家，占19.42%；40—50的有28家，占27.18%；50—60的有28家，占27.18%；60—70的有21家，占20.39%；70以上的有6家，占5.83%。

河南省上市公司竞争态势系统健康指数排名前10的是：**牧原股份（76.97）、安图生物（74.95）、中航光电（74.77）、龙佰集团（72.89）、华兰生物（72.30）、城发环境（71.35）、多氟多（68.83）、新天科技（67.56）、新开普（67.24）、宇通客车（66.99）**。

7. 资产资本结构系统

河南省103家上市公司资产资本结构系统健康指数平均水平为56.43，略低于全市场资产资本结构健康指数平均水平（56.79）。行业平均水平以上的上市公司有55家，占总数的53.40%。从区间分布看，40以下的有4家，占3.88%；40—50的有26家，占25.24%；50—60的有28家，占27.18%；60—70的有38家，占36.89%；70以上的有7家，占6.80%。

河南省上市公司资产资本结构系统健康指数排名前10的是：**众智科技（80.19）、秋乐种业（76.01）、三晖电气（74.14）、力量钻石（73.67）、同心传动（71.53）、森霸传感（70.92）、瑞丰新材（70.61）、开普检测（69.56）、仲景食品（69.39）、远东传动（68.90）**。

8. 内部控制系统

河南省103家上市公司内部控制系统健康指数平均水平为85.51，略高于全市场内部控制健康指数平均水平（83.22）。平均水平以上的上市公司有66家，占总数的64.08%。从区间分布看，60—70的有2家，占1.94%；70—80的有15家，占14.56%；80—90的有67家，占65.05%；90以上的有19家，占18.45%。

河南省上市公司内部控制系统健康指数排名前10的是：**建龙微纳（93.56）、思维列控（93.09）、天迈科技（93.09）、新天科技（93.05）、仲景食品（93.02）、好想你（93.02）、华兰疫苗（93.01）、拓新药业（92.23）、捷安高科（91.89）、森霸传感（91.66）**。

9. 企业文化系统

河南省103家上市公司企业文化系统健康指数平均水平为66.15，略低于全市场企业文化健康指数平均水平（67.58）。行业平均水平以上的上市公司有55家，占总数的53.40%。从区间分布看，50以下的有10家，占9.71%；50—60的有24家，占23.30%；60—70的有29家，占28.16%；70—80的有25家，占24.27%；80以上的有15家，占14.56%。

河南省上市公司企业文化系统健康指数排名前10的是：**牧原股份（90.14）、汉威科技（89.55）、中航光电（87.33）、濮耐股份（87.08）、多氟多（87.08）、龙佰集团（86.95）、国机精工（86.23）、设研院（85.48）、安图生物（84.17）、宇通客车（83.82）**。

第51章
湖北省

截至2022年底，湖北省上市公司总体情况如下：**上市公司数量**共136家，占全国上市公司总量的2.69%；**资产总量**为20556.63亿元，占全国上市公司资产总量的0.53%。

总市值为13495.09亿元，占全国上市公司总量的1.59%，总市值前3的上市公司分别是：中信特钢（866.09亿元）、三安光电（856.12亿元）、闻泰科技（655.33亿元）。

营业收入总额为9808.35亿元，占全国上市公司总量的1.38%，营业收入前3的上市公司分别是：九州通（1404.24亿元）、中信特钢（983.45亿元）、闻泰科技（580.79亿元）。

净利润总额为475.13亿元，占全国上市公司总量的0.85%，净利润前3的上市公司分别是：中信特钢（71.09亿元）、兴发集团（67.96亿元）、明德生物（43.80亿元）。

研发投入总额为354.50亿元，占全国上市公司研发投入的2.16%，研发投入金额前3的上市公司分别是：闻泰科技（45.65亿元）、烽火通信（43.94亿元）、中信特钢（38.51亿元）。

研发投入占营业收入比为3.61%，高于全市场整体水平（2.32%），研发强度前3的上市公司分别是：兴图新科（34.57%）、菱电电控（23.77%）、精测电子（21.58%）。

总体来看，湖北省上市公司有一定规模，较为重视研发投入，研发强度市场领先。

51.1 综合健康指数

根据报告同一诊断口径，在剔除银行、非银金融和房地产三个特殊行业外，共对湖北省130家上市公司开展健康诊断，健康指数情况如下。

2022年湖北省130家上市公司综合健康指数平均水平为65.30，最高的是**明德生物**（80.06）。从区间分布看，综合健康指数70以上的有32家，占26.45%；60—70的有74家，占61.16%；50—60的有12家，占9.92%；50以下的有3家，占2.48%，如图51-1所示。

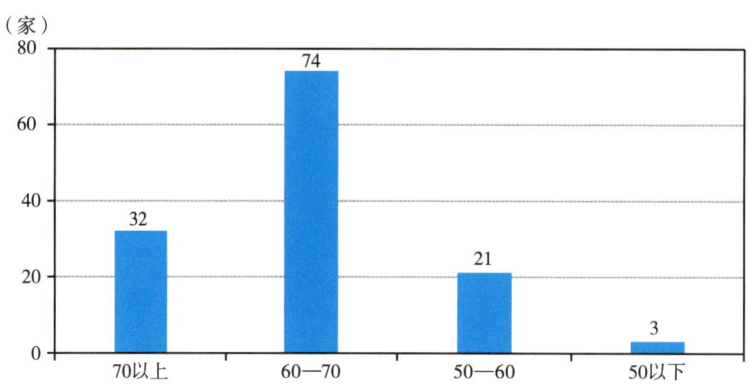

图51-1 湖北省上市公司综合健康指数分布

湖北省综合健康指数排名前10%的上市公司如表51-1所示。

表51-1　　　　　　　　　　湖北省上市公司综合健康指数前10%排名

排名	公司代码	公司名称	综合健康指数	一级行业_同花顺	地级市	产权性质
1	002932.SZ	明德生物	80.06	医药生物	武汉市	非国有
2	600141.SH	兴发集团	77.12	基础化工	宜昌市	地方国有控股
3	600298.SH	安琪酵母	76.68	食品饮料	宜昌市	地方国有控股
4	600566.SH	济川药业	76.18	医药生物	荆州市	非国有
5	000902.SZ	新洋丰	75.90	基础化工	荆门市	非国有
6	300494.SZ	盛天网络	75.19	传媒	武汉市	非国有
7	000988.SZ	华工科技	75.10	机械设备	武汉市	地方国有控股
8	000708.SZ	中信特钢	74.86	黑色金属	黄石市	中央控股
9	601869.SH	长飞光纤	74.09	通信	武汉市	非国有
10	600498.SH	烽火通信	73.57	通信	武汉市	中央控股
11	301127.SZ	天源环保	73.43	环保	武汉市	非国有
12	002281.SZ	光迅科技	73.15	通信	武汉市	中央控股
13	600998.SH	九州通	73.15	医药生物	武汉市	非国有

数据来源：同花顺、中关村国睿金融与产业发展研究会。

从行业分布来看，湖北省上市公司在医药生物行业有17家，机械设备、电子、基础化工、通信等行业中均超过10家。以上行业中，基础化工行业整体综合健康指数水平相对较高，如表51-2所示。

表51-2　　　　　　　　　　湖北省上市公司行业分布及综合健康指数水平

一级行业_同花顺	综合健康指数	上市公司家数
医药生物	65.41	17
机械设备	66.15	14
电子	65.30	12
基础化工	68.76	12
通信	65.09	12
交运设备	63.19	8

续表

一级行业_同花顺	综合健康指数	上市公司家数
电力设备	69.03	7
国防军工	66.71	7
环保	65.14	5
传媒	65.86	4
建筑装饰	65.06	4
公用事业	65.99	3
计算机	59.24	3
建筑材料	58.16	3
交通运输	63.56	3
商贸零售	67.71	3
食品饮料	69.15	3
农林牧渔	67.63	2
社会服务	54.68	2
纺织服装	53.77	1
黑色金属	74.86	1
家用电器	63.06	1
美容护理	50.78	1
轻工制造	57.06	1
综合	60.23	1
总计	65.30	130

数据来源：同花顺、中关村国睿金融与产业发展研究会。

51.2 九大系统健康指数

1. 公司治理系统

湖北省130家上市公司公司治理系统健康指数平均水平为85.47，略高于全市场公司治理健康指数平均水平（85.08）。行业平均水平以上的上市公司有78家，占总数的60.00%。从区间分布看，60—70的有2家，占1.54%；70—80的有20家，占15.38%；80—90的有77家，占69.23%；90以上的有31家，占23.85%。

湖北省上市公司公司治理系统健康指数排名前10的是：**湖北能源（96.32）、中百集团（95.70）、华灿光电（95.15）、武商集团（95.15）、锐科激光（95.05）、理工光科（94.80）、兴发集团（94.64）、安琪酵母（94.13）、湖北广电（94.07）、三峡旅游（93.40）。**

2. 外部监督系统

湖北省130家上市公司外部监督系统健康指数平均水平为78.05，略低于全市场外部监督健康指数平均水平（78.64）。行业平均水平以上的上市公司有83家，占总数的63.85%。从区间分布看，60

以下的有12家，占9.23%；60—70的有10家，占7.69%；70—80的有40家，占30.77%；80—90的有60家，占46.15%；90以上的有8家，占6.15%。

湖北省上市公司外部监督系统健康指数排名前10的是：**路德环境（95.43）、中信特钢（93.87）、健民集团（92.12）、兴发集团（91.96）、闻泰科技（91.66）、九州通（91.18）、华工科技（90.56）、人福医药（90.17）、济川药业（89.20）、安道麦A（89.14）**。

3. 创利能力系统

湖北省130家上市公司创利能力系统健康指数平均水平为57.06，略低于全市场创利能力健康指数平均水平（58.47）。行业平均水平以上的上市公司有61家，占总数的46.92%。从区间分布看，40以下的有3家，占2.31%；40—50的有31家，占23.85%；50—60的有46家，占35.3%；60 70的有40家，占30.77%；70以上的有10家，占7.69%。

湖北省上市公司创利能力健康指数排名前10的是：**明德生物（81.60）、盛天网络（77.41）、祥龙电业（76.44）、科前生物（74.21）、兴发集团（73.51）、宏发股份（73.18）、中信特钢（72.26）、鼎龙股份（70.76）、济川药业（70.67）、金鹰重工（70.63）**。

4. 价值再造系统

湖北省130家上市公司价值再造系统健康指数平均水平为58.75，略低于全市场价值再造健康指数平均水平（60.25）。行业平均水平以上的上市公司有66家，占总数的50.77%。从区间分布看，40以下的有6家，占4.62%；40—50的有14家，占10.77%；50—60的有51家，占39.23%；60—70的有44家，占33.85%；70以上的有15家，占11.45%。

湖北省上市公司价值再造系统健康指数排名前10的是：**烽火通信（80.05）、中信特钢（79.25）、安琪酵母（78.09）、兴发集团（77.26）、精测电子（74.86）、明德生物（73.99）、长飞光纤（73.40）、东湖高新（71.69）、华中数控（70.72）、华新水泥（70.67）**。

5. 产品销售系统

湖北省130家上市公司产品销售系统健康指数平均水平为49.78，略低于全市场产品销售健康指数平均水平（50.17）。行业平均水平以上的上市公司有67家，占总数的51.54%。从区间分布看，40以下的有31家，占23.85%；40—50的有32家，占24.62%；50—60的有36家，占27.69%；60—70的有25家，占19.23%；70以上的有6家，占4.62%。

湖北省上市公司产品销售系统健康指数排名前10的是：**九州通（77.11）、闻泰科技（73.97）、奥美医疗（71.98）、万润新能（71.89）、明德生物（71.25）、华昌达（71.18）、湖北宜化（69.03）、安琪酵母（69.03）、华工科技（68.87）、双环科技（68.31）**。

6. 竞争态势系统

湖北省130家上市公司竞争态势系统健康指数平均水平为49.72，略低于全市场竞争态势健康指数平均水平（50.47）。行业平均水平以上的上市公司有67家，占总数的51.54%。从区间分布看，40以下的有37家，占28.46%；40—50的有30家，占23.08%；50—60的有29家，占22.31%；60—70的有23家，占17.69%；70以上的有11家，占8.46%。

湖北省上市公司竞争态势系统健康指数排名前10的是：**明德生物（76.17）、天源环保（75.97）、**

新洋丰（74.68）、华工科技（74.34）、兴发集团（74.11）、安琪酵母（74.07）、京山轻机（72.95）、天喻信息（72.71）、济川药业（72.50）、长飞光纤（72.50）。

7. 资产资本结构系统

湖北省130家上市公司资产资本结构系统健康指数平均水平为55.17，略低于全市场资产资本结构健康指数平均水平（56.79）。行业平均水平以上的上市公司有61家，占总数的46.92%。从区间分布看，40以下的有13家，占10.00%；40—50的有30家，占23.08%；50—60的有44家，占33.85%；60—70的有30家，占23.08%；70以上的有13家，占10.00%。

湖北省上市公司资产资本结构系统健康指数排名前10的是：**恒进感应（79.94）、泰祥股份（78.28）、九菱科技（77.10）、帝尔激光（75.83）、亨迪药业（74.56）、久之洋（72.96）、盛天网络（72.74）、科前生物（72.44）、武汉凡谷（72.07）、中一科技（72.03）**。

8. 内部控制系统

湖北省130家上市公司内部控制系统健康指数平均水平为82.06，略低于全市场内部控制健康指数平均水平（83.22）。平均水平以上的上市公司有76家，占总数的58.46%。从区间分布看，60以下的有2家，占1.54%；60—70的有12家，占9.23%；70—80的有29家，占22.31%；80—90的有72家，占55.38%；90以上的有15家，占11.54%。

湖北省上市公司内部控制系统健康指数排名前10的是：**理工光科（93.55）、恒进感应（92.99）、五方光电（92.95）、帝尔激光（92.93）、中元股份（92.93）、骆驼股份（92.25）、明德生物（91.96）、精测电子（91.76）、楚天高速（91.72）、久之洋（91.66）**。

9. 企业文化系统

湖北省130家上市公司企业文化系统健康指数平均水平为66.34，略低于全市场企业文化健康指数平均水平（67.58）。行业平均水平以上的上市公司有61家，占总数的46.92%。从区间分布看，50以下的有9家，占6.92%；50—60的有31家，占23.85%；60—70的有43家，占33.08%；70—80的有31家，占23.85%；80以上的有16家，占12.31%。

湖北省上市公司企业文化系统健康指数排名前10的是：**长飞光纤（92.16）、安琪酵母（90.30）、人福医药（88.31）、骆驼股份（86.72）、安道麦A（86.10）、三安光电（85.42）、均瑶健康（85.36）、明德生物（85.15）、九州通（83.54）、嘉必优（83.17）**。

第52章 湖南省

截至2022年底,湖南省上市公司总体情况如下:**上市公司数量**共138家,占全国上市公司总量的2.73%;**资产总量**为24775.31亿元,占全国上市公司资产总量的0.64%。

总市值为16085.92亿元,占全国上市公司总量的1.90%,总市值前3的上市公司分别是:爱尔眼科(2229.75亿元)、时代电气(663.62亿元)、芒果超媒(561.59亿元)。

营业收入总额为8447.58亿元,占全国上市公司总量的1.19%,营业收入前3的上市公司分别是:华菱钢铁(1680.99亿元)、蓝思科技(466.99亿元)、中联重科(416.32亿元)。

净利润总额为504.56亿元,占全国上市公司总量的0.90%,净利润前3的上市公司分别是:华菱钢铁(76.75亿元)、长沙银行(71.44亿元)、五矿资本(31.81亿元)。

研发投入总额为305.71亿元,占全国上市公司研发投入的1.87%,研发投入金额前3的上市公司分别是:华菱钢铁(64.53亿元)、中联重科(34.44亿元)、蓝思科技(21.05亿元)。

研发投入占营业收入比为3.62%,高于全市场整体水平(2.32%),研发强度前3的上市公司分别是:景嘉微(27.33%)、爱威科技(17.77%)、五矿资本(17.28%)。

总体来看,湖南省上市公司有一定规模,研发强度较高,部分上市公司在行业内拥有领先的竞争优势。

52.1 综合健康指数

根据报告同一诊断口径,在剔除银行、非银金融和房地产三个特殊行业外,共对湖南省135家上市公司开展健康诊断,健康指数情况如下。

2022年湖南省135家上市公司综合健康指数平均水平为66.16,最高的是**华菱钢铁(81.56)**。从区间分布看,综合健康指数70以上的有38家,占28.15%;60—70的有74家,占54.81%;50—60的有23家,占17.04%,如图52-1所示。

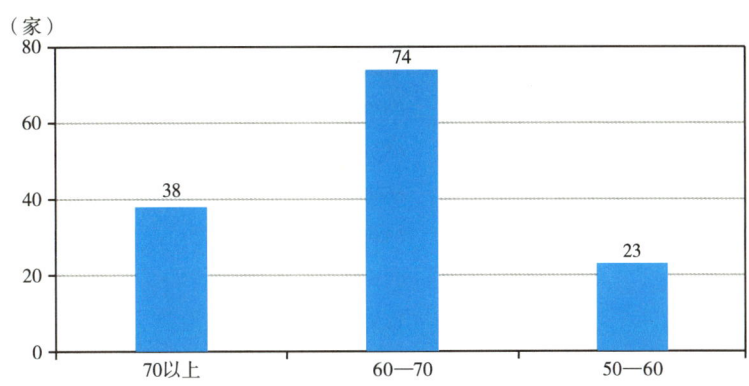

图52-1 湖南省上市公司综合健康指数分布

湖南省综合健康指数排名前10%的上市公司如表52-1所示。

表 52-1　　　　　　　　　　　湖南省上市公司综合健康指数前 10% 排名

排名	公司代码	公司名称	综合健康指数	一级行业_同花顺	地级市	产权性质
1	000932.SZ	华菱钢铁	81.56	黑色金属	长沙市	地方国有控股
2	688187.SH	时代电气	77.84	交运设备	株洲市	中央控股
3	300866.SZ	安克创新	76.90	电子	长沙市	非国有
4	688779.SH	长远锂科	76.88	电力设备	长沙市	中央控股
5	688100.SH	威胜信息	76.55	通信	长沙市	非国有
6	688425.SH	铁建重工	75.25	机械设备	长沙市	中央控股
7	002986.SZ	宇新股份	75.14	石油石化	长沙市	非国有
8	601098.SH	中南传媒	75.13	传媒	长沙市	地方国有控股
9	600963.SH	岳阳林纸	75.07	轻工制造	岳阳市	中央控股
10	688289.SH	圣湘生物	74.68	医药生物	长沙市	非国有
11	003000.SZ	劲仔食品	74.41	食品饮料	岳阳市	非国有
12	300298.SZ	三诺生物	74.00	医药生物	长沙市	非国有
13	300413.SZ	芒果超媒	73.83	传媒	长沙市	地方国有控股

数据来源：同花顺、中关村国睿金融与产业发展研究会。

从行业分布来看，湖南省上市公司在医药生物行业有20家，机械设备、电力设备行业超过10家，农林牧渔、基础化工、传媒、环保、商贸零售、食品饮料、电子、国防军工均为5家以上。在以上行业中，电子及食品饮料行业整体综合健康指数水平相对较高，如表52-2所示。

表 52-2　　　　　　　　　　　湖北省上市公司行业分布及综合健康指数水平

一级行业_同花顺	综合健康指数	上市公司家数
医药生物	66.45	20
机械设备	66.47	14
电力设备	66.14	13
农林牧渔	64.05	9

续表

一级行业_同花顺	综合健康指数	上市公司家数
基础化工	66.78	8
传媒	65.97	6
环保	66.42	6
商贸零售	63.91	6
食品饮料	69.68	6
电子	71.11	5
国防军工	65.62	5
计算机	65.14	4
交运设备	65.42	4
石油石化	69.00	4
有色金属	63.57	4
公用事业	63.36	3
交通运输	66.53	3
轻工制造	68.09	3
社会服务	60.60	3
纺织服装	58.44	2
黑色金属	81.56	1
家用电器	57.50	1
建筑材料	72.00	1
建筑装饰	64.13	1
美容护理	65.52	1
通信	76.55	1
综合	59.62	1
总计	66.16	135

数据来源：同花顺、中关村国睿金融与产业发展研究会。

52.2　九大系统健康指数

1. 公司治理系统

湖南省135家上市公司公司治理系统健康指数平均水平为85.92，略高于全市场公司治理健康指数平均水平（85.08）。行业平均水平以上的上市公司有75家，占总数的55.56%。从区间分布看，60以下的有1家，占0.74%；60—70的有3家，占2.22%；70—80的有14家，占10.37%；80—90的有79家，占58.52%；90以上的有38家，占28.15%。

湖南省上市公司公司治理系统健康指数排名前10的是：**高斯贝尔（95.95）、时代电气（95.88）、长远锂科（95.83）、华菱线缆（95.12）、山河智能（94.50）、华菱钢铁（94.45）、酒鬼酒（93.83）、易普力（93.40）、岳阳林纸（93.34）、现代投资（93.01）**。

2. 外部监督系统

湖南省135家上市公司外部监督系统健康指数平均水平为78.97，略高于全市场外部监督健康指数平均水平（78.64）。行业平均水平以上的上市公司有83家，占总数的61.48%。从区间分布看，50以下的有3家，占2.22%；50—60的有3家，占2.22%；60—70的有13家，占9.63%；70—80的有42家，占31.11%；80—90的有60家，占44.44%；90以上的有14家，占10.37%。

湖南省上市公司外部监督系统健康指数排名前10的是：**老百姓（95.59）、华菱钢铁（95.25）、时代电气（94.28）、威胜信息（93.97）、雪天盐业（93.66）、芒果超媒（93.04）、爱尔眼科（92.64）、三诺生物（92.09）、中联重科（91.94）、欧科亿（91.87）**。

3. 创利能力系统

湖南省135家上市公司创利能力系统健康指数平均水平为58.69，略高于全市场创利能力健康指数平均水平（58.47）。行业平均水平以上的上市公司有70家，占总数的51.85%。从区间分布看，40以下的有2家，占1.48%；40—50的有24家，占17.78%；50—60的有50家，占37.04%；60—70的有45家，占33.33%；70以上的有14家，占10.37%。

湖南省上市公司创利能力系统健康指数排名前10的是：**三德科技（79.69）、威胜信息（78.80）、安克创新（76.97）、雪天盐业（76.56）、方盛制药（75.91）、华菱钢铁（75.67）、圣湘生物（75.63）、盐津铺子（74.48）、湘潭电化（74.11）、华瓷股份（72.92）**。

4. 价值再造系统

湖南省135家上市公司价值再造系统健康指数平均水平为60.09，略低于全市场价值再造健康指数平均水平（60.25）。行业平均水平以上的上市公司有64家，占总数的47.41%。从区间分布看，40以下的有5家，占3.70%；40—50的有14家，占10.37%；50—60的有51家，占37.78%；60—70的有47家，占34.81%；70以上的有18家，占13.33%。

湖南省上市公司价值再造系统健康指数排名前10的是：**华凯易佰（81.37）、安克创新（79.44）、华瓷股份（79.28）、时代电气（79.12）、华菱钢铁（78.47）、岳阳林纸（77.62）、铁建重工（77.10）、三诺生物（76.47）、宇新股份（75.31）、中南传媒（75.04）**。

5. 产品销售系统

湖南省135家上市公司产品销售系统健康指数平均水平为50.32，略高于全市场产品销售健康指数平均水平（50.17）。行业平均水平以上的上市公司有69家，占总数的51.11%。从区间分布看，40以下的有28家，占20.74%；40—50的有36家，占26.67%；50—60的有38家，占28.15%；60—70的有24家，占17.78%；70以上的有9家，占6.67%。

湖南省上市公司产品销售系统健康指数排名前10的是：**新五丰（73.04）、蓝思科技（72.89）、唐人神（72.86）、长远锂科（72.64）、湖南黄金（71.71）、岳阳林纸（70.69）、克明食品（70.66）、现代投资（70.19）、华菱钢铁（70.15）、金杯电工（69.57）**。

6. 竞争态势系统

湖南省135家上市公司竞争态势系统健康指数平均水平为50.86，略高于全市场竞争态势健康指数平均水平（50.47）。行业平均水平以上的上市公司有64家，占总数的47.41%。从区间分布看，40

以下的有22家，占16.30%；40—50的有47家，占34.81%；50—60的有38家，占28.15%；60—70的有19家，占14.07%；70以上的有9家，占6.67%。

湖南省上市公司竞争态势系统健康指数排名前10的是：**华菱钢铁**（79.85）、**安克创新**（78.39）、**时代电气**（77.98）、**圣湘生物**（75.02）、**中南传媒**（71.97）、**岳阳林纸**（71.89）、**楚天科技**（71.64）、**铁建重工**（71.55）、**旗滨集团**（71.47）、**中联重科**（69.88）。

7. 资产资本结构系统

湖南省135家上市公司资产资本结构系统健康指数平均水平为55.02，略低于全市场资产资本结构健康指数平均水平（56.79）。行业平均水平以上的上市公司有69家，占总数的51.11%。从区间分布看，40以下的有11家，占8.15%；40—50的有33家，占24.44%；50—60的有45家，占33.33%；60—70的有40家，占29.63%；70以上的有6家，占4.44%。

湖南省上市公司资产资本结构系统健康指数排名前10的是：**酒鬼酒**（76.81）、**五新隧装**（76.78）、**麒麟信安**（74.17）、**力合科技**（73.78）、**长缆科技**（71.63）、**威胜信息**（71.24）、**中兵红箭**（69.65）、**爱威科技**（69.63）、**湖南投资**（69.62）、**丽臣实业**（69.51）。

8. 内部控制系统

湖南省135家上市公司内部控制系统健康指数平均水平为82.77，略低于全市场内部控制健康指数平均水平（83.22）。平均水平以上的上市公司有81家，占总数的60.00%。从区间分布看，60以下的有1家，占0.74%；60—70的有4家，占2.96%；70—80的有36家，占26.67%；80—90的有83家，占61.48%；90以上的有11家，占8.15%。

湖南省上市公司内部控制系统健康指数排名前10的是：**华纳药厂**（93.55）、**芒果超媒**（93.08）、**劲仔食品**（93.02）、**爱尔眼科**（91.66）、**天桥起重**（91.53）、**中广天择**（91.50）、**长远锂科**（91.25）、**湖南发展**（90.92）、**宏达电子**（90.55）、**长高电新**（90.45）。

9. 企业文化系统

湖南省135家上市公司企业文化系统健康指数平均水平为66.91，略低于全市场企业文化健康指数平均水平（67.58）。行业平均水平以上的上市公司有76家，占总数的56.30%。从区间分布看，50以下的有13家，占9.63%；50—60的有22家，占16.30%；60—70的有46家，占34.07%；70—80的有39家，占28.89%；80以上的有15家，占11.11%。

湖南省上市公司企业文化系统健康指数排名前10的是：**中联重科**（90.07）、**三诺生物**（89.16）、**宇新股份**（89.08）、**国科微**（88.71）、**劲仔食品**（85.79）、**松井股份**（85.52）、**唐人神**（84.43）、**圣湘生物**（84.34）、**奥士康**（83.42）、**山河智能**（82.79）。

第53章 广东省

截至2022年底，广东省上市公司总体情况如下：上市公司**数量共834家**，占全国上市公司总量的**16.48%**；**资产总量**为454483.50亿元，占全国上市公司资产总量的**11.79%**。

总市值为138723.02亿元，占全国上市公司总量的**16.35%**，总市值前3的上市公司分别是：招商银行（9476.39亿元）、中国平安（8527.47亿元）、比亚迪（6548.27亿元）。

营业收入总额为96628.74亿元，占全国上市公司总量的**13.56%**，营业收入前3的上市公司分别是：中国平安（11105.68亿元）、工业富联（5118.50亿元）、万科A（5038.38亿元）。

净利润总额为7211.18亿元，占全国上市公司总量的**12.83%**，净利润前3的上市公司分别是：招商银行（1392.94亿元）、中国平安（1074.32亿元）、平安银行（455.16亿元）。

研发投入总额为2702.01亿元，占全国上市公司研发投入的**16.50%**，研发投入金额前3的上市公司分别是：中兴通讯（216.02亿元）、比亚迪（202.23亿元）、美的集团（126.19亿元）。

研发投入占营业收入比为2.80%，高于全市场整体水平（2.32%），研发强度前3的上市公司分别是：百奥泰（135.43%）、奥比中光（108.73%）、云从科技（106.45%）。

总体来看，广东省上市公司数量居全国第一位，总市值、营业收入、净利润在资本市场中均占优势地位，是我国A股市场的支柱，研发投入和研发强度处于领先水平。

53.1 综合健康指数

根据报告同一诊断口径，在剔除银行、非银金融和房地产三个特殊行业外，共对广东省788家上市公司开展健康诊断，健康指数情况如下。

2022年广东省788家上市公司综合健康指数平均水平为65.67，最高的是**迈瑞医疗（82.11）**。从区间分布看，综合健康指数70以上的有193家，占24.49%；60—70的有461家，占58.50%；50—60的有128家，占16.24%；50以下的有6家，占0.76%，如图53-1所示。

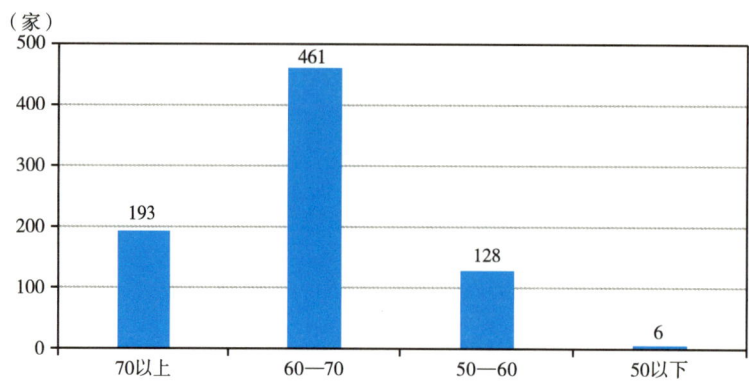

图53-1　广东省上市公司综合健康指数分布

广东省综合健康指数排名前10%的上市公司如表53-1所示。

表53-1　广东省上市公司综合健康指数前10%排名

排名	公司代码	公司名称	综合健康指数	一级行业_同花顺	地级市	产权性质
1	300760.SZ	迈瑞医疗	82.11	医药生物	深圳市	非国有
2	300888.SZ	稳健医疗	80.92	纺织服装	深圳市	非国有
3	002030.SZ	达安基因	80.75	医药生物	广州市	地方国有控股
4	300012.SZ	华测检测	80.13	社会服务	深圳市	非国有
5	300639.SZ	凯普生物	79.67	医药生物	潮州市	非国有
6	300832.SZ	新产业	79.54	医药生物	深圳市	非国有
7	688575.SH	亚辉龙	79.54	医药生物	深圳市	非国有
8	603882.SH	金域医学	78.78	医药生物	广州市	非国有
9	002709.SZ	天赐材料	78.56	电力设备	广州市	非国有
10	002831.SZ	裕同科技	78.15	轻工制造	深圳市	非国有
11	002841.SZ	视源股份	77.70	电子	广州市	非国有
12	002063.SZ	远光软件	77.69	计算机	珠海市	中央控股
13	603833.SH	欧派家居	77.59	轻工制造	广州市	非国有
14	688617.SH	惠泰医疗	77.02	医药生物	深圳市	非国有
15	000999.SZ	华润三九	76.62	医药生物	深圳市	中央控股
16	300770.SZ	新媒股份	76.56	传媒	广州市	地方国有控股
17	002311.SZ	海大集团	76.46	农林牧渔	广州市	非国有
18	300454.SZ	深信服	76.41	计算机	深圳市	非国有
19	300136.SZ	信维通信	76.36	电子	深圳市	非国有
20	002192.SZ	融捷股份	76.35	有色金属	广州市	非国有
21	603288.SH	海天味业	76.33	食品饮料	佛山市	非国有
22	688128.SH	中国电研	76.31	机械设备	广州市	中央控股
23	300124.SZ	汇川技术	76.27	机械设备	深圳市	非国有
24	000333.SZ	美的集团	76.24	家用电器	佛山市	非国有
25	000651.SZ	格力电器	76.10	家用电器	珠海市	非国有
26	600380.SH	健康元	75.68	医药生物	深圳市	非国有

续表

排名	公司代码	公司名称	综合健康指数	一级行业_同花顺	地级市	产权性质
27	002152.SZ	广电运通	75.63	计算机	广州市	地方国有控股
28	600098.SH	广州发展	75.62	公用事业	广州市	地方国有控股
29	000921.SZ	海信家电	75.57	家用电器	佛山市	地方国有控股
30	000513.SZ	丽珠集团	75.56	医药生物	珠海市	非国有
31	835185.BJ	贝特瑞	75.55	电力设备	深圳市	非国有
32	688559.SH	海目星	75.51	机械设备	深圳市	非国有
33	300962.SZ	中金辐照	75.46	社会服务	深圳市	中央控股
34	002594.SZ	比亚迪	75.35	交运设备	深圳市	非国有
35	300037.SZ	新宙邦	75.30	电力设备	深圳市	非国有
36	002920.SZ	德赛西威	75.26	计算机	惠州市	地方国有控股
37	300833.SZ	浩洋股份	75.26	机械设备	广州市	非国有
38	688036.SH	传音控股	75.21	电子	深圳市	非国有
39	002916.SZ	深南电路	75.13	电子	深圳市	中央控股
40	600332.SH	白云山	75.03	医药生物	广州市	地方国有控股
41	001308.SZ	康冠科技	74.92	电子	深圳市	非国有
42	300979.SZ	华利集团	74.89	纺织服装	中山市	非国有
43	001872.SZ	招商港口	74.82	交通运输	深圳市	中央控股
44	300408.SZ	三环集团	74.78	电子	潮州市	非国有
45	300532.SZ	今天国际	74.78	计算机	深圳市	非国有
46	300498.SZ	温氏股份	74.77	农林牧渔	云浮市	非国有
47	688518.SH	联赢激光	74.76	机械设备	深圳市	非国有
48	002572.SZ	索菲亚	74.73	轻工制造	广州市	非国有
49	002938.SZ	鹏鼎控股	74.70	电子	深圳市	非国有
50	002837.SZ	英维克	74.69	机械设备	深圳市	非国有
51	002327.SZ	富安娜	74.68	纺织服装	深圳市	非国有
52	002352.SZ	顺丰控股	74.67	交通运输	深圳市	非国有
53	003013.SZ	地铁设计	74.67	建筑装饰	广州市	地方国有控股
54	000063.SZ	中兴通讯	74.62	通信	深圳市	非国有
55	000685.SZ	中山公用	74.45	环保	中山市	地方国有控股
56	300638.SZ	广和通	74.38	通信	深圳市	非国有
57	002957.SZ	科瑞技术	74.37	机械设备	深圳市	非国有
58	601238.SH	广汽集团	74.28	交运设备	广州市	地方国有控股
59	688389.SH	普门科技	74.20	医药生物	深圳市	非国有
60	688248.SH	南网科技	74.17	公用事业	广州市	中央控股
61	603228.SH	景旺电子	74.13	电子	深圳市	非国有
62	600433.SH	冠豪高新	74.07	轻工制造	湛江市	中央控股
63	002101.SZ	广东鸿图	74.05	交运设备	肇庆市	地方国有控股
64	002544.SZ	普天科技	73.94	通信	广州市	中央控股

续表

排名	公司代码	公司名称	综合健康指数	一级行业_同花顺	地级市	产权性质
65	300634.SZ	彩讯股份	73.86	计算机	深圳市	非国有
66	000012.SZ	南玻A	73.85	建筑材料	深圳市	地方国有控股
67	002017.SZ	东信和平	73.84	通信	珠海市	中央控股
68	601139.SH	深圳燃气	73.84	公用事业	深圳市	地方国有控股
69	002955.SZ	鸿合科技	73.80	电子	深圳市	非国有
70	002213.SZ	大为股份	73.78	综合	深圳市	非国有
71	001322.SZ	箭牌家居	73.72	轻工制造	佛山市	非国有
72	600428.SH	中远海特	73.67	交通运输	广州市	中央控股
73	003816.SZ	中国广核	73.64	公用事业	深圳市	中央控股
74	301029.SZ	怡合达	73.64	机械设备	东莞市	非国有
75	002416.SZ	爱施德	73.55	商贸零售	深圳市	非国有
76	601138.SH	工业富联	73.49	电子	深圳市	非国有
77	601900.SH	南方传媒	73.44	传媒	广州市	地方国有控股
78	002419.SZ	天虹股份	73.43	商贸零售	深圳市	中央控股
79	301039.SZ	中集车辆	73.40	交运设备	深圳市	中央控股

数据来源：同花顺、中关村国睿金融与产业发展研究会。

从行业分布来看，广东省上市公司在电子行业有165家，计算机、机械设备、电力设备和医药生物行业均超过50家，在轻工制造、基础化工、建筑装饰、通信、交运设备、传媒和交通运输行业均超过20家。在以上行业中，医药生物和机械设备行业整体综合健康指数水平相对较高，如表53-2所示。

表 53-2　　　　　　　广东省上市公司行业分布及综合健康指数水平

一级行业_同花顺	综合健康指数	上市公司家数
电子	65.64	165
计算机	66.26	72
机械设备	66.99	70
电力设备	66.33	56
医药生物	67.12	55
轻工制造	66.59	39
基础化工	62.78	37
建筑装饰	63.15	31
通信	66.03	28
交运设备	65.31	25
传媒	64.56	23
交通运输	65.77	22
家用电器	64.44	19
公用事业	66.71	18
环保	63.04	16
商贸零售	65.37	15

续表

一级行业_同花顺	综合健康指数	上市公司家数
纺织服装	63.40	14
国防军工	63.66	13
农林牧渔	67.60	13
有色金属	62.46	13
食品饮料	69.28	11
建筑材料	65.26	10
社会服务	69.36	10
美容护理	66.08	6
石油石化	62.41	3
黑色金属	54.66	2
综合	68.30	2
总计	65.67	788

数据来源：同花顺、中关村国睿金融与产业发展研究会。

53.2 九大系统健康指数

1. 公司治理系统

广东省788家上市公司公司治理系统健康指数平均水平为84.04，略低于全市场公司治理健康指数平均水平（85.08）。行业平均水平以上的上市公司有393家，占总数的49.87%。从区间分布看，60—70的有12家，占1.52%；70—80的有162家，占20.56%；80—90的有486家，占61.68%；90以上的有128家，占16.24%。

广东省上市公司公司治理系统健康指数排名前10的是：**农产品**（96.78）、**普天科技**（95.97）、**广东鸿图**（95.76）、**招商港口**（95.68）、**中国电研**（95.50）、**光库科技**（95.42）、**广州酒家**（95.31）、**南网科技**（95.15）、**中集车辆**（94.97）、**深圳燃气**（94.96）。

2. 外部监督系统

广东省788家上市公司外部监督系统健康指数平均水平为77.75，略低于全市场外部监督健康指数平均水平（78.64）。行业平均水平以上的上市公司有484家，占总数的61.42%。从区间分布看，50以下的有26家，占3.30%；50—60的有46家，占5.84%；60—70的有54家，占6.85%；70—80的有278家，占35.28%；80—90的有309家，占39.21%；90以上的有75家，占9.52%。

广东省上市公司外部监督系统健康指数排名前10的是：**新产业**（97.08）、**华润三九**（96.78）、**海信家电**（94.91）、**东鹏饮料**（94.89）、**广电运通**（94.70）、**鹏鼎控股**（94.18）、**裕同科技**（94.11）、**中望软件**（93.98）、**广东鸿图**（93.95）、**顺丰控股**（93.75）。

3. 创利能力系统

广东省788家上市公司创利能力系统健康指数平均水平为57.51，略低于全市场创利能力健康指数平均水平（58.47）。行业平均水平以上的上市公司有407家，占总数的51.65%。从区间分布看，40以下的有24家，占3.05%；40—50的有169家，占21.45%；50—60的有264家，占33.50%；60—70的有248家，占31.47%；70以上的有83家，占10.53%。

广东省上市公司创利能力系统健康指数排名前10的是：**亚辉龙（84.74）、地铁设计（81.23）、迈瑞医疗（79.67）、富安娜（79.65）、浩洋股份（79.57）、广咨国际（78.19）、惠泰医疗（77.52）、融捷股份（77.42）、顺控发展（76.89）、中金辐照（76.64）**。

4. 价值再造系统

广东省788家上市公司价值再造系统健康指数平均水平为60.4，略高于全市场价值再造健康指数平均水平（60.25）。行业平均水平以上的上市公司有424家，占总数的53.81%。从区间分布看，40以下的有9家，占1.14%；40—50的有95家，占12.06%；50—60的有253家，占32.11%；60—70的有323家，占40.99%；70以上的有108家，占13.71%。

广东省上市公司价值再造系统健康指数排名前10的是：**稳健医疗（86.11）、冰川网络（82.76）、广州发展（81.06）、英威腾（79.26）、拓邦股份（79.13）、比亚迪（79.11）、长园集团（78.71）、远光软件（78.48）、科瑞技术（78.33）、海大集团（78.12）**。

5. 产品销售系统

广东省788家上市公司产品销售系统健康指数平均水平为49.23，略低于全市场产品销售健康指数平均水平（50.17）。行业平均水平以上的上市公司有403家，占总数的51.14%。从区间分布看，40以下的有197家，占25.00%；40—50的有209家，占26.52%；50—60的有200家，占25.38%；60—70的有137家，占17.39%；70以上的有45家，占5.71%。

广东省上市公司产品销售系统健康指数排名前10的是：**立讯精密（81.68）、中集集团（81.62）、工业富联（80.09）、德赛西威（79.36）、维业股份（77.89）、天赐材料（77.41）、温氏股份（77.23）、鹏鼎控股（76.52）、神州数码（75.95）、铭利达（75.49）**。

6. 竞争态势系统

广东省788家上市公司竞争态势系统健康指数平均水平为49.94，略低于全市场竞争态势健康指数平均水平（50.47）。行业平均水平以上的上市公司有378家，占总数的47.97%。从区间分布看，40以下的有164家，占20.81%；40—50的有247家，占31.35%；50—60的有208家，占26.40%；60—70的有122家，占15.48%；70以上的有47家，占5.96%。

广东省上市公司竞争态势系统健康指数排名前10的是：**汇川技术（85.75）、迈瑞医疗（85.57）、达安基因（83.22）、稳健医疗（82.47）、欧派家居（81.88）、华测检测（81.88）、广电计量（78.00）、美的集团（77.83）、海大集团（77.79）、大族激光（77.50）**。

7. 资产资本结构系统

广东省788家上市公司资产资本结构系统健康指数平均水平为55.91，略低于全市场资产资本结构健康指数平均水平（56.79）。行业平均水平以上的上市公司有394家，占总数的50.00%。从区间分布看，40以下的有50家，占6.35%；40—50的有178家，占22.59%；50—60的有284家，占36.04%；60—70的有194家，占24.62%；70以上的有82家，占10.41%。

广东省上市公司资产资本结构系统健康指数排名前10的是：**新媒股份（81.64）、凌霄泵业（81.13）、广咨国际（80.23）、联动科技（79.05）、峰岹科技（77.51）、纬达光电（77.28）、正弦电气（76.88）、安达智能（76.84）、南华仪器（76.67）、中科蓝讯（76.56）**。

8. 内部控制系统

广东省788家上市公司内部控制系统健康指数平均水平为83.56，略高于全市场内部控制健康指数平均水平（83.22）。平均水平以上的上市公司有462家，占总数的58.63%。从区间分布看，60以下的有6家，占0.76%；60—70的有31家，占3.93%；70—80的有160家，占20.30%；80—90的有475家，占60.28%；90以上的有116家，占14.72%。

广东省上市公司内部控制系统健康指数排名前10的是：**海天味业（93.57）、广州酒家（93.57）、珠江啤酒（93.57）、艾比森（93.56）、远光软件（93.55）、中新赛克（93.55）、安达智能（93.54）、富安娜（93.10）、深信服（93.09）、共进股份（93.09）**。

9. 企业文化系统

广东省788家上市公司企业文化系统健康指数平均水平为69.41，略高于全市场企业文化健康指数平均水平（67.58）。行业平均水平以上的上市公司有403家，占总数的51.14%。从区间分布看，50以下的有42家，占5.33%；50—60的有137家，占17.39%；60—70的有216家，占27.41%；70—80的有229家，占29.06%；80以上的有164家，占20.81%。

广东省上市公司企业文化系统健康指数排名前10的是：**信维通信（93.49）、华测检测（93.04）、广和通（92.97）、拓斯达（92.92）、洲明科技（92.63）、丽珠集团（92.41）、裕同科技（92.38）、贝特瑞（91.56）、汇川技术（91.50）、迈瑞医疗（91.27）**。

第54章
广西壮族自治区

截至2022年底,广西壮族自治区上市公司总体情况如下:**上市公司数量**共40家,占全国上市公司总量的0.79%;**资产总量**为5628.85亿元,占全国上市公司资产总量的0.15%。

总市值为2720.79亿元,占全国上市公司总量的0.32%,总市值前3的上市公司分别是:桂冠电力(454.03亿元)、恒逸石化(257.74亿元)、国海证券(181.30亿元)。

营业收入总额为3711.64亿元,占全国上市公司总量的0.52%,营业收入前3的上市公司分别是:恒逸石化(1520.50亿元)、柳钢股份(807.25亿元)、柳工(264.80亿元)。

净利润总额为14.70亿元,占全国上市公司总量的0.03%,净利润前3的上市公司分别是:桂冠电力(36.43亿元)、北部湾港(11.50亿元)、柳药集团(7.59亿元)。

研发投入总额为45.81亿元,占全国上市公司研发投入的0.28%,研发投入金额前3的上市公司分别是:柳钢股份(10.92亿元)、柳工(9.37亿元)、恒逸石化(6.88亿元)。

研发投入占营业收入比为1.23%,低于全市场整体水平(2.32%),研发强度前3的上市公司分别是:星辰科技(14.66%)、新智认知(14.65%)、桂林三金(11.07%)。

总体来看,广西上市公司规模小、竞争力弱,营业收入、净利润、研发强度都有待进一步提高。

54.1 综合健康指数

根据报告同一诊断口径,在剔除银行、非银金融和房地产三个特殊行业外,共对广西壮族自治区37家上市公司开展健康诊断,健康指数情况如下。

2022年广西壮族自治区37家上市公司综合健康指数平均水平为63.09,最高的是**粤桂股份**(75.06)。从区间分布看,综合健康指数70以上的有4家,占10.81%;60—70的有22家,占59.46%;50—60的有11家,占29.73%,如图54-1所示。

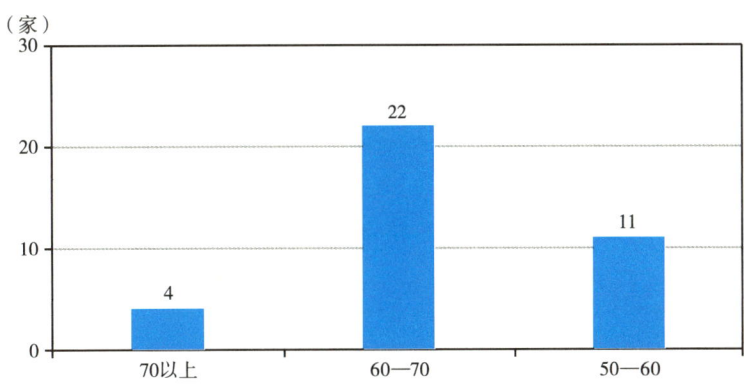

图54-1 广西壮族自治区上市公司综合健康指数分布

广西壮族自治区综合健康指数排名前10的上市公司如表54-1所示。

表54-1 广西壮族自治区上市公司综合健康指数前10名

排名	公司代码	公司名称	综合健康指数	一级行业_同花顺	地级市	产权性质
1	000833.SZ	粤桂股份	75.06	综合	贵港市	地方国有控股
2	002929.SZ	润建股份	72.87	通信	南宁市	非国有
3	600236.SH	桂冠电力	71.86	公用事业	南宁市	中央控股
4	002275.SZ	桂林三金	71.24	医药生物	桂林市	非国有
5	000582.SZ	北部湾港	68.70	交通运输	北海市	地方国有控股
6	603368.SH	柳药集团	68.24	医药生物	柳州市	非国有
7	301379.SZ	天山电子	67.34	电子	钦州市	非国有
8	301027.SZ	华蓝集团	66.82	建筑装饰	南宁市	非国有
9	600368.SH	五洲交通	66.50	交通运输	南宁市	地方国有控股
10	600556.SH	天下秀	66.31	传媒	北海市	非国有

数据来源：同花顺、中关村国睿金融与产业发展研究会。

从行业分布来看，广西壮族自治区上市公司在医药生物行业有6家，机械设备、食品饮料行业各3家，其余分布较为分散，如表54-2所示。

表54-2 广西壮族自治区上市公司行业分布及综合健康指数水平

一级行业_同花顺	综合健康指数	上市公司家数
医药生物	64.12	6
机械设备	62.55	3
食品饮料	59.93	3
传媒	64.42	2
公用事业	64.94	2
环保	62.78	2
基础化工	63.67	2
建筑装饰	63.65	2

续表

一级行业_同花顺	综合健康指数	上市公司家数
交通运输	67.60	2
交运设备	53.89	2
农林牧渔	62.95	2
电子	67.34	1
黑色金属	61.30	1
计算机	58.17	1
美容护理	62.41	1
轻工制造	60.88	1
商贸零售	59.04	1
社会服务	57.35	1
通信	72.87	1
综合	75.06	1
总计	63.09	37

数据来源：同花顺、中关村国睿金融与产业发展研究会。

54.2 九大系统健康指数

1. 公司治理系统

广西壮族自治区37家上市公司公司治理系统健康指数平均水平为84.74，略低于全市场公司治理健康指数平均水平（85.08）。行业平均水平以上的上市公司有19家，占总数的51.35%。从区间分布看，60—70的有1家，占2.70%；70—80的有8家，占21.62%；80—90的有17家，占45.95%；90以上的有11家，占29.73%。

广西壮族自治区上市公司公司治理系统健康指数排名前10的是：**广西广电**（95.95）、**中恒集团**（93.28）、**两面针**（93.24）、**五洲交通**（92.14）、**绿城水务**（91.99）、**柳化股份**（91.60）、**柳工**（91.03）、**桂冠电力**（90.98）、**粤桂股份**（90.53）、**北部湾港**（90.52）。

2. 外部监督系统

广西壮族自治区37家上市公司外部监督系统健康指数平均水平为76.1，略低于全市场外部监督健康指数平均水平（78.64）。行业平均水平以上的上市公司有23家，占总数的62.16%。从区间分布看，50以下的有1家，占2.70%；50—60的有5家，占13.51%；60—70的有1家，占2.70%；70—80的有14家，占37.84%；80—90的有12家，占32.43%；90以上的有4家，占10.81%。

广西壮族自治区上市公司外部监督系统健康指数排名前10的是：**润建股份**（95.53）、**柳药集团**（92.84）、**桂冠电力**（91.13）、**粤桂股份**（90.61）、**柳工**（86.57）、**两面针**（86.10）、**百洋股份**（85.24）、**绿城水务**（84.16）、**南宁百货**（83.18）、**柳钢股份**（83.08）。

3. 创利能力系统

广西壮族自治区37家上市公司创利能力系统健康指数平均水平为53.25，略低于全市场创利能力健康指数平均水平（58.47）。行业平均水平以上的上市公司有16家，占总数的43.24%。从区间分布看，40以下的有2家，占5.41%；40—50的有14家，占37.84%；50—60的有12家，占32.43%；60—70的有8家，占21.62%；70以上的有1家，占2.70%。

广西壮族自治区上市公司创利能力系统健康指数排名前10的是：**桂冠电力（78.32）、桂林三金（69.34）、粤桂股份（67.61）、五洲交通（64.41）、润建股份（63.98）、柳化股份（63.74）、北部湾港（63.15）、东方智造（62.68）、绿城水务（61.32）、天下秀（59.84）**。

4. 价值再造系统

广西壮族自治区37家上市公司价值再造系统健康指数平均水平为55.15，略低于全市场价值再造健康指数平均水平（60.25）。行业平均水平以上的上市公司有18家，占总数的48.65%。从区间分布看，40以下的有2家，占5.41%；40—50的有7家，占18.92%；50—60的有19家，占51.35%；60—70的有8家，占21.62%；70以上的有1家，占2.70%。

广西壮族自治区上市公司价值再造系统健康指数排名前10的是：**粤桂股份（73.72）、天山电子（68.65）、百洋股份（68.06）、桂林三金（65.37）、五洲交通（64.41）、中恒集团（63.64）、桂冠电力（63.56）、润建股份（62.77）、莱茵生物（61.56）、西麦食品（59.99）**。

5. 产品销售系统

广西壮族自治区37家上市公司产品销售系统健康指数平均水平为49.95，略低于全市场产品销售健康指数平均水平（50.17）。行业平均水平以上的上市公司有19家，占总数的51.35%。从区间分布看，40以下的有8家，占21.62%；40—50的有10家，占27.03%；50—60的有12家，占32.43%；60—70的有6家，占16.22%；70以上的有1家，占2.70%。

广西壮族自治区上市公司产品销售系统健康指数排名前10的是：**恒逸石化（72.46）、柳药集团（69.91）、润建股份（67.50）、柳工（63.76）、粤桂股份（63.24）、华锡有色（62.62）、桂冠电力（60.75）、广西能源（59.39）、柳钢股份（59.32）、百洋股份（57.61）**。

6. 竞争态势系统

广西壮族自治区37家上市公司竞争态势系统健康指数平均水平为44.87，略低于全市场竞争态势健康指数平均水平（50.47）。行业平均水平以上的上市公司有23家，占总数的62.16%。从区间分布看，40以下的有12家，占32.43%；40—50的有11家，占29.73%；50—60的有12家，占32.43%；60—70的有2家，占5.41%。

广西壮族自治区上市公司竞争态势系统健康指数排名前10的是：**润建股份（69.50）、粤桂股份（63.88）、柳药集团（59.77）、天下秀（59.43）、北部湾港（59.01）、皇氏集团（57.86）、柳工（56.97）、桂林三金（56.25）、博世科（56.07）、广西广电（53.31）**。

7. 资产资本结构系统

广西壮族自治区37家上市公司资产资本结构系统健康指数平均水平为53.06，略低于全市场资产资本结构健康指数平均水平（56.79）。行业平均水平以上的上市公司有16家，占总数的43.24%。从区间分布看，40以下的有3家，占8.11%；40—50的有11家，占29.73%；50—60的有13家，占35.14%；60—70的有8家，占21.62%；70以上的有2家，占5.41%。

广西壮族自治区上市公司资产资本结构系统健康指数排名前10的是：**柳化股份**（76.52）、**华锡有色**（72.38）、**天山电子**（69.03）、**西麦食品**（66.28）、**两面针**（63.96）、**桂林三金**（63.72）、**华蓝集团**（62.23）、**粤桂股份**（62.09）、**东方智造**（60.73）、**星辰科技**（60.36）。

8. 内部控制系统

广西壮族自治区37家上市公司内部控制系统健康指数平均水平为82.08，略低于全市场内部控制健康指数平均水平（83.22）。平均水平以上的上市公司有20家，占总数的54.05%。从区间分布看，60—70的有2家，占5.41%；70—80的有9家，占24.32%；80—90的有25家，占67.57%；90以上的有1家，占2.70%。

广西壮族自治区上市公司内部控制系统健康指数排名前10的是：**润建股份**（91.26）、**桂林三金**（89.77）、**河化股份**（89.57）、**东方智造**（87.84）、**粤桂股份**（87.47）、**丰林集团**（87.14）、**莱茵生物**（86.79）、**绿城水务**（86.69）、**中恒集团**（86.30）、**桂冠电力**（86.24）。

9. 企业文化系统

广西壮族自治区37家上市公司企业文化系统健康指数平均水平为64.43，略低于全市场企业文化健康指数平均水平（67.58）。行业平均水平以上的上市公司有17家，占总数的45.95%。从区间分布看，50以下的有3家，占8.11%；50—60的有12家，占32.43%；60—70的有11家，占29.73%；70—80的有7家，占18.92%；80以上的有4家，占10.81%。

广西壮族自治区上市公司企业文化系统健康指数排名前10的是：**华蓝集团**（84.47）、**莱茵生物**（82.23）、**西麦食品**（81.29）、**桂林三金**（81.27）、**润建股份**（78.46）、**柳工**（78.09）、**恒逸石化**（77.89）、**天下秀**（75.79）、**柳药集团**（74.28）、**柳钢股份**（71.28）。

第55章 海南省

截至2022年底，海南省上市公司总体情况如下：**上市公司数量**共28家，占全国上市公司总量的0.55%；**资产总量**为3613.23亿元，占全国上市公司资产总量的0.09%。

总市值为3671.24亿元，占全国上市公司总量的0.43%，总市值前3的上市公司分别是：海航控股（804.38亿元）、海南机场（573.55亿元）、钧达股份（261.96亿元）。

营业收入总额为1376.24亿元，占全国上市公司总量的0.19%，营业收入前3的上市公司分别是：广晟有色（228.64亿元）、海航控股（228.64亿元）、海南橡胶（153.71亿元）。

净利润总额为-194.16亿元，占全国上市公司总量的-0.35%，净利润前3的上市公司分别是：海南机场（19.75亿元）、钧达股份（8.21亿元）、海德股份（7.02亿元）。

研发投入总额为23.60亿元，占全国上市公司研发投入的0.14%，研发投入金额前3的上市公司分别是：普利制药（5.39亿元）、中钨高新（4.15亿元）、钧达股份（2.49亿元）。

研发投入占营业收入比为1.71%，低于全市场整体水平（2.32%），研发强度前3的上市公司分别是：普利制药（29.81%）、双成药业（13.55%）、海马汽车（9.23%）。

总体来看，海南省上市公司规模小、竞争力弱，营业收入、净利润、研发强度均处在全市场下游水平。

55.1 综合健康指数

根据报告同一诊断口径，在剔除银行、非银金融和房地产三个特殊行业外，共对海南省26家上市公司开展健康诊断，健康指数情况如下。

2022年海南省26家上市公司综合健康指数平均水平为62.18，最高的是**海峡股份**（73.19）。从区间分布看，综合健康指数70以上的有5家，占19.23%；60—70的有12家，占46.15%；50—60的有9家，占34.62%，如图55-1所示。

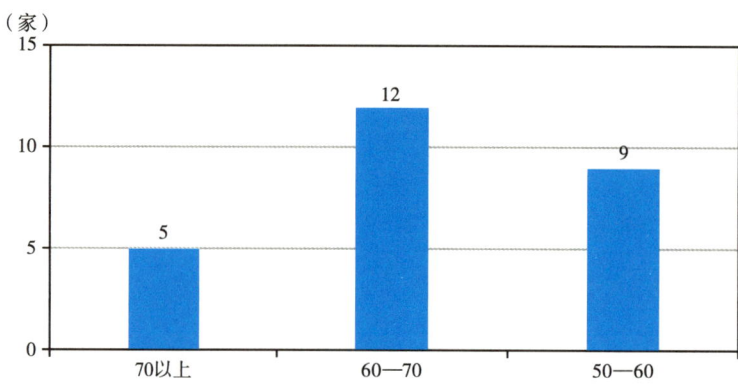

图55-1 海南省上市公司综合健康指数分布

海南省综合健康指数排名前5的上市公司如表55-1所示。

表55-1　　海南省上市公司综合健康指数前5名

排名	公司代码	公司名称	综合健康指数	一级行业_同花顺	地级市	产权性质
1	002320.SZ	海峡股份	73.19	交通运输	海口市	中央控股
2	000657.SZ	中钨高新	71.24	有色金属	海口市	中央控股
3	688676.SH	金盘科技	70.99	电力设备	海口市	非国有
4	300630.SZ	普利制药	70.27	医药生物	海口市	非国有
5	002865.SZ	钧达股份	70.15	电力设备	海口市	非国有

数据来源：同花顺、中关村国睿金融与产业发展研究会。

从行业分布来看，海南省上市公司在医药生物行业有5家，交通运输和农林牧渔行业各4家，电力设备和有色金属各2家，如表55-2所示。

表55-2　　海南省上市公司行业分布及综合健康指数水平

一级行业_同花顺	综合健康指数	上市公司家数
医药生物	62.44	5
交通运输	61.58	4
农林牧渔	63.92	4
电力设备	70.57	2
有色金属	69.51	2
传媒	57.16	1
纺织服装	62.89	1
黑色金属	69.46	1
建筑材料	55.82	1
交运设备	63.48	1
煤炭	52.20	1
社会服务	50.99	1
石油石化	60.20	1
食品饮料	50.14	1
总计	62.18	26

数据来源：同花顺、中关村国睿金融与产业发展研究会。

55.2 九大系统健康指数

1. 公司治理系统

海南省26家上市公司公司治理系统健康指数平均水平为84.84，略低于全市场公司治理健康指数平均水平（85.08）。行业平均水平以上的上市公司有12家，占总数的46.15%。从区间分布看，70—80的有5家，占19.23%；80—90的有17家，占65.38%；90以上的有4家，占15.38%。

海南省上市公司公司治理系统健康指数排名前10的是：**广晟有色（94.24）、海峡股份（92.27）、金盘科技（90.28）、中钨高新（90.16）、华闻集团（88.63）、葫芦娃（88.60）、京粮控股（88.54）、欣龙控股（86.66）、海马汽车（86.52）、神农科技（86.06）**。

2. 外部监督系统

海南省26家上市公司外部监督系统健康指数平均水平为76.11，略低于全市场外部监督健康指数平均水平（78.64）。行业平均水平以上的上市公司有14家，占总数的53.85%。从区间分布看，50以下的有1家，占3.85%；50—60的有2家，占7.69%；60—70的有6家，占23.08%；70—80的有5家，占19.23%；80—90的有10家，占38.46%；90以上的有2家，占7.69%。

海南省上市公司外部监督系统健康指数排名前10的是：**中钨高新（96.15）、金盘科技（95.79）、海峡股份（89.21）、京粮控股（89.07）、广晟有色（86.32）、海汽集团（84.84）、罗牛山（83.86）、华闻集团（83.60）、普利制药（82.30）、海马汽车（81.77）**。

3. 创利能力系统

海南省26家上市公司创利能力系统健康指数平均水平为52.32，略低于全市场创利能力健康指数平均水平（58.47）。行业平均水平以上的上市公司有13家，占总数的50.00%。从区间分布看，40以下的有2家，占7.69%；40—50的有9家，占34.62%；50—60的有11家，占42.31%；60—70的有3家，占11.54%；70以上的有1家，占3.85%。

海南省上市公司创利能力系统健康指数排名前10的是：**海峡股份（79.67）、海南矿业（66.98）、中钨高新（62.63）、钧达股份（62.04）、普利制药（59.68）、葫芦娃（59.56）、罗牛山（58.70）、金盘科技（55.84）、京粮控股（53.23）、新大洲A（53.11）**。

4. 价值再造系统

海南省26家上市公司价值再造系统健康指数平均水平为54.49，略低于全市场价值再造健康指数平均水平（60.25）。行业平均水平以上的上市公司有16家，占总数的61.54%。从区间分布看，40以下的有2家，占7.69%；40—50的有7家，占26.92%；50—60的有8家，占30.77%；60—70的有9家，占34.62%。

海南省上市公司价值再造系统健康指数排名前10的是：**钧达股份（69.63）、普利制药（67.31）、金盘科技（64.29）、中钨高新（63.71）、欣龙控股（62.34）、海南矿业（61.05）、葫芦娃（60.85）、海峡股份（60.80）、海马汽车（60.42）、双成药业（59.77）**。

5. 产品销售系统

海南省26家上市公司产品销售系统健康指数平均水平为46.64，略低于全市场产品销售健康指数平均水平（50.17）。行业平均水平以上的上市公司有12家，占总数的46.15%。从区间分布看，40以下的有8家，占30.77%；40—50的有8家，占30.77%；50—60的有7家，占26.92%；60—70的有2家，占7.69%；70以上的有1家，占3.85%。

海南省上市公司产品销售系统健康指数排名前10的是：**钧达股份（78.91）、京粮控股（68.63）、广晟有色（64.00）、海峡股份（59.68）、海南橡胶（59.42）、欣龙控股（57.25）、罗牛山（56.64）、葫芦娃（55.27）、金盘科技（51.56）、海南矿业（49.25）**。

6. 竞争态势系统

海南省26家上市公司竞争态势系统健康指数平均水平为44.57，略低于全市场竞争态势健康指数平均水平（50.47）。行业平均水平以上的上市公司有13家，占总数的50.00%。从区间分布看，40以下的有10家，占38.46%；40—50的有8家，占30.77%；50—60的有4家，占15.38%；60—70的有4家，占15.38%。

海南省上市公司竞争态势系统健康指数排名前10的是：**普利制药（66.15）、金盘科技（62.85）、钧达股份（62.36）、中钨高新（60.28）、广晟有色（57.94）、海马汽车（53.87）、海南橡胶（52.88）、罗牛山（51.14）、京粮控股（49.09）、海航控股（48.97）**。

7. 资产资本结构系统

海南省26家上市公司资产资本结构系统健康指数平均水平为49.16，略低于全市场资产资本结构健康指数平均水平（56.79）。行业平均水平以上的上市公司有13家，占总数的50.00%。从区间分布看，40以下的有6家，占23.08%；40—50的有7家，占26.92%；50—60的有11家，占42.31%；60—70的有1家，占3.85%；70以上的有1家，占3.85%。

海南省上市公司资产资本结构系统健康指数排名前10的是：**海峡股份（70.29）、海南矿业（62.45）、普利制药（59.23）、神农科技（58.60）、金盘科技（57.70）、葫芦娃（54.19）、钧达股份（53.71）、京粮控股（53.15）、海南机场（52.98）、海马汽车（50.99）**。

8. 内部控制系统

海南省26家上市公司内部控制系统健康指数平均水平为80.04，略低于全市场内部控制健康指数平均水平（83.22）。平均水平以上的上市公司有13家，占总数的50.00%。从区间分布看，60—70的有1家，占3.85%；70—80的有12家，占46.15%；80—90的有12家，占46.15%；90以上的有1家，占3.85%。

海南省上市公司内部控制系统健康指数排名前10的是：**海汽集团（91.66）、海峡股份（89.75）、海南矿业（88.20）、京粮控股（88.05）、中钨高新（87.72）、葫芦娃（85.16）、华闻集团（85.14）、罗牛山（84.10）、双成药业（83.63）、普利制药（83.13）**。

9. 企业文化系统

海南省26家上市公司企业文化系统健康指数平均水平为67.54，略低于全市场企业文化健康指数平均水平（67.58）。行业平均水平以上的上市公司有12家，占总数的46.15%。从区间分布看，50以下的有1家，占3.85%；50—60的有5家，占19.23%；60—70的有9家，占34.62%；70—80的有8家，占30.77%；80以上的有3家，占11.54%。

海南省上市公司企业文化系统健康指数排名前10的是：**普利制药（88.17）、中钨高新（83.48）、海南矿业（82.57）、康芝药业（78.77）、金盘科技（78.18）、华闻集团（76.42）、海南橡胶（72.67）、葫芦娃（71.16）、海南海药（70.97）、海汽集团（70.47）**。

第56章
重庆市

截至2022年底，重庆市上市公司总体情况如下：**上市公司数量**共69家，占全国上市公司总量的1.36%；**资产总量**为34751.22亿元，占全国上市公司资产总量的0.90%。

总市值为9467.23亿元，占全国上市公司总量的1.12%，总市值前3的上市公司分别是：智飞生物（1405.28亿元）、长安汽车（1073.25亿元）、重庆啤酒（616.48亿元）。

营业收入总额为7281.68亿元，占全国上市公司总量的1.02%，营业收入前3的上市公司分别是：长安汽车（1212.53亿元）、重药控股（678.29亿元）、金科股份（548.62亿元）。

净利润总额为202.36亿元，占全国上市公司总量的0.36%，净利润前3的上市公司分别是：渝农商行（104.78亿元）、长安汽车（77.45亿元）、智飞生物（75.39亿元）。

研发投入总额为180.03亿元，占全国上市公司研发投入的1.10%，研发投入金额前3的上市公司分别是：长安汽车（56.78亿元）、赛力斯（31.06亿元）、重庆钢铁（13.60亿元）。

研发投入占营业收入比为2.47%，高于全市场整体水平（2.32%），研发强度前3的上市公司分别是：巨人网络（31.53%）、电科芯片（14.95%）、华森制药（11.88%）。

总体来看，重庆市上市公司有一定优势，研发强度较高，部分公司在行业内有较好的竞争状态。

56.1 综合健康指数

根据报告同一诊断口径，在剔除银行、非银金融和房地产三个特殊行业外，共对重庆市59家上市公司开展健康诊断，健康指数情况如下。

2022年重庆市59家上市公司综合健康指数平均水平为66.14，最高的是**长安汽车（78.76）**。从区间分布看，综合健康指数70以上的有18家，占30.51%；60—70的有32家，占54.24%；50—60的有7家，占11.86%；50以下的有2家，占3.39%，如图56-1所示。

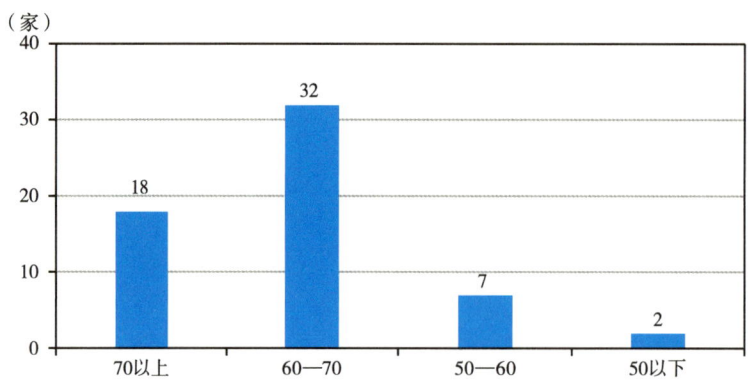

图56-1　重庆市上市公司综合健康指数分布

重庆市综合健康指数排名前10的上市公司如表56-1所示。

表56-1　　　　　　　　　　　重庆市上市公司综合健康指数前10名

排名	公司代码	公司名称	综合健康指数	一级行业_同花顺	地级市	产权性质
1	000625.SZ	长安汽车	78.76	交运设备	江北区	中央控股
2	603100.SH	川仪股份	77.81	机械设备	北碚区	地方国有控股
3	601965.SH	中国汽研	77.56	交运设备	渝北区	中央控股
4	300363.SZ	博腾股份	77.52	医药生物	长寿区	非国有
5	601827.SH	三峰环境	76.91	环保	大渡口区	地方国有控股
6	300122.SZ	智飞生物	75.37	医药生物	江北区	非国有
7	601158.SH	重庆水务	73.82	环保	渝中区	地方国有控股
8	600129.SH	太极集团	73.36	医药生物	涪陵区	中央控股
9	000591.SZ	太阳能	73.23	公用事业	渝中区	中央控股
10	600132.SH	重庆啤酒	72.60	食品饮料	渝北区	非国有

数据来源：同花顺、中关村国睿金融与产业发展研究会。

从行业分布来看，重庆市上市公司在医药生物行业集中最多，共13家，其次是交运设备行业为7家，公用事业、环保和机械设备行业均各4家。在以上行业中，交运设备行业整体综合健康指数水平相对较高，如表56-2所示。

表56-2　　　　　　　　　　　重庆市上市公司行业分布及综合健康指数水平

一级行业_同花顺	综合健康指数	上市公司家数
医药生物	64.48	13
交运设备	71.05	7
公用事业	69.75	4
环保	69.32	4
机械设备	68.94	4
电力设备	61.53	3
电子	64.46	3
建筑材料	64.66	3

续表

一级行业_同花顺	综合健康指数	上市公司家数
建筑装饰	63.18	3
交通运输	61.16	3
食品饮料	69.63	3
传媒	64.80	2
基础化工	64.49	2
有色金属	56.99	2
黑色金属	66.76	1
美容护理	70.85	1
商贸零售	70.39	1
总计	66.14	59

数据来源：同花顺、中关村国睿金融与产业发展研究会。

56.2 九大系统健康指数

1. 公司治理系统

重庆市59家上市公司公司治理系统健康指数平均水平为85.5，略高于全市场公司治理健康指数平均水平（85.08）。行业平均水平以上的上市公司有35家，占总数的59.32%。从区间分布看，60—70的有1家，占1.69%；70—80的有13家，占22.03%；80—90的有29家，占49.15%；90以上的有16家，占27.12%。

重庆市上市公司公司治理系统健康指数排名前10的是：**长安汽车**（96.52）、**莱美药业**（95.73）、**涪陵榨菜**（95.32）、**重庆水务**（95.24）、**重庆港**（94.87）、**重庆燃气**（94.71）、**三峡水利**（94.68）、**中国汽研**（94.50）、**川仪股份**（94.45）、**太阳能**（94.39）。

2. 外部监督系统

重庆市59家上市公司外部监督系统健康指数平均水平为78.7，略高于全市场外部监督健康指数平均水平（78.64）。行业平均水平以上的上市公司有36家，占总数的61.02%。从区间分布看，50以下的有2家，占3.39%；50—60的有3家，占5.08%；60—70的有4家，占6.78%；70—80的有18家，占30.51%；80—90的有24家，占40.68%；90以上的有8家，占13.56%。

重庆市上市公司外部监督系统健康指数排名前10的是：**太极集团**（94.97）、**中国汽研**（93.49）、**百亚股份**（93.42）、**长安汽车**（93.33）、**重庆水务**（91.21）、**智飞生物**（91.04）、**三峰环境**（90.77）、**涪陵电力**（90.50）、**重庆燃气**（89.81）、**川仪股份**（89.66）。

3. 创利能力系统

重庆市59家上市公司创利能力系统健康指数平均水平为57.82，略低于全市场创利能力健康指数平均水平（58.47）。行业平均水平以上的上市公司有29家，占总数的49.15%。从区间分布看，40以下的有1家，占1.69%；40—50的有14家，占23.73%；50—60的有20家，占33.90%；60—70的有

15家，占25.42%；70以上的有9家，占15.25%。

重庆市上市公司创利能力系统健康指数排名前10的是：**中国汽研（78.52）、博腾股份（78.24）、重庆水务（78.03）、重庆啤酒（75.73）、川仪股份（74.53）、涪陵电力（73.49）、百亚股份（71.36）、三峰环境（70.98）、涪陵榨菜（70.02）、康普化学（68.66）**。

4. 价值再造系统

重庆市59家上市公司价值再造系统健康指数平均水平为59.97，略低于全市场价值再造健康指数平均水平（60.25）。行业平均水平以上的上市公司有30家，占总数的50.85%。从区间分布看，40以下的有1家，占1.69%；40—50的有5家，占8.47%；50—60的有23家，占38.98%；60—70的有24家，占40.68%；70以上的有6家，占10.17%。

重庆市上市公司价值再造系统健康指数排名前10的是：**博腾股份（77.03）、太阳能（76.20）、力帆科技（72.52）、秦安股份（71.50）、巨人网络（71.03）、长安汽车（70.09）、赛力斯（69.25）、重庆百货（68.84）、川仪股份（68.80）、重庆建工（68.57）**。

5. 产品销售系统

重庆市59家上市公司产品销售系统健康指数平均水平为51.91，略高于全市场产品销售健康指数平均水平（50.17）。行业平均水平以上的上市公司有29家，占总数的49.15%。从区间分布看，40以下的有10家，占16.95%；40—50的有16家，占27.12%；50—60的有17家，占28.81%；60—70的有11家，占18.64%；70以上的有5家，占8.47%。

重庆市上市公司产品销售系统健康指数排名前10的是：**重药控股（76.91）、三峰环境（74.87）、长安汽车（73.57）、宗申动力（71.64）、博腾股份（71.44）、智飞生物（68.49）、重庆建工（68.17）、隆鑫通用（67.87）、重庆水务（67.58）、蓝黛科技（66.89）**。

6. 竞争态势系统

重庆市59家上市公司竞争态势系统健康指数平均水平为49.57，略低于全市场竞争态势健康指数平均水平（50.47）。行业平均水平以上的上市公司有27家，占总数的45.76%。从区间分布看，40以下的有17家，占28.81%；40—50的有17家，占28.81%；50—60的有8家，占13.56%；60—70的有9家，占15.25%；70以上的有8家，占13.56%。

重庆市上市公司竞争态势系统健康指数排名前10的是：**长安汽车（74.68）、川仪股份（74.63）、智飞生物（74.05）、中国汽研（73.23）、太阳能（72.21）、重庆啤酒（71.69）、赛力斯（71.48）、博腾股份（71.04）、力帆科技（67.20）、三峰环境（66.78）**。

7. 资产资本结构系统

重庆市59家上市公司资产资本结构系统健康指数平均水平为57.32，略高于全市场资产资本结构健康指数平均水平（56.79）。行业平均水平以上的上市公司有32家，占总数的54.24%。从区间分布看，40以下的有3家，占5.08%；40—50的有13家，占22.03%；50—60的有15家，占25.42%；60—70的有22家，占37.29%；70以上的有6家，占10.17%。

重庆市上市公司资产资本结构系统健康指数排名前10的是：**康普化学（76.57）、秦安股份（75.17）、涪陵电力（72.47）、涪陵榨菜（72.34）、泓禧科技（72.02）、山外山（71.76）、瑜欣电子**

（69.35）、有友食品（68.85）、重庆路桥（67.73）、望变电气（67.43）。

8. 内部控制系统

重庆市59家上市公司内部控制系统健康指数平均水平为83.79，略高于全市场内部控制健康指数平均水平（83.22）。平均水平以上的上市公司有36家，占总数的61.02%。从区间分布看，60—70的有3家，占5.08%；70—80的有9家，占15.25%；80—90的有42家，占71.19%；90以上的有5家，占8.47%。

重庆市上市公司内部控制系统健康指数排名前10的是：**再升科技（93.57）、巨人网络（93.50）、秦安股份（91.06）、川仪股份（90.07）、电科芯片（90.03）、瑜欣电子（89.99）、太阳能（89.62）、有友食品（89.21）、重庆啤酒（89.04）、泓禧科技（88.76）**。

9. 企业文化系统

重庆市59家上市公司企业文化系统健康指数平均水平为65.23，略低于全市场企业文化健康指数平均水平（67.58）。行业平均水平以上的上市公司有27家，占总数的45.76%。从区间分布看，50以下的有8家，占13.56%；50—60的有15家，占25.42%；60—70的有16家，占27.12%；70—80的有9家，占15.25%；80以上的有11家，占18.64%。

重庆市上市公司企业文化系统健康指数排名前10的是：**博腾股份（88.14）、赛力斯（86.27）、再升科技（84.53）、长安汽车（83.85）、智飞生物（83.69）、太极集团（83.41）、百亚股份（82.02）、重庆钢铁（81.90）、梅安森（81.70）、华邦健康（80.82）**。

第57章 四川省

截至2022年底，四川省上市公司总体情况如下：**上市公司数量**共168家，占全国上市公司总量的3.32%；**资产总量**为31542.15亿元，占全国上市公司资产总量的0.82%。

总市值为29670.19亿元，占全国上市公司总量的3.50%，总市值前3的上市公司分别是：五粮液（7013.68亿元）、泸州老窖（3301.17亿元）、通威股份（1736.85亿元）。

营业收入总额为12157.83亿元，占全国上市公司总量的1.71%，营业收入前3的上市公司分别是：通威股份（1424.23亿元）、新希望（1415.08亿元）、四川路桥（1351.51亿元）。

净利润总额为1547.46亿元，占全国上市公司总量的2.75%，净利润前3的上市公司分别是：通威股份（323.73亿元）、天齐锂业（311.08亿元）、五粮液（279.71亿元）。

研发投入总额为327.77亿元，占全国上市公司研发投入的2.00%，研发投入金额前3的上市公司分别是：四川路桥（44.28亿元）、通威股份（44.01亿元）、东方电气（31.05亿元）。

研发投入占营业收入比为2.70%，高于全市场整体水平（2.32%），研发强度前3的上市公司分别是：海创药业（15226.8%）、欧林生物（40.05%）、观想科技（29.79%）。

总体来看，四川省上市公司市值、营收和利润贡献相对较好，整体研发强度高于市场平均水平。

57.1 综合健康指数

根据报告同一诊断口径，在剔除银行、非银金融和房地产三个特殊行业外，共对四川省163家上市公司开展健康诊断，健康指数情况如下。

2022年四川省163家上市公司综合健康指数平均水平为66.85，最高的是**五粮液（81.57）**。从区间分布看，综合健康指数70以上的有51家，占31.29%；60—70的有95家，占58.28%；50—60的有17家，占10.43%，如图57-1所示。

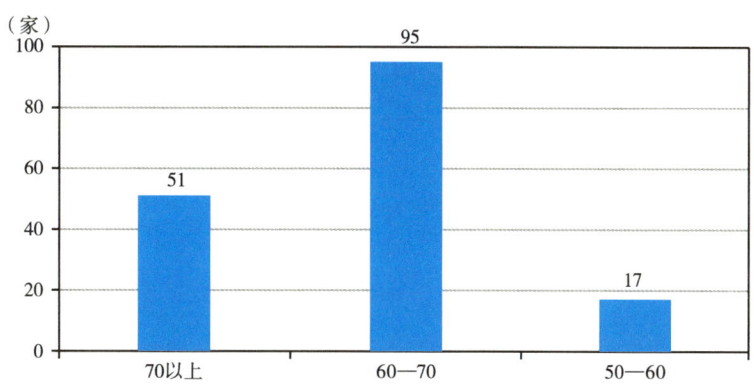

图57-1 四川省上市公司综合健康指数分布

四川省综合健康指数排名前10%的上市公司如表57-1所示。

表 57-1　　　　　　　　　四川省上市公司综合健康指数前 10% 排名

排名	公司代码	公司名称	综合健康指数	一级行业_同花顺	地级市	产权性质
1	000858.SZ	五粮液	81.57	食品饮料	宜宾市	地方国有控股
2	600039.SH	四川路桥	79.67	建筑装饰	成都市	地方国有控股
3	600438.SH	通威股份	79.43	电力设备	成都市	非国有
4	600378.SH	昊华科技	79.25	基础化工	成都市	中央控股
5	000568.SZ	泸州老窖	79.16	食品饮料	泸州市	地方国有控股
6	002497.SZ	雅化集团	77.40	有色金属	雅安市	非国有
7	600131.SH	国网信通	76.98	计算机	阿坝藏族羌族自治州	中央控股
8	002466.SZ	天齐锂业	76.94	有色金属	遂宁市	非国有
9	600702.SH	舍得酒业	76.75	食品饮料	遂宁市	非国有
10	002258.SZ	利尔化学	76.26	基础化工	绵阳市	中央控股
11	600875.SH	东方电气	75.84	电力设备	成都市	中央控股
12	000598.SZ	兴蓉环境	75.65	环保	成都市	地方国有控股
13	002312.SZ	川发龙蟒	75.32	基础化工	成都市	地方国有控股
14	300820.SZ	英杰电气	75.17	电力设备	德阳市	非国有
15	603317.SH	天味食品	74.89	食品饮料	成都市	非国有
16	300470.SZ	中密控股	74.48	机械设备	成都市	地方国有控股

数据来源：同花顺、中关村国睿金融与产业发展研究会。

从行业分布来看，四川省上市公司在基础化工、国防军工、医药生物、机械设备、计算机和公用事业行业较为集中，均为10家及以上，在交运设备、电力设备、食品饮料、有色金属、家用电器、建筑装饰和通信行业均为5家及以上。在以上行业中，食品饮料和有色金属行业整体综合健康指数水平相对较高，如表57-2所示。

表 57-2　　四川省上市公司行业分布及综合健康指数水平

一级行业_同花顺	综合健康指数	上市公司家数
基础化工	68.47	18
国防军工	65.49	17
医药生物	65.93	17
机械设备	65.12	15
计算机	66.09	12
公用事业	66.34	10
交运设备	65.56	8
电力设备	66.34	7
食品饮料	74.16	7
有色金属	70.32	7
家用电器	68.82	6
建筑装饰	63.67	5
通信	67.84	5
电子	64.77	4
环保	69.15	4
轻工制造	61.59	4
商贸零售	68.61	4
传媒	69.34	3
建筑材料	65.52	2
交通运输	64.65	2
农林牧渔	67.58	2
社会服务	65.74	2
纺织服装	63.55	1
黑色金属	70.49	1
总计	66.85	163

数据来源：同花顺、中关村国睿金融与产业发展研究会。

57.2　九大系统健康指数

1. 公司治理系统

四川省163家上市公司公司治理系统健康指数平均水平为85.9，略高于全市场公司治理健康指数平均水平（85.08）。行业平均水平以上的上市公司有88家，占总数的53.99%。从区间分布看，70—80的有27家，占16.56%；80—90的有88家，占53.99%；90以上的有48家，占29.45%。

四川省上市公司公司治理系统健康指数排名前10的是：**盛和资源**（95.82）、**成都燃气**（95.13）、**雅化集团**（95.08）、**中密控股**（95.00）、**川能动力**（94.89）、**华塑控股**（94.74）、**中建环能**（93.66）、**兴蓉环境**（93.57）、**乐山电力**（93.50）、**蜀道装备**（93.47）。

2. 外部监督系统

四川省163家上市公司外部监督系统健康指数平均水平为79.37，略高于全市场外部监督健康指数平均水平（78.64）。行业平均水平以上的上市公司有92家，占总数的56.44%。从区间分布看，50以下的有3家，占1.84%；50—60的有3家，占1.84%；60—70的有15家，占9.20%；70—80的有54家，占33.13%；80—90的有76家，占46.63%；90以上的有12家，占7.36%。

四川省上市公司外部监督系统健康指数排名前10的是：昊华科技（94.98）、东方电气（93.14）、兴蓉环境（92.83）、普瑞眼科（92.77）、中自科技（92.03）、科伦药业（91.91）、国网信通（91.79）、川投能源（91.33）、创维数字（90.70）、川能动力（90.40）。

3. 创利能力系统

四川省163家上市公司创利能力系统健康指数平均水平为60.24，略高于全市场创利能力健康指数平均水平（58.47）。行业平均水平以上的上市公司有86家，占总数的52.76%。从区间分布看，40以下的有2家，占1.23%；40—50的有23家，占14.11%；50—60的有52家，占31.90%；60—70的有59家，占36.20%；70以上的有27家，占16.56%。

四川省上市公司创利能力系统健康指数排名前10的是：五粮液（81.38）、通威股份（79.44）、四川美丰（78.01）、兴蓉环境（77.51）、天齐锂业（76.72）、新易盛（76.68）、中密控股（76.01）、利尔化学（75.87）、泸州老窖（75.02）、舍得酒业（74.81）。

4. 价值再造系统

四川省163家上市公司价值再造系统健康指数平均水平为61.01，略高于全市场价值再造健康指数平均水平（60.25）。行业平均水平以上的上市公司有83家，占总数的50.92%。从区间分布看，40以下的有1家，占0.61%；40—50的有16家，占9.82%；50—60的有56家，占34.36%；60—70的有63家，占38.65%；70以上的有27家，占16.56%。

四川省上市公司价值再造系统健康指数排名前10的是：四川路桥（83.54）、昊华科技（79.30）、雅化集团（77.86）、舍得酒业（77.46）、五粮液（76.45）、川发龙蟒（76.30）、金石亚药（75.34）、泸州老窖（75.16）、天齐锂业（74.29）、天味食品（73.90）。

5. 产品销售系统

四川省163家上市公司产品销售系统健康指数平均水平为49.73，略低于全市场产品销售健康指数平均水平（50.17）。行业平均水平以上的上市公司有84家，占总数的51.53%。从区间分布看，40以下的有38家，占23.31%；40—50的有42家，占25.77%；50—60的有41家，占25.15%；60—70的有36家，占22.09%；70以上的有6家，占3.68%。

四川省上市公司产品销售系统健康指数排名前10的是：四川路桥（86.05）、天原股份（76.86）、通威股份（75.71）、富临精工（73.77）、天齐锂业（72.66）、大西洋（70.41）、国网信通（69.89）、山高环能（69.42）、宜宾纸业（69.36）、高新发展（69.22）。

6. 竞争态势系统

四川省163家上市公司竞争态势系统健康指数平均水平为50.4，略低于全市场竞争态势健康指数平均水平（50.47）。行业平均水平以上的上市公司有82家，占总数的50.31%。从区间分布看，40以下的有38家，占23.31%；40—50的有40家，占24.54%；50—60的有52家，占31.90%；60—70的有26家，占15.95%；70以上的有7家，占4.29%。

四川省上市公司竞争态势系统健康指数排名前10的是：昊华科技（77.19）、通威股份（76.67）、四川路桥（75.02）、泸州老窖（72.84）、利尔化学（72.78）、东方电气（71.59）、五粮液（70.64）、舍得酒业（69.74）、川发龙蟒（69.63）、迈克生物（68.23）。

7. 资产资本结构系统

四川省163家上市公司资产资本结构系统健康指数平均水平为58.05，略高于全市场资产资本结构健康指数平均水平（56.79）。行业平均水平以上的上市公司有83家，占总数的50.92%。从区间分布看，40以下的有8家，占4.91%；40—50的有29家，占17.79%；50—60的有53家，占32.52%；60—70的有54家，占33.13%；70以上的有19家，占11.66%。

四川省上市公司资产资本结构系统健康指数排名前10的是：坤恒顺维（79.08）、天微电子（78.85）、银河磁体（78.29）、安宁股份（78.26）、趣睡科技（77.24）、盛帮股份（76.85）、明星电力（75.50）、川网传媒（75.11）、康弘药业（74.73）、英杰电气（74.01）。

8. 内部控制系统

四川省163家上市公司内部控制系统健康指数平均水平为84.41，略高于全市场内部控制健康指数平均水平（83.22）。平均水平以上的上市公司有91家，占总数的55.83%。从区间分布看，60以下的有1家，占0.61%；60—70的有5家，占3.07%；70—80的有23家，占14.11%；80—90的有109家，占66.87%；90以上的有25家，占15.34%。

四川省上市公司内部控制系统健康指数排名前10的是：天味食品（93.57）、四川双马（93.57）、四川成渝（93.57）、久远银海（93.55）、富森美（93.53）、盛帮股份（92.97）、天箭科技（92.83）、英杰电气（92.31）、昊华科技（92.12）、硅宝科技（92.04）。

9. 企业文化系统

四川省163家上市公司企业文化系统健康指数平均水平为66.6，略低于全市场企业文化健康指数平均水平（67.58）。行业平均水平以上的上市公司有78家，占总数的47.85%。从区间分布看，50以下的有11家，占6.75%；50—60的有38家，占23.31%；60—70的有51家，占31.29%；70—80的有41家，占25.15%；80以上的有22家，占13.50%。

四川省上市公司企业文化系统健康指数排名前10的是：通威股份（91.09）、天齐锂业（90.35）、大宏立（87.80）、五粮液（86.82）、新乳业（85.39）、倍益康（85.31）、迈克生物（84.78）、川环科技（84.70）、硅宝科技（83.59）、东方电气（83.53）。

第58章
贵州省

截至2022年底，贵州省上市公司总体情况如下：**上市公司数量**共35家，占全国上市公司总量的0.69%；**资产总量**为13666.92亿元，占全国上市公司资产总量的0.35%。

总市值为26179.42亿元，占全国上市公司总量的3.09%，总市值前3的上市公司分别是：贵州茅台（21694.54亿元）、振华科技（594.47亿元）、中航重机（457.74亿元）。

营业收入总额为2979.50亿元，占全国上市公司总量的0.42%，营业收入前3的上市公司分别是：贵州茅台（1241.00亿元）、中伟股份（303.44亿元）、贵阳银行（156.43亿元）。

净利润总额为617.39亿元，占全国上市公司总量的1.10%，净利润前3的上市公司分别是：贵州茅台（653.75亿元）、贵阳银行（62.46亿元）、振华科技（23.83亿元）。

研发投入总额为54.54亿元，占全国上市公司研发投入的0.33%，研发投入金额前3的上市公司分别是：中伟股份（9.29亿元）、航天电器（6.25亿元）、振华科技（5.80亿元）。

研发投入占营业收入比为1.83%，低于全市场整体水平（2.32%），研发强度前3的上市公司分别是：振华风光（11.31%）、航天电器（10.38%）、振华科技（7.98%）。

总体看，贵州省上市公司家数少、发展不平衡，贵州茅台在市值、营业收入、净利润、研发投入等方面在全市场明显领先。

58.1 综合健康指数

根据报告同一诊断口径，在剔除银行、非银金融和房地产三个特殊行业外，共对贵州省33家上市公司开展健康诊断，健康指数情况如下。

2022年贵州省33家上市公司综合健康指数平均水平为65.92，最高的是**振华科技（78.42）**。从区间分布看，综合健康指数70以上的有8家，占24.24%；60—70的有19家，占57.58%；50—60的有5家，占15.15%；50以下的有1家，占3.03%，如图58-1所示。

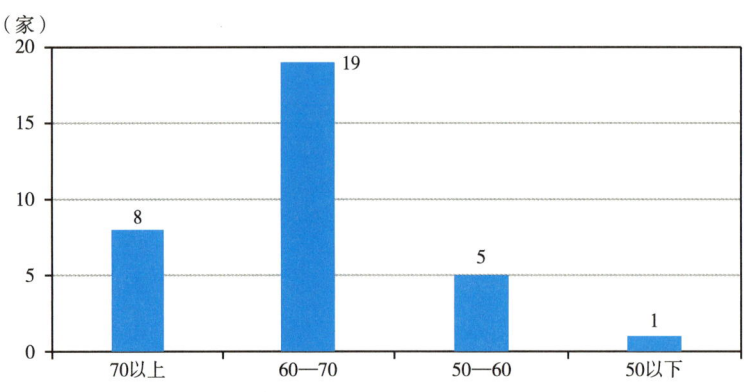

图58-1　贵州省上市公司综合健康指数分布

贵州省综合健康指数排名前5的上市公司如表58-1所示。

表58-1　　　　　　　　　　贵州省上市公司综合健康指数前5名

排名	公司代码	公司名称	综合健康指数	一级行业_同花顺	地级市	产权性质
1	000733.SZ	振华科技	78.42	国防军工	贵阳市	中央控股
2	600519.SH	贵州茅台	78.37	食品饮料	遵义市	地方国有控股
3	600765.SH	中航重机	75.32	国防军工	贵阳市	中央控股
4	688707.SH	振华新材	74.99	电力设备	贵阳市	中央控股
5	002025.SZ	航天电器	73.35	国防军工	贵阳市	中央控股

数据来源：同花顺、中关村国睿金融与产业发展研究会。

从行业分布来看，贵州省上市公司在基础化工、国防军工和医药生物行业超过5家，电力设备行业为4家，公用事业和交运设备为2家，其余行业均为1家。其中，食品饮料、国防军工和交运设备行业综合健康指数水平相对较高，如表58-2所示。

表58-2　　　　　　　　贵州省上市公司行业分布及综合健康指数水平

一级行业_同花顺	综合健康指数	上市公司家数
基础化工	64.57	6
国防军工	72.66	5
医药生物	62.99	5
电力设备	63.28	4
公用事业	66.07	2
交运设备	70.89	2
传媒	63.80	1
机械设备	64.36	1
计算机	67.16	1
建筑装饰	61.32	1
交通运输	58.35	1
煤炭	64.34	1

续表

一级行业_同花顺	综合健康指数	上市公司家数
轻工制造	65.35	1
食品饮料	78.37	1
通信	59.54	1
总计	65.92	33

数据来源：同花顺、中关村国睿金融与产业发展研究会。

58.2 九大系统健康指数

1. 公司治理系统

贵州省33家上市公司公司治理系统健康指数平均水平为86.15，略高于全市场公司治理健康指数平均水平（85.08）。行业平均水平以上的上市公司有17家，占总数的51.52%。从区间分布看，70—80的有5家，占15.15%；80—90的有18家，占54.55%；90以上的有10家，占30.30%。

贵州省上市公司公司治理系统健康指数排名前10的是：振华新材（95.09）、中航重机（92.68）、沃顿科技（92.50）、振华科技（92.34）、贵绳股份（92.14）、振华风光（92.11）、航天电器（92.08）、黔源电力（91.72）、贵州轮胎（91.01）、红星发展（90.93）。

2. 外部监督系统

贵州省33家上市公司外部监督系统健康指数平均水平为80.7，略高于全市场外部监督健康指数平均水平（78.64）。行业平均水平以上的上市公司有19家，占总数的57.58%。从区间分布看，50以下的有1家，占3.03%；50—60的有1家，占3.03%；60—70的有3家，占9.09%；70—80的有9家，占27.27%；80—90的有12家，占36.36%；90以上的有7家，占21.21%。

贵州省上市公司外部监督系统健康指数排名前10的是：振华风光（94.35）、振华科技（92.72）、振华新材（92.36）、黔源电力（92.22）、中航重机（91.09）、航宇科技（90.19）、华夏航空（90.03）、贵绳股份（89.12）、贵航股份（88.81）、中伟股份（88.55）。

3. 创利能力系统

贵州省33家上市公司创利能力系统健康指数平均水平为57.87，略低于全市场创利能力健康指数平均水平（58.47）。行业平均水平以上的上市公司有18家，占总数的54.55%。从区间分布看，40以下的有2家，占6.06%；40—50的有6家，占18.18%；50—60的有11家，占33.33%；60—70的有11家，占33.33%；70以上的有3家，占9.09%。

贵州省上市公司创利能力系统健康指数排名前10的是：贵州茅台（82.86）、振华科技（79.99）、黔源电力（73.72）、贵航股份（69.85）、川恒股份（68.64）、贵州三力（68.51）、朗玛信息（67.52）、航天电器（66.87）、中航重机（66.14）、振华新材（65.21）。

4. 价值再造系统

贵州省33家上市公司价值再造系统健康指数平均水平为58.43，略低于全市场价值再造健康指数平均水平（60.25）。行业平均水平以上的上市公司有19家，占总数的57.58%。从区间分布看，40以下的有2家，占6.06%；40—50的有5家，占15.15%；50—60的有9家，占27.27%；60—70的有13家，占39.39%；70以上的有4家，占12.12%。

贵州省上市公司价值再造系统健康指数排名前10的是：**沃顿科技（75.25）、振华科技（72.81）、贵州茅台（71.70）、贵州三力（70.21）、中航重机（68.49）、航天电器（67.76）、振华风光（67.46）、振华新材（66.80）、新天药业（66.08）、红星发展（65.56）**。

5. 产品销售系统

贵州省33家上市公司产品销售系统健康指数平均水平为52.64，略高于全市场产品销售健康指数平均水平（50.17）。行业平均水平以上的上市公司有15家，占总数的45.45%。从区间分布看，40以下的有4家，占12.12%；40—50的有9家，占27.27%；50—60的有11家，占33.33%；60—70的有7家，占21.21%；70以上的有2家，占6.06%。

贵州省上市公司产品销售系统健康指数排名前10的是：**振华新材（80.69）、中航重机（74.43）、中伟股份（69.41）、贵州茅台（68.99）、航天电器（62.96）、振华科技（61.88）、贵绳股份（61.44）、信邦制药（60.99）、高鸿股份（60.74）、朗玛信息（59.59）**。

6. 竞争态势系统

贵州省33家上市公司竞争态势系统健康指数平均水平为49.7，略低于全市场竞争态势健康指数平均水平（50.47）。行业平均水平以上的上市公司有14家，占总数的42.42%。从区间分布看，40以下的有5家，占15.15%；40—50的有14家，占42.42%；50—60的有7家，占21.21%；60—70的有7家，占21.21%。

贵州省上市公司竞争态势系统健康指数排名前10的是：**振华新材（69.13）、中航重机（66.86）、中伟股份（65.54）、贵州茅台（65.32）、航天电器（63.14）、振华科技（62.77）、贵绳股份（61.76）、信邦制药（58.51）、高鸿股份（58.50）、朗玛信息（57.68）**。

7. 资产资本结构系统

贵州省33家上市公司资产资本结构系统健康指数平均水平为53.61，略低于全市场资产资本结构健康指数平均水平（56.79）。行业平均水平以上的上市公司有18家，占总数的54.55%。从区间分布看，40以下的有2家，占6.06%；40—50的有10家，30.30%；50—60的有13家，占39.39%；60—70的有7家，占21.21%；70以上的有1家，占3.03%。

贵州省上市公司资产资本结构系统健康指数排名前10的是：**贵州茅台（74.32）、振华风光（67.41）、红星发展（65.84）、航天电器（64.26）、振华科技（62.01）、贵航股份（61.36）、贵州三力（60.78）、沃顿科技（60.13）、振华新材（58.89）、黔源电力（58.38）**。

8. 内部控制系统

贵州省33家上市公司内部控制系统健康指数平均水平为82.01，略低于全市场内部控制健康指数平均水平（83.22）。平均水平以上的上市公司有20家，占总数的60.61%。从区间分布看，60以下的有1家，占3.03%；60—70的有2家，占6.06%；70—80的有7家，占21.21%；80—90的有21家，占63.64%；90以上的有2家，占6.06%。

贵州省上市公司内部控制系统健康指数排名前10的是：**贵绳股份**（91.64）、**黔源电力**（90.77）、**贵航股份**（89.74）、**贵州轮胎**（88.83）、**新天药业**（88.47）、**中航重机**（88.19）、**沃顿科技**（87.93）、**贵州茅台**（87.85）、**信邦制药**（87.11）、**航天电器**（87.01）。

9. 企业文化系统

贵州省33家上市公司企业文化系统健康指数平均水平为66.23，略低于全市场企业文化健康指数平均水平（67.58）。行业平均水平以上的上市公司有18家，占总数的54.55%。从区间分布看，50以下的有2家，占6.06%；50—60的有8家，占24.24%；60—70的有8家，占24.24%；70—80的有13家，占39.39%；80以上的有2家，占6.06%。

贵州省上市公司企业文化系统健康指数排名前10的是：**中伟股份**（88.55）、**中航重机**（80.52）、**黔源电力**（79.74）、**贵州茅台**（79.03）、**振华科技**（77.93）、**红星发展**（77.10）、**泰永长征**（75.42）、**振华新材**（74.97）、**朗玛信息**（74.85）、**沃顿科技**（73.48）。

第59章
云南省

截至2022年底，云南省上市公司总体情况如下：**上市公司数量**共42家，占全国上市公司总量的0.83%；**资产总量**为7855.89亿元，占全国上市公司资产总量的0.20%。

总市值为8914.61亿元，占全国上市公司总量的1.05%，总市值前3的上市公司分别是：华能水电（1188.00亿元）、恩捷股份（1171.65亿元）、云南白药（976.77亿元）。

营业收入总额为5685.95亿元，占全国上市公司总量的0.80%，营业收入前3的上市公司分别是：云南铜业（1349.15亿元）、云天化（753.13亿元）、锡业股份（519.98亿元）。

净利润总额为334.86亿元，占全国上市公司总量的0.60%，净利润前3的上市公司分别是：华能水电（72.76亿元）、云天化（70.46亿元）、云铝股份（52.68亿元）。

研发投入总额为113.08亿元，占全国上市公司研发投入的0.69%，研发投入金额前3的上市公司分别是：云南铜业（22.30亿元）、云铝股份（19.56亿元）、沃森生物（10.53亿元）。

研发投入占营业收入比为1.99%，低于全市场整体水平（2.32%），研发强度前3的上市公司分别是：龙津药业（23.40%）、沃森生物（20.70%）、云南锗业（17.10%）。

总体来看，云南省上市公司家数少，但市值和营业收入贡献相对较好，但研发投入和研发强度有待进一步提升。

59.1 综合健康指数

根据报告同一诊断口径，在剔除银行、非银金融和房地产三个特殊行业外，共对云南省37家上市公司开展健康诊断，健康指数情况如下。

2022年云南省37家上市公司综合健康指数平均水平为66.08，最高的是**南网储能（77.26）**。从区间分布看，综合健康指数70以上的有14家，占37.84%；60—70的有13家，占35.14%；50—60的有9家，占24.32%，50以下的有1家，占2.7%，如图59-1所示。

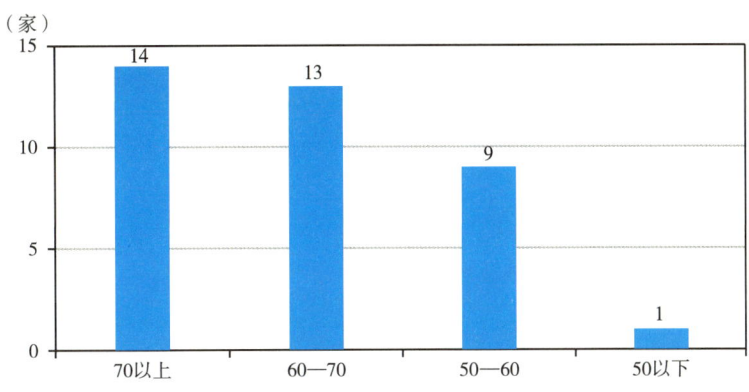

图59-1　云南省上市公司综合健康指数分布

云南省综合健康指数排名前5名的上市公司如表59-1所示。

表59-1　云南省上市公司综合健康指数前5名

排名	公司代码	公司名称	综合健康指数	一级行业_同花顺	地级市	产权性质
1	600995.SH	南网储能	77.26	公用事业	文山壮族苗族自治州	中央控股
2	300957.SZ	贝泰妮	76.12	美容护理	昆明市	非国有
3	600096.SH	云天化	75.03	基础化工	昆明市	地方国有控股
4	000807.SZ	云铝股份	74.93	有色金属	昆明市	中央控股
5	000948.SZ	南天信息	74.19	计算机	昆明市	地方国有控股

数据来源：同花顺、中关村国睿金融与产业发展研究会。

从行业分布来看，云南省上市公司在医药生物、有色金属行业各有8家，基础化工、农林牧渔、公用事业、商贸零售和社会服务超过2家。以上行业中，公用事业、商贸零售行业整体综合健康指数水平相对较高，如表59-2所示。

表59-2　云南省上市公司行业分布及综合健康指数水平

一级行业_同花顺	综合健康指数	上市公司家数
医药生物	63.58	8
有色金属	65.63	8
基础化工	67.03	4
农林牧渔	61.12	3
公用事业	75.38	2
商贸零售	69.32	2
社会服务	67.81	2
电力设备	70.69	1
国防军工	70.57	1
机械设备	70.73	1
计算机	74.19	1
建筑装饰	59.61	1

续表

一级行业_同花顺	综合健康指数	上市公司家数
交运设备	57.55	1
煤炭	55.37	1
美容护理	76.12	1
总计	66.08	37

数据来源：同花顺、中关村国睿金融与产业发展研究会。

59.2 九大系统健康指数

1. 公司治理系统

云南省37家上市公司公司治理系统健康指数平均水平为86.6，略高于全市场公司治理健康指数平均水平（85.08）。行业平均水平以上的上市公司有19家，占总数的51.35%。从区间分布看，70—80的有4家，占10.81%；80—90的有24家，占64.86%；90以上的有9家，占24.32%。

云南省上市公司公司治理系统健康指数排名前10的是：**华能水电（96.10）、丽江股份（94.28）、贵研铂业（94.27）、云天化（93.21）、云内动力（93.20）、云南旅游（92.86）、云铝股份（92.36）、驰宏锌锗（91.91）、云南能投（91.29）、神农集团（89.97）**。

2. 外部监督系统

云南省37家上市公司外部监督系统健康指数平均水平为79.11，略高于全市场外部监督健康指数平均水平（78.64）。行业平均水平以上的上市公司有21家，占总数的56.76%。从区间分布看，50以下的有1家，占2.70%；50—60的有1家，占2.70%；60—70的有5家，占13.51%；70—80的有10家，占27.03%；80—90的有15家，占40.54%；90以上的有5家，占13.51%。

云南省上市公司外部监督系统健康指数排名前10的是：**南网储能（93.82）、昆药集团（92.12）、健之佳（92.08）、华能水电（91.27）、昆船智能（90.12）、云铝股份（89.62）、一心堂（89.58）、贝泰妮（89.38）、贵研铂业（88.06）、南天信息（88.00）**。

3. 创利能力系统

云南省37家上市公司创利能力系统健康指数平均水平为58.02，略低于全市场创利能力健康指数平均水平（58.47）。行业平均水平以上的上市公司有20家，占总数的54.05%。从区间分布看，40以下的有4家，占10.81%；40—50的有4家，占10.81%；50—60的有11家，占29.73%；60—70的有13家，占35.14%；70以上的有5家，占13.51%。

云南省上市公司创利能力系统健康指数排名前10的是：**南网储能（79.25）、云铝股份（74.46）、华能水电（73.27）、云天化（73.11）、博闻科技（70.63）、贝泰妮（69.97）、云南铜业（68.68）、川金诺（65.91）、丽江股份（65.18）、云南白药（65.10）**。

4. 价值再造系统

云南省37家上市公司价值再造系统健康指数平均水平为58.93，略低于全市场价值再造健康指数平均水平（60.25）。行业平均水平以上的上市公司有22家，占总数的59.46%。从区间分布看，40以下的有4家，占10.81%；40—50的有6家，占16.22%；50—60的有7家，占18.92%；60—70的有15家，占40.54%；70以上的有5家，占13.51%。

云南省上市公司价值再造系统健康指数排名前10的是：**云南铜业（76.93）、建设工业（75.97）、昆船智能（75.84）、南天信息（72.90）、云天化（70.02）、华致酒行（69.77）、贝泰妮（69.48）、云铝股份（69.22）、南网储能（68.45）、华能水电（68.40）**。

5. 产品销售系统

云南省37家上市公司产品销售系统健康指数平均水平为52.5，略高于全市场产品销售健康指数平均水平（50.17）。行业平均水平以上的上市公司有21家，占总数的56.76%。从区间分布看，40以下的有9家，占24.32%；40—50的有5家，占13.51%；50—60的有9家，占24.32%；60—70的有8家，占21.62%；70以上的有6家，占16.22%。

云南省上市公司产品销售系统健康指数排名前10的是：**建设工业（80.10）、南天信息（77.35）、云南铜业（72.78）、锡业股份（71.26）、贵研铂业（71.16）、南网储能（70.30）、云天化（69.07）、云铝股份（68.83）、昆船智能（67.96）、一心堂（66.52）**。

6. 竞争态势系统

云南省37家上市公司竞争态势系统健康指数平均水平为49.77，略低于全市场竞争态势健康指数平均水平（50.47）。行业平均水平以上的上市公司有19家，占总数的51.35%。从区间分布看，40以下的有11家，占29.73%；40—50的有7家，占18.92%；50—60的有7家，占18.92%；60—70的有9家，占24.32%；70以上的有3家，占8.11%。

云南省上市公司竞争态势系统健康指数排名前10的是：**贝泰妮（77.52）、沃森生物（72.09）、建设工业（71.00）、南天信息（69.41）、恩捷股份（65.06）、昆船智能（64.56）、云南铜业（64.35）、贵研铂业（64.20）、云南白药（62.63）、云天化（62.49）**。

7. 资产资本结构系统

云南省37家上市公司资产资本结构系统健康指数平均水平为54.77，略低于全市场资产资本结构健康指数平均水平（56.79）。行业平均水平以上的上市公司有14家，占总数的37.84%。从区间分布看，40以下的有1家，占2.70%；40—50的有12家，占32.43%；50—60的有11家，占29.73%；60—70的有11家，占29.73%；70以上的有2家，占5.41%。

云南省上市公司资产资本系统健康指数排名前10的是：**神农集团（73.70）、云维股份（71.19）、贝泰妮（69.26）、华致酒行（68.51）、丽江股份（67.51）、博闻科技（67.31）、大理药业（67.20）、昆工科技（65.33）、生物谷（62.90）、南网储能（61.98）**。

8. 内部控制系统

云南省37家上市公司内部控制系统健康指数平均水平为82.21，略低于全市场内部控制健康指数平均水平（83.22）。平均水平以上的上市公司有21家，占总数的56.76%。从区间分布看，60以下的有1家，占2.70%；70—80的有12家，占32.43%；80—90的有22家，占59.46%；90以上的有2家，占5.41%。

云南省上市公司内部控制系统健康指数排名前10的是：**南网储能（93.53）**、云维股份（90.36）、一心堂（89.86）、丽江股份（89.46）、龙津药业（87.74）、博闻科技（87.66）、大理药业（87.38）、神农集团（87.37）、云铝股份（87.35）、贝泰妮（87.13）。

9. 企业文化系统

云南省37家上市公司企业文化系统健康指数平均水平为67.02，略低于全市场企业文化健康指数平均水平（67.58）。行业平均水平以上的上市公司有18家，占总数的48.65%。从区间分布看，50以下的有2家，占5.41%；50—60的有10家，占27.03%；60—70的有9家，占24.32%；70—80的有9家，占24.32%；80以上的有7家，占18.92%。

云南省上市公司企业文化系统健康指数排名前10的是：**云南白药（91.38）**、恩捷股份（86.67）、云天化（85.98）、沃森生物（83.83）、贝泰妮（83.50）、昆药集团（80.58）、南天信息（80.48）、健之佳（79.98）、一心堂（78.36）、云南铜业（78.34）。

第60章
西藏自治区

截至2022年底，西藏自治区上市公司总体情况如下：**上市公司数量**共22家，占全国上市公司总量的0.43%；**资产总量**为1340.16亿元，占全国上市公司资产总量的0.03%。

总市值为2285.28亿元，占全国上市公司总量的0.27%，总市值前3的上市公司分别是：华林证券（355.86亿元）、梅花生物（309.72亿元）、海思科（239.32亿元）。

营业收入总额为590.92亿元，占全国上市公司总量的0.08%，营业收入前3的上市公司分别是：梅花生物（279.37亿元）、西藏天路（38.45亿元）、海思科（30.15亿元）。

净利润总额为86.13亿元，占全国上市公司总量的0.15%，净利润前3的上市公司分别是：梅花生物（44.06亿元）、西藏矿业（14.59亿元）、华宝股份（7.33亿元）。

研发投入总额为31.35亿元，占全国上市公司研发投入的0.19%，研发投入金额前3的上市公司分别是：海思科（9.58亿元）、梅花生物（8.29亿元）、万兴科技（3.48亿元）。

研发投入占营业收入比为5.31%，高于全市场整体水平（2.32%），研发强度前3的上市公司分别是：海思科（31.77%）、万兴科技（29.47%）、天阳科技（13.80%）。

总体来看，西藏上市公司规模小、竞争力弱，营业收入、净利润、研发强度均处在全市场中下游水平。

60.1 综合健康指数

根据报告同一诊断口径，在剔除银行、非银金融和房地产三个特殊行业外，共对西藏自治区20家上市公司开展健康诊断，健康指数情况如下。

2022年西藏自治区20家上市公司综合健康指数平均水平为64.04，最高的是**梅花生物**（77.39）。从区间分布看，综合健康指数70以上的有5家，占30%；60—70的有10家，占52.86%；50—60的有4家，占17.14%，50以下的有1家，占5%，如图60-1所示。

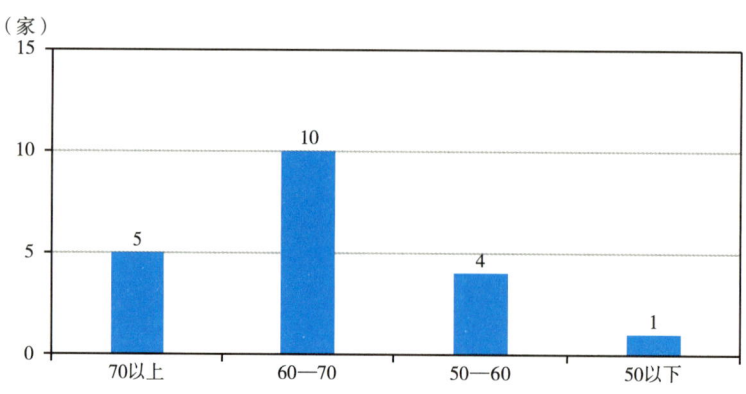

图60-1　西藏自治区上市公司综合健康指数分布

西藏自治区综合健康指数排名前5的上市公司如表60-1所示。

表60-1　西藏自治区上市公司综合健康指数前5名

排名	公司代码	公司名称	综合健康指数	一级行业_同花顺	地级市	产权性质
1	600873.SH	梅花生物	77.39	基础化工	拉萨市	非国有
2	603676.SH	卫信康	72.69	医药生物	拉萨市	非国有
3	000762.SZ	西藏矿业	71.89	有色金属	拉萨市	中央控股
4	300564.SZ	筑博设计	71.63	建筑装饰	拉萨市	非国有
5	300624.SZ	万兴科技	70.55	计算机	拉萨市	非国有

数据来源：同花顺、中关村国睿金融与产业发展研究会。

从行业分布来看，西藏自治区上市公司在医药生物行业有8家，有色金属、基础化工超过3家。以上行业中，基础化工、计算机行业整体综合健康指数水平相对较高，如表60-2所示。

表60-2　西藏自治区上市公司行业分布及综合健康指数水平

一级行业_同花顺	综合健康指数	上市公司家数
医药生物	64.51	8
有色金属	61.68	3
基础化工	68.18	3
计算机	68.84	2
食品饮料	45.88	1
社会服务	62.02	1
建筑装饰	71.63	1
建筑材料	57.99	1
总计	64.04	20

数据来源：同花顺、中关村国睿金融与产业发展研究会。

60.2 九大系统健康指数

1. 公司治理系统

西藏自治区20家上市公司公司治理系统健康指数平均水平为82.75，略低于全市场公司治理健康指数平均水平（85.08）。行业平均水平以上的上市公司有10家，占总数的50.00%。从区间分布看，60—70的有1家，占5.00%；70—80的有4家，占20.00%；80—90的有12家，占60.00%；90以上的有3家，占15.00%。

西藏自治区上市公司公司治理系统健康指数排名前10的是：**西藏矿业（93.79）、西藏天路（91.72）、高争民爆（90.02）、卫信康（88.28）、筑博设计（87.13）、恩威医药（86.08）、梅花生物（85.54）、西藏旅游（85.33）、天阳科技（84.72）、万兴科技（84.22）**。

2. 外部监督系统

西藏自治区20家上市公司外部监督系统健康指数平均水平为73.41，略低于全市场外部监督健康指数平均水平（78.64）。行业平均水平以上的上市公司有14家，占总数的70.00%。从区间分布看，50以下的有3家，占15.00%；50—60的有2家，占10.00%；60—70的有1家，占5.00%；70—80的有4家，占20.00%；80—90的有9家，占45.00%；90以上的有1家，占5.00%。

西藏自治区上市公司外部监督系统健康指数排名前10的是：**梅花生物（91.05）、卫信康（89.49）、奇正藏药（88.16）、海思科（87.81）、西藏旅游（85.71）、西藏矿业（85.38）、万兴科技（82.70）、西藏药业（82.04）、筑博设计（81.26）、高争民爆（80.10）**。

3. 创利能力系统

西藏自治区20家上市公司创利能力系统健康指数平均水平为60.12，略高于全市场创利能力健康指数平均水平（58.47）。行业平均水平以上的上市公司有11家，占总数的55.00%。从区间分布看，40—50的有6家，占30.00%；50—60的有3家，占15.00%；60—70的有6家，占30.00%；70以上的有5家，占25.00%。

西藏自治区上市公司创利能力系统健康指数排名前10的是：**西藏矿业（80.36）、梅花生物（77.34）、筑博设计（75.75）、西藏药业（74.11）、万兴科技（70.26）、华宝股份（68.83）、卫信康（66.09）、奇正藏药（63.10）、易明医药（62.55）、西藏珠峰（61.29）**。

4. 价值再造系统

西藏自治区20家上市公司价值再造系统健康指数平均水平为57.19，略低于全市场价值再造健康指数平均水平（60.25）。行业平均水平以上的上市公司有10家，占总数的50.00%。从区间分布看，40以下的有1家，占5.00%；40—50的有4家，占20.00%；50—60的有7家，占35.00%；60—70的有7家，占35.00%；70以上的有1家，占5.00%。

西藏自治区上市公司价值再造系统健康指数排名前10的是：**万兴科技（72.45）、梅花生物（69.26）、天阳科技（66.70）、海思科（65.31）、卫信康（64.67）、华宝股份（64.48）、筑博设计（62.63）、西藏药业（60.44）、奇正藏药（58.85）、易明医药（58.54）**。

5. 产品销售系统

西藏自治区20家上市公司产品销售系统健康指数平均水平为46.67，略低于全市场产品销售健康指数平均水平（50.17）。行业平均水平以上的上市公司有9家，占总数的45.00%。从区间分布看，40以下的有4家，占20.00%；40—50的有9家，占45.00%；50—60的有4家，占20.00%；60—70的有2家，占10.00%；70以上的有1家，占5.00%。

西藏自治区上市公司产品销售系统健康指数排名前10的是：**梅花生物（73.17）、天阳科技（61.99）、卫信康（61.63）、西藏药业（52.19）、万兴科技（51.89）、西藏矿业（51.06）、奇正藏药（49.59）、海思科（47.65）、恩威医药（46.23）、易明医药（46.04）**。

6. 竞争态势系统

西藏自治区20家上市公司竞争态势系统健康指数平均水平为44.39，略低于全市场竞争态势健康指数平均水平（50.47）。行业平均水平以上的上市公司有11家，占总数的55.00%。从区间分布看，40以下的有6家，占30.00%；40—50的有6家，占30.00%；50—60的有5家，占25.00%；60—70的有3家，占15.00%。

西藏自治区上市公司竞争态势系统健康指数排名前10的是：**梅花生物（67.44）、华宝股份（62.62）、海思科（62.45）、卫信康（56.36）、天阳科技（54.55）、筑博设计（51.05）、万兴科技（50.69）、奇正藏药（50.57）、高争民爆（46.64）、西藏药业（45.18）**。

7. 资产资本结构系统

西藏自治区20家上市公司资产资本结构系统健康指数平均水平为57.65，略高于全市场资产资本结构健康指数平均水平（56.79）。行业平均水平以上的上市公司有11家，占总数的55.00%。从区间分布看，40—50的有3家，占15.00%；50—60的有11家，占55.00%；60—70的有5家，占25.00%；70以上的有1家，占5.00%。

西藏自治区上市公司资产资本系统健康指数排名前10的是：**筑博设计（73.82）、恩威医药（67.71）、卫信康（67.50）、西藏旅游（65.54）、多瑞医药（64.05）、奇正藏药（63.03）、西藏珠峰（59.48）、梅花生物（59.14）、灵康药业（58.48）、西藏矿业（58.06）**。

8. 内部控制系统

西藏自治区20家上市公司内部控制系统健康指数平均水平为83.41，略高于全市场内部控制健康指数平均水平（83.22）。平均水平以上的上市公司有13家，占总数的65.00%。从区间分布看，60—70的有1家，占5.00%；70—80的有4家，占20.00%；80—90的有12家，占60.00%；90以上的有3家，占15.00%。

西藏自治区上市公司内部控制系统健康指数排名前10的是：**海思科（91.69）、西藏矿业（90.71）、多瑞医药（90.38）、天阳科技（89.75）、奇正藏药（89.32）、筑博设计（88.94）、梅花生物（88.64）、西藏药业（88.22）、高争民爆（86.63）、万兴科技（85.41）**。

9. 企业文化系统

西藏自治区20家上市公司企业文化系统健康指数平均水平为65.29，略低于全市场企业文化健康指数平均水平（67.58）。行业平均水平以上的上市公司有11家，占总数的55.00%。从区间分布看，

50以下的有3家，占15.00%；50—60的有4家，占20.00%；60—70的有2家，占10.00%；70—80的有9家，占45.00%；80以上的有2家，占10.00%。

西藏自治区上市公司企业文化系统健康指数排名前10的是：**易明医药**（84.78）、**海思科**（83.32）、**西藏矿业**（79.70）、**梅花生物**（78.81）、**奇正藏药**（75.91）、**万兴科技**（74.99）、**筑博设计**（74.58）、**西藏珠峰**（73.84）、**天阳科技**（73.32）、**卫信康**（73.24）。

第61章
陕西省

截至2022年底，陕西省上市公司总体情况如下：**上市公司数量**共75家，占全国上市公司总量的1.48%；**资产总量**为18393.51亿元，占全国上市公司资产总量的0.48%。

总市值为13827.71亿元，占全国上市公司总量的1.63%，总市值前3的上市公司分别是：隆基绿能（3204.01亿元）、陕西煤业（1801.33亿元）、航发动力（1127.01亿元）。

营业收入总额为7754.02亿元，占全国上市公司总量的1.09%，营业收入前3的上市公司分别是：陕西建工（1893.66亿元）、陕西煤业（1668.48亿元）、隆基绿能（1289.98亿元）。

净利润总额为862.83亿元，占全国上市公司总量的1.54%，净利润前3的上市公司分别是：陕西煤业（530.89亿元）、隆基绿能（147.63亿元）、陕西建工（45.70亿元）。

研发投入总额为163.33亿元，占全国上市公司研发投入的1.00%，研发投入金额前3的上市公司分别是：隆基绿能（71.41亿元）、陕西建工（12.00亿元）、陕西煤业（10.69亿元）。

研发投入占营业收入比为2.11%，低于全市场整体水平（2.32%），研发强度前3的上市公司分别是：天和防务（30.93%）、铂力特（17.71%）、烽火电子（16.38%）。

总体来看，陕西省上市公司市值、净利润、研发投入贡献相对较好，部分公司在行业内处于领先位置。

61.1 综合健康指数

根据报告同一诊断口径，在剔除银行、非银金融和房地产三个特殊行业外，共对陕西省70家上市公司开展健康诊断，健康指数情况如下。

2022年陕西省70家上市公司综合健康指数平均水平为66.19，最高的是**陕西煤业（80.45）**。从区间分布看，综合健康指数70以上的有21家，占30%；60—70的有37家，占52.86%；50—60的有12家，占17.14%，如图61-1所示。

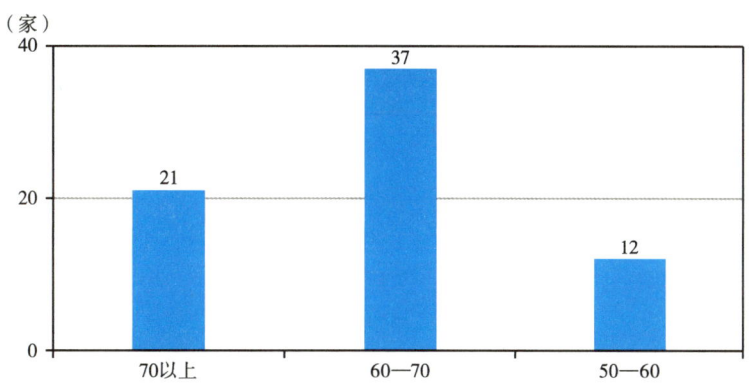

图61-1　陕西省上市公司综合健康指数分布

陕西省综合健康指数排名前10%的上市公司如表61-1所示。

表61-1　　　　　　　　　　陕西省上市公司综合健康指数前10%排名

排名	公司代码	公司名称	综合健康指数	一级行业_同花顺	地级市	产权性质
1	601225.SH	陕西煤业	80.45	煤炭	西安市	地方国有控股
2	601012.SH	隆基绿能	76.34	电力设备	西安市	非国有
3	688269.SH	凯立新材	75.42	基础化工	西安市	地方国有控股
4	601568.SH	北元集团	74.58	基础化工	榆林市	地方国有控股
5	688122.SH	西部超导	74.42	国防军工	西安市	地方国有控股
6	605168.SH	三人行	74.30	传媒	西安市	非国有
7	601958.SH	金钼股份	73.66	有色金属	西安市	地方国有控股

数据来源：同花顺、中关村国睿金融与产业发展研究会。

从行业分布来看，陕西省上市公司在国防军工行业有11家，机械设备、基础化工、电子、医药生物、社会服务、电力设备超过5家。以上行业中，基础化工、国防军工行业整体综合健康指数水平相对较高，如表61-2所示。

表61-2　　　　　　　　　　陕西省上市公司行业分布及综合健康指数水平

一级行业_同花顺	综合健康指数	上市公司家数
国防军工	67.87	11
机械设备	66.08	9
基础化工	71.35	6
电子	65.36	6
医药生物	62.49	5
社会服务	63.13	5
电力设备	64.72	5
有色金属	67.99	4
传媒	68.24	4
环保	61.92	3

续表

一级行业_同花顺	综合健康指数	上市公司家数
轻工制造	63.87	2
煤炭	66.57	2
公用事业	66.63	2
通信	71.05	1
石油石化	59.70	1
商贸零售	57.13	1
交运设备	69.84	1
建筑装饰	70.51	1
计算机	66.87	1
总计	66.19	70

数据来源：同花顺、中关村国睿金融与产业发展研究会。

61.2 九大系统健康指数

1. 公司治理系统

陕西省70家上市公司公司治理系统健康指数平均水平为86.79，略高于全市场公司治理健康指数平均水平（85.08）。行业平均水平以上的上市公司有38家，占总数的54.29%。从区间分布看，70—80的有10家，占14.29%；80—90的有38家，占54.29%；90以上的有22家，占31.43%。

陕西省上市公司公司治理系统健康指数排名前10的是：**航天动力（94.63）、北元集团（94.44）、宝光股份（94.11）、西安饮食（93.78）、盘龙药业（93.70）、环球印务（93.48）、航发动力（92.40）、隆基绿能（92.36）、宝钛股份（92.31）、西部材料（92.08）**。

2. 外部监督系统

陕西省70家上市公司外部监督系统健康指数平均水平为78.73，略高于全市场外部监督健康指数平均水平（78.64）。行业平均水平以上的上市公司有41家，占总数的58.57%。从区间分布看，50—60的有3家，占4.29%；60—70的有9家，占12.86%；70—80的有23家，占32.86%；80—90的有32家，占45.71%；90以上的有3家，占4.29%。

陕西省上市公司外部监督系统健康指数排名前10的是：**陕西煤业（92.97）、西部超导（92.70）、凯立新材（90.06）、中航西飞（88.90）、中国西电（88.82）、陕天然气（88.63）、华秦科技（88.26）、易点天下（87.75）、北元集团（87.68）、航发动力（87.31）**。

3. 创利能力系统

陕西省70家上市公司创利能力系统健康指数平均水平为59.69，略高于全市场创利能力健康指数平均水平（58.47）。行业平均水平以上的上市公司有39家，占总数的55.71%。从区间分布看，40以下的有4家，占5.71%；40—50的有7家，占10.00%；50—60的有22家，占31.43%；60—70的有26家，占37.14%；70以上的有11家，占15.71%。

陕西省上市公司创利能力系统健康指数排名前10的是：**陕西煤业（81.59）、金钼股份（77.53）、博通股份（76.25）、蓝晓科技（75.97）、康拓医疗（75.24）、富士达（72.16）、凯立新材（72.07）、陕天然气（71.79）、派瑞股份（71.71）、西部超导（70.78）**。

4. 价值再造系统

陕西省70家上市公司价值再造系统健康指数平均水平为59.68，略低于全市场价值再造健康指数平均水平（60.25）。行业平均水平以上的上市公司有39家，占总数的55.71%。从区间分布看，40以下的有4家，占5.71%；40—50的有8家，占11.43%；50—60的有19家，占27.14%；60—70的有32家，占45.71%；70以上的有7家，占10.00%。

陕西省上市公司价值再造系统健康指数排名前10的是：**隆基绿能（77.66）、陕建股份（76.72）、三达膜（74.51）、陕西煤业（70.73）、美邦股份（70.69）、北元集团（70.13）、三人行（70.09）、中天火箭（69.43）、高铁电气（68.54）、金钼股份（68.45）**。

5. 产品销售系统

陕西省70家上市公司产品销售系统健康指数平均水平为49.38，略低于全市场产品销售健康指数平均水平（50.17）。行业平均水平以上的上市公司有34家，占总数的48.57%。从区间分布看，40以下的有16家，占22.86%；40—50的有20家，占28.57%；50—60的有17家，占24.29%；60—70的有15家，占21.43%；70以上的有2家，占2.86%。

陕西省上市公司产品销售系统健康指数排名前10的是：**陕建股份（81.21）、航发动力（71.34）、陕西煤业（69.33）、西部超导（68.86）、中航西飞（68.10）、美畅股份（67.76）、三人行（67.39）、隆基绿能（66.89）、同力股份（66.44）、凯立新材（65.36）**。

6. 竞争态势系统

陕西省70家上市公司竞争态势系统健康指数平均水平为49.05，略低于全市场竞争态势健康指数平均水平（50.47）。行业平均水平以上的上市公司有36家，占总数的51.43%。从区间分布看，40以下的有13家，占18.57%；40—50的有23家，占32.86%；50—60的有22家，占31.43%；60—70的有9家，占12.86%；70以上的有3家，占4.29%。

陕西省上市公司竞争态势系统健康指数排名前10的是：**陕西煤业（77.85）、蓝晓科技（74.12）、陕建股份（72.77）、隆基绿能（69.56）、陕鼓动力（68.18）、铂力特（65.55）、三人行（65.46）、西部材料（62.29）、西部超导（61.55）、三达膜（61.50）**。

7. 资产资本结构系统

陕西省70家上市公司资产资本结构系统健康指数平均水平为58.18，略高于全市场资产资本结构健康指数平均水平（56.79）。行业平均水平以上的上市公司有32家，占总数的45.71%。从区间分布看，40以下的有3家，占4.29%；40—50的有17家，占24.29%；50—60的有19家，占27.14%；60—70的有17家，占24.29%；70以上的有14家，占20.00%。

陕西省上市公司资产资本系统健康指数排名前10的是：**天润科技（76.08）、莱特光电（74.93）、美邦股份（74.70）、派瑞股份（74.70）、美能能源（74.57）、源杰科技（73.82）、三角防务（73.66）、兴化股份（73.38）、荣信文化（72.51）、华秦科技（72.28）**。

8. 内部控制系统

陕西省70家上市公司内部控制系统健康指数平均水平为82.49，略低于全市场内部控制健康指数平均水平（83.22）。平均水平以上的上市公司有38家，占总数的54.29%。从区间分布看，60以下的有2家，占2.86%；60—70的有2家，占2.86%；70—80的有18家，占25.71%；80—90的有39家，占55.71%；90以上的有9家，占12.86%。

陕西省上市公司内部控制系统健康指数排名前10的是：**高铁电气**（93.55）、**瑞联新材**（92.13）、**兴化股份**（91.48）、**中国西电**（91.42）、**三人行**（91.31）、**天和防务**（91.05）、**天润科技**（91.01）、**晨曦航空**（91.00）、**中航电测**（90.23）、**盘龙药业**（89.57）。

9. 企业文化系统

陕西省70家上市公司企业文化系统健康指数平均水平为64.05，略低于全市场企业文化健康指数平均水平（67.58）。行业平均水平以上的上市公司有37家，占总数的52.86%。从区间分布看，50以下的有7家，占10.00%；50—60的有18家，占25.71%；60—70的有30家，占42.86%；70—80的有9家，占12.86%；80以上的有6家，占8.57%。

陕西省上市公司企业文化系统健康指数排名前10的是：**国际医学**（88.27）、**隆基绿能**（87.31）、**陕鼓动力**（82.49）、**同力股份**（82.19）、**中航西飞**（80.72）、**铂力特**（80.60）、**三人行**（79.77）、**陕建股份**（78.34）、**航发动力**（78.30）、**盘龙药业**（78.24）。

第62章
甘肃省

截至2022年底，甘肃省上市公司总体情况如下：**上市公司数量**共35家，占全国上市公司总量的0.69%；**资产总量**为7743.66亿元，占全国上市公司资产总量的0.20%。

总市值为2945.21亿元，占全国上市公司总量的0.35%，总市值前3的上市公司分别是：华天科技（265.65亿元）、方大炭素（232.93亿元）、兰州银行（214.73亿元）。

营业收入总额为2308.54亿元，占全国上市公司总量的0.32%，营业收入前3的上市公司分别是：白银有色（878.35亿元）、酒钢宏兴（446.11亿元）、甘肃能化（122.61亿元）。

净利润总额为78.83亿元，占全国上市公司总量的0.14%，净利润前3的上市公司分别是：甘肃能化（31.95亿元）、兰州银行（17.74亿元）、华天科技（10.23亿元）。

研发投入总额为49.48亿元，占全国上市公司研发投入的0.30%，研发投入金额前3的上市公司分别是：白银有色（10.36亿元）、酒钢宏兴（8.37亿元）、山子股份（7.76亿元）。

研发投入占营业收入比为2.14%，低于全市场整体水平（2.32%），研发强度前3的上市公司分别是：山子股份（20.77%）、海默科技（10.73%）、蓝科高新（6.14%）。

总体来看，甘肃省上市公司虽然数量较少，竞争力弱，营业收入、净利润、研发强度均处在全市场中下游水平。但部分公司发展较好，较好地助力了本地区实体经济发展。

62.1 综合健康指数

根据报告同一诊断口径，在剔除银行、非银金融和房地产三个特殊行业外，共对甘肃省34家上市公司开展健康诊断，健康指数情况如下。

2022年甘肃省34家上市公司综合健康指数平均水平为63.79，最高的是**甘肃能化（71.76）**。从区间分布看，综合健康指数70以上的有4家，占11.76%；60—70的有22家，占64.71%；50—60的有8家，占23.53%，如图62-1所示。

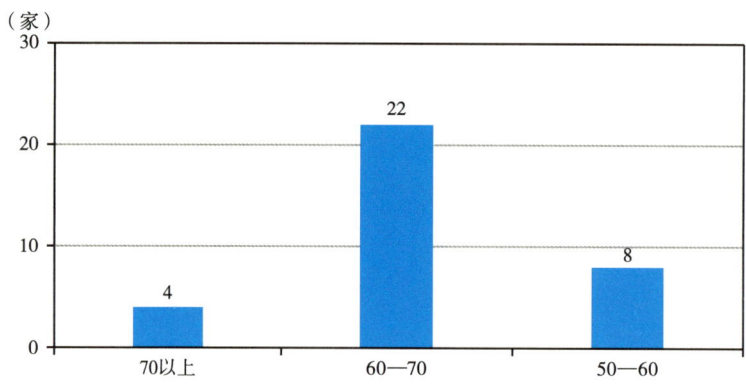

图62-1 甘肃省上市公司综合健康指数分布

甘肃省综合健康指数排名前5的上市公司如表62-1所示。

表62-1 甘肃省上市公司综合健康指数前5名

排名	公司代码	公司名称	综合健康指数	一级行业_同花顺	地级市	产权性质
1	000552.SZ	甘肃能化	71.76	煤炭	白银市	地方国有控股
2	600720.SH	祁连山	71.40	建筑材料	兰州市	中央控股
3	601212.SH	白银有色	70.93	有色金属	白银市	地方国有控股
4	000779.SZ	甘咨询	70.26	建筑装饰	兰州市	地方国有控股
5	000672.SZ	上峰水泥	69.80	建筑材料	白银市	非国有

数据来源：同花顺、中关村国睿金融与产业发展研究会。

从行业分布来看，甘肃省上市公司在食品饮料行业有5家，农林牧渔、医药生物、建筑材料、机械设备超过3家。以上行业中，农林牧渔、建筑材料行业整体综合健康指数水平相对较高，如表62-2所示。

表62-2 甘肃省上市公司行业分布及综合健康指数水平

一级行业_同花顺	综合健康指数	上市公司家数
食品饮料	59.26	5
农林牧渔	66.05	4
医药生物	62.03	3
建筑材料	65.55	3
机械设备	63.70	3
有色金属	67.63	2
商贸零售	65.72	2
基础化工	62.00	2
黑色金属	65.03	2
电力设备	57.09	2
煤炭	71.76	1
交运设备	57.64	1
建筑装饰	70.26	1
公用事业	62.19	1

续表

一级行业_同花顺	综合健康指数	上市公司家数
电子	68.08	1
传媒	69.44	1
总计	63.79	34

数据来源：同花顺、中关村国睿金融与产业发展研究会。

62.2 九大系统健康指数

1. 公司治理系统

甘肃省34家上市公司公司治理系统健康指数平均水平为85.53，略高于全市场公司治理健康指数平均水平（85.08）。行业平均水平以上的上市公司有18家，占总数的52.94%。从区间分布看，70—80的有7家，占20.59%；80—90的有19家，占55.88%；90以上的有8家，占23.53%。

甘肃省上市公司公司治理系统健康指数排名前10的是：**白银有色（93.08）、甘咨询（92.03）、亚盛集团（91.84）、庄园牧场（91.50）、读者传媒（90.79）、中核钛白（90.50）、上峰水泥（90.25）、祁连山（90.02）、甘肃能源（89.72）、长城电工（89.67）**。

2. 外部监督系统

甘肃省34家上市公司外部监督系统健康指数平均水平为76.33，略低于全市场外部监督健康指数平均水平（78.64）。行业平均水平以上的上市公司有23家，占总数的67.65%。从区间分布看，50—60的有3家，占8.82%；60—70的有3家，占8.82%；70—80的有9家，占26.47%；80—90的有19家，占55.88%。

甘肃省上市公司外部监督系统健康指数排名前10的是：**金徽股份（88.52）、上峰水泥（86.38）、金徽酒（86.24）、方大炭素（86.05）、兰石重装（84.74）、甘咨询（84.17）、甘肃能源（84.13）、祁连山（84.06）、大禹节水（83.92）、酒钢宏兴（83.13）**。

3. 创利能力系统

甘肃省34家上市公司创利能力系统健康指数平均水平为55.91，略低于全市场创利能力健康指数平均水平（58.47）。行业平均水平以上的上市公司有18家，占总数的52.94%。从区间分布看，40以下的有2家，占5.88%；40—50的有7家，占20.59%；50—60的有13家，占38.24%；60—70的有11家，占32.35%；70以上的有1家，占2.94%。

甘肃省上市公司创利能力系统健康指数排名前10的是：**祁连山（71.08）、国芳集团（68.56）、甘肃能化（68.35）、方大炭素（68.07）、甘咨询（66.92）、金徽股份（66.82）、敦煌种业（66.00）、上峰水泥（64.72）、大禹节水（63.74）、甘肃能源（62.84）**。

4. 价值再造系统

甘肃省34家上市公司价值再造系统健康指数平均水平为58.26，略低于全市场价值再造健康指数平均水平（60.25）。行业平均水平以上的上市公司有19家，占总数的55.88%。从区间分布看，40以下的有2家，占5.88%；40—50的有4家，占11.76%；50—60的有11家，占32.35%；60—70的有15家，占44.12%；70以上的有2家，占5.88%。

甘肃省上市公司价值再造系统健康指数排名前10的是：**甘肃能化（75.64）、海默科技（71.20）、白银有色（69.72）、兰石重装（69.53）、敦煌种业（69.08）、方大炭素（68.25）、佛慈制药（66.15）、国芳集团（65.47）、亚盛集团（64.50）、金徽酒（63.70）**。

5. 产品销售系统

甘肃省34家上市公司产品销售系统健康指数平均水平为45.41，略低于全市场产品销售健康指数平均水平（50.17）。行业平均水平以上的上市公司有13家，占总数的38.24%。从区间分布看，40以下区间的有12家，占35.29%；40—50的有11家，占32.35%；50—60的有7家，占20.59%；60—70的有2家，占5.88%；70以上的有2家，占5.88%。

甘肃省上市公司产品销售系统健康指数排名前10的是：**白银有色（71.90）、兰石重装（71.69）、祁连山（67.04）、华天科技（61.70）、中核钛白（59.86）、读者传媒（54.44）、新里程（53.69）、敦煌种业（53.58）、亚盛集团（53.49）、上峰水泥（53.30）**。

6. 竞争态势系统

甘肃省34家上市公司竞争态势系统健康指数平均水平为47.67，略低于全市场竞争态势健康指数平均水平（50.47）。行业平均水平以上的上市公司有17家，占总数的50.00%。从区间分布看，40以下的有8家，占23.53%；40—50的有12家，占35.29%；50—60的有8家，占23.53%；60—70的有6家，占17.65%。

甘肃省上市公司竞争态势系统健康指数排名前10的是：**甘肃能化（68.32）、敦煌种业（62.75）、大禹节水（62.32）、上峰水泥（62.13）、华天科技（61.71）、白银有色（61.47）、金徽酒（57.62）、甘咨询（57.03）、兰石重装（55.65）、亚盛集团（55.11）**。

7. 资产资本结构系统

甘肃省34家上市公司资产资本结构系统健康指数平均水平为52.03，略低于全市场资产资本结构健康指数平均水平（56.79）。行业平均水平以上的上市公司有20家，占总数的58.82%。从区间分布看，40以下区间的有5家，占14.71%；40—50的有9家，占26.47%；50—60的有13家，占38.24%；60—70的有7家，占20.59%。

甘肃省上市公司资产资本系统健康指数排名前10的是：**读者传媒（73.70）、甘肃能化（71.19）、方大炭素（69.26）、甘咨询（58.58）、国芳集团（67.51）、上峰水泥（67.31）、众兴菌业（67.20）、中核钛白（65.33）、兰州黄河（62.90）、金徽酒（61.98）**。

8. 内部控制系统

甘肃省34家上市公司内部控制系统健康指数平均水平为81.90，略低于全市场内部控制健康指数平均水平（83.22）。平均水平以上的上市公司有20家，占总数的58.82%。从区间分布看，70—80的有13家，占38.24%；80—90的有21家，占61.76%。

甘肃省上市公司内部控制系统健康指数排名前10的是：**大禹节水（88.82）、甘咨询（88.70）、陇神戎发（88.03）、佛慈制药（87.07）、丽尚国潮（86.53）、上峰水泥（86.51）、甘肃能源（86.33）、**

祁连山（85.94）、兰州黄河（85.85）、亚盛集团（85.38）。

9. 企业文化系统

甘肃省34家上市公司企业文化系统健康指数平均水平为63.92，略低于全市场企业文化健康指数平均水平（67.58）。行业平均水平以上的上市公司有15家，占总数的44.12%。从区间分布看，50以下的有3家，占8.82%；50—60的有9家，占26.47%；60—70的有11家，占32.35%；70—80的有8家，占23.53%；80以上的有3家，占8.82%。

甘肃省上市公司企业文化系统健康指数排名前10的是：**海默科技**（88.41）、**中核钛白**（83.16）、**大禹节水**（83.01）、**甘咨询**（77.84）、**庄园牧场**（77.31）、**金徽酒**（75.66）、**白银有色**（74.37）、**国芳集团**（73.97）、**华天科技**（73.43）、**读者传媒**（71.93）。

第63章 青海省

截至2022年底，青海省上市公司总体情况如下：**上市公司数量**共11家，占全国上市公司总量的0.22%；**资产总量**为1602.28亿元，占全国上市公司资产总量的0.04%。

总市值为2263.68亿元，占全国上市公司总量的0.27%，总市值前3的上市公司分别是：盐湖股份（1232.72亿元）、藏格矿业（410.44亿元）、西部矿业（243.07亿元）。

营业收入总额为1124.73亿元，占全国上市公司总量的0.16%，营业收入前3的上市公司分别是：西部矿业（397.62亿元）、盐湖股份（307.48亿元）、远东股份（216.80亿元）。

净利润总额为289.02亿元，占全国上市公司总量的0.51%，净利润前3的上市公司分别是：盐湖股份（196.78亿元）、藏格矿业（56.55亿元）、西部矿业（50.84亿元）。

研发投入总额为18.56亿元，占全国上市公司研发投入的0.11%，研发投入金额前3的上市公司分别是：远东股份（6.65亿元）、西部矿业（4.44亿元）、盐湖股份（2.84亿元）。

研发投入占营业收入比为1.65%，低于全市场整体水平（2.32%），研发强度前3的上市公司分别是：青海春天（7.1%）、远东股份（3.07%）、金瑞矿业（2.94%）。

总体来看，青海省上市公司规模小、竞争力弱，营业收入、净利润、研发强度均处在全市场下游水平。

63.1 综合健康指数

根据报告同一诊断口径，在剔除银行、非银金融和房地产三个特殊行业外，共对青海省10家上市公司开展健康诊断，健康指数情况如下。

2022年青海省10家上市公司综合健康指数平均水平为64.28，最高的是**盐湖股份（80.99）**。从区间分布看，综合健康指数70以上的有3家，占30.00%；60—70的有3家，占30.00%；50—60的有4家，占40.00%，如图63-1所示。

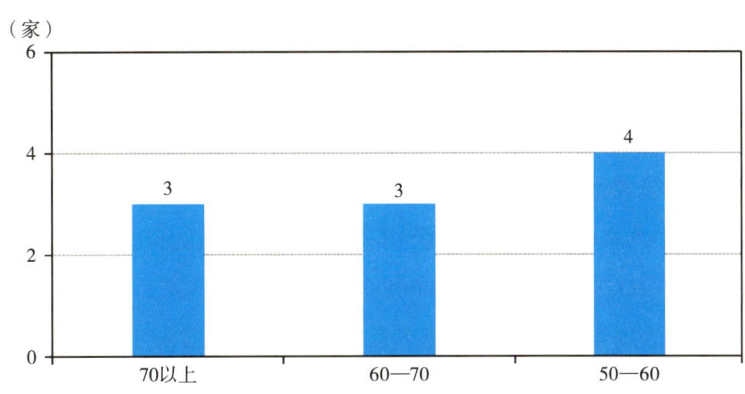

图63-1 青海省上市公司综合健康指数分布

青海省综合健康指数排名前5的上市公司如表63-1所示。

表63-1　　　　　　　　　　青海省上市公司综合健康指数前5名

排名	公司代码	公司名称	综合健康指数	一级行业_同花顺	地级市	产权性质
1	000792.SZ	盐湖股份	80.99	基础化工	海西蒙古族藏族自治州	地方国有控股
2	000408.SZ	藏格矿业	77.01	基础化工	海西蒙古族藏族自治州	非国有
3	601168.SH	西部矿业	73.35	有色金属	西宁市	地方国有控股
4	600714.SH	金瑞矿业	65.68	基础化工	西宁市	地方国有控股
5	600869.SH	远东股份	63.74	电力设备	西宁市	非国有

数据来源：同花顺、中关村国睿金融与产业发展研究会。

从行业分布来看，青海省上市公司数量较少，基础化工3家，食品饮料2家，有色金属、建筑装饰、机械设备、黑色金属和电力设备行业各1家。其中，基础化工和有色金属行业综合健康指数水平相对较高，如表63-2所示。

表63-2　　　　　　　　　青海省上市公司行业分布及综合健康指数水平

一级行业_同花顺	综合健康指数	上市公司家数
基础化工	74.56	3
食品饮料	58.50	2
有色金属	73.35	1
建筑装饰	55.55	1
机械设备	53.51	1
黑色金属	55.94	1
电力设备	63.74	1
总计	64.28	10

数据来源：同花顺、中关村国睿金融与产业发展研究会。

63.2 九大系统健康指数

1. 公司治理系统

青海省10家上市公司公司治理系统健康指数平均水平为84.94，略低于全市场公司治理健康指数平均水平（85.08）。行业平均水平以上的上市公司有5家，占总数的50.00%。从区间分布看，70—80的有3家，占30.00%；80—90的有4家，占40.00%；90以上的有3家，占30.00%。

青海省上市公司公司治理系统健康指数排名前3的是：**盐湖股份（95.12）**、**西部矿业（91.87）**、**金瑞矿业（90.88）**。

2. 外部监督系统

青海省10家上市公司外部监督系统健康指数平均水平为75.28，略低于全市场外部监督健康指数平均水平（78.64）。行业平均水平以上的上市公司有6家，占总数的60.00%。从区间分布看，50—60的有2家，占20.00%；60—70的有1家，占10.00%；70—80的有2家，占20.00%；80—90的有5家，占50.00%。

青海省上市公司外部监督系统健康指数排名前3的是：**藏格矿业（88.08）**、**盐湖股份（86.96）**、**天佑德酒（83.44）**。

3. 创利能力系统

青海省10家上市公司创利能力系统健康指数平均水平为57.79，略低于全市场创利能力健康指数平均水平（58.47）。行业平均水平以上的上市公司有4家，占总数的40.00%。从区间分布看，40—50的有4家，占40.00%；50—60的有2家，占20.00%；60—70的有1家，占10.00%；70以上的有3家，占30.00%。

青海省上市公司创利能力系统健康指数排名前3的是：**盐湖股份（82.62）**、**藏格矿业（77.58）**、**西部矿业（73.25）**。

4. 价值再造系统

青海省10家上市公司价值再造系统健康指数平均水平为58.24，略低于全市场价值再造健康指数平均水平（60.25）。行业平均水平以上的上市公司有4家，占总数的40.00%。从区间分布看，40以下的有1家，占10.00%；40—50的有2家，占20.00%；50—60的有3家，占30.00%；60—70的有2家，占20.00%；70以上的有2家，占20.00%。

青海省上市公司价值再造系统健康指数排名前3的是：**盐湖股份（81.90）**、**藏格矿业（71.48）**、**西部矿业（69.21）**。

5. 产品销售系统

青海省10家上市公司产品销售系统健康指数平均水平为49.79，略低于全市场产品销售健康指数平均水平（50.17）。行业平均水平以上的上市公司有4家，占总数的40.00%。从区间分布看，40以下的有3家，占30.00%；40—50的有3家，占30.00%；60—70的有3家，占30.00%；70以上的有1家，占10.00%。

青海省上市公司产品销售系统健康指数排名前3的是：**盐湖股份（76.13）**、**西部矿业（69.73）**、远东股份（67.93）。

6. 竞争态势系统

青海省10家上市公司竞争态势系统健康指数平均水平为43.95，略低于全市场竞争态势健康指数平均水平（50.47）。行业平均水平以上的上市公司有4家，占总数的40.00%。从区间分布看，40以下的有6家，占60.00%；50—60的有2家，占20.00%；60—70的有1家，占10.00%；70以上的有1家，占10.00%。

青海省竞争态势系统健康指数排名前3的上市公司是：**盐湖股份（73.99）、西部矿业（60.37）、藏格矿业（53.58）**。

7. 资产资本结构系统

青海省10家上市公司资产资本结构系统健康指数平均水平为55.89，略低于全市场资产资本结构健康指数平均水平（56.79）。行业平均水平以上的上市公司有5家，占总数的50.00%。从区间分布看，40以下的有1家，占10.00%；40—50的有2家，占20.00%；50—60的有3家，占30.00%；60—70的有2家，占20.00%；70以上的有2家，占20.00%。

青海省上市公司资产资本结构系统健康指数排名前3的是：**金瑞矿业（78.27）、藏格矿业（71.04）、青海春天（67.09）**。

8. 内部控制系统

青海省10家上市公司内部控制系统健康指数平均水平为81.35，略低于全市场内部控制健康指数平均水平（83.22）。平均水平以上的上市公司有6家，占总数的60.00%。从区间分布看，60—70的有1家，占10.00%；70—80的有2家，占20.00%；80—90的有6家，占60.00%；90以上的有1家，占10.00%。

青海省上市公司内部控制系统健康指数排名前3的是：**天佑德酒（91.68）、藏格矿业（89.46）、金瑞矿业（89.09）**。

9. 企业文化系统

青海省10家上市公司企业文化系统健康指数平均水平为63.52，略低于全市场企业文化健康指数平均水平（67.58）。行业平均水平以上的上市公司有4家，占总数的40.00%。从区间分布看，50以下的有1家，占10.00%；50—60的有4家，占40.00%；60—70的有2家，占20.00%；70—80的有2家，占20.00%；80以上的有1家，占10.00%。

青海省上市公司企业文化系统健康指数排名前3的是：**藏格矿业（82.10）、远东股份（79.38）、盐湖股份（74.41）**。

第64章
宁夏回族自治区

截至2022年底，宁夏回族自治区上市公司总体情况如下：**上市公司数量**共15家，占全国上市公司总量的0.30%；**资产总量**为1290.72亿元，占全国上市公司资产总量的0.03%。

总市值为1619.19亿元，占全国上市公司总量的0.19%，总市值前3的上市公司分别是：宝丰能源（885.14亿元）、美利云（94.42亿元）、嘉泽新能（91.78亿元）。

营业收入总额为570.92亿元，占全国上市公司总量的0.08%，营业收入前3的上市公司分别是：宝丰能源（284.30亿元）、宁夏建材（86.58亿元）、新华百货（58.83亿元）。

净利润总额为74.36亿元，占全国上市公司总量的0.13%，净利润前3的上市公司分别是：宝丰能源（63.03亿元）、宁夏建材（5.78亿元）、嘉泽新能（5.36亿元）。

研发投入总额为4.48亿元，占全国上市公司研发投入的0.03%，研发投入金额前3的上市公司分别是：宝丰能源（1.51亿元）、青龙管业（0.84亿元）、东方钽业（0.55亿元）。

研发投入占营业收入比为0.79%，远低于全市场整体水平（2.32%），研发强度前3的上市公司分别是：宝塔实业（7.69%）、东方钽业（5.62%）、宁科生物（3.75%）。

总体来看，宁夏上市公司规模小、竞争力弱，营业收入、净利润、研发强度均处在全市场下游水平。

64.1 综合健康指数

根据报告同一诊断口径，在剔除银行、非银金融和房地产三个特殊行业外，共对宁夏回族自治区15家上市公司开展健康诊断，健康指数情况如下。

2022年宁夏回族自治区15家上市公司综合健康指数平均水平为64.57，最高的是**宁夏建材**（74.40）。从区间分布看，综合健康指数70以上的有3家，占20.00%；60—70的有8家，占53.33%；50—60的有3家，占20.00%；50以下的有1家，占6.67%，如图64-1所示。

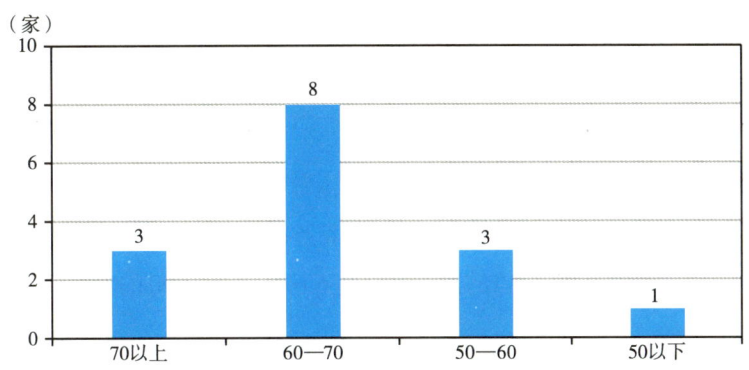

图64-1 宁夏回族自治区上市公司综合健康指数分布

宁夏回族自治区综合健康指数排名前5的上市公司如表64-1所示。

表64-1　　　　　　　　　　宁夏回族自治区上市公司综合健康指数前5名

排名	公司代码	公司名称	综合健康指数	一级行业_同花顺	地级市	产权性质
1	600449.SH	宁夏建材	74.40	建筑材料	银川市	中央控股
2	600989.SH	宝丰能源	73.56	基础化工	银川市	非国有
3	000557.SZ	西部创业	70.16	交通运输	银川市	地方国有控股
4	600785.SH	新华百货	68.52	商贸零售	银川市	非国有
5	000962.SZ	东方钽业	68.41	有色金属	石嘴山市	中央控股

数据来源：同花顺、中关村国睿金融与产业发展研究会。

从行业分布来看，宁夏回族自治区上市公司数量较少，公用事业和基础化工行业各3家，建筑材料行业2家，纺织服装、机械设备、交通运输、农林牧渔、轻工制造、商贸零售和有色金属行业各1家。其中，建筑材料和交通运输行业综合健康指数水平相对较高，如表64-2所示。

表64-2　　　　　　　　宁夏回族自治区上市公司行业分布及综合健康指数水平

一级行业_同花顺	综合健康指数	上市公司家数
公用事业	63.86	3
基础化工	61.45	3
建筑材料	71.14	2
纺织服装	59.39	1
机械设备	59.41	1
交通运输	70.16	1
农林牧渔	66.58	1
轻工制造	57.79	1
商贸零售	68.52	1
有色金属	68.41	1
总计	64.57	15

数据来源：同花顺、中关村国睿金融与产业发展研究会。

64.2 九大系统健康指数

1. 公司治理系统

宁夏回族自治区15家上市公司公司治理系统健康指数平均水平为86.35，略高于全市场公司治理健康指数平均水平（85.08）。行业平均水平以上的上市公司有10家，占总数的66.67%。从区间分布看，60—70的有1家，占6.67%；70—80的有1家，占6.67%；80—90的有8家，占53.33%；90以上的有5家，占33.33%。

宁夏回族自治区上市公司公司治理系统健康指数排名前3的是：**东方钽业（93.56）、新华百货（93.13）、美利云（92.86）**。

2. 外部监督系统

宁夏回族自治区15家上市公司外部监督系统健康指数平均水平为79.52，略高于全市场外部监督健康指数平均水平（78.64）。行业平均水平以上的上市公司有11家，占总数的73.33%。从区间分布看，50以下的有1家，占6.67%；60—70的有2家，占13.33%；70—80的有1家，占6.67%；80—90的有10家，占66.67%；90以上的有1家，占6.67%。

宁夏回族自治区上市公司外部监督系统健康指数排名前3的是：**宝丰能源（90.81）、晓鸣股份（87.80）、嘉泽新能（87.37）**。

3. 创利能力系统

宁夏回族自治区15家上市公司创利能力系统健康指数平均水平为55.97，略低于全市场创利能力健康指数平均水平（58.47）。行业平均水平以上的上市公司有8家，占总数的53.33%。从区间分布看，40以下的有1家，占6.67%；40—50的有4家，占26.67%；50—60的有4家，占26.67%；60—70的有6家，占40.00%。

宁夏回族自治区上市公司创利能力系统健康指数排名前3的是：**青龙管业（69.96）、宝丰能源（69.58）、宁夏建材（64.24）**。

4. 价值再造系统

宁夏回族自治区15家上市公司价值再造系统健康指数平均水平为57.61，略低于全市场价值再造健康指数平均水平（60.25）。行业平均水平以上的上市公司有8家，占总数的53.33%。从区间分布看，40以下的有1家，占6.67%；40—50的有2家，占13.33%；50—60的有6家，占40.00%；60—70的有5家，占33.33%；70以上的有1家，占6.67%。

宁夏回族自治区上市公司价值再造系统健康指数排名前3的是：**东方钽业（72.35）、青龙管业（68.70）、西部创业（68.03）**。

5. 产品销售系统

宁夏回族自治区15家上市公司产品销售系统健康指数平均水平为48.7，略低于全市场产品销售健康指数平均水平（50.17）。行业平均水平以上的上市公司有7家，占总数的46.67%。从区间分布看，40以下的有4家，占26.67%；40—50的有4家，占26.67%；50—60的有5家，占33.33%；60—70的有1家，占6.67%；70以上的有1家，占6.67%。

宁夏回族自治区上市公司产品销售系统健康指数排名前3的是：**宁夏建材（72.50）、宝丰能源（69.98）、西部创业（54.20）**。

6. 竞争态势系统

宁夏回族自治区15家上市公司竞争态势系统健康指数平均水平为44.95，略低于全市场竞争态势健康指数平均水平（50.47）。行业平均水平以上的上市公司有7家，占总数的46.67%。从区间分布看，40以下的有5家，占33.33%；40—50的有5家，占33.33%；50—60的有3家，占20.00%；60—70的有2家，占13.33%。

宁夏回族自治区上市公司竞争态势系统健康指数排名前3的是：**宁夏建材（69.55）、宝丰能源（68.96）、新华百货（55.16）**。

7. 资产资本结构系统

宁夏回族自治区15家上市公司资产资本结构系统健康指数平均水平为53.05，略低于全市场资产资本结构健康指数平均水平（56.79）。行业平均水平以上的上市公司有9家，占总数的60.00%。从区间分布看，40以下的有2家，占13.33%；40—50的有3家，占20.00%；50—60的有5家，占33.33%；60—70的有5家，占33.33%。

宁夏回族自治区上市公司资产资本结构系统健康指数排名前3的是：**凯添燃气（67.11）、英力特（65.57）、嘉泽新能（63.14）**。

8. 内部控制系统

宁夏回族自治区15家上市公司内部控制系统健康指数平均水平为83.18，略低于全市场内部控制健康指数平均水平（83.22）。平均水平以上的上市公司有9家，占总数的60.00%。从区间分布看，60—70的有2家，占13.33%；70—80的有2家，占13.33%；80—90的有10家，占66.67%；90以上的有1家，占6.67%。

宁夏回族自治区上市公司内部控制系统健康指数排名前3的是：**英力特（93.56）、西部创业（89.80）、宝塔实业（89.31）**。

9. 企业文化系统

宁夏回族自治区15家上市公司企业文化系统健康指数平均水平为66.86，略低于全市场企业文化健康指数平均水平（67.58）。行业平均水平以上的上市公司有8家，占总数的53.33%。从区间分布看，50—60的有5家，占33.33%；60—70的有4家，占26.67%；70—80的有5家，占33.33%；80以上的有1家，占6.67%。

宁夏回族自治区上市公司企业文化系统健康指数排名前3的是：**嘉泽新能（82.58）、晓鸣股份（75.94）、青龙管业（75.82）**。

第65章
新疆维吾尔自治区

截至2022年底，新疆维吾尔自治区上市公司总体情况如下：**上市公司数量**共59家，占全国上市公司总量的1.17%；**资产总量**为31821.21亿元，占全国上市公司资产总量的0.83%。

总市值为8599.73亿元，占全国上市公司总量的1.01%，总市值前3的上市公司分别是：大全能源（1019.11亿元）、申万宏源（929.36亿元）、特变电工（780.20亿元）。

营业收入总额为7594.35亿元，占全国上市公司总量的1.07%，营业收入前3的上市公司分别是：天山股份（1325.81亿元）、特变电工（958.87亿元）、中油工程（835.90亿元）。

净利润总额为792.23亿元，占全国上市公司总量的1.41%，净利润前3的上市公司分别是：特变电工（228.53亿元）、大全能源（191.21亿元）、广汇能源（111.56亿元）。

研发投入总额为192.57亿元，占全国上市公司研发投入的1.18%，研发投入金额前3的上市公司分别是：特变电工（46.36亿元）、天山股份（37.49亿元）、中油工程（23.40亿元）。

研发投入占营业收入比为2.54%，高于全市场整体水平（2.32%），研发强度前3的上市公司分别是：熙菱信息（9.46%）、德展健康（9.02%）、百花医药（7.91%）。

总体来看，新疆上市公司市值、收入、净利润和研发投入贡献相对较好，研发强度略高于市场平均水平。

65.1 综合健康指数

根据报告同一诊断口径，在剔除银行、非银金融和房地产三个特殊行业外，共对新疆维吾尔自治区56家上市公司开展健康诊断，健康指数情况如下。

2022年新疆维吾尔自治区56家上市公司综合健康指数平均水平为63.88，最高的是**特变电工**（79.42）。从区间分布看，综合健康指数70以上的有10家，占17.86%；60—70的有30家，占53.57%；50—60的有15家，占26.79%；50以下的有1家，占1.79%，如图65-1所示。

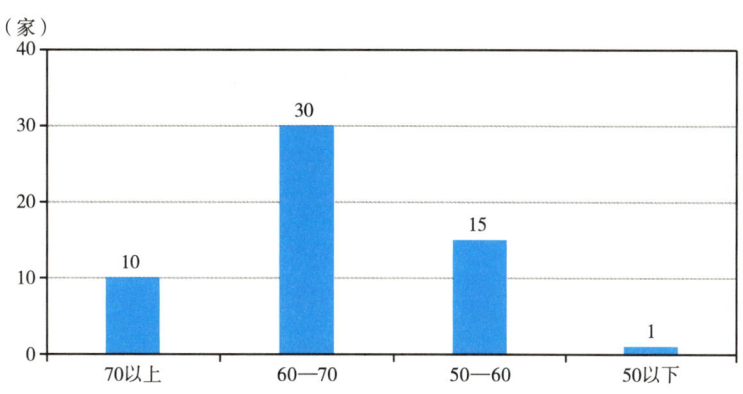

图65-1 新疆维吾尔自治区上市公司综合健康指数分布

新疆维吾尔自治区综合健康指数排名前10的上市公司如表65-1所示。

表 65-1　　　　　　　　　　新疆维吾尔自治区上市公司综合健康指数前 10 名

排名	公司代码	公司名称	综合健康指数	一级行业_同花顺	地级市	产权性质
1	600089.SH	特变电工	79.42	电力设备	昌吉回族自治州	非国有
2	688303.SH	大全能源	79.33	电力设备	省直辖县级行政区划	非国有
3	600256.SH	广汇能源	76.34	石油石化	乌鲁木齐市	非国有
4	603227.SH	雪峰科技	75.60	基础化工	乌鲁木齐市	地方国有控股
5	002302.SZ	西部建设	74.58	建筑材料	乌鲁木齐市	中央控股
6	002100.SZ	天康生物	72.41	农林牧渔	乌鲁木齐市	地方国有控股
7	600339.SH	中油工程	71.90	石油石化	克拉玛依市	中央控股
8	600737.SH	中粮糖业	71.69	农林牧渔	昌吉回族自治州	中央控股
9	600251.SH	冠农股份	70.68	农林牧渔	省直辖县级行政区划	地方国有控股
10	000877.SZ	天山股份	70.16	建筑材料	乌鲁木齐市	中央控股

数据来源：同花顺、中关村国睿金融与产业发展研究会。

从行业分布来看，新疆维吾尔自治区上市公司在农林牧渔、公用事业、石油石化和食品饮料行业均为5家以上，电力设备、建筑材料和医药生物行业各4家，基础化工、建筑装饰和有色金属行业各4家，其余行业分布较为分散。其中，电力设备及基础化工行业整体综合健康指数水平相对较高，如表65-2所示。

表 65-2　　　　　　　　　新疆维吾尔自治区上市公司行业分布及综合健康指数水平

一级行业_同花顺	综合健康指数	上市公司家数
农林牧渔	63.03	7
公用事业	63.38	6
石油石化	63.74	6
食品饮料	60.16	5
电力设备	74.21	4
建筑材料	67.11	4

续表

一级行业_同花顺	综合健康指数	上市公司家数
医药生物	59.00	4
基础化工	70.51	3
建筑装饰	66.07	3
有色金属	66.72	3
机械设备	60.40	2
商贸零售	58.54	2
通信	61.88	2
传媒	58.29	1
黑色金属	61.96	1
计算机	57.46	1
交通运输	56.41	1
社会服务	65.70	1
总计	63.88	56

数据来源：同花顺、中关村国睿金融与产业发展研究会。

65.2 九大系统健康指数

1. 公司治理系统

新疆维吾尔自治区56家上市公司公司治理系统健康指数平均水平为85.93，略高于全市场公司治理健康指数平均水平（85.08）。行业平均水平以上的上市公司有31家，占总数的55.36%。从区间分布看，60—70的有1家，占1.79%；70—80的有8家，占14.29%；80—90的有29家，占51.79%；90以上的有18家，占32.14%。

新疆维吾尔自治区上市公司公司治理系统健康指数排名前10的是：**金风科技（95.24）、天润乳业（95.18）、合金投资（94.91）、广汇能源（93.67）、天康生物（93.15）、中葡股份（93.15）、中油工程（92.26）、特变电工（91.71）、八一钢铁（91.58）、中粮糖业（91.51）**。

2. 外部监督系统

新疆维吾尔自治区56家上市公司外部监督系统健康指数平均水平为77.01，略低于全市场外部监督健康指数平均水平（78.64）。行业平均水平以上的上市公司有35家，占总数的62.50%。从区间分布看，50以下的有2家，占3.57%；50—60的有6家，占10.71%；60—70的有4家，占7.14%；70—80的有19家，占33.93%；80—90的有19家，占33.93%；90以上的有6家，占10.71%。

新疆维吾尔自治区上市公司外部监督系统健康指数排名前10的是：**中油工程（92.18）、德新科技（92.17）、中泰化学（92.16）、西部建设（90.92）、天润乳业（90.55）、大全能源（90.28）、金风科技（89.81）、广汇能源（88.41）、中粮糖业（88.31）、天山股份（88.16）**。

3. 创利能力系统

新疆维吾尔自治区56家上市公司创利能力系统健康指数平均水平为57.64，略低于全市场创利能力健康指数平均水平（58.47）。行业平均水平以上的上市公司有27家，占总数的48.21%。从区间分布看，40以下的有1家，占1.79%；40—50的有12家，占21.43%；50—60的有23家，占41.07%；60—70的有14家，占25.00%；70以上的有6家，占10.71%。

新疆维吾尔自治区上市公司创利能力系统健康指数排名前10的是：**特变电工（75.98）、雪峰科技（75.97）、德新科技（75.55）、大全能源（73.76）、广汇能源（73.04）、新疆众和（70.10）、中基健康（69.88）、冠农股份（69.02）、新农开发（68.81）、新天然气（68.70）**。

4. 价值再造系统

新疆维吾尔自治区56家上市公司价值再造系统健康指数平均水平为56.50，略低于全市场价值再造健康指数平均水平（60.25）。行业平均水平以上的上市公司有29家，占总数的51.79%。从区间分布看，40以下的有5家，占8.93%；40—50的有7家，占12.50%；50—60的有25家，占44.64%；60—70的有14家，占25.00%；70以上的有5家，占8.93%。

新疆维吾尔自治区上市公司价值再造系统健康指数排名前10的是：**大全能源（78.52）、特变电工（78.05）、雪峰科技（75.63）、天康生物（72.56）、西部建设（70.82）、新疆众和（68.12）、冠农股份（67.14）、国际实业（65.49）、川宁生物（65.25）、中粮糖业（65.23）**。

5. 产品销售系统

新疆维吾尔自治区56家上市公司产品销售系统健康指数平均水平为48.56，略低于全市场产品销售健康指数平均水平（50.17）。行业平均水平以上的上市公司有29家，占总数的51.79%。从区间分布看，40以下的有20家，占35.71%；40—50的有10家，占17.86%；50—60的有15家，占26.79%；60—70的有8家，占14.29%；70以上的有3家，占5.36%。

新疆维吾尔自治区上市公司产品销售系统健康指数排名前10的是：**雪峰科技（78.68）、大全能源（73.25）、特变电工（72.99）、天山股份（69.88）、广汇能源（69.70）、中粮糖业（67.73）、西部建设（67.46）、川宁生物（66.33）、新研股份（65.87）、新疆交建（64.35）**。

6. 竞争态势系统

新疆维吾尔自治区56家上市公司竞争态势系统健康指数平均水平为44.72，略低于全市场竞争态势健康指数平均水平（50.47）。行业平均水平以上的上市公司有27家，占总数的48.21%。从区间分布看，40以下的有23家，占41.07%；40—50的有13家，占23.21%；50—60的有12家，占21.43%；60—70的有7家，占12.50%；70以上的有1家，占1.79%。

新疆维吾尔自治区上市公司竞争态势系统健康指数排名前10的是：**特变电工（79.39）、天康生物（68.66）、大全能源（67.84）、西部建设（67.62）、雪峰科技（65.57）、广汇能源（65.57）、天山股份（65.40）、新疆众和（63.77）、金风科技（59.65）、新疆交建（59.30）**。

7. 资产资本结构系统

新疆维吾尔自治区56家上市公司资产资本结构系统健康指数平均水平为52.15，略低于全市场资产资本结构健康指数平均水平（56.79）。行业平均水平以上的上市公司有27家，占总数的48.21%。

从区间分布看，40以下的有6家，占10.71%；40—50的有18家，占32.14%；50—60的有22家，占39.29%；60—70的有7家，占12.50%；70以上的有3家，占5.36%。

新疆维吾尔自治区上市公司资产资本结构健康指数排名前10的是：**大全能源（78.41）**、ST浩源（77.29）、洪通燃气（73.41）、德展健康（68.51）、*ST西域（65.70）、新天然气（63.27）、元道通信（63.09）、中油工程（62.74）、新疆火炬（62.69）、东方环宇（60.91）。

8. 内部控制系统

新疆维吾尔自治区56家上市公司内部控制系统健康指数平均水平为81.28，略低于全市场内部控制健康指数平均水平（83.22）。平均水平以上的上市公司有30家，占总数的53.57%。从区间分布看，60以下的有1家，占1.79%；60—70的有2家，占3.57%；70—80的有19家，占33.93%；80—90的有29家，占51.79%；90以上的有5家，占8.93%。

新疆维吾尔自治区上市公司内部控制系统健康指数排名前10的是：**德新科技（91.69）**、中葡股份（91.12）、统一股份（91.07）、金风科技（90.09）、中油工程（89.46）、天富能源（89.40）、中粮糖业（88.14）、新疆天业（87.91）、西部建设（87.74）、百花医药（87.42）。

9. 企业文化系统

新疆维吾尔自治区56家上市公司企业文化系统健康指数平均水平为63.77，略低于全市场企业文化健康指数平均水平（67.58）。行业平均水平以上的上市公司有27家，占总数的48.21%。从区间分布看，50以下的有7家，占12.50%；50—60的有14家，占25.00%；60—70的有18家，占32.14%；70—80的有13家，占23.21%；80以上的有4家，占7.14%。

新疆维吾尔自治区上市公司企业文化系统健康指数排名前10的是：**大全能源（85.39）**、广汇能源（82.76）、特变电工（82.70）、冠农股份（81.02）、八一钢铁（77.67）、西部建设（77.40）、雪峰科技（76.85）、天山股份（74.35）、中粮糖业（74.12）、天康生物（73.79）。

第四篇

高质量发展对话篇

第66章
走在高质量发展之路上的五粮液：一场关于创新与成功的对话

党的二十大报告指出，高质量发展是全面建设社会主义现代化国家的首要任务。在这一大背景之下，五粮液作为白酒行业表现出色的上市公司，为市场带来了一个值得参考的成功案例。

为了进一步探讨这一主题，中国上市公司协会学术顾问委员会委员、中关村国睿金融与产业发展研究会会长程凤朝与宜宾五粮液股份有限公司党委书记、董事长曾从钦先生进行了一次深入的对话。

本篇对话主要围绕五粮液的高质量发展之路进行深入交流，并将这些成功经验分享给更广泛的企业，以共同推动我国A股市场朝着可持续高质量发展方向前进。

程凤朝会长：关于五粮液的综合健康指数分析。

根据最新的健康诊断报告，2022年五粮液的综合健康指数为81.57，全市场排名第二，而在食品饮料一级行业和白酒三级行业中均位列第一。具体到各个维度，其创利能力、产品销售、资产资本结构以及企业文化的健康指数在白酒行业均表现出色，排名均在前三位，其他各个系统也都位于行业前五。这一系列数据显示，五粮液在多个关键维度上超越了同行，成为其他企业发展的宝贵典范。首先，您能介绍一下公司的基本情况吗？

曾从钦董事长：宜宾五粮液股份有限公司的基本概况。

宜宾五粮液股份有限公司是一家在1998年由四川省宜宾五粮液酒厂进行股份制改革后，设立上市的股份有限公司，股票代码为000858。作为白酒行业的龙头企业和中国高端白酒的代表，五粮液由长发升、利川永、全恒昌、天锡福、张万和、钟三和、听月楼、刘鼎兴8家历史悠久的酿酒古作坊联营组建。我们公司以千余年的历史积淀、无法复制的国宝级明初古窖池群以及极其复杂的非物质文化传统酿造技艺为核心优势，始终致力于高质量发展这一首要任务，成功地建立了一个历史悠久、文化厚重的著名民族品牌。

在"十四五"规划期内，我们明确提出了"2118"发展目标，即原酒产能达到20万吨，基酒存储能力达到100万吨，销售收入突破1000亿元，利税总额达到800亿元。根据2022年的业绩数据，公司已经实现了营业总收入739.69亿元，同比增长11.72%；利润总额371.04亿元，同比增长14.34%；缴纳税金达到282.94亿元，同比增长11.17%。这些成绩不仅是公司持续稳健高质量发展的象征，也为实现

"十四五"规划目标奠定了坚实的基础。

图66-1　五粮液公司东大门

程凤朝会长：公司治理与经营成功的经验分享。

公司治理是现代企业制度的核心要素。从五粮液在外部监督和内部控制系统的表现来看，贵公司在治理规范和内控有效方面做得非常出色。这反映出贵公司在决策科学和运营合规方面具有明显优势。请问曾董事长，贵公司在治理和经营方面有什么成功的经验？

曾从钦董事长：五粮液按照党的二十大"完善中国特色现代企业制度"的要求，全面落实国企改革三年行动计划，通过加强公司治理和运营合规，有力地推动了公司的高质量发展。具体来说，我们采取了以下几个关键措施：

一是以治理为核心，助力高效运转。公司顺利完成第六届董事会的换届选举工作，实现董事构成外大于内；同时，董事会聘任新一届高管人员，组成新一届管理层，促进公司治理结构进一步优化。

二是以制度为基石，保障规范运作。公司严格按照《公司法》《证券法》及各项监管规定，完成公司《章程》《股东大会议事规则》《董事会议事规则》《"三重一大"制度》等规章制度的修订完善工作，严格实行集体审议、独立表决、个人负责的决策机制。

三是以内控为抓手，提升治理效能。以国企改革三年行动为契机，以合法性、安全性和效益性为原则，加快完善现代企业制度，持续健全内部控制体系和风险管理机制，整合审计、财务、纪检、监事会等多重管理效能，进一步发挥风险防控作用；深化上市公司治理及董事会规范运作，加大培训和考核力度，不断提高董事、监事和高级管理人员的科学决策能力和风险防控意识，促进公司高质量发展。

总体而言，治理规范和运营合规是任何上市公司取得长期成功和维护良好声誉的基石。通过遵守相关法律法规和行业准则，我们不仅建立了可信赖的品牌形象，还吸引了更多的投资者和合作伙伴，从而实现可持续、高质量的发展。这样的发展模式不仅对企业本身有利，也对整个市场和行业产生积极的影响。

程凤朝会长：企业文化在公司的高质量发展中扮演着至关重要的角色。

它是在企业内部形成的一套价值观、行为准则和共同信仰，影响和引导组织成员的思维、态度和行为方式。企业文化系统反映了上市公司的精神风貌和核心价值观的健康程度。贵公司该系统健康指数位列行业第一位，表现极其优秀，几十年来五粮液塑造了独特的企业文化，请问贵公司是如何进行企业文化建设的？

曾从钦董事长：企业文化涵盖了核心价值观、工作氛围、沟通方式、领导风格、组织的历史和传统等方面。

良好的企业文化能够提升员工凝聚力和归属感，激发员工的工作热情和创造力，增强员工的职业道德和责任感，同时也有助于树立公司的形象和品牌价值。

作为一个拥有25000多名员工的企业，五粮液近年来在追求经济效益与公共利益双平衡、双统筹的同时，着力于打造健康企业文化，将"为员工创造幸福"的核心价值理念贯穿于企业内部。**在员工关怀方面**，公司关注员工的期望和需求，结合经营工作，全面推行园区环境改善、员工健康监护、福利提升、职业技能培训、文化活动等多方面的员工关怀举措，建立了多层次、多元化的员工关爱体系。这一系列措施不仅为公司的改革发展和员工的成长做出了积极贡献，也为企业锻造了勇往直前的精神力量。**在员工培育方面**，公司积极落实和制定各类人才政策，营造良好的人才发展环境。公司搭建了创新平台体系，设立了中国白酒风味科学研究中心、中国白酒酿酒专用粮工程技术研究中心等7个国家级创新平台，为员工提供了实现创新的舞台，取得了多项国际领先水平的技术突破。这些努力帮助员工成长，同时也为公司的创新发展提供了强有力的支持。**在员工待遇方面**，公司通过制定全员绩效考核管理办法，设计宽带薪酬体系，建立健全员工职业发展通道，实行"多劳多得、少劳少得、不劳不得"的差异化薪酬分配制度，激发了员工的工作激情和创业热情。

图66-2 五粮液鹏程广场

程凤朝会长：听到您如此详细地解释了五粮液的企业文化建设，我深受鼓舞。在这样一个复杂的商业环境中，能够拥有如此全面而成熟的企业文化是难能可贵的。接下来，我想问，对于企业来说，文化建设通常是一个长期的过程，所以在这个过程中遇到的最大挑战是什么？您是如何克服这些挑战的？

曾从钦董事长：您提到了一个非常关键的问题，确实，企业文化建设是一个持久战，需要持续不断地投入和努力。对于我们来说，其中的挑战有多个层面。首先，随着企业规模的扩大，如何确保文化的一致性和传播效率成了一项挑战。我们通过建立起标准化的内部沟通渠道和定期的员工培训来解决这一问题。其次，文化需要与时俱进，适应市场和社会的变化。对于这个问题，我们积极引入外部视角，与其他企业和机构进行交流，吸取新的管理理念和做法。第三，随着企业发展，各种各样的问题也会出现，比如员工流动、管理困难等，这些都会对文化建设产生影响。我们通过强化员工归属感和建立明确的奖惩机制来减少这些负面影响。综合这些因素，我们可以说，克服这些挑战需要全员参与和长期投入，但只要方向正确，我们相信能够建立一个更加强大的企业文化。

程凤朝会长：非常感谢您的分享，我相信您的经验对许多人都是非常有益的。企业文化无疑是一个企业长久发展的核心竞争力之一，而您所描述的五粮液文化建设的各个方面，无疑是一个成功的范例。

我从贵公司报告中知悉，2022年公司现金分红金额146.8亿元，分红率55%，较上年度提升5个百分点，分红额及分红率均创上市以来新高，且连续3年现金分红均超过100亿元；自1998年上市以来，五粮液已累计实施了21次现金分红共计760亿元，是上市以来募集资金总额的20倍。我想知道，在决策过程中，您如何平衡各方利益关系，特别是需要在短期利润和长期可持续发展之间做出选择时？

曾从钦董事长：现金分红作为资本市场实现投资回报、共享经营成果的重要形式，是尊重和保护投资者权益、践行国企社会责任、助力实现共同富裕的重要体现。我们在决策时非常注重公司战略规划和长远目标，同时也兼顾员工、股东、供应商和社会各方利益。

程凤朝会长：负起社会责任——五粮液与未来可持续发展。

社会责任不仅是上市公司取得商业成功的关键，更是构建可持续发展的基础。通过积极履行社会责任，公司可以创造更大的社会效益和商业价值，实现长期稳健的发展。贵公司发布了单独的ESG报告，充分披露了公司在社会责任履行方面的表现。请问曾董事长，贵公司是如何理解并践行社会责任理念的？

曾从钦董事长：五粮液始终秉承"为员工创造幸福，为消费者创造美好，为投资者创造回报，为社会增进和谐，为环境增添绿色"的社会责任理念，完整、准确、全面贯彻新发展理念，以实现经济效益与公共利益双平衡、双统筹为目标，积极推动ESG管理要求融入企业经营管理各方面，以更加具有范本意义的行动诠释龙头企业的社会责任担当。

一是始终坚持顾客为中心，持续提升消费者体验。公司持续完善行业领先的品质管理体系，保障产品质量，产品合格率100%；已建成7个国家级创新平台和11个省级创新平台，率先在行业组建了国际先进的风味分析平台，满足消费者对酒体风味的多样化需求。公司持续完善售后服务、品牌维权、信息保护等方面内容，保障客户合法权益，咨询、投诉处理及时率100%，完成率100%，客户满意度指数96.04。

二是始终践行人才强企战略，充分保障员工福利待遇。公司坚持实施"五个一批"人才队伍建设工程，打造多元用工机制、多元员工类型、多元招聘渠道，重视员工培训与发展。公司开展困难职工帮扶，发布《重病职工内部离岗休养管理办法》《困难人员救助管理办法》；设立互助帮困基金，及时救助因重大灾害、重大疾病等致贫职工。通过线下线上开展的各类活动，累计发放福利金额5亿元，办理困难帮扶等业务2万余项。

三是始终维护股东权益，持续优化投资者关系管理。公司不断优化投资者沟通渠道，完善投资者关系管理体制机制，构建投资者沟通交流团队，形成常态化的工作机制，搭建"多元化"投资者沟通交流平台，扩大"全球化"投资者沟通交流范围，维护投资者权益；2022年，公司开展沟通交流58场次，涉及投资者1405人次。2022年公司现金分红146.8亿元，分红比例55%。

四是始终践行社会责任，持续彰显国企担当。公司积极投身于乡村振兴事业，构建"五粮液+村级党组织、村资公司+特色产业+农户"特色帮扶模式，创新产业扶贫和消费扶贫；同时公司积极投身公益慈善事业，开展抗震救灾、困难救助、公益慰问等一系列活动；积极开展军民联合系列活动，常态化开展双拥工作，促进社会和美发展。2022年公司公益慈善事业累计投入5.35亿元。

五是大力实施双碳战略，持续推动能源绿色低碳转型。2021年五粮液在业内率先提出"零碳酒企"愿景，以突出战略规划、健全绿色标准、优化能源结构、碳排放监测与评估为抓手，有序推进双碳工作。公司已启动新建集中污水处理厂和沼气发电、110千伏智能变电站等项目，通过技术设备升级有效降低生产碳排放，规划打造全生命周期减排路径，树立白酒行业绿色低碳标杆。2022年环保工程建设和污染治理设施运行费用共计2.3亿元，一般及以上环境污染事故为零，"三废"100%达标排放。

未来，公司将始终坚守"为员工创造幸福，为消费者创造美好，为投资者创造回报，为社会增进和谐，为环境增添绿色"的社会责任理念，与各利益相关方戮力同心、接续奋斗，深入推进社会责任管理实践，全力打造"生态、品质、文化、数字、阳光"五位一体的五粮液，切实肩负起国有企业的使命担当，全面履行好政治责任、经济责任和社会责任。

图66-3　五粮液志愿者开展关爱留守儿童志愿活动

图66-4　五粮液党员突击队驰援甘孜州泸定县地震灾区

图66-5　五粮液环保生态湿地公园

图66-6　五粮液酿酒专用粮基地

图66-7　五粮液用心回馈品牌忠实客户

图66-8　五粮液在海外宣传中国白酒文化

程凤朝会长：业绩表现与财务健康。

业绩表现是上市公司出发点和落脚点，财务基本面更是投资者关注的重中之重，近几年，经济下行压力偏大，内外部因素影响较大。请问董事长，贵公司如何保持这种高质量发展态势？

曾从钦董事长：实现高质量发展的多重因素。

我们认真学习贯彻习近平新时代中国特色社会主义思想，在省委省政府、市委市政府的坚强领导下，始终坚定战略方向，坚持守正创新，持续补短强弱固优，积极应对各种困难，保持稳中有进的态势，实现企业发展的新跨越。一是在经营业绩方面取得新的突破，2022年，公司营业总收入达到739.69亿元，同比增长11.72%；归属于上市公司股东的净利润达到266.91亿元，同比增长14.17%。二是公司品牌价值不断攀升，品牌建设在战略中扮演了更重要的角色，品牌价值持续增长，在连续五年保持两位数增长的基础上，增长了12.08%，达到了3646.19亿元，荣获了中国白酒行业唯一的"2022年度最佳表现品牌"荣誉。三是名酒产量持续向好，五粮液名酒率达到历史最高水平，特级酒产量达到2001年以来的最高水平。

在高质量发展目标的指引下,公司聚焦以下几方面工作:

一是聚力文化铸魂,品牌支撑进一步增强。 五粮液景区入选首批国家非遗旅游景区和国家工业旅游示范基地;启动中国白酒文化圣地、世界一流酒企门户区建设;五粮液老窖池遗址获批2022年度国家级文保白酒类唯一修缮项目。确立"大国浓香、和美五粮、中国酒王"全新品牌理念,成功打造"和美文化节""玫瑰婚典"等多个文化IP;在高地市场、重点市场新建五粮液文化体验馆。深度参与APEC、博鳌亚洲论坛等国际国内顶级政商活动,加大与央视、人民日报、新华社等主流媒体合作力度,切实讲好五粮液品牌故事、文化故事。

二是深化营销变革,实现高质量市场销售。 全面实施"总部抓总、大区主战"营销策略,把人、财、物、考核、临机决策五项权利有序下放大区,快速响应市场变化,力求精准实施区域化、差异化营销策略。强化市场拓展,专卖店新增近百家,新零售公司稳步增长,五粮液主品牌宴席推广场次增长较好,五粮浓香酒核心产品扫码开瓶率达到历史最高水平。

三是坚持守正创新,核心竞争力持续提升。 创新平台体系更加完整,新建中国白酒风味科学研究中心、中国白酒酿酒专用粮工程技术研究中心,国家级创新平台达到7个;技术攻关取得重大突破,多项成果达到国际领先水平,浓香型白酒老窖泥新菌种研究等4项技术成果作为中国白酒重大科技成果隆重发布。成功建成国家级工作室和国家级高技能人才培训基地。

四是启动倍增工程,布局长远取得重大进展。 积极布局长远,启动实施高质量倍增工程。8万吨陶坛酒库项目、磨粉自动化改造项目建成投用。勾储酒库技改工程、智能包装仓储一体化项目完成主体施工。10万吨生态酿酒一期和二期项目、制曲车间扩能项目等开工建设。

这些工作将有助于公司不断提升综合实力,实现可持续发展,为公司未来高质量发展奠定坚实的基础。

图66-9 八代五粮液

图66-10　经典五粮液

对话感悟

高质量的上市公司不仅体现在稳健的财务状况和良好的企业治理结构，还需要具备强大的创新能力和竞争实力，以及对社会环境的积极贡献和持久的发展前景。这样的公司能够提供优质产品或服务，赢得市场认可，并满足投资者、员工、社区及其他相关方的期望。五粮液在公司治理、财务表现、市场竞争、社会责任履行以及投资者利益保护等各个方面都展现出了良好的示范作用。

《中国上市公司健康指数报告（2023）》，通过对全市场上市公司的综合评估，凸显出优秀公司的特质，为资本市场提供了有益的信息，促进高质量上市公司在市场中产生示范效应。这有助于推动高质量公司之间以及与市场参与者之间的交流互动，激励更多的公司积极参与社会责任履行，共同营造更加健康的资本市场生态。

展望未来，通过开展高质量发展对话、发布《中国上市公司健康指数报告（2023）》等方式，我们将共同推动资本市场实现高质量发展，助力实体经济可持续增长，为中国的现代化进程做出积极贡献。我们期待着在合作共赢的基础上，为构建更加繁荣稳定的经济体系作出更大的努力！

附录
A股各行业上市公司综合健康指数排名

通过对上市公司披露的2022年公开数据及资料进行抓取评价，以下是各行业上市公司的综合健康指数情况（仅列示综合健康指数70以上的公司，占样本量的27.65%），如表1至表31所示。完整排名和最新指数情况可通过同花顺App或"上市公司健康指数"电脑网页版查询。

表 1　　　　　　　　　　　　　　　　　　　传媒

综合排名	公司代码	公司名称	综合健康指数	公司治理	外部监督	创利能力	产品销售	竞争态势	价值再造	资产资本结构	内部控制	企业文化
1	002555.SZ	三七互娱	79.04	91.03	92.58	74.68	63.27	72.01	76.20	60.99	87.56	88.01
2	002517.SZ	恺英网络	78.17	86.22	90.84	73.00	52.60	77.34	79.97	64.02	88.97	90.70
3	603444.SH	吉比特	78.03	83.83	95.56	84.99	57.82	68.88	79.39	62.53	85.49	71.87
4	002624.SZ	完美世界	77.64	87.93	90.57	71.89	62.89	68.83	83.71	51.80	88.83	91.91
5	300770.SZ	新媒股份	76.56	92.73	87.73	74.07	64.16	55.33	65.89	81.64	89.68	71.11
6	300002.SZ	神州泰岳	75.56	89.64	85.76	71.05	60.40	61.60	78.25	59.42	82.83	84.17
7	600373.SH	中文传媒	75.19	89.80	91.33	68.33	62.24	65.66	70.79	59.76	89.12	70.22
8	300494.SZ	盛天网络	75.19	82.29	85.35	77.41	65.56	64.57	62.13	72.74	89.32	72.10
9	000156.SZ	华数传媒	75.14	93.64	91.57	60.27	57.69	75.72	71.77	53.84	89.89	78.74
10	601098.SH	中南传媒	75.13	90.60	89.97	68.58	58.15	71.97	75.04	62.87	85.45	63.69
11	603888.SH	新华网	74.77	89.91	85.27	72.26	55.26	64.47	67.27	70.17	91.05	68.69
12	605168.SH	三人行	74.30	86.31	85.09	65.89	67.39	65.46	70.09	56.58	91.31	79.77
13	601019.SH	山东出版	74.22	91.32	88.67	70.83	55.72	66.53	66.71	65.84	89.27	60.17
14	603000.SH	人民网	73.99	93.34	90.22	74.86	45.09	63.55	64.24	67.00	83.95	72.63
15	300413.SZ	芒果超媒	73.83	91.80	93.04	56.70	57.67	67.82	66.85	65.93	93.08	71.72
16	002605.SZ	姚记科技	73.81	84.23	89.60	69.74	64.69	65.04	72.96	48.08	85.39	81.49
17	601928.SH	凤凰传媒	73.72	90.60	89.93	70.71	60.12	73.47	70.23	56.05	78.17	55.68
18	601921.SH	浙版传媒	73.63	91.12	88.22	68.37	56.14	68.72	68.63	58.06	85.45	66.44
19	601900.SH	南方传媒	73.44	91.08	86.61	71.51	63.40	60.90	68.58	58.20	82.32	65.10
20	601858.SH	中国科传	72.80	90.01	81.07	68.81	59.45	61.02	70.49	67.68	75.35	62.23
21	600633.SH	浙数文化	72.80	88.51	94.11	72.58	54.59	75.52	57.84	51.11	85.45	60.38
22	002027.SZ	分众传媒	72.65	92.96	90.76	69.46	56.62	59.12	56.29	60.61	91.17	68.01

续表

综合排名	公司代码	公司名称	综合健康指数	公司治理	外部监督	创利能力	产品销售	竞争态势	价值再造	资产资本结构	内部控制	企业文化
23	300418.SZ	昆仑万维	72.57	80.46	86.49	68.80	55.86	69.69	75.21	50.24	85.81	76.24
24	603533.SH	掌阅科技	72.48	86.04	80.96	62.51	49.41	59.19	72.24	69.80	91.05	84.90
25	601801.SH	皖新传媒	72.45	88.51	91.53	66.64	61.94	56.76	66.47	63.79	82.16	67.90
26	600551.SH	时代出版	72.42	91.11	82.64	61.09	68.21	56.04	72.83	64.53	85.29	62.02
27	600757.SH	长江传媒	72.34	90.46	83.75	66.98	57.13	63.40	65.61	64.38	89.14	57.93
28	000719.SZ	中原传媒	72.22	86.86	85.89	67.92	56.12	63.37	65.46	60.46	82.95	76.33
29	603258.SH	电魂网络	71.84	77.28	88.59	74.75	48.74	62.53	59.85	64.47	87.78	83.82
30	002558.SZ	巨人网络	71.76	83.38	88.77	62.46	51.72	66.10	71.03	60.93	93.50	64.13
31	601949.SH	中国出版	71.73	87.95	86.21	71.35	57.48	64.07	68.54	56.00	79.33	58.11
32	601811.SH	新华文轩	71.66	91.73	88.41	61.37	53.71	64.72	60.98	57.42	87.36	75.40
33	600037.SH	歌华有线	71.65	92.41	85.28	61.48	46.64	64.24	70.73	63.60	91.17	58.53
34	600229.SH	城市传媒	71.62	87.87	84.90	64.96	49.69	58.77	71.01	66.15	88.81	66.31
35	002400.SZ	省广集团	71.40	83.65	79.32	56.47	73.60	69.20	71.95	50.33	88.58	65.87
36	002878.SZ	元隆雅图	71.27	80.33	74.92	69.06	62.48	63.84	77.24	54.77	86.19	61.75
37	300315.SZ	掌趣科技	71.17	84.10	84.92	68.53	44.31	49.24	71.83	65.13	91.22	81.98
38	605577.SH	龙版传媒	71.05	90.91	87.19	66.84	49.94	49.48	64.09	70.05	77.26	71.25
39	000529.SZ	广弘控股	70.76	88.48	72.65	72.22	66.31	52.84	65.91	65.50	76.77	60.47
40	600637.SH	东方明珠	70.76	95.00	88.54	58.07	45.61	63.81	59.04	54.26	92.05	78.03
41	000681.SZ	视觉中国	70.00	81.69	84.99	65.57	47.79	59.96	65.70	55.28	85.70	84.96

表2　　　　　　　　　　　　　　　　　　电力设备

综合排名	公司代码	公司名称	综合健康指数	公司治理	外部监督	创利能力	产品销售	竞争态势	价值再造	资产资本结构	内部控制	企业文化
1	300073.SZ	当升科技	80.07	93.63	83.34	71.93	77.10	73.29	76.83	65.11	88.98	86.65
2	600438.SH	通威股份	79.43	83.90	89.61	79.44	75.71	76.67	72.91	51.81	90.74	91.09
3	600089.SH	特变电工	79.42	91.71	87.67	75.98	72.99	79.39	78.05	53.83	80.99	82.70
4	688303.SH	大全能源	79.33	86.67	90.28	73.76	73.25	67.84	78.52	78.41	79.00	85.39
5	300316.SZ	晶盛机电	79.00	95.18	89.70	74.87	59.59	72.51	72.73	62.84	87.16	90.47
6	300750.SZ	宁德时代	78.78	93.18	89.98	70.50	65.67	77.31	75.89	54.48	88.11	89.39
7	002709.SZ	天赐材料	78.56	88.58	92.55	75.87	77.41	67.64	67.72	65.29	86.47	80.58
8	688063.SH	派能科技	78.29	89.08	87.29	75.27	65.62	75.94	76.33	62.79	83.25	82.46
9	688390.SH	固德威	77.76	87.51	91.67	79.61	58.52	71.87	73.40	54.86	87.64	88.47
10	300274.SZ	阳光电源	77.73	87.09	91.64	68.90	57.28	80.45	80.10	61.96	78.10	93.04
11	688599.SH	天合光能	77.29	92.92	91.12	64.14	69.81	75.41	77.01	47.38	87.86	88.83
12	600406.SH	国电南瑞	77.03	91.02	90.03	76.37	61.91	68.47	75.13	58.65	87.14	72.86
13	688779.SH	长远锂科	76.88	95.83	91.84	63.27	72.64	64.11	68.09	68.97	91.25	72.29
14	688556.SH	高测股份	76.81	90.50	89.71	75.99	61.90	65.59	75.74	64.28	86.13	69.78
15	601012.SH	隆基绿能	76.34	92.36	76.34	68.51	66.89	69.56	77.66	57.69	85.92	87.31
16	688516.SH	奥特维	75.98	90.46	83.43	78.80	56.67	71.03	72.86	59.42	90.77	63.30
17	600875.SH	东方电气	75.84	88.78	93.14	67.48	66.00	71.59	70.17	56.05	82.39	83.53
18	603659.SH	璞泰来	75.72	82.43	91.75	70.83	61.86	70.71	70.36	57.62	88.37	91.32

续表

综合排名	公司代码	公司名称	综合健康指数	公司治理	外部监督	创利能力	产品销售	竞争态势	价值再造	资产资本结构	内部控制	企业文化
19	835185.BJ	贝特瑞	75.55	88.02	78.47	62.07	71.95	72.97	74.58	56.25	86.80	91.56
20	688032.SH	禾迈股份	75.50	93.58	89.26	74.57	43.19	64.80	65.22	76.67	83.35	82.27
21	000400.SZ	许继电气	75.37	90.84	94.23	67.91	62.77	63.29	72.98	65.71	91.03	59.72
22	300037.SZ	新宙邦	75.30	81.68	87.87	70.59	68.08	64.84	72.19	62.39	92.92	76.56
23	601126.SH	四方股份	75.23	83.19	84.50	72.23	53.06	67.09	72.61	69.29	90.55	85.31
24	300820.SZ	英杰电气	75.17	86.66	88.04	71.69	53.27	65.32	71.21	74.01	92.31	67.80
25	688707.SH	振华新材	74.99	95.09	92.36	65.21	80.69	52.46	66.80	58.89	83.57	74.97
26	300450.SZ	先导智能	74.97	87.34	84.71	74.88	48.94	68.89	70.74	59.71	90.35	84.19
27	002028.SZ	思源电气	74.59	81.37	90.02	67.76	59.14	70.05	71.12	62.56	87.40	84.36
28	002459.SZ	晶澳科技	74.54	88.01	80.39	67.31	77.02	66.80	73.89	52.91	81.51	77.44
29	688005.SH	容百科技	74.19	90.33	86.52	60.17	80.45	59.43	66.66	55.74	83.65	85.87
30	603185.SH	弘元绿能	74.00	78.33	87.85	72.60	73.06	68.65	69.90	62.60	76.26	66.27
31	002129.SZ	TCL中环	73.88	93.25	90.24	58.87	73.33	68.61	67.50	47.83	84.55	76.68
32	000682.SZ	东方电子	73.53	86.19	87.97	66.96	45.88	68.65	71.69	61.43	92.40	78.62
33	688223.SH	晶科能源	73.32	84.24	86.76	56.91	63.04	75.17	74.59	49.63	85.17	87.50
34	600732.SH	爱旭股份	73.08	72.64	63.94	68.01	79.53	69.98	80.63	56.28	81.73	85.75
35	300360.SZ	炬华科技	73.05	85.94	86.21	74.37	40.69	63.93	68.86	70.26	89.12	69.13
36	002706.SZ	良信股份	72.99	84.92	86.49	70.71	56.18	60.95	62.72	61.01	91.58	81.69
37	300769.SZ	德方纳米	72.85	89.30	85.63	55.88	73.62	62.42	68.76	53.52	85.82	81.91
38	603026.SH	胜华新材	72.79	95.42	77.76	65.01	64.09	59.12	59.36	64.89	87.14	75.62
39	603556.SH	海兴电力	72.79	87.12	88.02	72.15	45.62	65.84	72.35	72.08	78.88	58.26
40	688778.SH	厦钨新能	72.76	93.59	91.45	53.11	77.97	57.21	67.93	52.43	88.81	71.93
41	000922.SZ	佳电股份	72.72	94.18	82.25	71.78	45.03	60.40	72.88	64.41	87.71	58.98
42	688819.SH	天能股份	72.64	86.40	93.50	66.54	63.44	55.89	66.76	62.38	77.89	78.40
43	603806.SH	福斯特	72.61	76.44	91.25	60.05	67.99	61.23	64.82	72.97	89.86	79.04
44	002801.SZ	微光股份	72.56	86.00	86.94	79.32	53.26	45.18	58.85	73.35	89.05	75.65
45	300882.SZ	万胜智能	72.48	88.24	79.19	70.60	49.23	52.03	73.70	76.11	89.12	65.13
46	601567.SH	三星医疗	72.46	90.35	74.22	73.29	57.96	62.80	71.96	54.08	86.68	62.49
47	002850.SZ	科达利	72.36	83.56	84.23	71.16	61.63	63.09	70.13	52.70	87.35	69.19
48	600268.SH	国电南自	72.25	88.90	84.89	66.84	58.45	66.26	66.79	49.47	89.57	70.57
49	600885.SH	宏发股份	72.18	85.66	84.27	73.18	53.81	61.97	64.55	58.79	84.24	77.00
50	002851.SZ	麦格米特	72.15	87.98	83.72	57.84	54.54	72.73	73.83	50.66	83.97	83.91
51	601179.SH	中国西电	71.84	91.56	88.82	63.42	54.78	61.03	67.72	53.31	91.42	64.37
52	300724.SZ	捷佳伟创	71.82	80.27	81.66	72.23	54.62	63.89	66.00	63.95	86.54	72.97
53	002518.SZ	科士达	71.79	81.84	87.61	73.78	53.49	58.43	65.85	65.10	88.44	60.80
54	300880.SZ	迦南智能	71.63	88.12	82.32	76.36	50.48	46.55	62.41	74.04	89.60	61.65
55	000049.SZ	德赛电池	71.44	91.78	86.92	65.01	75.23	44.79	63.36	54.96	84.28	68.71
56	688116.SH	天奈科技	71.37	88.50	88.81	70.59	52.29	53.15	57.72	65.30	89.05	70.87

续表

综合排名	公司代码	公司名称	综合健康指数	公司治理	外部监督	创利能力	产品销售	竞争态势	价值再造	资产资本结构	内部控制	企业文化
57	300763.SZ	锦浪科技	71.26	92.40	81.82	63.81	53.61	65.80	60.70	54.81	80.25	81.62
58	301238.SZ	瑞泰新材	71.10	86.72	76.73	73.61	64.30	47.41	65.26	67.44	85.24	60.45
59	600458.SH	时代新材	71.00	92.91	86.34	55.69	64.47	57.52	68.49	48.12	87.67	75.16
60	688676.SH	金盘科技	70.99	90.28	95.79	55.84	51.56	62.85	64.29	57.70	81.54	78.18
61	688349.SH	三一重能	70.95	80.94	93.06	61.24	55.30	66.87	68.96	60.61	75.39	76.08
62	300286.SZ	安科瑞	70.91	81.29	81.30	76.83	34.02	61.13	60.99	78.21	83.96	74.27
63	601311.SH	骆驼股份	70.89	86.24	86.67	55.61	60.09	62.16	61.38	54.14	92.25	86.72
64	300105.SZ	龙源技术	70.81	91.22	93.56	62.03	38.05	51.77	69.93	67.24	91.03	68.47
65	603728.SH	鸣志电器	70.80	84.05	88.18	69.88	51.05	56.22	60.68	59.03	79.11	89.67
66	001269.SZ	欧晶科技	70.79	88.21	89.94	69.48	55.61	43.04	58.71	72.80	92.14	60.55
67	300827.SZ	上能电气	70.75	86.43	80.71	58.68	50.83	63.81	60.12	71.20	84.99	84.46
68	000009.SZ	中国宝安	70.71	80.42	84.50	59.69	61.13	69.95	74.10	47.83	79.15	77.83
69	300693.SZ	盛弘股份	70.70	82.67	73.77	73.14	45.03	64.98	66.97	62.18	85.50	69.16
70	002812.SZ	恩捷股份	70.69	82.35	83.72	62.32	59.51	65.06	65.95	51.34	80.04	86.67
71	002074.SZ	国轩高科	70.61	89.45	88.48	42.27	60.69	71.74	75.00	43.28	85.26	86.01
72	003021.SZ	兆威机电	70.58	90.42	86.08	62.63	41.17	53.28	63.85	63.76	92.10	82.98
73	002276.SZ	万马股份	70.46	86.88	81.01	57.35	59.85	54.98	68.68	57.96	91.29	78.36
74	002340.SZ	格林美	70.37	89.09	89.86	47.12	70.45	66.48	69.23	42.52	86.23	72.39
75	688348.SH	昱能科技	70.30	92.88	86.71	65.55	42.81	61.36	61.91	67.70	70.43	75.31
76	002498.SZ	汉缆股份	70.25	79.87	84.82	64.49	61.79	52.81	65.06	59.28	90.33	75.92
77	688663.SH	新风光	70.18	89.41	81.06	72.75	42.82	59.89	63.04	63.38	79.52	64.34
78	301327.SZ	华宝新能	70.15	89.90	84.18	59.17	43.29	63.34	63.92	70.07	79.52	74.52
79	002865.SZ	钧达股份	70.15	81.96	74.45	62.04	78.91	62.36	69.63	53.71	74.53	63.77
80	300776.SZ	帝尔激光	70.09	88.81	81.27	67.51	36.19	53.96	59.77	75.83	92.93	69.47
81	300751.SZ	迈为股份	70.08	82.27	87.99	66.57	37.07	64.24	65.39	64.22	84.52	76.28
82	601865.SH	福莱特	70.02	85.36	89.06	54.39	61.60	63.45	62.43	59.37	74.12	73.82

表3 电子

综合排名	公司代码	公司名称	综合健康指数	公司治理	外部监督	创利能力	产品销售	竞争态势	价值再造	资产资本结构	内部控制	企业文化
1	002371.SZ	北方华创	78.22	91.45	87.62	70.36	55.38	84.08	79.83	57.69	90.04	80.32
2	002841.SZ	视源股份	77.70	89.85	91.08	72.62	65.29	75.03	75.53	61.42	92.83	64.50
3	002049.SZ	紫光国微	77.70	84.68	83.14	76.65	58.89	79.42	74.55	62.58	88.68	84.99
4	603290.SH	斯达半导	77.46	91.65	88.44	71.87	63.59	70.62	72.42	74.99	80.38	73.48
5	688008.SH	澜起科技	77.40	89.58	90.58	75.73	56.55	71.58	70.78	75.57	86.50	70.43
6	688396.SH	华润微	77.13	89.26	87.72	69.98	58.42	79.34	74.03	65.27	81.75	82.22
7	300661.SZ	圣邦股份	76.94	81.75	87.44	76.16	55.66	73.37	74.47	70.61	89.66	81.85
8	002484.SZ	江海股份	76.93	94.09	87.76	69.77	67.52	66.63	73.71	49.70	91.66	87.52

续表

综合排名	公司代码	公司名称	综合健康指数	公司治理	外部监督	创利能力	产品销售	竞争态势	价值再造	资产资本结构	内部控制	企业文化
9	300866.SZ	安克创新	76.90	82.94	84.80	76.97	58.38	78.39	79.44	58.60	88.50	76.03
10	688012.SH	中微公司	76.54	92.55	91.23	64.67	60.09	79.15	76.47	62.98	74.39	77.84
11	300136.SZ	信维通信	76.36	90.61	90.88	67.78	72.73	66.39	74.07	45.40	86.57	93.49
12	601231.SH	环旭电子	76.00	81.86	95.23	68.31	80.13	61.15	67.89	59.03	93.56	81.22
13	688072.SH	拓荆科技	75.95	92.68	86.79	70.04	53.35	67.17	74.24	67.13	83.33	83.82
14	605365.SH	立达信	75.74	92.09	90.49	70.82	56.98	58.78	69.26	64.59	90.97	86.54
15	688385.SH	复旦微电	75.55	90.11	93.09	71.54	56.15	73.74	73.32	60.91	81.44	67.17
16	688019.SH	安集科技	75.44	92.95	86.92	73.71	53.53	60.02	69.84	64.68	87.23	84.45
17	688036.SH	传音控股	75.21	85.89	93.01	71.39	56.91	65.64	69.62	63.66	85.39	84.99
18	002916.SZ	深南电路	75.13	86.84	91.12	70.00	66.97	67.11	68.59	54.41	86.32	80.63
19	300481.SZ	濮阳惠成	75.04	88.95	86.07	75.57	66.14	60.91	67.02	67.43	80.51	64.61
20	001308.SZ	康冠科技	74.92	88.73	84.95	68.57	66.92	62.35	69.65	68.95	81.70	79.00
21	300408.SZ	三环集团	74.78	87.03	87.80	70.93	53.52	67.11	67.16	65.28	91.04	80.96
22	002938.SZ	鹏鼎控股	74.70	80.37	94.18	73.83	76.52	60.16	72.24	52.09	80.58	79.52
23	688099.SH	晶晨股份	74.64	83.01	91.51	64.82	65.86	68.97	66.33	71.87	89.13	70.27
24	300373.SZ	扬杰科技	74.63	87.86	89.84	70.54	58.34	68.78	68.99	52.36	85.85	83.97
25	688041.SH	海光信息	74.45	93.07	85.86	65.59	59.16	65.08	73.80	66.13	78.17	75.21
26	002222.SZ	福晶科技	74.29	89.10	91.20	78.39	46.46	55.87	66.70	64.95	91.04	77.64
27	002643.SZ	万润股份	74.22	95.28	90.19	74.08	51.69	64.60	66.98	49.35	91.40	68.26
28	603228.SH	景旺电子	74.13	83.10	85.57	69.20	69.61	62.79	71.35	56.72	87.38	77.81
29	688536.SH	思瑞浦	74.07	91.89	87.62	66.38	51.65	63.68	65.11	66.94	87.04	85.79
30	002273.SZ	水晶光电	73.94	85.02	88.75	66.89	63.84	56.28	70.37	59.25	92.10	84.62
31	688037.SH	芯源微	73.90	91.78	83.35	64.74	51.26	72.60	73.20	66.67	82.12	69.67
32	002955.SZ	鸿合科技	73.80	89.04	91.24	74.91	49.93	53.23	67.84	60.26	89.25	85.85
33	002463.SZ	沪电股份	73.73	88.21	91.10	73.83	61.29	59.09	71.12	52.43	82.99	65.39
34	600171.SH	上海贝岭	73.72	89.77	86.38	62.28	54.39	66.49	69.50	64.35	91.48	77.99
35	003019.SZ	宸展光电	73.64	88.66	86.45	77.95	57.94	45.50	65.70	65.39	87.84	82.48
36	688082.SH	盛美上海	73.64	86.37	87.91	69.19	52.15	73.66	77.00	59.78	81.28	62.20
37	688120.SH	华海清科	73.56	92.59	88.83	63.30	49.67	72.87	76.01	69.45	78.15	57.28
38	601138.SH	工业富联	73.49	79.17	91.88	60.97	80.09	60.64	70.81	58.48	88.92	75.29
39	688123.SH	聚辰股份	73.23	90.55	86.60	75.34	43.18	62.62	69.19	74.80	78.15	63.73
40	002079.SZ	苏州固锝	73.14	84.08	84.07	65.46	62.44	59.05	73.68	57.87	91.48	81.20
41	002635.SZ	安洁科技	73.05	90.64	79.52	66.15	63.64	60.70	67.69	52.96	83.11	90.09
42	688800.SH	瑞可达	72.86	84.23	82.58	64.99	57.47	68.40	68.07	65.82	87.46	74.51
43	002139.SZ	拓邦股份	72.78	78.35	86.97	61.94	61.54	69.29	79.13	49.15	89.53	82.66
44	000541.SZ	佛山照明	72.73	91.24	89.75	61.87	55.63	68.84	63.64	51.08	89.23	79.48
45	300389.SZ	艾比森	72.62	82.93	83.56	66.45	50.78	61.08	70.34	62.39	93.56	85.93
46	688200.SH	华峰测控	72.52	86.00	85.70	71.36	38.94	66.69	68.26	79.35	84.55	61.62

续表

综合排名	公司代码	公司名称	综合健康指数	公司治理	外部监督	创利能力	产品销售	竞争态势	价值再造	资产资本结构	内部控制	企业文化
47	002937.SZ	兴瑞科技	72.48	86.09	91.55	73.52	59.54	48.57	63.34	65.94	76.90	83.17
48	002351.SZ	漫步者	72.42	79.78	83.07	72.81	50.61	53.67	70.08	71.84	91.39	77.04
49	300782.SZ	卓胜微	72.37	84.30	88.59	61.78	60.73	64.72	62.83	63.06	89.13	78.80
50	300613.SZ	富瀚微	72.21	81.81	77.32	71.57	61.75	62.69	69.29	63.72	84.84	69.41
51	603297.SH	永新光学	72.15	85.90	81.26	76.38	43.57	60.46	64.88	62.61	91.49	72.17
52	300684.SZ	中石科技	72.13	87.76	83.19	74.13	64.37	55.15	59.61	60.74	90.28	59.91
53	300223.SZ	北京君正	72.12	84.83	81.67	64.37	52.28	65.59	66.61	59.52	91.04	84.87
54	605111.SH	新洁能	72.06	81.11	77.65	66.70	53.66	64.98	70.08	72.05	91.66	66.79
55	600183.SH	生益科技	72.05	84.67	89.32	61.49	66.12	64.27	71.27	48.96	82.92	76.37
56	688126.SH	沪硅产业	72.04	94.47	89.47	56.75	63.74	71.08	72.91	49.82	71.33	65.68
57	600460.SH	士兰微	72.03	84.77	85.93	57.97	59.30	70.91	67.83	48.81	88.12	87.44
58	600206.SH	有研新材	72.01	93.24	87.66	58.85	73.57	45.14	65.68	64.55	83.09	64.89
59	603327.SH	福蓉科技	72.00	91.97	85.00	72.13	64.38	44.16	59.87	68.02	90.43	60.97
60	002993.SZ	奥海科技	71.84	86.43	80.03	64.95	60.07	57.04	70.22	62.00	90.14	71.90
61	300327.SZ	中颖电子	71.81	82.91	90.79	64.25	56.96	60.17	62.41	68.50	88.28	73.09
62	300951.SZ	博硕科技	71.74	90.71	79.59	70.63	40.54	57.12	67.10	63.19	92.88	77.04
63	688332.SH	中科蓝讯	71.73	88.86	80.10	63.70	53.92	60.02	63.59	76.56	82.91	67.54
64	600584.SH	长电科技	71.72	81.70	82.28	65.15	82.36	60.45	66.66	49.41	82.35	69.13
65	300787.SZ	海能实业	71.72	84.49	73.65	78.33	59.19	49.94	65.03	58.06	85.38	86.35
66	300054.SZ	鼎龙股份	71.68	84.59	76.93	70.76	53.72	67.54	67.87	52.59	90.04	72.27
67	603986.SH	兆易创新	71.67	75.27	86.68	67.16	51.23	64.24	71.06	66.25	85.25	81.86
68	688981.SH	中芯国际	71.61	83.08	81.13	65.77	69.23	76.09	75.31	58.81	49.83	75.44
69	603515.SH	欧普照明	71.60	80.70	86.52	71.91	54.61	60.13	68.48	58.26	82.03	78.50
70	300623.SZ	捷捷微电	71.60	89.00	82.40	57.99	54.71	67.08	68.39	58.44	89.43	73.05
71	300604.SZ	长川科技	71.52	82.44	77.08	66.81	54.68	77.28	74.84	49.09	89.58	58.77
72	002130.SZ	沃尔核材	71.19	86.87	81.25	66.59	55.11	57.58	67.44	46.20	90.31	87.16
73	688432.SH	有研硅	71.18	85.02	78.38	71.35	57.67	50.29	69.96	71.27	76.08	73.94
74	002600.SZ	领益智造	71.13	76.97	82.06	68.30	75.18	59.58	64.12	41.69	85.96	88.56
75	600563.SH	法拉电子	71.12	80.00	79.59	72.22	66.40	63.85	62.92	67.16	70.00	59.25
76	300476.SZ	胜宏科技	71.11	85.73	69.17	67.37	66.87	55.16	66.46	52.00	86.25	88.66
77	002241.SZ	歌尔股份	71.07	86.06	81.08	50.11	77.58	54.61	66.90	52.42	92.14	90.37
78	688589.SH	力合微	71.01	87.65	90.40	63.38	41.17	53.96	68.13	66.26	85.29	85.58
79	688391.SH	钜泉科技	70.99	85.14	75.35	69.80	56.20	59.30	68.52	71.15	74.18	64.87
80	688261.SH	东微半导	70.98	91.86	82.34	66.56	59.24	59.06	67.76	76.35	59.35	63.80
81	688018.SH	乐鑫科技	70.82	89.64	86.97	59.96	43.14	59.27	67.08	69.37	83.34	77.58
82	688268.SH	华特气体	70.82	90.68	82.75	68.95	57.52	52.13	66.79	57.31	84.97	63.69
83	600877.SH	电科芯片	70.82	92.04	87.59	60.69	56.95	64.97	56.27	62.22	90.03	57.09
84	603989.SH	艾华集团	70.72	87.40	82.52	64.90	54.68	58.67	69.26	56.63	87.23	67.22

续表

综合排名	公司代码	公司名称	综合健康指数	公司治理	外部监督	创利能力	产品销售	竞争态势	价值再造	资产资本结构	内部控制	企业文化
85	688106.SH	金宏气体	70.64	85.76	87.09	71.12	47.34	60.97	66.54	52.46	86.06	67.80
86	002475.SZ	立讯精密	70.59	77.79	76.86	60.86	81.68	56.45	72.53	50.68	83.18	75.79
87	002815.SZ	崇达技术	70.58	80.40	80.56	67.04	64.80	58.68	68.15	51.87	87.63	70.91
88	002925.SZ	盈趣科技	70.48	73.22	82.27	71.92	54.58	59.79	71.78	57.24	89.75	71.79
89	300672.SZ	国科微	70.47	88.43	79.32	57.66	65.65	65.01	67.19	44.67	77.22	88.71
90	002106.SZ	莱宝高科	70.47	91.15	80.38	64.04	67.22	44.75	64.98	68.24	87.67	55.18
91	300433.SZ	蓝思科技	70.46	79.51	78.59	64.85	72.89	50.29	74.85	50.93	84.79	77.16
92	688052.SH	纳芯微	70.44	82.72	86.04	55.76	47.08	70.34	65.47	67.95	79.71	79.96
93	301366.SZ	一博科技	70.42	87.62	79.02	66.90	39.55	64.16	66.15	72.05	91.04	54.57
94	600703.SH	三安光电	70.32	87.75	79.64	55.83	58.76	66.91	66.73	49.28	78.20	85.42
95	300976.SZ	达瑞电子	70.26	86.58	77.11	63.59	49.53	56.29	65.54	62.11	88.17	83.72
96	300916.SZ	朗特智能	70.25	83.29	80.76	67.49	63.74	47.66	62.72	69.62	89.73	61.86
97	688279.SH	峰岹科技	70.24	86.33	84.15	66.37	33.71	57.63	65.00	77.51	78.83	81.65
98	002885.SZ	京泉华	70.21	85.78	82.35	58.78	63.73	50.84	69.04	56.49	79.48	87.92
99	688678.SH	福立旺	70.18	89.31	78.07	65.86	53.70	56.59	71.51	52.76	89.13	62.32
100	002384.SZ	东山精密	70.18	83.68	84.10	65.31	69.65	54.08	68.90	46.84	86.02	64.12
101	300679.SZ	电连技术	70.15	85.98	66.69	69.97	57.15	54.43	64.95	56.98	88.25	82.49
102	603303.SH	得邦照明	70.07	84.22	82.64	63.74	60.35	51.03	68.22	65.03	89.23	60.94
103	603380.SH	易德龙	70.06	83.10	86.45	61.70	62.54	57.06	63.63	58.48	80.62	76.96
104	688107.SH	安路科技	70.02	90.22	86.73	63.00	52.92	53.30	62.79	70.10	81.44	60.59
105	600745.SH	闻泰科技	70.00	84.07	91.66	55.95	73.97	57.92	64.90	37.26	88.27	77.24

表 4　　　　　　　　　　　　　　　　纺织服装

综合排名	公司代码	公司名称	综合健康指数	公司治理	外部监督	创利能力	产品销售	竞争态势	价值再造	资产资本结构	内部控制	企业文化
1	300888.SZ	稳健医疗	80.92	88.02	91.43	75.44	70.27	82.47	86.11	58.61	82.09	89.49
2	000726.SZ	鲁泰A	78.25	85.87	95.40	70.78	65.46	72.72	81.14	53.72	90.74	89.49
3	600987.SH	航民股份	76.64	88.81	87.45	69.01	74.29	67.26	76.93	67.59	89.81	58.36
4	603889.SH	新澳股份	75.99	87.00	94.04	68.97	66.77	69.39	72.80	65.37	82.59	71.11
5	002563.SZ	森马服饰	75.90	84.90	88.26	68.03	59.12	71.32	67.98	68.66	91.56	86.52
6	002293.SZ	罗莱生活	75.67	84.48	92.57	73.35	58.49	67.84	72.39	55.94	88.03	87.07
7	002003.SZ	伟星股份	75.41	81.18	88.80	78.03	56.54	65.76	70.75	56.65	89.20	90.62
8	300979.SZ	华利集团	74.89	78.74	90.04	75.38	67.58	64.82	68.19	63.54	86.45	77.48
9	600398.SH	海澜之家	74.69	89.96	89.04	70.01	53.82	71.21	68.05	64.83	87.38	68.34
10	002327.SZ	富安娜	74.68	81.02	83.57	79.65	51.49	61.64	72.78	70.27	93.10	71.73
11	002154.SZ	报喜鸟	74.39	88.62	87.56	70.47	51.64	62.89	72.99	56.71	86.51	89.70
12	603365.SH	水星家纺	73.38	86.20	85.35	65.56	53.40	60.75	68.11	73.00	89.28	79.87

续表

综合排名	公司代码	公司名称	综合健康指数	公司治理	外部监督	创利能力	产品销售	竞争态势	价值再造	资产资本结构	内部控制	企业文化
13	002832.SZ	比音勒芬	73.33	79.84	81.83	72.96	54.75	63.43	69.36	73.43	82.76	79.96
14	002404.SZ	嘉欣丝绸	73.23	91.28	85.42	72.55	66.23	62.09	67.12	56.29	77.01	65.33
15	300840.SZ	酷特智能	73.03	89.18	89.39	69.60	48.41	53.08	72.98	67.79	89.28	71.58
16	301088.SZ	戎美股份	72.12	81.95	84.02	66.72	52.70	69.23	68.19	74.14	79.70	66.26
17	603511.SH	爱慕股份	72.01	88.61	87.05	68.29	43.76	57.90	69.81	68.36	80.22	80.34
18	002486.SZ	嘉麟杰	71.68	82.45	83.73	70.43	62.97	46.78	76.12	66.41	80.94	66.65
19	603587.SH	地素时尚	71.47	83.91	83.26	71.49	43.48	60.38	67.18	71.44	80.22	77.24
20	600177.SH	雅戈尔	71.06	89.09	86.05	61.70	55.27	69.98	60.28	47.15	84.93	82.31
21	002029.SZ	七匹狼	70.86	87.50	87.95	58.91	50.77	66.09	61.43	54.36	88.63	85.96
22	002394.SZ	联发股份	70.83	85.25	84.94	56.50	65.13	59.85	74.19	59.49	82.26	65.87
23	300918.SZ	南山智尚	70.81	87.12	83.09	67.93	51.81	58.81	73.59	63.45	85.99	49.19
24	002687.SZ	乔治白	70.77	86.78	78.89	68.52	45.32	59.36	71.41	62.27	82.30	72.34
25	601718.SH	际华集团	70.49	91.91	88.39	49.99	61.39	65.24	68.02	49.06	78.59	82.65
26	603877.SH	太平鸟	70.35	88.35	82.68	56.97	59.18	57.64	58.60	63.64	87.98	82.39
27	605189.SH	富春染织	70.20	80.58	84.11	57.43	69.84	60.24	68.33	62.53	79.89	67.07

表 5　　公用事业

综合排名	公司代码	公司名称	综合健康指数	公司治理	外部监督	创利能力	产品销售	竞争态势	价值再造	资产资本结构	内部控制	企业文化
1	600995.SH	南网储能	77.26	88.94	93.82	79.25	70.30	60.58	68.45	61.98	93.53	68.71
2	600803.SH	新奥股份	76.50	89.59	89.16	65.46	71.67	75.20	72.79	53.38	84.38	84.10
3	601985.SH	中国核电	76.19	93.56	92.30	74.88	57.16	78.01	66.57	47.04	79.03	85.17
4	600483.SH	福能股份	75.99	93.75	89.97	67.46	66.37	64.35	75.39	58.08	88.04	72.37
5	600098.SH	广州发展	75.62	92.29	89.51	58.92	70.29	71.17	81.06	53.16	85.26	72.70
6	600886.SH	国投电力	75.31	94.89	91.81	68.55	63.69	64.52	68.09	50.90	90.63	75.85
7	600956.SH	新天绿能	74.98	91.79	89.39	67.92	71.28	65.92	64.61	55.16	84.71	78.46
8	600900.SH	长江电力	74.71	89.79	90.75	73.80	56.36	65.98	63.92	59.37	86.83	77.59
9	600021.SH	上海电力	74.30	95.03	87.87	65.16	70.09	63.62	66.26	49.68	86.40	77.67
10	688248.SH	南网科技	74.17	95.15	92.14	71.11	38.94	61.91	66.82	74.71	87.03	69.55
11	600795.SH	国电电力	73.89	91.00	92.70	68.82	68.27	57.75	72.39	44.92	88.84	71.57
12	601139.SH	深圳燃气	73.84	94.96	87.85	56.96	56.68	75.79	71.37	55.81	85.90	73.28
13	003816.SZ	中国广核	73.64	87.78	91.75	70.36	62.01	70.32	64.92	52.83	86.28	65.80
14	600025.SH	华能水电	73.50	96.10	91.27	73.27	59.05	58.84	68.40	54.61	80.08	61.40
15	603053.SH	成都燃气	73.38	95.13	85.31	68.23	55.98	56.90	69.65	69.48	83.21	63.67
16	601016.SH	节能风电	73.29	93.40	74.75	67.29	47.59	68.01	72.01	57.42	92.39	78.49
17	000591.SZ	太阳能	73.23	94.39	84.82	56.89	47.58	72.21	76.20	66.37	89.62	62.88
18	000155.SZ	川能动力	73.16	94.89	90.40	72.57	53.73	52.13	63.87	57.61	89.25	72.03
19	600863.SH	内蒙华电	72.93	88.31	85.88	77.92	64.34	50.63	70.52	53.57	92.83	55.19
20	600905.SH	三峡能源	72.92	93.61	90.87	67.71	51.73	64.02	67.23	49.26	81.49	81.27

续表

综合排名	公司代码	公司名称	综合健康指数	公司治理	外部监督	创利能力	产品销售	竞争态势	价值再造	资产资本结构	内部控制	企业文化
21	001289.SZ	龙源电力	72.49	90.28	89.21	72.02	68.53	56.61	60.49	53.77	81.49	67.49
22	605090.SH	九丰能源	72.49	92.44	89.93	61.45	64.14	50.60	65.23	67.00	90.92	67.13
23	002911.SZ	佛燃能源	72.45	87.72	87.47	62.02	69.17	62.56	69.03	56.09	76.61	76.27
24	600101.SH	明星电力	72.07	90.11	89.02	68.96	55.17	41.48	61.28	75.50	91.45	74.40
25	600236.SH	桂冠电力	71.86	90.98	91.13	78.32	60.75	48.10	63.56	50.87	86.24	56.77
26	600578.SH	京能电力	71.70	91.28	91.23	60.38	66.39	57.75	62.59	47.18	88.26	76.84
27	600452.SH	涪陵电力	71.38	89.18	90.50	73.49	61.68	47.77	50.85	72.47	87.03	59.01
28	600674.SH	川投能源	71.35	93.30	91.33	68.94	41.10	57.65	66.21	60.31	81.97	68.00
29	601222.SH	林洋能源	71.27	89.99	92.29	63.53	38.68	54.83	66.84	71.44	83.42	80.14
30	600011.SH	华能国际	71.16	95.21	90.87	53.65	66.15	63.83	64.67	41.91	82.90	76.30
31	000875.SZ	吉电股份	71.12	93.98	89.73	67.44	56.88	54.10	67.51	38.72	86.79	74.27
32	002267.SZ	陕天然气	71.05	87.56	88.63	71.79	56.64	49.85	65.74	54.18	87.64	68.21
33	600642.SH	申能股份	71.02	91.10	90.30	59.74	65.62	53.92	63.96	57.51	83.32	66.55
34	600157.SH	永泰能源	70.91	89.42	81.85	55.24	67.83	67.34	70.06	51.68	85.07	59.77
35	601991.SH	大唐发电	70.47	95.14	88.80	57.34	63.14	55.20	71.46	42.39	87.65	62.97
36	002060.SZ	粤水电	70.24	90.56	92.14	51.19	53.12	70.64	65.03	56.27	86.52	61.35

表6　　国防军工

综合排名	公司代码	公司名称	综合健康指数	公司治理	外部监督	创利能力	产品销售	竞争态势	价值再造	资产资本结构	内部控制	企业文化
1	002179.SZ	中航光电	78.83	90.94	93.86	73.98	64.08	74.77	75.21	56.05	89.35	87.33
2	000733.SZ	振华科技	78.42	92.34	92.72	79.99	61.88	69.13	72.81	62.01	86.24	77.93
3	600760.SH	中航沈飞	77.38	90.84	88.97	67.85	86.60	56.01	69.92	64.10	89.54	83.71
4	600765.SH	中航重机	75.32	92.68	91.09	66.14	74.43	58.51	68.49	53.76	88.19	80.52
5	600862.SH	中航高科	74.78	91.84	84.97	76.11	71.34	47.74	67.08	59.98	91.51	73.89
6	688122.SH	西部超导	74.42	90.89	92.70	70.78	68.86	61.55	68.06	55.14	84.77	64.09
7	688066.SH	航天宏图	74.05	92.11	90.82	64.74	50.48	73.75	67.16	52.48	83.11	87.62
8	688297.SH	中无人机	73.92	93.36	90.20	65.95	59.21	52.01	63.17	72.64	87.92	80.05
9	002389.SZ	航天彩虹	73.91	88.63	91.44	57.30	72.68	60.29	76.86	47.93	86.27	85.85
10	600562.SH	国睿科技	73.77	91.31	88.24	69.23	56.88	60.55	68.74	53.98	91.00	78.21
11	300034.SZ	钢研高纳	73.75	94.57	85.77	65.12	70.68	60.14	69.34	48.77	85.40	73.81
12	603712.SH	七一二	73.51	89.69	82.89	59.29	63.35	78.22	69.74	59.92	89.98	59.29
13	600372.SH	中航电子	73.45	90.04	88.88	59.61	65.02	71.18	69.18	50.25	88.86	72.51
14	002025.SZ	航天电器	73.35	92.08	74.71	66.87	62.96	66.86	67.76	64.26	87.01	66.21
15	600118.SH	中国卫星	73.24	88.18	89.49	59.81	72.88	54.73	67.56	60.39	91.61	76.99
16	002465.SZ	海格通信	73.01	91.80	90.39	58.07	61.54	62.74	66.68	48.88	90.70	88.13
17	000738.SZ	航发控制	72.97	90.69	93.77	71.29	58.37	53.10	69.68	60.07	92.90	52.38
18	688586.SH	江航装备	72.96	92.62	89.19	78.24	46.07	44.28	70.66	70.21	81.01	71.85

续表

综合排名	公司代码	公司名称	综合健康指数	公司治理	外部监督	创利能力	产品销售	竞争态势	价值再造	资产资本结构	内部控制	企业文化
19	000519.SZ	中兵红箭	72.92	90.13	84.25	68.37	65.10	51.41	69.02	69.65	85.13	64.87
20	300395.SZ	菲利华	72.69	86.83	83.80	69.25	63.04	61.15	67.72	56.85	83.58	75.84
21	605123.SH	派克新材	72.00	85.19	82.89	62.02	69.65	56.25	70.35	60.58	82.73	69.83
22	600150.SH	中国船舶	72.00	93.86	91.95	56.19	77.86	53.59	68.19	44.15	88.37	69.74
23	600879.SH	航天电子	71.95	91.79	88.79	55.74	64.16	68.13	65.43	54.02	85.49	69.91
24	600072.SH	中船科技	71.93	91.00	83.90	53.06	71.55	61.01	71.82	53.97	85.98	74.97
25	600967.SH	内蒙一机	71.82	92.32	88.34	55.58	76.10	57.60	61.39	55.50	91.83	64.42
26	000768.SZ	中航西飞	71.61	90.89	88.90	62.46	68.10	45.45	62.61	57.99	88.26	80.72
27	300699.SZ	光威复材	71.28	90.40	87.94	68.61	58.50	48.27	61.22	64.75	87.62	67.03
28	300101.SZ	振芯科技	71.25	79.93	77.92	70.43	53.74	67.02	73.41	45.36	88.84	80.37
29	300726.SZ	宏达电子	70.77	78.39	84.24	68.85	50.43	60.59	70.47	60.15	90.55	70.15
30	002265.SZ	建设工业	70.57	87.11	73.77	61.19	80.10	71.00	75.97	38.69	77.87	52.41
31	300900.SZ	广联航空	70.50	89.57	87.68	67.37	49.31	51.93	71.83	43.54	91.47	74.52
32	002935.SZ	天奥电子	70.44	90.83	82.91	68.49	52.45	56.31	61.99	66.08	84.80	55.34
33	688281.SH	华秦科技	70.43	88.95	88.26	62.81	57.73	54.24	61.82	72.28	75.17	61.70
34	301302.SZ	华如科技	70.41	86.44	86.18	57.91	43.37	62.92	72.27	73.03	89.58	55.92
35	600764.SH	中国海防	70.38	82.24	87.05	59.03	58.45	65.67	61.72	61.54	91.50	65.60
36	600893.SH	航发动力	70.38	92.40	87.31	53.30	71.34	52.89	64.74	45.66	88.50	78.30
37	603267.SH	鸿远电子	70.30	90.44	83.15	66.87	54.67	53.82	61.85	62.69	83.85	66.26
38	600685.SH	中船防务	70.21	91.85	89.76	48.34	68.59	59.62	74.57	50.15	87.71	54.79
39	688375.SH	国博电子	70.05	95.55	87.83	55.35	66.01	54.70	63.32	63.30	72.03	54.62
40	003009.SZ	中天火箭	70.05	90.47	80.03	63.71	60.97	51.55	69.43	64.12	79.54	58.15

表7　　　　　　　　　　　　　　　　　　　黑色金属

综合排名	公司代码	公司名称	综合健康指数	公司治理	外部监督	创利能力	产品销售	竞争态势	价值再造	资产资本结构	内部控制	企业文化
1	000932.SZ	华菱钢铁	81.56	94.45	95.25	75.67	70.15	79.85	78.47	64.44	88.02	79.24
2	600019.SH	宝钢股份	77.05	92.25	89.84	66.81	59.23	85.29	74.30	57.57	82.23	78.09
3	000708.SZ	中信特钢	74.86	90.41	93.87	72.26	57.48	79.25	61.15	46.09	87.35	76.06
4	600282.SH	南钢股份	74.66	87.89	92.65	66.17	48.50	73.61	74.03	46.57	90.26	91.66
5	600022.SH	山东钢铁	73.80	90.28	85.54	60.05	74.80	62.62	72.91	47.42	81.24	82.41
6	600782.SH	新钢股份	73.12	94.72	90.31	59.61	72.69	57.71	61.16	57.77	87.78	73.31
7	000959.SZ	首钢股份	72.16	94.12	91.20	60.73	61.07	64.18	64.55	44.38	91.91	70.32
8	002318.SZ	久立特材	71.34	88.37	89.77	78.27	30.35	55.66	66.85	63.69	87.60	68.55
9	000778.SZ	新兴铸管	70.92	91.89	86.21	64.08	48.38	61.38	68.08	61.04	79.52	65.73
10	000629.SZ	钒钛股份	70.49	87.54	87.06	69.90	53.01	47.62	65.72	65.87	79.31	69.29

表8 环保

综合排名	公司代码	公司名称	综合健康指数	公司治理	外部监督	创利能力	产品销售	竞争态势	价值再造	资产资本结构	内部控制	企业文化
1	601827.SH	三峰环境	76.91	94.18	90.77	70.98	74.87	66.78	64.41	57.65	84.71	73.50
2	600475.SH	华光环能	76.31	90.43	90.24	64.28	68.79	68.89	70.18	63.66	86.40	84.61
3	603279.SH	景津装备	76.28	86.75	85.77	75.97	60.30	64.91	74.65	70.16	89.14	69.96
4	002658.SZ	雪迪龙	75.78	85.21	85.58	77.50	48.30	63.20	74.87	67.80	91.73	83.14
5	002266.SZ	浙富控股	75.76	88.08	88.65	56.69	81.67	69.52	73.44	59.63	90.41	74.48
6	000598.SZ	兴蓉环境	75.65	93.57	92.83	77.51	61.61	63.63	62.81	60.45	87.87	66.51
7	300864.SZ	南大环境	75.53	93.38	82.03	78.40	54.27	65.11	68.07	70.25	88.97	62.33
8	688335.SH	复洁环保	75.38	90.38	89.77	70.68	63.30	59.03	70.67	67.17	87.69	74.87
9	600874.SH	创业环保	74.69	92.32	86.83	70.25	61.93	66.14	66.17	53.54	81.28	79.25
10	000551.SZ	创元科技	74.69	93.73	79.34	63.93	67.07	72.58	72.97	59.25	85.96	65.53
11	600461.SH	洪城环境	74.67	90.63	87.32	77.41	57.50	62.12	64.97	54.50	89.46	78.75
12	603568.SH	伟明环保	74.59	86.11	91.47	68.59	69.90	65.43	56.03	66.34	89.39	76.76
13	601200.SH	上海环境	74.55	91.95	84.08	67.48	79.05	56.22	64.41	51.28	91.83	80.19
14	000685.SZ	中山公用	74.45	92.90	90.63	60.06	62.46	74.30	60.29	61.70	92.92	71.85
15	600008.SH	首创环保	74.18	89.00	94.26	69.40	65.23	66.47	64.81	42.86	81.95	83.78
16	603126.SH	中材节能	73.89	85.62	85.81	68.31	66.60	67.78	76.21	59.11	75.68	69.87
17	601158.SH	重庆水务	73.82	95.24	91.21	78.03	67.58	48.47	64.50	47.64	87.19	67.73
18	301127.SZ	天源环保	73.43	91.90	83.57	68.56	62.72	50.10	75.97	70.26	86.54	57.10
19	300958.SZ	建工修复	73.36	93.85	82.73	62.24	59.40	66.18	71.07	64.94	79.39	69.94
20	600323.SH	瀚蓝环境	72.95	93.98	92.03	59.42	65.15	58.66	66.44	49.05	91.05	79.48
21	300425.SZ	中建环能	72.53	93.66	81.97	60.56	51.43	65.36	72.53	53.74	87.66	80.14
22	600283.SH	钱江水利	72.38	94.37	83.68	77.94	49.41	56.50	64.15	54.46	77.67	67.84
23	300070.SZ	碧水源	72.20	91.28	90.71	55.16	69.42	66.80	74.06	44.03	85.93	66.17
24	002034.SZ	旺能环境	72.19	79.14	89.59	64.63	75.66	66.69	70.50	52.17	80.28	64.61
25	002573.SZ	清新环境	72.01	90.42	88.95	59.23	65.42	71.86	63.13	47.27	81.07	74.37
26	002549.SZ	凯美特气	71.91	82.67	87.55	72.79	52.89	54.76	64.95	60.72	90.07	78.76
27	688466.SH	金科环境	71.86	86.29	79.41	68.95	54.77	49.86	74.18	66.49	82.11	81.69
28	688101.SH	三达膜	71.63	90.69	79.57	61.91	51.35	61.50	74.51	66.62	85.98	60.86
29	301175.SZ	中科环保	71.61	91.82	86.38	64.60	65.63	54.60	58.58	60.97	77.40	70.82
30	600526.SH	菲达环保	71.39	92.23	83.44	59.40	66.87	65.83	63.34	51.57	84.03	65.08
31	002973.SZ	侨银股份	70.85	84.98	84.15	67.56	70.94	50.78	65.57	51.38	78.31	79.06
32	601199.SH	江南水务	70.29	87.98	75.22	75.89	50.24	53.95	59.19	66.75	81.28	70.94
33	002645.SZ	华宏科技	70.16	84.46	80.43	53.52	74.99	58.64	63.98	58.76	82.03	77.21

表 9　　机械设备

综合排名	公司代码	公司名称	综合健康指数	公司治理	外部监督	创利能力	产品销售	竞争态势	价值再造	资产资本结构	内部控制	企业文化
1	600582.SH	天地科技	80.43	91.18	95.00	78.37	72.71	75.22	71.99	59.17	85.94	90.58
2	688777.SH	中控技术	78.89	91.21	92.44	68.35	62.73	86.65	74.53	56.73	88.04	86.28
3	603100.SH	川仪股份	77.81	94.45	89.66	74.53	63.33	74.63	68.80	64.11	90.07	67.71
4	002690.SZ	美亚光电	77.10	80.99	84.04	82.01	61.22	70.88	72.37	76.34	83.98	74.90
5	603298.SH	杭叉集团	77.00	95.31	89.29	64.58	69.72	70.56	71.98	58.06	87.33	82.51
6	002353.SZ	杰瑞股份	76.52	89.97	81.61	64.70	65.99	77.86	77.11	55.35	86.59	86.40
7	002595.SZ	豪迈科技	76.41	88.43	87.34	74.04	70.48	60.13	75.66	62.69	91.47	68.86
8	603338.SH	浙江鼎力	76.34	85.09	93.50	74.12	62.42	63.46	71.72	71.02	88.46	70.61
9	601038.SH	一拖股份	76.31	90.87	92.67	61.65	81.11	62.90	74.48	60.16	87.82	73.11
10	688128.SH	中国电研	76.31	95.50	84.03	72.31	62.41	72.63	73.05	51.18	82.33	82.22
11	300124.SZ	汇川技术	76.27	82.10	91.83	70.95	66.57	85.75	63.67	49.17	78.46	91.50
12	002158.SZ	汉钟精机	76.25	85.02	91.18	75.44	67.25	66.13	63.38	60.21	91.83	85.35
13	600761.SH	安徽合力	76.18	94.01	93.94	68.27	74.26	67.10	54.90	63.92	86.12	80.40
14	601100.SH	恒立液压	75.98	87.51	87.36	72.40	70.99	68.02	67.24	65.63	86.10	71.07
15	688559.SH	海目星	75.51	88.89	88.11	67.37	63.93	71.70	75.27	54.65	79.44	87.58
16	601717.SH	郑煤机	75.35	92.62	89.92	63.69	75.39	65.77	67.86	50.48	89.15	79.14
17	300833.SZ	浩洋股份	75.26	84.25	89.03	79.57	60.12	54.48	71.47	71.30	89.23	70.12
18	688425.SH	铁建重工	75.25	89.15	89.60	67.65	63.59	71.55	77.10	60.49	81.11	66.22
19	002046.SZ	国机精工	75.16	95.00	91.13	62.17	71.22	65.73	70.53	46.60	85.81	86.23
20	000988.SZ	华工科技	75.10	92.83	90.56	59.87	68.87	67.69	74.34	53.84	89.76	75.12
21	603757.SH	大元泵业	75.06	85.80	86.01	75.21	66.13	58.07	70.48	69.96	81.56	73.65
22	603203.SH	快克智能	74.99	86.83	83.22	77.66	44.36	70.18	72.37	66.11	79.13	80.08
23	688188.SH	柏楚电子	74.88	90.12	86.59	74.04	51.03	68.96	59.91	67.13	89.23	81.78
24	688518.SH	联赢激光	74.76	90.14	79.80	65.82	62.65	71.41	76.70	55.60	89.72	73.19
25	600481.SH	双良节能	74.70	85.20	87.19	59.04	82.19	70.82	72.70	48.30	85.98	83.60
26	002837.SZ	英维克	74.69	88.91	91.88	62.49	66.46	71.75	75.87	55.93	82.87	70.15
27	603698.SH	航天工程	74.55	93.23	81.44	65.95	68.31	56.42	68.63	76.94	87.83	63.92
28	300470.SZ	中密控股	74.48	95.00	84.66	76.01	50.48	58.97	67.45	61.81	87.80	74.36
29	688768.SH	容知日新	74.45	89.45	86.20	72.74	43.74	68.87	67.78	70.85	78.42	87.60
30	603337.SH	杰克股份	74.40	94.13	89.79	62.18	59.37	63.55	70.11	53.42	86.66	90.49
31	603025.SH	大豪科技	74.38	88.01	88.77	72.59	59.35	72.82	70.90	55.60	88.56	56.85
32	002957.SZ	科瑞技术	74.37	90.23	78.24	65.63	63.71	73.16	78.33	51.21	90.35	65.32
33	688162.SH	巨一科技	74.15	89.47	81.73	53.61	69.72	75.42	76.86	62.04	76.50	80.84
34	600330.SH	天通股份	74.07	89.56	88.13	61.44	70.11	69.38	71.05	52.23	89.96	67.55
35	603339.SH	四方科技	73.91	86.56	76.10	71.97	70.23	57.60	69.04	66.41	90.02	69.66
36	301029.SZ	怡合达	73.64	80.00	86.08	73.37	55.37	69.39	62.18	71.00	89.97	72.15
37	300341.SZ	麦克奥迪	73.60	92.12	76.43	77.99	60.33	58.48	67.72	60.84	83.61	68.34
38	300259.SZ	新天科技	73.59	87.13	79.08	68.80	50.02	67.56	67.66	65.78	93.05	80.69

续表

综合排名	公司代码	公司名称	综合健康指数	公司治理	外部监督	创利能力	产品销售	竞争态势	价值再造	资产资本结构	内部控制	企业文化
39	600320.SH	振华重工	73.39	95.52	88.47	56.28	70.76	72.66	67.49	41.00	81.55	82.89
40	300813.SZ	泰林生物	73.39	86.30	77.62	69.34	43.39	62.35	68.59	77.85	93.05	81.66
41	300607.SZ	拓斯达	73.37	89.93	79.48	58.62	69.07	61.74	73.80	49.58	89.57	92.92
42	000425.SZ	徐工机械	73.32	92.98	92.36	53.71	63.01	75.99	69.25	50.29	78.54	81.64
43	600031.SH	三一重工	73.29	83.63	91.29	54.64	62.99	76.93	70.48	53.35	88.86	83.60
44	601882.SH	海天精工	73.29	87.32	90.33	67.26	68.74	62.08	63.84	67.13	84.93	58.72
45	002204.SZ	大连重工	73.25	92.54	89.72	51.75	67.63	71.02	70.94	58.23	88.01	66.97
46	688698.SH	伟创电气	73.19	88.30	82.71	72.85	49.13	65.36	70.92	64.76	85.36	67.17
47	002979.SZ	雷赛智能	73.16	84.20	89.18	68.36	47.37	71.33	70.78	52.04	83.08	89.64
48	688686.SH	奥普特	73.14	87.77	90.37	69.51	38.53	65.91	67.98	70.36	89.06	73.96
49	300354.SZ	东华测试	73.09	86.71	82.37	77.02	43.04	66.94	66.86	71.27	88.89	60.21
50	002960.SZ	青鸟消防	73.06	84.20	88.14	66.45	51.93	72.53	74.40	62.21	82.00	65.71
51	688097.SH	博众精工	73.05	85.79	78.78	59.35	61.20	73.82	76.55	55.79	83.46	81.70
52	300349.SZ	金卡智能	73.05	85.88	88.91	66.06	56.61	64.32	68.41	54.03	84.82	91.39
53	688112.SH	鼎阳科技	72.98	86.08	85.04	75.23	37.74	60.26	69.59	76.13	76.69	81.48
54	600499.SH	科达制造	72.85	83.65	79.02	65.39	65.45	66.58	69.86	51.44	86.59	86.85
55	000039.SZ	中集集团	72.85	92.24	90.12	62.56	81.62	61.11	62.70	38.61	82.29	79.90
56	300179.SZ	四方达	72.76	83.85	85.88	78.54	46.17	58.78	64.31	60.94	89.18	82.08
57	002819.SZ	东方中科	72.67	96.35	74.94	62.64	57.77	75.42	70.09	49.78	82.63	70.38
58	603699.SH	纽威股份	72.62	85.74	83.40	75.59	55.49	61.88	66.82	54.31	89.58	67.90
59	300802.SZ	矩子科技	72.57	82.35	81.68	71.75	48.85	59.90	69.87	68.30	93.05	74.09
60	002334.SZ	英威腾	72.56	78.38	80.16	58.52	64.35	75.77	79.26	48.35	89.64	85.25
61	002444.SZ	巨星科技	72.51	82.66	91.34	69.85	64.12	59.22	68.96	53.83	90.18	64.31
62	603583.SH	捷昌驱动	72.50	88.33	79.15	69.01	58.64	60.71	70.06	54.25	86.22	77.70
63	003025.SZ	思进智能	72.46	90.38	87.94	72.37	43.29	50.89	61.38	69.48	91.78	82.58
64	000680.SZ	山推股份	72.45	83.08	86.57	59.45	72.71	66.09	74.70	49.33	84.17	75.91
65	300193.SZ	佳士科技	72.43	85.01	83.64	65.30	58.75	56.85	68.66	62.87	84.04	91.25
66	688630.SH	芯碁微装	72.35	89.60	85.90	65.11	48.62	64.82	62.59	66.77	79.64	87.53
67	002747.SZ	埃斯顿	72.33	86.05	95.05	59.09	63.35	79.05	60.59	42.34	85.24	78.24
68	301129.SZ	瑞纳智能	72.33	80.73	83.42	69.67	49.00	67.38	69.79	68.53	82.19	77.53
69	605056.SH	咸亨国际	72.28	88.93	84.54	70.14	63.49	60.13	62.20	55.02	89.23	66.77
70	000811.SZ	冰轮环境	72.24	94.34	87.65	61.87	59.77	71.64	68.16	51.00	85.80	51.29
71	688697.SH	纽威数控	72.20	89.98	85.54	73.20	64.88	59.30	64.53	61.60	81.83	49.41
72	688003.SH	天准科技	72.20	89.17	80.71	58.54	55.69	69.93	72.85	50.86	89.65	78.79
73	301312.SZ	智立方	72.14	88.80	78.68	71.09	51.68	51.18	67.78	72.01	93.05	66.94
74	300515.SZ	三德科技	72.05	84.00	80.83	79.69	36.00	57.06	68.16	68.72	89.23	76.27
75	002006.SZ	精工科技	71.97	81.55	84.80	65.98	74.29	53.60	74.43	59.06	84.85	61.38
76	600262.SH	北方股份	71.94	93.11	86.84	68.87	60.66	50.85	65.10	56.21	87.82	67.60

续表

综合排名	公司代码	公司名称	综合健康指数	公司治理	外部监督	创利能力	产品销售	竞争态势	价值再造	资产资本结构	内部控制	企业文化
77	688310.SH	迈得医疗	71.73	89.92	80.01	74.40	49.32	47.41	70.41	59.15	87.33	79.53
78	300499.SZ	高澜股份	71.66	85.76	84.31	61.83	60.17	54.83	69.75	62.34	80.13	82.51
79	300092.SZ	科新机电	71.65	91.01	88.13	67.55	60.05	47.51	62.73	67.12	91.64	57.74
80	002757.SZ	南兴股份	71.59	85.72	79.78	61.34	75.29	58.82	64.68	51.37	87.52	80.38
81	600894.SH	广日股份	71.57	91.01	86.29	55.27	71.91	59.27	61.76	55.64	90.97	71.73
82	600980.SH	北矿科技	71.54	92.57	87.32	55.23	54.48	59.05	65.91	63.96	93.55	71.26
83	300066.SZ	三川智慧	71.46	83.29	82.57	58.09	61.09	63.62	73.37	58.78	83.21	80.00
84	605305.SH	中际联合	71.44	91.25	88.48	65.96	35.88	56.46	61.25	76.39	89.98	74.31
85	300024.SZ	机器人	71.41	89.45	82.79	56.46	52.11	75.14	64.52	46.20	90.49	84.87
86	688789.SH	宏华数科	71.38	90.77	83.52	76.56	43.96	59.39	58.55	66.90	84.34	62.21
87	688628.SH	优利德	71.27	89.49	90.34	67.17	52.97	55.47	70.94	62.45	81.12	56.80
88	000157.SZ	中联重科	71.26	92.31	91.94	49.92	55.21	69.88	65.44	43.89	87.31	90.07
89	688596.SH	正帆科技	71.22	88.83	65.99	54.30	69.93	75.02	72.01	58.07	89.06	58.08
90	603283.SH	赛腾股份	71.21	88.56	83.86	68.27	55.36	67.23	63.60	49.60	87.84	61.59
91	301338.SZ	凯格精机	71.15	88.41	86.99	65.50	38.28	57.76	68.66	71.57	86.81	68.91
92	688160.SH	步科股份	71.02	85.28	78.56	73.70	46.81	55.23	69.42	65.56	84.40	70.50
93	301268.SZ	铭利达	71.01	85.48	83.45	60.33	75.49	60.78	69.26	53.44	74.51	69.28
94	688125.SH	安达智能	71.01	85.39	79.04	67.61	34.06	59.21	69.71	76.84	93.54	68.94
95	002073.SZ	软控股份	70.92	86.11	86.03	53.42	60.82	65.64	68.21	57.81	83.92	78.22
96	002184.SZ	海得控制	70.92	82.58	81.27	60.11	67.79	61.75	70.03	47.39	83.00	85.52
97	688400.SH	凌云光	70.89	84.43	87.82	50.84	52.76	71.13	74.08	63.64	77.42	80.06
98	300567.SZ	精测电子	70.85	84.09	88.52	59.90	50.87	74.86	66.90	43.00	91.76	76.24
99	603800.SH	道森股份	70.78	84.88	84.73	64.25	72.01	55.56	64.66	47.80	84.08	76.24
100	834599.BJ	同力股份	70.75	78.17	77.84	69.93	66.44	61.20	64.65	62.69	74.25	82.19
101	601399.SH	国机重装	70.74	92.59	81.93	54.31	65.38	63.90	71.12	57.71	88.63	48.42
102	301311.SZ	昆船智能	70.73	84.07	90.12	50.57	67.96	64.56	75.84	60.01	74.23	71.00
103	300415.SZ	伊之密	70.72	78.37	91.40	62.32	54.92	69.02	63.42	57.94	82.20	79.11
104	300838.SZ	浙江力诺	70.67	85.36	79.01	59.18	61.48	56.88	63.66	59.21	89.74	83.86
105	603277.SH	银都股份	70.66	80.59	84.35	76.26	58.41	51.80	63.46	64.93	81.66	62.02
106	002975.SZ	博杰股份	70.60	90.25	81.27	59.35	46.47	63.11	72.95	58.48	87.82	68.94
107	600114.SH	东睦股份	70.57	86.90	86.61	57.10	70.67	59.29	60.31	39.15	90.03	88.70
108	603960.SH	克来机电	70.57	89.44	87.97	61.20	62.10	49.23	69.47	57.94	77.72	75.30
109	000777.SZ	中核科技	70.46	91.23	80.41	56.38	61.86	54.00	71.10	57.44	88.69	69.02
110	000852.SZ	石化机械	70.46	93.11	87.39	54.20	65.49	55.03	66.93	44.63	91.64	73.72
111	600169.SH	太原重工	70.46	88.20	85.24	53.17	58.52	63.01	75.55	43.62	78.97	83.44
112	603187.SH	海容冷链	70.44	87.30	86.16	62.63	53.54	54.20	66.65	63.72	91.08	63.07
113	688001.SH	华兴源创	70.33	82.99	78.04	65.98	44.91	70.56	76.06	58.82	76.47	70.78
114	002367.SZ	康力电梯	70.26	86.49	82.88	57.81	55.01	58.06	64.36	59.22	85.77	88.81

续表

综合排名	公司代码	公司名称	综合健康指数	公司治理	外部监督	创利能力	产品销售	竞争态势	价值再造	资产资本结构	内部控制	企业文化
115	300828.SZ	锐新科技	70.25	86.11	77.87	67.73	63.69	42.67	66.69	67.14	84.33	64.89
116	301028.SZ	东亚机械	70.22	85.17	79.37	69.49	55.12	47.10	57.87	77.76	93.05	60.93
117	603915.SH	国茂股份	70.15	80.68	84.18	62.35	69.77	58.23	62.37	62.92	80.37	68.42
118	688290.SH	景业智能	70.09	80.92	84.29	69.05	51.16	59.41	67.55	68.46	76.91	65.38
119	600560.SH	金自天正	70.07	86.11	88.27	63.29	54.76	54.49	63.34	58.26	85.35	66.17
120	600501.SH	航天晨光	70.07	92.54	85.37	52.10	68.43	55.30	63.39	46.38	84.98	85.58
121	002611.SZ	东方精工	70.05	79.07	79.81	60.93	66.60	64.83	66.91	49.89	84.44	78.57
122	601369.SH	陕鼓动力	70.05	78.39	69.15	65.88	64.30	68.18	64.51	57.42	79.38	82.49
123	688420.SH	美腾科技	70.03	81.56	86.79	64.33	43.28	65.27	67.48	73.56	76.72	65.72

表10　　基础化工

综合排名	公司代码	公司名称	综合健康指数	公司治理	外部监督	创利能力	产品销售	竞争态势	价值再造	资产资本结构	内部控制	企业文化
1	000792.SZ	盐湖股份	80.99	95.12	86.96	82.62	76.13	73.99	81.90	56.56	83.01	74.41
2	600378.SH	昊华科技	79.25	91.59	94.98	72.88	60.09	77.19	79.30	56.98	92.12	83.09
3	002597.SZ	金禾实业	78.51	88.37	81.68	79.12	68.60	64.64	73.84	68.50	87.32	90.62
4	600160.SH	巨化股份	77.44	89.65	94.73	75.06	71.26	73.12	69.84	57.95	83.12	72.41
5	600873.SH	梅花生物	77.39	85.54	91.05	77.34	73.17	67.44	69.26	59.14	88.64	78.81
6	600389.SH	江山股份	77.36	97.14	90.54	78.95	61.77	67.14	68.94	64.44	84.76	64.09
7	600426.SH	华鲁恒升	77.25	89.27	82.85	71.74	81.09	75.02	71.02	63.82	82.37	66.48
8	600141.SH	兴发集团	77.12	94.64	91.96	73.51	64.62	77.26	74.11	46.44	88.32	65.42
9	000408.SZ	藏格矿业	77.01	88.70	88.08	77.58	67.64	53.58	71.48	71.04	89.46	82.10
10	600063.SH	皖维高新	76.93	91.98	90.34	71.51	68.25	72.31	71.21	56.33	88.84	71.74
11	600486.SH	扬农化工	76.83	95.96	87.65	77.52	62.41	65.90	57.80	60.33	87.84	89.55
12	603938.SH	三孚股份	76.68	90.87	82.00	78.25	65.63	67.67	68.35	64.13	91.97	65.88
13	603599.SH	广信股份	76.60	84.91	84.40	73.90	59.67	74.82	79.46	70.94	81.39	70.07
14	002258.SZ	利尔化学	76.26	92.60	76.41	75.87	60.49	72.78	71.97	53.75	88.86	81.43
15	000902.SZ	新洋丰	75.90	92.26	86.22	67.47	67.20	70.20	74.68	59.68	85.83	70.19
16	000830.SZ	鲁西化工	75.76	86.62	91.71	70.67	77.02	65.76	62.88	50.80	92.91	82.84
17	603299.SH	苏盐井神	75.70	90.95	84.62	79.57	54.68	59.75	70.09	64.22	83.30	85.31
18	603227.SH	雪峰科技	75.60	91.34	73.37	75.97	78.68	65.57	75.63	47.36	80.02	76.85
19	688269.SH	凯立新材	75.42	91.75	90.06	72.07	65.36	55.04	64.89	70.64	87.33	78.11
20	002312.SZ	川发龙蟒	75.32	88.62	86.23	68.95	64.98	69.63	76.30	47.65	90.32	79.68
21	603688.SH	石英股份	75.27	86.00	80.85	73.62	64.31	61.71	74.75	66.60	89.74	72.81
22	600596.SH	新安股份	75.24	84.74	84.61	74.17	64.41	68.87	67.17	58.16	82.86	88.87
23	300910.SZ	瑞丰新材	75.11	86.11	78.47	74.82	55.71	65.87	71.54	70.61	86.07	82.03
24	600096.SH	云天化	75.03	93.21	82.64	73.11	69.07	62.49	70.02	44.88	79.72	85.98
25	688196.SH	卓越新能	75.00	88.17	87.25	63.33	64.57	65.42	75.63	78.70	81.39	64.93
26	603217.SH	元利科技	74.73	80.90	84.60	73.28	60.72	62.10	73.13	71.64	73.20	87.23

续表

综合排名	公司代码	公司名称	综合健康指数	公司治理	外部监督	创利能力	产品销售	竞争态势	价值再造	资产资本结构	内部控制	企业文化
27	601568.SH	北元集团	74.58	94.44	87.68	67.56	64.80	51.75	70.13	71.74	84.02	72.37
28	002588.SZ	史丹利	74.50	83.78	83.66	62.31	63.67	72.08	78.32	63.29	88.92	73.60
29	600409.SH	三友化工	74.39	92.61	92.77	64.24	69.09	59.10	65.88	52.42	90.53	81.73
30	600230.SH	沧州大化	74.26	94.05	89.13	65.97	69.25	56.46	71.84	55.72	83.55	67.27
31	000822.SZ	山东海化	74.25	86.66	80.68	78.41	70.53	53.91	74.69	67.31	84.02	54.10
32	000731.SZ	四川美丰	74.16	92.62	69.09	78.01	65.66	52.17	66.86	65.93	84.26	81.52
33	301090.SZ	华润材料	74.16	93.12	87.65	65.81	73.04	50.26	65.57	63.92	84.62	82.24
34	002136.SZ	安纳达	74.13	91.88	79.67	74.88	68.48	51.96	76.40	64.37	86.90	53.94
35	300596.SZ	利安隆	74.10	92.38	94.43	63.96	54.82	73.86	62.61	52.81	82.18	86.76
36	603867.SH	新化股份	73.98	95.62	86.91	69.79	63.78	59.32	67.47	63.99	78.64	66.40
37	002469.SZ	三维化学	73.91	87.80	79.55	68.91	65.35	59.59	70.40	69.50	87.23	71.54
38	688639.SH	华恒生物	73.83	91.55	84.29	75.47	48.60	63.02	67.97	60.69	85.93	76.05
39	002250.SZ	联化科技	73.83	92.47	83.25	61.97	64.42	64.45	75.37	49.18	83.88	85.49
40	603213.SH	镇洋发展	73.82	91.66	84.43	70.86	69.21	55.34	63.54	63.46	81.89	74.93
41	600731.SH	湖南海利	73.71	92.25	84.56	70.84	57.69	60.26	67.04	59.84	83.73	80.10
42	603948.SH	建业股份	73.70	90.97	78.03	74.29	63.27	59.38	63.29	71.24	89.09	58.94
43	603968.SH	醋化股份	73.56	94.46	85.94	68.49	63.21	59.99	66.69	71.64	80.39	53.19
44	600989.SH	宝丰能源	73.56	83.41	90.81	69.58	69.98	68.96	61.57	55.24	84.71	70.33
45	002407.SZ	多氟多	73.50	88.45	88.25	65.25	61.52	68.83	65.37	49.00	86.57	87.08
46	600929.SH	雪天盐业	73.34	91.04	93.66	76.56	53.14	62.91	60.01	49.28	84.02	77.54
47	688295.SH	中复神鹰	73.32	96.16	87.25	65.33	55.11	62.42	67.44	63.13	77.94	76.66
48	605399.SH	晨光新材	73.25	83.94	85.23	73.04	49.86	61.31	67.32	82.32	85.21	62.77
49	603970.SH	中农立华	73.23	90.01	85.17	68.02	64.45	62.65	60.50	62.63	88.62	70.42
50	600309.SH	万华化学	73.21	93.78	92.22	63.62	65.84	71.55	50.87	51.79	86.91	77.76
51	600328.SH	中盐化工	73.14	90.86	75.12	72.88	70.26	62.83	70.31	43.29	82.65	75.95
52	603086.SH	先达股份	73.09	84.22	81.32	69.76	47.97	64.34	73.76	62.26	90.41	79.99
53	002601.SZ	龙佰集团	73.02	89.17	87.15	65.37	59.58	72.89	61.37	45.83	85.79	86.95
54	301035.SZ	润丰股份	72.96	77.71	80.37	71.93	60.32	64.18	72.00	61.90	79.49	88.31
55	002539.SZ	云图控股	72.85	88.77	84.26	60.35	67.49	68.12	70.56	50.67	89.57	71.37
56	300019.SZ	硅宝科技	72.84	89.00	86.79	61.79	52.82	55.55	71.49	65.63	92.04	83.59
57	002430.SZ	杭氧股份	72.79	85.64	91.33	68.90	63.84	65.40	69.89	55.99	85.78	55.81
58	002683.SZ	广东宏大	72.79	92.82	86.74	60.71	68.64	62.24	73.30	42.35	86.22	76.37
59	603181.SH	皇马科技	72.77	87.39	83.37	70.57	60.50	56.65	68.75	68.05	79.50	69.85
60	603585.SH	苏利股份	72.76	82.78	82.24	69.54	60.06	63.88	67.25	66.43	89.55	68.23
61	600299.SH	安迪苏	72.76	90.82	84.55	65.15	57.89	67.23	60.11	51.66	87.27	80.93
62	603379.SH	三美股份	72.60	84.40	87.54	62.01	59.99	49.04	65.44	76.56	92.91	84.14
63	600273.SH	嘉化能源	72.53	85.94	74.01	67.18	74.26	68.45	61.99	59.39	88.62	63.46
64	688722.SH	同益中	72.26	89.23	95.18	73.56	43.49	49.31	71.20	67.32	84.55	66.84

续表

综合排名	公司代码	公司名称	综合健康指数	公司治理	外部监督	创利能力	产品销售	竞争态势	价值再造	资产资本结构	内部控制	企业文化
65	600352.SH	浙江龙盛	72.21	90.39	84.08	65.08	53.92	68.11	68.59	57.69	82.42	68.96
66	300041.SZ	回天新材	72.18	90.67	87.36	61.97	46.29	63.86	71.17	56.58	87.65	80.40
67	836077.BJ	吉林碳谷	72.07	85.97	85.51	70.70	65.18	59.52	63.85	53.94	89.54	65.01
68	300487.SZ	蓝晓科技	71.90	86.16	73.80	75.97	41.03	74.12	65.05	65.14	86.15	64.05
69	601216.SH	君正集团	71.77	87.30	82.04	65.41	71.00	69.43	59.20	58.72	82.81	57.72
70	300575.SZ	中旗股份	71.71	87.03	71.09	74.87	58.94	59.41	68.19	55.18	77.73	84.88
71	605077.SH	华康股份	71.71	81.93	86.18	66.25	49.69	56.30	70.33	61.57	89.94	86.24
72	600866.SH	星湖科技	71.66	91.27	79.71	64.26	71.72	72.88	61.86	39.26	72.77	76.00
73	002064.SZ	华峰化学	71.57	88.56	86.37	57.55	64.60	63.11	59.70	67.85	84.64	70.12
74	603067.SH	振华股份	71.56	87.43	86.68	67.23	62.52	59.24	69.33	53.50	87.91	58.16
75	600746.SH	江苏索普	71.53	93.08	73.81	69.29	66.87	52.67	62.91	65.26	88.19	56.92
76	002386.SZ	天原股份	71.35	93.39	84.72	55.89	76.86	54.12	66.77	51.31	83.20	70.86
77	605183.SH	确成股份	71.32	86.94	94.18	68.48	55.48	52.20	60.36	69.05	88.38	59.19
78	600367.SH	红星发展	71.30	90.93	87.63	64.13	52.59	48.72	65.56	65.84	84.04	77.10
79	601678.SH	滨化股份	71.15	91.39	77.17	58.63	69.74	61.67	63.71	54.82	89.90	66.89
80	002109.SZ	兴化股份	71.13	87.84	80.86	68.44	56.00	46.65	65.71	73.38	91.48	62.68
81	300121.SZ	阳谷华泰	71.08	76.81	76.50	71.03	58.85	61.64	69.21	59.00	77.84	89.95
82	600618.SH	氯碱化工	70.95	85.72	83.73	71.01	54.28	53.65	63.36	67.18	80.98	70.27
83	300801.SZ	泰和科技	70.81	87.86	78.73	70.31	59.56	56.70	61.55	70.64	78.31	60.73
84	600623.SH	华谊集团	70.78	95.68	82.99	59.36	65.37	56.32	60.32	53.76	83.08	71.79
85	301256.SZ	华融化学	70.70	82.17	84.93	63.49	57.69	51.28	62.22	70.36	86.97	82.51
86	000707.SZ	双环科技	70.68	86.01	86.58	65.99	68.31	52.69	71.13	51.36	83.95	56.61
87	603639.SH	海利尔	70.64	80.11	86.39	65.06	48.02	67.60	57.91	59.92	89.23	86.18
88	002206.SZ	海利得	70.59	88.18	89.98	60.75	60.83	53.91	64.76	56.31	77.94	82.45
89	688300.SH	联瑞新材	70.52	91.26	83.48	67.15	38.09	49.00	66.10	69.69	88.36	78.08
90	688087.SH	英科再生	70.41	90.54	87.47	59.47	42.34	56.74	65.61	61.55	90.72	78.09
91	000920.SZ	沃顿科技	70.36	92.50	85.78	58.19	41.74	54.46	75.25	60.13	87.93	73.48
92	002545.SZ	东方铁塔	70.35	83.24	86.97	66.50	54.64	59.20	68.58	51.59	90.23	65.21
93	605589.SH	圣泉集团	70.34	81.54	85.39	56.91	57.76	65.01	60.28	60.05	91.62	79.52
94	002538.SZ	司尔特	70.30	86.36	81.37	66.31	59.27	58.88	69.16	59.66	91.00	44.35
95	300610.SZ	晨化股份	70.26	91.09	86.78	66.53	48.23	45.08	66.79	71.00	80.99	68.19
96	605366.SH	宏柏新材	70.25	87.13	83.29	68.13	46.20	49.88	64.80	66.72	91.05	69.66
97	001218.SZ	丽臣实业	70.21	83.96	76.27	60.70	61.84	51.76	63.48	69.51	86.96	81.82
98	002226.SZ	江南化工	70.17	95.75	87.50	63.15	53.70	52.30	57.80	50.23	90.70	73.46
99	002440.SZ	闰土股份	70.14	89.21	69.51	64.72	54.55	57.19	65.66	68.82	85.82	66.00
100	605086.SH	龙高股份	70.12	90.25	91.13	80.35	26.41	41.50	61.01	74.01	91.00	61.04
101	605020.SH	永和股份	70.10	84.88	93.62	60.48	61.45	61.03	65.83	50.45	85.19	59.17
102	600955.SH	维远股份	70.07	94.20	79.83	59.57	67.17	53.41	55.80	66.33	73.23	67.31

表 11　　　　　　　　　　　　　　　　　　计算机

综合排名	公司代码	公司名称	综合健康指数	公司治理	外部监督	创利能力	产品销售	竞争态势	价值再造	资产资本结构	内部控制	企业文化
1	600845.SH	宝信软件	79.36	91.32	93.20	77.98	74.44	74.92	74.73	55.20	87.83	72.14
2	002410.SZ	广联达	78.48	85.79	95.82	79.95	62.29	78.01	70.56	52.82	90.56	85.38
3	688111.SH	金山办公	78.17	83.76	95.66	79.07	60.05	74.39	72.60	68.73	89.57	73.25
4	002415.SZ	海康威视	77.74	92.26	84.80	72.84	59.59	78.08	74.88	57.53	87.55	85.66
5	002401.SZ	中远海科	77.73	91.41	94.23	78.12	67.05	54.70	65.97	73.83	87.83	83.00
6	002063.SZ	远光软件	77.69	89.65	90.42	70.91	64.20	69.53	78.48	56.92	93.55	82.36
7	000938.SZ	紫光股份	77.48	91.72	94.62	65.63	74.90	70.53	72.85	47.79	92.14	87.52
8	300525.SZ	博思软件	77.10	91.32	88.72	74.49	58.98	76.32	72.07	56.09	88.68	74.83
9	600131.SH	国网信通	76.98	91.56	91.79	72.61	69.89	62.23	73.27	57.98	89.11	78.45
10	300454.SZ	深信服	76.41	84.71	91.15	69.60	65.52	71.09	73.42	56.45	93.09	82.72
11	301236.SZ	软通动力	76.34	88.54	93.90	69.18	76.79	62.41	69.86	59.73	86.80	77.38
12	300496.SZ	中科创达	76.18	84.31	82.67	69.18	65.34	75.24	75.71	61.43	89.74	79.07
13	603019.SH	中科曙光	75.91	89.67	84.67	66.73	63.24	71.31	79.55	46.26	91.13	88.57
14	002152.SZ	广电运通	75.63	90.64	94.70	70.72	58.79	62.06	72.15	56.95	92.61	77.30
15	603927.SH	中科软	75.36	92.21	71.12	71.83	71.14	72.52	66.00	73.90	91.01	49.86
16	301208.SZ	中亦科技	75.27	87.55	88.34	71.45	63.72	55.41	63.87	82.14	91.91	70.83
17	002920.SZ	德赛西威	75.26	88.64	92.87	59.84	79.36	69.46	70.52	46.29	91.87	79.52
18	600850.SH	电科数字	75.12	93.87	86.22	66.16	68.12	67.48	64.29	63.74	93.09	66.67
19	300033.SZ	同花顺	75.10	78.48	89.42	82.81	52.80	74.00	69.10	73.12	81.09	63.88
20	600271.SH	航天信息	74.93	91.24	90.12	72.31	66.14	61.95	62.59	57.80	85.93	80.55
21	600570.SH	恒生电子	74.85	84.06	69.96	71.91	68.52	77.21	71.09	52.04	83.26	90.75
22	002368.SZ	太极股份	74.80	87.29	93.71	63.90	73.18	69.41	69.65	44.31	89.52	82.21
23	300532.SZ	今天国际	74.78	82.46	82.70	70.05	69.08	63.20	74.53	60.35	91.09	78.08
24	301153.SZ	中科江南	74.57	89.03	86.35	75.31	63.39	63.88	70.92	75.47	78.31	49.59
25	688201.SH	信安世纪	74.53	89.75	86.43	75.44	53.96	63.17	66.04	55.75	86.24	89.40
26	000977.SZ	浪潮信息	74.41	82.87	90.43	64.26	72.32	62.46	73.52	55.75	88.52	80.50
27	300579.SZ	数字认证	74.35	96.87	86.30	65.10	56.54	62.51	67.90	61.03	92.48	72.74
28	000948.SZ	南天信息	74.19	88.64	88.00	55.47	77.35	69.41	72.90	53.92	83.52	80.48
29	600536.SH	中国软件	74.18	91.76	89.35	62.94	64.70	65.74	71.02	46.40	92.09	81.08
30	300678.SZ	中科信息	73.94	91.48	85.88	67.08	57.72	57.99	67.30	64.66	91.65	78.88
31	603383.SH	顶点软件	73.89	87.53	85.63	80.18	53.70	60.93	62.62	74.42	85.41	58.84
32	300634.SZ	彩讯股份	73.86	82.47	90.06	70.79	58.45	64.42	75.75	61.15	87.37	67.47
33	688475.SH	萤石网络	73.81	89.83	81.83	64.06	60.75	65.57	70.86	71.03	74.18	84.26
34	002987.SZ	京北方	73.73	85.31	88.13	65.54	72.11	59.64	70.83	72.22	89.80	51.61
35	300017.SZ	网宿科技	73.72	82.97	88.03	65.08	67.20	53.98	72.64	66.24	90.54	81.13
36	688232.SH	新点软件	73.63	86.28	90.81	72.24	42.96	69.52	75.19	65.99	78.52	70.82
37	300674.SZ	宇信科技	73.50	87.07	73.70	65.26	68.81	61.79	69.78	61.11	89.92	84.08
38	301095.SZ	广立微	73.48	86.82	84.19	65.90	52.34	56.74	72.71	78.27	93.09	68.80

续表

综合排名	公司代码	公司名称	综合健康指数	公司治理	外部监督	创利能力	产品销售	竞争态势	价值再造	资产资本结构	内部控制	企业文化
39	300170.SZ	汉得信息	73.41	84.46	86.54	68.69	65.59	62.34	67.66	56.12	93.09	72.48
40	300996.SZ	普联软件	73.26	87.12	84.60	71.03	61.76	58.63	70.38	65.12	91.69	57.46
41	688568.SH	中科星图	73.12	90.00	80.46	62.05	60.52	74.62	71.61	59.96	83.51	65.05
42	603611.SH	诺力股份	73.07	79.11	88.78	70.69	69.85	61.35	64.21	51.44	79.80	88.23
43	002268.SZ	电科网安	72.95	92.90	68.69	68.17	64.16	67.54	69.29	61.07	83.91	66.85
44	688588.SH	凌志软件	72.83	89.85	75.34	77.50	56.16	49.02	67.11	68.03	87.03	75.73
45	300941.SZ	创识科技	72.82	90.83	78.80	72.10	56.92	45.16	65.32	75.19	89.80	77.23
46	300079.SZ	数码视讯	72.80	85.74	77.69	67.16	52.69	56.19	69.86	69.30	91.13	88.42
47	301269.SZ	华大九天	72.75	88.19	80.90	73.22	46.96	69.83	67.41	67.54	89.23	54.59
48	001339.SZ	智微智能	72.69	88.49	86.20	62.13	74.00	52.08	66.26	59.08	87.78	76.82
49	300188.SZ	美亚柏科	72.64	91.39	91.68	56.10	53.82	67.71	69.57	53.82	90.48	80.04
50	002421.SZ	达实智能	72.64	87.55	84.26	63.09	67.71	61.51	73.48	52.65	83.55	73.61
51	300687.SZ	赛意信息	72.56	83.46	85.96	67.15	59.25	67.68	71.15	53.00	83.70	74.55
52	002180.SZ	纳思达	72.55	82.74	90.86	67.76	65.03	63.15	66.02	47.06	87.61	80.40
53	300925.SZ	法本信息	72.47	87.08	78.47	59.90	67.26	57.89	61.50	69.70	92.11	83.77
54	002236.SZ	大华股份	72.40	88.23	83.43	61.70	55.41	67.70	68.03	51.72	89.58	86.95
55	301316.SZ	慧博云通	72.39	91.69	84.05	68.54	67.11	58.33	59.75	60.15	92.26	56.88
56	605398.SH	新炬网络	72.31	83.61	82.21	68.02	60.55	47.72	72.21	76.91	83.51	75.17
57	600756.SH	浪潮软件	72.18	85.64	87.97	59.88	60.06	69.98	67.95	57.60	93.55	62.28
58	002230.SZ	科大讯飞	72.16	91.84	89.60	56.81	54.86	72.82	65.78	44.57	87.95	85.32
59	002232.SZ	启明信息	72.15	92.58	74.04	60.80	69.29	60.19	72.17	60.44	83.62	66.85
60	300378.SZ	鼎捷软件	72.11	85.44	79.21	70.24	58.81	63.42	68.65	54.04	87.86	70.91
61	688787.SH	海天瑞声	71.99	92.27	83.04	69.32	51.25	48.55	62.63	69.41	85.94	82.88
62	600588.SH	用友网络	71.73	86.74	86.46	59.31	51.83	77.54	67.86	46.14	85.99	83.09
63	002649.SZ	博彦科技	71.66	83.98	81.89	71.50	68.49	61.97	64.02	53.57	90.03	56.38
64	002439.SZ	启明星辰	71.62	84.13	68.04	66.36	52.06	65.12	75.97	58.22	84.89	88.99
65	002212.SZ	天融信	71.45	89.24	91.06	57.35	50.93	65.68	72.12	44.93	87.79	85.58
66	300442.SZ	润泽科技	71.45	85.57	77.53	72.51	76.01	56.77	64.20	50.97	80.96	64.16
67	002777.SZ	久远银海	71.39	90.83	85.07	67.70	46.82	57.26	64.26	57.44	93.55	72.75
68	688208.SH	道通科技	71.38	84.79	91.90	66.23	47.04	64.50	64.28	56.22	83.51	83.28
69	603859.SH	能科科技	71.32	82.51	80.18	65.69	59.02	71.91	77.56	55.49	88.49	43.91
70	600797.SH	浙大网新	71.20	87.11	85.33	62.66	71.22	55.87	67.47	42.08	86.38	79.11
71	300508.SZ	维宏股份	71.15	83.70	76.80	73.89	56.08	52.28	70.05	54.31	91.19	74.84
72	603496.SH	恒为科技	71.12	84.90	87.62	65.95	56.29	55.41	73.37	55.81	76.11	79.53
73	300248.SZ	新开普	71.10	88.96	84.87	64.27	40.81	67.24	74.77	46.61	89.76	75.57
74	300130.SZ	新国都	71.01	85.94	88.23	62.49	60.84	56.06	60.66	58.69	80.27	82.16
75	301162.SZ	国能日新	70.98	86.68	91.56	66.22	35.72	57.58	63.57	71.85	82.11	84.42
76	688369.SH	致远互联	70.98	91.42	92.43	61.62	47.69	59.31	64.90	69.40	81.60	62.06

续表

综合排名	公司代码	公司名称	综合健康指数	公司治理	外部监督	创利能力	产品销售	竞争态势	价值再造	资产资本结构	内部控制	企业文化
77	688326.SH	经纬恒润	70.97	90.85	84.66	51.70	65.39	67.27	76.27	62.29	61.52	77.22
78	300523.SZ	辰安科技	70.94	96.89	82.11	69.24	60.42	61.56	53.64	47.96	80.67	68.84
79	603171.SH	税友股份	70.93	83.14	93.20	68.54	48.05	60.77	61.53	61.69	79.69	80.08
80	000066.SZ	中国长城	70.88	92.25	90.56	53.41	64.81	59.98	66.68	43.13	88.77	76.23
81	300789.SZ	唐源电气	70.72	83.89	79.06	67.79	50.60	50.10	70.90	61.95	91.34	80.32
82	688318.SH	财富趋势	70.67	86.29	78.76	69.20	53.45	57.83	66.08	74.72	78.82	58.61
83	300624.SZ	万兴科技	70.55	84.22	82.70	70.26	51.89	50.69	72.45	56.39	85.41	74.99
84	301330.SZ	熵基科技	70.49	82.63	83.15	65.24	46.63	57.75	67.20	60.13	89.74	83.97
85	688561.SH	奇安信	70.46	86.12	95.96	55.42	49.75	67.97	69.75	45.79	81.04	82.75
86	872808.BJ	曙光数创	70.42	76.92	77.21	71.02	55.96	58.51	64.26	76.12	81.82	59.08
87	002322.SZ	理工能科	70.34	84.16	82.10	69.66	44.60	60.55	66.92	53.56	92.08	73.18
88	603508.SH	思维列控	70.30	82.08	81.35	75.44	51.96	55.27	58.36	60.68	93.09	65.78
89	688207.SH	格灵深瞳	70.24	93.17	83.98	57.32	47.49	49.97	73.83	70.19	90.10	58.57
90	000409.SZ	云鼎科技	70.17	87.99	76.33	60.40	62.90	58.62	64.79	47.13	87.66	85.77
91	300682.SZ	朗新科技	70.07	86.84	88.70	61.93	55.25	62.52	59.14	49.28	81.37	85.96
92	002065.SZ	东华软件	70.06	86.25	81.10	57.03	73.62	65.17	51.50	51.25	86.33	80.72
93	605118.SH	力鼎光电	70.03	78.40	76.08	77.40	53.58	42.38	63.47	69.02	85.47	83.45

表12　家用电器

综合排名	公司代码	公司名称	综合健康指数	公司治理	外部监督	创利能力	产品销售	竞争态势	价值再造	资产资本结构	内部控制	企业文化
1	600060.SH	海信视像	77.30	92.25	88.34	70.81	68.97	64.70	79.60	61.91	82.61	76.73
2	600690.SH	海尔智家	77.07	92.69	91.08	70.32	65.08	79.21	71.62	46.92	88.37	80.70
3	000333.SZ	美的集团	76.24	83.80	92.35	70.60	69.64	77.83	72.25	46.96	81.93	90.14
4	002032.SZ	苏泊尔	76.15	85.74	94.60	75.34	59.49	62.09	66.80	69.64	87.70	83.13
5	000651.SZ	格力电器	76.10	87.74	86.41	68.43	62.82	75.31	71.58	55.77	81.74	86.31
6	603486.SH	科沃斯	76.04	90.95	84.79	68.95	49.32	81.86	70.12	64.19	90.12	77.00
7	002050.SZ	三花智控	75.74	84.00	85.97	69.13	61.67	79.23	73.08	53.85	85.33	89.47
8	000921.SZ	海信家电	75.57	90.95	94.91	69.02	69.24	70.30	72.76	48.65	79.58	76.13
9	688169.SH	石头科技	74.71	89.36	85.35	70.00	52.91	71.24	71.01	59.49	85.07	82.69
10	603355.SH	莱克电气	74.69	89.20	82.17	70.09	65.17	67.04	71.72	58.32	85.16	75.38
11	002242.SZ	九阳股份	73.49	88.08	92.61	67.29	63.11	59.13	57.30	58.98	93.57	83.17
12	002508.SZ	老板电器	73.24	75.76	86.40	68.71	47.67	70.99	76.73	67.26	78.85	89.69
13	000810.SZ	创维数字	72.78	86.45	90.70	65.53	63.18	68.04	56.75	61.80	83.64	76.20
14	300911.SZ	亿田智能	71.81	88.17	86.97	70.14	36.43	54.44	58.98	79.31	92.96	78.08
15	688696.SH	极米科技	71.67	90.49	83.88	62.06	49.73	67.38	72.87	57.63	87.89	62.98
16	002959.SZ	小熊电器	71.47	85.47	89.19	66.04	48.07	56.53	65.97	69.74	81.24	79.69

续表

综合排名	公司代码	公司名称	综合健康指数	公司治理	外部监督	创利能力	产品销售	竞争态势	价值再造	资产资本结构	内部控制	企业文化
17	000521.SZ	长虹美菱	70.88	88.46	81.02	51.10	66.37	60.07	76.23	54.86	85.26	76.24
18	300894.SZ	火星人	70.36	88.73	82.87	65.06	41.50	58.37	57.20	66.45	88.65	83.03
19	002705.SZ	新宝股份	70.33	87.89	85.17	63.89	56.38	55.55	63.40	62.01	87.57	62.77
20	605336.SH	帅丰电器	70.22	88.64	79.59	70.95	29.07	51.34	62.00	72.50	90.99	85.30
21	603219.SH	富佳股份	70.18	85.07	84.03	69.07	63.10	45.36	69.75	56.56	82.07	66.16

表 13　　建筑材料

综合排名	公司代码	公司名称	综合健康指数	公司治理	外部监督	创利能力	产品销售	竞争态势	价值再造	资产资本结构	内部控制	企业文化
1	002372.SZ	伟星新材	78.24	88.11	95.66	83.34	49.34	66.64	68.77	65.84	91.86	90.30
2	000786.SZ	北新建材	76.92	93.34	94.11	72.13	61.85	72.36	72.83	52.51	89.13	73.53
3	600585.SH	海螺水泥	74.64	94.52	89.37	65.43	59.80	71.70	68.48	63.95	84.95	61.43
4	600176.SH	中国巨石	74.60	93.63	81.42	71.42	65.03	66.76	72.98	48.57	81.98	75.91
5	002302.SZ	西部建设	74.58	90.26	90.92	60.27	67.46	67.62	70.82	58.06	87.74	77.40
6	300196.SZ	长海股份	74.56	83.71	82.49	73.95	54.49	64.79	70.35	72.59	89.49	72.42
7	600449.SH	宁夏建材	74.40	87.98	86.56	64.24	72.50	69.55	63.53	60.22	88.98	72.77
8	002080.SZ	中材科技	73.86	85.81	87.88	68.27	65.82	74.99	77.88	46.34	81.84	61.56
9	000012.SZ	南玻 A	73.85	89.92	83.99	68.56	64.23	73.74	71.74	53.17	83.19	64.70
10	002271.SZ	东方雨虹	73.11	85.99	91.91	64.09	50.42	69.17	63.31	60.91	86.33	88.98
11	605006.SH	山东玻纤	73.10	92.08	80.49	74.73	60.33	49.30	68.14	59.47	84.96	77.24
12	601636.SH	旗滨集团	72.00	91.08	91.52	56.01	62.44	71.47	54.10	56.69	89.65	73.77
13	002088.SZ	鲁阳节能	72.00	82.42	87.65	71.48	52.37	57.39	67.98	64.42	89.20	70.14
14	600801.SH	华新水泥	71.93	90.94	88.23	63.96	53.61	70.67	61.73	47.31	84.67	81.64
15	000055.SZ	方大集团	71.64	80.11	88.07	60.55	61.59	67.00	69.55	57.17	85.44	76.45
16	603737.SH	三棵树	71.56	89.04	84.67	67.61	60.03	61.41	56.91	44.81	86.81	90.31
17	600720.SH	祁连山	71.40	90.02	84.06	71.08	67.04	53.08	63.53	55.08	85.94	57.64
18	002392.SZ	北京利尔	70.90	81.05	77.65	65.26	55.89	66.56	62.15	62.79	78.92	90.67
19	601992.SH	金隅集团	70.55	93.93	90.54	59.97	58.32	59.54	53.03	47.94	85.61	77.38
20	600819.SH	耀皮玻璃	70.23	92.05	82.54	57.06	59.74	64.10	64.16	55.07	81.12	62.56
21	000877.SZ	天山股份	70.16	91.08	88.16	56.35	69.88	65.40	59.62	39.72	81.75	74.35

表 14　　建筑装饰

综合排名	公司代码	公司名称	综合健康指数	公司治理	外部监督	创利能力	产品销售	竞争态势	价值再造	资产资本结构	内部控制	企业文化
1	600039.SH	四川路桥	79.67	87.62	89.60	74.45	86.05	75.02	83.54	60.03	86.45	66.61
2	002116.SZ	中国海诚	78.25	94.70	93.29	71.84	58.25	69.02	69.82	71.25	90.44	81.87
3	600820.SH	隧道股份	77.47	93.59	92.55	66.96	80.23	68.78	76.37	51.86	88.69	67.02
4	600284.SH	浦东建设	77.47	90.16	91.32	65.69	76.64	74.72	74.33	63.83	82.83	72.01

续表

综合排名	公司代码	公司名称	综合健康指数	公司治理	外部监督	创利能力	产品销售	竞争态势	价值再造	资产资本结构	内部控制	企业文化
5	002061.SZ	浙江交科	77.38	95.20	88.36	68.02	81.74	62.76	77.91	55.60	91.08	61.76
6	601390.SH	中国中铁	77.29	95.24	92.29	63.91	74.69	72.46	71.21	49.39	85.20	89.89
7	600970.SH	中材国际	76.78	91.16	93.89	68.78	62.92	69.65	72.74	55.76	89.63	82.01
8	601186.SH	中国铁建	75.88	92.60	94.57	64.45	70.47	67.77	72.29	52.36	84.15	81.29
9	601668.SH	中国建筑	75.82	90.41	92.66	65.12	67.99	68.01	69.96	49.92	87.70	92.89
10	601669.SH	中国电建	75.77	91.59	89.91	62.32	77.48	74.55	70.70	49.30	76.97	84.59
11	603929.SH	亚翔集成	75.55	85.21	81.85	78.25	71.66	61.26	77.04	71.80	84.27	50.67
12	600502.SH	安徽建工	75.45	88.61	92.09	57.16	72.66	73.38	74.36	47.98	92.87	83.36
13	002140.SZ	东华科技	75.17	93.65	85.64	69.72	64.26	60.17	68.93	68.29	86.15	71.36
14	000498.SZ	山东路桥	74.88	90.53	88.04	58.67	74.53	65.35	73.86	51.18	92.37	80.34
15	003013.SZ	地铁设计	74.67	89.37	87.29	81.23	46.44	55.56	73.42	65.17	91.61	68.53
16	601618.SH	中国中冶	74.59	93.02	87.91	62.82	66.90	69.63	71.84	49.95	84.75	79.36
17	601611.SH	中国核建	74.53	91.82	89.48	56.43	74.96	73.47	71.64	48.64	84.86	75.73
18	601868.SH	中国能建	74.22	92.85	84.59	60.38	60.42	78.05	74.10	49.90	78.06	84.94
19	002051.SZ	中工国际	74.12	91.69	92.24	65.32	48.13	64.15	65.46	64.97	90.51	85.46
20	600170.SH	上海建工	74.05	93.13	87.25	55.13	72.54	70.34	73.66	53.35	78.27	81.41
21	000928.SZ	中钢国际	74.05	86.72	92.06	63.39	66.92	66.49	62.48	63.80	86.13	80.58
22	601117.SH	中国化学	73.86	85.02	77.14	63.21	72.36	73.65	65.38	61.89	82.31	83.09
23	600629.SH	华建集团	73.57	94.18	82.15	64.82	56.35	69.52	68.73	49.59	88.41	82.05
24	603357.SH	设计总院	73.43	88.27	86.03	81.01	53.99	56.00	72.60	66.14	82.07	53.88
25	002062.SZ	宏润建设	73.01	87.26	90.17	72.72	63.48	58.33	68.90	56.86	84.90	62.55
26	836892.BJ	广咨国际	72.74	89.72	77.37	78.19	46.29	56.29	63.36	80.23	74.72	81.46
27	300384.SZ	三联虹普	72.74	84.24	78.93	79.85	52.20	56.46	69.31	67.99	90.75	60.95
28	603018.SH	华设集团	72.62	79.56	86.77	77.43	48.54	58.54	69.30	59.32	82.81	91.18
29	601800.SH	中国交建	72.52	92.09	90.79	62.03	67.21	69.71	58.82	47.53	78.25	80.80
30	000032.SZ	深桑达A	72.23	93.47	76.74	55.66	66.11	71.46	67.65	47.56	86.16	81.16
31	300284.SZ	苏交科	72.18	84.69	79.47	65.92	55.13	64.41	74.73	55.02	81.57	88.61
32	002081.SZ	金螳螂	71.97	80.95	84.63	63.90	57.08	61.03	73.28	65.22	83.87	80.89
33	301058.SZ	中粮科工	71.94	89.82	82.12	74.78	48.48	62.59	69.21	55.13	75.75	73.34
34	601226.SH	华电重工	71.77	88.80	85.84	65.63	59.33	52.08	69.09	57.22	84.09	82.03
35	605287.SH	德才股份	71.67	90.31	89.65	64.36	60.37	61.19	65.82	57.93	74.23	72.27
36	300564.SZ	筑博设计	71.63	87.13	81.26	75.75	42.71	51.05	62.63	73.82	88.94	74.58
37	600133.SH	东湖高新	71.54	88.30	78.94	62.90	60.37	71.69	63.86	49.86	79.96	75.96
38	603637.SH	镇海股份	71.35	94.16	76.23	78.55	45.73	43.33	62.93	76.21	81.92	67.94
39	300621.SZ	维业股份	71.26	91.07	84.68	53.87	77.89	49.04	60.59	64.17	85.39	76.91
40	301091.SZ	深城交	71.16	89.73	91.97	67.69	41.95	55.08	67.90	55.79	88.94	76.08
41	002761.SZ	浙江建投	70.99	94.55	81.60	54.10	81.63	63.20	60.47	49.96	84.58	57.62
42	601789.SH	宁波建工	70.62	88.60	84.16	53.29	72.89	63.02	68.37	54.00	79.21	66.74

续表

综合排名	公司代码	公司名称	综合健康指数	公司治理	外部监督	创利能力	产品销售	竞争态势	价值再造	资产资本结构	内部控制	企业文化
43	600248.SH	陕建股份	70.51	79.94	59.51	60.69	81.21	72.77	76.72	53.02	58.82	78.34
44	000779.SZ	甘咨询	70.26	92.03	84.17	66.92	44.72	57.03	55.72	58.58	88.70	77.84
45	601886.SH	江河集团	70.02	85.98	92.80	60.36	58.48	61.14	63.84	47.69	81.97	76.78
46	301098.SZ	金埔园林	70.01	87.55	83.02	60.15	48.94	57.01	69.36	63.87	90.44	64.65
47	300732.SZ	设研院	70.00	91.11	80.75	64.84	43.42	60.62	51.02	60.45	88.53	85.48

表15   交通运输

综合排名	公司代码	公司名称	综合健康指数	公司治理	外部监督	创利能力	产品销售	竞争态势	价值再造	资产资本结构	内部控制	企业文化
1	601919.SH	中远海控	81.49	94.47	88.81	79.79	70.57	86.26	72.13	64.98	85.85	77.82
2	600233.SH	圆通速递	77.74	86.35	93.93	69.01	69.42	72.20	76.70	57.70	85.83	89.46
3	601298.SH	青岛港	76.39	92.38	90.53	77.11	58.37	72.42	77.11	55.14	78.88	67.89
4	603565.SH	中谷物流	75.62	88.67	84.79	74.76	65.28	68.22	58.73	66.05	89.73	76.64
5	600026.SH	中远海能	75.37	97.51	93.08	67.94	65.71	52.57	73.76	48.36	88.50	84.27
6	601156.SH	东航物流	74.92	94.89	87.48	69.43	61.59	61.85	67.41	66.43	79.28	77.51
7	001872.SZ	招商港口	74.82	95.68	92.21	64.13	55.17	72.67	73.40	48.07	92.08	69.89
8	002352.SZ	顺丰控股	74.67	90.39	93.75	68.17	70.46	72.01	57.68	46.02	84.87	86.29
9	601018.SH	宁波港	74.34	92.31	86.37	64.55	64.32	65.04	73.25	54.75	87.84	74.16
10	601000.SH	唐山港	74.12	93.50	89.57	68.35	55.83	62.63	68.53	71.41	83.72	61.92
11	600153.SH	建发股份	73.90	91.69	92.96	54.76	60.83	78.74	68.18	56.62	83.59	74.62
12	600057.SH	厦门象屿	73.87	92.57	95.24	57.74	70.67	69.02	70.27	51.17	88.45	60.90
13	600018.SH	上港集团	73.85	94.73	74.16	73.12	56.34	67.47	73.37	52.92	78.13	77.66
14	600428.SH	中远海特	73.67	92.92	89.04	68.40	65.62	55.77	71.77	50.64	80.62	79.01
15	601872.SH	招商轮船	73.67	93.35	87.21	71.48	67.35	73.38	63.00	53.41	76.09	55.44
16	600012.SH	皖通高速	73.62	95.20	91.15	72.97	51.87	48.79	63.02	71.98	87.67	71.02
17	002120.SZ	韵达股份	73.54	80.27	90.36	58.63	62.31	72.15	71.68	59.54	89.19	86.04
18	600704.SH	物产中大	73.47	95.26	86.67	54.80	68.01	75.63	68.68	50.50	84.82	69.25
19	601975.SH	招商南油	73.33	92.68	87.37	75.15	59.16	56.77	69.39	60.55	76.83	63.07
20	002320.SZ	海峡股份	73.19	92.27	89.21	79.67	59.68	45.00	60.80	70.29	89.75	55.14
21	000906.SZ	浙商中拓	73.14	93.49	79.15	59.75	73.69	66.85	71.31	54.09	82.89	68.24
22	601598.SH	中国外运	72.95	96.14	86.51	67.41	67.12	55.99	65.78	52.70	87.00	64.69
23	001965.SZ	招商公路	72.74	92.29	92.56	61.82	52.74	75.23	72.57	43.98	83.73	69.66
24	600755.SH	厦门国贸	72.60	94.22	91.32	55.53	69.20	65.54	62.21	55.78	88.30	64.15
25	603871.SH	嘉友国际	72.56	90.24	90.59	66.88	58.14	55.21	71.39	67.49	79.43	63.78
26	601006.SH	大秦铁路	72.38	86.78	91.39	75.18	57.97	46.98	63.96	65.35	88.41	67.63
27	600350.SH	山东高速	72.35	88.11	90.27	61.58	61.17	74.28	59.99	48.25	86.95	76.94
28	601518.SH	吉林高速	72.28	90.56	90.19	66.36	50.27	51.72	71.50	64.16	92.72	66.54
29	600179.SH	安通控股	71.90	86.01	69.44	68.60	64.96	63.97	64.64	65.50	85.66	68.68
30	002468.SZ	申通快递	71.16	93.60	84.58	48.97	69.22	58.88	74.92	46.88	88.56	72.03

续表

综合排名	公司代码	公司名称	综合健康指数	公司治理	外部监督	创利能力	产品销售	竞争态势	价值再造	资产资本结构	内部控制	企业文化
31	601866.SH	中远海发	71.11	95.85	87.54	59.07	59.40	54.56	57.51	56.92	88.02	76.60
32	603128.SH	华贸物流	71.08	92.68	84.16	66.81	53.69	58.94	56.75	63.29	79.55	74.47
33	603071.SH	物产环能	71.08	87.99	87.45	59.88	65.26	59.84	70.42	53.77	88.96	55.48
34	600377.SH	宁沪高速	70.77	86.60	91.84	70.00	61.94	49.44	58.90	52.91	76.72	78.94
35	000885.SZ	城发环境	70.55	89.64	82.25	66.12	52.29	71.35	59.50	50.21	88.59	59.99
36	600717.SH	天津港	70.27	90.59	82.04	61.40	54.92	54.59	65.01	52.65	81.69	81.51
37	001228.SZ	永泰运	70.21	88.38	86.09	63.88	50.75	51.78	68.58	58.64	91.76	63.15
38	000557.SZ	西部创业	70.16	90.49	85.42	63.97	54.20	42.58	68.03	62.94	89.80	69.48
39	600787.SH	中储股份	70.05	94.54	87.34	53.72	66.49	58.73	55.60	52.35	88.27	70.86
40	600035.SH	楚天高速	70.02	89.78	87.93	68.49	53.13	49.84	63.72	55.04	91.72	58.63

表16　交运设备

综合排名	公司代码	公司名称	综合健康指数	公司治理	外部监督	创利能力	产品销售	竞争态势	价值再造	资产资本结构	内部控制	企业文化
1	603529.SH	爱玛科技	80.17	87.89	94.81	77.08	72.13	68.61	78.32	70.83	83.37	85.91
2	000625.SZ	长安汽车	78.76	96.52	93.33	64.45	73.57	74.68	70.09	62.36	87.83	83.85
3	603129.SH	春风动力	78.36	85.36	80.21	70.79	58.16	81.76	78.64	70.51	89.09	91.92
4	688187.SH	时代电气	77.84	95.88	94.28	71.31	53.05	77.98	79.12	63.05	82.50	69.68
5	601965.SH	中国汽研	77.56	94.50	93.49	78.52	50.55	73.23	67.71	62.74	86.21	80.31
6	603013.SH	亚普股份	77.52	95.21	92.49	72.95	71.18	58.94	67.96	68.19	89.16	74.14
7	600660.SH	福耀玻璃	77.51	92.80	90.65	79.91	56.52	74.99	72.38	52.38	80.98	85.68
8	603786.SH	科博达	76.80	89.35	96.74	70.25	56.91	73.47	68.24	65.24	83.36	83.80
9	601799.SH	星宇股份	75.83	89.87	78.64	74.57	56.79	68.92	69.97	69.61	90.02	75.59
10	000913.SZ	钱江摩托	75.59	88.50	91.01	67.71	55.12	65.34	74.64	66.43	88.98	81.92
11	002594.SZ	比亚迪	75.35	82.23	91.38	65.72	64.00	75.14	79.11	49.74	87.78	84.23
12	688009.SH	中国通号	75.32	90.55	93.80	68.51	61.85	73.07	67.90	58.12	81.47	75.05
13	601633.SH	长城汽车	75.24	81.43	90.40	69.16	60.01	75.47	75.30	55.48	89.38	79.02
14	600741.SH	华域汽车	74.89	91.26	87.13	68.33	75.30	74.22	59.49	54.96	83.96	70.02
15	002085.SZ	万丰奥威	74.86	83.72	86.27	72.01	76.03	66.42	73.01	43.39	85.82	84.13
16	601766.SH	中国中车	74.70	94.22	92.57	69.24	48.43	66.85	72.18	51.69	86.32	84.77
17	601238.SH	广汽集团	74.28	94.08	84.88	47.06	70.17	76.99	75.93	57.57	80.38	83.23
18	605088.SH	冠盛股份	74.20	81.68	95.45	75.47	54.29	55.12	67.92	69.34	89.09	79.07
19	002472.SZ	双环传动	74.17	86.13	92.74	61.48	68.68	64.43	71.58	46.86	90.16	88.97
20	000338.SZ	潍柴动力	74.16	92.82	91.40	65.49	60.73	70.17	65.59	52.33	85.04	76.04
21	689009.SH	九号公司	74.11	86.55	89.23	69.30	54.35	73.34	71.84	59.07	77.30	80.19
22	002101.SZ	广东鸿图	74.05	95.76	93.95	63.44	58.24	59.32	72.21	48.37	88.52	81.30
23	600066.SH	宇通客车	73.93	86.21	91.93	62.06	57.08	66.99	72.04	60.66	87.48	83.82
24	603596.SH	伯特利	73.68	87.60	82.92	63.97	64.53	75.70	71.84	68.17	84.02	49.87

续表

综合排名	公司代码	公司名称	综合健康指数	公司治理	外部监督	创利能力	产品销售	竞争态势	价值再造	资产资本结构	内部控制	企业文化
25	000887.SZ	中鼎股份	73.57	83.53	85.30	68.06	66.41	69.98	71.54	52.30	80.22	79.33
26	600528.SH	中铁工业	73.44	88.37	90.52	63.54	61.82	76.49	64.81	53.12	85.64	70.01
27	301039.SZ	中集车辆	73.40	94.97	91.19	63.94	73.87	54.15	72.53	50.06	82.80	66.82
28	600933.SH	爱柯迪	73.38	90.96	84.45	66.16	56.06	64.50	72.72	52.29	92.97	72.96
29	600480.SH	凌云股份	73.26	90.62	89.15	63.39	66.55	67.47	68.31	51.16	85.83	67.50
30	300258.SZ	精锻科技	73.13	85.65	84.63	66.76	57.62	60.87	71.82	59.74	87.87	82.81
31	002965.SZ	祥鑫科技	73.02	85.79	84.05	60.22	71.27	62.61	76.06	53.01	90.29	71.92
32	002048.SZ	宁波华翔	72.85	81.62	92.45	66.33	70.46	65.33	63.15	51.78	84.77	81.45
33	002126.SZ	银轮股份	72.81	86.98	90.30	61.71	63.94	68.59	71.18	48.11	80.81	80.38
34	601689.SH	拓普集团	72.77	77.21	81.65	69.49	67.95	73.38	73.60	51.94	84.14	66.70
35	603305.SH	旭升集团	72.50	90.05	83.45	62.92	64.35	61.55	68.85	63.23	85.71	62.13
36	603787.SH	新日股份	72.40	83.36	85.40	70.91	63.37	53.97	72.09	66.50	77.08	64.38
37	002758.SZ	浙农股份	72.34	91.37	80.62	63.08	73.31	67.24	60.86	53.70	90.27	57.24
38	300351.SZ	永贵电器	72.29	89.46	89.76	63.93	40.66	63.85	72.12	58.28	85.95	86.55
39	601163.SH	三角轮胎	72.15	84.81	86.09	60.73	63.77	62.27	70.05	70.31	85.87	61.60
40	000880.SZ	潍柴重机	72.13	93.45	81.98	63.43	66.43	55.01	61.98	71.67	91.65	51.54
41	688015.SH	交控科技	72.09	87.68	87.67	64.03	52.04	62.99	72.74	54.51	86.26	77.42
42	600523.SH	贵航股份	72.08	87.50	88.81	69.85	50.64	58.50	63.81	61.36	89.74	72.83
43	000550.SZ	江铃汽车	72.01	89.85	90.31	56.17	61.71	62.87	74.51	57.83	84.13	65.83
44	003033.SZ	征和工业	71.81	84.93	85.07	65.13	52.69	55.39	74.38	59.17	89.90	78.97
45	603035.SH	常熟汽饰	71.79	86.44	89.09	67.61	59.37	69.81	61.92	51.18	82.12	69.74
46	603040.SH	新坐标	71.78	87.26	87.21	74.91	45.24	46.64	60.63	68.84	89.09	84.82
47	688569.SH	铁科轨道	71.74	94.36	79.24	71.23	45.38	55.86	64.72	65.67	82.11	75.99
48	002906.SZ	华阳集团	71.72	83.83	82.00	58.91	54.35	73.66	75.04	55.10	86.64	74.09
49	002984.SZ	森麒麟	71.59	84.91	88.13	65.85	58.48	56.70	61.13	62.06	84.68	84.40
50	603730.SH	岱美股份	71.45	80.49	82.11	73.09	62.03	56.20	71.68	64.30	81.77	60.70
51	603266.SH	天龙股份	71.30	89.82	79.57	69.66	53.66	54.91	68.33	65.37	82.06	67.54
52	300926.SZ	博俊科技	71.25	90.15	84.96	60.19	60.82	60.80	69.96	52.63	78.68	76.70
53	002328.SZ	新朋股份	71.25	88.41	71.82	63.98	76.15	53.41	58.51	64.40	87.78	73.27
54	600742.SH	一汽富维	71.18	88.76	79.06	62.75	82.00	52.41	58.19	58.66	86.18	67.31
55	000030.SZ	富奥股份	71.13	92.73	84.12	53.23	71.29	63.10	61.08	58.42	92.97	56.92
56	300432.SZ	富临精工	71.09	81.81	84.21	55.82	73.77	58.99	69.26	56.46	84.78	71.59
57	300507.SZ	苏奥传感	71.08	82.05	60.37	75.34	57.77	59.05	65.99	64.00	83.48	86.96
58	603179.SH	新泉股份	71.00	81.84	85.16	62.14	71.24	61.13	71.95	56.81	77.25	63.81
59	000957.SZ	中通客车	70.96	88.80	80.20	64.22	54.74	57.89	66.72	59.82	90.48	69.45
60	600104.SH	上汽集团	70.94	90.73	91.46	55.58	65.00	52.53	65.56	52.16	83.96	86.12
61	605151.SH	西上海	70.82	86.64	78.30	73.53	62.62	46.43	67.62	61.76	89.63	57.07
62	300547.SZ	川环科技	70.74	90.17	81.27	73.93	43.51	47.60	56.66	68.64	86.75	84.70

续表

综合排名	公司代码	公司名称	综合健康指数	公司治理	外部监督	创利能力	产品销售	竞争态势	价值再造	资产资本结构	内部控制	企业文化
63	600699.SH	均胜电子	70.59	80.50	85.57	58.09	78.70	61.43	73.04	37.69	89.48	69.44
64	430418.BJ	苏轴股份	70.49	86.78	81.69	76.27	46.96	48.48	64.92	74.93	71.34	73.06
65	000800.SZ	一汽解放	70.27	91.05	91.49	37.70	54.15	66.62	66.90	67.15	91.65	76.71
66	002516.SZ	旷达科技	70.25	88.44	83.83	64.96	57.91	53.46	62.68	57.81	82.79	76.76
67	301215.SZ	中汽股份	70.18	91.12	85.90	71.32	47.41	49.81	53.66	71.34	82.03	70.31
68	601127.SH	赛力斯	70.18	91.58	87.64	42.90	52.77	71.48	69.25	47.56	87.95	86.27
69	603766.SH	隆鑫通用	70.17	75.72	77.83	67.39	67.87	59.71	58.55	62.79	84.85	79.38
70	300863.SZ	卡倍亿	70.15	82.67	83.63	60.53	77.35	46.80	62.31	60.23	84.82	73.97
71	688533.SH	上声电子	70.10	90.61	82.95	61.67	61.29	55.19	62.36	58.99	85.85	63.99
72	600469.SH	风神股份	70.09	93.34	87.20	60.57	56.52	46.97	68.36	50.44	87.87	75.40
73	605005.SH	合兴股份	70.05	86.81	82.21	68.61	49.00	56.93	65.92	68.18	84.06	53.39

表 17　　煤炭

综合排名	公司代码	公司名称	综合健康指数	公司治理	外部监督	创利能力	产品销售	竞争态势	价值再造	资产资本结构	内部控制	企业文化
1	601225.SH	陕西煤业	80.45	91.86	92.97	81.59	69.33	77.85	70.73	69.28	81.89	76.88
2	601699.SH	潞安环能	79.21	87.51	95.63	82.91	54.66	74.59	75.03	76.00	88.63	64.67
3	601088.SH	中国神华	77.59	89.12	93.03	74.68	69.80	71.21	63.31	64.97	89.33	77.89
4	600985.SH	淮北矿业	75.58	90.22	89.27	66.68	68.61	64.44	72.39	55.07	89.03	82.75
5	600188.SH	兖矿能源	75.05	93.64	78.94	69.25	52.56	72.81	79.11	57.24	78.60	83.64
6	000983.SZ	山西焦煤	73.14	90.76	85.42	70.15	57.65	66.41	71.86	50.97	86.51	61.69
7	000552.SZ	甘肃能化	71.76	83.82	82.26	68.35	43.87	68.32	75.64	66.33	84.17	60.04
8	600348.SH	华阳股份	70.92	89.86	90.19	69.12	61.37	43.47	61.67	69.55	78.98	57.11
9	002128.SZ	电投能源	70.29	87.75	85.85	64.04	57.23	58.03	63.89	59.14	88.06	59.76
10	601666.SH	平煤股份	70.26	90.05	91.17	66.18	49.79	50.36	63.45	56.67	84.31	75.27
11	601898.SH	中煤能源	70.07	85.51	92.19	63.97	57.11	66.41	56.36	47.18	80.28	76.38

表 18　　美容护理

综合排名	公司代码	公司名称	综合健康指数	公司治理	外部监督	创利能力	产品销售	竞争态势	价值再造	资产资本结构	内部控制	企业文化
1	603605.SH	珀莱雅	78.45	91.63	94.39	77.05	58.34	74.82	70.31	64.68	87.91	79.42
2	688363.SH	华熙生物	76.89	88.06	93.22	69.85	55.67	84.19	76.48	54.03	82.13	82.10
3	300856.SZ	科思股份	76.17	85.18	79.49	69.49	62.33	66.67	78.31	68.20	93.10	82.36
4	300957.SZ	贝泰妮	76.12	83.35	89.38	69.97	56.88	77.52	69.48	69.26	87.13	83.50
5	300896.SZ	爱美客	75.36	84.37	87.07	74.47	56.38	75.34	69.74	66.63	84.98	66.05
6	003006.SZ	百亚股份	70.85	90.62	93.42	71.36	48.20	48.14	60.22	56.19	83.32	82.02
7	605009.SH	豪悦护理	70.66	80.06	79.62	66.50	59.61	57.69	67.09	73.75	79.71	68.01
8	001206.SZ	依依股份	70.18	86.54	80.46	64.74	61.90	38.64	67.55	65.57	91.20	74.57

表 19　　　　　　　　　　　　　　　　　　农林牧渔

综合排名	公司代码	公司名称	综合健康指数	公司治理	外部监督	创利能力	产品销售	竞争态势	价值再造	资产资本结构	内部控制	企业文化
1	002714.SZ	牧原股份	76.52	88.22	78.72	60.52	74.09	76.97	82.56	56.82	80.63	90.14
2	002311.SZ	海大集团	76.46	77.31	93.54	70.44	72.39	77.79	78.12	51.96	84.18	83.79
3	300761.SZ	立华股份	76.25	88.16	90.31	69.84	74.04	69.43	69.88	53.61	82.14	76.41
4	300087.SZ	荃银高科	75.80	93.92	82.58	65.39	53.24	77.51	71.36	53.12	89.35	95.01
5	600313.SH	农发种业	75.01	90.41	81.53	67.43	70.10	62.52	74.28	56.44	87.46	78.13
6	300498.SZ	温氏股份	74.77	88.42	92.18	68.40	77.23	65.89	64.90	53.37	85.78	70.41
7	600195.SH	中牧股份	74.74	91.76	89.91	64.80	57.39	63.55	69.42	63.57	89.97	78.73
8	300138.SZ	晨光生物	74.33	83.10	88.72	68.48	65.51	73.78	59.82	59.05	80.34	92.83
9	603609.SH	禾丰股份	73.99	87.63	89.68	60.81	68.87	67.33	68.56	57.96	90.05	74.34
10	002385.SZ	大北农	73.53	89.79	91.31	53.87	61.46	74.93	74.92	52.79	88.21	73.73
11	601952.SH	苏垦农发	73.30	87.54	87.70	70.79	61.38	57.14	67.97	53.44	85.58	83.95
12	300119.SZ	瑞普生物	73.29	84.80	83.34	70.35	44.94	66.31	72.42	58.42	87.91	88.92
13	002100.SZ	天康生物	72.41	93.15	79.29	59.90	57.67	68.66	72.56	55.89	83.37	73.79
14	002556.SZ	辉隆股份	72.23	86.71	86.71	63.57	71.21	58.79	64.55	51.62	87.72	76.66
15	002041.SZ	登海种业	72.10	85.37	89.96	66.60	48.64	68.14	56.62	75.18	84.33	70.10
16	000019.SZ	深粮控股	71.88	86.33	89.24	67.27	63.17	48.73	68.67	55.22	90.28	76.00
17	001313.SZ	粤海饲料	71.78	91.28	85.69	44.81	61.14	68.61	70.62	67.71	84.78	74.58
18	600737.SH	中粮糖业	71.69	91.51	88.31	60.18	67.73	54.22	65.23	53.17	88.14	74.12
19	000930.SZ	中粮科技	71.18	91.92	90.35	61.69	65.84	52.96	67.21	48.32	88.49	66.36
20	603182.SH	嘉华股份	71.07	86.27	84.86	67.07	57.97	50.57	66.56	77.60	77.03	64.88
21	600251.SH	冠农股份	70.68	90.63	86.36	69.02	51.36	51.61	67.14	50.73	79.83	81.02
22	831087.BJ	秋乐种业	70.57	90.84	72.77	68.50	41.54	60.61	58.65	76.01	88.92	67.61
23	600975.SH	新五丰	70.46	91.03	79.93	54.81	73.04	61.34	64.26	49.60	85.66	67.96
24	600598.SH	北大荒	70.39	89.42	81.22	76.27	52.24	51.98	61.90	73.14	83.16	41.54
25	000048.SZ	京基智农	70.23	76.97	83.31	71.37	59.65	59.69	67.42	64.11	81.60	57.66
26	002567.SZ	唐人神	70.21	84.66	75.07	52.60	72.86	69.24	70.21	44.62	79.55	84.43

表 20　　　　　　　　　　　　　　　　　　轻工制造

综合排名	公司代码	公司名称	综合健康指数	公司治理	外部监督	创利能力	产品销售	竞争态势	价值再造	资产资本结构	内部控制	企业文化
1	603195.SH	公牛集团	79.05	78.59	91.84	79.04	62.42	80.12	73.73	69.68	83.93	95.68
2	002831.SZ	裕同科技	78.15	87.78	94.11	73.72	64.62	72.02	75.52	53.45	89.77	92.38
3	603833.SH	欧派家居	77.59	81.08	88.62	72.38	61.62	81.88	73.23	61.95	87.93	90.89
4	603801.SH	志邦家居	77.02	87.04	91.89	73.08	59.28	77.16	74.27	62.68	80.19	82.18
5	002014.SZ	永新股份	77.00	91.08	88.04	71.01	63.66	71.07	69.68	65.46	90.80	76.44
6	002790.SZ	瑞尔特	76.34	91.76	83.16	75.63	51.16	59.75	77.65	70.17	93.06	76.65
7	603899.SH	晨光股份	76.21	86.44	95.32	71.86	73.38	69.61	50.18	63.72	86.58	91.82
8	603408.SH	建霖家居	75.65	87.92	82.35	73.48	59.71	67.95	71.66	63.74	83.69	84.54

续表

综合排名	公司代码	公司名称	综合健康指数	公司治理	外部监督	创利能力	产品销售	竞争态势	价值再造	资产资本结构	内部控制	企业文化
9	002078.SZ	太阳纸业	75.61	86.56	91.42	61.10	80.83	74.77	72.46	51.21	85.49	73.58
10	600612.SH	老凤祥	75.36	93.52	88.20	68.00	77.69	50.94	68.88	66.83	91.78	64.98
11	600963.SH	岳阳林纸	75.07	93.34	89.58	59.13	70.69	71.89	77.62	51.90	83.75	70.88
12	002572.SZ	索菲亚	74.73	82.77	87.29	74.47	60.41	70.26	68.55	51.29	88.15	86.09
13	600916.SH	中国黄金	74.49	94.80	94.97	67.51	75.55	50.39	58.29	65.29	81.52	70.49
14	300729.SZ	乐歌股份	74.32	88.57	89.39	61.93	60.36	72.68	74.08	54.12	79.62	86.61
15	600433.SH	冠豪高新	74.07	91.65	87.62	55.33	71.50	73.69	71.86	53.94	86.20	71.57
16	301004.SZ	嘉益股份	74.03	76.35	86.68	76.90	66.47	55.86	73.87	72.22	82.30	71.90
17	605599.SH	菜百股份	73.83	94.78	90.89	69.32	65.35	54.40	59.79	70.70	84.52	65.20
18	001322.SZ	箭牌家居	73.72	87.95	89.82	64.93	54.73	66.33	71.97	56.37	87.07	81.32
19	001323.SZ	慕思股份	73.28	86.26	91.29	71.06	53.92	65.55	65.95	64.83	78.10	76.84
20	603600.SH	永艺股份	73.19	83.55	81.24	72.51	64.20	52.15	71.95	53.57	87.98	91.43
21	605377.SH	华旺科技	72.75	87.87	89.53	64.21	60.69	64.91	63.06	69.65	91.88	54.42
22	002867.SZ	周大生	72.71	78.68	90.30	66.52	60.16	57.92	65.51	71.59	93.06	74.97
23	300260.SZ	新莱应材	72.66	91.14	77.33	70.98	56.68	67.81	66.03	54.66	81.95	77.02
24	600356.SH	恒丰纸业	72.65	90.19	84.42	62.11	57.27	61.22	68.37	58.88	85.96	86.54
25	603165.SH	荣晟环保	72.33	87.56	65.03	59.07	66.08	63.74	73.84	66.70	88.50	80.15
26	603898.SH	好莱客	72.28	87.83	81.38	70.96	52.37	64.37	72.46	64.87	83.22	57.97
27	002615.SZ	哈尔斯	71.95	87.94	83.82	71.00	49.31	49.96	68.60	60.44	90.78	83.39
28	603816.SH	顾家家居	71.91	82.74	89.78	73.71	60.07	62.73	56.41	55.26	76.15	89.10
29	600210.SH	紫江企业	71.78	81.52	84.07	68.45	65.00	67.56	68.50	48.19	83.61	71.85
30	600103.SH	青山纸业	71.63	88.99	82.22	65.04	60.05	56.98	70.34	59.32	86.26	67.96
31	603992.SH	松霖科技	71.53	81.90	89.80	71.50	51.63	68.32	72.39	52.88	75.96	67.54
32	002303.SZ	美盈森	71.50	85.76	82.45	59.48	60.86	61.00	68.13	58.17	86.42	85.16
33	301193.SZ	家联科技	71.49	81.70	84.34	68.55	54.73	56.78	75.68	50.08	83.63	85.63
34	605099.SH	共创草坪	71.16	77.63	79.41	74.29	50.76	60.88	64.61	69.74	80.05	78.62
35	605007.SH	五洲特纸	71.04	85.13	87.96	50.98	74.48	62.53	60.25	57.60	90.24	74.68
36	300993.SZ	玉马遮阳	71.03	87.00	80.84	71.00	37.55	51.48	65.84	72.62	91.45	78.75
37	000026.SZ	飞亚达	70.96	89.15	91.65	68.21	48.84	46.86	62.70	61.13	88.80	79.49
38	605500.SH	森林包装	70.91	78.88	76.43	59.42	67.81	62.66	68.53	69.19	91.15	64.00
39	001216.SZ	华瓷股份	70.54	82.17	83.89	72.92	46.81	51.54	79.28	64.74	78.90	62.46
40	603008.SH	喜临门	70.40	87.84	84.51	64.10	50.45	58.30	61.18	51.83	87.96	85.93
41	300501.SZ	海顺新材	70.36	86.74	82.25	60.79	52.22	63.12	60.36	50.29	90.79	88.58
42	300640.SZ	德艺文创	70.25	85.71	73.24	66.23	55.89	60.23	67.08	59.97	86.19	68.81
43	605080.SH	浙江自然	70.18	89.51	80.51	67.09	42.58	52.65	64.58	70.15	80.76	79.02
44	301223.SZ	中荣股份	70.12	83.71	76.57	61.71	59.57	57.54	68.19	65.04	88.47	64.49
45	603216.SH	梦天家居	70.11	86.61	77.18	66.56	43.78	58.50	66.73	71.59	89.71	58.84

表21　　商贸零售

综合排名	公司代码	公司名称	综合健康指数	公司治理	外部监督	创利能力	产品销售	竞争态势	价值再造	资产资本结构	内部控制	企业文化
1	603613.SH	国联股份	77.30	91.81	87.16	70.95	60.29	73.79	76.54	65.93	83.32	77.12
2	600710.SH	苏美达	76.67	92.19	88.73	68.17	72.56	69.97	72.19	52.89	88.78	78.91
3	601888.SH	中国中免	75.24	95.25	91.21	61.74	59.64	65.31	73.56	60.85	92.12	72.62
4	002315.SZ	焦点科技	74.87	80.59	84.61	80.69	43.96	67.37	77.66	72.22	84.35	74.34
5	300592.SZ	华凯易佰	73.78	88.57	75.44	69.96	54.32	65.95	81.37	62.11	77.99	78.31
6	002416.SZ	爱施德	73.55	81.62	87.58	61.23	75.08	61.33	70.90	60.58	89.54	78.86
7	002419.SZ	天虹股份	73.43	92.44	90.04	64.95	50.77	65.05	65.29	57.80	91.92	79.73
8	002091.SZ	江苏国泰	73.13	87.71	83.93	63.43	61.16	65.64	71.61	62.37	92.09	63.44
9	000061.SZ	农产品	73.04	96.78	90.89	63.57	60.13	65.99	68.08	45.08	82.20	72.59
10	002697.SZ	红旗连锁	72.97	89.52	87.91	69.76	58.37	58.21	70.63	69.08	86.55	52.29
11	002818.SZ	富森美	72.79	88.62	85.56	72.91	55.85	53.69	60.28	65.08	93.53	74.36
12	600415.SH	小商品城	72.68	87.63	88.51	61.30	61.73	68.55	70.33	51.67	86.12	75.16
13	600113.SH	浙江东日	72.65	89.36	87.30	71.18	47.02	57.59	71.18	65.44	77.32	71.89
14	002344.SZ	海宁皮城	72.57	90.59	90.36	62.80	45.11	64.47	68.75	66.88	88.17	71.78
15	600278.SH	东方创业	72.56	93.68	84.19	58.39	73.36	64.07	70.28	59.58	84.79	51.50
16	600827.SH	百联股份	72.49	92.99	92.80	61.55	57.15	65.55	64.46	55.79	81.27	76.35
17	600655.SH	豫园股份	72.44	80.01	86.54	66.58	59.93	68.97	62.98	54.61	83.00	93.02
18	301078.SZ	孩子王	72.02	89.28	88.97	62.29	56.38	60.23	63.75	64.65	84.94	73.65
19	601028.SH	玉龙股份	71.99	91.51	77.10	60.13	75.37	52.58	66.83	62.80	87.41	69.69
20	600058.SH	五矿发展	71.93	90.91	84.56	60.72	75.07	57.79	65.96	53.43	82.48	71.72
21	601116.SH	三江购物	71.92	83.58	86.29	65.66	55.62	59.65	67.67	59.75	90.86	78.53
22	000417.SZ	合肥百货	71.43	91.12	87.79	64.84	51.97	62.30	63.12	62.17	90.37	56.05
23	003010.SZ	若羽臣	71.03	90.52	81.81	66.57	41.55	53.28	74.75	61.91	88.74	72.92
24	300518.SZ	盛讯达	70.94	81.13	74.18	74.95	44.44	50.07	67.71	72.00	89.69	82.81
25	600814.SH	杭州解百	70.92	89.55	89.41	69.90	41.31	57.54	65.35	65.84	84.51	63.55
26	600790.SH	轻纺城	70.56	84.57	87.47	82.86	35.95	51.31	68.84	63.03	86.87	55.05
27	600729.SH	重庆百货	70.39	85.82	87.65	62.90	54.16	62.12	68.84	55.10	87.74	58.78
28	300792.SZ	壹网壹创	70.26	85.14	83.76	63.79	42.61	65.16	70.90	54.78	84.41	78.30

表22　　社会服务

综合排名	公司代码	公司名称	综合健康指数	公司治理	外部监督	创利能力	产品销售	竞争态势	价值再造	资产资本结构	内部控制	企业文化
1	300012.SZ	华测检测	80.13	91.28	91.32	74.37	59.80	81.88	75.82	60.35	91.61	93.04
2	300662.SZ	科锐国际	78.96	91.35	90.12	83.75	77.25	66.55	71.81	55.37	93.44	64.17
3	300887.SZ	谱尼测试	78.21	86.90	92.32	68.21	67.04	74.75	80.53	58.31	84.56	89.68
4	600636.SH	国新文化	76.61	94.88	89.56	71.45	52.17	60.13	83.37	63.25	92.69	72.23
5	003032.SZ	传智教育	76.49	87.43	86.86	79.46	54.90	68.51	68.93	76.49	81.67	75.17
6	300797.SZ	钢研纳克	76.17	91.37	85.31	67.68	56.50	72.90	75.58	65.05	92.69	70.84

续表

综合排名	公司代码	公司名称	综合健康指数	公司治理	外部监督	创利能力	产品销售	竞争态势	价值再造	资产资本结构	内部控制	企业文化
7	300962.SZ	中金辐照	75.46	92.29	83.69	76.64	56.66	58.79	70.93	69.98	86.97	71.53
8	600662.SH	外服控股	75.01	91.10	89.55	71.49	67.12	61.42	65.90	60.78	87.12	73.19
9	300416.SZ	苏试试验	74.49	84.70	83.58	69.47	59.75	77.77	73.11	54.55	89.91	66.47
10	600158.SH	中体产业	74.02	93.04	85.58	66.30	54.28	71.32	66.02	57.96	86.99	78.41
11	603060.SH	国检集团	73.80	89.61	90.95	68.44	63.44	77.64	61.89	49.03	76.77	68.92
12	002967.SZ	广电计量	72.85	89.14	90.36	61.73	51.23	78.00	59.16	52.41	90.47	80.60
13	301115.SZ	建科股份	72.29	89.28	81.50	56.64	60.05	69.04	68.72	61.60	87.53	75.20
14	301289.SZ	国缆检测	71.71	88.46	82.58	70.60	53.33	59.66	70.83	68.58	81.99	52.32
15	003008.SZ	开普检测	71.49	83.88	78.30	74.55	51.61	54.98	64.47	69.56	89.51	68.43
16	600754.SH	锦江酒店	71.33	91.73	92.03	66.59	67.68	58.31	62.18	43.41	82.43	63.62
17	002093.SZ	国脉科技	70.83	82.73	87.48	53.76	57.98	64.36	70.41	64.74	86.20	74.89
18	002033.SZ	丽江股份	70.72	94.28	86.19	65.18	51.07	44.04	63.60	67.51	89.46	68.30
19	831039.BJ	国义招标	70.66	92.43	81.34	69.97	52.52	52.37	62.38	74.68	71.37	69.21
20	600826.SH	兰生股份	70.58	82.55	85.94	66.69	55.60	55.89	67.35	59.34	80.17	72.25
21	002243.SZ	力合科创	70.44	90.97	87.12	57.38	54.82	63.36	61.17	51.88	84.21	81.27
22	600455.SH	博通股份	70.32	88.44	75.85	76.25	61.77	47.68	59.30	61.53	88.78	56.74
23	300938.SZ	信测标准	70.07	81.21	59.58	73.74	47.99	67.97	76.94	62.76	75.55	70.96

表23　　石油石化

综合排名	公司代码	公司名称	综合健康指数	公司治理	外部监督	创利能力	产品销售	竞争态势	价值再造	资产资本结构	内部控制	企业文化
1	600938.SH	中国海油	78.72	92.37	88.79	79.62	60.45	76.57	78.20	62.65	85.83	66.91
2	600583.SH	海油工程	78.10	92.26	96.61	68.15	67.33	70.23	76.75	61.96	88.99	75.76
3	600968.SH	海油发展	76.68	90.25	93.61	74.76	58.90	63.53	74.37	63.13	88.20	75.97
4	600256.SH	广汇能源	76.34	93.67	88.41	73.04	69.70	65.57	62.59	57.37	86.12	82.76
5	601808.SH	中海油服	76.32	95.35	92.50	73.45	62.34	64.78	74.64	54.61	86.55	68.39
6	601857.SH	中国石油	75.35	89.20	92.13	76.91	69.03	68.51	70.14	44.51	77.95	77.38
7	002986.SZ	宇新股份	75.14	86.71	77.42	72.48	63.29	66.61	75.31	62.83	79.11	89.08
8	000968.SZ	蓝焰控股	72.84	90.92	89.88	73.67	49.72	55.48	62.16	61.20	92.41	71.66
9	600339.SH	中油工程	71.90	92.26	92.18	61.00	57.11	59.14	58.74	62.74	89.46	72.14
10	600028.SH	中国石化	71.43	92.01	93.84	64.53	65.52	66.06	52.92	43.84	81.83	75.72
11	300839.SZ	博汇股份	70.64	80.43	91.59	61.91	55.38	62.15	66.48	59.41	81.83	75.27
12	600871.SH	石化油服	70.57	91.14	83.48	65.53	60.90	56.09	65.53	45.83	81.88	77.26

表24 食品饮料

综合排名	公司代码	公司名称	综合健康指数	公司治理	外部监督	创利能力	产品销售	竞争态势	价值再造	资产资本结构	内部控制	企业文化
1	000858.SZ	五粮液	81.57	93.11	89.74	81.38	67.00	70.64	76.45	73.69	89.21	86.82
2	600809.SH	山西汾酒	80.15	89.88	88.80	83.08	70.10	70.08	74.72	69.39	87.83	78.01
3	000568.SZ	泸州老窖	79.16	92.59	90.25	75.02	64.20	72.84	75.16	66.99	87.30	81.13
4	603198.SH	迎驾贡酒	78.72	88.98	91.25	77.88	60.39	73.67	77.07	69.55	81.64	80.93
5	002304.SZ	洋河股份	78.38	95.11	90.22	75.50	53.30	73.52	68.24	66.20	91.12	86.51
6	600519.SH	贵州茅台	78.37	82.14	88.09	82.86	68.99	65.54	71.70	74.32	87.85	79.03
7	000596.SZ	古井贡酒	76.93	88.80	80.37	76.93	59.77	71.31	78.03	63.06	86.84	76.95
8	600702.SH	舍得酒业	76.75	83.84	89.49	74.81	53.96	69.74	77.46	66.14	91.26	81.90
9	600298.SH	安琪酵母	76.68	94.13	84.83	61.52	69.03	78.09	74.07	45.67	85.37	90.30
10	603288.SH	海天味业	76.33	87.08	88.25	64.89	63.55	73.00	68.73	69.52	93.57	80.15
11	002557.SZ	洽洽食品	75.03	84.65	90.00	68.44	62.29	63.73	68.20	64.84	91.12	84.83
12	603317.SH	天味食品	74.89	83.16	86.40	71.93	56.98	61.10	73.90	68.51	93.57	77.16
13	002216.SZ	三全食品	74.48	79.85	86.47	77.71	65.27	66.03	67.19	57.85	88.47	76.61
14	600887.SH	伊利股份	74.47	92.20	87.07	67.64	59.45	73.68	61.76	43.36	89.70	94.10
15	003000.SZ	劲仔食品	74.41	90.26	90.91	63.22	57.90	51.66	74.30	66.92	93.02	85.79
16	600600.SH	青岛啤酒	74.35	94.83	89.98	73.56	60.03	55.61	67.10	54.59	84.65	79.46
17	603345.SH	安井食品	73.91	80.87	87.17	58.13	66.13	66.24	78.06	56.79	91.45	87.81
18	000729.SZ	燕京啤酒	73.75	89.61	94.56	62.19	59.00	66.89	74.77	48.62	93.02	70.10
19	002847.SZ	盐津铺子	73.71	91.08	76.60	74.48	61.10	64.46	66.85	52.27	88.06	77.50
20	603043.SH	广州酒家	73.38	95.31	91.11	70.68	49.54	60.82	62.47	51.11	93.57	77.47
21	605499.SH	东鹏饮料	73.18	87.89	94.89	70.84	62.48	63.89	60.97	56.31	78.64	76.04
22	603369.SH	今世缘	72.97	85.16	79.65	73.06	49.05	64.36	68.02	70.88	82.48	78.91
23	000799.SZ	酒鬼酒	72.62	93.83	87.56	68.88	46.67	51.64	63.26	76.81	88.37	69.98
24	600132.SH	重庆啤酒	72.60	81.83	79.60	75.73	57.41	71.69	63.88	56.07	89.04	67.21
25	002461.SZ	珠江啤酒	72.32	86.57	89.39	58.87	47.04	61.34	72.85	67.73	93.57	76.26
26	000895.SZ	双汇发展	71.73	81.90	90.71	66.83	74.86	61.33	58.71	49.29	86.13	73.74
27	600073.SH	上海梅林	71.46	95.17	79.37	65.50	71.12	51.84	63.31	41.78	83.66	82.68
28	600559.SH	老白干酒	71.01	92.24	91.42	69.87	46.07	55.11	60.31	53.64	83.95	80.05
29	603711.SH	香飘飘	70.93	83.58	80.16	64.89	60.08	52.74	65.58	65.26	84.75	82.15
30	603156.SH	养元饮品	70.70	87.20	82.46	64.20	56.24	56.08	65.48	63.27	82.05	76.57
31	000848.SZ	承德露露	70.56	81.39	51.91	73.54	58.36	62.40	67.56	77.41	83.67	68.44
32	002507.SZ	涪陵榨菜	70.30	95.32	86.80	70.02	44.72	47.65	52.38	72.34	88.74	63.94
33	605338.SH	巴比食品	70.15	90.19	85.86	63.24	53.57	54.18	55.72	60.61	87.47	76.81
34	600305.SH	恒顺醋业	70.04	82.90	82.35	64.68	50.51	53.21	67.27	60.26	91.66	78.07
35	603027.SH	千禾味业	70.02	83.01	87.29	64.72	58.20	62.59	59.07	64.42	80.78	63.96

表25　通信

综合排名	公司代码	公司名称	综合健康指数	公司治理	外部监督	创利能力	产品销售	竞争态势	价值再造	资产资本结构	内部控制	企业文化
1	300628.SZ	亿联网络	77.03	80.57	87.14	73.78	57.32	80.67	72.15	72.02	87.89	81.13
2	688100.SH	威胜信息	76.55	88.72	93.97	78.80	50.89	61.35	70.72	71.24	86.59	78.55
3	600050.SH	中国联通	75.44	92.24	95.00	71.71	58.43	69.81	62.92	53.36	87.85	81.61
4	300308.SZ	中际旭创	75.03	88.57	89.10	70.00	69.83	62.35	73.49	41.13	85.04	93.52
5	600941.SH	中国移动	74.79	88.36	94.06	73.32	61.82	71.43	60.97	61.41	79.82	72.95
6	000063.SZ	中兴通讯	74.62	93.40	79.20	68.96	61.65	71.27	70.28	56.68	82.31	78.27
7	300627.SZ	华测导航	74.58	84.08	82.57	70.07	51.62	74.38	68.99	59.59	88.23	90.90
8	300638.SZ	广和通	74.38	88.43	85.96	58.39	68.45	71.70	69.46	52.06	87.73	92.97
9	601728.SH	中国电信	74.31	88.31	94.39	77.32	62.22	68.27	63.02	47.37	81.63	74.44
10	601869.SH	长飞光纤	74.09	87.94	86.57	62.66	57.47	73.40	72.50	53.42	82.20	92.16
11	002544.SZ	普天科技	73.94	95.97	87.04	56.85	61.61	67.97	70.82	55.62	86.34	81.37
12	002017.SZ	东信和平	73.84	92.18	91.20	73.52	51.58	49.88	70.27	65.93	91.66	69.19
13	600498.SH	烽火通信	73.57	91.33	88.78	53.77	60.67	80.05	71.49	47.00	87.31	81.49
14	300502.SZ	新易盛	73.24	80.03	81.54	76.68	54.11	61.84	70.14	69.47	91.56	65.93
15	002281.SZ	光迅科技	73.15	92.42	89.08	64.53	58.83	64.72	66.36	59.21	91.01	62.65
16	603236.SH	移远通信	73.13	82.39	82.45	56.47	71.14	75.92	71.45	54.81	84.08	81.56
17	003031.SZ	中瓷电子	73.04	92.99	93.75	60.98	61.96	58.23	57.44	69.19	87.31	75.05
18	600522.SH	中天科技	72.88	86.16	62.42	64.69	70.35	62.16	79.67	57.80	84.68	86.22
19	002929.SZ	润建股份	72.87	80.52	95.53	63.98	67.50	69.50	62.77	49.18	91.26	78.46
20	600776.SH	东方通信	72.35	90.70	88.31	61.20	64.74	57.53	67.40	62.86	85.46	67.81
21	301165.SZ	锐捷网络	71.84	80.80	87.56	56.10	64.62	70.77	72.24	68.46	78.30	68.34
22	002396.SZ	星网锐捷	71.82	83.80	90.67	59.47	55.84	73.08	72.95	59.07	81.48	65.22
23	688618.SH	三旺通信	71.79	91.28	81.96	73.62	42.62	57.75	64.64	61.38	87.64	75.26
24	835640.BJ	富士达	71.05	86.34	85.16	72.16	50.86	51.75	64.98	60.66	84.20	69.11
25	300570.SZ	太辰光	70.83	87.16	80.53	73.45	46.30	42.31	73.12	66.48	84.89	67.86
26	600345.SH	长江通信	70.75	92.17	84.17	64.56	47.49	57.49	69.56	57.99	84.84	60.23
27	300394.SZ	天孚通信	70.50	83.03	88.38	71.68	48.11	53.35	56.58	65.82	91.54	73.81
28	300913.SZ	兆龙互连	70.23	85.44	78.35	70.96	58.30	42.21	58.00	68.07	91.18	78.25

表26　医药生物

综合排名	公司代码	公司名称	综合健康指数	公司治理	外部监督	创利能力	产品销售	竞争态势	价值再造	资产资本结构	内部控制	企业文化
1	300760.SZ	迈瑞医疗	82.11	91.56	92.83	79.67	68.04	85.57	72.42	63.28	89.95	91.27
2	002030.SZ	达安基因	80.75	92.10	87.53	75.89	66.35	83.22	77.62	56.78	92.57	89.62
3	002932.SZ	明德生物	80.06	86.25	81.12	81.60	71.25	73.99	76.17	67.75	91.96	85.15
4	300639.SZ	凯普生物	79.67	92.46	85.44	75.83	72.35	71.46	74.94	58.18	93.01	89.32
5	300832.SZ	新产业	79.54	90.76	97.08	75.27	55.93	76.07	69.86	73.98	93.01	80.55
6	688575.SH	亚辉龙	79.54	86.84	87.26	84.74	73.74	70.93	77.55	59.25	88.60	74.38

续表

综合排名	公司代码	公司名称	综合健康指数	公司治理	外部监督	创利能力	产品销售	竞争态势	价值再造	资产资本结构	内部控制	企业文化
7	603392.SH	万泰生物	79.20	86.15	86.07	76.49	58.61	84.29	79.81	67.07	83.04	84.23
8	002603.SZ	以岭药业	79.11	88.95	95.83	77.35	69.98	70.90	79.81	59.13	89.20	70.23
9	002821.SZ	凯莱英	78.90	86.18	89.19	75.90	64.81	76.42	76.96	58.89	91.64	87.76
10	603882.SH	金域医学	78.78	90.44	90.93	69.29	70.91	73.56	73.35	61.03	91.11	89.04
11	300363.SZ	博腾股份	77.52	88.00	78.26	78.24	71.44	71.04	77.03	51.80	86.43	88.14
12	688139.SH	海尔生物	77.07	91.06	88.12	65.24	62.69	72.41	75.51	61.41	91.64	85.38
13	300003.SZ	乐普医疗	77.03	91.27	86.41	70.03	63.43	73.68	76.83	48.92	91.93	86.38
14	688617.SH	惠泰医疗	77.02	91.69	92.08	77.52	57.52	60.14	70.24	62.98	86.62	89.07
15	603658.SH	安图生物	76.71	88.70	95.44	73.58	58.09	74.95	70.59	55.47	84.87	84.17
16	000999.SZ	华润三九	76.62	90.10	96.78	70.41	66.09	66.74	75.81	48.59	88.05	80.61
17	000661.SZ	长春高新	76.50	91.32	84.73	76.99	51.13	76.81	69.95	55.57	84.43	88.08
18	688399.SH	硕世生物	76.22	89.93	77.76	70.39	72.95	72.73	68.46	69.04	81.51	74.82
19	600566.SH	济川药业	76.18	88.57	89.20	70.67	61.13	68.24	72.50	61.24	89.68	81.21
20	600436.SH	片仔癀	76.04	82.05	88.48	74.64	72.54	69.65	66.53	65.34	91.11	68.22
21	002432.SZ	九安医疗	75.82	80.60	66.03	85.64	69.66	59.65	71.08	61.43	89.80	95.62
22	600380.SH	健康元	75.68	85.86	93.26	69.23	63.48	68.05	67.95	57.26	88.62	89.88
23	000513.SZ	丽珠集团	75.56	90.42	93.27	70.25	58.36	63.05	68.06	57.62	87.68	92.41
24	688278.SH	特宝生物	75.41	89.89	89.98	76.76	56.53	62.13	68.45	66.98	85.32	72.48
25	300122.SZ	智飞生物	75.37	85.69	91.04	64.00	68.49	74.05	62.60	62.86	87.47	83.69
26	600062.SH	华润双鹤	75.08	88.71	91.08	68.18	60.94	62.22	70.96	59.98	92.04	78.04
27	002001.SZ	新和成	75.07	85.47	85.57	68.01	71.22	71.71	74.20	51.23	85.92	75.82
28	600332.SH	白云山	75.03	92.34	86.48	64.07	72.47	65.76	64.95	54.46	91.64	81.36
29	300759.SZ	康龙化成	75.01	90.34	93.33	68.82	65.79	74.89	65.97	46.25	84.55	75.94
30	300009.SZ	安科生物	74.97	85.85	84.60	78.31	60.01	61.95	73.97	52.59	89.73	79.25
31	301367.SZ	怡和嘉业	74.87	83.15	85.38	63.97	71.82	61.56	78.35	74.83	81.51	72.66
32	600161.SH	天坛生物	74.69	90.91	92.41	67.60	62.18	65.78	66.47	59.86	91.04	69.04
33	688289.SH	圣湘生物	74.68	84.52	72.36	75.63	58.56	75.02	70.54	66.23	77.29	84.34
34	688606.SH	奥泰生物	74.51	84.50	85.02	73.00	58.66	63.16	67.61	68.58	82.83	87.05
35	002262.SZ	恩华药业	74.51	80.65	91.54	72.22	55.03	66.27	71.29	68.25	90.09	73.01
36	002223.SZ	鱼跃医疗	74.51	82.73	86.46	71.58	64.58	65.01	75.80	61.85	87.54	68.27
37	688105.SH	诺唯赞	74.48	90.42	84.65	66.34	60.43	67.90	69.17	61.29	83.42	83.53
38	002773.SZ	康弘药业	74.41	87.36	87.58	70.51	48.40	57.26	73.08	74.73	89.14	80.40
39	688016.SH	心脉医疗	74.36	90.05	92.37	76.61	47.08	53.99	70.13	64.78	82.10	87.30
40	600276.SH	恒瑞医药	74.33	85.60	88.84	66.05	52.98	70.73	68.29	66.48	87.23	84.03
41	300347.SZ	泰格医药	74.28	82.91	86.16	68.56	63.74	74.21	64.97	51.80	91.64	84.96
42	301060.SZ	兰卫医学	74.27	86.92	79.81	74.87	75.49	61.57	67.75	58.49	92.22	56.52
43	688389.SH	普门科技	74.20	85.69	87.07	74.72	53.37	61.10	70.69	62.63	91.11	75.34
44	300298.SZ	三诺生物	74.00	83.66	92.09	68.72	58.91	63.65	76.47	49.55	83.08	89.16

续表

综合排名	公司代码	公司名称	综合健康指数	公司治理	外部监督	创利能力	产品销售	竞争态势	价值再造	资产资本结构	内部控制	企业文化
45	600750.SH	江中药业	73.87	92.72	88.69	71.07	54.56	56.29	66.51	57.59	93.54	77.89
46	000963.SZ	华东医药	73.79	87.58	91.02	65.40	65.52	69.34	65.40	53.22	89.16	73.59
47	600196.SH	复星医药	73.75	89.59	89.20	62.22	66.64	73.24	67.10	40.65	85.77	88.91
48	000739.SZ	普洛药业	73.71	87.76	89.60	58.76	69.53	69.05	69.66	53.00	88.06	77.11
49	300015.SZ	爱尔眼科	73.65	89.13	92.64	67.96	65.83	65.37	59.69	48.99	91.66	78.24
50	300765.SZ	新诺威	73.63	85.13	83.20	69.46	68.62	56.02	72.51	71.87	92.43	53.21
51	002332.SZ	仙琚制药	73.61	89.96	88.12	73.09	57.70	59.42	67.59	59.06	85.95	69.48
52	688298.SH	东方生物	73.49	86.23	75.66	77.25	73.44	55.54	61.73	70.66	87.29	60.22
53	300244.SZ	迪安诊断	73.39	84.01	81.62	66.91	72.54	64.73	66.31	47.83	88.96	89.90
54	300633.SZ	开立医疗	73.37	83.33	83.62	73.34	51.61	68.45	70.59	62.79	81.11	79.67
55	600129.SH	太极集团	73.36	93.32	94.97	62.21	66.65	62.52	63.59	43.79	88.11	83.41
56	000915.SZ	华特达因	73.34	90.79	86.40	79.16	54.14	54.04	65.96	65.78	86.16	61.11
57	300396.SZ	迪瑞医疗	73.30	89.64	86.15	65.13	51.12	62.27	67.69	59.68	91.64	87.47
58	600085.SH	同仁堂	73.23	86.86	90.80	72.50	53.47	61.90	67.20	61.16	88.03	68.38
59	600998.SH	九州通	73.15	84.67	91.18	55.97	77.11	64.57	71.35	46.73	87.46	83.54
60	688271.SH	联影医疗	73.08	86.45	87.66	60.86	60.31	81.68	72.26	62.26	59.09	85.74
61	000423.SZ	东阿阿胶	72.95	94.32	92.00	71.28	44.29	51.63	66.26	67.24	87.82	73.44
62	603259.SH	药明康德	72.75	74.80	70.46	73.11	77.09	78.76	76.40	41.13	69.98	87.73
63	300482.SZ	万孚生物	72.73	84.07	77.93	71.05	65.36	59.81	71.54	53.67	84.76	83.28
64	600976.SH	健民集团	72.73	89.10	92.12	64.25	62.64	54.48	69.26	54.75	88.35	78.87
65	603676.SH	卫信康	72.69	88.28	89.49	66.09	61.63	56.36	64.67	67.50	83.42	73.24
66	301089.SZ	拓新药业	72.59	90.79	84.00	71.21	63.67	48.36	69.84	58.86	92.23	63.16
67	688621.SH	阳光诺和	72.56	89.58	93.05	67.75	56.24	63.36	68.23	57.64	78.43	68.83
68	605507.SH	国邦医药	72.52	87.73	88.01	62.97	63.29	61.97	68.64	56.64	86.27	73.81
69	688114.SH	华大智造	72.44	84.41	87.58	68.58	54.59	65.99	69.60	69.23	75.29	64.25
70	002252.SZ	上海莱士	72.41	84.11	89.77	60.63	67.14	61.93	68.58	54.45	93.54	72.16
71	601607.SH	上海医药	72.40	90.09	91.94	56.18	72.07	66.38	68.16	37.89	82.63	88.03
72	600557.SH	康缘药业	72.38	91.20	93.69	60.12	55.23	60.69	64.51	60.77	86.44	79.28
73	688075.SH	安旭生物	72.38	83.73	62.21	80.08	55.60	58.72	72.20	74.55	76.62	75.61
74	688301.SH	奕瑞科技	72.34	89.91	80.64	69.30	51.59	66.42	68.24	61.91	82.10	69.11
75	688253.SH	英诺特	72.30	91.78	78.72	63.04	53.07	58.44	69.08	68.98	87.32	72.11
76	688317.SH	之江生物	72.14	90.14	75.35	71.74	49.92	61.10	62.85	74.18	89.14	62.14
77	600285.SH	羚锐制药	72.14	85.10	86.59	73.78	54.05	56.71	68.37	60.96	82.04	74.34
78	002422.SZ	科伦药业	72.09	86.95	91.91	61.78	62.45	61.00	73.53	47.44	87.04	73.95
79	603387.SH	基蛋生物	72.02	82.72	77.68	70.42	47.24	71.92	73.65	55.63	86.45	75.47
80	300357.SZ	我武生物	71.98	92.45	89.63	75.43	38.77	47.31	56.13	70.67	93.01	79.49
81	000756.SZ	新华制药	71.97	89.41	85.88	61.05	69.12	61.92	69.55	52.07	81.51	70.67
82	300685.SZ	艾德生物	71.92	85.37	80.36	75.87	42.89	57.24	63.07	74.75	91.11	67.74

续表

综合排名	公司代码	公司名称	综合健康指数	公司治理	外部监督	创利能力	产品销售	竞争态势	价值再造	资产资本结构	内部控制	企业文化
83	600329.SH	达仁堂	71.88	88.32	87.91	66.09	57.81	62.51	63.07	58.53	86.23	67.55
84	601089.SH	福元医药	71.87	87.90	82.93	67.18	57.96	64.01	72.38	66.26	71.66	65.44
85	300676.SZ	华大基因	71.85	87.93	87.72	62.69	54.31	56.07	65.94	56.85	90.02	89.56
86	002737.SZ	葵花药业	71.75	81.55	85.11	72.29	64.83	53.08	68.62	56.55	91.86	64.68
87	300529.SZ	健帆生物	71.75	90.25	77.74	75.69	42.18	57.82	62.53	65.06	93.01	69.39
88	688073.SH	毕得医药	71.74	88.14	81.93	61.50	57.44	63.79	69.29	70.60	72.32	72.25
89	600833.SH	第一医药	71.68	86.96	89.86	67.20	71.11	45.72	63.20	54.52	84.87	81.35
90	688739.SH	成大生物	71.67	85.68	80.04	63.90	45.00	59.97	66.09	75.12	93.01	77.24
91	600867.SH	通化东宝	71.62	79.27	85.05	73.14	47.46	61.01	66.44	63.71	86.12	80.91
92	600420.SH	国药现代	71.54	93.28	86.73	57.59	67.31	51.06	68.13	50.81	90.25	77.83
93	300452.SZ	山河药辅	71.50	92.03	88.86	62.78	60.40	48.44	67.55	58.04	90.13	68.51
94	002550.SZ	千红制药	71.44	92.66	83.66	59.94	63.19	49.61	69.59	60.60	88.70	71.58
95	300039.SZ	上海凯宝	71.39	91.03	89.53	70.12	45.49	48.45	68.90	63.03	83.94	75.40
96	002727.SZ	一心堂	71.33	89.07	89.58	64.37	66.52	52.95	62.62	45.08	89.86	78.36
97	603309.SH	维力医疗	71.30	91.83	84.37	70.68	60.13	46.71	60.52	56.07	93.01	69.68
98	003020.SZ	立方制药	71.27	90.58	86.67	62.57	63.83	48.65	65.13	65.90	88.27	65.12
99	002020.SZ	京新药业	71.26	79.30	89.82	67.74	62.77	67.11	59.17	53.31	88.55	71.12
100	300463.SZ	迈克生物	71.25	83.83	82.23	62.15	48.82	68.23	69.91	53.29	87.88	84.78
101	002275.SZ	桂林三金	71.24	81.04	81.84	69.34	53.42	56.25	65.37	63.72	89.77	81.27
102	603301.SH	振德医疗	71.21	86.43	78.67	65.41	65.97	62.32	63.88	51.85	82.10	79.88
103	002022.SZ	科华生物	71.21	83.01	68.98	72.10	63.36	70.46	69.19	57.91	81.53	68.76
104	688356.SH	键凯科技	71.20	90.95	87.76	72.50	54.35	49.58	58.28	60.05	76.55	85.06
105	600572.SH	康恩贝	71.17	94.74	88.02	58.93	57.23	57.34	55.12	53.60	86.68	90.00
106	688236.SH	春立医疗	71.13	89.60	89.69	62.01	37.16	59.03	72.19	73.62	84.01	67.11
107	300171.SZ	东富龙	71.13	82.15	78.89	57.87	57.12	72.25	67.04	61.49	87.23	78.13
108	600479.SH	千金药业	71.00	92.62	75.63	68.60	63.29	57.65	62.36	54.89	81.40	69.68
109	300294.SZ	博雅生物	70.99	85.25	89.19	65.05	57.59	45.89	69.29	61.66	82.76	83.37
110	000538.SZ	云南白药	70.97	84.09	81.83	65.10	65.99	62.63	60.91	49.25	79.73	91.38
111	688690.SH	纳微科技	70.88	90.97	82.66	69.71	45.75	63.51	64.69	54.92	80.31	71.16
112	002007.SZ	华兰生物	70.87	80.52	90.94	62.52	47.79	72.30	66.79	57.58	89.14	67.51
113	600511.SH	国药股份	70.86	86.77	89.26	64.43	75.10	53.60	55.62	50.32	80.39	73.17
114	300439.SZ	美康生物	70.81	88.49	76.84	63.20	62.51	57.72	69.23	55.53	89.75	66.28
115	603896.SH	寿仙谷	70.80	83.06	92.96	66.00	44.56	52.66	61.68	68.07	88.40	85.03
116	002294.SZ	信立泰	70.78	76.65	85.36	67.15	54.89	63.95	65.82	57.81	91.11	74.85
117	000650.SZ	仁和药业	70.75	88.62	80.80	70.10	67.32	51.09	59.66	63.20	87.23	55.07
118	300573.SZ	兴齐眼药	70.75	89.50	89.42	69.57	40.40	55.60	62.23	64.05	83.94	76.41
119	600535.SH	天士力	70.61	88.49	87.21	55.33	55.19	66.46	63.08	60.11	79.14	75.54
120	300705.SZ	九典制药	70.56	86.50	82.86	62.54	51.33	62.32	70.92	57.17	85.09	68.19

续表

综合排名	公司代码	公司名称	综合健康指数	公司治理	外部监督	创利能力	产品销售	竞争态势	价值再造	资产资本结构	内部控制	企业文化
121	688029.SH	南微医学	70.54	79.78	92.17	66.01	50.02	53.02	68.00	66.07	82.83	75.12
122	300206.SZ	理邦仪器	70.53	82.69	79.51	64.72	52.66	65.36	68.33	63.15	76.72	79.57
123	603456.SH	九洲药业	70.53	78.97	64.16	68.46	69.64	68.63	68.12	46.19	76.75	90.33
124	600521.SH	华海药业	70.43	79.27	65.86	64.59	65.10	72.58	77.42	45.03	81.11	74.81
125	603127.SH	昭衍新药	70.41	79.85	66.16	72.74	59.03	69.69	58.47	59.03	87.64	74.42
126	688566.SH	吉贝尔	70.41	91.49	78.99	68.39	45.96	45.04	71.46	67.96	77.82	80.83
127	301230.SZ	泓博医药	70.35	87.98	83.97	58.86	48.53	53.66	67.17	70.01	90.07	70.97
128	300630.SZ	普利制药	70.27	83.42	82.30	59.68	45.55	66.15	67.31	59.23	83.13	88.17
129	832735.BJ	德源药业	70.20	86.51	78.41	70.12	48.09	45.47	67.06	66.68	93.01	70.80
130	603233.SH	大参林	70.19	82.75	83.05	65.50	67.03	56.23	61.78	44.64	86.00	85.92
131	000411.SZ	英特集团	70.09	94.57	81.00	57.34	75.14	57.45	56.53	46.63	89.32	64.74
132	300453.SZ	三鑫医疗	70.06	87.35	81.84	68.77	59.62	52.46	55.64	55.57	84.46	79.41
133	000989.SZ	九芝堂	70.04	90.01	82.61	66.24	49.31	48.03	64.52	58.90	89.14	77.62
134	300026.SZ	红日药业	70.03	88.86	86.34	55.64	54.10	58.53	70.62	53.85	80.52	83.84
135	603883.SH	老百姓	70.00	89.38	95.59	59.66	67.74	63.30	51.38	38.17	85.00	74.63

表27　　　　　　　　　　　　　　　　　　有色金属

综合排名	公司代码	公司名称	综合健康指数	公司治理	外部监督	创利能力	产品销售	竞争态势	价值再造	资产资本结构	内部控制	企业文化
1	002756.SZ	永兴材料	80.46	83.54	84.95	76.57	68.24	77.54	80.37	78.45	87.53	85.03
2	002497.SZ	雅化集团	77.40	95.08	84.04	73.40	64.26	67.04	77.86	58.08	86.26	78.82
3	002466.SZ	天齐锂业	76.94	82.13	84.24	76.72	72.66	67.37	74.29	56.43	87.90	90.35
4	000630.SZ	铜陵有色	76.80	93.93	92.35	61.89	77.08	67.22	75.24	54.78	81.71	81.51
5	002460.SZ	赣锋锂业	76.62	82.41	81.54	75.55	64.14	72.77	81.45	57.55	88.59	79.87
6	300390.SZ	天华新能	76.35	81.79	84.31	79.05	62.54	62.07	75.80	61.51	91.61	86.78
7	002192.SZ	融捷股份	76.35	81.59	86.29	77.42	65.63	60.31	75.52	66.70	92.59	78.57
8	600111.SH	北方稀土	75.65	91.27	86.83	70.64	63.07	63.74	72.40	59.66	87.29	77.92
9	601899.SH	紫金矿业	75.54	89.16	83.80	71.67	69.52	68.52	70.11	44.99	87.91	90.94
10	002056.SZ	横店东磁	75.42	85.34	95.49	65.45	58.46	71.88	74.40	60.21	89.62	77.49
11	000807.SZ	云铝股份	74.93	92.36	89.62	74.46	68.83	58.04	69.22	48.50	87.35	73.63
12	600362.SH	江西铜业	74.60	92.25	86.97	61.49	75.23	67.05	69.67	54.63	85.59	73.62
13	601600.SH	中国铝业	74.50	94.67	89.52	66.33	72.60	67.67	74.61	34.64	81.09	78.47
14	600547.SH	山东黄金	73.80	97.49	95.31	61.55	67.21	56.51	65.89	47.66	89.54	79.58
15	601958.SH	金钼股份	73.66	83.99	86.48	77.53	59.05	55.06	68.45	66.37	88.80	68.56
16	000878.SZ	云南铜业	73.52	83.60	79.01	68.68	72.78	64.35	76.93	49.82	83.44	78.34
17	600392.SH	盛和资源	73.43	95.82	85.81	64.27	59.02	65.66	65.61	59.55	88.20	66.03
18	601168.SH	西部矿业	73.35	91.87	80.28	73.25	69.73	60.37	69.21	50.70	86.41	61.22
19	600459.SH	贵研铂业	72.99	94.27	88.06	58.13	71.16	64.20	63.77	53.00	86.14	74.52
20	600549.SH	厦门钨业	72.96	91.75	89.48	57.69	62.08	69.96	67.79	47.00	88.95	81.19

续表

综合排名	公司代码	公司名称	综合健康指数	公司治理	外部监督	创利能力	产品销售	竞争态势	价值再造	资产资本结构	内部控制	企业文化
21	002057.SZ	中钢天源	72.39	93.08	87.37	68.58	40.28	60.99	65.58	57.60	88.78	84.89
22	000762.SZ	西藏矿业	71.89	93.79	85.38	80.36	51.06	41.87	56.08	58.06	90.71	79.70
23	600361.SH	创新新材	71.85	90.45	82.12	59.14	84.12	51.77	62.38	58.01	85.08	68.41
24	600489.SH	中金黄金	71.65	90.19	91.12	65.17	68.03	49.88	63.19	56.05	88.07	67.00
25	002182.SZ	云海金属	71.56	88.76	82.47	68.23	62.43	57.64	68.15	47.74	81.54	80.69
26	002240.SZ	盛新锂能	71.37	76.64	79.33	73.03	63.20	55.00	66.30	67.37	84.90	75.24
27	002540.SZ	亚太科技	71.31	86.10	76.72	67.93	56.19	54.61	70.00	66.68	90.84	63.24
28	002738.SZ	中矿资源	71.26	76.39	74.81	71.58	59.18	65.95	74.88	65.26	77.88	66.16
29	000657.SZ	中钨高新	71.24	90.16	96.15	62.63	47.80	60.28	63.71	48.86	87.72	83.48
30	603993.SH	洛阳钼业	71.18	85.88	91.31	60.84	71.74	66.24	53.74	50.56	90.21	67.46
31	601677.SH	明泰铝业	71.00	84.52	89.03	58.35	65.25	61.23	64.79	60.54	81.51	66.00
32	601212.SH	白银有色	70.93	93.08	77.00	55.33	71.90	61.47	69.72	46.73	83.08	74.37
33	688190.SH	云路股份	70.71	92.23	84.66	65.03	36.67	58.62	65.76	69.20	87.80	67.89
34	000831.SZ	中国稀土	70.64	93.38	87.33	67.17	59.62	48.48	54.68	65.77	89.04	59.59
35	600219.SH	南山铝业	70.51	90.02	87.04	63.76	52.75	65.35	65.38	55.99	77.10	57.54
36	002155.SZ	湖南黄金	70.27	88.48	85.49	64.33	71.71	49.19	62.56	61.28	86.83	51.07

表28　综合

综合排名	公司代码	公司名称	综合健康指数	公司治理	外部监督	创利能力	产品销售	竞争态势	价值再造	资产资本结构	内部控制	企业文化
1	600784.SH	鲁银投资	76.61	90.98	87.51	70.80	67.65	74.13	78.25	51.33	88.44	65.68
2	000833.SZ	粤桂股份	75.06	90.53	90.61	67.61	63.24	63.88	73.72	62.09	87.47	69.35
3	002213.SZ	大为股份	73.78	87.57	78.90	70.69	62.01	64.44	68.73	64.30	86.29	74.22
4	000652.SZ	泰达股份	73.13	81.88	78.71	67.64	77.37	74.50	70.05	49.63	79.33	71.11
5	000753.SZ	漳州发展	72.37	93.81	95.09	65.25	52.89	68.97	66.90	47.25	80.25	66.95
6	000632.SZ	三木集团	71.59	90.62	92.51	61.35	77.05	72.31	51.53	44.78	74.08	70.49
7	600689.SH	上海三毛	70.84	87.47	83.32	67.37	57.13	56.28	65.60	67.22	83.57	58.60
8	600620.SH	天宸股份	70.70	86.49	87.19	58.13	48.95	60.79	68.78	67.34	88.37	69.08
9	600807.SH	济南高新	70.25	85.68	78.23	73.62	51.27	62.02	72.09	44.86	83.48	63.24
10	000631.SZ	顺发恒业	70.22	85.04	79.43	71.10	44.61	55.28	65.35	73.52	83.04	63.09

表29　银行

综合排名	公司代码	公司名称	综合健康指数	公司治理	外部监督	创利能力	产品销售	竞争态势	价值再造	资产资本结构	内部控制	企业文化
1	601939.SH	建设银行	80.63	96.34	86.67	73.47	80.47	75.83	76.79	64.14	93.94	72.54
2	601398.SH	工商银行	79.75	99.72	85.29	69.80	70.35	77.97	71.12	67.43	95.84	77.08
3	600036.SH	招商银行	79.72	91.26	85.24	80.67	86.72	76.50	65.31	59.58	88.11	74.20
4	601288.SH	农业银行	78.01	95.87	86.16	70.24	60.71	72.42	78.34	63.16	97.82	73.73

续表

综合排名	公司代码	公司名称	综合健康指数	公司治理	外部监督	创利能力	产品销售	竞争态势	价值再造	资产资本结构	内部控制	企业文化
5	601988.SH	中国银行	77.66	94.21	86.87	68.87	69.68	70.66	72.51	59.89	97.97	78.77
6	601998.SH	中信银行	77.27	94.55	85.93	71.21	83.04	64.04	75.77	44.12	89.12	82.05
7	601838.SH	成都银行	76.61	95.42	89.34	78.43	54.78	61.22	71.64	58.50	94.65	76.54
8	000001.SZ	平安银行	76.30	96.26	87.44	67.77	80.09	64.81	69.01	49.04	89.87	76.62
9	601166.SH	兴业银行	75.84	93.27	85.67	76.56	71.68	68.14	65.08	48.19	90.45	72.15
10	601328.SH	交通银行	75.46	98.26	80.24	66.19	66.83	70.97	68.62	52.21	90.80	77.83
11	601658.SH	邮储银行	74.99	92.79	86.62	67.30	70.71	63.74	67.18	58.92	88.71	75.18
12	600919.SH	江苏银行	74.95	86.27	87.27	72.65	72.22	63.25	68.42	54.49	94.05	72.01
13	601825.SH	沪农商行	73.66	94.89	82.15	77.20	50.88	60.32	69.83	55.52	90.24	66.75
14	601818.SH	光大银行	73.28	93.76	79.12	67.75	72.05	59.96	72.30	41.70	93.15	70.23
15	601009.SH	南京银行	72.65	94.67	88.42	73.55	50.88	61.38	64.72	46.17	92.22	70.14
16	600015.SH	华夏银行	72.48	98.95	85.00	68.65	54.80	57.81	68.57	45.33	91.88	68.96
17	600000.SH	浦发银行	71.37	94.41	83.83	61.48	62.63	65.35	66.30	37.08	88.29	77.32
18	600926.SH	杭州银行	71.23	95.67	88.14	64.25	49.22	57.88	61.99	53.83	92.82	71.70
19	601577.SH	长沙银行	71.02	92.28	81.11	70.51	64.27	49.76	66.07	44.87	88.25	73.58
20	002142.SZ	宁波银行	71.00	93.33	88.33	71.19	58.90	59.52	57.42	41.53	87.70	70.24
21	601916.SH	浙商银行	70.67	92.05	83.29	68.90	63.80	53.70	67.37	40.04	81.26	77.04
22	601128.SH	常熟银行	70.11	90.12	90.69	66.17	44.82	50.93	69.53	52.78	92.67	67.88

表30　　　　　　　　　　　　　　　　　　　　非银金融

综合排名	公司代码	公司名称	综合健康指数	公司治理	外部监督	创利能力	产品销售	竞争态势	价值再造	资产资本结构	内部控制	企业文化
1	601319.SH	中国人保	79.21	92.17	91.40	77.64	84.77	68.11	76.50	59.39	79.85	68.26
2	000563.SZ	陕国投A	77.91	93.69	92.16	79.55	65.88	47.05	70.34	80.20	91.59	73.36
3	600901.SH	江苏金租	77.19	87.41	91.51	79.29	59.36	53.06	71.98	87.92	82.79	76.64
4	601601.SH	中国太保	76.48	93.44	92.41	64.29	84.66	64.07	70.99	62.58	81.39	66.15
5	600517.SH	国网英大	75.69	93.15	85.32	67.81	68.15	62.12	77.89	56.32	90.53	71.35
6	601066.SH	中信建投	75.33	96.44	91.71	70.21	54.90	71.78	70.68	49.34	82.06	79.36
7	000776.SZ	广发证券	75.17	87.26	90.18	80.24	59.02	71.88	72.76	41.98	81.04	78.72
8	601318.SH	中国平安	75.11	90.40	89.12	61.46	81.47	67.47	76.31	43.45	82.82	79.63
9	000987.SZ	越秀资本	75.10	89.85	86.76	70.17	64.98	68.07	72.44	49.36	87.22	80.76
10	601336.SH	新华保险	74.88	92.74	87.59	62.63	85.37	62.05	63.87	61.03	81.05	72.43
11	601555.SH	东吴证券	74.84	93.05	90.02	72.16	61.91	63.77	67.72	50.67	87.69	77.12
12	600109.SH	国金证券	74.76	89.44	92.29	66.42	48.95	64.77	76.94	67.35	77.96	79.42
13	300059.SZ	东方财富	74.69	86.11	89.04	67.95	58.20	69.27	66.23	62.33	89.46	84.40
14	600927.SH	永安期货	74.50	94.66	88.95	63.58	71.77	54.65	55.81	78.91	93.50	65.19
15	601688.SH	华泰证券	74.45	96.05	84.51	75.02	52.94	74.60	71.40	35.81	81.92	82.43
16	600061.SH	国投资本	74.27	90.75	89.36	67.21	51.75	67.87	74.54	54.74	87.10	79.78

续表

综合排名	公司代码	公司名称	综合健康指数	公司治理	外部监督	创利能力	产品销售	竞争态势	价值再造	资产资本结构	内部控制	企业文化
17	600958.SH	东方证券	74.18	95.37	89.31	67.28	61.74	69.61	73.78	42.78	80.95	74.83
18	600030.SH	中信证券	74.12	95.01	86.36	80.86	59.99	59.92	71.52	35.71	80.04	80.87
19	600120.SH	浙江东方	74.08	93.33	87.70	61.30	70.13	59.59	73.91	57.85	86.02	71.17
20	601878.SH	浙商证券	73.55	89.98	76.99	71.21	76.62	58.62	68.93	53.84	73.60	85.43
21	002423.SZ	中粮资本	73.42	90.64	90.52	56.31	63.85	65.73	67.37	60.54	91.74	75.62
22	601995.SH	中金公司	73.28	94.81	92.09	75.97	47.29	64.64	72.56	35.68	80.50	80.18
23	000666.SZ	经纬纺机	73.10	91.89	88.60	69.01	58.30	60.48	73.27	48.02	87.77	68.72
24	601211.SH	国泰君安	72.97	91.72	85.14	76.25	56.36	64.83	65.61	39.27	79.80	87.27
25	601628.SH	中国人寿	72.82	95.30	85.77	61.43	86.33	52.91	65.68	60.51	75.81	60.07
26	000728.SZ	国元证券	72.75	92.50	93.07	71.38	43.84	55.90	69.23	52.01	89.15	80.84
27	601108.SH	财通证券	72.75	93.59	88.79	65.03	46.72	66.80	70.24	52.90	87.76	74.34
28	000617.SZ	中油资本	72.60	89.05	90.33	71.44	53.26	56.52	70.28	55.36	81.97	74.94
29	603093.SH	南华期货	72.08	88.61	87.55	64.09	56.43	53.83	65.81	72.98	87.34	69.17
30	002945.SZ	华林证券	71.66	91.14	89.06	60.56	46.67	57.71	63.84	75.13	86.70	73.37
31	601377.SH	兴业证券	71.61	94.46	85.93	68.69	45.35	60.78	69.72	48.27	80.69	80.67
32	000567.SZ	海德股份	71.50	89.86	88.74	73.79	54.82	45.34	70.40	56.91	91.08	58.57
33	601881.SH	中国银河	71.32	96.45	81.29	70.68	55.42	66.04	56.62	43.95	78.73	78.92
34	002736.SZ	国信证券	70.91	95.54	83.90	68.00	45.26	56.93	62.58	56.83	84.90	73.87
35	601990.SH	南京证券	70.79	95.02	87.56	69.29	36.01	48.62	58.58	64.47	91.77	81.17
36	600390.SH	五矿资本	70.77	90.43	90.06	73.48	45.05	51.50	68.58	46.35	84.02	76.96
37	000783.SZ	长江证券	70.68	92.74	85.52	71.28	46.69	58.67	73.88	35.68	83.97	72.61
38	600053.SH	九鼎投资	70.24	88.59	83.35	70.08	51.75	40.47	69.17	63.49	83.08	77.87
39	000532.SZ	华金资本	70.00	86.74	87.09	68.26	54.58	53.49	61.68	48.71	86.69	75.15
40	600053.SH	九鼎投资	70.01	86.45	83.35	70.08	51.75	40.47	69.17	63.92	83.08	77.87

表 31　　　　　　　　　　　　　　　　　房地产

综合排名	公司代码	公司名称	综合健康指数	公司治理	外部监督	创利能力	产品销售	竞争态势	价值再造	资产资本结构	内部控制	企业文化
1	000090.SZ	天健集团	77.92	94.66	93.43	67.87	68.41	70.77	74.28	63.96	88.33	72.02
2	600383.SH	金地集团	76.55	86.86	89.41	68.45	68.73	76.50	73.62	56.63	84.21	81.22
3	000002.SZ	万科A	75.52	87.53	93.25	65.58	68.86	72.62	68.55	54.60	79.81	90.58
4	600325.SH	华发股份	75.23	95.28	92.40	67.59	52.28	77.91	57.65	62.09	81.16	84.05
5	600846.SH	同济科技	75.13	94.52	86.46	68.98	55.93	59.63	69.98	72.69	85.90	76.06
6	600048.SH	保利发展	75.05	93.74	88.06	59.94	57.36	77.35	67.22	64.03	82.52	82.03
7	000006.SZ	深振业A	74.73	88.52	89.46	69.94	53.44	65.95	72.82	71.06	82.32	72.96
8	600648.SH	外高桥	74.50	90.36	90.99	71.95	53.90	59.03	71.46	59.55	89.01	78.44
9	600064.SH	南京高科	74.39	94.05	85.80	68.56	65.40	61.02	70.77	60.62	81.67	71.12
10	001979.SZ	招商蛇口	74.13	91.89	91.24	58.49	66.99	69.71	62.98	54.38	87.15	85.43

续表

综合排名	公司代码	公司名称	综合健康指数	公司治理	外部监督	创利能力	产品销售	竞争态势	价值再造	资产资本结构	内部控制	企业文化
11	600266.SH	城建发展	73.91	91.88	91.85	59.06	60.72	65.48	64.64	64.03	89.58	79.42
12	000517.SZ	荣安地产	73.63	78.69	93.94	75.76	50.46	65.77	72.04	65.13	81.82	71.73
13	001914.SZ	招商积余	73.24	89.95	83.49	69.32	62.56	59.81	70.74	60.92	86.42	65.00
14	600510.SH	黑牡丹	73.07	84.21	85.02	66.01	64.04	62.92	72.62	56.54	85.02	82.53
15	600641.SH	万业企业	72.98	87.16	78.02	66.67	55.01	61.81	72.26	69.79	91.16	69.29
16	002968.SZ	新大正	72.96	89.42	88.86	72.87	57.19	45.71	67.37	61.45	88.51	82.56
17	600658.SH	电子城	72.75	94.01	87.90	58.80	55.99	65.00	74.15	52.99	83.61	75.07
18	601512.SH	中新集团	72.75	91.06	87.73	72.88	48.08	56.72	71.48	55.00	82.71	81.28
19	000736.SZ	中交地产	72.59	90.41	88.84	65.96	70.24	56.39	60.30	62.77	81.27	72.37
20	600665.SH	天地源	72.47	83.09	87.03	67.48	62.19	62.20	73.16	66.00	80.07	60.60
21	600007.SH	中国国贸	72.39	86.61	89.46	77.78	52.90	56.18	64.77	62.77	84.79	62.11
22	600649.SH	城投控股	72.01	90.49	90.08	62.26	57.38	54.77	68.96	60.83	90.86	67.80
23	600791.SH	京能置业	71.89	91.79	75.51	56.79	65.64	60.62	67.53	67.95	87.18	71.31
24	002244.SZ	滨江集团	71.42	83.40	93.95	63.23	62.96	70.98	57.54	59.09	78.78	66.63
25	600639.SH	浦东金桥	71.41	92.88	89.65	63.39	54.34	56.18	61.48	60.45	88.52	67.72
26	600533.SH	栖霞建设	71.39	91.27	82.10	53.43	66.34	63.95	68.29	64.33	83.81	65.26
27	601155.SH	新城控股	71.20	88.42	92.23	60.41	55.13	65.65	61.13	48.03	80.18	90.62
28	002314.SZ	南山控股	71.01	84.78	87.53	59.61	55.33	69.06	75.42	50.59	82.52	69.24
29	603506.SH	南都物业	70.97	88.17	82.48	69.33	46.92	45.77	71.46	64.21	88.51	78.03
30	300917.SZ	特发服务	70.74	90.43	85.08	69.78	55.06	47.77	64.36	72.20	86.60	50.73
31	600657.SH	信达地产	70.52	92.05	92.02	56.17	54.63	63.79	54.27	56.74	87.09	77.50
32	600848.SH	上海临港	70.48	94.76	89.45	69.20	42.02	56.37	51.23	59.18	92.92	69.92
33	002208.SZ	合肥城建	70.48	93.18	80.87	61.08	46.76	52.70	66.72	62.94	83.46	86.54
34	000014.SZ	沙河股份	70.46	83.98	81.95	77.35	44.90	45.91	66.72	68.53	85.92	69.49
35	000402.SZ	金融街	70.05	93.47	88.83	63.05	44.22	55.35	62.34	54.28	85.59	79.00
36	600067.SH	冠城大通	70.01	84.80	85.09	55.73	64.57	58.61	59.76	54.93	90.71	81.60
37	600736.SH	苏州高新	70.00	92.08	82.14	62.14	52.09	65.08	67.80	45.06	86.07	65.69